KB060437

WOMEN AND LAW

여성과 법률

김신규 저

여성으로서 필요한 생활법률 내지 여성과 밀접하게 관련된 주요한 법률 내용을 소개함으로써 우리
사회의 성 평등의 문제에 대한 인식 제고와 인간 존엄의 선진제도와 문화 형성에 기여할 목적으로 저
술됨에 따라 모든 이들이 성 평등에 기초한 민주적인 가정이나 건전한 사회의 구성원으로서 행복한
문화복지국가의 일원이 되기를 기대해본다.

박영사

머리말

저자가 대학에서 '여성과 법률'과목을 교양강좌로 개설하여 강의한 지도 어언 15년의 세월이 흘렀다. 새천년인 2000년 초반에 처음 강좌를 개설할 때에는 수강생들에게 민주시민사회의 건전한 구성원으로서 여성의 역할과 지위에 대한 주체적인 자각의식을 일깨워주고, 잔존해있는 우리 사회의 가부장적 성차별적 관념이나 낡은 제도들을 적나라하게 노정하여 혁파함으로써 남녀 대학생들에게 양성평등의 문화, 모든 사람이 동등하게 존엄한 존재로서 존중되는 선진문화국가로 나아가는 마중물 역할을 하고, 나아가 우리 헌법이 함유하고 있는 헌법적 가치질서에 부합되지 않은 고루한 낡은 인식과 제도 개혁의 필요성을 시민사회의 구성원들에게 일깨우고 북돋아줌으로써 인간존엄의 가치에 대한 실천적 결실을 얻기 위함이었다.

이런 의도 하에 진행된 저자의 교양강의를 그동안 많은 대학생들이 수강함으로써 이 교과목의 현실적 필요성이 증대되었을 뿐만 아니라 여성과 관련된 생활법률이, 결국 남성들에게도 인간의 존엄성을 새롭게 인식하는 계기가 되고 화목한 가정을 영위하기 위한 굳건한 토대가 된다는 점에서 많은 남학생들이 수강하는 현실을 보면서 필자로서는 여간 뿌듯한 마음을 가지지 않을 수 없었다.

그러나 시간의 화살은 그동안 쉼 없이 흘러, 저자의 물방울같은 미세한 노력만으로 성평등의 도도한 물결이 만들어진 것은 결코 아니지만, 이러한 쉼 없는 변화의 작은 물방울들이 모여 우리 사회의 반민주적이고 일방적인 고루한 가부장적 가정질서와 위계적인 사회질서는 대화와 설득이라는 민주적인 합의절차로 변모되었을 뿐만 아니라 헌법적 가치질서에 부합되도록 호주제 폐지 등 관련 법제도에도 커다란 실천적 변화를 가져오게 되었다.

이 책은 저자가 그동안 대학 교양과목으로서 개설하였던 "여성과 법률"이라는 강좌의 중요한 내용, 즉 여성으로서 필요한 생활법률 내지 여성과 밀접하게 관련된 주요한 법률 내용을 소개함으로써 우리 사회의 성평등의 문제에 대한 인식제고와 인간존엄의 선진제도와 문화형성에 기여할 목적으로 저술되었다. 이 책을 읽거나 수강하는 모든 대학생들이 성평등에 기초한 민주적인 가정이나 건전한 사회의 구성원으로서 행복한 문화복지국가의 일원이 되기를 기대해본다.

대학 교양강의의 특성을 고려하여 저자는 책의 지면을 최대한 줄이고 생활법률과 관련된 최근 법령과 판례를 소개하려 했지만, 생활법률분야의 잦은 법령개정과 2018년 하반기에는 저자가 대학의 교무처장 보직을 맡게 되다보니 차일피일 원고가 미루어지게 되었다. 그러나 2019년 신학기가 가까워오고 출판사의 독촉도 받다보니 비록 미진한 부분이 있지만 추후에 보정하기로 하면서 출간하게 되었다. 이 점을 고려하여 일상생활과 밀접한 민사와 형사를 비롯한 각종 생활법령과 판례 중 미쳐 독자에게 소개하지 못한 부분은 점차 보정하기로 한다.

끝으로 이 책을 출간하는데 있어서 도움을 준 여러분에게 고마움을 전하고 싶다. 먼저 목포대학교와 경찰교육원에서의 바쁜 강의 일정에도 불구하고 원고보정을 도와준 저자의 제자인 김재한 법학박사에게 깊은 감사의 마음을 전하며 학문적으로 일취월장하기를 기원한다. 다음으로는 연초의 촌음이 아까운 출판사 사정에도 불구하고 본서의 편집과 교정을 위해 애써주신 박영사 김선민 부장님과 이영조 차장님을 비롯한 출판사 임직원 여러분께도 깊은 감사의 마음을 전한다. 아무쪼록 이 책이 교양인으로서 여성을 이해하거나 여성과 관련된 생활법률에 대한 이해의 지평을 넓혀 실생활에 도움이 되고, 나아가 성평등의 문화가 확산되어 제도로 정착되길 기대해본다.

2019년 1월 국립목포대학교 청계캠퍼스 무우재(無愚齋)에서

중암(中巖) 김 신 규

차 례

제1장 법에 관한 일반론 / 1

제1절 사회생활과 사회규범 ·· 3

제2절 법의 개념 ··· 2

    1. 법의 특징 ··· 2

    2. 법 개념의 다양성 ·· 4

제3절 법의 이념 ··· 5

    1. 정의 ·· 5

    2. 합목적성 ·· 6

    3. 법적 안정성 ··· 7

    4. 법이념 상호간의 관계 ·· 8

제2장 여성인권과 여성운동 / 11

제1절 19세기 여성운동의 구체화와 전개과정 ························ 11

    1. 참정권과 교육기회의 균등 ··· 11

    2. 노동시장에서의 평등권 확보 ·· 11

    3. 고정관념과 문화적 편견 ·· 12

    4. 출산과 성(Sexuality)문제의 분화 ·································· 12

제2절 여성운동의 흐름 ·· 13

    1. 제1기 운동(참정권 획득과 교육기회균등) ····················· 13

    2. 제2기 여성운동(사회주의적 운동) ································· 14

    3. 제3기 여성운동(여성운동의 르네상스) ·························· 14

    4. 제4기 여성운동(환경운동과 생명운동) ················· 15

    5. 한국에서의 여성운동의 전개 ····························· 16

    6. 여성운동의 미래적 과제 ································· 19

제3장 헌법과 성평등 / 21

제1절 헌법의 개념과 기본이념 ······························ 21

    1. 개념 ··· 21

    2. 특징 ··· 21

    3. 헌법의 기본이념과 체계 ································· 22

제2절 헌법상 여성의 지위 ······························· 22

    1. 헌법상 여성 특유의 기본권 ··························· 22

    2. 헌법상 평등조항 ··· 23

제3절 성평등의 기초로서의 평등권 ······················ 26

    1. 평등사상의 형성과 전개 ································· 26

    2. 평등권의 의의 ·· 27

    3. 평등권의 실현 ·· 29

제4장 가족법 생활관계 / 35

제1절 친족관계 ·· 36

  Ⅰ. 친족 ·· 36

    1. 친족의 의의 ·· 36

    2. 친족의 범위 ·· 37

    3. 촌수 ··· 38

  Ⅱ. 가족법의 법원(法源) ······································ 45

    1. 가족관계등록법의 개념과 특징 ····················· 46

    2. 가족관계등록부의 내용 ································· 46

제2절 혼 인 ·· 48

Ⅰ. 약혼 ·· 48
  1. 약혼의 성립요건 ································· 48
  2. 약혼의 강제이행금지와 약혼 해제사유 ············ 49
  3. 약혼해제절차와 손해배상 등 ····················· 49

Ⅱ. 혼인 ·· 51
  1. 혼인의 의의와 성립요건 ························· 51
  2. 혼인의 무효와 취소 ···························· 52
  3. 혼인의 효과 ·································· 57

Ⅲ. 이혼 ·· 59
  1. 이혼제도 ···································· 59
  2. 협의이혼 ···································· 61
  3. 재판상 이혼 ·································· 63
  4. 이혼의 효과 ·································· 65

Ⅳ. 사실혼 ·· 67
  1. 사실혼의 의의 ································ 67
  2. 사실상혼인관계존부확인청구 ···················· 68
  3. 사실혼의 보호 ································ 68
  4. 사실혼의 효과 ································ 68
  5. 사실혼의 해소 ································ 69

제3절 부모와 자 ·· 70

Ⅰ. 친생자 ·· 70
  1. 혼인 중의 출생자 ····························· 70
  2. 혼인 외의 출생자 ····························· 71

Ⅱ. 인공수정자 ··· 72
  1. 인공수정의 의의 ······························ 72
  2. 인공수정의 종류 ······························ 73
  3. 인공수정자의 법적 지위 ························ 73

Ⅲ. 양자 ·· 74
  1. 입양 ······································· 75
  2. 친양자제도 ·································· 78

제4절 친권과 후견 및 부양 ·· 80

  Ⅰ. 친권 ··· 80
    1. 친권자와 친권자의 지정 및 행사 ····················· 80
    2. 친권의 내용 ··· 81
    3. 친권상실의 선고 ·· 82

  Ⅱ. 후견(後見) ·· 82
    1. 미성년후견인 ··· 83
    2. 성년후견인 ··· 83
    3. 후견인의 수와 자격 ···································· 84
    4. 후견계약 ··· 84

  Ⅲ. 부양 ··· 85
    1. 부양의무와 생활능력 ··································· 85
    2. 부양의 순위 ··· 85
    3. 부양의 정도와 방법 ···································· 85
    4. 부양관계의 변경 또는 취소 ·························· 85

제5절 상속관계 ··· 86

  Ⅰ. 상속 ··· 86
  Ⅱ. 상속인 ··· 86
    1. 상속인의 범위 ·· 86
    2. 법정재산상속의 순위 ··································· 87
    3. 대습상속 ··· 87
    4. 상속결격 ··· 88

  Ⅲ. 상속분 ··· 89
    1. 상속분의 개념 및 종류 ································ 89
    2. 특별수익자의 상속분 ··································· 91

  Ⅳ. 분묘 등 제사용 재산의 특별승계 ······················ 91

  Ⅴ. 상속재산의 분할 ··· 92
    1. 유언에 의한 분할방법의 지정 또는 분할금지 ····· 92
    2. 협의에 의한 분할 ····································· 92
    3. 상속재산의 평가와 경매 ······························ 92

Ⅵ. 상속의 승인과 포기 ··· 92

  1. 상속의 승인 ··· 92

  2. 상속의 포기와 상속승인, 포기의 취소금지 ······················ 93

  3. 상속의 승인, 포기의 기간 ·· 93

Ⅶ. 기여분 ··· 95

  1. 기여의 내용과 범위 ··· 95

  2. 기여분의 결정방법 ··· 96

  3. 기여분인정의 효과 ··· 96

Ⅷ. 재산의 분리 ··· 96

Ⅸ. 상속인의 부존재 ··· 97

Ⅹ. 특별연고자에 대한 재산분여 ·· 97

제6절 유언 및 유류분 ··· 98

Ⅰ. 유언 ·· 98

  1. 유언(遺言)의 의의 ·· 98

  2. 유언의 방식 ··· 98

  3. 유언의 효력 ··· 101

  4. 유언의 집행 ··· 102

  5. 유언의 철회 및 유언집행자의 유언취소청구 ··················· 102

Ⅱ. 유류분 ·· 103

  1. 유류분제도의 의의 ·· 103

  2. 유류분 권리자와 유류분 ·· 103

  3. 유류분의 산정 ··· 103

제5장 재산관련 생활관계 / 105

제1절 민사일반 ·· 105

Ⅰ. 민법의 기본원리 ··· 105

  1. 근대민법의 기본원리 ··· 105

  2. 근대민법의 기본원리의 현대적 변용(變容) ······················ 107

Ⅱ. 권리의 주체 ·· 108
  1. 권리능력 ··· 109
  2. 권리능력자 ··· 109
  3. 자연인 ·· 109
  4. 법인 ··· 118

Ⅲ. 물건, 권리의 객체 ··· 118
  1. 물건의 의의 ·· 120
  2. 물건의 종류 ·· 120

Ⅳ. 법률행위 ··· 120
  1. 법률행위의 의의와 요건 ·· 121
  2. 법률행위의 종류 ·· 121

Ⅴ. 의사표시 ··· 122
  1. 의사와 표시의 불일치 ··· 122
  2. 하자있는 의사표시 ··· 125

Ⅵ. 대 리 ·· 126
  1. 대리의 의의 ·· 126
  2. 대리의 종류 ·· 127
  3. 무권대리(無權代理) ·· 127
  4. 대리권의 범위 ·· 129
  5. 법률행위의 무효와 취소 ·· 129

Ⅶ. 시 효 ·· 130
  1. 시효의 의의 ·· 130
  2. 시효의 종류 ·· 131

제2절 물 권 ·· 133

Ⅰ. 물권의 의의 ·· 133

Ⅱ. 물권의 특색 ·· 133
  1. 물권은 물건에 대한 배타적인 지배권이다 ····················· 133
  2. 물권은 물권자가 물건을 직접적으로 지배하는 권리이다 ··· 133
  3. 물권의 객체는 특정된 독립의 물건이어야 한다 ·············· 133

Ⅲ. 물권의 종류 ·· 134
  1. 점유권 ·· 134

　　2. 소유권 ·· 135

　　3. 용익물권 ··· 136

　　4. 담보물권 ··· 137

Ⅳ. 물권변동 ·· 139

　　1. 물권변동의 의의 ·· 139

　　2. 물권행위 ··· 139

　　3. 공시의 원칙과 공신의 원칙 ·· 140

　　4. 등기와 인도 ·· 141

　　5. 농작물 등에 대한 명인방법에 의한 소유권 취득 ····························· 141

제3절　채권 ··· 142

Ⅰ. 채권의 의의 ··· 142

Ⅱ. 채권의 목적 ··· 143

Ⅲ. 채권의 효력 ··· 143

　　1. 채무불이행의 지체책임과 강제이행의 청구 ·· 143

　　2. 채무불이행과 손해배상책임과 손해배상범위 ······································ 144

Ⅳ. 다수 당사자 사이의 채권관계 ·· 144

　　1. 채권의 양도와 채무의 인수 ·· 145

　　2. 변제목적물의 공탁과 채무면제 ··· 145

　　3. 경개와 혼동 ·· 145

　　4. 채권이 발생하는 당사자 사이의 전형적인 계약 ································· 146

Ⅴ. 불법행위 ··· 147

　　1. 불법행위로 인한 손해배상책임 ··· 147

　　2. 생명침해로 인한 위자료(慰藉料) ··· 147

　　3. 미성년자, 심신상실자의 책임능력 ·· 148

　　4. 특수한 지위에 있는 자의 책임 ··· 148

Ⅵ. 방문판매 등에 관한 법률 ··· 151

　　1. 전화권유판매업자의 통화내용보존의무 ·· 151

　　2. 방문판매 또는 전화권유판매방법의 재화 등 구매계약의 청약철회 ···· 152

　　3. [전자상거래 등에서의 소비자보호에 관한 법률], [독점규제 및

　　　공정거래에 관한 법률], [소비자기본법], [전자문서 및 전자거래기본법]에

　　　따른 법적 규제 ··· 155

　　4. 할부거래에 관한 법률 ··· 156

    5. 보험업법에 따른 보험계약 ·· 159

    6. 소비자기본법 ·· 159

제4절　금전 및 부동산거래 ·· 162

  Ⅰ. 금전거래 ·· 162

    1. 금전거래시 유의사항 ·· 162

    2. 보증 ·· 168

    3. 공탁제도 ·· 174

    4. 내용증명 ·· 175

    5. 지급명령 ·· 175

    6. 소액심판 ·· 176

  Ⅱ. 부동산 거래 ··· 177

    1. 부동산 거래와 등기제도 ·· 177

    2. 주택임대차보호제도 ··· 181

    3. 「상가건물 임대차보호법」의 내용 ··· 191

제6장　여성과 관련된 법률 / 197

제1절　유엔여성차별철폐협약 ·· 197

  Ⅰ. 여성차별철폐에 관한 국제협약의 추진을 위한 합의내용 ········· 197

  Ⅱ. 협약의 주요내용 ·· 198

    1. 협약의 전문내용 ··· 198

    2. 협약의 주요내용 ··· 200

제2절　남녀고용평등과 일·가정 양립 지원에 관한 법률 ········· 204

  Ⅰ. 머리말 ··· 204

  Ⅱ. 목적 및 정의 ··· 205

    1. '차별'의 개념 ·· 205

    2. '직장내 성희롱' 등의 개념 ··· 205

    3. 남녀고용평등의 실현을 위한 각종 시책 및 기본계획의 수립 ············· 206

Ⅲ. 고용에 있어서 남녀의 평등한 기회보장 및 대우 등 ················ 206

1. 남녀의 평등한 기회보장 및 대우 ······················· 206

2. 직장내 성희롱의 금지 및 예방 ························· 206

3. 여성의 직업능력개발 및 고용촉진 ····················· 208

4. 적극적 고용개선 조치시행계획의 수립, 제출 ·············· 209

Ⅳ. 모성보호 및 일·가정의 양립 지원 ······················· 210

1. 출산전후(出産前後) 휴가에 대한 지원 ··················· 210

2. 육아휴직 및 근로시간 단축 등 ························· 210

3. 보육지원 등 ····································· 213

Ⅴ. 분쟁의 예방과 해결, 보칙 및 벌칙 ······················· 214

1. 분쟁의 예방과 해결 ································· 214

2. 보칙 및 벌칙 ···································· 215

Ⅵ. 각국의 입법례 ······································ 217

1. 스웨덴 ··· 217

2. 프랑스 ··· 217

3. 영국 ·· 217

4. 미국 ·· 218

5. 일본 ·· 218

제3절 근로기준법 ·· 219

Ⅰ. 머리말 ··· 219

Ⅱ. 근로기준법의 적용범위 ································· 221

1. 임금과 평균임금 ··································· 221

2. 공민권 행사의 보장 ································· 221

3. 근로기준법의 적용 범위 ······························ 221

4. 근로계약 ·· 221

5. 임금 ··· 223

6. 근로시간 ·· 224

7. 휴식 ··· 226

8. 여성과 소년 ······································ 227

9. 직장 내 괴롭힘의 금지 및 발생 시의 조치 ··············· 229

10. 재해보상 ······································· 230

11. 취업규칙 ······································· 231

제4절　모자보건법 ·· 232

  Ⅰ. 머리말 ·· 232

  Ⅱ.　모자보건법의 주요내용 ····································· 235

    1. "임산부·모성·영유아" 등에 대한 정의 ··············· 235

    2. 국가 또는 지방자치단체의 책임 등 ················· 236

    3. 인공임신중절수술의 허용한계와 인공임신중절의 예방사업 등 ··· 238

  Ⅲ. 인공임신중절에 관한 각국의 동향 ······················ 240

    1. 낙태 자유화 문제 ······································· 240

    2. 낙태죄에 대한 외국의 동향 ·························· 241

    3. 입법론적 문제 ··· 243

제5절　한부모가족지원법 ·· 245

  Ⅰ. 머리말 ·· 245

  Ⅱ. 한부모가족지원법의 주요내용 ······························ 245

    1. 국가 등의 책임과 한부모가족의 권리 등 ·········· 245

    2. 한부모가족 등의 개념 ·································· 246

    3. 지원대상자의 범위와 특례 ···························· 247

    4. 복지의 내용과 실시 ···································· 247

    4. 한부모가족복지시설 등 ································· 250

    5. 비용 ·· 252

    6. 보칙 ·· 253

제6절　아동복지법 ·· 254

  Ⅰ. 머리말 ·· 254

  Ⅱ. 아동복지법의 내용 ·· 255

    1. 아동 등의 개념 ··· 256

    2. 기본이념 ··· 257

    3. 국가·지방자치단체와 보호자 등의 책무 및 어린이날 ··· 257

    4. 아동복지정책의 수립 및 시행 등 ··················· 258

    5. 아동에 대한 보호서비스 ······························ 260

    6. 아동학대의 예방 및 방지 ····························· 263

    7. 아동에 대한 지원서비스 ······························ 268

8. 아동복지전담기관 및 아동복지시설 ·· 269

9. 아동학대예방사업의 과제와 개선방안 ·· 272

제7절 아동학대범죄의 처벌 등에 관한 특례법 ································ 273

Ⅰ. 총칙 ·· 274

Ⅱ. 아동학대범죄의 처벌에 관한 특례 ··· 276

1. 이동학대범죄에 대한 가중처벌 ··· 276

2. 형벌과 수강명령 등의 병과(제8조) ··· 276

3. 친권상실청구 등 ··· 277

Ⅲ. 아동학대범죄의 처리절차에 관한 특례 ·· 278

1. 아동학대범죄 신고절차 ··· 278

2. 아동보호사건 ··· 283

3. 피해아동보호명령 ·· 289

제8절 여성기업지원에 관한 법률 ··· 294

Ⅰ. 머리말 ·· 294

Ⅱ. 주요내용 ··· 296

1. 목적 및 정의규정 ··· 296

2. 국가 및 지자체의 책임 ··· 296

3. 여성기업활동 촉진에 관한 기본계획의 수립과 차별관행시정요청 및

실태 조사 ·· 296

4. 균형성장촉진위원회의 설치 ··· 297

5. 여성의 창업지원 특례 ··· 297

6. 공공기관의 우선 구매 ··· 298

7. 각종지원 ··· 298

8. 한국여성경제인연합회의 설립 등과 업무 ·· 298

9. 여성기업종합지원센터의 설치 등 ·· 299

10. 벌칙 ·· 299

제9절 가정폭력방지 및 피해자보호 등에 관한 법률 ······················ 299

Ⅰ. 머리말 ·· 299

Ⅱ. 가정폭력방지를 위한 국가 등의 책무 ·· 300

1. 국가와 자치단체의 책무 ·· 300

2. 재원확보 및 담당기구설치와 담당공무원 배치의무 ····················· 301

3. 가정폭력 실태조사 및 가정폭력 예방교육의 실시 ····················· 301

4. 아동의 취학지원 및 피해자에 대한 불이익처분의 금지 ··············· 302

5. 긴급전화센터의 설치·운영 및 가정폭력 추방 주간 ···················· 303

Ⅲ. 가정폭력 관련 상담소 및 가정폭력 피해자보호시설의 설치·운영

및 업무의 범위 ·· 303

1. 가정폭력관련상담소의 설치 ·· 303

2. 상담소의 업무 ·· 303

3. 가정폭력피해자보호시설의 설치 및 업무범위 ·························· 304

4. 보호시설 ·· 304

5. 피해자 의사의 존중의무 및 수시기관의 협조 ·························· 306

6. 홍보영상물의 제작·배포 등 ·· 307

7. 사법경찰관리의 현장출동 ·· 307

8. 비밀엄수의 의무 ··· 307

9. 치료보호 ·· 308

제10절 가정폭력범죄의 처벌 등에 관한 특례법 ························ 309

Ⅰ. 머리말 ··· 309

Ⅱ. 가정폭력의 개념 등 ··· 310

1. '가정폭력'의 정의 ··· 310

2. '가정구성원'의 범위 ·· 310

3. 가정폭력행위자와 피해자의 범위 ·· 311

4. 기타 정의 ·· 311

Ⅲ. 가정보호사건 ··· 311

1. 신고와 사법경찰관리의 응급조치 ·· 311

2. 검사의 임시조치의 청구와 판사의 임시조치 ··························· 312

3. 고소 등의 특례 ·· 314

4. 조사심리절차 및 불처분 결정 ·· 315

5. 보호처분의 결정 및 기타 불복절차(항고와 재항고) ·················· 317

6. 민사처리의 특례(배상명령신청 등) ······································ 319

7. 벌 칙 ·· 320

제11절 성관련범죄에 대한 이해 ································· 321

Ⅰ. 머리글 ·· 321

Ⅱ. 형법상 성관련범죄 ··· 323
   1. 강간죄·유사강간 및 강제추행죄 ···················· 323
   2. 준강간죄와 준강제추행죄 ···························· 325
   3. 13세 미만의 미성년자에 대한 의제강간·강제추행죄 ········· 326
   4. 강간 등 상해·치상·살인·치사죄 및 강도강간 ·········· 326
   5. 미성년자·심신미약자에 대한 간음·추행죄 ·········· 327
   6. 업무상위력 등에 의한 간음죄, 피구금자 간음죄 ·········· 328
   7. 약취·유인의 죄 ······································· 329
   8. 음행매개죄 ·· 330
   9. 음란물죄와 공연음란죄 ······························ 331
   10. 기타 경범죄처벌법위반죄 ··························· 333

Ⅲ. 성폭력범죄의 처벌 등에 관한 특례법 ··················· 333
   1. 머리말 ·· 333
   2. 총 칙 ·· 336
   3. 성폭력범죄의 처벌 및 절차에 관한 특례 ··········· 337
   4. 신상정보 등록 등 ····································· 349

Ⅳ. 성폭력방지 및 피해자보호 등에 관한 법률 ············· 354
   1. 총칙 ·· 355
   2. 피해자 보호·지원 시설 등의 설치·운영 ············· 359
   3. 보칙 ·· 363

Ⅴ. 특정 범죄자에 대한 보호관찰 및 전자장치 부착 등에 관한 법률 ··· 364
   1. 총칙 ·· 365
   2. 전자장치 부착명령의 청구 ··························· 367
   3. 부착명령의 판결 등 ··································· 368
   4. 전자장치 피부착자의 준수사항 ····················· 369
   5. 피부착자의 의무 ······································ 370
   6. 부착기간의 연장 등 ··································· 370
   7. 형 집행 종료 후의 보호관찰 ························ 370
   8. 가석방 및 가종료 등과 전자장치 부착 ············· 371
   9. 형의 집행유예와 부착명령 ··························· 372
   10. 벌칙 ·· 372

Ⅵ. 성폭력범죄자의 성충동약물치료에 관한 법률 ·············· 372

  1. 성도착증 환자 등의 정의(定義) ·············· 373

  2. 약물치료명령의 청구 및 판결 ·············· 374

  3. 치료명령의 집행 ·············· 375

  4. 수형자가종료자 등에 대한 치료명령 ·············· 376

제12절 '성매매알선 등 행위의 처벌에 관한 법률' 및 '성매매 방지 및

      피해자보호 등에 관한 법률' ·············· 378

Ⅰ. 머리말 ·············· 378

Ⅱ. 성매매알선 등 행위의 처벌에 관한 법률 ·············· 379

  1. 총칙 ·············· 379

  2. 성매매피해자 등의 보호 ·············· 381

  3. 보호사건 ·············· 383

Ⅲ. 성매매방지 및 피해자보호 등에 관한 법률 ·············· 385

  1. 목적 및 용어정의 ·············· 385

  2. 성매매 실태조사 및 예방교육 ·············· 385

  3. 성매매피해자 등 지원시설 ·············· 386

  4. 양벌규정 ·············· 389

제13절 아동·청소년의 성보호에 관한 법률 ·············· 390

  1. 제정경위와 입법목적 ·············· 390

  2. 아동·청소년과 아동·청소년대상 성범죄 등에 대한 정의 ·············· 391

  3. 국가와 지방자치단체의 의무와 책임 및 홍보 ·············· 393

  4. 아동·청소년대상 성범죄의 처벌과 절차에 관한 특례 ·············· 394

  5. 아동·청소년대상 성범죄의 신고·응급조치와 지원 ·············· 404

  6. 아동·청소년의 선도보호 등 ·············· 405

  7. 성범죄로 유죄판결이 확정된 자의 신상정보 공개와 취업제한 등 ······· 409

제7장 형사법 생활관계 / 419

제1절 여성범죄 일반론 ·············· 419

1. 여성범죄의 개념 ··· 419

2. 여성범죄에 대한 이론 ··· 419

3. 우리나라 여성범죄의 현황 ··· 422

4. 여성범죄의 원인과 특징 ··· 424

5. 여성범죄에 대한 대책 ··· 426

제2절 시민생활과 범죄 ··· 427

Ⅰ. 형법의 개념 및 기초관념 ··· 427

1. 형법의 개념 ··· 427

2. 죄형법정주의 ··· 427

Ⅱ. 형법의 적용범위 ··· 428

1. 시간적 적용범위 ·· 428

2. 장소적 적용범위 ·· 428

3. 인적 적용범위 ··· 429

Ⅲ. 행위주체 ··· 429

Ⅳ. 행위론 ·· 430

Ⅴ. 구성요건론 ·· 430

Ⅵ. 위법성 ·· 432

1. 정당행위 ··· 432

2. 정당방위 ··· 433

3. 긴급피난 ··· 434

4. 자구행위 ··· 435

5. 피해자의 승낙에 의한 행위 ·· 436

Ⅶ. 책 임 ··· 437

Ⅷ. 죄수론 ·· 438

Ⅸ. 형벌론 ·· 439

Ⅹ. 개별범죄 ··· 442

1. 개인적 법익에 대한 죄 ··· 442

2. 사회적 법익에 대한 죄 ··· 464

3. 국가적 법익에 대한 죄 ··· 473

제1장 법에 관한 일반론

제1절 사회생활과 사회규범

　사람은 이 세상에 태어나면서 타인과의 관계를 맺지 않고서는 살아갈 수 없는 인간관계, 즉 사회적 관계 속에서 함께 살아가고 있다. 이와 같이 인간이 타인과의 관계 속에서 살아가는 공동체적인 사회생활관계는 가까이는 가족, 이웃, 종교단체, 각종 사회단체, 지역사회, 국가, 국제사회에 이르기까지 광범위한 영역에 걸쳐 있으며, 각 개인은 이러한 중첩적인 단위사회의 구성원으로서 일정한 역할을 하면서 타인이나 이러한 사회공동체와 다양한 관계를 맺으면서 살아가고 있다. 그러므로 인간은 필연적으로 사회공동체의 일원으로서 살아갈 수 밖에 없는 존재이고, 인간의 사회생활의 실체는 '타인을 통한 생활과 타인을 위한 생활의 결합이고, 상호의존적인 공동생활'이라고 할 수 있다.

　이러한 인간의 본질적인 사회성에 대하여 일찍이 아리스토텔레스(Alistoteles; BC 384~322년)는 "인간은 본성적으로 정치적인 동물이다"라고 하였으며, 중세시대의 교부철학자인 토마스 아퀴나스(Thomas Aguinas: 1225~1274)는 "인간은 본성적으로 정치적·사회적 동물이다"라고 하였고, 기르케(Gierke:1841~1921년)는 "사람이 사람되는 이유는 사람과 사람과의 결합에 있다", 하이데거(Heidegger, 1889~1976년)는 "인간의 존재는 타인과의 공존에 있다"라고 하여, 인간은 고립되어 혼자서 살 수 없는 사회적인 존재임을 이미 설파한 바 있다.

　그런데 인간이 타인과의 다양한 관계를 맺으면서 살아가는 인간관계는 개인 상호간이나 개인과 공동체 사회간의 복잡다단한 이해관계가 충돌함으로써 모순과 갈등은 불가피하게 발생하게 되고, 이러한 사회의 모순과 갈등과 불협화음을 평화적 객관적으로 해결하는 준거기준의 필요성에 의해 생겨난 것이 인류 공동체사회의 공존공영과 평화생활을 위한 규범인 법, 도덕, 종교, 관습과 같은 사회규범이다.

　이와 같이 법규범은 인류공동체의 평화로운 삶, 즉 인류공동체가 지향하는 공존공영의 평화로운 사회생활을 보장하기 위한 필요불가결한 사회규범의 일종이라고 할 수 있다.

제2절 법의 개념

1. 법의 특징

(1) 법은 자연법칙이 아니라 당위규범이다.

법은 그 사회공동체의 평화로운 공존공영이라는 목적을 달성하기 위해 그 사회 구성원이 마땅히 준수해야 할 행위나 태도의 기준이 되는 당위규범이므로, 자연세계 에 존재하는 자연계의 물리적·화학적·인과적 법칙인 자연법칙과는 구별된다.

즉 자연세계에서 행해지는 존재의 법칙(sein, to be)은 필연적·기계적·몰가치 적·사실적인 법칙이 작동하지만, 인간사회의 법칙은 당위의 법칙(sollen, ought to be)으로서 명령적·가치적·목적적·자유적·문화적인 법칙이라는 점에서 구별된다.

따라서 자연세계의 법칙은 인과적·필연적 법칙이 작용하므로 이에 어긋나는 일이 발생하지는 않지만, 만약 자연법칙에 위배되는 일이 발생했다면 이는 이미 자연법칙 으로서의 존재가치를 잃게 된다. 이와 달리 인간사회의 사회규범으로서의 법규범은 인간행위를 규율하는 규범이기 때문에 사람들에 의해 법규범위반행위는 언제든지 가능하며, 또한 공동체의 평화적 공존을 위한 구체적인 행위기준으로서의 법규범은 시간과 공간에 따라 그 내용이 변화되어질 수도 있다.

(2) 사회생활을 규율하는 사회규범(도덕, 종교, 관습규범 등)의 일종이다.

공동체라는 사회의 사회생활을 규율하는 사회규범에는 강제력이 담보되는 법규범 외에도 인간의 자율성에 기초한 그 사회의 제1차적 규범으로서 도덕·종교·관습 등 의 사회규범이 있다. 그러나 이러한 공동체 구성원 간의 이해관계가 첨예하게 상충 할 경우에는 구성원의 자율성에 분쟁해결의 토대를 둔 제1차적 사회규범인 도덕·종 교·관습 등으로는 그 해결책을 찾기가 어렵게 되었다. 따라서 공동체의 분쟁해결과 평화유지 및 가치를 강제적으로 실현할 수 있는 국가권력에 의해 그 실현이 담보되 는 법규범이 필요하게 되었다. 역사적으로 인류사회는 원시공동체사회를 지나 어느 정도 정치적으로 조직된 국가권력이 체계화된 시대이래로는 그 사회 구성원의 이해 관계의 대립이나 분쟁을 해결하기 위해 법규범을 설정하고 이를 위반하는 구성원에 대하여는 공동체의 질서유지를 위해 법적 제재를 가함으로써 공동체의 평화적 공존질서를 유지하고 발전시켜 나아가게 되는 것이다. 결국 법규범이란 정치적인 사회조직 중 가장 강력하고 통일적인 권력을 가진 국가라는 정치적으로 조직된 사회조직의 규범인 것이다.

(3) 국가권력에 의해 승인되고 그 실행의 강제성이 보장되는 사회규범의 하나이다.

법은 제정법이든 관습법이든 국가권력에 의해 승인되고 강제성이 담보되는 사회규범이다. 먼저 법규범은 공동생활의 준칙으로서 국가권력에 의하여 승인되고, 나아가 국민의 법적 확신이 이에 더해져야 법규범에 대한 국민의 준법의식은 각성·강화되어진다. 이와 달리 국가권력에 의하여 승인된 법규범이라 하더라도 국민의 정의감이나 건전한 도의심에 배치되는 내용의 법규범, 즉 그 내용이 악법인 경우에는 비록 강제력을 지닌 법규범이라 하더라도 법준수자인 국민이 법규범에 대한 법적 확신을 갖지 못할 때에는 법규범에 대한 국민의 규범준수력은 떨어질 수밖에 없으며, 그로 인한 새로운 법규범 창출에 대한 국민의 요구는 헌법이나 법률개정으로 나타나게 되며, 이러한 합규범적 절차가 국가권력자에 의하여 무시되거나 불가능하게 될 때에 국민은 저항권을 행사하거나 새로운 정치질서를 통한 국가법질서의 개혁이라는 정치혁명의 형태로 이를 분출하기도 한다.

또한 법규범은 다른 사회규범과 달리 정치적으로 조직된 국가권력에 의하여 그 준수나 이행이 담보된다는 점에서 차이가 있다. 즉 법규범이 강제력을 지닌다는 것은 일반적으로 심리적 강제성에 의해 그 준수와 복종이 담보되는 것을 말하며, 물리적 강제성이란 법규범에 위배되는 위법행위에 대하여 국가권력에 의하여 강제집행이나 형벌 등 법적 제재에 의하여 그 실행력을 확보하는 힘을 가지고 있다는 것을 말한다.

결국 법규범이란 다른 사회규범과는 달리 정치적으로 조직된 국가권력에 의하여 그 내용의 실현이 강제되는 강제력을 지닌 사회규범의 일종이라 할 수 있다.

2. 법 개념의 다양성

인류 역사와 더불어 공동체사회가 어느 정도 완결된 사회에는 그 공동체 사회의 평화와 질서유지를 위해 법규범이 존재해왔다. 그러므로 사회가 있는 곳에 법이 있다는 말은 지나침이 없다. 지난 수천년 동안 법사상가들은 법이 무엇인가에 대하여 그 본질을 규명하기 위해 진력을 다해 탐색해왔지만 아직도 그 귀착지를 찾지 못하고 있다. 법의 목적이나 용도, 법의 형식, 법의 기능, 법의 실효성 등에 관하여 각기 다르게 모색해왔는데, 이에 관한 다양한 견해들을 살펴보면 다음과 같다.

《 법 개념의 다양성 》

① 키케로(Cicero): 법이란 **"자연에 근거를 둔 최고의 이성**으로서 해야 할 것을 명하고 하지 말아야 할 것을 금한다."

② 토마스 아퀴나스(Aquinas): 법이란 "공동사회의 복지를 위임받은 자가 제정·공포한 **공동선(共同善)을 목적으로 하는 이성의 규범**이다."

③ 홉스(Hobbes): 법이란 **"보편적 진리가 아니고 국가의 의지적 결정이다."**

④ 토마지우스(Thomasius): 법이란 "외적인 평화를 위해 **정의로운 행위의 의무를 강제하는 명령이다.**"

⑤ 칸트(Kant): 법이란 "한 사람의 자의와 다른 사람의 자의가 자유의 **보편적인 원칙에 따라 조화될 수 있기 위한 제반 제약의 총괄**이다."

⑥ 헤겔(Hegel): 법이란 "외계의 사물을 지배하는 것에 의한 **자유의지의 실현**이다."

⑦ 벤담(Bentham): 법이란 **"공동체의 행복을 증진시키고, 고통을 감소시키는 것이다."**

⑧ 사비니(Savigny): 법이란 "민족의 과거를 통하여 형성되고 그 민족의 역사와 함께 발전하며 그 **민족정신의 표현**이다."

⑨ 베버(Weber): 법이란 "질서의 효력이 물리적 또는 심리적 강제가능성에 의하여 보장되어 있는 것이다."

⑩ 기르케(Gierke): 법이란 "사회내에 내재하는 **사회의식의 살아 있는 힘의 표현이다.**"

⑪ 로스코 파운드(R. Pound): 법이란 "정치적으로 조직된 사회의 힘의 체계적 사용을 통한 **사회통제이다.**"

⑫ 마르크스와 엥겔스(Marx, Engels): 법이란 "국가를 매개로 하는 **지배계급의 지배수단이다.**"

⑬ 칼 슈미트(Karl Schmidt): 법이란 **"정치적 결정이다."**

⑭ 페흐너(Fechner): 법이란 "사회관계를 규율하는 **질서의 요소**이다."

법의 이념

법의 이념 내지 목적이란 법이 무엇을 위해 존재하는가? 즉 법이 존재하는 이유는 무엇인가에 대한 물음이다. 즉 법은 그 이념과 가치를 실현하기 위해 존재하므로, 법이 무엇인가에 관해서는 그 이념에 대한 이해가 필요하다. 법이 추구하는 궁극적인 가치 내지 이념이 무엇인가에 대하여 견해가 대립하는데, 이는 학자마다 그가 추구하는 세계관이 다르기 때문이다.

개인주의적인 법관에 의하면 개인의 복지가 최상의 가치가 될 것이므로 개인의 자유가 가장 중요한 가치가 된다. 이와 달리 **단체주의적 법관**에 의하면 개인의 자유보다는 국가의 안정과 질서유지라는 가치를 가장 중시하게 된다는 점에서 서로 차이가 있게 된다. 법의 이념에 대하여는 다양한 견해가 있으나, 가장 보편적이면서 총체적으로 이를 잘 정리한 학자로는 독일의 법철학자인 **라드브루흐**(Gustav Radbruch)를 들 수 있는데, 그는 법의 이념에는 3가지의 기본가치, 즉 **정의, 합목적성, 법적 안정성**이라는 가치가 있다는 입장을 취하고 있다.

1. 정 의

정의의 개념을 윤리학의 입장에서 고찰하고 이를 이론화한 사람은 아리스토텔레스이다. 그는 사람이 행하는 최고의 덕을 '정의'라고 보면서, 정의는 단순한 개인적 도덕에 그치는 것이 아니라 인간사회에서 타인과의 관계에서 지켜야 할 사회적 도덕이라고 보았다. 그는 정의를 광의의 정의와 협의의 정의로 나누고 있다.

(1) 광의의 정의(일반적 정의)

인간의 심정이나 행동을 공동생활의 일반원칙에 부합되도록 하는 것, 즉 도덕규칙에 합치되는 일체의 행위를 말한다. 아리스토텔레스 시대에는 그 당시 아테네의 법을 준수하는 것을 일반적 정의에 부합되는 것으로 생각하였다.

(2) 협의의 정의(특수적 정의)

정의라는 말의 고유한 의미는 플라톤이 말한 '각자에게 그의 몫을 돌려주는 것'

을 의미하는데, 이는 각 개인의 정신적, 물질적 이해를 평등하게 하는 것으로서 이를 협의의 정의라고 보았으며, 아리스토텔레스는 이를 특수적 정의라고 보았다.

(3) 특수적 정의의 두 가지 측면

아리스토텔레스에 의하면 특수적 정의는 평등을 실현하는 기능을 하는데, 이는 다시 평균적 정의와 배분적 정의라는 두 가지 측면으로 나누어 볼 수 있다.

여기서 **평균적 정의**란 절대적·산술적 **평등**을 의미하여 평등한 사람 사이의 병렬적 관계에서 타당한 것이며, **배분적 정의**란 상대적·비례적 **평등**을 의미하여 평등한 사람의 상하관계에서 타당한 것으로 보고 있다.

정의의 이러한 두 가지 기능은 정당한 분배를 주된 기능으로 하고 있으며, 정의의 적용영역은 명예와 재산을 다투는 이해관계가 있는 국민들 사이에서 균형과 평등을 실현하는 것이고, 가정에서는 엄격한 의미의 법이나 정의는 문제되지 않았다.

오늘날에 와서도 이러한 아리스토텔레스의 정의론은 **정의의 핵심을 평등**으로 파악하는 것이 일반적인 경향이지만, 이에 덧붙여 기본적 **인권의 존중**도 정의의 개념으로 파악하고 있다. 이는 제1차 세계대전 후에 독재정권을 경험한 여러 나라에서 '각자에게 그의 몫을 돌려준다'는 정의의 공식이 지나치게 형식적이기 때문에 실질적·내용적으로 정당성을 구현할 수 있는 구체적인 기준을 제시하지 못한다는 점에 대한 통렬한 반성에서 비롯되었다고 할 수 있다.

그렇다면 정의의 내용을 평등이라고 할 때 무엇이 평등인가라는 문제는 결코 간단한 문제가 아니다. 결국 정의의 기준형식인 첫째, '**각자에게 그의 몫을 돌려준다**'는 원칙과 둘째, '**같은 것을 같게, 다른 것을 다르게**'취급해야 한다는 원칙을 기준으로 하여, 정의와 평등의 현실적인 양태는 시간과 공간에 따라 구체적·개별적으로 다르게 나타날 수도 있게 된다. 다만 이러한 기준이 적용되는데 있어서는 대립되는 이해관계가 있는 당사자간의 민주적인 **대화를 통한 소통과 설득**이라는 과정이 중요하다고 생각된다.

2. 합목적성

합목적성이란 법을 정립할 때에 법의 내용을 법의 목적에 부합하도록 제정하는 것을 말한다. 즉 법규범이 그 법의 이념 내지 가치관에 의해 구체적으로 합치되는 것을 말한다. 따라서 법에 있어서 합목적성이란 그 사회의 가치관에 따라 내용이 달라지는 상대적인 개념이다. 법의 목적이란 그 사회의 사회적·정치적·사상적 배경에 의해 구체적인 내용이 결정되어지므로, 정의가 법의 내용을 일반화하는데 반하여, 합목적성은 법이 요구하는 가치관에 따라 법의 목적을 현실화하는데 있다.

라드브루흐에 의하면 한 국가의 법질서가 어떠한 이념과 가치관에 의하여 구체적으로 제정하여 실시하는 원리인 합목적성의 방향에는 개인주의와 단체주의 및 문화주의가 있으며, 여기서 개인주의는 개인의 자유와 행복을 최대한 보장하도록 하며, 단체주의는 국가나 민족과 같은 단체를 최고의 가치로 여기며, 문화주의는 개인이나 단체가 아닌 인간이 만든 문화 내지 작품을 최고의 가치로 여기는 태도를 말한다.

오늘날에 있어서 법의 목적은 개인의 자유와 권리를 우선적으로 중시하는 개인주의와 공공복리라는 단체적 가치를 우선시하는 단체주의라는 대립되는 가치관을 어떻게 적절히 조절할 것인지가 관건이다. 즉 사익과 공익의 적절한 조화를 통한 해결방안을 모색하는 것은 법의 합목적성을 통해서 실현가능하기 때문이다.

3. 법적 안정성

법적 안정성이란 법이 보호하는 생활의 안정성, 즉 국민이 법에 따라 안심하고 생활할 수 있는 환경인 법률생활의 안정성을 말한다. 이러한 법적 안전성을 구현하기 위해서는 법률의 적용과 집행에 있어서 국민이 예측가능한 범위에서 법이 작동되어야 하고, 법준수자인 국민이 법규범 준수에 대한 신뢰를 가져야 한다.

이를 위해서는 다음의 요건이 구비되어야 한다.

첫째, 법규의 내용이 명확해야 한다. 법규의 내용이 명확해야 법규범의 수범자인 국민이 이를 잘 준수할 수 있고, 이를 적용하고 집행하는 행정기관이나 사법기관도 공정하고 객관적인 법의 적용과 집행으로 법률생활의 안정을 기할 수 있다.

둘째, 법규가 자주 임의적으로 변경되어서는 안 된다. 수범자인 국민이 변경된 내용을 잘 알 수 없다면 법준수도 기대하기가 어렵게 된다.

셋째, 제정된 법이 실질적으로 적용되고 집행되지 않으면 법에 대한 신뢰가 떨어지게 된다. 그러므로 제정된 법은 명목적인 법이 되어선 안 되고 실효성을 지녀야 법적 안정을 유지하게 된다.

넷째, 법률의 내용이 일반국민의 의식과 보편적으로 일치하여 국민들로 하여금 수긍이 가도록 해야 한다. 그렇지 않으면 실정법은 끊임없는 법개정요구의 압력을 받게 되므로 국민이 이를 신뢰하지 않게 된다. 따라서 국민의 의식과 일치하는 양질의 법을 제정해야 법적 안정성을 기할 수 있다.

4. 법이념 상호간의 관계

법의 이념으로서 정의와 합목적성, 그리고 법적 안정성이라는 3가지의 가치는 상호모순적이며, 보완적인 관계이다. 정의의 형식은 평등이고, 합목적성은 정의의 내용이며, 법적 안정성은 정의의 기능이라 할 수 있다.

우선 '각자에게 그의 몫을 가지게 하는 것'이라는 정의의 개념은 일반화하는 경향이 있고, 이에 따라 국가사회의 목적 내지 가치관에 따라 구체화되는 법이 구체화되는 합목적성은 개별화 경향이 있다. 그리고 정의와 합목적성이 이념적인데 반해 법적 안정성은 실질성을 요구한다. 정의는 주로 법의 내용에 관한 것이지만 법적 안정성은 법의 기능에 관한 법이념이다.

정의를 강조하게 되면 때로는 법적 안정성을 해치게 되고, 법적 안정성을 강조하다 보면 정의를 실현할 수 없게 된다. 그러므로 정의와 합목적성과 법적 안정성이라는 3가지 가치는 어느 것이 우선적이라고 할 수는 없지만 서로 대립되어 어느 하나의 가치를 우선적으로 선택해야 할 경우에 어느 가치를 우선할 것인가는 개인의 법률관에 의한 선택의 문제라고 라드브루흐(Gustav Radbruch)는 지적하면서 그는 정의를 우선적 가치로 보았다. 이와 달리 독일의 문호 괴테(Johann Wolfgang von Goethe)는 법적 안정성을 강조하여 '정의롭지 못한 법이라 하더라도 무질서보다는 낫다.'라고 지적한 바가 있다. 결국 법이 추구하는 이러한 3가지 가치는 서로 조화를 이루면서 법의 정신을 실현하게 된다.

법은 그 영역의 특성에 따라 어느 하나의 가치가 더 중시되기도 한다. 즉 형법영역에서는 정의가 강조되며, 행정법의 영역에서는 합목적성을 중시하며, 민법이나 소송법에서는 법적 안정성이 강조되어진다.

일반적으로 실정법을 준수하는 것이 정의의 실현이지만 실정법의 내용이 정당하지 않고 불합리한 내용일 경우에는 적법절차를 통해 이를 개정하기 위해 노력해야 한다. 정의와 법적 안정성 및 합목적성이라는 법의 가치는 상호 보완적 관계 속에서 공동체 사회의 평화공존을 위해 법의 모습을 드러내게 된다. 민주적 법치국가의 틀 속에서 국가법질서가 제정되고 적용되어질 때에는 이러한 법의 이념이 상호 조화를 이루면서 사회발전을 안정적으로 도모하게 된다.

그러나 적법절차를 통한 법개정이 원천적으로 봉쇄되어 있거나 법의 내용이 기본권의 본질적 내용을 침해할 경우에는 국민은 소극적으로 기존법질서의 준수를 거부하는 저항권을 행사하거나 적극적으로 기존의 정치사회체제를 무너뜨리고 새로운 정치사회체제를 형성하는 혁명이라는 형태로 그 요구를 발현하게 된다.

사람은 이 지구상에 살면서 모든 가치를 동시에 향유할 수는 없으며, 이러한 가치들이 서로 충돌할 경우에는 종국적으로는 인간의 존엄성을 해치지 않도록 사려 깊은 조화와 결단을 해야 할 것이다.

제2장 여성인권과 여성운동

제1절 19세기 여성운동의 구체화와 전개과정

근대에 들어와 사회의 변화와 더불어 새로운 가치관이 등장하면서 인간의 존엄성 문제도 논의되기 시작하였다. 특히 인간의 평등성이 강조되면서 신분제도가 무너지고 인권을 중시하는 자유주의 사상이 출현하면서 계층의 모순성에 대한 논쟁이 불붙으면서 여성 문제도 차츰 관심의 대상이 되기 시작하였다. 이러한 관심이 17~18세기에 이르러 사회적인 운동의 흐름 속에서 자리매김을 시작하면서 자발적·집단적인 운동의 형태로 나타나게 되었다. 19세기에 들어와 여성운동은 보다 구체화되기 시작하였는데, 그 주요쟁점들을 크게 ① 참정권과 교육기회의 균등, ② 노동시장에서의 평등권 확보, ③ 성에 대한 고정관념과 문화적 편견에 대한 도전, ④ 출산과 성문제의 분화문제의 4가지로 분류하고 그 흐름과 발전과정을 살펴보기로 한다.

1. 참정권과 교육기회의 균등

중세의 봉건적인 신분제도가 붕괴되면서 시민혁명의 토대 위에 여성의 평등권에 대한 주장이 일어났다. 여성의 평등권의 핵심은 참정권의 획득과 교육기회의 균등이었으며, 이로 인해 여성뿐만 아니라 일반시민이 봉건적인 억압으로부터 벗어나 최대한의 자유를 누릴 수 있도록 개인의 천부적 인권을 강조하는 여성의 참정권 획득운동은 1830년대 미국에서 본격적으로 일어나 조직적·장기적으로 지속됨으로써 여성들의 집단적인 힘과 저력을 보여주는 계기가 되었다.

2. 노동시장에서의 평등권 확보

여성의 노동시장 참여는 중상류계층 여성들의 경우에는 가사노동에 만족하지 않고 자아성취를 위해 노동시장에의 참여를 요구하였고, 저소득층의 빈곤 여성들의 경우에는 가정생계를 위해 노동시장에 참여하게 되면서 정당한 노동의 대가인 보수를 남성과 동등하게 해줄 것을 요구하게 되었다. 특히 여성들의 노동시장 참여는 산업혁명으로 인한 많은 산업노동력의 필요로 인해 발생하였지만, 1차 세계대전과 제2차 세계대전을 전후하여 본격적으로 진출하게 되었다고 할 수 있다. 이는 전쟁이라는 특수상황 속에서 종래에는 남성들의 전유물로 여겨왔던 산업영역에 여성들이 참여하게 됨으로써 노동시장에서는 성역할의 구분이 사라져가는 진보적인 성향을 보이고 있다.

3. 고정관념과 문화적 편견

17세기에 접어들면서 서구사회에서는 인간의 존엄성과 평등사상을 기반으로 하는 자유주의 사상이 확산되면서, 여성들도 생물학적 결정론을 거부하고 기존의 성차별적인 고정관념을 비판하기 시작하였다.

즉 여성들은 출산과 자녀양육이라는 가사노동에서 벗어나 남성과 동등한 사회활동을 하고자 하며, 가사노동영역도 남성들과 공유해야 한다는 생각을 갖게 되었다. 또한 여성은 생물학적으로 열등하다는 종래의 프로이트의 이론을 부정하면서, 여성들도 남성과 유사한 환경에서 성장하게 된다면 남녀 간에는 능력차이가 거의 나타나지 않을 것이라는 사실을 확신하면서, 성에 대한 고정관념을 타파하고 문화적인 편견에 도전하는 시도들이 이어졌다.

4. 출산과 성(Sexuality)문제의 분화

과학문명의 발달로 인해 인간의 출산과 성의 문제가 분화될 수 있게 되었다. 즉 각종 피임기술의 발달과 체외수정 등의 연구로 인해 남녀 간의 성관계가 곧 출산을 위한 행위로만 여겨지지 않게 되었다. 따라서 성에 대한 문제는 인간의 본능적인 성적 쾌락을 향유하고 통제할 수 있는 권리를 누가 지니는가의 문제로 이어지게 된다. 자신의 몸에 대한 통제가 미약한 경우, 특히 여성의 자신의 몸에 대한 통제력과 자아정체성과는 밀접한 상관관계가 있어, 자아정체성이 미약한 경우에는 자신의 몸에 대한 통제력도 매우 약화되어 성에 대하여도 자발적·주체적·능동적이기 보다는 종속적·수동적인 경향을 보이게 된다. 즉 자신의 몸에 대한 자아통제력이 결여될 때에 사람의 몸은 하나의 도구로 전락하게 되어 성의 상품화를 유발하게 된다.

여성운동의 흐름을 국내·외적으로 제1기부터 제4기로 나누어, 각 시대별로 관심을 끌었고 강조되었던 여성운동의 내용을 살펴보면 다음과 같다.

1. 제1기 운동(참정권 획득과 교육기회균등)

초기 여성운동은 근대 자유주의 시민운동의 영향 속에서 기존의 신분적 봉건질서가 무너지고 새로운 사회질서가 확립되는 과정에 싹트기 시작하였다. 즉 프랑스 혁명(1789~1793년)과 산업혁명(1700년 후반부터 1830년대), 그리고 미국의 독립전쟁(1775년~1830년)이라는 역사적인 사건들이 일어난 17, 18세기를 전후하여 일어나기 시작하였다. 자유, 평등 박애를 목표로 한 프랑스 혁명은 성공을 거두었지만 여성들의 현실적인 삶에는 변화가 거의 없었다고 할 수 있다.

말하자면 봉건체제의 붕괴와 새로운 질서 확립과정에서도 여성들의 종속적 지위는 변하지 않았다. 대표적인 사회사상가인 루소조차도 정치·경제·사회활동의 외부세계는 남성의 영역이므로 여성은 내부세계를 중심으로 활동해야 한다고 말한 바 있다. 따라서 이 시기의 여성운동의 핵심은 여성이 정치에 참여할 수 있도록 하는 참정권의 획득과 교육에 있어서 평등한 기회를 보장받는 것이었다.

그러나 시민혁명 이후 신분사회가 붕괴되고 급변하는 사회구조 속에서도 여성들은 여전히 독립적이고 주체적인 사회 구성원의 지위가 아닌 종속적인 사회구성원으로 남게 되었다. 이러한 와중에 여성의 권리와 지위에 회의를 품은 매리 월스톤크래프트는 "여성권리의 옹호론(1792년)"에서 "악하기 때문에 악을 추구하는 사람은 없다. 단지 선을 추구하고 행복을 찾다가 그렇게 될 뿐이다."고 하였으며, 계몽사상가인 존 스튜어트 밀은 "여성의 예속"에서 "만약 민주주의의 원칙이 옳은 것이라고 한다면 우리가 믿는 바대로 실천해야 할 것이다. 백인이 아닌 흑인으로, 귀족이 아닌 평민으로 태어난 것이 그 사람의 위치를 결정해서는 안 되듯이 여자로 태어난 것이 문제가 되어서는 안 될 것이다."고 하여 남녀불평등의 모순을 지적하였다.

자유와 평등의 원칙이 여성에게도 남성과 동등하게 부여되어야 한다는 주장은 참정권운동으로 이어지면서 유럽과 미국에서 상당한 호응을 얻게 되었고, 미국의 경우에는 1878년 미국 의회에 여성의 참정권을 청원한 이래로 40년이 지난 1920년에 이르러 이 안이 통과되었으며, 영국은 1918년에 30세 이상의 여성에게만 참정권을 인정하였으나, 1928년에 비로소 남성과 동일하게 21세 이상의 여성에게도 참정권을 인정하기에 이르렀다.

2. 제2기 여성운동(사회주의적 운동)

유럽과 미국에서 여성의 참정권이 획득되면서 여성운동은 여기에 만족하면서 잠정적인 소강상태에 접어들게 되었는데, 이 즈음에 나타난 새로운 여성운동이 마르크스주의와 사회주의 이데올로기에서 출발한 프로레타리아 여성에 의한 여성운동이다. 이러한 시각에 의하면 여성이 참정권을 획득하였다고 해서 여성에 대한 근본적인 억압상태가 해소된 것은 아니며, 오히려 기존의 제도 속에 편입되어 안주하게 되는 위험에 처해 있다고 주장하기 시작하였다. 즉 여성억압 문제는 사회의 일부 제도나 상황이 일시적으로 변화하였다고 해서 해결될 문제가 아니며, 오히려 **총체적인 사회변혁의 틀 속에서만 해결이 가능**하기 때문에 혁명적인 체제변혁과 전면적인 인식전환이 필요불가결하다고 주장하게 되었다. 이러한 여성운동은 그 당시 대중적인 관심을 모았던 마르크스주의 운동에 편승하여 더욱 활발히 전개되었다. 특히 독일의 여성해방운동가인 클라라 체트킨[1]은, "여성문제를 보편적인 역사발전의 흐름 속에서, 그리고 보편적으로 적용할 수 있는 사회적 관계, 관계의 역사적 필연성과 정당성 속에서 이해할 수 있도록 가능하게 만들었던 것은 역사에 대한 유물론적 개념뿐이다"라고 주장하였는데, 이 말은 이 시기의 여성운동의 성격을 잘 나타내고 있다고 할 수 있다.

3. 제3기 여성운동(여성운동의 르네상스)

참정권을 획득하고 균등한 교육기회를 갖게 된 여성들은 자아만족감을 얻고, 세계대전을 전후하여 자발적 또는 강압적으로 가정 밖의 영역에 발을 들여 놓게 되었다.

---

1) 클라라 체트킨(Clara Zetkin: 1857~1933)은 독일의 여성해방운동가로서 독일사회민주당에 들어가 주로 문화운동과 여성운동에 힘썼으며, 1892~1916년에는 사회민주당의 여성지인 《평등:Gleichheit》을 창간, 편집하였다. 1907년 최초로 국제사회주의여성회의를 개최하여 반전운동을 국제적으로 전개하였으며, 1920년부터 연방하원에서 활동했는데 1932년 8월 국회 임시의장이 되어 230명의 나치스 의원단 앞에서 반(反)파쇼통일전선을 결성할 것을 호소한 일은 유명하다.

이와 동시에 여성들이 각 분야에서 남성에 뒤지지 않는 능력을 보여줌으로써 여성의 한계가 생물학적인데 있지 않음을 보여주었다. 그러나 제2차 세계대전이 끝난 후에 대부분의 여성들은 가족중심적인 사회분위기 속에서 다시 예전의 행복한 아내, 어머니로서의 보수적인 역할로 되돌아가 안주하기에 이르렀다.

그러다가 1960년대에 접어들면서 미국을 중심으로 일어난 대규모 사회운동인 흑인의 인권운동, 학생운동, 반전운동, 좌파운동, 반문화운동 등 일련의 시민단체 중심의 사회운동이 활발히 전개됨으로써 여성들도 다시 문제의식을 가지게 되었고, 급진적 여성운동이 전개되기에 이른다. 이후 1975년 유엔의 '세계 여성의 해' 선포 이후 남성지배체제에 대한 도전이 활발히 전개되었다.

4. 제4기 여성운동(환경운동과 생명운동)

급진적인 여성운동이 시간이 흐름에 따라 지지력을 상실하게 된 반면에, 자유주의적 여성운동은 운동의 핵심적 좌표를 설정하지 못하고 표류하는 과정을 겪게 된다. 이에 새로운 사회운동차원에서 환경 및 생명존중운동이 일어나면서 남성중심적 사고가 여성과 공존하는 이 사회가 **환경 및 생명의 황폐화**를 가져온다고 주장하면서, 여성운동은 환경친화적인 여성의 힘을 이용하여 이러한 황폐화를 막아야 한다는 것을 목표로 하는 새로운 여성운동인 **에코페미니즘(ecofeminism)을 표방**하게 되었다.

에코페미니즘에 의하면 근대과학은 여성과 자연을 문화의 반대개념으로 인식하여 정복되고 지배되어야 할 대상으로 삼았지만, 반면에 여성은 근대과학에 편입되지 못한 소외된 주변존재로 남아 새로운 과학의 가능성을 구하고 있으며, 그 해답이 바로 생태중심적인 사회의 공동체적 생활, 과학이 설명하지 못하는 다양성이 강조되는 여성적 사회라고 주장한다. 나아가 복합적인 억압구조를 타파할 수 있는 것은 삶에 대한 총체적인 재편성이 그 해답이라고 지적하고 있다.

에코페미스트들은 **생태적인 삶**을 통해 **여성과 남성, 인간과 자연, 계층·인종· 문화간의 억압적인 구조를 타파**하고 **착취적인 연결고리**를 풀어보고자 노력하고 있다.

5. 한국에서의 여성운동의 전개

우리나라의 여성운동은 서양에서처럼 불합리한 억압을 의식적으로 느끼고 이에 대한 부당성을 해결하기 위해 구체적인 문제를 중심으로 여성들이 조직적인 집단을 이루어 이를 해결하고자 하는 노력을 전개하지는 못하였다. 오히려 다양한 문제들을 지역적으로 다루면서 단기간에 해결하고자 함으로써 의식화하지 못한 상태에서 행동에 옮기는 현상이 나타나기도 했다. 이러한 여성운동의 취약성은 연약한 기반과 지속성, 그리고 연대성이 미약하여 운동에 참여한 사람조차도 회의에 빠지는 경우가 있다는 점이었다.

한국에서 현대적 의미의 여성운동이 본격적으로 시작된 것은 1927년 근우회의 활동으로 보고 있다. 근우회는 민족주의와 자유주의계 여성단체와 1924년 최초 사회주의 여성단체인 조선여성동우회 등의 사회주의계 여성단체를 통합한 여성운동조직으로 가부장제의 폐습과 식민지 자본주의 사회구조의 문제를 극복하는 것을 여성운동의 목표로 삼았다. 그러나 중상류층의 고학력을 지닌 여성들이 중심을 이룬 근우회는 대중적인 기반이 약한 편이었다.

1950년대에는 6·25전쟁을 거치면서 기층 대중여성의 제반 문제를 함께 나누던 프롤레타리아 여성운동의 흐름은 국가권력의 탄압으로 소멸되고, 미군정의 지지를 받던 우익 여성단체들의 여권론적 부르주아 여성운동만 유지되다가 1970년대에 학생운동과 노동자운동의 주역들이 주도권을 쥐고 여성운동을 전개하였다. 1980년대의 여성운동은 민주화물결, 여성의 전화, 여성평우회 등 여성의 성차별 타파를 위해 노력하는 단체들을 중심으로 법과 제도 개선을 목표로 여성운동이 전개되었다.

2000년 이후 여성운동은 1990년대 후반의 여성운동의 주체와 영역이 확대됨에 따라 다양해진 운동의 과제와 내용에 따라 전개되고 있다. 특히 문화운동 영역이 더욱 더 다양해졌고, 상대적으로 소외되어 있던 여성장애인, 소수여성, 이주여성이 운동의 주체로 등장하였다. 또한 1990년대 제·개정된 여성관련 법과 제도 등이 만족할만하지는 않지만, 차별적 요소가 많은 부분 정비되었다. 1987년에 제정된 「남녀고용평등법」이 현재는 「남녀고용평등과 일·가정 양립지원에 관한 법률」로 변경되어 시행되고 있으며, 2008년에는 「가족관계의 등록 등에 관한 법률」, 「가정폭력방지법」, 「성폭력특별법」, 「성매매방지법」, 2014년에는 「아동학대범죄의 처벌 등에 관한 특례법」 등이 제정되어 시행되고 있다.

1985년부터는 매년 3월 8일을 전후해 "**세계여성의 날**[2]"을 기념하기 위해 한국여성단체연합 주최로 '한국여성대회'를 개최하여 기념식과 여성축제, 거리행진, 여성문화제 등의 행사를 진행하고 있다. 한국여성대회에서는 여성노동자들의 현실과 당면요구에 대한 확인 결의 및 단결, 소외되어 있는 여성노동자들의 현실에 대한 대중적 공감대 형성, 여성고용·실업문제 해결 등 여성과 관련된 다양한 행사를 개최한다.

《 참 고 》

※ **페미니즘(Feminism)**

  페미니즘이란 여성의 권리나 사회적 지위 향상을 위한 운동, 여권운동을 말한다. 즉 여성의 종속적 상황, 종속적 원인과 과정을 설명하고 여성들로 하여금 이러한 상황에서 탈피할 수 있도록 하나의 신념체계를 제시하는 이론적인 틀, 즉 사회의식을 변화시키기 위한 의식배양의 틀을 제시하는 사회변혁운동이다. 이러한 페미니즘에는 다양한 패러다임이 있는데, 크게 4가지로 분류할 수 있다. 자유주의 페미니즘, 마르크스주의 페미니즘, 급진적 페니미즘, 그리고 사회주의 페니미즘이 있다.

(1) **자유주의 페미니즘**

  17세기 후반에 서구에서 싹트기 시작한 자유주의 사상이 여성들에게도 새로운 사고를 갖게 하였다. 즉 여성도 남성과 같이 자유의지를 가진 존재임을 깨닫기 시작하였다. 자유주의자였던 존 스튜어트 밀(Mill)은 「여성의 예속」에서 인류의 발전을 위해 두 성의 관계가 여성의 남성에 대한 법적 예속보다는 두 성의 완전한 평등을 기본 원리로 삼아야 한다고 주장하였다. Mill은 여성도 남성과 동등하게 교육의 기회가 주어져야 한다고 주장하면서 인간의 본성, 경제적 독립, 성의 독립문제를 중점적으로 다루게 되었다.

  자유주의 페미니즘은 여성의 교육과 취업기회의 균등요구를 통해 여성의 자아성취를 이루고자 하였다. 따라서 인간의 이성적 합리성을 토대로 한 현실적인 노선수정을 취함으로써 기존의 남성중심의 제도적 통제를 정당화하면서 현상유지 차원에 머무를 위험이

---

2) 2018년 3월 8일에 제110주년 기념일이 열린 세계여성의 날은 여성권리와 지위확대를 위해 시위를 벌인 날을 기념해 제정한 날이다. 즉 1908년 3월 8일, 1만 5천여 명의 미국여성섬유노동자들이 러트거스 광장에 모여 10시간 노동제와 작업환경 개선, 참정권 등을 요구하며 시위를 벌인 것을 기념하기 위해 제정한 날이다. 1910년 덴마크 코펜하겐에서 열린 제2차 여성운동가대회에서 독일의 노동운동 지도자 클라라 체트킨의 제창에 따라 결의하였다. 1911년 제1회 기념일 시행 이후 여성들의 국제적인 연대 운동이 활발해지면서 각국에서 여성들의 지위향상과 남녀차별 철폐, 여성빈곤 타파 등 여성운동이 활기를 띠기 시작해 현재까지 매년 3월 8일을 기해 세계적으로 기념대회가 이어져 왔다. 이외에도 대표적인 여성운동으로는, ① 1915년 멕시코와 노르웨이에서 일어난 제1차 세계대전 반대 및 물가안정 운동, ② 오스트리아·에스파냐에서 일어난 군부독재 반대운동, ③ 1943년 이탈리아에서 일어난 무솔리니 반대시위를 비롯해, ④1979년 칠레의 군부정권 반대시위, ⑤ 1981년 이란 여성들의 차도르(아바) 반대운동, ⑥ 1988년의 필리핀 독재정권 타도 시위 등을 들 수 있다.

있다는 비판을 받고 있다. 따라서 자유주의 페미니스트를 개량주의라고 부르기도 한다.

(2) 마르크스주의 페미니즘

여성의 열등의식이나 종속의식을 결정하는 것은 사회 속에서의 여성의 존재상황이며, 사유재산제의 도입과 더불어 여성억압이 시작되었다. 남성의 수렵활동보다 여성의 농경활동이 보존성과 안정성이 있었기에 원시사회에서는 여성의 지위가 높았다. 사회속의 여성의 상황, 가사노동에 따른 억압, 자유로운 성관계부정, 남성은 부르조아이고, 여성은 프로레타리아로서 경제적 능력에 따라 노예상태가 된다.

(3) 급진적 페미니즘

여성 억압의 주체인 남성 위주의 현 사회체제를 변혁시키기 위한 정치적 행동주의를 실천하는 여성운동과 그 이론을 말한다. 1960년대 후반에 대두한 급진적 페미니즘은 1967년부터 1971년에 걸쳐 가장 왕성한 활동을 펼쳤다. 이러한 흐름이 촉발된 직접적인 동기는 1950년대와 1960년대에 전개된 인종차별 철폐운동을 주도한 시민권운동가 및 급진적 좌파운동을 주도한 뉴레프트(New Left) 활동가들이 억압당하는 계급으로서의 여성의 입장을 충분히 대변하지 못했다는 데에서 찾을 수 있다. 급진적 페미니즘에 의하면 인간본성에 의할 경우 성에 따른 역할이란 존재하지 않으며, 성불평등은 가부장체제의 산물이고 여성억압은 여성의 출산과 성에 대한 남성의 통제에 있다고 주장한다. 또한 여성적 경험이 여성문화를 형성하고, 남성적 경험이 남성문화를 형성하는데 임신, 출산, 자녀양육이라는 성의 분업이 남성문화와 여성문화형성의 주요 원인이며, 여성을 출산이나 남성의 성적대상으로 규정하여 성을 통제하는 이른바 가부장적 이데올로기에 의한 성의 통제가 여성 억압의 원인이므로 진정한 여성해방은 출산·양육 등의 여성의 성 역할에 대한 근본적인 변혁을 통해 이루어질 수 있다고 주장하였다. 급진적 페미니즘과 아울러 자유주의 페미니즘 운동은 여성건강관리운동, 아동위탁센터, 여성보호시설, 합법적 낙태 등의 결과를 가져왔다.

(4) 사회주의 페미니즘

사회주의 페미니즘은 마르크스주의로부터 영향을 받았지만, 여성에 대한 억압의 원인으로 자본주의 체제에만 주목하는 마르크스주의 페미니즘과 달리 생물학적 성별에 따른 남녀 차별적인 다양한 사회 체제에도 주목한다. 또한 성에 의거한 여성 차별에만 주목하는 급진적 페미니즘과 달리 계급, 인종, 국가, 섹슈얼리티, 젠더 등 복합적인 사회경제적 구조에 주목한다. 즉 여성의 실질적 해방은 섹스/젠더 시스템을 비롯한 다양한 억압의 형태에 동시다발적으로 접근하여야만 가능하다고 주장한다. 반(反)성차별주의, 반자본주의, 반제국주의, 반인종차별주의를 핵심으로 하며, 자본주의와 함께 남성 우월주의와 가부장주의의 타도를 목적으로 한다.

6. 여성운동의 미래적 과제

여성운동은 **인간해방운동**으로서 **다른 사회운동과의 연계** 속에서 발전하며, **이론과 실천의 조화**가 필요하고, 나아가 **남성과의 공동의 노력**을 통해서만이 성취될 수 있다. 여성운동의 이념을 모든 사람의 평등, 평화, 인권, 복지로 나가는 이념으로 확장하여 여성들은 남성과 함께 성 평등 사회를 실현해야 한다. 이에 여성운동은 사회전반의 민주주의 실현, 평화체제의 구축과 통일, 지속가능한 생태사회, 인권과 복지의 실적인 보장 등 사회개혁 과제에 대한 대안적인 패러다임으로써 대안사회의 비전을 제시해야하는 과제를 수행해야 할 필요성이 있다.

2015년 3월 제59차 유엔 여성지위원회에서는 1995년 제4차 세계여성북경대회의 내용실현에 대한 이행평가를 실시하였는데, 그 주요내용으로는 ① 여성의 빈곤문제 해결, ② 평등한 교육·훈련 보장, ③ 여성에 대한 폭력 철폐, ④ 여성의 보건서비스 이용에 대한 접근성 증진, ⑤ 무력분쟁 하에서의 여성보호, ⑥ 여성의 경제자립과 고용에서의 차별철폐, ⑦ 권력구조와 정책결정과정에 여성의 참여확대, ⑧ 여성의 지위향상을 위한 기구강화, ⑨ 여성의 인권 증진, ⑩ 성평등을 위한 매스미디어의 역할강화, ⑪ 환경보전에 대한 여성참여 확대 및 지원강화, ⑫ 여자어린이에 대한 차별·폭력 철폐 및 보호 등이다.

결국 이러한 과제를 해결하고 여성의 주체성을 확보하는데 필요한 것은 의지에 따른 선택과 남성과 여성의 상호협력적인 삶을 영위하는 것이며, 이를 위해 교육, 노동에서의 불평등, 공동체의 삶, 환경과 공해문제, 인간중심적 사회, 다변화된 사회에서 여성운동도 전문화·세분화가 필요한 시점이라고 할 수 있다.

제3장 : 헌법과 성평등

제1절 헌법의 개념과 기본이념

1. 개념

헌법이란 국가최고기관의 조직, 구성, 권한 및 이들 기관 상호간의 관계와 국민의 기본권보장에 관한 기본원칙을 규정하고 있는 **국가의 최고규범 내지 근본규범**이다.

2. 특징

헌법의 특징은 **사실적 측면과 규범적 측면**에서 살펴볼 수 있다. 헌법의 사실적 특징으로는 헌법은 제정·개정시에 **정치성·이념성·역사성**을 지니면서 **통치의 기본원칙을 정하는 법규범**으로서 **사실적 권력관계를 규율하는 '정치의 준칙'**이라는 특징을 지니지만, 일단 제정되어 시행되면 그 내재원리에 의해 현실정치를 규제하는 힘을 지니게 된다. 따라서 헌법이란 정치적 공동체의 존재형태인 **국가형태와 통치구조와 기본적 가치질서에 관한 국민적 합의**를 법규범적인 논리체계로 정립한 국가의 기본법이라 할 수 있다. 이러한 헌법의 규범적 특징으로는, 헌법의 ① **최고규범성**, ② **기본권 보장규범성**, ③ **조직규범**, ④ **수권규범성**, ⑤ **권력제한규범성**, ⑥ **자기보장규범성**(헌법은 다른 법률의 정당성의 근거가 되며, 이러한 헌법의 정당성은 국민으로부터 나온다)을 들 수 있다. 그 밖에도 헌법은 규범구조는 일반 법령과 달리 **간결성**, **미완결성**, 그 내용의 **추상성**, **불확정성**, **개방성**을 지닌다고 할 수 있다.

헌법은 정치적 기능과 규범적 기능을 수행하는데, 헌법의 **정치적 기능**으로는, ① 국가구성적 기능, ② 국민적 합의기능, ③ 공동체의 안정과 평화유지기능, ④ 국민통합기능, ⑤ 정치과정합리화기능을 들 수 있고, 헌법의 **규범적 기능**으로는 ① 법질서창설기능, ② 기본권보장기능, ③ 권력통제기능을 지닌다고 할 수 있다.

3. 헌법의 기본이념과 체계

우리 헌법은 전문과 본문(총강, 국민의 권리와 의무, 국회, 정부, 법원, 헌법재판소, 선거관리, 지방자치, 경제, 헌법개정) **10개장의 130개조와 부칙 6개조**로 이루어져 있으며, 1948년 7월 17일 제헌헌법이 공포된 이래로 1987년 10월 29일 **제9차 개헌**을 끝으로 오늘에 이르고 있다.

우리 헌법 제10조에 "모든 국민은 인간으로서의 존엄과 가치를 가지며 행복을 추구할 권리를 가진다."라고 규정하고 있는데, 이 규정은 헌법이 추구하는 최고의 이념인 "인간의 존엄과 가치의 존중"을 천명하고 있는 규정이며, 이러한 헌법이념을 구체화한 다양한 기본권의 구체적인 실현을 위해 국가의 통치구조를 조직, 구성하면서 상호 견제와 균형을 유지하도록 하고 있다.

말하자면 인간존엄의 구현은 모든 기본권의 출발점이자 근원이라 할 수 있으며, 기본권보장과 통치구조는 목적과 수단의 유기적 관계에 있다고 할 것이다. 따라서 헌법에 규정된 인간의 존엄과 가치조항과 나머지 기본권 조항들은 목적과 수단의 관계에 놓이게 되므로, 인간의 존엄과 가치라는 관념은 모든 국가권력과 국가기관을 구속하며, 우리 헌법의 근본적인 가치규범에 해당되어 모든 법령의 해석기준으로 작용하게 된다고 할 수 있다.

제2절 헌법상 여성의 지위

1. 헌법상 여성 특유의 기본권

(1) 법 앞의 평등조항

헌법 제11조에 "모든 국민은 법 앞에 평등하다. 성별, 종교, 사회적 신분에 의하여 정치적, 경제적, 사회적, 문화적 생활의 모든 영역에 있어서 차별을 받지 아니 한다."고 규정하여, 명문화된 차별금지규정(평등조항)을 두고 있다.

(2) 근로관계에서의 차별금지조항

헌법 제32조 제4항에 "여자의 근로는 특별한 보호를 받으며, 고용, 임금 및 근로조건에 있어서 부당한 차별을 받지 아니 한다."고 규정하여, 여자의 근로에 대한 특별보호와 근로관계에서의 여성차별금지를 명문화하고 있다. 이러한 헌법상의 근로관련규정의 취지에 따라 제정된 법률로는 「근로기준법」, 「노동조합 및 노동관계조정법」, 「남녀고용평등과 일·가정 양립지원에 관한 법률」 등이 있으며, 특히 근로기준법 제6조 및 제64조부터 제75조까지는 근로관계에서의 성차별금지와 모성보호에 관하여 상세히 규정하고 있다.

(3) 사회보장권의 보장

헌법 제34조 제3항에 "국가는 여자의 복지와 권익의 향상을 위하여 노력하여야 한다."고 규정하여, 국가에 대해 모성 기타 여성의 건강유지와 빈곤해소를 위한 특별한 정책실시 등의 노력을 요구하고 있다. 여성의 사회보장권과 관련된 법률로는 「아동복지법」, 「모자보건법」, 「영유아보육법」, 「국민연금법」, 「국민건강보험법」, 「국민기초생활보장법」, 「한부모가족지원법」, 「성매매알선 등 행위의 처벌에 관한 법률」 등이 있다.

(4) 혼인 및 가족생활에서의 차별금지조항

헌법 제36조 제1항은 "혼인과 가족생활은 개인의 존엄과 양성의 평등을 기초로 성립하고 유지되어야 하며 국가가 이를 보장한다."라고 규정하고 있고, 동조 제2항에서는 "국가는 모성의 보호를 위하여 노력하여야 한다."라고 규정하면서 혼인과 가족생활 관계에서의 차별금지와 국가의 모성보호의무를 명문으로 규정하고 있다. 이규정에 의하여 2005년에 호주제도와 동성동본불혼제도 등을 폐지하고, 가족친화적인 사회환경의 조성을 촉진하기 위해 "가족친화 사회환경의 조성 촉진에 관한 법률"(약칭 가족친화법)을 개정하여 2017년 6월 21일부터 개정법을 시행하고 있다.

2. 헌법상 평등조항

현행 헌법은 전문을 비롯하여 여러 부분에 성평등조항을 담고 있는데, 이를 살펴보면 다음과 같다.

(1) 헌법상의 평등조항

1) 헌법전문

헌법 전문은 자율과 조화를 바탕으로 자유민주적 기본질서를 더욱 확고히 하여 정치·경제·사회·문화의 모든 영역에 있어서 **각인의 기회를 균등**히 하고, 능력을 최고도로 발휘하게 하며, 자유와 권리에 따르는 책임과 의무를 완수하게 하여, 안으로는 국민생활의 **균등한 향상**을 기하고 밖으로는 항구적인 세계평화와 인류공영에 이바지함으로써 우리들과 우리들의 자손의 안전과 자유와 행복을 영원히 확보할 것을 다짐하고 있다.

2) 법 앞의 평등

헌법 제11조에 모든 국민은 법 앞에 평등하고, 누구든지 **성별·종교 또는 사회적 신분**에 의하여 정치적·경제적·사회적·문화적 생활의 모든 영역에 있어서 차별을 받지 아니 하며, 사회적 특수계급도 인정되지 아니 하고, 어떠한 형태로도 이를 창설할 수 없으며, 훈장 등의 영전은 이를 받은 자에게만 효력이 있고, 어떠한 특권도 이에 따르지 아니한다고 규정하고 있다. 헌법 제11조의 평등조항에는, 특히 성별에 따른 차별금지를 명시적으로 적시하여 차별을 금지하고 있다. 따라서 이러한 우리 헌법정신의 구현을 위해서는 입법권자는 물론 법률해석적용기관 모두가 평등원칙에 대한 준수의무를 지닌다고 하겠다.

3) 참정권과 공무담임권의 보장

헌법 제24조에 "모든 국민은 법률이 정하는 바에 의하여 선거권을 가진다."고 규정하여 선거권을, 제25조에 "모든 국민은 법률이 정하는 바에 의하여 공무담임권을 가진다."고 하여 공무담임권을 규정하고 있다. 이 조항은 정치적·공적생활영역에 있어서 대한민국 국적을 가진 모든 국민, 남녀를 불문하고 모든 국민에게 일정한 법률에 근거하여 참정권과 공무담임권을 실현할 수 있는 기회를 보장한 헌법적 근거 규정이다.

4) 교육기회균등과 근로관계에서의 성차별금지

우리 헌법은 모든 국민은 능력에 따라 균등하게 교육을 받을 권리를 가지며(제31조 제1항), 여자의 근로는 특별한 보호를 받고, 고용·임금 및 근로조건에 있어서 부당한 차별을 받지 않는다(제32조 제4항)고 규정하고 있다. 이러한 규정은 여성의 신체적·생리적 특성에 따른 모성보호에 근거한 여성의 근로에 대한 특별보호와 근로관계에서의 부당차별금지를 명문화한 규정이다.

5) 혼인과 가족생활에서의 성평등

헌법 제36조 제1항에, 혼인과 가족생활은 개인의 존엄과 양성의 평등을 기초로 성립하고 유지되어야 하며, 국가는 이를 보장한다고 규정하여, 혼인과 가족생활 관계에서의 평등을 보장하는 근거규정을 두고 있다.

6) 선거와 선거운동에서의 평등

대통령은 국민의 보통·평등·직접·비밀선거에 의하여 선출하고, 국회는 국민의 보통·평등·직접·비밀선거에 의하여 선출된 국회의원으로 구성한다. 선거운동은 각급 선거관리위원회의 관리 하에 법률이 정하는 범위 안에서 하되, **균등한 기회**가 보장되어야 한다(제67조 제1항, 제41조 제1항, 제116조 제2항 참조).

7) 균형있는 국민경제의 성장과 지역간의 균형있는 발전

국가는 균형 있는 국민경제의 성장 및 안정과 적정한 소득의 분배를 유지하고, 시장의 지배와 경제력의 남용을 방지하며, 경제주체간의 조화를 통한 경제민주화를 위하여 경제에 관한 규제와 조정을 할 수 있다(제119조 제2항). 또한 국가는 지역 간의 균형 있는 발전을 위하여 지역경제를 육성할 의무를 진다(제123조 제2항).

성평등의 기초로서의 평등권

1. 평등사상의 형성과 전개

평등사상은 이미 고대 그리스의 정의의 관념과 결부되어 왔었다. 아리스토텔레스는 평등을 정의의 요소로 파악하고 정의를 다시 **평균적 정의**(rectificatory justice)와 **배분적 정의**(distributive justice)로 구분하였다.

여기서 평균적 정의는 산술적, 교환적 정의로써 "같은 것을 같게, 다른 것은 다르게"라는 원칙에 의하여 서로 어울릴 수 있도록 공정한 균형을 유지하기 위하여 **절대적 평등**을 내용으로 한다. 손해에 대한 배상, 급부와 반대급부 등 **사법관계에서의 정의**를 말한다. 이와 달리 배분적 정의는 공동생활관계에서의 정의로서 개인의 공적과 능력에 상응한 명예나 이익을 배분하는데 있어서 비례적 평등을 추구하는 기하학적 정의를 말하며, 비례적 평등, 공법관계에서의 평등을 의미한다.

한편 평균적 정의는 이해득실을 평균화하여 조정하는 형식적·소극적인 평등으로서 개인 사이의 횡적인 질서관계에 타당한 사법적 정의하고 할 수 있다. 이와 달리 배분적 정의는 모든 사람이 동일하게 부담하고 그에 따라 반대급부를 받는 것이 아니라, 그 능력 및 공적에 따르는 개인의 차이에 대한 대우를 실질적이고 적극적으로 받는 점에서 비례적 정의라고도 한다.

중세의 평등사상은 신 앞에서의 평등으로 당시 중요한 역할을 하였다. 근대에 와서 이러한 신 앞의 평등사상은 근대 자연법론자들에 의해 모든 인간의 생래적 평등에 기초하여 법 앞에서의 평등으로 발전하게 되었다. 이것은 국가권력은 모든 인간을 차별하지 말고 평등하게 대할 것을 요구하게 되었고, 특히 국가권력의 구성에 평등하게 참가하는 평등한 정치적 참여의 요구로 발전하게 되었다. 근대의 사상이 만인의 평등이라는 추상적 이념이었으나, 현대에 들어와서 사회생활의 구체적인 불평등은 경제적·사회적·실질적 평등을 요구하게 되었다. 특히 정치·경제·사회·문화 등 모든 영역에 있어서의 실질적 평등사상은 독일 바이마르 공화국 헌법에 의해 비로소 확립되었다.

그밖에도 이러한 평등의 원리는 **버지니아 권리장전** 제1조(1776년 6월 12일), **미국의 독립선언**(1776년 7월 4일)과 미국 각주의 헌법 및 세계 각국의 헌법, 프랑스

인권선언 제1조(1789년) 등에서 규정하고 있으며, 제2차 세계대전 후에는 국제적으로 **세계인권선언** 제7조(1948년), **유럽인권규약** 제14조(1950년), **유럽인권위원회**(1954년), 유럽인권재판소(1959년), 유럽사회헌장 제1조 제18호(1965년 발효), **국제인권B규약**(시민적 정치적 권리에 관한 규약) 제3조(1966년), 미주인권규약(1969년), 아랍인권헌장(1971년), 인권 및 민족의 권리에 관한 아프리카헌장(1981년) 등에서도 평등권을 규정하고 있다.

《유럽연합조약(Treaty on European Union)》

1992년 2월 7일, 네덜란드 마스트리히트에서 유럽 공동체 가입국이 서명하고 1993년 11월 1일부터 발효한 조약으로 유럽 연합의 기초가 되는 조약이다. **EC(유럽공동체)**가입의 12개국(벨기에, 덴마크, 독일, 그리스, 스페인, 프랑스, 아일랜드, 룩셈부르크, 이탈리아, 네덜란드, 포르투갈, 영국)이 새롭게 유럽연합(EU)을 설립하기 위해 1991년 12월의 유럽이사회(EC 정상회의)에서 합의를 본 것에 기초하여 1992년 2월에 구성국 정부의 조인을 얻어 1993년 11월에 정식으로 발효한 조약이다. **마스트리히트 조약(Maastricht Treaty)이라고도 불리며, 정식명칭은 '유럽연합조약(Treaty on European Union)이다. 1997년 마스트리히트 가이드라인에서 경제, 사회, 문화 등 모든 종류의 성차별금지를 명문화하였다.**

유럽연합(EU, European Union)은 독일, 프랑스, 영국, 아일랜드, 벨기에, 네덜란드, 룩셈부르크, 덴마크, 스웨덴, 핀란드, 오스트리아, 이탈리아, 스페인, 포르투갈, 그리스, 체코, 헝가리, 폴란드, 슬로바키아, 리투아니아, 라트비아, 에스토니아, 슬로베니아, 키프로스, 몰타, 불가리아, 루마니아, 크로아티아 등 **28개국을 회원국으로 하며, 1993년 11월 1일에 창립**되었다. 유럽연합의 인구는 2010년 기준 약 **5억 1백만 명**이며 전체 국내총생산(GDP, Gross Domestic Product)은 2009년 기준 **약 16조 2천억 달러**이다. 1인당 국내총생산은(GDP) **2009년 기준 29,729달러**이며, 같은 해 기준 교역규모는 **3조 2천억 유로**이다.

---

2. 평등권의 의의

(1) 평등원칙의 개념

평등원칙이란 법적용의 대상이 되는 모든 인간을 공평하게 대우해야 한다는 법원칙을 말하며, 그 중심내용은 **"기회균등"**과 **"자의의 금지"**이다. 이 원칙은 "같은 것을 같게, 다른 것은 다르게"함으로써 사회정의를 실현하려는 원리이며 따라서 평등하게 다루어야 할 것을 불평등하게 다루거나 불평등하게 다루어야 할 것을 평등하게 다루는 것은 정의에 반하고 평등원칙에 위배된다.

평등권이라 함은 국가로부터 차별대우를 받지 않으며, 또한 국가에 대하여 평등한 처우를 요구할 수 있는 개인의 주관적인 공권이다. 이러한 평등권은 천부적인 생래적 권리로서 자연권으로서의 성격을 지니며, 기본권 전반에 공통으로 작용하는 기능적·수단적 권리이고, 국가로부터 차별받지 않을 소극적 권리인 동시에 적극적으로 평등을 요구할 수 있는 적극적 권리이기도 하다.

(2) "법 앞의 평등"의 내용

여기서 "법"이란 성문이나 불문의 모든 법규범을 말하며, "법 앞의 평등"이란 모든 차별의 절대적 금지인 절대적인 평등을 말하는 것이 아니라, 정당하고 합리적인 이유 있는 차별대우는 허용하는 '상대적 평등을 의미'한다. 여기서 "합리적인가"여부에 대한 판단은 '사회통념에 따라 판단하고 결정'해야 한다. 요컨대 법앞의 평등이란 상대적 평등과 법적용의 평등(**형식적 평등설**)이 아니라 입법, 사법, 행정을 구속한다는 법내용의 평등(**실질적 평등설**)을 의미한다.

(3) '합리적 차별'의 의미

헌법상 보장된 평등원칙이 결코 모든 차별적 대우를 부정하는 절대적 평등을 의미하는 것이 아니라 정당하고 합리적인 근거와 이유가 있는 경우에는 차별대우가 허용될 수 있다는 것인 만큼 합리적 차별인지를 판단하는 기준이 추상적으로나마 설정되어야만 하는데, 헌법재판소는 평등권 침해에 대한 심사기준, 즉 합리적인 차별인가 여부에 대한 판단의 기준으로 '자의금지원칙'과 '비례원칙'에 의한 심사가 요구된다고 하였다.

1) 자의금지원칙

헌법상 평등권이 정당하고 합리적 근거와 이유가 있는 차별대우가 허용될 수 있는 상대적 평등을 의미한다고 할지라도 평등권은 입법자에 대하여 "같은 것을 같게, 다른 것을 다르게"취급해야 하며, 자의적 해석을 하여 그 반대로 취급해서는 안 된다는 입법자를 구속하는 원리로 작용한다. 여기서 '자의(恣意)'란 합리적인 이유가 결여된 것을 말한다.

2) 비례의 원칙

헌법에서 특별히 평등을 요구하고 있는 경우, 즉 헌법이 차별의 근거로 삼아서는 안되는 기준인 차별금지사유에는 성별, 종교, 사회적 신분에 의한 차별을 금지하고 있고, 차별금지영역에는 정치, 경제, 사회, 문화적 영역에서의 차별금지를 제시하고 있다. 이러한 기준을 근거로 한 차별이나 그러한 영역에서의 차별의 경우 차별적 취급으로 인하여 관련 기본권에 대한 중대한 제한을 초래하게 되는 경우에는 입법자의 형성권이 축소된다. 차별에 대하여 헌법재판소는 차별을 정당화하는 합리적인 이유가 있는가를 확인하는데 그치는 것이 아니라, 차별간의 상관관계에 대한 심사, 즉 사실상의 차이의 성질과 비중, 차별의 정도에 적정한 균형관계가 이루어졌는가를 심사한다.

3. 평등권의 실현

(1) 차별행위의 금지

「국가인권위원회법」 제2조 제3호는 "평등권 침해의 차별행위"란 합리적인 이유 없이 성별, 종교, 장애, 나이, 사회적 신분, 출신 지역, 출신국가, 출신 민족, 용모 등 신체조건, 기혼, 미혼, 별거, 이혼, 사별, 재혼, 사실혼 등 혼인여부, 임신 또는 출산, 가족형태 또는 가족 상황, 인종, 피부색, 사상 또는 정치적 의견, 형의 효력이 실효된 전과, 성적 지향, 학력, 병력 등을 이유로 차별을 하는 것이라고 정의하면서, 여기에는 ① 고용과 관련하여 특정한 사람을 우대·배제·구별하거나 불리하게 대우하는 행위나, ② 재화, 용역, 교통수단, 상업시설, 토지, 주거시설의 공급이나 이용과 관련하여 특정한 사람을 우대·배제·구별하거나 불리하게 대우하는 행위, ③ 교육시설이나 직업훈련기관에서의 교육·훈련이나 그 이용과 관련하여 특정한 사람을 우대·배제·구별하거나 불리하게 대우하는 행위, ④ 업무, 고용, 그 밖의 관계에서 공공기관의 종사자, 사용자 또는 근로자가 그 직위를 이용하여 또는 업무 등과 관련하여 성적 언동 등으로 성적 굴욕감 또는 혐오감을 느끼게 하거나 성적 언동 또는 그 밖의 요구 등에 따르지 아니한다는 이유로 고용상의 불이익을 주는 성희롱 행위 등이 포함된다고 한다. 다만 현존하는 차별을 없애기 위하여 특정한 사람을 잠정적으로 우대하는 행위와 이를 내용으로 하는 법령의 제정·개정 및 정책의 수립, 집행은 평등권 침해의 차별행위로 보지 않는다고 규정하고 있다.

(2) 성에 근거한 차별금지

남녀의 성에 따른 차별은 허용되지 않으나, 신체구조와 생리적 차이에 근거한 차별이나 그 밖의 합리적인 근거나 정당한 사유에 의한 차별은 인정될 수 있다.

1) 헌법상의 여성보호

헌법 제32조 제4항은 "여성의 근로는 특별한 보호를 받으며 고용·임금 및 근로조건에 있어서 부당한 대우를 받지 아니한다."고 규정하여 여성근로자에 대한 특별보호와 근로조건에 있어서 여성차별금지 및 고용, 임금, 근로조건에 있어서 여성의 부당차별금지를 명문화하고 있다. 또한 제34조 제3항에서는 "국가는 여자의 복지와 권익의 향상을 위하여 노력하여야 한다."고 하여 국가의 여성복지와 권익향상을 위한 노력에 대해 규정하고 있으며, 제36조 제2항에서는 "국가는 모성의 보호를 위하여 노력하여야 한다."라고 하여 국가의 모성보호에 대한 의무를 규정하고 있다.

2) 근로기준법상의 여성보호

가. 여성근로자의 사용금지

근로기준법 제65조는 임신 중이거나 산후 1년이 지나지 아니한 여성의 경우 도덕상 또는 보건상 유해·위험한 사업에 사용하지 못하며, 임산부가 아닌 18세 이상의 여성을 보건상 유해·위험한 사업 중 임신 또는 출산에 관한 기능에 유해·위험한 사업에 사용하지 못한다고 규정하고 있다.

나. 야간근로와 휴일근로 및 시간외 근로의 제한

근로기준법 제70조에서는 18세 이상의 여성을 오후 10시부터 오전 6시까지의 시간 및 휴일에 근로시키려면 그 근로자의 동의를 받아야 하며, 임산부에게는 야간 또는 휴일에 근로시킬 수 없지만 산후 1년이 지나지 아니한 여성의 동의가 있는 경우 또는 임신 중의 여성이 명시적으로 청구하는 경우에는 고용노동부장관의 인가를 받아야 한다고 규정하여 야간근로와 휴일근로를 제한하고 있으며, 제71조에서는 산후 1년이 지나지 아니한 여성에 대하여는 단체협약이 있는 경우라도 1일에 2시간, 1주에 6시간, 1년에 150시간을 초과하는 시간외근로를 시키지 못한다고 규정하고 있다.

다. 갱내근로의 금지

보건·의료, 보도·취재 등 대통령령으로 정하는 업무를 수행하기 위하여 일시적으로 필요한 경우를 제외하고 여성과 18세 미만자에게는 갱내에서 근로를 시키지 못하도록 제72조에서 규정하고 있다.

라. 생리휴가 및 임산부의 보호

여성근로자가 청구하면 월 1일의 생리휴가를 주어야 한다(제73조). 또한 사용자는 임신 중의 여성에게 출산 전과 출산 후를 통하여 90일(한 번에 둘 이상 자녀를 임신한 경우에는 120일)의 출산전후휴가를 주어야 하는데, 이 경우 휴가 기간의 배정은 출산 후에 45일(한 번에 둘 이상 자녀를 임신한 경우에는 60일) 이상이 되어야 하고, 임신 중인 여성 근로자가 유산의 경험 등 대통령령으로 정하는 사유로 위의 휴가를 청구하는 경우 출산 전 어느 때라도 휴가를 나누어 사용할 수 있도록 하여야 한다. 이 경우 출산 후의 휴가 기간은 연속하여 45일(한 번에 둘 이상 자녀를 임신한 경우에는 60일) 이상이 되어야 한다. 그리고 임신 중인 여성이 유산 또는 사산한 경우 그 근로자가 청구하면 대통령령으로 정하는 바에 따라 유산·사산 휴가를 주어야 하지만, 인공 임신중절 수술(「모자보건법」 제14조제1항[3])에 따른 경우는 제외한다)에 따른 유산의 경우는 그러하지 아니하다. 위의 휴가 중 최초 60일(한 번에 둘 이상 자녀를 임신한 경우에는 75일)은 유급으로 해야 하지만, 「남녀고용평등과 일·가정 양립 지원에 관한 법률」 제18조[4]에 따라 출산전후휴가급여 등이 지급된 경우

---

3) 제14조(인공임신중절수술의 허용한계) ① 의사는 다음 각 호의 어느 하나에 해당되는 경우에만 본인과 배우자(사실상의 혼인관계에 있는 사람을 포함한다. 이하 같다)의 동의를 받아 인공임신중절수술을 할 수 있다.
  1. 본인이나 배우자가 대통령령으로 정하는 우생학적 또는 유전학적 정신장애나 신체질환이 있는 경우
  2. 본인이나 배우자가 대통령령으로 정하는 전염성 질환이 있는 경우
  3. 강간 또는 준강간(準强姦)에 의하여 임신된 경우
  4. 법률상 혼인할 수 없는 혈족 또는 인척 간에 임신된 경우
  5. 임신의 지속이 보건의학적 이유로 모체의 건강을 심각하게 해치고 있거나 해칠 우려가 있는 경우
4) 제18조(출산전후휴가에 대한 지원) ① 국가는 「근로기준법」 제74조에 따른 출산전후휴가 또는 유산·사산 휴가를 사용한 근로자 중 일정한 요건에 해당하는 자에게 그 휴가기간에 대하여 통상임금에 상당하는 금액(이하 "출산전후휴가급여등"이라 한다)을 지급할 수 있다.

에는 그 금액의 한도에서 지급의 책임을 면한다.

사용자는 임신 중의 여성 근로자에게 시간외근로를 하게 하여서는 안 되며, 그 근로자의 요구가 있는 경우에는 쉬운 종류의 근로로 전환하여야 하고, 출산전후휴가 종료 후에는 휴가 전과 동일한 업무 또는 동등한 수준의 임금을 지급하는 직무에 복귀시켜야 한다. 또한 임신 후 12주 이내 또는 36주 이후에 있는 여성 근로자가 1일 2시간의 근로시간 단축을 신청하는 경우 이를 허용하여야 하지만, 1일 근로시간이 8시간 미만인 근로자에 대하여는 1일 근로시간이 6시간이 되도록 근로시간 단축을 허용할 수 있다. 다만, 근로시간 단축을 이유로 해당 근로자의 임금을 삭감하면 안된다.

마. 태아검진시간 및 육아시간

임신한 여성근로자가 임산부 정기건강진단을 받는데 필요한 시간을 청구하는 경우에는 이를 허용하여 주어야 하며, 이를 이유로 임금을 삭감해서는 안 된다(제74조의2). 또한 생후 1년 미만의 유아(乳兒)를 가진 여성 근로자가 청구하면 1일 2회 각각 30분 이상의 유급 수유 시간을 주어야 한다(제75조).

3) 병역의무

병역법 제3조에서는 병역의무 및 지원은 인종, 피부색 등을 이유로 차별하여서는 안 된다고 하면서 대한민국 국민인 남성은 헌법과 이 법에서 정하는 바에 따라 병역의무를 성실히 수행하여야 하고, 여성은 지원에 의하여 현역 및 예비역으로만 복무할 수 있다고 규정하고 있다.

4) 양성평등과 관련된 헌법재판소 위헌결정례

가. 「민법」 제809조 제1항 동성동본금혼규정에 대한 헌법불합치 결정(헌재결 1997. 7. 16. 95헌가6 내지 13(병합) 전원재판부)

---

② 제1항에 따라 지급된 출산전후휴가급여등은 그 금액의 한도에서 「근로기준법」 제74조제4항에 따라 사업주가 지급한 것으로 본다.
③ 출산전후휴가급여등을 지급하기 위하여 필요한 비용은 국가재정이나 「사회보장기본법」에 따른 사회보험에서 분담할 수 있다.
④ 여성 근로자가 출산전후휴가급여등을 받으려는 경우 사업주는 관계 서류의 작성·확인 등 모든 절차에 적극 협력하여야 한다.
⑤ 출산전후휴가급여등의 지급요건, 지급기간 및 절차 등에 관하여 필요한 사항은 따로 법률로 정한다.

헌법재판소의 결정으로 배우자가 동성동본인 경우에도 원칙적으로 혼인은 허용되지만, 근친혼은 금하고 있다. 근친혼 등이 금지되는 경우로는, ㉮ 8촌 이내의 혈족, ㉯ 6촌 이내의 혈족의 배우자, 배우자의 6촌 이내의 혈족, 배우자의 4촌 이내의 혈족의 배우자인 인척이거나 이러한 인척이었던 자, ㉰ 6촌 이내의 양부모계의 혈족이었던 자와 4촌 이내의 양부모계의 인척이었던 자와 사이에서는 혼인하지 못한다(민법 제809조).

나. 「제대군인지원에 관한 법률」 제8조 제1항 가산점제도에 대한 위헌결정(헌재결 1999. 12. 23. 98헌마363 전원재판부)

헌법 제39조 제1항에서 국방의 의무를 국민에게 부과하고 있는 이상 병역법에 따라 군복무를 하는 것은 국민이 마땅히 하여야 할 이른바 신성한 의무를 다 하는 것일 뿐, 그러한 의무를 이행하였다고 하여 이를 특별한 희생으로 보아 일일이 보상하여야 한다고 할 수는 없는 것이므로, 헌법 제39조 제2항은 병역의무를 이행한 사람에게 보상조치를 취하거나 특혜를 부여할 의무를 국가에게 지우는 것이 아니라, 법문 그대로 병역의무의 이행을 이유로 불이익한 처우를 하는 것을 금지하고 있을 뿐인데, 제대군인 지원에 관한 법률 제8조 제1항 및 제3항, 동법시행령 제9조에 의한 가산점제도는 이러한 헌법 제39조 제2항의 범위를 넘어 제대군인에게 일종의 적극적 보상조치를 취하는 제도라고 할 것이므로 이를 헌법 제39조 제2항에 근거한 제도라고 할 수 없고, 제대군인은 헌법 제32조 제6항에 규정된 "국가유공자·상이군경 및 전몰군경의 유가족"에 해당하지 아니하므로 이 헌법조항도 가산점제도의 근거가 될 수 없으며, 달리 헌법상의 근거를 찾아볼 수 없다고 판시하여 관련 규정이 폐지되었다.

다. 「민법」 제781조 제1항 호주제에 대한 위헌 결정(헌재결 2005. 2. 3. 2001헌가9·10·11·12·13·14·15, 2004헌가5(병합) 전원재판부)

호주제는 성역할에 관한 고정관념에 기초한 차별로서, 호주승계 순위, 혼인시 신분관계 형성, 자녀의 신분관계 형성에 있어서 정당한 이유없이 남녀를 차별하는 제도이고, 이로 인하여 많은 가족들이 현실적 가족생활과 가족의 복리에 맞는 법률적 가족관계를 형성하지 못하여 여러모로 불편과 고통을 겪고 있다. 이러한 호주제는 당사자의 의사나 복리와 무관하게 남계혈통 중심의 가의 유지와 계승이라는 관념에 뿌리박은 특정한 가족관계의 형태를 일방적으로 규정·강요함으로써 개인을 가족 내에서 존엄한 인격체로 존중하는 것이 아니라 가의 유지와 계승을 위한 도구적 존재로 취급하고 있는데, 이는 혼인·가족생활을 어떻게 꾸려나갈 것인지에 관한 개인과 가족의 자율적 결정권을 존중하라는 헌법 제36조 제1항에 부합하지 않는다.

라. 「형법」 제304조 혼인빙자간음죄에 대한 위헌결정(헌재결 2009. 11. 26. 2008 헌바58, 2009헌바191(병합) 전원재판부)

형법 제304조 중 "혼인을 빙자하여 음행의 상습없는 부녀를 기망하여 간음한 자" 부분은 목적의 정당성, 수단의 적절성 및 피해최소성을 갖추지 못하였고 법익의 균형성도 이루지 못하였으므로, 헌법 제37조 제2항의 과잉금지원칙을 위반하여 남성의 성적자기결정권 및 사생활의 비밀과 자유를 과잉제한하는 것으로 헌법에 위반된다.

마. 「형법」 제241조 간통죄에 대한 위헌결정(헌재결 2015. 2. 26. 2009헌바17·205 등(병합))

형법 제241조의 간통죄 규정은 과잉금지원칙에 위배하여 국민의 성적 자기결정권 및 사생활의 비밀과 자유를 침해하는 것으로서 헌법에 위반된다.

제4장 ː 가족법 생활관계

인간의 사적 생활관계는 **경제생활관계**와 가족간의 **신분적인 생활관계**로 나눌 수 있으며, 사람의 사적인 생활관계를 규율하는 민법은 생활관계의 영역에 따라 경제생활관계를 규율하는 법인 **재산법** 분야와 가족간의 생활관계를 규율하는 법인 **가족법** 분야로 나누어진다. 재산법 분야는 다시 물권법과 채권법으로 나누어지는데, 가족법은 친족관계와 상속문제를 중심내용으로 하므로 이를 '**친족상속법**'이라고도 한다.

가족법의 특징을 살펴보면 첫째로, **강행법규적** 성질을 지니고 있다. 즉 사람의 사적 생활관계 중 경제생활관계를 규율하는 재산법분야는 대체적으로 관련 법규정보다는 당사자의 의사를 중시하는 사적 자치의 원칙이 작동하지만, 이와 달리 가족법분야는 사회적으로 형성된 가족 간의 생활관계를 유지·보호하는 것을 목적으로 규율하기 때문에 대체적으로 당사자의 의사와 관계없이 법규정의 준수가 강제되는 강행법규의 성질을 지니고 있다. 예컨대 사람의 출생, 혼인, 사망 등과 같은 생활영역은 당사자의 의사와 관계없이 가족법의 규정이 당연히 적용되게 된다. 이것은 신분적인 생활영역에 있어서는 일반적인 사적 법률관계에서 보편적으로 적용되는 당사자의 사적 자치 원칙이 배제되고 가족법이 규정하는 바와 다른 법률관계는 형성할 수 없기 때문이다.

그러나 예외적으로 당사자의 의사나 협의에 의해 법률관계를 형성하는 것이 허용되는 경우도 있다. 예컨대 가족간에 분쟁이 발생했을 경우에 당사자간의 협의가 일차적으로 중요하지만, 당사자 간에 협의가 이루어지지 않은 경우에 법원의 심판기준이 되는 규정을 두고 있다. 민법 제829조의 부부재산계약(제829조)과 제833조 부부의 생활비용 등 재산에 관한 규정을 비롯하여, 이혼(제834조)이나 상속에 관한 규정(제1019조) 등이 여기에 해당한다.

이와 같이 대체적으로 강행규정으로 이루어졌던 가족법의 내용 중 일부규정은 법개정을 통해 가족법의 강행법규성을 완화하고 있는 경우도 있다. 예컨대 부부의 동거장소(제826조 제2항), 이혼시의 자녀양육에 관한 사항 및 재산분할에 관해서는 원칙적으로 **당사자의 협의**에 의하여 정하도록 규정하고 있는 경우(제837조 제1항, 제839조의2)가 여기에 해당한다.

둘째로, 우리 가족법은 인간의 존엄과 남녀평등을 지향하고 있다. 구미선진국의 가족법을 살펴보면 인간의 존엄과 남녀평등이 가족법상의 기본적인 원칙이 되고 있다. 우리 헌법은 제11조에, "모든 국민은 **법 앞에 평등**하다", "누구든지 성별, 종교 또는 사회적 신분에 의하여 정치적, 경제적, 사회적 문화적 생활의 모든 영역에 있어서 차별을 받지 아니한다"라고 규정하고 있고, 또한 헌법 제36조 제1항에서는 "혼인과 가족생활은 **개인의 존엄과 양성의 평등**을 기초로 성립되고 유지되어야 한다"라고 규정하여 인간의 존엄과 양성평등의 원칙을 명문화하여 규정하고 있다. 우리 가족법은 제정 당시에는 현저히 남계중심의 가부장적 전통이 많이 남아 있어서 남녀평등사상에 배치되는 조항들이 많이 들어 있었으나, 역사적으로는 1990년에 혼인, 이혼, 상속 등에 있어서 양성평등을 선언하면서 남계혈통의 계승이라는 가부장적 요소를 폐지하였고, 2005년에는 친양자제도를 신설하고 양성평등에 위배되는 **호주제를 폐지**하였다.[5] 나아가 2008년에는 혼인신고시 부부의 협의에 의하여 자녀가 모의 성과 본을 따를 수 있도록 함으로써 혼인, 이혼, 상속 등 가족법 전반에 걸쳐서 양성평등을 법적으로 구현할 수 있도록 하였다. 그 밖에도 2011년에는 **성년후견제도를 도입**하였으며, **2012년에는 양자제도에 관한 규정을 개정**하였다.

제1절 친족관계

Ⅰ. 친족

1. 친족의 의의

민법에서 친족이란 ① **배우자**, ② **혈족**, ③ **인척**을 말하며(제767조), 배우자(配偶者)란 혼인으로 결합된 부부관계의 상대방을 말한다. **혈족**(血族)이란 자기와 혈연

---

5) 헌재결 2005. 2. 3. 2001헌가9, 2004헌가5(… 호주제는 설사 **부계혈통주의**에 입각한 전래의 가족제도와 일정한 연관성을 지닌다고 가정하더라도, 그 존립기반이 붕괴되어 더 이상 변화된 사회환경 및 가족관계와 조화하기 어렵고 오히려 현실적 가족공동체를 질곡기도 하는 호주제를 존치할 이유를 찾기 어렵다고 판시한 바 있다).

관계에 있는 친족을 말하는데, 여기에는 직계혈족과 방계혈족이 있다. 여기서 직계혈족이란 자기의 직계존속과 직계비속을 말하며, 방계혈족이란 자기의 형제자매와 형제자매의 직계비속, 직계존속의 형제자매 및 그 형제자매의 직계비속을 말한다. 또한 혈족에는 자연혈족과 법정혈족이 있다. 그 내용을 정리하면 다음과 같다.

① 직계혈족(直系血族): 자기의 직계존속과 직계비속

② 방계혈족(傍系血族): 자기의 형제자매와 형제자매의 직계비속, 직계존속의 형제자매 및 그 형제자매의 직계비속

③ 자연혈족: 친자·형제·자매와 같이 상호간에 자연적인 혈족관계가 있는 자를 말한다.

④ 법정혈족: 자연적인 혈족관계는 없지만 법률에 의하여 인정된 혈족을 말한다. 예컨대 우리나라 민법상의 양친자관계는 입양에 의하여 발생하고 양자와 양부모 및 그 혈족 사이에는 법정혈족관계가 형성된다.

다음으로 **인척**(姻戚)이란 ① 혈족의 배우자, ② 배우자의 혈족, ③ 배우자의 혈족의 배우자를 말한다(제769조). 따라서 계모자관계나 적모서자관계는 종래에는 이를 법정혈족관계로 규정하였으나 가족법개정으로 인해 혈족의 배우자로서 인척관계가 성립한다.[6] 또한 처남이나 시동생 등은 배우자의 혈족으로, 동서지간에는 배우자의 혈족의 배우자로서 인척이 된다.

그러나 혈족의 배우자의 혈족에 해당하는 사돈댁은 인척이 아니므로 친족에 속하지 않기 때문에 사돈 간에는 혼인이 가능하게 된다.

2. 친족의 범위

혈족관계와 인척관계는 무한정하므로, 민법은 일정한 범위의 친족을 한정하여 친족법상의 법적 효력이 미치는 친족으로 규정하고 있다. 친족의 범위는 ① **8촌 이내의 혈족**, ② **4촌 이내의 인척**, ③ **배우자로 한정**된다(제777조).

혈족의 범위는 부계혈족 모계혈족 모두 8촌 이내이며, 인척의 범위도 예컨대 남편

---

6) 대법원 1997. 2. 28, 선고 96다53857판결(1990. 1. 13. 법률 제4199호로 민법이 개정됨으로써 계모는 더 이상 법률상의 모(母)는 아닌 것으로 되었으나, 피보험자의 계모가 부(父)의 배우자로 실질적으로 가족의 구성원으로 가족공동체를 이루어 생계를 같이 하고 피보험자의 어머니의 역할을 하면서 피보험자동차를 이용하고 있다면, 위 특별약관조항을 둔 취지에 비추어 볼 때 이러한 경우의 계모는 자동차종합보험의 가족운전자 한정운전 특별약관상의 모에 포함된다).

은 처의 혈족에 대하여 처는 남편의 혈족에 대하여 4촌 이내의 인척으로 한정하도록 하여 남여혈통을 평등하게 규정하고 있다. 그 밖에 어머니가 동일하고 아버지가 서로 다른 이른바 **이성동복**(異姓同腹)**의 형제자매도 친족의 범위**에 속하므로 상속인의 범위에 포함된다.[7]

3. 촌수

(1) 촌(寸)이란?

모든 친족관계의 친밀도를 재는 척도이며, 친족 상호간의 혈통연락의 친소·원근은 촌수에 의하여 표시된다. 촌과 같은 의미로 친등(親等)이라는 용어를 사용하기도 한다. 예컨대 민법 제1000조 제1항에서, 동순위의 상속인이 수인인 때에는 최근친을 선순위로 하고, 동친등의 상속인이 수인인 때에는 공동상속인이 된다고 규정하고 있다.

(2) 친족의 호칭과 촌수

촌수는 **로마법식 촌수계산법**에 따르고 있다. 즉 ① **직계혈족**은 자기로부터 직계존속에 이르고 자기로부터 직계비속에 이르러 그 **세수**(世數)를 정한다. **방계혈족**은 자기로부터 동원(同源)의 직계존속에 이르는 세수와 그 동원의 직계존속으로부터 그 직계비속에 이르는 세수를 통산하여 그 **촌수**를 정한다(제770조).

② **인척**은 배우자의 혈족에 대하여는 배우자의 그 혈족에 대한 촌수에 따르고, 혈족의 배우자에 대하여는 그 혈족에 대한 촌수에 따르며(제771조), 인척관계는 혼인의 무효·취소 또는 이혼으로 인하여 종료한다.

③ 양자와 양부모 및 그 혈족, 인척 사이의 친계와 촌수는 입양한 때로부터 혼인 중의 출생자와 동일한 것으로 본다. 입양으로 인한 친족관계는 입양의 무효·취소 또는 파양으로 인하여 종료한다.

촌수와 호칭을 구체적으로 살펴보면 다음과 같다.

ⓐ 배우자인 남편과 아내는 그야말로 일심동체이므로 촌수가 없는 무촌관계이며, 형제자매는 2촌이고 부모와 자녀 간에는 1촌이다.

---

7) 대판 1997. 11. 28, 96다5421.

ⓑ 직계존속의 부계혈족: 부모, 조부모, 증조부모, 고조부모, 5대조, 6대조, 7대조, 8대조

ⓒ 직계비속인 부계혈족과 그 배우자: 자, 녀, 자부(며느리), 여서(사위), 손자, 손녀, 손부(2촌), 증손(3촌), 증손녀, 장증손부, 현손(4촌), 현손녀, 장증손녀, 5대손, 6대손, 7대손, 8대손(8촌)

ⓓ 방계부계혈족과 그 배우자: 형제, 자매, 형수, 제수(2촌), 질(조카: 형제의 아들), 질녀, 질부(조카의 처, 3촌), 종손(4촌), 종손녀(4촌), 종손부(4촌), 종증손(5촌), 종증손녀, 종현손(6촌), 종현손녀(6촌), 5대종손(7촌), 6대종손(8촌)

ⓔ 조부모를 공동시조로 하는 부계혈족과 그 배우자: 백부(아버지의 형), 백모, 숙부(아버지의 동생), 숙모, 고모－부의 자매(3촌), 종형제(4촌), 종자매(4촌), 종질(5촌), 종질녀(5촌), 종질부(5촌), 재종손(종질의 아들, 6촌), 재종손녀(6촌), 재종증손(7촌), 재종증손녀(7촌), 재종현손(8촌), 재종현손녀(8촌).

ⓕ 증조부모를 공동시조로 하는 부계혈족과 그 배우자: 종조부(조부의 형제, 4촌), 종조모(종조부의 처), 대고모(조부의 자매, 4촌), 종백숙부(종조부의 아들, 5촌), 종백숙모, 종고모(종조부의 딸, 5촌), 재종 형제자매(종백숙부의 아들과 딸, 6촌), 재종질(재종형제의 아들, 7촌), 재종질녀

ⓖ 고조부모를 공동시조로 하는 부계혈족과 그 배우자: 종증조부(5촌), 종증조모(5촌), 증대고모(증조부의 자매, 5촌), 재종조부(종증조부의 아들, 6촌), 재종조모(재종조부의 처, 6촌), 재종대고, 재종백숙부, 재종 백숙모, 재종고, 삼종 형제자매

ⓗ 5대조를 공동시조로 하는 친족: 종증조부모(5촌), 증대고모－증조부의 자매(5촌), 재종조부－종증조부의 아들(6촌), 재종조모－재종조부의 처(6촌), 재종대고모－종증조부의 딸(6촌), 재종백숙부－재종조부의 아들(7촌), 재종백숙모－재종백숙부의 처(7촌), 재종고모－재종조부의 딸(7촌), 삼종형제자매－재종백숙부의 아들과 딸(8촌).

ⓘ 6대조를 공동시조로 하는 친족: 종고조부－고조부의 형제(6촌), 종고조모－종고조부의 처(6촌), 재종증조부－종고조부의 아들(7촌), 재종고조모－재종증조부의 처(7촌), 삼종조부모(8촌)

ⓙ 7대조를 공동시조로 하는 친족: 종육대조(8촌)

ⓚ 기타 친족: 외조부모, 외숙부모, 이모, 외종형제(외삼촌의 자녀, 외종4촌), 외종자매, 내종형제(고종4촌), 내종자매, 이종형제, 이종자매, 외손, 외손녀, 외손부, 생질(자매의 아들, 3촌), 생질녀(자매의 딸, 3촌), 생질부(생질의 처)

《 참 고 사 항 》

(1) 가아(家兒): 남에게 자기 아들을 겸손하게 일컫는 말로 돈아(豚兒), 가돈(家豚)이라고도 함

(2) 가친(家親): 남에게 자기 아버지를 겸손하게 일컫는 말로 엄친(嚴親), 엄부(嚴父)라고도 함

(3) 곁사돈: 친사돈과 같은 항렬의 방계사돈으로 친사돈의 형제
　　　　　겹사돈은 잘못된 말(겹사돈은 이중으로 사돈이 될 때 사용함)

(4) 계:씨(季氏): 남의 아우를 공경해서 일컫는 말

(5) 고모(姑母): 아버지의 누이. oo(택호) 아주머니

(6) 고모부(姑母夫): 고모의 남편. 새아저씨. 새아제(고모아버지는 잘못된 표현)

(7) 고부(姑婦): 시어머니와 며느리. 어이 며느리

(8) 고손(高孫): 현손(玄孫), 증손의 아랫대. 고손자. 고손녀. 고손부. 고손서

(9) 고조(高祖): 증조의 윗대. 고조부. 고조모. 고조할아버지. 고조할머니

(10) 외종(外從)사촌: 고종 형제(고모가 출가했기 때문에 '바깥외'를 씀)

(11) 구부(舅婦): 시아버지와 며느리

(12) 귀:문(貴門): 남의 문중을 공경하여 일컫는 말

(13) 내:권(內眷): 남에게 자신의 아내를 겸손하게 일컫는 말. 안식구. 내자

(14) 내종사촌(內從): 외사촌 형제(어머니가 우리 집으로 들어왔기 때문에 '안내'자를 씀)
　　　외종과 내종사이를 내외종간이라고 하고 내종·외종은 문어(文語)이다.
　　　내종, 외종을 외사촌, 고종사촌이라고 말한다.

(15) 당숙(堂叔): 종숙. 5촌숙(아버지의 사촌)

(16) 당숙모(堂叔母): 종숙모. 5촌 숙모

(17) 대:고모(大姑母): 할아버지의 자매 왕고모, 존고모(尊姑母), oo할머니

(18) 대:고모부(大姑母夫): 대고모의 남편. oo (택호)새할아버지

(19) 대:부인(大夫人): 남의 어머니를 공경해서 일컫는 말

(20) 댁(宅): 남의 집이나 가정을 높여서 일컫는 말
　　　남편의 성과 직함 밑에 붙여서 그 아내를 가리키는 말
　　　택호 밑에 붙여서 부인을 가리키는 말로 누구의 아내라는 뜻

(21) 도련님: 도령님. 형수가 미혼의 시동생을 부를 때 사용함

(22) 동생의 댁: 올케. 여자의 친정오빠나 남동생의 아내

(23) 동서: 형제의 아내와 자매의 남편끼리 서로 일컫는 말

(24) 맏동서: 같은 항렬에서 첫째임을 일컫는 말. 맏아들. 맏며느리. 맏손자. 맏사위.
　　　맏딸. 맏자식

(25) 며느님: 남의 며느리를 높여서 일컫는 말. 자부. 자부님

(26) 매부(妹夫): 누이동생의 남편. 매제(妹弟)는 말이 안 됨

(27) 매씨(妹氏): 남의 누이동생을 높여 일컫는 말

(28) 모:녀(母女): 어머니와 딸

(29) 모:당(母堂): 남의 어머니를 공경해서 일컫는 말. 자당(慈堂)

(30) 모:자(母子): 어머니와 아들

(31) 밭노친: 여자가 친정아버지를 일컫는 말. 밭어버이

(32) 밭시어른: 남에게 시아버지를 일컫는 말

(33) 밭어버이: 여자가 친정아버지를 일컫는 말. 안어버이

(34) 백모(伯母): 아버지 형제 중 맏형의 아내

(35) 백부(伯父): 아버지 형제 중 맏형

(36) 백씨(伯氏): 남의 맏형을 높여서 일컫는 말

(37) 부군(夫君): 남의 남편을 높여서 일컫는 말

(38) 부인(夫人): 남의 아내를 높여서 일컫는 말

(39) 빙모(聘母)·빙장(聘丈): 남의 장인, 장모를 일컫는 말

(40) 사가(査家): 혼인으로 맺어진 양가를 말함

(41) 사돈(査頓): 자녀의 혼인으로 맺어진 양가의 어른들이 일컫는 말

(42) 사돈댁(査頓宅): 안사돈의 높임말. 사부인. 사돈의 집을 말함

(43) 사랑(舍廊): 자기 남편을 어른이나 남에게 지칭할 사용함

(44) 사부인(査夫人): 안사돈을 높여 일컫는 말

(45) 사장(査丈)어른: 사돈의 위 항렬. 호칭할 때는 사장어른이라 함

(46) 사하생(査下生): 사돈의 아래 항렬

(47) 사형(査兄): 사가의 같은 항렬의 나이가 많은 사람(문어-文語)

(48) 사제(査弟): 친사돈끼리 자기를 낮추어 부르는 말(문어-文語)

(49) 삼종(三從): 3종 형제. 재종숙의 아들 딸. 고조부가 같다.

(50) 삼종숙(三從叔): 아버지의 8촌 형제. 9촌 아저씨

(51) 사종(四從): 10촌 형제

(52) 새댁: 젊은 부인을 공경해서 부르는 말. 큰동서가 아래 동서를 부를 때 쓰는 말

(53) 새아저씨: 고모부를 일컫는 말. 형부를 부를 때. 새아제

(54) 새형: 자형. 손위 누이의 남편의 호칭

(55) 생질(甥姪): 누이의 아들

(56) 생질녀(甥姪女): 누이의 딸

(57) 생질부(甥姪婦): 생질의 아내

(58) 생질서(甥姪揖): 생질녀의 남편(누이의 사위)

(59) 서:군(壻君): 남의 사위를 높여서 일컫는 말. 서랑(壻郞)

(60) 서방(書房): 사위나 매부(妹夫)를 부를 때 또는 자기의 남편을 친정사람에게 말할 때 사용

(61) 서방댁(書房宅): 시집간 아래 시누이를 호칭할 쓰는 말
　　　　　　　　　그 남편의 성에 따라 김서방댁 이서방댁이라 함

(62) 선고(先考): 죽은 자기 아버지를 일컫는 말. 선친(先親)

(63) 선대:부인(先大夫人): 죽은 남의 어머니를 높여 부르는 말

(64) 선대:인(先大人): 죽은 남의 아버지를 일컫는 말

(65) 선비(先妣): 죽은 자기 어머니를 일컫는 말

(66) 성함(姓銜): 남의 이름을 높여서 부르는 말

(67) 손녀(孫女): 아들의 딸. 손주딸은 잘못임

(68) 손부(孫婦): 손자의 아내. 아들의 며느리

(69) 손서(孫壻): 손녀의 남편. 아들의 사위

(70) 손자(孫子): 아들의 아들. 손주는 잘못된 말

(71) 수숙(嫂叔): 시숙과 제수, 시동생과 형수 사이

(72) 숙질(叔姪): 아제비와 조카

(3) 친족관계의 효과

1) 근친혼 등의 금지

① 8촌 이내의 혈족, ② 6촌 이내의 혈족의 배우자, ③ 배우자의 6촌 이내의 혈족, ④ 배우자의 4촌 이내의 혈족의 배우자인 인척이거나 인척이었던 경우, ⑤ 6촌 이내의 양부모계의 혈족이었던 자와 4촌 이내의 양부모계의 인척이었던 자 사이의 경우에는 혼인을 하지 못한다(제809조).

2) 혼인무효

① 당사자간에 혼인의 합의가 없는 경우, ② 8촌 이내의 혈족(친양자 입양전의 혈족 포함), ③ 당사자간에 직계인척관계가 있거나 있었던 때, ④ 당사자간에 양부모계의 직계혈족관계가 있었던 때의 어느 하나에 해당하는 경우에는 혼인은 무효로 한다(제815조).

3) 부양의무

친족은 서로 **부양할 의무**가 있다. 부양의무는 ① 직계혈족 및 그 배우자간, ② 기타 친족간에는 생계를 같이하는 경우에 한한다(제974조). 여기서 부양의 의무는 부양을 받을 자가 자기의 자력 또는 근로에 의하여 생활을 유지할 수 없는 경우에 한하여 이를 이행할 책임이 있다(제975조).

부양의 순위는 부양의무 있는 자가 수인인 경우에 부양을 할 자의 순위에 관하여 당사자간에 협정이 없는 때에는 법원은 당사자의 청구에 의하여 이를 정한다. 부양을 받을 권리자가 수인인 경우에 부양의무자의 자력이 그 전원을 부양할 수 없는 때에도 같다. 법원은 부양의 정도와 방법에 관하여 부양을 받을 자의 생활정도와 부양의무자의 자력 기타 제반사정을 참작하여 이를 정한다. 사정변경이 있는 때에는 법원은 당사자의 청구에 의하여 그 협정이나 판결을 취소 또는 변경할 수 있다. 그러나 부양을 받을 권리는 이를 처분하지 못한다(제979조).

4) 상속권

상속은 피상속인의 사망으로 인하여 피상속인의 주소지에서 개시되는데, 상속의 순위는 ① 피상속인의 직계비속, ② 직계존속, ③ 형제자매, ④ 4촌 이내의 방계혈족의 순이다. 배우자는 ① 순위가 있으면 1순위와 함께, 1순위가 없으면 2순위와 함께 2순위도 없으면 단독상속이다. 상속권이 참칭(僭稱)상속권자로 인하여 침해된 때에는 상속권자 또는 그 법정대리인은 상속회복의 소를 제기할 수 있다. **상속회복청구권**은 그 침해를 안 날부터 **3년**, 상속권의 침해행위가 있은 날부터 **10년**을 경과하면 소멸된다(제999조).

5) 특정범죄의 경우에 친고죄

형법 제328조의 친족간의 범행과 고소규정에 의하여, ① 직계혈족, 배우자, 동거친족 또는 그 배우자간에 권리행사방해죄를 비롯하여 재산범죄를 범한 경우에는 **형을 면제**하며, ② 그 밖의 친족간에 죄를 범한 때에는 고소가 있어야 공소를 제기할 수 있는 친고죄로 규정하고 있다.

6) 친족관계로 인한 형벌의 가중 또는 감면

친족관계로 인해 존속살해죄의 경우에는 형의 가중되고, 범인은닉죄[8]와 증거인멸죄[9]를 범한 경우에는 처벌하지 아니한다.

7) 보호교양의무와 거소지정권, 징계권

친권자는 자를 보호하고 교양할 권리의무가 있으며(제913조), 부모는 미성년인 자의 친권자가 되고, 자는 친권자의 지정한 장소에 거주하여야 한다(제914조). 또한 친권자는 그 자(子)를 보호 또는 교양하기 위하여 필요한 징계를 할 수 있고 법원의 허가를 얻어 감화 또는 교정기관에 위탁할 수 있다(915조).

8) 친권자의 재산관리권과 대리권 등

자(子)가 자기명의로 취득한 재산은 그 특유재산으로 하고 법정대리인인 친권자가 관리하며, 자의 재산에 관한 법률행위에 대하여 그 자를 대리한다. 그러나 그 자의 행위를 목적으로 하는 **채무를 부담할 경우에는 본인의 동의**를 얻어야 한다(제916조, 920조).

(4) 가족의 범위와 자의 성(姓)과 본(本)

1) 가족의 범위

가족의 범위는 배우자, 직계혈족 및 형제자매에 한하여 인정되며, 생계를 같이하는 경우에는 직계혈족의 배우자, 배우자의 직계혈족, 배우자의 형제자매도 포함된다.

2) 성과 본

가. 성(姓)이란 부계혈통을 표시하는 표식이다.

　ⓐ 일반양자의 경우에는 본래의 자기의 성을 그대로 사용한다.

　ⓑ 인지(認知)를 받지 못한 혼인 외의 출생자는 모의 성을 따른다.

　ⓒ 친양자 입양의 경우 양친부 또는 양친모의 성으로 변경된다.

---

8) 친족 또는 동거의 가족이 본인을 위하여 벌금 이상의 형에 해당하는 죄를 범한 자를 은닉한 때에는 처벌하지 아니한다(형법 제151조 제2항).

9) 친족 또는 동거의 가족이 본인을 위하여 증거인멸죄를 범한 때에는 처벌하지 아니한다(형법 제155조 제4항).

나. 본(本)이란 시조를 달리하는 동성을 구별하기 위하여 성(姓)에 붙여 사용한다. 본(本)은 자기가 속하는 시조의 발상지명의 표시이다.

다. 배우자의 성과 본: "성불변의 원칙"에 의해 부부별성제도를 채택하고 있다.

라. 친생자의 성과 본

ⓐ 자는 부의 성과 본을 따른다(제781조)

ⓑ 다만 혼인신고시 모의 성과 본을 따르기로 협의한 경우에는 모의 성과 본을 따른다(제781조 제1항 단서). 이 경우 자녀의 성과 본은 동일하여야 한다.

ⓒ 부가 외국인인 경우에는 자는 모의 성과 본을 따를 수 있다.

ⓓ 부를 알 수 없는 자는 모의 성과 본을 따른다.

ⓔ 부모를 알 수 없는 자는 법원의 허가를 받아 성과 본을 창설한다.

ⓕ 혼인 외의 출생자가 인지된 경우에 자는 부모의 협의에 따라 종전의 성과 본을 계속 사용할 수 있다.

ⓖ 다만 부모가 협의할 수 없거나 협의가 이루어지지 아니한 경우에는 자는 법원의 허가를 받아 종전의 성과 본을 계속 사용할 수 있다(제781조 제5항).

ⓗ 자녀의 복리를 위하여 자의 성과 본을 변경할 필요가 있을 때에는 부, 모 또는 자녀 자신의 청구에 의하여 법원의 허가를 받아 이를 변경할 수 있다. 다만, 자가 미성년자이고 법정대리인이 청구할 수 없는 경우에는 제777조의 규정에 따른 친족 또는 검사가 청구할 수 있다.

마. 양자의 성과 본

ⓐ 일반양자 입양시 이성양자인 경우에는 성이 변경되지 않는다는 것이 일반적이다. 입양특례법에 의하면 입양한 양자는 양친이 원하는 경우에 양친의 성과 본을 따를 수 있다(동법 제7조 제1항).

ⓑ 친양자 입양시에는 입양의 효력으로 친양자는 부부의 혼인 중의 출생자로 보기 때문에, 양부 또는 양모의 성과 본으로 변경된다(제908조의3 제1항).

Ⅱ. 가족법의 법원(法源)

가족법의 근거가 되는 근거법, 즉 가족법의 법원으로는 민법전의 친족과 상속편의 규정 외에도 「가족관계의 등록 등에 관한 법률」(이하 '가족관계등록법'이라 함)이 주요 법원이 된다.

1. 가족관계등록법의 개념과 특징

(1) 개념

가족관계등록법은 **국민의 출생 · 혼인 · 사망 등 가족관계의 발생 및 변동사항에 관한 등록과 그 증명에 관한 사항을 규정한 법률**이다(제1조).

종전의 호적법과는 달리, ① 등록사무의 관장자가 **대법원**이며, ② 등록사무처리방식은 신고를 받은 시 · 읍 · 면의 장이 전산정보처리조직에 의하여 처리하고, ③ 본적을 대신하여 **등록기준지 개념을 신설**하며, ④ **개인별로 구분하여 작성**하고, ⑤ **목적에 따른 증명서**(가족관계증명서, 기본증명서, 혼인관계증명서, 입양관계증명서, 친양자입양관계증명서)를 발급하며, ⑥ **증명서교부청구를 제한**하고 있는 점 등의 특징이 있다.

국민이 출생 또는 그 밖의 사유로 처음으로 등록을 하는 경우에는 등록기준지를 정하여 신고하도록 규정하고 있는데, 이를 등록기준지 결정이라 한다. 이러한 **등록기준지는 대법원규칙으로 정하는 절차에 따라 변경**할 수 있다(제10조).

2. 가족관계등록부의 내용

증명서의 종류와 기록사항은 다음과 같다.

(1) 가족관계증명서

① 본인의 등록기준지, 성별, 본, 출생년월일 및 주민등록번호

② 부모의 성명 · 성별 · 본 · 출생연월일 및 주민등록번호(입양의 경우 양부모를 부모로 기록한다. 다만, 단독입양한 양부가 친생모와 혼인관계에 있는 때에는 양부와 친생모를, 단독입양한 양모가 친생부와 혼인관계에 있는 때에는 양모와 친생부를 각각 부모로 기록한다)

③ 배우자, 생존한 현재의 혼인 중의 자녀의 성명 · 성별 · 본 · 출생연월일 및 주민등록번호

(2) 기본증명서

① 본인의 등록기준지·성명·성별·본·출생연월일 및 주민등록번호

② 본인의 출생, 사망, 국적상실에 관한 사항

(3) 혼인관계증명서

① 본인의 등록기준지·성명·성별·본·출생연월일 및 주민등록번호

② 배우자의 성명·성별·본·출생연월일 및 주민등록번호

③ 현재의 혼인에 관한 사항(혼인관계가 모두 표시되어, 현재의 배우자 외에 전배우자도 표시되고 이혼사실도 표시된다.)

(4) 입양관계증명서

① 본인의 등록기준지·성명·성별·본·출생연월일 및 주민등록번호

② 친생부모·양부모 또는 양자의 성명·성별·본·출생연월일 및 주민등록번호

③ 현재의 입양에 관한 사항(입양과 파양, 입양의 무효와 취소 등이 표시되며, 여기서 말하는 입양이란 일반입양과 입양특례법에 의한 입양을 말한다.)

(5) 친양자 입양관계증명서

① 본인의 등록기준지·성명·성별·본·출생연월일 및 주민등록번호

② 친생부모·양부모 또는 친양자의 성명·성별·본·출생연월일 및 주민등록번호

③ 현재의 친양자 입양에 관한 사항 및 파양에 관한 사항

(6) 가족관계증명서 발급의 제한

각종 가족관계에 관한 증명서의 교부는 본인, 배우자, 직계혈족, 형제자매인 경우에는 증명서의 교부를 청구할 수 있고, 대리인이 청구하는 경우에는 본인 등의 위임을 받아야 한다. 가족관계에 관한 증명서에는 일반증명서, 상세증명서, 특정증명서, 가족관계에 관한 그 밖의 증명서가 있다.

가족관계등록부와 달리 주민등록법에 의하면, 시장·군수 또는 구청장은 30일 이상 거주할 목적으로 그 관할구역에 주소나 거소를 가진 거주자는 주민등록을 하여

야 하고(주민등록법 제6조), 17세 이상인 자에 대하여 주민등록증을 발급한다. 전자가족관계등록시스템(http://efamily.scourt.go.kr)은 2018년 1월 15일부터 시스템 운영시간을 365일 24시간으로 확대 운영하고 있다.

제2절 혼 인

혼인관계는 남녀 양성의 결합관계로서 인간의 존재와 더불어 어느 시대 어느 사회에도 존재하여 왔다. 혼인관계는 부부로서 평생을 함께 할 것을 목적으로 하는 남녀의 결합이며, 인간의 **친족보존본능에 기초한 남녀간의 결합관계**이다. 그러나 그 형태는 목적과 기능이 시대와 사회에 따라 변화하여 왔으며, 그 사회의 법률·도덕·관습 등에 의하여 정당한 남녀의 결합관계로 인정되어야 한다.

역사적으로 삼국시대는 일부다처제가 고려시대에는 첩제도가 성행하였고, 조선시대에는 공인되기도 하였다. 우리나라는 일제의 식민지시대인 1915년에 첩의 입적신고가 금지됨으로써 법률상 일부일처제가 확립되기에 이르렀다.

I. 약혼

약혼(約婚)이란 **장차 혼인을 하려는 당사자 사이의 자유로운 합의, 계약**을 말한다. 약혼은 실질적인 혼인생활을 하면서 혼인신고가 되지 않은 **사실혼**이나 양측 부모들 사이에서만 자녀에 대한 장래의 혼인을 합의한 경우인 **정혼**(定婚)과는 구별된다.

1. 약혼의 성립요건

성년에 달한 자는 자유로 약혼을 할 수 있으나, 유효한 약혼이 되기 위해서는 ① 당사자의 자유로운 합의가 있어야 하며, ② 약혼의 당사자는 만18세 이상이어야 하고, ③ 약혼의 당사자가 미성년자인 경우에는 부모나 미성년후견인의 동의가 필요하며, ④ 혼인이 금지된 친족의 범위에 속하지 않아야 하고, ⑤ 피성년후견인의 경우에는 부모나 성년후견인의 동의를 받을 것이 요구되어진다(제802조).

2. 약혼의 강제이행금지와 약혼 해제사유

약혼은 장차 혼인할 것을 목적으로 하는 혼인의 예약이지만, 약혼의 일방당사자가 장차 혼인의 약속을 이행하지 않을 경우에 이를 강제하는 것은 법적으로 허용되지 않는다. 말하자면 약혼의 당사자를 당사자의 의사에 반하여 강제적으로 혼인을 하도록 할 수는 없기 때문에 혼인의 강제이행을 청구하는 것은 금지되지만, 혼인의 약속 불이행을 이유로 하여 상대방 당사자는 약혼을 해제할 수는 있다.

약혼한 당사자의 일방당사자가 ① 약혼 후 자격정지 이상의 형을 선고받은 경우, ② 약혼 후 성년후견개시나 한정후견개시의 심판을 받은 경우, ③ 성병, 불치의 정신병, 그 밖의 불치의 병질이 있는 경우, ④ 약혼 후 다른 사람과 약혼이나 혼인을 한 경우, ⑤ 약혼 후 다른 사람과 간음한 경우, ⑥ 약혼 후 1년 이상 그 생사가 불명한 경우, ⑦ 정당한 이유 없이 혼인을 거절하거나 그 시기를 늦추는 경우, ⑧ 그 밖에 중대한 사유가 있는 경우 중 어느 하나의 사유에 해당하면 타방 당사자가 약혼을 해제할 수 있는 정당한 약혼해제사유가 된다(제804조). 이러한 정당한 사유가 없더라도 일방은 약혼을 해제할 수 있다. 다만 부당해제로 인하여 손해배상 책임을 부담할 수는 있다.

3. 약혼해제절차와 손해배상 등

(1) 약혼해제절차

약혼의 해제방법은 **상대방에 대한 의사표시로** 한다. 그러나 상대방에 대하여 의사표시를 할 수 없는 때에는 그 해제의 원인 있음을 안 때에 해제된 것으로 본다(제805조).

약혼을 해제하는 것을 파혼이라 하는데, 상대방에 대한 의사표시는 직접 이야기하거나 전화나 우편 등의 방법으로 알리면 되는데, 상대방에게 파혼을 명확히 알렸다는 사실을 명백히 하기 위해서는 내용증명 우편을 보내거나 전자메일이나 전화통화 등을 저장해두는 것이 좋다.

(2) 손해배상청구

약혼을 해제하는 경우에 당사자 일방은 과실있는 상대방에 대하여 손해배상을 청구할 수 있고, 정신적인 고통에 대하여는 위자료(慰藉料)를 청구할 수 있다. 정신적 고통에 대한 손해배상청구권은 양도나 승계하지 못하지만 당사자간에 이미 그 배상에 관한 계약이 성립되거나 소를 제기한 후에는 그러하지 아니하다(제806조).

당사자가 합의하여 파혼하는 경우에는 각자 자기가 받은 예물 등을 상대방에게 반환하면 된다. 그러나 어느 일방의 잘못으로 인해 파혼하게 된 경우에는 과실이 있는 상대방에게 예물반환, 약혼비용, 손해배상을 청구할 수 있다. 그러나 파혼의 책임 없는 사람은 약혼예물을 반환하지 않아도 된다. 잘못이 있는 상대방이 손해배상청구에 응하지 않는 경우에는 상대방의 주소지를 관할하는 법원에 조정을 신청하고 이를 거쳐 소송을 제기할 수 있다.

《 관련판례 》

※ 대법원 1995. 12. 8. 선고 94므1676,1683 판결

[1] 약혼은 혼인할 것을 목적으로 하는 혼인의 예약이므로 당사자 일방은 자신의 학력, 경력 및 직업과 같은 혼인의사를 결정하는 데 있어 중대한 영향을 미치는 사항에 관하여 이를 상대방에게 사실대로 고지할 신의성실의 원칙상의 의무가 있다.

[2] 종전에 서로 알지 못하던 甲과 乙이 중매를 통하여 불과 10일간의 교제를 거쳐 약혼을 하게 되는 경우에는 서로 상대방의 인품이나 능력에 대하여 충분히 알 수 없기 때문에 학력이나 경력, 직업 등이 상대방에 대한 평가의 중요한 자료가 된다고 할 것인데 甲이 학력과 직장에서의 직종·직급 등을 속인 것이 약혼 후에 밝혀진 경우에는 甲의 말을 신뢰하고 이에 기초하여 혼인의 의사를 결정하였던 乙의 입장에서 보면 甲의 이러한 신의성실의 원칙에 위반한 행위로 인하여 甲에 대한 믿음이 깨어져 甲과의 사이에 애정과 신뢰에 바탕을 둔 인격적 결합을 기대할 수 없어 甲과의 약혼을 유지하여 혼인을 하는 것이 사회생활관계상 합리적이라고 할 수 없으므로 민법 제804조 제8호 소정의 '기타 중대한 사유가 있는 때'에 해당하여 甲에 대한 약혼의 해제는 적법하다.

[3] '[2]'항의 경우 약혼관계가 해소됨으로 인하여 乙이 상당한 정신적 고통을 받았을 것임은 경험칙상 명백하므로 甲은 乙에게 위자료를 지급할 의무가 있다.

※ 대법원 2003. 11. 14. 선고 2000므1257(본소),1264(반소) 판결

[1] 원·피고 사이의 사실혼관계가 불과 1개월만에 파탄된 경우, 혼인생활에 사용하기 위하여 결혼 전후에 원고 자신의 비용으로 구입한 가재도구 등을 피고가 점유하고 있다고 하더라도 이는 여전히 원고의 소유에 속한다고 할 것이어서, 원고가 소유권에 기하여 그 반환을 구하거나 원상회복으로 반환을 구하는 것은 별론으로 하고, 이로 인하여 원고에게 어떠한 손해가 발생하였다고 할 수 없다는 이유로 그 구입비용

상당액의 손해배상청구를 배척한다.

[2] 원고가 결혼 후 동거할 주택구입 명목으로 피고에게 금원을 교부함으로써 피고가 자신의 명의로 주택을 소유하게 되었을 뿐 아니라 향후 그 주택의 시가상승으로 인한 이익까지 독점적으로 보유하게 된다는 점 등을 고려할 때, 결혼생활이 단기간에 파탄되었다면 형평의 원칙상 위 금원은 원상회복으로서 특별한 사정이 없는 한 전액 반환되어야 한다.

(3) 약혼예물 등의 반환문제

합의에 의한 약혼해제의 경우에는 당사자의 합의에 의해 해결하면 되지만, 합의가 이루어지지 않을 때에는 부당이득의 반환원리에 의해 약혼예물에 대하여 부당이익의 반환을 청구할 수 있다. 약혼 당사자 중 일방에게 과실이 있어서 약혼파기를 하는 경우에 유책당사자는 약혼예물반환의무가 있지만 반환청구는 할 수 없다고 보는 입장이 타당하다.

Ⅱ. 혼인

1. 혼인의 의의와 성립요건

(1) 의의

혼인(婚姻)이란 영속적인 부부공동생활을 목적으로 하는 **1남 1녀의 사실적·법적 결합**을 말한다. 만 18세가 된 사람은 혼인할 수 있다.

(2) 혼인의 성립요건

혼인이 성립하기 위해서는 실질적 성립요건과 형식적 성립요건을 구비해야 한다.

1) 실질적 성립요건

당사자 간의 혼인의사의 합치가 있어야 하고, **혼인적령**에 도달해야 하며, **미성년자인 경우에는 부모 등의 동의**가 필요하고, 부모 중 한쪽이 동의권을 행사할 수 없을 때에는 다른 한쪽의 동의를 받아야 하며, 부모 모두가 동의권을 행사할 수 없을 때에는 미성년후견인의 동의를 받아야 한다. **근친 사이의 혼인이 아니어야 하**

며(8촌 이내의 혈족이 아닐 것, 6촌 이내의 혈족의 배우자, 배우자의 6촌 이내의 혈족, 배우자의 4촌 이내의 혈족의 배우자인 인척이거나 이러한 인척이었던 자가 아닐 것, 6촌 이내의 양부모계의 혈족이었던 자와 4촌 이내의 양부모계의 인척이었던 자가 아닐 것이 요구됨), **중혼이 아니어야 하고**(제807조~제810조), 피성년후견인은 부모나 성년후견인의 동의를 받아 혼인할 수 있다(제808조 제2항).

2) 혼인의 형식적 성립요건

가족관계등록법이 정하는 바에 따라 혼인신고를 함으로써 혼인의 효력이 발생한다. 혼인신고는 **당사자 雙方과 성년자인 증인 2인의 연서한 서면**으로 하여야 하며(제812조), 규정 기타 법령에 위반함이 없는 때에는 이를 수리하여야 한다. 외국에서의 본국민 사이의 혼인은 그 외국에 주재하는 **대사, 공사 또는 영사에게 신고**할 수 있으며, 신고한 수리한 대사 등은 신고서류를 지체 없이 본국의 등록기준지를 관할하는 **가족관계등록관서에 송부**하여야 한다(제814조). 우리나라는 **법률혼주의를 채택**하고 있다.

2. 혼인의 무효와 취소

(1) 혼인의 무효

1) 혼인무효사유

다음의 어느 하나의 사유에 해당하는 경우에 혼인은 무효로 한다.

가. 당사자간에 혼인의 합의가 없는 때

당사자의 혼인의사에 흠결이 있는 경우로는, 쌍둥이 자매를 착오로 혼인신고한 경우, 유아인 경우, 심신장애 상태에서 혼인신고한 경우, 혼인신고가 잘못된 경우, 협박에 의해 의사결정의 자유를 상실한 상태에서 혼인신고한 경우 등을 들 수 있다. 그 밖에도 가장혼인, 혼인신고 수리전에 혼인의사를 철회한 경우, 동거하지 아니하는 혼인 등은 당사간에 혼인합의가 없는 혼인의사의 흠결에 해당한다.

나. 당사자 사이에 8촌(친양자의 입양 전의 혈족 포함한다) 이내의 혈족인 관계에 있는 때

다. 당사자 사이에 직계인척관계가 있거나 있었던 때

라. 당사자 간에 양부모계의 직계혈족관계가 있었던 때

《 관련판례 》

※ 대법원 2010. 6. 10. 선고 2010므574 판결

[1] 민법 제815조 제1호가 혼인무효의 사유로 규정하는 '당사자 간에 혼인의 합의가 없는 때'란 당사자 사이에 사회관념상 부부라고 인정되는 정신적·육체적 결합을 생기게 할 의사의 합치가 없는 경우를 의미하므로, 당사자 일방에게만 그와 같은 참다운 부부관계의 설정을 바라는 효과의사가 있고 상대방에게는 그러한 의사가 결여되었다면 비록 당사자 사이에 혼인신고 자체에 관하여 의사의 합치가 있어 일응 법률상의 부부라는 신분관계를 설정할 의사는 있었다고 하더라도 그 혼인은 당사자 간에 혼인의 합의가 없는 것이어서 무효라고 보아야 한다.

[2] 외국인 을이 갑과의 사이에 참다운 부부관계를 설정하려는 의사 없이 단지 한국에 입국하여 취업하기 위한 방편으로 혼인신고에 이르렀다고 봄이 상당한 사안에서, 설령 을이 한국에 입국한 후 한 달 동안 갑과 계속 혼인생활을 해왔다고 하더라도 이는 을이 진정한 혼인의사 없이 위와 같은 다른 목적의 달성을 위해 일시적으로 혼인생활의 외관을 만들어 낸 것이라고 보일 뿐이므로, 갑과 을 사이에는 혼인의사의 합치가 없어 그 혼인은 민법 제815조 제1호에 따라 무효이다.

---

2) 혼인무효의 효과

혼인이 무효가 되면 당사자 사이의 **출생자는 혼인 외의 출생자**가 되며, 상속 그 밖의 권리변동도 무효가 된다. 혼인이 무효로 된 경우에 과실있는 당사자는 상대방에게 **재산상의 손해와 정신적인 고통에 대한 위자료를 배상할 책임**이 있다(제825조).

(2) 혼인의 취소

1) 혼인취소사유

가. 혼인적령에 도달하지 않은 자의 혼인

당사자 또는 법정대리인이 혼인취소를 청구할 수 있다(제807조). 만 18세가 된 사람은 혼인할 수 있다.

나. 동의가 없는 혼인

미성년자가 혼인을 하는 경우에는 부모의 동의를 받아야 하며, 피성년후견인은 부모 또는 성년후견인의 동의가 필요한데, 이러한 동의를 얻지 못한 혼인에 대하여는 당사자 또는 법정대리인이 그 취소를 청구할 수 있다. 동의가 필요한 혼인에 위반한 경우에도 그 당사자가 19세가 된 후 또는 성년후견종료의 심판이 있은 후 3개월이 지나거나 혼인 중에 임신한 경우에는 그 취소를 청구하지 못한다.

다. 근친혼 등의 금지(제809조)와 취소청구

8촌 이내의 혈족간의 혼인과 같은 무효사유 이외에 취소할 수 있는 혼인인 6촌 이내의 혈족의 배우자, 배우자의 6촌 이내의 혈족, 배우자의 4촌 이내의 혈족의 배우자인 인척이거나 인척이었던 자 사이의 혼인이거나, 6촌 이내의 양부모계의 혈족이었던 자와 4촌 이내의 양부모계의 인척이었던 자 사이에서는 혼인하지 못한다. 따라서 예컨대 형수, 제수, 백모, 숙모, 시동생, 시숙, 시삼촌, 형부, 제부, 고숙, 처제, 처형, 처남　, 시누이의 남편 등과는 혼인하지 못한다. 이에 위반하여 혼인한 경우에는 당사자나 그 직계존속 또는 4촌 이내의 방계혈족이 그 취소를 청구할 수 있다(제817조). 그러나 근친혼 규정에 위반한 그 당사자 사이에 혼인 중 포태(胞胎)한 때에는 그 취소를 하지 못한다(제820조).

라. 중혼(重婚)금지

배우자 있는 자는 다시 혼인하지 못한다(제810조). 중혼(重婚)인 경우에는 당사자 및 그 배우자, 직계혈족, 4촌 이내의 방계혈족 또는 검사는 그 취소를 청구할 수 있다(제818조). 중혼의 경우에는 중혼이 존재하는 한 취소청구권이 소멸되지 않는다.

마. 악질 기타 중대한 사유가 있음을 알지 못한 때

혼인당시 당사자의 일방에 부부생활을 계속할 수 없는 악질(惡疾) 기타 중대한 사유가 있음을 알지 못하고 혼인한 때에는 상대방이 그 사유가 있음을 안 날로부터 6월 이내에 혼인의 취소를 청구할 수 있다(제822조). 여기서 악질이란 고치기 힘든 질병을 말한다.

※ 대법원 2015. 2. 26. 선고 2014므4734, 4741 판결

[1] 혼인은 남녀가 일생의 공동생활을 목적으로 하여 도덕 및 풍속상 정당시되는 결합을 이루는 법률상, 사회생활상 중요한 의미를 가지는 신분상의 계약으로서 본질은 양성 간의 애정과 신뢰에 바탕을 둔 인격적 결합에 있다고 할 것이고, 특별한 사정이 없는 한 임신가능 여부는 민법 제816조 제2호의 부부생활을 계속할 수 없는 악질 기타 중대한 사유에 해당한다고 볼 수 없다. 그리고 '혼인을 계속하기 어려운 중대한 사유'에 관한 민법 제840조 제6호의 이혼사유와는 다른 문언내용 등에 비추어 민법 제816조 제2호의 '부부생활을 계속할 수 없는 중대한 사유'는 엄격히 제한하여 해석함으로써 그 인정에 신중을 기하여야 한다.

[2] 甲이 배우자인 乙을 상대로 乙의 성기능 장애 등을 이유로 민법 제816조 제2호에 따른 혼인취소를 구한 사안에서, 제반 사정에 비추어 甲의 부부생활에 乙의 성기능 장애는 크게 문제 되지 않았다고 볼 여지가 많고, 설령 乙에게 성염색체 이상과 불임 등의 문제가 있다고 하더라도 이를 들어 민법 제816조 제2호에서 정한 '부부생활을 계속할 수 없는 악질 기타 중대한 사유'에 해당하지 않는다고 판시하였다.

바. 사기 또는 강박으로 인한 혼인

사기 또는 강박(强迫)으로 인하여 혼인의 의사표시를 한 때에는 법원에 혼인의 취소를 청구할 수 있다. 취소청구권의 행사는 사기를 안 날 또는 강박을 면한 날로부터 3월 이내에 하여야 한다(제822조).

※ 대법원 2016. 2. 18. 선고 2015므654, 661 판결

[1] 민법 제816조 제3호가 규정하는 '사기'에는 혼인의 당사자 일방 또는 제3자가 적극적으로 허위의 사실을 고지한 경우뿐만 아니라 소극적으로 고지를 하지 아니하거나 침묵한 경우도 포함된다. 그러나 불고지 또는 침묵의 경우에는 법령, 계약, 관습 또는 조리상 사전에 사정을 고지할 의무가 인정되어야 위법한 기망행위로 볼 수 있다. 관습 또는 조리상 고지의무가 인정되는지는 당사자들의 연령, 초혼인지 여부, 혼인에 이르게 된 경위와 그때까지 형성된 생활관계의 내용, 당해 사항이 혼인의 의사결정에 미친 영향의 정도, 이에 대한 당사자 또는 제3자의 인식 여부, 당해 사항이 부부가 애정과 신뢰를 형성하는 데 불가결한 것인지, 또는 당사자의 명예 또는 사생활 비밀의 영역에 해당하는지, 상대방이 당해 사항에 관련된 질문을 한 적이 있는지,

상대방이 당사자 또는 제3자에게서 고지받았거나 알고 있었던 사정의 내용 및 당해 사항과의 관계 등의 구체적·개별적 사정과 더불어 혼인에 대한 사회일반의 인식과 가치관, 혼인의 풍속과 관습, 사회의 도덕관·윤리관 및 전통문화까지 종합적으로 고려하여 판단하여야 한다.

[2] 혼인의 당사자 일방 또는 제3자가 출산의 경력을 고지하지 아니한 경우에 그것이 상대방의 혼인의 의사결정에 영향을 미칠 수 있었을 것이라는 사정만을 들어 일률적으로 고지의무를 인정하고 제3호 혼인취소사유에 해당한다고 하여서는 아니 되고, 출산의 경위와 출산한 자녀의 생존 여부 및 그에 대한 양육책임이나 부양책임의 존부, 실제 양육이나 교류가 이루어졌는지 여부와 시기 및 정도, 법률상 또는 사실상으로 양육자가 변경될 가능성이 있는지, 출산 경력을 고지하지 않은 것이 적극적으로 이루어졌는지 아니면 소극적인 것에 불과하였는지 등을 면밀하게 살펴봄으로써 출산의 경력이나 경위가 알려질 경우 당사자의 명예 또는 사생활 비밀의 본질적 부분이 침해될 우려가 있는지, 사회통념상 당사자나 제3자에게 그에 대한 고지를 기대할 수 있는지와 이를 고지하지 아니한 것이 신의성실 의무에 비추어 비난받을 정도라고 할 수 있는지까지 심리한 다음, 그러한 사정들을 종합적으로 고려하여 신중하게 고지의무의 인정 여부와 위반 여부를 판단함으로써 당사자 일방의 명예 또는 사생활 비밀의 보장과 상대방 당사자의 혼인 의사결정의 자유 사이에 균형과 조화를 도모하여야 한다.

[3] 당사자가 성장과정에서 본인의 의사와 무관하게 아동성폭력범죄 등의 피해를 당해 임신을 하고 출산까지 하였으나 이후 자녀와의 관계가 단절되고 상당한 기간 동안 양육이나 교류 등이 전혀 이루어지지 않은 경우라면, 출산의 경력이나 경위는 개인의 내밀한 영역에 속하는 것으로서 당사자의 명예 또는 사생활 비밀의 본질적 부분에 해당하고, 나아가 사회통념상 당사자나 제3자에게 그에 대한 고지를 기대할 수 있다거나 이를 고지하지 아니한 것이 신의성실 의무에 비추어 비난받을 정도라고 단정할 수도 없으므로, 단순히 출산의 경력을 고지하지 않았다고 하여 그것이 곧바로 민법 제816조 제3호에서 정한 혼인취소사유에 해당한다고 보아서는 아니 된다. 그리고 이는 국제결혼의 경우에도 마찬가지이다.

2) 혼인취소의 효력

혼인의 취소의 효력은 기왕에 소급되지 않으며(제824조), 과실없는 배우자는 과실 있는 배우자에게 **손해배상을 청구**할 수 있다(제825조).

3. 혼인의 효과

혼인의 효과는 **일반적인 효과**와 **재산상의 효과**로 나눌 수 있다.

(1) 일반적 효과(신분상의 효과)

1) 새로운 친족관계의 발생

부부로서 혼인을 하게 되면 배우자로서의 신분을 갖게 되어 법률상의 가족관계인 친족관계가 발생한다. 또한 부부는 혼인함으로 인해 배우자의 4촌 이내의 혈족(예: 배우자의 부모·형제 즉 시부모, 처남 등)과 4촌 이내의 혈족의 배우자(예: 형제의 배우자 즉 형수, 형부 등) 사이에는 서로 인척관계가 성립하게 되어 친족관계가 성립한다.

2) 동거, 부양, 협조의무

부부는 기본적으로 같은 집에서 동거하여야 하며 서로 부양하고 협조하여야 한다. 그러나 정당한 이유가 있는 경우에는 일시적으로 동거하지 아니하는 경우라 하더라도 서로 이를 인정해야 한다. 부부가 함께 거주하는 **동거장소는 부부가 서로 협의**하여 정해야 하지만 예컨대 시부모 등을 모시는 문제 등으로 협의가 성립되지 않으면 **당사자의 청구에 의하여 가정법원**에서 동거 장소를 정하게 된다(제826조).

부부는 정신적, 육체적, 경제적인 측면에서 서로 협조하면서 함께 생활해야 할 의무를 진다. 부부의 공동생활비용은 사전에 정하지 않은 경우에는 부부가 함께 부담하는 것이 원칙이다. 보통 부부의 일방이 생활비를 벌지는 않지만 가사노동이나, 육아, 가정 관리 등을 담당할 경우에는 생활비를 공동으로 부담한 것으로 인정된다. 이혼 시에는 이러한 가사노동에 대한 기여도를 인정하여 재산분할 청구시에 이를 반영하고 있다.

3) 정조의 의무

부부는 서로 정조의 의무가 있으며, 부정행위는 이혼사유가 되고 민사상 손해배상 책임이 발생한다. 종래에는 배우자의 부정행위에 대하여 간통죄로 처벌하였으나, 헌법재판소의 위헌결정으로 간통죄는 폐지되었다.

4) 성년의제(擬制)

미성년자가 혼인한 때에는 성년이 된 것으로 본다(제826조의2). 따라서 미성년자라 하더라도 자기 자녀에 대해서 친권행사가 가능하며, 금전거래를 할 때도 부모의 동의 없이 혼자서 할 수 있다. 그러나 민법 이외의 법률 예컨대 공직선거법, 청소년보호법, 근로기준법, 국세기본법 등에서는 여전히 미성년자로 취급되므로, 예컨대 미성년자가 혼인을 하더라도 선거권을 가질 수는 없는 것이다.

또한 혼인으로 인해 일단 성년의제가 되면, 실제로 성년 이전에 혼인이 해소되더라도 다시 행위무능력자로 환원되지는 않는다.

5) 일상가사대리권

부부는 일상가사에 관하여 서로 대리권이 있으며, 배우자의 일방이 **일상가사대리권에 제한**을 가하더라도 **선의의 제3자에게 대항하지 못한다**(제827조 제1항). 다만, 예컨대 부인이 남편명의로 분양받은 45평 아파트의 분양금을 납입하기 위한 명목으로 금전을 차용하여 분양금을 납입하였고, 그 아파트가 남편의 부동산으로서 가족들이 거주하고 있는 경우에 그 금전차용행위는 일상가사에 해당한다.[10] 부부일방이 의식불명의 상태에 있는 경우에도 일상가사가 아닌 법률행위의 경우에는 별도의 대리권 수권행위가 없는 한 채무부담행위를 포함한 모든 법률행위에 관하여 대리권을 갖는다고 볼 것은 아니다.[11]

(2) 재산적 효과

1) 부부의 재산약정과 변경

부부의 재산관계는 부부의 자유로운 약정에 의하여 정할 수 있다. 혼인성립전에 재산에 관하여 약정을 한 때에는 혼인중 이를 변경하지 못한다. 그러나 정당한 사유가 있는 때에는 **법원의 허가를 얻어 변경**할 수 있다(제829조).

약정에 의하여 부부의 일방이 다른 일방의 재산을 관리하는 경우에 부적당한 관리로 인하여 그 재산을 위태하게 한 때에는 다른 일방은 자기가 관리할 것을 법원에 청구할 수 있고 그 재산이 부부의 공유인 때에는 그 분할을 청구할 수 있다.

---

10) 대판 1999. 3. 9, 98다46877.
11) 대판 2000. 12. 8, 99다37856.

부부가 혼인성립전에 그 재산에 관하여 따로 약정을 한 때에는 **혼인성립까지에 그 등기**를 하지 아니하면 이로써 부부의 승계인 또는 제3자에게 대항하지 못한다 (제829조 제4항).

2) 법정재산제

부부가 혼인성립 전에 부부재산의 약정을 체결하여 등기하지 않는 한, 부부의 재산관계는 법정재산제에 의한다.

가. 부부별산제

부부의 일방이 혼인전부터 가진 **고유재산**과 혼인 중 자기의 명의로 취득한 재산은 **특유재산**으로 하며, 부부는 자기의 특유재산을 각자 관리·사용·수익한다. 부부의 누구에게 속한 것인지 분명하지 아니한 재산은 **부부의 공유로 추정**한다(제830조).

나. 생활비용

부부의 공동생활에 필요한 비용, 즉 자녀양육비, 교육비, 의료비, 장례비, 조세 등 혼인생활을 영위하기 위해 필요한 비용은 당사자 간에 특별한 약정이 없으면 부부가 **공동으로 부담**한다(제833조).

다. 일상가사채무의 연대책임

일상가사채무란 부부의 공동생활을 유지하기 위해 필요한 범위 내에서 부부 중 일방이 타방 당사자를 대리하여 제3자와 법률행위를 하는 것을 말한다. 부부의 일방이 일상의 가사에 관하여 제3자와 법률행위를 한 때에는 다른 일방은 이로 인한 채무에 대하여 연대책임이 있다.

그러나 이미 제3자에 대하여 다른 일방이 책임이 없음을 명시한 때에는 그 다른 일방은 책임이 없다(제832조).

Ⅲ. 이혼

1. 이혼제도

이혼이란 **유효하게 성립한 혼인을 부부쌍방의 생존 중에 당사자의 의사에 의하여 해소하는 제도**를 말한다. 혼인이 남녀의 영속적인 공동생활을 목적으로 하는 결합관계이지만, 이러한 혼인관계를 지속하는 것이 당사자에게 오히려 더 큰 고통을 가져다 줄 경우에는 이를 해소시킬 필요가 있다.

혼인관계를 해소하는 이혼의 방법에는 〈협의이혼〉과 〈재판상 이혼〉이 있다.

(1) 이혼제도의 변천

1) 혼인비해소주의와 기처주의

서구 고대법이나 동양법에서는 일반적으로 이혼을 허용하고 있었다. 그러나 중세 서구제국에서는 **그리스도교의 교리에 근거하여 혼인비해소주의**(婚姻非解消主義) **에 입각하여 이혼을 엄격히 금하는 경향**이 있었다. 반면에 가부장적, 봉건적 가족 제도를 유지하고 있는 동양에서는 **기처주의**(棄妻主義)를 허용하는 특징이 있다.

2) 유책주의 이혼과 파탄주의 이혼

가. 유책주의 이혼

서구에서는 과거 **부부의 일방에게 비행이나 의무위반이 있는 경우**에 한하여 이 혼을 청구할 수 있도록 하는 유책주의이혼에 입각하고 있고, 유책의 원인으로는 간 통, 학대, 중대한 모욕 등을 유책원인으로 한정하거나, 유책원인을 확대하여 일반적 인 유책원인조항을 두고 있는 경우도 있다.

나. 파탄주의 이혼

혼인이 파탄된 경우에는 무책배우자를 혼인관계로부터 해소시킬 필요가 있다. 따 라서 이혼원인을 유책에 한정하지 않고, 사실상 혼인이 파탄되어진 경우에도 이혼을 인정해야 한다는 **파탄주의 이혼**이 대두되고 있다.

3) 우리나라의 이혼제도

우리나라는 봉건적 가부장제도 하에서 **남자전권의 이혼제도**가 행하여겼는데, 조 선시대에는 **7출**(出) **3불거**(三不去: 부모상을 지킨 처, 조강지처, 돌아갈 곳이 없어 진 처)**라는 기처제**(棄妻制)**와 의절**(義絶:국법이 정한 일정한 패륜행위, 즉 부모구 타, 아내간통 등이 있을 때 강제로 부부를 이혼시키는 제도)이 있었다. 이외에도 7 **거지악**(七去之惡: 불순구고(不順舅姑), 무자(無子), 음행(淫行), 질투(嫉妬), 악질(惡

疾), 구설(口舌), 절도(竊盜))의 제도가 있었다.

현행법은 상대적 이혼원인을 도입하였고, 이혼법상의 원칙이 **유책주의에서 파탄주의로 전환**되어 개방적인 입장을 취함으로써 세계적인 동향과 그 흐름을 따르고 있다.

2. 협의이혼

부부는 서로 협의하여 자유롭게 이혼을 할 수 있으며(제843조), 그 원인과 동기는 묻지 아니한다.

(1) 협의상 이혼의 성립요건

1) 실질적 요건

당사자 사이에 **의사의 합치**가 있어야 하며, 피성년후견인은 부모 또는 성년후견인의 동의가 있어야 한다.

2) 형식적 요건

가정법원의 확인을 받아 "가족관계등록 등에 관한 법률"의 정한 바에 의하여 **당사자 쌍방과 성년자인 증인 2인의 연서한 서면으로 신고함으로써 효력이 발생**한다.

가. 협의상 이혼의 절차

협의상 이혼을 하려는 자는 **가정법원이 제공하는 이혼에 관한 안내**를 받아야 하고, 가정법원은 필요한 경우 당사자에게 상담에 관하여 전문적인 지식과 경험을 갖춘 **전문상담인의 상담을 받을 것을 권고**할 수 있다(제836조의2).

나. 협의상 이혼시 숙려기간(熟廬期間)

가정법원에 이혼의사의 확인을 신청한 당사자는 이혼에 관한 안내를 받은 날로부터 다음의 기간이 지난 후에 **이혼의사의 확인**을 받을 수 있다.

ⓐ 양육하여야 할 자(포태 중인 자를 포함한다)가 있는 경우에는 **3개월**

ⓑ **양육할 자가 없는 경우에는 1개월**

ⓒ 가정법원은 폭력으로 인하여 당사자 일방에게 참을 수 없는 고통이 예상되는

등 이혼을 하여야 할 급박한 사정이 있는 경우에는 위 기간을 **단축 또는 면제**할 수 있다(제836조의2 제3항)

다. 협의상 이혼시 자녀의 양육책임

양육하여야 할 자가 있는 경우에는 〈**양육권문제**〉와 〈**친권에 관한 문제**〉를 해결해야만 이혼을 할 수 있다.

ⓐ 양육하여야 할 자가 있는 경우에는 당사자는 서로 협의하여 제837조에 따른 **양육책임**과 제909조 제4항에 다른 자의 **친권자결정에 관한 협의서를 제출**하여야 한다.

ⓑ 협의가 될 수 없는 경우에는 제837조 및 제909조 제4항에 따른 **가정법원의 심판정본을 제출**하여야 한다(제836조의2 제4항).

라. 양육비 부담조서의 작성

가정법원은 당사자가 협의한 양육비부담에 관한 내용을 확인하는 **양육비부담조서를 작성**하여야 한다. 이 경우에 **양육비부담조서**는 **집행력있는 심판과 동일한 효력**을 가지므로 집행권원이 된다(동조 제5항). 따라서 양육비지급의무를 불이행할 경우에는 **양육비부담조서**를 가지고 바로 **강제집행**할 수 있다.

(2) 협의이혼의 무효와 취소

1) 협의이혼의 무효

이혼신고가 수리되었으나 당사자 사이에 이혼합의가 없는 경우, 이혼의사가 이혼합의서 수리전에 철회된 경우 등이 해당한다.

2) 협의이혼의 취소

사기 또는 강박으로 인하여 이혼의 의사표시를 한 자는 그 취소를 가정법원에 할 수 있다. 취소를 하려면 먼저 조정을 신청하여야 하고, 조정이 성립되지 않으면 제소신청을 할 수 있다. 이것은 사기를 안 날 또는 강박을 면한 날로부터 3개월이 경과하면 그 취소권은 소멸한다.

3. 재판상 이혼

재판상 이혼이란 법률에 규정한 이혼사유가 있을 때에 당사자의 일방이 상대방의 의사와 관계없이 판결로써 이혼을 할 수 있는 경우를 말한다.

(1) 재판상 이혼사유(제840조)

1) 배우자의 부정행위

부부 사이의 **성적 신의성실의무를 위반한 경우**를 말한다. 배우자의 부정행위에는 간통행위를 하는 경우를 포함하여 그 밖에도 배우자 이외의 자와 다양한 형태의 성적 교감행위를 하는 경우도 포함된다. 예컨대 사랑을 표현하는 대화를 하는 경우도 포함된다. 따라서 여기서 말하는 부정행위란 넓은 의미에 있어서 배우자의 정조의무위반행위를 말한다.

배우자의 부정행위로 인한 이혼청구권은 다른 일방이 **사전 동의**나 **사후에 용서한 때, 또는 이를 안 날로부터 6개월, 그 사유가 있은 날로부터 2년을 경과하면 이혼을 청구하지 못한다**(제841조).

2) 배우자의 악의의 유기

배우자가 다른 배우자 일방을 **정당한 사유 없이 동거·부양·협조의무를 이행하지 않은 경우**를 말한다. 그러나 질병이나 경제적 사정, 학대 등으로 부득이하게 별거하게 된 경우는 여기에 해당하지 않는다.

3) 배우자 또는 그 직계존속에 의한 심히 부당한 대우

배우자 또는 그 직계존속으로부터 심하게 부당한 대우를 받은 경우를 말한다. 여기서 '배우자로부터부터 심히 부당한 대우를 받았을 때 '라 함은 혼인관계의 지속을 강요하는 것이 참으로 가혹하다고 여겨질 정도의 폭행이나 학대 또는 모욕을 받았을 경우를 말한다.[12]

4) 자기의 직계존속에 대한 배우자의 심히 부당한 대우

---

12) 대판 2004. 2. 27. 2003므1890.

자기의 직계존속에 대하여 배우자가 심하게 부당한 대우를 하는 경우를 말한다.

5) 배우자의 생사가 3년 이상 분명하지 아니한 때

생존과 사망을 증명할 수 없는 경우로서 3년 이상 이러한 불분명함이 계속되어야 하고 현재에도 불분명해야 한다. 이혼판결은 **공시송달과 궐석재판이라는 절차**를 거치게 되며, 생사불명자가 나중에 생존귀환하더라도 혼인관계는 부활하지 않는다.

6) 기타 혼인을 계속하기 어려운 중대한 사유가 있을 때

여기서 '혼인을 계속하기 어려운 중대한 사유가 있을 때'라 함은 부부간의 **애정과 신뢰**가 바탕이 되어야 할 혼인의 본질에 상응하는 부부공동생활관계가 회복할 수 없을 정도로 파탄되고 그 혼인생활의 계속을 강제하는 것이 **일방 배우자에게 참을 수 없는 고통이 되는 경우**를 말한다. 여기에 해당하는 대법원 판례의 예로는, 배우자의 범죄, 부당피임, 성병감염, 성교거부, 성적 불능, 성격차이, 장기간의 별거, 알콜중독, 신앙차이, 낭비벽 등을 들 수 있다. 구체적인 가족생활관계에 따라 그 정도나 내용은 달리 판단되어진다.

또한 '**기타 혼인을 계속하기 어려운 중대한 사유**'에 해당하는 재판상 이혼사유로는 다른 일방이 이를 **안 날로부터 6개월, 그 사유가 있은 날로부터 2년을 경과**하면 이혼을 청구하지 못한다(제842조).

(2) 유책배우자의 이혼청구

유책배우자의 이혼청구에 대하여 대법원은 이를 부정하다가, 특별한 사정이 있는 경우에는 **제한적으로 이를 허용**하고 있다. 즉 부부의 혼인관계가 회복할 수 없을 정도로 파탄되었다고 인정되는 경우에는 파탄의 원인에 대한 원고의 책임이 피고의 책임보다 더 무겁다고 인정되지 않는 한 **유책배우자의 이혼청구도 인용**하고 있다[13]

(3) 재판상 이혼의 절차

---

13) 대판 2007. 12. 14, 2007므1690.

재판상 이혼의 경우에는 가사소송법에 의하여 **조정전치주의**를 취하고 있기 때문에 재판상 이혼을 하고자 하는 사람은 우선 가정법원에 **조정을 신청**하여야 하며, 당사자 사이의 조정에서 **이혼에 관한 합의가 성립되어 그것을 조서에 기재하는 경우**는 그 기재는 **재판상 화해와 동일한 효력**이 있으므로 이혼은 성립한다. 조정에서 이혼에 관한 합의가 이루어지지 않거나 법원의 결정에 의해 조정이 성립되지 않은 때에는 **조서등본이 송달된 날로부터 2주일 이내 또는 조서송달 전에 당사자는 서면으로 제소신청**을 할 수 있다. 이혼판결은 선고로 그 효력이 생긴다.

4. 이혼의 효과

(1) 일반적 효과

배우자로서의 **신분관계가 해소**되고, 부부간의 일체의 **권리의무가 소멸**한다. 배우자의 혈족과의 **인척관계도 소멸**한다.

(2) 자(子에) 대한 효과

1) 자의 친권자 선임

자에 대한 공동친권은 **단독친권으로 변경**된다. **부모의 협의**에 의해 친권행사자를 정하고, 협의가 이루어지지 않는 경우에는 당사자의 청구에 의하여 **가정법원이 결정**한다.

2) 자의 양육책임

이혼한 당사자는 자의 양육에 관한 사항은 **당사자가 협의**하여 정한다. 협의가 되지 않거나 협의할 수 없는 때에는, **가정법원은 당사자의 청구 또는 직권**에 의하여 그 자의 연령, 부모의 재산상황 기타 사정을 참작하여 양육에 필요한 사항을 정하며, **자의 복리를 위하여 필요하다고 인정하는 경우에는 부, 모, 자 및 검사의 청구 또는 직권으로 자의 양육에 관한 사항을 변경하거나 다른 적당한 처분**을 할 수 있다(제837조 참조).

3) 면접교섭권

면접교섭권이란 이혼 후에 친권자나 양육자가 아님으로 인하여 **자녀를 보호, 양육하고 있지 않은 부 또는 모가 방문이나 서신교환 또는 전화연락 등의 방법을 통하여 자녀와 상호 면접 교섭할 수 있는 권리**를 말한다(제837조의2).

가정법원은 **자의 복리를 위하여 필요한 때에는 당사자의 청구 또는 직권에 의하여 면접교섭을 제한하거나 배제**할 수 있다. 면접교섭권은 양육권을 침해해서는 안된다.

(3) 재산분할청구권

부부가 이혼할 때에는 유책 상대방에게 위자료 등 손해배상의 청구와 배우자의 일방은 상대방에게 **혼인 중 취득한 재산에 대하여 재산형성에 기여한 몫에 따라 재산을 분할**하여 줄 것을 요구할 수 있다(제839조의2 제1항). 재산분할에 관하여 협의가 되지 아니하거나 협의할 수 없는 때에는 가정법원은 당사자의 청구에 의하여 **당사자 雙方의 협력으로 이룩한 재산의 액수 기타 사정을 참작**하여 분할의 액수와 방법을 정한다.

재산분할청구권은 이혼한 날부터 2년을 경과한 때에는 소멸하며, 처의 가사노동에 대하여 권리를 인정받을 수 있게 되었고, 재산분할로 취득한 재산에 대하여는 증여세를 부과할 수 없고, 재산분할에 의한 자산의 이전에 양도소득세를 부과할 수 없다.[14]

(4) 위자료청구권

배우자 일방이 **유책한 상대방에게 정신적 고통에 대한 손해배상을 청구하는 권리**를 말한다. 상대방에게 유책한 사유가 있어야 한다. 쌍방에게 유책사유가 있는 경우에 상호간에 위자료청구권이 인정되지 않는다.

협의이혼시에 당사자간에 **위자료에 관한 약정**을 할 수 있고, 당사자간에 배상에 관한 계약이 성립되거나 소를 제기한 경우에는 이를 양도 또는 승계할 수 있다. **위**

---

14) 헌재결 1997. 10. 30. 96헌바14(이혼시 재산분할청구로 취득한 재산에 증여세를 부과하는 것은… 실질적 공유재산을 청산받는 혼인당사자를 합리적인 이유 없이 불리하게 차별하는 것이므로 조세평등주의에 위배된다).

자료청구권은 이혼 후 3년 내에 행사하여야 한다.

(5) 재산분할청구권보전을 위한 사해행위(詐害行爲)취소권

부부의 일방이 다른 일방의 재산분할청구권 행사를 해함을 알면서도 재산권을 목적으로 하는 법률행위를 한 때에는 다른 일방은 제406조 제1항을 준용하여 그 **취소 및 원상회복을 가정법원에 청구**할 수 있다(제839조의3 제1항). 사해행위취소권은 **취소원인을 안 날로부터 1년, 법률행위가 있은 날로부터 5년 내에 제기**하여야 한다(동조 제2항).

(6) 이혼한 배우자는 분할연금의 수급권자

혼인기간(별거기간, 가출 등의 기간 제외)**이 5년 이상인 사람이 배우자와 이혼**하였고, 배우자였던 사람이 퇴직연금수급권자이며, **65세가 되었을 경우**에는 그때부터 그가 생존하는 동안 배우자였던 사람의 퇴직연금 또는 조기퇴직연금을 분할한 일정한 금액의 연금(분할연금)을 받을 수 있다. 분할연금액은 배우자였던 사람의 퇴직연금액 중 혼인기간에 해당하는 연금액을 균등하게 나눈 금액으로 한다. 분할연금 청구권자는 요건을 갖추게 된 때부터 **3년 이내에 청구**하여야 한다(공무원연금법 제45조).

Ⅳ. 사실혼

1. 사실혼의 의의

사실혼이란 혼인의 실질적 요건을 갖추고 **사회적으로는 정당한 부부로서 동거 생활**을 하고 있으나, 혼인의 형식적 성립요건인 **혼인신고를 하지 않아 법적으로 인정받지 못하는 혼인**을 말한다. 우리나라는 법률혼주의를 취하고 있기 때문이다.

2. 사실상혼인관계존부확인청구

① 사실혼이 성립된 경우에 배우자 일방이 혼인신고에 협력하지 않은 경우에는 가정법원에 **"사실상혼인관계존부확인"의 조정신청**을 할 수 있다.

② 조정이 성립되면 조정을 신청한 자가 **1개월 이내에 혼인신고**를 하여야 한다.

③ 조정이 불성립하거나 조정에 갈음하는 결정이 없는 경우, 또는 조정에 갈음하는 결정이 이의신청에 의하여 효력을 상실한 때에는 조정신청자는 조서등본의 송달 또는 이의신청을 통지받은 때로부터 2주일 이내에 또는 그 송달이나 통지 전에 서면으로 **제소신청**을 할 수 있다.

④ 사실혼관계의 존재가 확인되어 재판이 확정되면 재판을 청구한 자가 **재판의 확정일로부터 1월 이내에** 재판서의 등본과 확정증명서를 첨부하여 혼인신고를 하여야 한다.

3. 사실혼의 보호

학설과 판례는 사실혼을 준혼(準婚)이라 하여 가능한 한 법률혼에 준하여 보호하려고 한다. 사실혼 관계에 있는 **부부에게 동거, 협조, 부양 등의 의무와 혼인신고를 할 의무**가 있으며, **사실혼의 부당파기자에게는 손해배상책임**을 인정하고 있다.

특별법에는 사실혼 부부를 **법률상의 부부와 동일하게 보호**하는 경우도 있다. 예컨대, **공무원연금법, 선원법, 군인연금법, 주택임대차보호법, 전몰군경유족법** 등에서는 사실혼 부부에 대하여 **연금, 보험금 기타 급여의 수령권**을 인정하고 있다.

4. 사실혼의 효과

(1) 일반적 효력

당사자는 서로 **사실혼을 유지할 의무와 혼인신고를 할 의무**가 있다. 사실혼을 부당하게 파기하면 그 상대방에 대하여 손해배상을 청구할 수 있다.

(2) 혼인신고와 관계되는 효과

혼인신고를 전제로 한 효과는 발생하지 않는다. 따라서 당사자가 제3자와 혼인을 하더라도 중혼이 되지 않으며, 친족관계도 변동이 없다. 출생자는 **혼인 외의 출생자**가 되며, 부부 사이에는 상속권이 인정되지 않는다.

(3) 재산적 효과

일상가사에 대하여는 연대책임을 지고 서로 대리권이 인정되며, **부부의 특유재산**(特有財産)**이 인정**된다. 또한 부부재산계약도 당사자간에 인정하는 것은 무방하나, 다만 등기를 할 수 없으므로 제3자에게는 대항할 수 없다.

5. 사실혼의 해소

사실혼관계는 **배우자 일방이 사망하거나 이혼의 합의에 의하여 해소**되며 일방적인 해소도 가능하다. 따라서 배우자 일방이 혼인생활을 파기하여 공동생활의 실체가 없게 되면 그것으로 사실혼관계는 해소되는 것이다.

《 관련판례 》

※ **대법원 1998. 8. 21. 선고 97므544,551 판결-사실혼관계의 부당파기로 인한 손해배상책임**

사실혼 관계에 있어서도 부부는 민법 제826조 1항 소정의 동거하며 서로 부양하고 협조하여야 할 의무가 있으므로 사실혼 배우자의 일방이 정당한 이유없이 서로 동거, 부양, 협조하여야 할 부부로서의 의무를 포기한 경우에는 그 배우자는 악의의 유기에 의하여 사실혼관계를 부당하게 파기한 것이므로 상대방 배우자에게 재판상 이혼원인에 상당하는 귀책사유가 밝혀지지 아니하는 한 원칙적으로 **사실혼관계 부당파기로 인한 손해배상책임**을 면할 수 없다.

제3절 **부모와 자**

부모와 자의 관계, 즉 친자관계는 자연적 혈족관계에 기한 〈**친생친자관계**〉와 법률의 규정에 의하여 친자관계가 발생하는 〈**법정친자관계**〉가 있다.

친생친자관계의 친생자에는 〈**혼인 중의 출생자**〉와 〈**혼인 외의 출생자**〉가 있고, 법정친자관계에는 〈**양친자**〉가 있다.

I. 친생자

1. 혼인 중의 출생자

(1) 부의 친생자의 추정 및 친생부인의 소

법률상의 부부 사이에서 태어난 자는 혼인 중의 자로서 **남편의 친생자라고도 한다.** 처가 혼인 중에 포태(胞胎)한 자는 부(夫의) 자(子)로 추정한다. 즉 **혼인이 성립한 날로부터 200일 후 또는 혼인관계가 종료한 날로부터 300일내에 출생한 자**는 혼인 중에 포태한 것으로 추정한다(제844조). **재혼한 여자가 해산한 경우에 제**844조에 의하여 그 자의 부를 정할 수 없는 때에는 **법원이 당사자의 청구에 의하여 이를 정한다**(제845조).

그러나 남편의 친생자로 추정을 받는 자가 부부 사이의 자가 아닌 경우, 부부의 일방은 **다른 일방 또는 자를 상대로 그 사유가 있음을 안 날부터 2년 이내에 친생부인의 소를 제기할 수 있다**(제847조). 상대방이 될 자가 모두 사망한 때에는 그 **사망을 안 날로부터 2년 내에 검사를 상대로 하여 친생부인의 소를 제기할 수** 있다(제847조 제2항).

(2) 성년후견과 친생부인의 소

1) 남편이나 아내가 피성년후견인인 경우에는 **그의 성년후견인이 성년후견감독인의 동의를 받아 친생부인의 소를 제기할 수 있다.** 성년후견감독인이 없거나 동의할 수 없을 때에는 **가정법원에 그 동의에 갈음하는 허가를 청구할 수 있다**(제848조). 성년후견인이 친생부인의 소를 제기하지 아니하는 경우에는 **피성년후견인은 성년후견종료의 심판이 있은 날부터 2년 내에 친생부인의 소를 제기할 수 있다**(제848조).

2) **부(夫) 또는 처(妻)가 유언으로 부인의 의사를 표시한 때에는** 유언집행자는 친생부인의 소를 제기하여야 한다(제850조).

3) 부(夫)가 자의 출생 전에 사망하거나 부 또는 처가 사망한 경우에는 **부 또는 처의 직계존속이나 직계비속에 한하여 그 사망을 안 날부터 2년 내에 친생부인의 소를 제기할 수 있다**(제851조). 그러나 자의 출생 후에 친생자임을 승

인한 자는 다시 친생부인의 소를 제기하지 못한다(제852조).

2. 혼인 외의 출생자

(1) '혼인 외의 출생자'의 개념

'혼인외의 출생자'란 **법률상 혼인하지 않은 남녀 사이에 출생한 자**를 말하며, **비적출자(非嫡出子)**라고도 한다. 예컨대 무효혼의 당사자 또는 사실혼의 부부사이에서 낳은 자, 처 아닌 여자가 낳은 자, 처가 혼인 중에 낳은 자 중에서 친생부인의 소에 의하여 친생이 부인된 자 등이 여기에 해당한다.

(2) 생부·생모에 의한 인지와 준정

혼인 외의 출생자는 그 생부나 생모가 이를 인지(認知)할 수 있다(제855조). 인지(認知)란 친아버지나 친어머니가 자기 자식임을 확인하는 것을 말한다. 인지는 그 자의 출생시에 소급하여 효력이 생기며, 제3자의 취득한 권리를 해하지는 못한다. 혼인 외의 출생자는 그 부모가 혼인한 때에는 그 때부터 혼인 중의 출생자로 본다(제855조 제2항). 이를 혼인에 의한 **준정(準正)**이라 한다.

(3) 인지의 취소

사기, 강박 또는 중대한 착오로 인지를 한 때에는 사기나 착오를 안 날 또는 협박을 면한 날로부터 **6월내에 가정법원에 그 취소를 청구**할 수 있다(861조).

(4) 자 등에 의한 인지에 대한 이의 또는 인지청구의 소제기

자(子) 또는 이해관계인은 **인지(認知)의 신고있음을 안 날로부터 1년 내에 인지에 대한 이의의 소를 제기**할 수 있고(제862조), 자(子)와 그 직계비속 또는 그 법정대리인은 부 또는 모를 상대로 하여 **인지청구의 소를 제기**할 수 있다(제863조). 부 또는 모가 사망한 때에는 그 **사망을 안 날로부터 2년 내에 검사를 상대로 하여 인지에 대한 이의 또는 인지청구의 소를 제기**할 수 있다(제864조).

(5) 인지의 효력발생

인지는 가족관계등록에 관한 법률의 정하는 바에 의하여 **신고함으로써 그 효력이 발생**한다. 한편 인지는 유언으로도 할 수 있으며, 이 경우에는 유언집행자가 이를 신고하여야 한다(제859조).

(6) 다른 사유로 인한 친생관계존부확인의 소제기 기간

친생자에 관하여 소를 제기할 수 있는 자는 다른 사유를 원인으로 하여 **친생자관계존부의 확인의 소를 제기할 수 있으며**, 이 경우에 **당사자 일방이 사망한 때에는 그 사망을 안 날로부터 2년내에 검사를 상대로 하여 소를 제기**할 수 있다(제865조).

Ⅱ. 인공수정자

1. 인공수정의 의의

인공수정은 남녀간의 **자연적인 성적 교섭**에 의하지 않고 **기구나 인공적인 방법으로 정자와 난자를 결합시켜 임신케 하는 경우**를 말한다. 이러한 방법을 통해 태어난 아이를 **인공수정자**라고 한다. 인공수정의 방법이 많은 불임 내지 난임부부에게는 아이를 낳게 되는 희망을 가지도록 하지만, 실제적으로는 복잡한 법률문제를 발생시킨다.

2. 인공수정의 종류

(1) 배우자 사이의 인공수정

배우자 사이의 인공수정(AIH:artificial insemination by husband: 配偶者間人工受精)이란 부부가 자연적인 성적 교섭에 의한 임신이 불가능한 경우에 **남편의 정액을 추출하여 아내의 자궁에 인공적으로 수정, 임신시키는 방법**을 말한다.

(2) 비배우자 사이의 인공수정

비배우자 사이의 인공수정(AID:artificial insemination by donor)은 남편이 정자수가 부족하여 수정능력조차 없는 경우에 **제3자의 정액을 제공받아 아내에게 수정시켜 임신시키는 방법**을 말한다.

(3) 대리모에 의한 인공수정

아내가 임신불능일 경우에 **남편의 정액을 받아 제3의 여성의 자궁에 인공수정하여 임신케 하는 방법**을 말한다. 대리모가 아이를 낳으면 이 아이에 대한 양육권은 대리모계약에 따라 이를 **의뢰한 부부가** 가지게 되나, 아이에 대한 친권자는 생물학적인 부모인 남편과 대리모가 되고, 아이는 남편의 혼인외의 자가 된다.

3. 인공수정자의 법적 지위

인공수정으로 출생한 아이는 과연 누구의 아이로 보아야 할 것인지가 문제된다.

(1) 배우자 사이의 인공수정자

배우자 사이의 인공수정자(AIH:artificial insemination by husband)는 남편의 정액에 의한 출생자이므로 **혼인 중의 출생자**로 보아야 할 것이다. 그러나 남편이 정액을 냉동보존한 후 사망하고, 남편 사후에 아내가 보존된 정액을 이용하여 인공수정, 출산한 경우에 이 인공수정자의 법적 지위가 문제된다.

(2) 비배우자 사이의 인공수정자

1) 남편의 동의가 있는 경우

남편의 동의하에 아내가 제3자의 정액을 제공받아 임신, 출산한 경우에는 남편의 자로 추정받는 **혼인 중의 출생자**로 보아야 한다. 이 경우에 인공수정자에 대하여 부가 친생부인권을 행사하는 것은 **신의칙**에 반하며, 인공수정자를 보호하기 위해서도 친생부인권행사는 부정된다고 보아야 한다. 따라서 비배우자의 정자를 제공받는 것에 동의한 경우에는 **부에 의한 친생부인의 소는 허용되지 않는다**고 하겠다.

2) 남편의 동의가 없는 경우

아내가 남편동의 없이 임의로 제3자로부터 정액을 제공받아 인공, 수정, 출산한 인공수정자의는 친생자추정이 미치지 않는 혼인 중의 출생자가 되기 때문에 **남편은 친생부인권을 행사할 수 있고**, **이해관계인은 친생자관계부존재확인의 소를 제기**할 수 있다. 아내의 임의의 인공수정은 부정행위라고는 할 수 없으나, 기타 '**혼인을 계속하기 어려운 사유**'에 **해당하여 이혼사유**가 될 수 있다.

(3) 대리모에 의한 인공수정자

대리모에 의한 인공수정자는 남편의 혼인 외의 출생자로 보아야 한다. 그러나 이 경우에 대리모가 계약을 위반하여 낳은 아이를 인도하지 않은 경우에 아이의 어머니가 누구인가가 문제된다. 현행 가족법과 사회관습에 비추어 보면 실제로 난자를 제공한 어머니가 친권을 가진다고 해석되므로, 대리모가 인도를 거절하는 경우에는 의뢰자의 인도청구권을 인정하여 소송을 통하여 강제집행을 할 수 있다고 보아야 한다.

Ⅲ. 양자

본래 **친생자관계가 없는 사람들 사이에서 법률상 친자관계를 의제(擬制)하는** 것이 **양자제도**이다. 우리나라의 양자제도는 **가(家)의 단절을 방지**하여 선조에 대한 제사를 계속 유지하려는 필요성 때문에 인정되어온 **가(家)본위의 양자제도**였다. 이후 가본위의 양자제도를 유지하면서, 양친 본위의 양자제도, 양자 본위의 양자제도를 가미하였다. 다시 1990년 민법을 개정하여 사후양자제도, 서양자제도, 유언양자제도를 폐지함으로써 '가(家)를 위한 양자제도'를 없애고, "**양친과 양자를 위한 양자제도**"로 **전환**하였다.

2008년에 친양자제도를 신설하고, 2012년에는 양자제도를 전면개정하여 **2013년 7월 1일부터 시행**함으로써 "**자를 위한 양자제도**"로 **변경**하였다.

1. 입양

(1) 입양(入養)의 성립요건

1) 실질적 요건

성년이 된 사람은 입양을 할 수 있다. 당사자 사이에 입양의사의 합치가 있어야 하며, 기혼, 미혼, 유자, 무자를 불문하고, 미성년자를 입양하려는 사람은 가정법원의 허가를 받아야 한다(제867조 제1항). 가정법원은 미성년자의 복리를 위하여 그 양육 상황, 입양의 동기, 양부모의 양육능력, 그 밖의 사정을 고려하여 입양을 허가하지 아니할 수 있다.

① 양자가 될 사람이 13세 이상의 미성년자인 경우에는 법정대리인의 동의를 받아 입양을 승낙한다. 양자가 될 사람이 13세 미만인 경우에는 법정대리인이 그를 갈음하여 입양을 승낙한다(제869조).

② 양자가 될 사람은 성년자와 미성년자를 불문하고 부모의 동의를 얻어야 한다. 다만 부모의 소재를 알 수 없거나 부모가 정당한 이유없이 동의를 거부하는 경우에도 가정법원은 일정한 요건 하에 부모를 심문한 후 가정법원은 입양을 허가하거나 부모의 동의에 갈음하는 심판을 할 수 있다(제871조).

③ 배우자 있는 사람은 배우자와 공동으로 입양하여야 하며, 배우자 있는 사람은 그 배우자의 동의를 받아야만 양자가 될 수 있다(제874조). 양자는 남자에 한하지 않으며, 양친의 존속이나 연장자가 아니어야 입양할 수 있다.

④ 피성년후견인은 성년후견인의 동의를 받아 입양할 수 있고, 양자가 될 수 있다(제873조).

2) 형식적 요건

입양은 「가족관계의 등록 등에 관한 법률」에서 정한 바에 따라 신고함으로써 그 효력이 생긴다. 법령에 위반되지 아니한 입양신고는 수리하여야 한다(제881조).

(2) 입양의 효력

양자는 입양된 때부터 양부모의 친생자와 같은 지위를 가지므로 양부모의 혈족, 인척에 대하여도 친족관계가 발생한다. 양자가 미성년자인 경우에는 양부모에게 친권이 발생한다. 양자의 입양전의 친족관계는 존속한다(제882조의2).

(3) 파양(罷養)

유효하게 성립한 양자관계를 일정한 사유로 인하여 해소시키는 것을 파양이라 한다. 이에는 〈협의상 파양〉과 〈재판상 파양〉이 있다. 파양으로 인해 입양에 의한 친족관계는 소멸되며, 재판상 파양의 경우에는 당사자 일방은 과실있는 상대방에 대하여 손해배상을 청구할 수 있다.

1) 협의상 파양

양부모와 양자는 협의하여 파양할 수 있으나, 양자가 미성년자 또는 피성년후견인인 경우에는 그러하지 아니하다(제898조). 피성년후견인인 양부모는 성년후견인의 동의를 받아 파양을 협의할 수 있다(제902조).

2) 재판상 파양

가. 재판상 파양사유

양부모, 양자 및 제906조에 따른 파양 청구권자는 ⓐ 양부모가 양자를 학대 또는 유기하거나 그 밖에 양자의 복리를 현저히 해친 경우, ⓑ 양부모가 양자로부터 심히 부당한 대우를 받은 경우, ⓒ 양부모나 양자의 생사가 3년 이상 분명하지 않은 경우, ⓓ 그 밖에 양친자관계를 계속하기 어려운 중대한 사유가 있는 경우 중 어느 하나에 해당하는 경우에는 가정법원에 파양을 청구할 수 있다(제905조).

나. 파양 청구권자

ⓐ 양자가 13세 미만인 경우에는 입양을 승낙한 사람이 양자에 갈음하여 파양을 청구할 수 있다. 다만, 파양을 청구할 사람이 없는 경우에는 양자의 친족이나 이해관계인이 가정법원의 허가를 받아 파양을 청구할 수 있다.

ⓑ 양자가 13세 이상의 미성년자인 경우에는 입양의 동의를 한 부모의 동의를 받아 파양을 청구할 수 있다. 다만, 부모가 사망하거나 그 밖의 사유로 동의할 수 없는 경우에는 동의 없이 파양을 청구할 수 있다.

ⓒ 양부모나 양자가 피성년후견인인 경우에는 성년후견인의 동의를 받아 파양을

청구할 수 있다.

ⓓ 검사는 미성년자나 피성년후견인인 양자를 위하여 파양을 청구할 수 있다(제906조).

다. 파양청구기간

파양청구권은 양부모가 양자를 학대 또는 유기, 그 밖에 양자의 복리를 현저히 해치거나, 양부모가 양자로부터 심히 부당한 대우를 받거나, 양친자관계를 계속하기 어려운 중대한 사유가 있는 경우에는 이러한 사유가 있음을 안 날부터 6개월, 그 사유가 있었던 날부터 3년이 지나면 파양을 청구할 수 없다(제907조).

2. 친양자제도

(1) 개념

기존의 일반양자제도는 양자로 입양되더라도 친가와의 관계는 그대로 유지되기 때문에 양자가 된 자는 친부모쪽(자연혈족)과 양부모(법정혈족)의 2가지의 혈족관계를 유지하였다. 그러나 친양자(親養子) 제도는 친양자의 입양을 통하여 **친생부모측과의 관계를 단절**시키는 대신에, 양부모와의 관계를 일반양자와는 달리 아주 밀접하게 구성함으로써 파양(罷養)을 엄격히 하여 **친생부모와 거의 흡사한 관계를 유지시키는** 제도이다.

(2) 친양자 입양의 요건

친양자를 입양하려는 자는 다음과 같은 요건을 갖추어 **가정법원에 친양자 입양의 청구**를 하여야 한다.

① **3년 이상 혼인 중인 부부로서 공동으로 입양하여야 한다.** 다만, 1년 이상 혼인 중인 부부의 한쪽이 그 배우자의 친생자를 친양자로 하는 경우에는 그러하지 아니하다.

② 친양자가 될 사람이 **미성년자여야 한다.**

③ 친양자가 될 사람의 **친생부모가 친양자 입양에 동의하여야 한다.** 다만, 부모가 친권상실의 선고를 받거나 소재를 알 수 없거나 그 밖의 사유로 동의할 수 없는 경우에는 그러하지 아니하다.

④ 친양자가 될 사람이 **13세 이상일 경우에는 법정대리인의 동의**를 받아 입양을 승낙하여야 한다.

⑤ 친양자가 될 사람이 **13세 미만인 경우에는 법정대리인이 그를 갈음하여 입양을 승낙하여야 한다.**

그 밖에 이러한 친양자 입양의 요건을 구비한 경우에도 가정법원은 친양자의 복리를 위하여 그 양육상황, 친양자 입양의 동기, 양부모의 양육능력, 그 밖의 사정을 고려하여 친양자 입양에 적당하지 아니하다고 인정되는 경우에는 청구를 기각할 수 있다(제908조의2).

(3) 친양자 입양의 효력

친양자는 혼인중 출생자로 본다. 따라서 친양자의 **입양전의 친족관계**는 가정법원에 친양자 입양청구에 의한 **친양자 입양관계가 확정된 때에 종료**한다. 다만, 부부의 일방이 그 **배우자의 친생자를 단독으로 입양한 경우에 있어서의 배우자 및 그 친족과 친생자간의 친족관계는 그러하지 아니하다**(제908조의3).

(4) 친양자 입양의 취소

친양자로 될 사람의 친생(親生)의 아버지 또는 어머니는 자신에게 책임이 없는 사유로 인하여 친권상실의 선고를 받거나 소재를 알 수 없거나 그 밖의 사유로 동의할 수 없었던 경우에 **친양자 입양의 사실을 안 날부터 6개월 안에 가정법원에 친양자 입양의 취소를 청구**할 수 있다. 친양자 입양에 관하여는 입양무효의 원인(제883조), 입양취소의 원인(제884조)에 관한 규정을 적용하지 않는다.

(5) 친양자의 파양

1) 가정법원에 파양청구

양친, 친양자, 친생의 부 또는 모나 검사는 양친이 친양자를 학대 또는 유기(遺棄)하거나 그 밖에 친양자의 복리를 현저히 해하거나, 친양자의 양친에 대한 패륜(悖倫)행위로 인하여 친양자관계를 유지시킬 수 없게 된 경우 중 어느 하나의 사유가 있는 경우에는 가정법원에 친양자의 파양(罷養)을 청구할 수 있다(제908조의5).

2) 협의상 파양 및 재판상 파양 불인정

그 밖에 협의상 파양(제898조) 및 재판상 파양(제905조) 규정은 친양자의 파양에 관하여 이를 적용하지 아니한다.

(6) 친양자 입양의 취소, 파양의 효력

친양자의 입양이 취소되거나 파양된 때에는 **친양자관계는 소멸하고, 입양전의 친족관계는 부활**한다. 이 경우에 친양자 입양취소의 효력은 소급하지 않는다(제908조의7).

제4절 친권과 후견 및 부양

Ⅰ. 친권

1. 친권자와 친권자의 지정 및 행사

(1) 친권자의 개념

친권이란 **부 또는 모가 미성년의 자에 대하여 가지는 신분상, 재산상의 보호와 감독을 내용으로 하는 권리와 의무**를 말한다. 부모는 미성년자인 자의 친권자가 되며, 양자의 경우에는 양부모(養父母)가 친권자가 된다.

(2) 친권자의 지정

혼인외의 자가 인지된 경우와 부모가 이혼하는 경우에는 부모의 협의로 친권자를 정하여야 하고, 협의할 수 없거나 협의가 이루어지지 아니하는 경우에는 가정법원은 직권으로 또는 당사자의 청구에 따라 친권자를 지정하여야 한다. 다만, 부모의 협의가 자(子)의 복리에 반하는 경우에는 가정법원은 보정을 명하거나 직권으로 친권자를 정한다. 또한 가정법원은 혼인의 취소, 재판상 이혼 또는 인지청구의 소의 경우에는 직권으로 친권자를 정한다. 가정법원은 자의 복리를 위하여 필요하다고 인정되는 경우에는 자의 4촌 이내의 친족의 청구에 의하여 정하여진 친권자를 다른 일방으로 변경할 수 있다(제909조의2).

(3) 친권의 행사

친권은 부모가 혼인중인 때에는 부모가 공동으로 이를 행사하지만, 부모의 의견이 일치하지 아니하는 경우에는 당사자의 청구에 의하여 가정법원이 정하고, 부모의 일방이 친권을 행사할 수 없을 때에는 다른 일방이 이를 행사한다. 친권을 행사하는 부 또는 모는 미성년자인 자의 **법정대리인**이 된다(제911조). 친권을 행사함에 있어서는 자의 복리를 우선적으로 고려하여야 하며, 가정법원이 친권자를 지정함에 있어서는 자의 복리를 우선적으로 고려하여야 한다. 이를 위하여 가정법원은 관련 분야의 전문가나 사회복지기관으로부터 자문을 받을 수 있다(제912조).

2. 친권의 내용

(1) 보호교양의무와 거소지정권, 징계권

친권자는 자를 보호하고 교양할 권리의무가 있으며(제913조), 부모는 미성년인 자의 친권자가 되고, 자는 친권자의 지정한 장소에 거주하여야 한다(제914조). 또한 친권자는 그 자(子)를 보호 또는 교양하기 위하여 필요한 징계를 할 수 있고 법원의 허가를 얻어 감화 또는 교정기관에 위탁할 수 있다(915조).

(2) 자의 특유재산과 그 관리

자가 자기의 명의로 취득한 재산은 그 특유재산(特有財産)으로 하고 법정대리인인 친권자가 이를 관리한다(제916조).

(3) 자의 재산에 관한 친권자의 대리권

법정대리인인 친권자는 자의 재산에 관한 법률행위에 대하여 그 자를 대리한다. 그러나 그 자의 행위를 목적으로 하는 **채무를 부담할 경우에는 본인의 동의를 얻**

어야 한다(제920조).

(4) 친권자와 그 자(子)간 또는 수인의 자간의 이해상반행위

법정대리인인 **친권자와 그 자 사이에 이해상반되는 행위**를 함에는 **친권자는 법원에 그 자의 특별대리인의 선임을 청구**하여야 한다. 법정대리인인 친권자가 그 친권에 따르는 수인의 자 사이에 이해상반되는 행위를 함에는 법원에 **그 자 일방의 특별대리인의 선임을 청구**하여야 한다(제921조). 따라서 예컨대 공동상속인인 친권자와 미성년인 수인의 자 사이의 상속재산 분할협의의 절차는 이해상반행위이므로 미성년자 각자마다 특별대리인을 선임하여 그 각 특별대리인이 각 미성년자를 대리하여 상속재산분할의 협의를 하여야 한다.[15]

그러나 미성년자 명의의 부동산을 친권자에게 증여하는 행위가 이해상반행위라 하더라도 일단 친권자에게 이전등기가 경료한 이상 특별한 사정이 없는 한, 그 이전등기에 관하여 필요한 절차를 적법하게 거친 것으로 추정된다.[16]

(5) 친권자의 주의의무

친권자가 그 자에 대한 법률행위의 대리권 또는 재산관리권을 행사함에는 자기의 재산에 관한 행위와 동일한 주의를 하여야 한다(제922조).

3. 친권상실의 선고

(1) 부 또는 모가 친권을 남용하거나 현저한 비행 기타 친권을 행사시킬 수 없는 중대한 **사유가** 있는 때에는 법원은 민법 제777조의 규정에 의한 **자의 친족 또는 검사의 청구**에 의하여 그 **친권의 상실을 선고**할 수 있다(제924조).

(2) 가정법원은 법정대리인인 친권자가 부적당한 관리로 인하여 자녀의 재산을 위태롭게 한 경우에는 제777조에 따른 **자녀의 친족 또는 검사의 청구**에 따라 그 법률행위의 **대리권과 재산관리권의 상실을 선고**할 수 있다(제925조).

---

15) 대판 2001. 6. 29, 2001다28299.
16) 대판 2002. 2. 5, 2001다72029.

Ⅱ. 후견(後見)

후견제도는 미성년뿐만 아니라 고령자를 포함하여 **정신능력이 충분하지 못한 사람**에게 자기결정을 존중하고 잔존능력을 활용하며, 장애가 있더라도 가정이나 지역에서 통상의 생활을 할 수 있도록 하는 데 있다. 현행 후견제도에는 **미성년후견, 성년후견, 한정후견, 특정후견, 후견계약**이 있으며, 후견인은 피후견인의 대리인이 된다.

또한 후견인의 사무를 감독하기 위하여 미성년후견인을 지정할 수 있는 사람은 유언으로 미성년후견감독인을 지정할 수 있으며, 가정법원은 이러한 미성년후견감독인이 없는 경우에 필요하다고 인정하면 **직권으로 또는 미성년자, 친족, 미성년후견인, 검사, 지방자치단체의 장의 청구**에 의하여 **미성년후견감독인을 선임**할 수 있다.

1. 미성년후견인

미성년자에게 친권자가 없거나 친권자가 법률행위의 대리권과 재산관리권을 행사할 수 없는 경우에는 미성년후견인을 두어야 하며(제928조), 미성년후견인은 미성년자를 갈음하여 **미성년자의 자녀에 대한 친권을 행사**한다(제948조).

미성년자에게 친권을 행사할 수 있는 부모는 유언으로 미성년후견인을 지정할 수 있다. 다만 법률행위의 대리권과 재산관리권이 없는 친권자는 그러하지 아니하다. 또한 미성년후견인이 친권자의 유언으로 지정된 경우라도 **가정법원은 미성년자의 복리**를 위하여 필요하면 부 또는 모, 미성년자의 청구에 의하여 후견을 종료하고 생존하는 부 또는 모를 친권자로 지정할 수 있다(제931조).

가정법원은 미성년후견인이 제931조에 따라 지정된 미성년후견인이 없는 경우에는 직권으로 또는 미성년자, 친족, 이해관계인, 검사, 지방자치단체의 장의 청구에 의하여 미성년후견인을 선임한다(제932조).

2. 성년후견인

가정법원의 성년후견개시심판이 있는 경우에는 그 심판을 받은 사람의 성년후견인을 두어야 한다(제929조). 이에 따라 **성년후견인은 가정법원이 직권으로 선임**

한다. 또한 가정법은 성년후견인이 사망, 결격, 그 밖의 사유로 없게 된 경우에도 직권으로 또는 피성년후견, 친족, 이해관계인, 검사, 지방자치단체의 장의 청구에 의하여 성년후견인을 선임하며, 필요하다고 인정하면 지권으로 또는 청구권자나 성년후견인의 청구에 의하여 추가로 성년후견인을 선임할 수 있다. 가정법원이 성년후견인을 선임할 때에는 피성년후견인의 의사를 존중하여야 하며, 그 밖에 피성년후견인의 건강, 생활관계, 재산상황, 성년후견인이 될 사람의 직업과 경험, 피성년후견인과의 이해관계의 유무 등의 사정도 고려하여야 한다(제936조).[17]

3. 후견인의 수와 자격

미성년후견인의 수(數)는 한 명으로 한다. 다만 성년후견인은 피성년후견인의 신상과 재산에 관한 모든 사정을 고려하여 여러 명을 둘 수 있고, 법인도 성년후견인이 될 수 있다. 피후견인은 성년후견, 한정후견, 특정후견으로 세분화하여 후견인을 청구할 수 있고, 법원은 배우자나 친척, 변호사, 법무사, 세무사, 사회복지사 등 전문가로써 후견인을 선임하되, 재산관리, 의료행위, 결혼, 입양 등 신분상의 변동까지 구체적인 후견범위를 정한다. 또한 후견인의 도덕적인 해이를 방지하기 위해 중요한 후견업무에 관하여는 사전에 법원의 허가를 받도록 하고 있으며, 필요시에는 후견감독인을 선임하도록 하고 있다. 후견인은 지체 없이 피후견인의 재산을 조사하여 2개월 내에 그 목록을 작성하여야 한다. 다만, 정당한 사유가 있는 경우에는 법원의 허가를 받아 그 기간을 연장할 수 있다.

---

17) 가. 성년후견개시의 심판
　　가정법원은 질병, 장애, 노령 그 밖의 사유로 인한 정신적 제약으로 사무를 처리할 능력이 지속적으로 결여된 사람에 대하여 본인, 배우자, 4촌 이내의 친족, 미성년후견인, 미성년후견감독인, 한정후견인, 한정후견감독인, 특정후견인, 특정후견감독인, 검사 또는 지방자치단체의 장의 청구에 의하여 성년후견개시의 심판을 한다. 이 때 가정법원은 본인의 의사를 고려하여야 한다(제9조).

나. 한정후견후견개시의 심판
　　가정법원은 질병, 장애, 노령, 그 밖의 사유로 인한 정신적 제약으로 사무를 처리할 능력이 부족한 사람에 대하여 본인, 배우자, 4촌 이내의 친족, 미성년후견인, 미성년후견감독인, 성년후견인, 성년후견감독인, 특정후견인, 특정후견감독인, 검사 또는 지방자치단체의 장의 청구에 의하여 한정후견개시의 심판을 한다(제12조).

다. 특정후견심판의 청구
　　가정법원은 질병, 장애, 노령, 그 밖의 사유로 인한 정신적 제약으로 일시적 후원 또는 특정한 사무에 관한 후원이 필요한 사람에 대하여 본인, 배우자, 4촌 이내의 친족, 미성년후견인, 미성년후견감독인, 검사 또는 지방자치단체의 장의 청구에 의하여 특정후견의 심판을 하며, 특정후견은 본인의 의사에 반하여 할 수 없고, 특정후견의 기간 또는 사무의 범위를 정하여야 한다(제14조의2).

4. 후견계약

(1) 후견계약의 의의와 체결방법 등

1) 의의

질병, 장애, 노령, 그 밖의 사유로 인한 정신적 제약으로 사무를 처리할 능력이 부족한 상황에 있거나 부족하게 될 상황에 대비하여 자신의 **재산관리 및 신상보호에 관한 사무의 전부 또는 일부**를 다른 자에게 위탁하고 그 위탁사무에 관하여 **대리권을 수여**하는 것을 내용으로 한다(제959조의11).

2) 체결방법 및 효력발생시기

후견계약은 공정증서로 **체결**하여야 하며, **가정법원이 임의후견감독인을 선임한 때부터 효력**이 발생한다. 가정법원, 임의후견인, 임의후견감독인 등은 후견계약을 이행·운영할 때 **본인의 의사를 최대한 존중**하여야 한다.

(2) 가정법원의 임의후견감독인의 선임

가정법원은 후견계약이 등기되어있고, 본인이 사무를 처리할 능력이 부족한 상황에 있다고 인정할 때에는 본인, 배우자, 4촌 이내의 친족, 임의후견인, 검사 또는 지방자치단체의 장의 청구에 의하여 **임의후견감독인을 선임**한다(제959조의15).

Ⅲ. 부양

사회에는 독립하여 생활할 수 없는 사람이 있으며, 이러한 사람에게는 일정한 범위의 친족으로부터 부양을 받을 수 있는 권리를 인정하고 있다.

1. 부양의무와 생활능력

직계혈족 및 그 배우자간, 기타 생계를 같이하는 친족간에는 서로 부양의무가 있으며(974조), 부양의 의무는 부양을 받을 자가 자기의 자력 또는 근로에 의하여 생활을 유지할 수 없는 경우에 한하여 이를 이행할 책임이 있다.

2. 부양의 순위

부양의 의무있는 자가 수인인 경우에 부양을 할 자의 순위에 관하여 당사자간에 협정이 없는 때에는 법원은 당사자의 청구에 의하여 이를 정하게 되는데, 부양을 받을 권리자가 수인인 경우에 부양의무자의 자력이 그 전원을 부양할 수 없는 때에도 같다. 이때 법원은 수인의 부양의무자 또는 권리자를 선정할 수 있다.

3. 부양의 정도와 방법

부양의 정도 또는 방법에 관하여 **당사자간에 협정**이 없는 때에는 **법원**은 당사자의 청구에 의하여 부양을 받을 자의 생활정도와 부양의무자의 자력 기타 제반사정을 참작하여 이를 정하게 된다.

4. 부양관계의 변경 또는 취소

부양을 할 자 또는 부양을 받을 자의 순위, 부양의 정도 또는 방법에 관한 당사자의 협정이나 법원의 판결이 있은 후 이에 관한 사정변경이 있는 때에는 법원은 당사자의 청구에 의하여 그 협정이나 판결을 취소 또는 변경할 수 있다. 또한 부양을 받을 권리는 이를 처분하지 못한다.

제5절 상속관계

Ⅰ. 상속

상속제도의 존재이유는 공동생활자인 가족의 유산에 대한 기여분을 청산해주고, 유산에 의해 생존가족의 생활보장을 배려해준다는 점에 있다.

상속이란 사람이 사망한 경우에 **피상속인의 법률상의 지위 등을 포함한 권리, 의무**가 피상속인과 일정한 친족관계에 있는 자(상속인)에게 **포괄적으로 승계되는 것**을 말한다. 즉 상속인은 상속이 개시된 때로부터 피상속인의 재산에 관한 **포괄적인 권리의무를 승계**하게 된다. 그러나 피상속인의 일신에 전속한 것은 그러하지 아니하다(제1005조).

상속의 개시는 피상속인의 **사망에 의해 발생**하며, 상속은 **피상속인의 주소지에**서 개시하고 **상속에 관한 비용**은 상속재산 중에서 지급한다(제997조~제999조의2). 또한 상속권이 참칭 상속권자로 인하여 침해된 때에는 상속권자 또는 그 법정대리인은 상속회복의 소를 제기할 수 있으며, 이러한 상속회복청구권은 그 **침해를 안 날부터 3년**, 상속권의 **침해행위가 있은 날부터 10년**을 경과하면 소멸한다.

Ⅱ. 상속인

1. 상속인의 범위

상속인은 사망자의 직계비속, 직계존속, 형제자매, 4촌 이내의 방계혈족 및 배우자이다. 만약 여기에 해당하는 자가 없는 경우에 **유산**은 **특별연고자의 분여**(分與) **청구**가 없는 한 **국가에 귀속**한다.

2. 법정재산상속의 순위

(1) 제1순위

피상속인의 직계비속과 배우자가 공동상속인이 된다. 부가 사망한 경우에는 처와 그 자녀가 공동상속하며, 처가 사망한 경우에는 부와 그 자녀가 공동상속한다.

(2) 제2순위

피상속인의 직계존속과 배우자가 공동상속한다. 부가 피상속인인 경우에는 그 직계존속인 시부모와 처가 공동상속하고, 직계존속이 없으면 처가 단독 상속한다. 반대로 처가 피상속인인 경우에는 그 직계존속인 친정부모와 부가 공동상속하고 처의 부모가 없으면 부가 단독상속한다.

(3) 제3순위

피상속인에게 배우자, 직계비속, 직계존속도 없는 경우에는 **피상속인의 형제자매**가 공동상속한다.

(4) 제4순위

피상속인의 형제자매도 없는 경우에는 **4촌 이내의 방계혈족**이 상속한다.

3. 대습상속

대습상속(代襲相續)은 상속인이 될 **직계비속 또는 형제자매가 상속개시전에 사망하거나 결격자가 된 경우에 그 직계비속이 있는 때에는 그 직계비속이 피대습자와 동순위로 상속인이 된다**(제1001조).

또한 **대습상속은 처와 부에게도 인정**되므로 처가 장인 또는 장모보다 먼저 사망한 경우에 부는 직계비속과 공동으로 또는 직계비속이 없을 때에는 단독으로 처가 받을 상속분을 처의 순위로 상속받게 된다. 반대로 부가 시부모보다 먼저 사망한 경우에 처는 직계비속과 공동으로 또는 직계비속이 없을 때에는 단독으로 부가 받을 상속분을 부의 순위로 상속받게 된다.

아울러 **태아도 상속순위에 있어서는 이미 출생**한 것으로 본다.

4. 상속결격

상속결격이란 상속인에게 일정한 법정사유가 발생했을 때 특별히 재판상의 선고를 기다리지 않고 법률상 당연히 상속인의 자격을 잃는 것을 말한다. 이 제도는 상속인과 피상속인 사이에 존재하는 상속협동체라 할 수 있는 윤리적·경제적 결합관계를 침해하는 비행이 있는 자에게 상속권을 인정해서는 안 된다는 데에 있다.

(1) 결격사유

고의로 직계존속, 피상속인, 그 배우자 또는 상속의 선순위나 동순위에 있는 자를 살해하거나 살해하려고 하는 경우, 고의로 직계존속, 피상속인과 그 배우자에게 상해를 가하여 사망에 이르게 한 경우, 사기 또는 강박으로 피상속인의 상속에 관한 유언 또는 유언의 철회를 방해한 경우, 사기 또는 강박으로 피상속인의 상속에 관한 유언을 하게 한 경우, 그리고 피상속인의 상속에 관한 유언서를 위조·변조·파기 또는 은닉한 경우 중 어느 하나에 해당한 자는 상속인이 되지 못한다(제1004조).

(2) 상속결격의 효과

상속결격(缺格)사유가 발생하면 상속인은 법률상 당연히 **상속권을 상실**하며, 상속결격자는 수증결격자가 되어 유증(遺贈)을 받을 수도 없다. 상속결격자는 특정의 피상속인에 대하여만 상속인이 될 수 없을 뿐이고, 다른 피상속인에 대하여는 아무런 영향이 없다. 그러나 대습상속의 경우에는 대습자의 피대습자에 대한 결격이 피상속인에게도 미친다.

상속결격의 효과는 상속개시 전에 상속결격의 사유가 발생하면 시간이 경과하더라도 상속결격자는 상속을 받을 수 없다. 상속결격의 사유는 결격자의 일신에만 영향을 미치고, 그 직계비속과 배우자는 대습상속을 할 수 있다.

Ⅲ. 상속분

1. 상속분의 개념 및 종류

상속분이란 수인이 공동으로 재산상속을 받을 경우에 상속재산에 대한 공동상속인 사이의 배당률을 말한다.

상속분은 피상속인이 유언으로 분할방법을 지정한 경우에는 그 지정방법(**지정상속분**)에 따르고, 이러한 지정이 없는 경우에는 법률의 규정에 의해 정해진다. 법률에 규정된 **법정상속분**의 내용을 살펴보면 다음과 같다.

(1) **동순위자는 균분**: 동순위의 **상속인이 수인인 때**에는 그 **상속분은 균분**으로 한다. 공동상속인은 각자의 상속분에 응하여 피상속인의 권리의무를 승계한다.

(2) **피상속인의 배우자는 5할 가산**: 피상속인의 **배우자의 상속분**은 직계비속과 공동으로 상속하는 때에는 **직계비속의 상속분의 5할을 가산**하고, 직계존속과 공동으로 상속하는 때에는 **직계존속의 상속분의 5할을 가산**한다.

(3) 대습상속분의 상속: 사망 또는 결격된 자에 갈음하여 상속인이 된 자의 상속분은 사망 또는 결격된 자의 상속분에 의한다.

(4) 공동상속분의 양수 및 양수권 행사기간: 공동상속인 중에 그 상속분을 제삼자에게 양도한 자가 있는 때에는 다른 공동상속인은 그 **가액과 양도비용을 상환하고 그 상속분을 양수**할 수 있다. **공동상속분을 양수하는 권리는 그 사유를 안 날로부터 3월, 그 사유있은 날로부터 1년 내에 행사하여야 한다.**

─── 《 관련 사례 및 판례 》 ───

※ 인지에 따른 법정상속분의 소급효문제

(문) A(母)는 B와 혼인하여 乙을 출산한 후 이혼하는 한편, C와 사실혼 관계를 유지하면서 甲을 출산하였습니다. A가 부동산을 소유하다가 사망하자 乙은 가족관계등록부에 자녀로 등록된 자신만의 상속등기를 마친 후, 丙에게 위 부동산을 매도하고 소유권이전등기를 마쳐주었습니다. 甲은, A와 甲 사이에 친생자관계가 존재한다는 확인판결이 확정되자, 乙 명의의 상속등기 및 丙 명의의 소유권이전등기 중 甲 법정상속분 상당의 말소등기를 청구하였습니다. 乙과 丙이 인지의 소급효를 제한하고 있는 민법 제860조 단서 및 민법 제1014조를 적용하여 甲이 자신의 상속분에 상당한 가액의 지급을 청구할 수 있을 뿐 乙과 丙의 등기를 말소할 수는 없다고 주장한다면 이는 인정될 수 있을까요?

(답) 상속개시 후에 인지되거나 재판이 확정되어 공동상속인이 된 사람도 그 상속재산이 아직 분할되거나 처분되지 아니한 경우에는 당연히 다른 공동상속인들과 함께 분할에 참여할 수 있겠지만, 인지 이전에 다른 공동상속인이 이미 상속재산을 분할 내지 처분한 경우에는 인지의 소급효를 제한하는 민법 제860조 단서가 적용되어 사후의 피인지자는 다른 공동상속인들의 분할 기타 처분의 효력을 부인하지 못하게 되므로, 민법 제1014조는 그 같은 경우에 피인지자가 다른 공동상속인들에 대하여 그의 상속분에 상당한 가액의 지급을 청구할 수 있도록 하여 상속재산의 새로운 분할에 갈음하는 권리를 인정함으로써 피인지자의 이익과 기존의 권리관계를 합리적으로 조정하는 데 그 목적이 있는 것입니다.[18]

　그런데 인지를 요하지 아니하는 모자관계에서 인지의 소급효 제한에 관한 민법 제860조 단서가 적용 또는 유추적용되는지 여부가 문제가 된 사건에서 우리 대법원은, 혼인 외의 출생자와 생모 사이에는 생모의 인지나 출생신고를 기다리지 아니하고 자의 출생으로 당연히 법률상의 친자관계가 생기고, 가족관계등록부의 기재나 법원의 친생자관계존재확인판결이 있어야만 이를 인정할 수 있는 것이 아니므로, 인지를 요하지 아니하는 모자관계에는 인지의 소급효 제한에 관한 민법 제860조 단서가 적용 또는 유추적용되지 아니하며, 상속개시 후의 인지 또는 재판의 확정에 의하여 공동상속인이 된 자의 가액지급청구권을 규정한 민법 제1014조를 근거로 자가 모의 다른 공동상속인이 한 상속재산에 대한 분할 또는 처분의 효력을 부인하지 못한다고 볼 수도 없는데, 이는 비록 다른 공동상속인이 이미 상속재산을 분할 또는 처분한 이후에 그 모자관계가 친생자관계존재확인판결의 확정 등으로 비로소 명백히 밝혀졌다 하더라도 마찬가지라고 판단한 바 있습니다.[19]

---

18) 대법원 2007. 7. 26. 선고 2006다83796 판결 등 참조.

그리고 사례와 유사한 사건이 문제된 위 판결에서 민법 제860조 단서 및 제1014조를 적용하여 甲은 乙을 상대로 매매대금 상당의 가액지급청구권만을 행사할 수 있을 뿐, 丙에게 소유권이 확정적으로 귀속된 위 부동산에 대한 처분의 효력을 부인하지는 못한다고 판단한 원심을 모자관계의 성립과 민법 제860조 단서 및 제1014조의 적용 범위에 관한 법리오해를 이유로 파기하였습니다.

그러므로 父에 대한 관계에서 상속개시 후의 인지 또는 재판의 확정에 의하여 공동상속인이 된 경우에는 민법 제860조 단서, 제1014조가 적용되어 다른 공동상속인이 한 상속재산에 대한 분할 또는 처분의 효력을 부인하지 못하겠지만, 母에 대한 관계에서 상속개시 후의 인지 또는 재판의 확정에 의하여 공동상속인이 된 경우에는 민법 제860조 단서, 제1014조가 적용되지 않는다는 점을 잘 알아두어야 하겠습니다.

2. 특별수익자의 상속분

상속인의 구체적인 상속분을 계산하기 위해서는 피상속인이 사망한 때에 상속재산에 상속인의 추상적인 상속분을 나누면 된다. 그러나 상속인 중에 **피상속인으로부터 생전에 증여나 유증을 받은 경우**에는 이러한 사실을 고려하지 않고 피상속인으로부터 기계적으로 구체적인 상속분을 산출한다면 공동상속인 사이에 불공평이 생길 우려가 있다. 따라서 공동상속인 중에 피상속인으로부터 받은 증여 혹은 유증을 받은 경우에는 이를 상속분의 선급으로 보고, 그 가액을 **법정상속분의 일부 또는 전부로 참작**하도록 하고 있다.

따라서 민법은 공동상속인 중에 피상속인으로부터 재산의 증여 또는 유증을 받은 자가 있는 경우에 그 수증재산이 자기의 상속분에 달하지 못한 때에는 그 부족한 부분의 한도에서 상속분이 있다(제1008조).

특별수익자가 있는 경우에 각 공동상속인의 구체적인 상속분은 피상속인이 상속개시 전에 가진 재산의 가액에 특별수익으로 볼 수 있는 증여의 가액을 더하여 상속재산으로 보고, 그 상속재산을 추상적 상속분으로 나누어 각 공동상속인의 상속분을 계산하고, 계산된 상속재산의 분배액에서 **특별수익이 되는 유증 또는 증여액을 공제하여 계산**한다.

---

19) 대법원 2018. 6. 19. 선고 2018다1049 판결.

IV. 분묘 등 제사용 재산의 특별승계

분묘(墳墓)에 속한 1정보 이내의 금양임야와 600평 이내의 묘토인 농지, 족보와 제구의 소유권은 제사를 주재하는 자가 이를 승계한다(제1008조의3).

여기서 "금양임야(禁養林野)"란 벌목을 금지하고 나무를 기르는 임야를 말하고, "묘토(墓土)"란 제사 또는 이에 관계되는 사항을 집행, 처리하기 위하여 설정된 토지를 말하며, "족보(族譜)"란 일가의 역사를 표시하고 가계의 연속을 명확히 하는 책부를 말하고, "제구(祭具)"란 조상의 제사에 사용되는 도구를 말한다.

여기서 '제사를 주재하는 자'란 사실상 제사를 승계하는 자를 말한다. 우선적으로는 공동상속인들 사이의 협의에 의하여 정해지며, 협의가 이루어지지 않는 경우에는 특별한 사정이 없는 한 망인의 장남이 제사주재자가 되고, 아들이 없는 경우에는 망인의 장녀가 제사주재자가 된다.[20]

V. 상속재산의 분할

상속재산의 분할이란 상속인이 수인 있는 공동상속인간에 상속재산의 공유관계를 종료시키고 상속분에 따라 배분하거나 귀속을 확정하는 것을 목적으로 하는 일종의 청산행위를 말한다.

1. 유언에 의한 분할방법의 지정 또는 분할금지

피상속인은 상속재산의 분할방법을 정하거나 이를 정할 것을 제3자에게 위탁할 수 있고, 상속개시의 날로부터 5년을 초과하지 아니하는 기간내의 그 분할을 금지할 수 있다.

2. 협의에 의한 분할

공동상속인은 피상속인이 유언으로 금한 경우를 제외하고는 언제든지 협의로써 상속재산을 분할할 수 있다.

---

20) 대판 2008. 11. 20, 2007다276709(전원합의체판결).

3. 상속재산의 평가와 경매

상속재산의 평가는 **상속재산의 분할시기**로 하며, 법원은 상속재산을 현물로 분할할 수 없거나 분할로 인하여 현저하게 그 가액을 감손하게 할 염려가 있는 때에는 그 물건의 경매를 명할 수 있다.

Ⅵ. 상속의 승인과 포기

1. 상속의 승인

상속의 승인이란 재산상속의 개시에 의하여 발생하는 효과, 피상속인에게 속했던 재산상의 모든 권리, 의무가 상속인에게 귀속하는 효과를 거부하지 않을 것을 스스로 선언하는 것을 말한다.

단순승인이란 상속인이 피상속인의 권리, 의무를 제한없이 승계하는 것을 전면적으로 승인하는 것을 말하고(제1025조), **한정승인이란 상속으로 인하여 취득할 재산의 한도 내에서 피상속인의 채무와 유증을 변제할 것을 조건으로 승인하는 것을** 이라 한다(제1028조).

한정승인을 함에는 상속개시의 원인이 있음을 안 날로부터 **3월내에 상속재산의 목록을 첨부하여 법원에 한정승인의 신고**를 하여야 한다(제1030조 제1항).

또한 **법정단순승인**이란 ① 상속인 상속재산에 대하여 처분행위를 한 때, ② 상속인이 법정기간내에 한정승인 또는 포기를 하지 아니한 때, ③ 상속인이 한정승인 또는 포기를 한 후에 상속재산을 은닉하거나 부정소비하거나 고의로 재산목록에 기입하지 아니한 때에는 상속인이 단순승인을 한 것으로 보는 것을 말한다.

2. 상속의 포기와 상속승인, 포기의 취소금지

상속의 포기란 재산상속의 개시에 의하여 발생한 효과를 상속개시 당시에 소급하여 소멸시키는 의사표시를 말한다.

상속인이 상속을 포기하는 방식은 상속인이 **상속개시있음을 안 날로부터 3월내에 가정법원에 상속 포기의 신고**를 하여야 한다. 상속인이 수인인 경우에 어느 상속인이 상속을 포기한 때에는 그 상속분은 다른 상속인의 상속분의 비율로 그 상속

인에게 귀속된다. 상속의 승인이나 포기는 상속개시가 있음을 안 날로부터 3월내에
도 이를 취소하지 못한다(제1024조).

3. 상속의 승인, 포기의 기간

　상속인은 **상속개시있음을 안 날로부터 3월내에 단순승인이나 한정승인 또는
포기**를 할 수 있다. 그러나 그 기간은 **이해관계인 또는 검사의 청구에 의하여 가
정법원이 이를 연장**할 수 있다. 또한 상속인은 상속을 승인 또는 포기하기 전에 **상
속재산을 조사**할 수 있으며, 상속인은 상속채무가 상속재산을 초과하는 사실을 **중
대한 과실없이 제1항의 기간내에 알지 못하고 단순승인**(제1026조제1호 및 제2호
의 규정에 의하여 단순 승인한 것으로 보는 경우를 포함한다)**을 한 경우**에는 **그 사
실을 안 날부터 3월내에 한정승인**을 할 수 있다(제1019조).

　상속인이 제한능력자인 경우에는 제1019조 제1항의 기간은 **그의 친권자 또는
후견인이 상속이 개시된 것을 안 날부터 기산**(起算)한다(제1020조).

　그 밖에도 "채무자 회생 및 파산에 관한 법률" 제299조 등이 규정하고 있는 상속
재산 파산제도를 이용하면 법원이 파산관재인을 선임하여 상속재산의 문제를 해결
할 수도 있다.

――――――――― 《 관련 사례 및 판례 》 ―――――――――

(문) 피상속인 A가 사망하자 상속인 B는 가정법원에 A의 재산상속을 포기하는 내용의
　　상속포기 신고를 하였다. 그러나 법원이 그 신고를 수리하는 심판을 하기 전에 B
　　는 A가 생전에 소유하던 자동차를 팔았다. 그 이후 법원은 위 신고를 수리하는 심
　　판을 하였다. A의 채권자 C는 B가 자동차를 판 것은 법정단순승인의 사유에 해당
　　한다고 주장한다. 상속포기는 언제 된 것일까? B가 자동차를 팔기 전일까 판매한
　　이후일까?

(답) 민법은 피상속인이 사망하여 상속이 개시되면 피상속인의 일신에 전속하는 것을
　　제외하고 재산에 관한 포괄적 권리의무를 승계하는 것으로 정하고 있는데, 이를
　　법정취득 또는 당연취득의 원칙이라고 한다(제1005조). 그러나 이 원칙도 상속인
　　의 자기결정원칙 내지 사적 자치원칙에 우선할 수 없으므로 민법은 상속인에게
　　상속개시있음을 안 날로부터 3월내에 단순승인이나 한정승인 또는 포기할 기회를

부여하고 있으며(제1019조 이하), 상속의 한정승인이나 포기는 가정법원에 한정승인이나 포기의 신고를 하여야 효력이 발생하도록 규정하고 있다(제1030조, 제1041조). 이에 대하여 대법원은 "상속으로 인한 법률관계가 획일적으로 처리되도록 함으로써 **제3자의 신뢰를 보호하고 법적안정성을 도모**하기 위하여 상속의 한정승인이나 포기는 상속인의 의사표시만으로 효력이 발생하는 것이 아니라 **가정법원에 신고를 하여 가정법원의 심판**을 받아야 하며, 심판은 당사자가 이를 고지 받음으로써 효력이 발생한다."고 보고 있다(대법원 2016. 12. 29. 선고 2013다73520 판결).

이어서 대법원은 위와 같은 사례에서, 상속인이 가정법원에 상속포기의 신고를 하였더라도 이를 수리하는 가정법원의 심판이 고지되기 이전에 상속재산을 처분하였다면, 이는 상속포기의 효력 발생 전에 처분행위를 한 것이므로 민법 제1026조 제1호에 따라 상속의 단순승인을 한 것으로 보아야 한다고 판시하였다. 결국 위 사례에서 상속인은 상속포기나 한정승인의 신고를 하고 가정법원의 심판을 받기 전에 피상속인의 자동차를 판매하였으므로 상속의 단순승인에 해당하여 피상속인의 채권채무를 포괄적으로 승계했으므로 채권자 C에게 진 피상속인의 채무를 대신 갚아야 할 의무를 부담하게 된다.

따라서 상속인은 상속받을 재산과 사망한 자의 빚이 비슷하다면 상속받을 재산의 범위 내에서만 빚을 갚겠다는 형식의 한정승인을 하면 되는데, 이는 피상속인의 사망을 안 날로부터 3개월 내에 가정법원에 상속재산의 목록을 첨부하여 신고하면 된다. 그리고 상속순위가 앞선 사람이 상속을 포기하지 않은 경우라 하더라도 상속순위가 후순위인 사람이 먼저 또는 동시에 상속포기를 할 수 있다.

또한 상속인 피상속인의 빚을 조사함에 있어 큰 잘못이 없었음에도 불구하고 빚이 많음을 알지 못해 단순승인을 한 경우에는 **상속인이 상속재산보다 빚이 많음을 안 이후로 3개월 내에 다시 한정승인**을 할 수 있다(특별한정승인). 그러므로 상속인은 피상속인이 사망한 경우에는 먼저 피상속인의 금융재산 및 채무를 조회, 확인할 필요가 있는데, 상속인이 각종 구비서류를 지참하여 모든 금융회사를 방문하여 금융거래내역을 조사하는 시간적, 경제적인 어려움이 있으므로 금융감독원에서 상속인 등에 대하여 제공하고 있는 금융거래 조회서비스를 이용하여 피상속인의 재산관계를 먼저 확인, 조회하여 피상속인의 채무가 채권을 초과할 개연성이 크면 상속의 한정승인 또는 상속포기의 심판을 가정법원에 청구해야 할 것이다.[21]

---

21) 동성애자에게도 상속권을 인정할 것인가에 관하여, 미국 워싱턴주 대법원은 게이 커플 중 한 명이 유언 없이 사망한 경우에 그 파트너가 사망한 자의 재산에 대하여 상속권을 가진다고 판결한 바 있으며, 영국에서는 동성애자를 보호하기 위하여 2005년 12월 '시민 파트너쉽 법'을 제정하여 게이 등 동성부부에게도 상속권 등의 권리를 인정하고 있다.

Ⅶ. 기여분

상속분은 평등의 이념을 실현하기 위해 자녀의 상속분은 원칙적으로 균등하게 배분하고 있다. 그러나 자녀 중 부모와 협력하여 상속재산의 형성·유지·증가에 공로가 있는 자녀나 부모를 봉양해온 자녀에 대하여 이러한 사정을 고려하지 않고 절대적인 평등을 주장하는 것은 오히려 실질적 불평등을 초래한다. 따라서 민법은 상속재산에 관하여 **특별한 공로, 기여가 있거나 부모를 부양한 상속인**에 대하여는 일정한 기여분을 인정하여 실질적인 불평등을 해소하고 있다. 이러한 기여상속인이 주장할 수 있는 권리를 기여분(寄與分)이라 한다.

1. 기여의 내용과 범위

공동상속인 중에 상당한 기간 동거·간호 그 밖의 방법으로 피상속인을 특별히 부양하거나 피상속인의 재산의 유지 또는 증가에 특별히 기여한 자가 있을 때에는 상속개시 당시의 피상속인의 재산가액에서 공동상속인의 협의로 정한 그 자의 기여분을 공제한 것을 상속재산으로 보고 제1009조 및 제1010조에 의하여 산정한 상속분에 기여분을 가산한 액으로써 그 자의 상속분으로 한다. 기여분에 대한 협의가 되지 아니하거나 협의할 수 없는 때에는 가정법원은 제1항에 규정된 기여자의 청구에 의하여 기여의 시기·방법 및 정도와 상속재산의 액 기타의 사정을 참작하여 기여분을 정한다.

기여분은 상속이 개시된 때의 피상속인의 재산가액에서 유증의 가액을 공제한 액을 넘지 못한다(제1008조의2).

기여의 내용은 학설과 판례를 통해 형성할 수밖에 없는데, 예컨대 아버지 사업체에서 월급을 받지 않고 종사한 경우, 아버지의 사업에 **자식이 자금을 제공하거나 채무를 대신 갚은 경우** 등이 해당한다.

2. 기여분의 결정방법

기여분은 **공동상속인들이 협의하여 결정하며,** 협의가 되지 않거나 협의할 수 없을 때에는 **기여자가 법원에 청구**할 수 있고, 이때에는 **법원이 기여분**을 정한다.

3. 기여분인정의 효과

기여분이 인정되는 경우에는 피상속인의 상속재산의 가액에서 **기여분의 가액을 공제**하고, 공제된 상속재산을 공동상속인들이 공동상속하게 된다. 결국 기여상속인은 총 상속재산에서 **자기의 기여분 외**에 기여분이 공제된 상속재산에서 **법정상속분**만큼 상속받게 된다.

VIII. 재산의 분리

상속재산의 분리란 채권자 사이의 공평을 기하기 위하여 상속재산과 상속인의 고유재산이 혼합되지 않게 이것을 분리시켜 **상속재산에 대하여 청산하는 제도**를 말한다. 이러한 상속재산의 분리는 **상속개시된 날로부터 3월내에 상속채권자나 유증받은 자 또는 상속인의 채권자의 청구**에 의하여 상속재산과 상속인의 고유재산을 분리를 법원에 청구할 수 있는데, 이를 **상속재산의 분리청구권**이라고 한다.

상속인이 상속의 승인이나 포기를 하지 아니한 동안은 이 기간 경과 후에도 재산의 분리를 법원에 청구할 수 있다(제1045조). 재산분리의 대상이 되는 재산은 상속개시 당시에 피상속인에게 속하고 있던 모든 재산이므로 환가된 금전, 채권, 원물, 과실, 상속재산 훼손에 대한 손해배상청구권도 그 대상이 될 수 있다.

가정법원이 재산분리를 명하는 심판을 하면 분리청구권자는 **5일내**에 일반상속채권자와 유증받은 자에 대하여 **재산분리의 명령있은 사실과 2월 이상의 기간을 정하여 채권 또는 유증을 받은 사실을 신고할 것**을 공고하여야 한다. 또한 알고 있는 상속채권자 또는 유증받은 자에 대하여는 각각 별도로 채권신고를 최고하여야 한다.

IX. 상속인의 부존재

상속인의 부존재란 상속인의 존부가 분명하지 상태를 말한다. 이렇듯 상속인의 존부가 분명하지 아니한 때에는 법원은 제777조의 규정에 의한 피상속인의 친족 기타 이해관계인 또는 검사의 청구에 의하여 상속재산관리인을 선임하고 지체없이 이를 공고하여야 한다(제1053조).

관리인은 상속채권자나 유증받은 자의 청구가 있는 때에는 언제든지 상속재산의 목록을 제시하고 그 상황을 보고하여야 하며(제1054조), 상속인의 존재가 분명하여진 경우에 관리인의 임무는 그 상속인이 상속을 승인한 때에 종료하며, 관리인은 지체없이 그 상속인에 대하여 관리의 계산을 하여야 한다.

관리인선임의 공고가 있는 날로부터 3월내에 상속인의 존부를 알 수 없는 때에는 관리인은 지체없이 일반상속채권자와 유증받은 자에 대하여 일정한 기간 내에 그 채권 또는 수증을 신고할 것을 2개월 이상 공고하여야 하며(제1056조), 이 기간이 경과하여도 상속인의 존부를 알 수 없는 때에는 법원은 관리인의 청구에 의하여 상속인이 있으면 일정한 기간내에 그 권리를 주장할 것을 공고하여야 하고, 그 기간은 1년 이상이어야 한다(제1057조).

X. 특별연고자에 대한 재산분여

상속인수색의 공고 기간내(1년 이상)에 상속권을 주장하는 자가 없는 때에는 가정법원은 피상속인과 생계를 같이 하고 있던 자, 피상속인의 요양간호를 한 자 기타 **피상속인과 특별한 연고가 있던 자**(사실혼관계에 있는 자, 사실상의 양자)의 청구에 의하여 **상속재산의 전부 또는 일부를 분여**할 수 있다(제1057조의2).

재산분여 청구는 상속인의 수색공고와 최후 공고기간의 만료 후 2월 이내에 하여야 한다. 만약 상속재산이 특별연고자에게 분여(分與)되지 아니한 때에는 상속재산은 국가에 귀속하며(제1058조), 상속재산으로 변제를 받지 못한 상속채권자나 유증을 받은 자가 있는 때에도 국가에 대하여 그 변제를 청구하지 못한다(제1059조).

제6절 **유언 및 유류분**

I. 유언

1. 유언(遺言)의 의의

유언이란 유산의 처분 기타 일정한 사항에 관하여 사망시에 **법률효과를 발생**

시킬 목적으로 하는 상대방없는 단독행위이다.

유언은 **요식행위**이기 때문에 법률이 정한 방식에 위배되는 유언은 법률상 효력이 없다(제1060조). 유언의 효력은 유언자가 사망한 후에 발생하지만, 유언이 법률행위로서 성립하는 것은 유언의 표시행위가 완료되었을 때이다.

만17세에 달하지 못한 자는 유언을 하지 못하며(제1061조), **피성년후견인**과 같은 제한능력자는 **의사능력이 회복**된 때에만 유언을 할 수 있는데, 이 경우에는 **의사가 심신 회복의 상태를 유언서에 부기**(附記)**하고 서명날인**하여야 한다(제1063조).

태아는 유언에 관하여는 이미 출생한 것으로 보며, 수증자가 상속인의 결격사유의 어느 하나에 해당한 경우에는 수증자가 되지 못한다(1064조).

2. 유언의 방식

유언은 유언자의 사망과 동시에 효력이 발생하기 때문에, 그 내용이 유언자의 진의인가 여부를 확인하는 것도 곤란하다. 따라서 유언의 형식을 엄격히 정하고 있으며, 이러한 법적 형식에 따르지 않은 유언은 무효로 한다. 유언의 방식은 **자필증서, 녹음, 공정증서, 비밀증서와 구수증서**의 5종으로 한다(제1065조).

(1) 자필증서에 의한 유언

유언자가 **전문**(全文)**과 연월일, 주소, 성명을 자서**(自書)**하고 날인**(捺印)하여야 하고(제1066조), 자필증서에 **문자의 삽입, 삭제 또는 변경을 함에는 유언자가 이를 자서하고 날인**하여야 한다. 자필증서에 의한 유언의 경우에는 유언자가 **자서**(自書)하는 것이 절대적인 요건이므로 타인에게 구수하고 필기시킨 것, 타이프를 치거나 컴퓨터로 출력한 것 등은 유언자의 자필이 아니므로 모두 **무효가 된다.**

따라서 자필증서에 의한 유언은 유언자가 주소를 자서하지 않았다면 그 효력을 부정하지 않을 수 없으며, 유언자의 특정에 지장이 없다고 하여 달리 볼 수 없는데, 여기서 자서가 필요한 주소는 반드시 주민등록법에 의하여 등록된 곳일 필요는 없으나, 적어도 민법 제18조에서 정한 생활의 근거되는 곳으로서 다른 장소와 구별되는 정도의 표시를 갖추어야 한다고 판시하였다.[22]

(2) 녹음에 의한 유언

유언자가 유언의 취지와 그 성명, 연월일을 구술(口述)하고 이에 **참여하는 증인이 유언의 정확함과 그 성명을 구술하여야 한다**(제1067조).

유언에 참여하는 **증인이 되지 못하는 사람**으로는, ① 미성년자, ② 피성년후견인과 피한정후견인, ③ 유언으로 이익을 받을 사람 및 그의 배우자와 직계혈족이 해당한다. 그 밖에 ④ 공정증서에 의한 유언의 경우에 「공증인법」에 따른 결격자는 증인이 될 수 없다.

(3) 공정증서에 의한 유언

유언자가 **증인 2인이 참여한 공증인**(公證人) 면전에서 유언의 취지를 구수(口授)하고 공증인(公證人)이 이를 필기, 낭독하여 **유언자와 증인**이 그 정확함을 승인한 후 **각자서명**(署名) **또는 기명날인**(記名捺印)하여야 한다(제1068조). 「공증인법」에 따른 결격자는 증인이 되지 못한다.

공증인이란 공증에 관한 직무를 수행할 수 있도록 법무부장관으로부터 임명을 받

---

22) 대법원 2014. 9. 26. 선고 2012다71688 판결 참조.

은 사람을 말하며, 법률행위나 그 밖에 사권에 관한 사실에 대한 공정증서의 작성이
나 사서증서 또는 전자문서 등에 대한 인증 등을 업무로 한다. 공증인에는 **임명공증
인과 인가공증인** 및 **지정공증인**이 있다.

(4) 비밀증서에 의한 유언

유언자가 필자의 성명을 기입한 증서를 **엄봉날인**(嚴封捺印)하고 이를 **2인 이상
의 증인의 면전에 제출**하여 자기의 유언서임을 표시한 후 그 **봉서표면**(封書表面)
에 제출연월일을 기재하고 유언자와 증인이 각자서명 또는 기명날인하여야 한다.
비밀증서에 의한 유언봉서는 그 표면에 기재된 날로부터 **5일 이내에 공증인 또는
법원서기에게 제출하여 그 봉인상에 확정일자인**을 받아야 한다(제1069조).
비밀증서에 의한 유언이 그 방식에 결격이 있는 경우에 그 증서가 자필증서의 방
식에 적합한 때에는 자필증서에 의한 유언으로 본다(제1071조).

(5) 구수증서(口授證書)에 의한 유언

질병 기타 급박한 사유로 인하여 위의 4가지 방식에 의할 수 없는 경우에 **유언
자가 2인 이상의 증인의 참여**로 그 1인에게 유언의 취지를 구수하고 그 구수를 받
은 자가 이를 필기낭독하여 **유언자의 증인이 그 정확함을 승인한 후 각자 서명
또는 기명날인**하여야 한다(1070조).
구수증서에 의한 유언은 그 **증인 또는 이해관계인**이 **급박한 사유의 종료한 날
로부터 7일내에 법원에 그 검인을 신청**하여야 한다.
유언에 참여하는 증인이 될 수 없는 자로는, ① 미성년자, ② 피성년후견인과 피
한정후견인, ③ 유언으로 이익을 받을 사람, 그의 배우자와 직계혈족이다(제1072조).

3. 유언의 효력

(1) 유언의 취소, 변경

유언은 유언의 표시행위가 완료하였을 때 성립하지만, 그 효력은 **유언자가 사망**
한 때에 발생한다. 따라서 유언자는 유언의 법정방식에 의하여 생전에 언제든지 자
유로이 **유언을 취소 또는 변경**할 수 있다.

유언에 정지조건이 있는 경우에 그 조건이 유언자의 사망 후에 성취한 때에는 그 조건성취한 때로부터 유언의 효력이 생긴다(제1073조).

(2) 유증의 승인·포기와 이에 대한 취소금지

유증(遺贈)을 받을 자는 유언자의 사망 후에 언제든지 **유증을 승인 또는 포기할 수 있으며**, 승인이나 포기는 유언자의 사망한 때에 소급하여 그 효력이 있다. 유증의 승인이나 포기는 취소하지 못한다(제1075조).

(3) 수증자의 상속인의 승인·포기

수증자(受贈者)가 승인이나 포기를 하지 아니하고 사망한 때에는 그 상속인은 상속분의 한도에서 승인 또는 포기할 수 있다. 그러나 유언자가 유언으로 다른 의사를 표시한 때에는 그 의사에 의한다(제1076조).

(4) 유증의무자의 최고권 및 포괄적 수증자의 권리의무

유증의무자나 이해관계인은 상당한 기간을 정하여 그 기간 내에 승인 또는 포기를 확답할 것을 수증자 또는 그 상속인에게 최고(催告)할 수 있다. 이 기간 내에 수증자 또는 상속인이 수증의무자에 대하여 최고(催告)에 대한 확답을 하지 아니한 때에는 유증을 승인한 것으로 본다(제1077조). 또한 포괄적 유증(遺贈)을 받는 **포괄적 수증자(受贈者)는 상속인과 동일한 권리의무**가 있다(제1078조).

4. 유언의 집행

(1) 유언증서와 녹음의 검인

유언의 증서나 녹음을 보관한 자 또는 이를 발견한 자는 유언자의 사망 후 지체없이 법원에 제출하여 그 검인을 청구하여야 한다. 그러나 이 규정은 공정증서나 구수증서에 의한 유언에 적용하지 아니한다(제1091조).

법원이 봉인된 유언증서를 개봉할 때에는 유언자의 상속인, 그 대리인 기타 이해관계인의 참여가 있어야 한다(제1092조).

(2) 유언집행자의 지정과 위탁

유언자는 **유언으로 유언집행자를 지정**할 수 있고 그 지정을 제3자에게 위탁할 수 있다. 유언집행자가 특별히 지정되지 않은 경우에는 **상속인이 유언집행자**가 된다. 유언집행자가 없거나 사망, 결격 기타 사유로 인하여 없게 된 때에는 **법원**은 이해관계인의 청구에 의하여 **유언집행자를 선임**하여야 한다(제1093조~제1096조).

제한능력자와 파산선고를 받은 자는 유언집행자가 되지 못하며, 유언집행자는 지체없이 그 재산목록을 작성하여 상속인에게 교부하여야 하고, 유증의 목적인 재산의 관리 기타 유언의 집행에 필요한 행위를 할 권리와 의무가 있다.

5. 유언의 철회 및 유언집행자의 유언취소청구

유언자는 언제든지 **유언 또는 생전행위로써 유언의 전부나 일부를 철회**할 수 있으며, 그 유언을 철회할 권리를 포기하지 못한다(제1108조).

전후의 유언이 저촉되거나 생전행위가 유언과 저촉되는 경우에는 그 저촉된 부분의 전(前)유언은 이를 철회한 것으로 본다(제1109조).

부담있는 유증을 받은 자가 그 부담의무를 이행하지 아니한 때에는 상속인 또는 유언집행자는 상당한 기간을 정하여 이행할 것을 최고하고 그 기간 내에 이행을 하지 아니한 때에는 **법원에 유언의 취소를 청구**할 수 있으나 제3자의 이익을 해하지는 못한다(제1111조).

Ⅱ. 유류분

1. 유류분제도의 의의

유류분(遺留分)이란 **일정한 상속인을 위하여 반드시 남겨두어야 할 상속재산의 일정부분**을 말한다. 유언자유의 원칙에 따라 사람은 자신의 재산을 자유로이 처분할 수 있으며 사후의 재산귀속도 자유로이 결정할 수 있으므로 유언으로 누구에게든 전재산을 증여할 수 있다.

그러나 유언의 자유를 남용한다면, 사자의 재산에 의존하여 생활하고 있던 근친자의 생활이 위태로울 뿐만 아니라, 사자명의로 된 재산 중에는 근친자의 잠재적 지분도 포함되어 있다고 볼 수도 있으므로 이를 침해하는 결과를 초래한다. 따라서 사자의 재산을 청산함에 있어서 민법은 이러한 점을 고려하여 유류분제도를 두고 있다.

2. 유류분 권리자와 유류분

유류분의 권리자는 피상속인의 직계비속과 배우자, 피상속인의 직계존속과 형제자매이다. 상속인의 유류분은 **피상속인의 직계비속과 그 배우자는 그 법정상속분의 2분의 1**이고, **피상속인의 직계존속과 형제자매는 그 법정상속분의 3분의 1**이다(제1112조).

3. 유류분의 산정

유류분은 피상속인의 상속개시시에 있어서 가진 재산의 가액에 증여재산의 가액을 가산하고 **채무의 전액을 공제**하여 이를 산정한다. 조건부의 권리 또는 존속기간이 불확정한 권리는 가정법원이 선임한 감정인의 평가에 의하여 그 가격을 정하게 된다.

증여는 상속개시전의 1년간에 행한 것에 한하여 그 가격을 산정하게 되는데, 당사자 쌍방이 유류분 권리자에 손해를 가할 것을 알고 증여를 한 때에는 1년전에 한 것도 증여재산에 산정한다(제1114조).

유류분 권리자가 피상속인의 증여 및 유증으로 인하여 그 유류분에 부족이 생긴 때에는 부족한 한도에서 그 재산의 반환을 청구할 수 있는데, 증여 또는 유증을 받은 자가 **수인**인 때에는 각자가 얻은 **유증가액의 비율로 반환**하여야 한다(제1115조).

반환의 청구권은 유류분 권리자가 상속의 개시와 반환하여야 할 증여 또는 유증을 한 사실을 안 때로부터 **1년내**에 하지 아니하면 시효에 의하여 소멸하고, 상속이 개시한 때로부터 **10년**이 경과하지 않아야 한다(제1117조).

제1절 민사일반

Ⅰ. 민법의 기본원리

근대 시민사회는 개인주의와 자유주의 및 합리주의라는 가치를 이상으로 추구하여 왔는데, 이러한 가치를 경제적으로 실현하기 위해 사유재산제도와 경제생활의 자유와 영리추구라는 자유시장 경제질서를 토대로 하고 있으며, 이러한 자유시장 경제질서를 제도적으로 보장하기 위한 법제도가 바로 근대 시민법이었다.

근대 시민법은 개인주의 사상을 바탕으로 한 형식적인 개인의 자유와 평등이라는 가치질서를 토대로 개인생활관계의 조화를 이루는 것을 그 지도원리로 하고 있다. 따라서 이러한 가치질서를 토대로 한 **근대 시민법의 지도원리로는 소유권절대의 원칙과 계약자유의 원칙 및 과실책임의 원칙이라는 3가지 가치**를 들고 있는 것이 일반적인 입장이다. 다만 근대 시민법의 기본원리는 개인의 생활관계 중 경제적인 생활관계, 즉 재산관계와 관련된 재산법의 기본원리라 할 수 있지만, 개인의 가족생활관계를 다루는 가족법의 영역에서는 이 원리가 그대로 작동되지 않는다고 할 수 있다.

아래에서는 먼저 근대민법의 기본원리를 살펴보고, 다음으로 현대사회에 들어와 사회환경의 변화에 따라 근대민법의 기본원리는 어떻게 변용된 원리로서 작동하고 있는지를 살펴보기로 한다.

1. 근대민법의 기본원리

(1) 소유권존중의 원칙

개인의 재산은 절대불가침적인 것으로 보호되어야 한다는 원칙이다. 이 원칙은 자본주의 국가에서 개인의 경제생활을 궁극적으로 보장해주는 것은 사유재산에 기반을 두고 있으므로, 이러한 사유재산을 기반으로 하는 개인의 경제사회활동을 보장할 수 있도록 개인의 소유권은 침해받지 않고 절대적으로 보호되어야 한다는 원칙을 말한다.

우리 헌법 제23조 제1항에 '모든 개인의 재산권은 보장된다'고 규정하고 있을 뿐만 아니라, 민법 제211조에서는 '소유자는 법률의 범위 내에서 그 소유물을 사용, 수익, 처분할 수 있는 권리가 있다'거나, 자기의 소유물을 권원 없이 가지고 있는 자에 대하여 반환을 청구할 수 있으며, 소유권을 방해하거나 방해할 염려가 있는 행위를 한 자에 대하여는 방해를 제거하거나 예방을 청구할 수 있다고 규정하고 있다(제211조~제214조). 가족법의 영역에서도 가령 일정한 법률의 요건 하에서 이루어지는 유언의 경우에도 유언자의 의사표시를 제1차적으로 중시하는 것은 바로 가족생활 중에서 사적 자치를 표현한 것이라고 할 수 있다.

(2) 계약자유의 원칙

고도로 분업화된 현대사회에서는 다른 사람과의 협력 없이는 생활을 영위하기가 어렵게 되는데, 법은 이러한 협력을 가능하게 하는 수단으로서 계약을 인정하고 있다. 계약관련 법률은 원칙적으로 국가나 타인의 간섭을 받지 않고 계약의 당사자들이 스스로 자신들의 법률관계를 정할 수 있다.

계약의 자유는 **계약체결의 자유, 상대방 선택의 자유, 계약내용결정의 자유, 계약방식의 자유** 등을 그 내용으로 한다.

(3) 과실책임의 원칙

개인의 자유로운 활동을 보장해주는 과실책임의 원칙도 사적 자치원칙의 한 내용이다. 개인이 고의·과실에 의하여 타인의 권리를 침해하여 손해를 발생하게 한 경우에만 책임을 부담하고, 자기에게 고의·과실이 없는 한 타인에게 손해를 입혔더라도 책임을 지지 않는 것을 **과실책임의 원칙** 또는 **자기책임의 원칙**이라 한다. 민법은 제750조에 "고의 또는 과실로 인한 위법행위로 타인에게 손해를 가한 자는 그 손해를 배상할 책임이 있다"고 규정하고 있다.

2. 근대민법의 기본원리의 현대적 변용(變容)

근대민법의 기본원리는 개인의 경제적·사회적 자유를 보장함으로써 근대사회의 발전과 자본주의의 확립에 크게 기여하였다. 그러나 개인의 자유를 토대로 한 형식적인 개인의 자유와 평등의 보장은 그 부작용으로 경제적·실질적 불평등과 부자유를 초래하게 되었다. 말하자면 사적 자치의 원칙이라는 형식적인 자유와 평등은 현실생활에 있어서는 실질적·경제적 불평등을 초래하여 계층 간의 대립과 반목이라는 결과를 가져오게 되었다. 따라서 근대 민법의 이러한 모순된 결과를 해소하고 개인의 **실질적인 자유와 평등**을 보장하기 위해서는 사적 자치의 원칙과 더불어 **사회공공의 이익**이라는 가치도 함께 구축할 수 있도록 그 내용의 수정이 불가피하게 되었다. 또한 모든 개별 법영역의 법원리는 법질서 전체의 기본이념인 헌법에 규정되어 있는 '인간으로서의 존엄과 가치'와 '평등'이라는 핵심가치를 토대로 하기 때문에 현대 민법의 기본원리의 상위원리로서 헌법상의 이러한 핵심가치는 당연히 그 전제가 된다고 할 수 있다.

(1) 소유권공공의 원칙

개인의 소유권은 절대적인 것이 아니라 사회 전체의 이익을 위해 일정한 제한을 받는다는 원칙을 말한다. 소유권도 사회성·공공성을 지닌다고 할 수 있다. 우리 헌법 제23조 제2항에 "재산권의 행사는 공공복리에 적합하도록 하여야 한다"고 규정하여 **재산권 행사의 공공성**을 일반원칙으로 규정하면서, 헌법 제37조 제2항에 "국민의 자유와 권리는 국가안전보장·질서유지 또는 공공복리를 위하여 필요한 경우에 한하여 법률로써 제한할 수 있으며, 제한하는 경우에도 자유와 권리의 본질적인 내용을 침해할 수 없다"고 규정하거나, 민법 제2조 제2항에 "권리는 남용하지 못한다"고 하거나, 동법 제211조에 "소유권은 법률의 범위 내에서 그 소유권을 사용·수익·처분할 권리가 있다"고 규정함으로써 소유권은 절대적인 것이 아니라 **사회성·공공성**을 가진다는 점을 분명하게 표현하고 있다.

(2) 계약공정의 원칙

계약은 계약당사자의 무제한적인 자유의사에 맡겨져 있는 것이 아니라 계약은 그 내용이나 방식 등이 사회적으로 공정해야 한다는 원칙을 말한다. 종래의 계약자유의 원칙에 의하면 가령 자본가와 노동자의 근로계약이 사회경제적 약자의 지위에 놓여 있는 근로자에게는 일방적으로 부당한 내용의 근로계약이 이루어짐으로써 노동착취라는 결과를 가져왔다. 이로 인해 경제적 강자인 자본가가 경제적 약자인 노동자를 실질적으로 지배하는 사회적 불평등과 갈등이 야기되었다. 따라서 이러한 경제적인 불평등과 불공정한 계약을 시정하기 위해서는 계약자유의 원칙에 일정한 제한을 가하여 공정한 계약이 이루어지도록 해야 하며, 사회경제 통제입법에 의해 근로계약을 비롯한 각종계약에 있어서 공정한 계약이 이루어지도록 각종 규제책이 필요하게 되었다. **근로기준법**이나 **공정거래법** 등이 여기에 해당한다.

(3) 무과실책임의 원칙

권리행사자가 타인에게 일정한 손해를 준 경우에 행위자에게 일정한 고의 또는 과실이 없더라도 책임을 지게 하는 원칙을 무과실책임의 원칙이라 한다.

현대사회는 산업의 발달에 따라 편의성도 증대했지만 그에 못지않게 각종 공장시설이나 사회적인 이용물들이 위험성을 안고 있다. 종래에는 이러한 위험시설물의 이용에 따라 발생하는 각종 손해에 대하여는 생산자에게 고의나 과실이 없으면 그로 인해 발생한 손해에 대하여 배상책임이 발생하지 않는다고 보았다. 즉 과실책임의 원칙을 취함으로써 피해자가 가해자의 과실을 입증하여야만 과실책임을 물을 수 있었다. 따라서 과실입증을 하지 못하면 피해자는 가해자로부터 손해배상을 받을 수 없게 되어 피해자에게는 너무도 불합리한 결과를 가져왔다. 따라서 오늘날에 와서는 이러한 과실책임의 원칙을 수정하여 행위자에게 법률적 의미에서의 과실이 없는 경우라 하더라도 사회공평이라는 측면에서 타인에게 손해를 입힌 경우에는 일정한 책임을 지는, 즉 무과실책임을 일정 부분 받아들이는 경향이다.

Ⅱ. 권리의 주체

권리가 귀속하는 주체를 권리주체라 하고, 의무가 귀속하는 주체를 의무의 주체라 한다. 법률관계는 권리의무관계로서 사람은 권리의무관계의 주체로서 평등한 지위와 자격을 갖는다. 그러므로 일정한 법률관계에 있어서 권리의 주체가 될 수 있는 자격을 "**권리능력**"이라 하고, 유효한 법행위를 할 수 있는 자격을 "**행위능력**", 그리고 불법행위를 할 수 있는 자격을 "**불법행위능력**"이라고 한다.

1. 권리능력

권리능력이란 권리의 주체가 될 수 있는 자격 내지 지위를 말하며, 이를 권리 주체는 의무의 주체이기도 하므로 권리능력은 의무능력이기도 하다. 따라서 일반적으로 권리능력이라고 표현하지만, 권리주체는 동시에 의무주체이므로 **권리의무능력**이라고 표현하는 것이 타당하다. 민법 제3조에서는 "사람은 생존한 동안 권리와 의무의 주체가 된다."고 규정하고 있다.

2. 권리능력자

민법은 권리의 주체로서 **생존해 있는 모든 사람**, 즉 **자연인**에 대하여 권리의 주체로서의 지위를 인정하고 있으며, 또한 일정한 목적으로 결합된 사람의 집단인 사단법인이나 일정한 목적을 위하여 출연된 재산의 집단인 재단법인에 대해서도 권리의 주체로서 권리능력을 인정하고 있다. 말하자면 민법상 권리주체에는 자연인과 법인(사단법인, 재단법인)이 있다.

3. 자연인

(1) 시기(始期)와 종기(終期)

법률에서 자연인(自然人)이란 자연 그대로인 순수한 사람을 의미하는 것이 아니라 "**생존하고 있는 모든 사람**"을 말하며, 이러한 자연인은 모두 권리능력자이다. 사람의 권리능력은 생존하는 동안 존속하므로 사람은 출생하면서부터 권리능력을 가지고 사망함으로써 그 능력이 소멸하게 된다.

그런데 **사람의 출생시기**에 대하여는 견해의 대립(진통설, 일부노출설, 전부노출설, 독립호흡설)이 있으며, 민법상으로는 임부의 뱃속에 있는 태아가 모체 밖으로 전부노출되었을 때 비로소 사람이 된다는 **전부노출설**이 지배적인 견해(형법에서는 진통설이 통설이다)이다. 또한 **사람의 사망시기**에 대하여도 견해의 대립(**호흡종지설, 맥박종지설, 뇌사설 등**)이 있으며, 심장의 고동이 영구히 멈추었을 때인 **맥박종지**

설(脈搏終止說)이 현재 지배적인 견해이나, 근자에 들어와서는 의료계를 중심으로 뇌사설(腦死說)이 유력설로 등장하고 있다. 우리나라의 「장기 등 이식에 관한 법률」에 의하면 일정한 경우에 **뇌사자의 가족 또는 유족의 동의하에 장기적출 및 이식**(臟器摘出 및 移植)이 가능하도록 규정하면서, **뇌사자를 사망한 자**와는 구별하고 있다.

사람의 권리능력이 소멸되는 유일한 원인은 사망이며, 자연인은 직업, 능력, 신분, 성별 등에 의한 차별 없이 모두 권리능력을 가진다. 다만 **외국인**의 경우에는 일반적인 권리능력은 내국인과 동일하게 지니지만, 예외적으로 **부동산이나 광업권 등의 특별한 경우에는 권리능력의 제한**을 받게 된다.

(2) 태아의 권리능력

사람은 생존한 동안 권리능력을 가지므로, 출생하기 전인 태아의 경우에도 장래 사람으로 출생할 것을 예상하여 사전에 일정한 법적인 보호를 할 필요성이 있다. 형법에서는 태아의 생명을 보호하기 위해 **낙태죄**를 규정하여 처벌하고 있으며, 민법에서는 태아에 대하여 **예외적으로 일정한 권리능력을 인정**하고 있다.

즉 ① **불법행위로 인한 손해배상청구**(제762조), ② **상속**(제1000조 제3항), ③ **유증**(제1064조), ④ **포태 중인 자에 대한 인지**(제858조)에 관하여 태아는 이미 출생한 것으로 간주하고 있다.

《 관련판례 》

※ **대법원 1993. 4. 27. 선고 93다4663 판결**
부가 교통사고를 입을 당시 태아가 출생하지 아니하였다고 하더라도 그 후에 출생한 이상 부의 부상으로 입게 될 **정신적 손해배상에 대한 위자료를 청구**할 수 있다.

다만 **인지**의 경우에 아버지는 포태중인 자인 태아를 인지할 수 있지만(제858조), 태아는 아버지에 대하여 강제인지를 청구할 수 없다.

그 밖에도 태아에게 사인증여를 할 수 있는지에 관해서는 견해가 대립하고 있다. **사인증여**(死因贈與)란 **증여자의 사망으로 인하여 효력이 생기는 증여**를 말하며, 이 경우에는 **유증에 관한 규정을 준용**한다(제562조).

태아의 법률상의 지위에 관해서는 정지조건설과 해제조건설이 있으며, 전자는 태아인 동안에는 권리능력이 인정되지 않지만 태아가 살아서 출생하면 권리능력 취득의 효과가 사건이 발생한 시기로 소급한다는 견해이고, 후자는 태아인 동안에도 개별적 사항에 따라 제한적으로 권리능력을 갖지만 사산인 경우에는 권리능력 취득의 효과도 소급하여 소멸한다는 견해이다. **판례[23]는 정지조건설**의 입장을 취하고 있다.

(3) 행위제한능력자

행위제한능력자에는 **미성년자, 피성년후견인, 피한정후견인, 피특정후견인**이 있다.

1) 미성년자

우리 민법상의 **미성년자란 만 19세에 도달하지 아니한 사람**을 말한다. 미성년자는 성년자와 달리 의사결정능력이나 판단능력이 불충분하고 경험이 미숙한 자이므로, 법률에서 규정하고 있는 대리인, 이른바 **법정대리인이 미성년자의 법률행위를 대리**하거나 또는 미성년자가 직접 법률행위를 하고자 하는 경우에는 **법정대리인의 동의가 필요**하도록 규정하고 있다. 법정대리인의 **동의없이 미성년자가 단독으로 행한 행위는 취소**할 수 있다(제5조).

미성년자가 법정대리인으로부터 허락을 얻은 특정한 영업에 관하여는 성년자와 동일한 행위능력이 있다. 법정대리인은 이러한 허락을 취소 또는 제한할 수 있지만, 선의의 제3자에게는 대항하지 못한다(제8조).

예외적으로 **미성년자가 단독으로 유효한 법률행위**를 할 수 있는 경우로는, ① 단순히 권리만을 얻거나 의무만을 면하는 행위, ② 법정대리인으로부터 범위를 정하여 허락받은 재산의 처분행위, ③ 법정대리인으로부터 허락을 받은 영업행위, ④ 혼인을 한 미성년자의 행위, ⑤ 타인을 위한 대리행위, ⑥ 만 17세에 달한 자의 유언행위, ⑦ 법정대리인의 허락을 얻어 회사의 무한책임사원이 된 미성년자가 그 사원자격에 기하여 하는 행위, ⑧ 근로계약의 체결과 임금의 청구 등을 들 수 있다.[24]

---

23) 대판 1976. 9. 14, 76다1365.

24) 형사소송법상 16세미만의 자는 증인신문절차에 있어서 선서무능력자이므로 선서하게 하지 아니하고 신문하여야 한다(형소법 제159조). 형법상 아동혹사죄(제274조)는 "자기의 보호 또는 감독을 받는 16세 미만의 자를 그 생명 또는 신체에 위험한 업무에 사용할 영업자 또는 종업자에게 인도하거나 인도받은

2) 피성년후견인

가. 피성년후견개시의 심판

가정법원은 질병, 장애, 노령, 그 밖의 사유로 인한 정신적 제약으로 사무를 처리할 능력이 **지속적으로 결여된 사람**에 대하여 본인, 배우자, 4촌 이내의 친족, 미성년후견인, 미성년후견감독인, 한정후견인, 한정후견감독인, 특정후견인, 특정후견감독인, 검사 또는 지방자치단체의 장의 청구에 의하여 **성년후견개시의 심판**을 한다. 가정법원은 성년후견개시의 심판을 할 때 본인의 의사를 고려하여야 한다(제9조).

나. 피성년후견인의 행위와 취소

성년후견개시의 심판을 받은 자인 **피성년후견인이 행한 법률행위는 취소할 수** 있지만, 가정법원은 **취소할 수 없는 피성년후견인의 법률행위의 범위**를 정할 수 있고, 본인, 배우자, 4촌 이내의 친족, 성년후견인, 성년후견감독인, 검사 또는 지방자치단체의 장의 청구에 의하여 그 **범위를 변경**할 수 있다.

또한 피성년후견인의 법률행위는 취소할 수 있음에도 불구하고 **일용품의 구입 등 일상생활에 필요하고 그 대가가 과도하지 아니한 법률행위는 취소할 수 없다**(제10조).

다. 성년후견종료의 심판

성년후견개시의 원인이 소멸된 경우에는 가정법원은 **본인, 배우자, 4촌 이내의 친족, 성년후견인, 성년후견감독인, 검사 또는 지방자치단체의 장의 청구**에 의하여 **성년후견종료의 심판**을 한다(제11조).

3) 피한정후견인

가. 한정후견개시의 심판

가정법원은 질병, 장애, 노령, 그 밖의 사유로 인한 정신적 제약으로 **사무를 처리할 능력이 부족한 사람**에 대하여 본인, 배우자, 4촌 이내의 친족, 미성년후견인, 미

자를 5년 이하의 징역에 처하도록 규정하고 있다.

그 밖에도 소년법에서는 죄를 범할 당시 18세 미만인 소년에 대하여 사형 또는 무기형으로 처할 경우에는 15년의 유기징역으로 하며(소년법 제59조), 소년이 법정형으로 장기 2년 이상의 유기형에 해당하는 죄를 범한 경우에는 그 형의 범위에서 장기와 단기를 정하여 선고하고, 장기는 10년 단기는 5년을 초과하지 못하도록 규정하고 있다.

성년후견감독인, 성년후견인, 성년후견감독인, 특정후견인, 특정후견감독인, 검사 또는 지방자치단체의 장의 청구에 의하여 **한정후견개시의 심판**을 한다. 이 경우에도 가정법원은 **본인의 의사를 고려하여 심판**을 해야 한다.

나. 피한정후견인의 행위와 동의

가정법원은 피한정후견인이 **한정후견인의 동의를 받아야 하는 행위의 범위를 정할 수 있으며**, 본인, 배우자, 4촌 이내의 친족, 한정후견인, 한정후견감독인, 검사 또는 지방자치단체의 장은 청구에 의하여 **한정후견인의 동의**를 받아야만 할 수 있는 행위의 **범위를 변경**할 수 있다.

한정후견인의 동의를 필요로 하는 행위에 대하여 한정후견인이 피한정후견인의 이익이 침해될 염려가 있음에도 그 동의를 하지 아니하는 때에는 가정법원은 **피한정후견인의 청구에 의하여** 한정후견인의 동의를 갈음하는 허가를 할 수 있다.

한정후견인의 동의가 필요한 법률행위를 피한정후견인이 **한정후견인의 동의 없이 하였을 때에는 그 법률행위는 취소**할 수 있다. 다만, 일용품의 구입 등 일상생활에 필요하고 그 대가가 과도하지 아니한 법률행위에 대하여는 그러하지 아니하다 (제13조).

다. 한정후견종료의 심판

한정후견개시의 원인이 소멸된 경우에는 **가정법원**은 본인, 배우자, 4촌 이내의 친족, 한정후견인, 한정후견감독인, 검사 또는 지방자치단체의 장의 청구에 의하여 **한정후견종료의 심판**을 한다(제14조).

4) 피특정후견인

가. 특정후견의 심판

가정법원은 질병, 장애, 노령, 그 밖의 사유로 인한 정신적 제약으로 **일시적 후원 또는 특정한 사무에 관한 후원이 필요한 사람**에 대하여 본인, 배우자, 4촌 이내의 친족, 미성년후견인, 미성년후견감독인, 검사 또는 지방자치단체의 장의 청구에 의하여 특정후견의 심판을 한다. 특정후견은 본인의 의사에 반하여 할 수 없으며, 특정후견의 심판을 하는 경우에는 **특정후견의 기간 또는 사무의 범위**를 정하여야 한다 (제14조의2).

나. 심판 상호간의 관계

가정법원이 피한정후견인 또는 피특정후견인에 대하여 성년후견개시의 심판을 할 때에는 종전의 **한정후견 또는 특정후견의 종료 심판**을 하며, 피성년후견인 또는 피특정후견인에 대하여 한정후견개시의 심판을 할 때에는 종전의 성년후견 또는 특정후견의 종료 심판을 한다(제14조의3).

5) 제한능력자의 상대방의 권리

① 확답을 촉구할 권리

제한능력자의 상대방은 제한능력자가 능력자가 된 후에 그에게 **1개월 이상의 기간**을 정하여 그 **취소할 수 있는 행위를 추인할 것인지 여부의 확답을 촉구**할 수 있다. 능력자로 된 사람이 그 기간 내에 확답을 발송하지 아니하면 그 행위를 **추인**(追認)한 것으로 본다(제15조).

제한능력자가 아직 능력자가 되지 못한 경우에는 그의 **법정대리인에게 촉구**할 수 있고, 법정대리인이 그 정하여진 기간 내에 확답을 발송하지 아니한 경우에는 그 행위를 **추인**한 것으로 본다. **다만, 특별한 절차가 필요한 행위는 그 정하여진 기간 내에 그 절차를 밟은 확답을 발송하지 아니하면 취소한 것으로 본다.**

② 철회권과 거절권

제한능력자가 맺은 계약은 **추인**(追認)**이 있을 때까지 상대방이 그 의사표시를 철회**할 수 있다. 다만 상대방이 계약 당시에 제한능력자임을 알았을 경우에는 그러하지 아니하다. 제한능력자의 단독행위는 추인이 있을 때까지 상대방이 거절할 수 있다. 철회나 거절의 의사표시는 제한능력자에게도 할 수 있다(제16조).

그러나 **제한능력자가 속임수로써 자기를 능력자로 믿게 한 경우**에는 그 행위를 **취소할 수 없으며**, 미성년자나 피한정후견인이 속임수로써 **법정대리인의 동의가 있는 것으로 믿게 한 경우**에도 마찬가지로 **취소할 수 없다**(제17조).

(4) 주소

주소는 생활의 근거가 되는 곳을 말하며, **주소**(住所)**는 동시에 두 곳 이상 있을 수 있다.** 우리 민법은 주소를 정하는 있어서 **실질주의, 객관주의, 복수주의**를 취하고 있다. 다만 민법 이외의 법영역에서는 그 법의 취지에 따라 개별적으로 판단해야 하며, 공직선거 및 선거부정방지법에서는 주소 단수주의를 취하고 있다.

법률에는 주소를 기준으로 법률관계를 규정하고 있는 경우가 많다. 부재자의 표준, 채무의 변제지, 재판관할의 표준, 상속개시지, 귀화의 조건, 보증인의 자격조건 등 이다.

주소와 유사한 개념으로 거소(居所), 가주소가 있는데, 여기서 **거소란 사람이 얼마 동안 계속하여 거주하는 곳**이지만, 토지와의 밀접도가 주소보다는 못한 곳을 말한다. 민법은 주소를 알 수 없는 경우와 국내에 주소가 없는 자는 거소를 주소로 본다.

다음으로 **가주소**란 어떤 거래에 관하여 일정한 장소를 선정하여 이를 주소로 보고, 주소의 효과를 부여하는 곳을 말한다. 가주소(假住所)는 당사자의 의사에 의하여 거래의 편의를 위하여 정해지는 곳이므로 사람의 실질적인 생활과는 관계가 없다. 에컨대 부산에 사는 상인이 거래차 서울에 와서 그가 묵고 있는 오피스텔을 거래에 관한 가주소로 정하였다면 거래에 한해서는 오피스텔이 주소가 된다.

(5) 부재자와 실종자

주소지를 떠나서 쉽사리 돌아올 가망이 없는 자가 있는 경우에는 이러한 부재자의 남아 있는 재산의 손실을 방지하고, 잔존배우자나 상속인의 이익을 위하여 일정한 선행조치를 강구해야 할 필요성이 있다. 이에 관하여 민법은 **부재자(不在者) 및 실종자(失踪者)에 관한 규정**을 두고 있다.

1) 부재자

부재자란 **종래의 주소 또는 거소를 떠나서 쉽사리 돌아올 가망이 없는 사람**을 말한다. 부재자란 생사불명이거나 행방불명일 것을 요하지 않고, 생사불명인 자도 실종선고를 받기 전까지는 역시 부재자로 간주한다.

가. 부재자의 재산관리

부재자에 대하여는 본인의 잔류재산을 관리해주는데 목적이 있으므로 법률상 당연히 재산을 관리할 권한이 있는 자가 있을 경우에는 특별한 조치를 할 필요가 없다. 즉 부재자에게 법정대리인이 있는 경우에는 법률의 규정에 의하여 부재자의 재산을 관리하게 되므로 별 문제가 없다. 또한 부재자가 특정인에게 위임하여 재산을 관리하는 경우에도 마찬가지로 취급된다. 다만 '부재자의 생사가 분명하지 않게 된 경우'에 한해서는 부당한 관리가 행해질 소지가 있다는 점에서 국가가 그 관리에 관여할 수 있다.

나. 재산관리에 필요한 처분

부재자가 재산관리인을 정하지 아니한 때에는 **법원**은 **이해관계인이나 검사의 청구**에 의하여 **재산관리에 필요한 처분**을 명하여야 한다.

본인이 그 후에 재산관리인을 정한 때에는 법원은 본인, 재산관리인, 이해관계인 또는 검사의 청구에 의하여 앞의 명령을 취소하여야 한다.

부재자가 재산관리인을 정한 경우에 부재자의 생사가 분명하지 않은 때에는 법원은 재산관리인, 이해관계인 또는 검사의 청구에 의하여 재산관리인을 개임(改任)할 수 있다.

다. 재산관리인의 직무권한 등

법원이 선임한 재산관리인은 관리할 **재산목록을 작성**하여야 하고, 법원은 부재자의 재산을 보존하기 위하여 필요한 처분을 명할 수 있다.

재산관리인은 민법 제118조의 대리권의 범위, 즉 보존행위나 대리의 목적인 물건이나 권리의 성질을 변하지 아니하는 범위에서 그 이용 또는 개량하는 행위를 넘는 행위를 함에는 법원의 허가를 받아야 한다. 법원은 그 선임한 재산관리인으로 하여금 재산의 관리 및 반환에 관하여 상당한 담보를 제공하게 할 수 있으며, 법원은 그 선임한 재산관리인에 대하여 부재자의 재산으로 상당한 보수를 지급할 수 있다(제24조~제26조 참조).

2) 실종자

가. 실종의 선고 및 실종선고의 효과

실종자(失踪者)란 일정한 기간 동안(보통실종은 5년, 특별실종은 1년) 생사(生死)가 분명하지 아니한 부재자(不在者)에 대하여 이해관계인이나 검사의 청구에 의하여 **법원으로부터 실종선고를 받은 자**를 말한다.

보통실종은 특별한 원인을 요하지 않으며 부재자의 생사가 **5년간 분명하지 않은 경우**이고, 이에 비해 **특별실종**에 해당하기 위해서는 전지(戰地)에 임한 자, 침몰한 선박중에 있던 자, 추락한 항공기 중에 있던 자 기타 사망의 원인이 될 위난을 당한 자의 생사가 전쟁 종지 후 또는 선박의 침몰, 항공기의 추락 기타 **위난이 종료한 후 1년간 분명하지 않은 경우**이다.

실종선고를 받은 자는 실종선고기간이 만료한 때에 사망한 것으로 보는데(제28조), 실종선고로 인하여 실종자의 종래의 주소를 중심으로 하는 **사법적 법률관계는 종료**하게 되고, **공법상의 선거권과 피선거권, 형법상 실종자 또는 범죄의 성부 등에는 영향이 없다.**

실종선고는 권리능력을 박탈하는 제도가 아니므로, 실종자가 생존하여 돌아온 후나 실종자가 다른 곳에서의 신주소를 중심으로 하는 법률관계에는 영향이 없다.

나. 동시사망의 추정(推定)

2인 이상이 **동일한 위난**(危難)**으로 사망한 경우**에는 동시에 사망한 것으로 추정한다(제30조).

3) 실종선고의 취소

실종자가 생존한 사실 또는 앞의 규정과 상이한 때에 사망한 사실의 증명이 있으면 법원은 **본인, 이해관계인 또는 검사의 청구**에 의하여 **실종선고를 취소**하여야 한다. 그러나 실종선고 후 취소전에 **선의로 한 행위의 효력에 영향을 미치지 아니한다.**

실종선고의 취소가 있을 때에 실종의 선고를 직접원인으로 하여 재산을 취득한 자가 선의의 경우에는 그 받은 이익이 현존하는 한도에서 반환할 의무가 있고, 악의인 경우에는 그 받은 이익에 이자를 붙여서 반환하고 손해가 있으면 이를 배상하여야 한다(제29조).

4. 법인

법인은 법률의 규정에 의해서만 성립하며, 법인은 그 주된 사무소의 소재지에 설립등기를 함으로써 성립한다. 또한 법인은 법률의 규정에 좇아 정관으로 정한 목적의 범위 내에서 권리와 의무의 주체가 된다. 법인에는 학술, 종교, 자선, 예술, 사교 기타 영리 아닌 사업을 목적으로 하는 사단 또는 재단은 주무관청의 허가를 얻어 이를 법인으로 할 수 있다.

영리를 목적으로 하는 사단은 상사회사설립의 조건에 좇아 이를 법인으로 할 수 있는데, 영리사단법인에는 모두 상사회사에 관한 규정을 준용한다(제39조).

법인이 목적 이외의 사업을 하거나 설립허가의 조건에 위반하거나 공익을 해하는 행위를 한 때에는 주무관청은 그 허가를 취소할 수 있다.

사단법인의 설립자는 목적, 명칭, 사무소의 소재지, 자산에 관한 규정, 이사의 임면에 관한 규정, 사원자격의 득실에 관한 규정, 존립 시기나 해산사유를 정한 때에는 그 시기 또는 사유데 대한 사항을 기재한 정관을 작성하여 기명날인하여야 한다(제40조).

재단법인의 설립자는 일정한 재산을 출연하고 기재사항을 기재한 정관을 작성하여 기명날인하여야 한다(제43조). 법인설립의 허가가 있는 때에는 **3주간 내에 주된 사무소 소재지에서 설립등기**를 하여야 하는데, 등기사항은 목적, 명칭, 사무소, 설립허가의 연월일, 존립 시기나 해산사유를 전한 때에는 그 시기 또는 사유, 자산의 총액, 출자의 방법을 정한 때에는 그 방법, 이사의 성명, 주소, 이사의 대표권을 제한하는 때에는 그 제한 등을 기재하여야 한다.

Ⅲ. 물건, 권리의 객체

모든 권리는 일정한 사회적 이익을 그 목적 또는 내용으로 한다. 권리의 본질에 관해서는 법에 의하여 주어진 의사의 힘 또는 의사의 지배라고 보는 **권리의사설**과 법에 의하여 보호되는 이익이라고 보는 **권리이익설**, 그리고 일정한 이익을 향유하기 위하여 법이 인정한 힘이라고 보는 **권리법력설**이 있으며, 오늘날에는 이른바 권리법력설이 지배적인 학설이다. 따라서 '**권리(權利)**'란 '**일정한 생활상의 이익에 대하여 법에 의해 인정된 힘**'이라 할 수 있다. 권리와 구별되는 개념으로 '**권한(權限)**'이란 **타인을 위하여 그에 대하여 일정한 법률효과를 발생케 하는 행위를 할 수 있는 법률상의 자격 내지 지위**를 말한다. 예컨대 대리인의 대리권, 법인이사의 대표권, 대통령과 국무총리의 권한 등이 이에 해당한다. 또한 **권리의 내용을 이루는 개개의 법률상의 힘**은 '**권능(權能)**'이라고 하는데, 예컨대 소유권이라는 권리에는 그 소유물을 사용, 수익, 처분할 수 있는 권능을 그 내용으로 한다. 그리고 **일정한 법률상 또는 사실상의 행위를 정당화시키는 원인**을 '**권원(權原)**'이라고 하는데, 예컨대 지상권, 전세권 등에 의하여 타인의 부동산을 점유하고 있는 경우에는 정당한 권원에 의한 점유권이라 할 수 있다. 나아가 '**반사적 이익(反射的 利益)'또는 '반사적 효과**'란 법률이 특정인 또는 일반인에게 어떤 행위를 명함으로써 다른 특정인 또는 일반인이 그 **법률의 반사적 효과로서 이익을 얻는 경우**를 말한다. 예컨대 전염병 예방주사를 강제하는 것에 전염병 예방효과를 보는 것은 반사적 효과에 불과하다. 다른 한편으로 '**의무**'란 **의무자의 의사와는 관계없이 반드시 준수해야 할 법률상의 구속**을 말한다.

권리의 종류를 내용에 따라 살펴보면 **재산권·인격권·가족권·사원권**으로 분류할 수 있고, 작용에 따라 살펴보면 **지배권·청구권·형성권·항변권**으로 분류할 수 있다. 여기서 **재산권**이란 **경제적 가치 있는 이익을 누리는 것을 내용으로 권리**, 즉 금전으로 평가될 수 있는 권리를 총칭하여 부른다. 이에는 **물권과 채권 및 무체재산권**이 속한다. **인격권**은 권리의 주체와 분리할 수 없는 인격적 이익을 누리는 것을 내용으로 하는 권리이다. 예컨대 **생명, 신체, 자유, 명예, 신용, 성명, 초상, 사생활보호** 등에 대한 권리가 포함된다. **가족권**이란 **가족간의 지위에 따르는 생활이익을 내용으로 하는 권리**이다. 가족간의 신분적 질서를 전제로 한다는 점에서 **신분권**이라고도 한다. 가족법상의 권리는 원칙적으로 일신전속적인 성질을 지니고 있다.

이러한 **권리의 내용 또는 목적을 이루는 일정한 대상을 권리의 객체**라고 한다. 권리의 객체는 그 종류에 따라 다르나, 그 중 가장 중요한 것은 **물건**이다.

1. 물건의 의의

민법상 **물건**이란 "**유체물 및 전기 기타 관리할 수 있는 자연력**"을 말한다. '**유체물**'이란 고체, 액체, 기체와 같이 공간의 일부를 차지하는 유형적 존재물을 말하고, '**관리할 수 있는 자연력**'이란 전기, 열, 빛 등 **무형적인 에너지**를 말한다.

법률상 물건은 권리의 주체가 아닌 외계의 일부로서 독립적인 것을 말하므로, 사람의 신체나 물건의 일부 또는 구성부분은 법률상 물건이 아니다. 다만 신체로부터 분리된 경우에는 법률상 물건이 될 수 있다.

2. 물건의 종류

물건은 다양한 관점에서 분류할 수 있다. 민법에서는 물건의 성질과 내용에 따라 **부동산과 동산, 주물과 종물, 원물과 과실**로 구별하여 규정하고 있다.

(1) **부동산과 동산**: 부동산은 토지와 그 정착물(定着物)을 말한다. 부동산 이외의 물건은 동산이다.

(2) **주물과 종물**: 어떤 물건의 소유자가 그 물건의 상용(常用)에 이바지하기 위해 자기 소유의 다른 물건을 그 물건에 부속시키고 있는 경우에 부속된 물건을 종물(從物)이라 하고, 그 주된 물건을 주물(主物)이라 한다.

(3) 원물과 과실: 어떤 물건에서 생기는 수익물을 과실(果實)이라 한다. 과실을 낳는 물건을 원물(元物)이라 한다. 과실에는 자연적으로 얻어지는 달걀, 우유, 과실, 광물, 곡물, 석재, 토사 등 **천연과실**과 물건의 사용대가로 받는 금전, 이자, 차임, 지료 등 **법정과실**이 있다.

Ⅳ. 법률행위

사람의 생활관계중에서 **법률의 규율을 받는 생활관계**를 "법률관계"라고 한다. 법률관계는 다른 사회생활 관계와는 달리 **권리의무관계**로 이루어져 있다. 그런데 이러한 권리의무관계는 고정적인 것이 아니라 사람의 법률관계에 따라 변동된다. 이러한 권리의무관계의 변동을 권리의무의 변동, 또는 권리라는 측면에서 한정하여 **권리변동**이라고도 한다. **권리변동**이란 **권리가 발생, 변경, 소멸하는 것**을 말한다.

권리가 변동하기 위해서는 일정한 원인이 필요한데, 이를 **법률요건**이라 하고, 이러한 법률요건이 구비되었을 때 인정되는 권리의 변동을 **법률효과**라고 한다.

법률요건은 1개 또는 여러 개의 사실로 구성되어 있는데, 이러한 **법률요건을 구성하는 개개의 사실을 법률사실**이라 한다.

1. 법률행위의 의의와 요건

법률행위란 일정한 법률효과의 발생을 목적으로 하는 **1개 또는 여러 개의 의사표시를 불가결의 요소로 하는 법률요건**을 말한다. 따라서 법률행위의 **일반적인 성립요건**으로 요구되는 것은, ① **당사자**, ② **목적**, ③ **의사표시**가 있어야 하고, 다음으로 이러한 법률행위가 효력을 발생하기 위해서는, ① **당사자가 권리능력, 의사능력, 행위능력**을 가지고 있어야 하며, ② **법률행위의 내용이 적법하고 실현가능하고, 사회적 타당성**을 가지고 확정할 수 있어야 하며, ③ **의사와 표시가 일치하고 하자**(瑕疵;흠결, 흠)**가 없을 것**이 요구되어진다.

2. 법률행위의 종류

법률행위의 종류는 의사표시의 태양에 따라, ① 채무면제나 유언과 같이 표의자 한 사람의 의사표시로 성립하는 **단독행위**와 ② 서로 대립하는 2개 이상의 의사표시(청약과 승낙)의 합치인 **계약**, ③ 그리고 사단법인의 설립행위와 같이 다수인의 동일한 방향의 의사표시로 성립하는 **합동행위**로 나눌 수 있다.

또한 법률행위는 의사표시를 하는데 있어서 일정한 형식을 요하는가에 따라, ① 법인설립행위, 혼인, 인지, 입양, 유언 등과 같이 서면작성 등의 형식을 요하는 **요식행위**(要式行爲)와 이를 요하지 않는 **불요식행위**(不要式行爲), ② **생전**(生前)**행위**와 유언과 사인증여와 같이 사망으로 효력이 발생하는 **사후**(死後)**행위**, ③ 재산의 출연여부에 따라 **출연**(出捐)**행위**와 **비출연**(非出捐)**행위**로 나뉘고, 출연행위는 다시 원인관계로부터 영향을 받는지 여부에 따라 유인(有因)행위와 무인(無因)행위로 나누어진다. 그 밖에도 ④ **주**(主)**된 행위**와 **종**(從)**된 행위**, ⑤ **채권행위와 물권행위 및 준물권행위**[25] 등으로 나눌 수 있다.

V. 의사표시

의사표시란 법률행위에 있어서 불가결의 요소이다. 의사표시란 **일정한 법률상의 효과를 의욕하는 의사를 표시하는 사람의 정신적 작용**을 말하며, 이것은 표시자의 의사에 따라 법률효과가 주어지며, 표시된 의사가 의사표시이므로 의사와 표시가 의사표시의 요소가 된다.

그런데 이러한 의사표시가 성립되는 과정을 심리적으로 분석해보면, 사람은 **일정한 동기나 목적을 가지고**(동기) **그것을 실현하려고 의욕하는 의사**(효과의사)를

---

25) 채권의 양도, 채무의 면제, 특허권·저작권 등 무체재산권의 양도, 광업권·어업권 등의 양도와 같은 행위는, 당사자간에 채권·채무를 발생시키는 채권행위와는 달리, 직접적으로 권리변동을 일으킨다는 점에서 물권행위와 비슷하므로 이를 '준물권행위'라 한다.

결정하고, 그 의사를 발표하는 의사(표시의사)를 가지고 그 의사를 발표하는 행위(표시행위)를 하는 4단계로 이루어져 있다. 따라서 효과의사와 표시행위의 어느 요소를 결여하더라도 의사표시는 성립하지 않게 된다. 그런데 이 중에서 '동기와 표시의사'는 의사표시의 요소로 보지 않는 것이 통설의 입장이다. 즉 동기는 효과의사에, 표시의사는 표시행위에 흡수되는 것으로 파악하는 것이 일반적인 견해이다.

그런데 이러한 의사표시의 성립과정에 문제가 발생한 경우, 즉 의사와 표시의 불일치상태인 의사흠결(意思欠缺)이 있는 경우에 이를 어떻게 해결할 것인가에 관하여, 우리 민법은 ① 심리유보(제107조), ② 허위표시(제108조), ③ 착오(제109조)의 3가지 경우를 규정하고 있고, 또한 하자있는 의사표시의 경우로 '사기와 강박에 의한 의사표시'(제110조)에 관하여 규정하고 있다.

1. 의사와 표시의 불일치

(1) 진의 아닌 의사표시(非眞意 意思表示)

1) 의의

비진의 의사표시란 표의자가 스스로 표시와 진의(眞意)가 불일치한다는 것을 알면서 한 의사표시를 말하며, 진의를 마음속에 담아두고 이를 표시하지 않는 경우이므로, 이를 심리유보(心裡留保)라고도 한다. 말하자면 행위자가 표시상의 효과의사와 내심적 효과의사가 불일치한다는 것을 알면서 한 의사표시를 말한다.

2) 효과

비진의 의사표시의 경우에는 원칙적으로 의사표시한대로 효력이 생긴다. 다만, 상대방이 표의자(表意者)의 진의(眞意)아님을 알았거나 알 수 있었을 경우에는 무효로 한다(제107조). 그러나 이때의 의사표시의 무효는 선의(善意)의 제3자에게 대항하지 못한다.

※ 대법원 1980. 10. 14. 선고 97도2168 판결

  사립대학교 조교수가 사직원이 수리되지 않을 것이라고 믿고 사태수습을 위해 스스로 형식상 재단이사장 앞으로 사직원을 제출하여 이사회에서 본인의 진의(眞意)로 알고 사직원이 수리된 경우에, 위 사직원이 설사 진의아닌 의사표시라 하더라도 이사회에서 그러한 사실을 알았거나 알 수 있었을 경우가 아니라면 그 **의사표시대로 효력이 발생**한다.

※ 대법원 1991. 7. 12. 선고 90다11554 판결

  그러나 **지시나 강요에 의한 경우나 상대방이 진의아닌 의사표시임을 알았거나 알 수 있었을 경우에는 그 의사표시는 무효이다.**

※ 대법원 1980. 7. 8. 선고 80다639판결

  명의차용사건에서 "학교법인이 사립학교법상의 제한규정 때문에 그 학교 교직원들의 명의를 빌려 금원을 차용한 경우에 돈을 빌려준 사람이 그 사실을 알고 있었다고 하더라도 금전대차에 관하여 **교직원들이 주채무자로서 채무를 부담**하겠다는 뜻이라고 해석함이 상당하므로 이를 **진의아닌 의사표시라고 할 수 없다.**

※ 대법원 1993. 7. 16. 선고 92도41528 판결

  1980년 당시 합동수사본부 수사관의 재산헌납 강요를 받고 증여를 한 사안에서, 비록 재산을 강제로 뺏긴다는 것이 증여자의 본심으로 잠재되어 있다고 하더라도, 원고가 **강박에 의하여 증여하기로 한 이상, 증여의 내심의 효과의사가 결여된 것이라고는 할 수 없다.**

(2) 허위표시(통정허위표시)

1) 의의

상대방과 통정(通情)하여 하는 진의(眞意)아닌 의사표시를 말한다.

2) 효과

상대방과 통정한 허위의 의사표시는 **당사자 간에는 무효**이지만, 그러한 사정을 모르는 **선의의 제3자에게는 대항하지 못한다**(제108조). 이러한 허위표시에 의한 법률행위를 '**가장행위(假裝行爲)**'라고 한다. 예컨대 세금을 적게 내기 위해 매매대

금을 적게 기입하는 경우, 실제의 예금주가 甲인 것을 알면서 은행이 편의상 乙명의로 해두는 경우가 여기에 해당한다.

《 관련판례 》

※ 대법원 2002. 3. 12. 선고 200다24184 판결
일반 채권자가 채권을 우선변제 받을 목적으로 **주택임대차계약의 형식**을 빌려 기존**채권을** 임대차보증금으로 하기로 하고 주택인도와 주민등록을 마침으로써 주택임대차로서의 외관을 만들었을 뿐 실제 주택을 주거용으로 사용, 수익할 목적을 갖지 아니 한 계약은 **주택임대차계약으로서는 통정허위표시에 해당되어 무효**이므로, 주택임대차보호법이 정하고 있는 대항력을 부여할 수 없다.

---

(3) 착오로 인한 의사표시

1) 의의

착오로 인한 의사표시란 표시에 의해 추단되는 의사와 진의가 일치하지 않으며, 그 불일치를 표의자가 스스로 알지 못하는 경우를 말한다.

2) 효과

착오로 인한 의사표시는 **법률행위의 내용의 중요부분에 착오가 있는 때에는 취소**할 수 있다. 그러나 그 착오가 표의자의 **중대한 과실로 인한 때에는 취소하지 못한**다. 또한 **의사표시의 취소는 선의**(善意)**의 제3자에게 대항하지 못한다**(제109조).

《 관련판례 》

※ 대법원 1995. 12. 22. 선고 95도37087 판결
甲이 채무자란이 백지로 된 근저당권설정계약서를 제시받고 그 채무자를 乙인 것으로 알고 근저당권설정자로 서명날인하였는데, 그 후 채무자가 丙으로 되어 **근저당권설정등기가 경료된 경우**에, 甲이 근저당권설정계약상의 채무자를 丙이 아닌 乙로 오인한 나머지 근저당권설정의 의사표시를 한 것이고, 이와 같은 **채무자의 동일성에 관한 착오는 법률행위 내용의 중요부분에 관한 착오에 해당**한다.

---

2. 하자있는 의사표시

 의사표시는 표의자의 자유로운 의사결정에 의하여 행하여졌을 때에 비로소 유효하다. 그런데 의사표시가 표의자의 자유로운 의사결정에 따른 표시가 아니라 타인으로부터 부당한 간섭으로 인해 방해된 상태에서 행하여진 경우에, 이를 "**하자(瑕疵)있는 의사표시**"라고 한다. 민법이 규정하고 있는 "하자있는 의사표시"에는 **사기(詐欺)에 의한 의사표시**와 **강박(强迫)에 의한 의사표시**가 있다.

 전자는 타인으로부터 기만(欺瞞)을 당하여 착오에 빠진 결과로 행한 의사표시를 말하고, 후자는 타인의 강요된 행위나 협박 등의 강박행위에 의하여 공포심을 가지게 되어, 이러한 해악(害惡)을 피하기 위해 마음에 없이 행한 의사표시를 말한다.

 이러한 **사기나 강박에 의한 행위는 취소할 수 있다**(제110조 제1항). 그러나 이러한 의사표시의 취소는 **선의의 제3자에게 대항하지 못한다**(동조 제3항).

※ 대법원 1972. 1. 31. 선고 71다1688 판결
 발간한 서적을 관계공무원에게 정치적인 압력을 가하여 구입토록 한 경우, 변호사의
잘못으로 패소하였다는 이유로 공갈과 협박에 시달린 변호사가 손해배상금조로 약속어
음을 발행한 경우에는 강박행위에 해당한다.

Ⅵ. 대 리

1. 대리의 의의

대리(代理)란 대리인이라는 타인이 **본인의 이름으로 법률행위**를 하거나 받음으
로써 그 법률행위로부터 생기는 **법률효과를 직접 본인에게 귀속시키는** 제도를 말
한다. 대리는 법률행위 이외의 행위인 **사실행위**나 **불법행위**에 대하여는 인정되지
않는다. 또한 행위자 본인의 의사결정을 절대적으로 필요로 하는 **가족법상의 법률
행위**도 그 성질상 대리가 인정되지 않는 것이 원칙이다.

대리제도는 근대사회의 산물로서 사적자치(私的自治)의 확장(**임의대리**)과 사적
자치의 보충(**법정대리**)이라는 기능을 지니고 있으며, **간접대리, 사자**(使者), **대표**
등의 개념과는 **구별**된다.

대리인은 대리행위를 함에 있어서는 **본인을 위한 것임을 표시**하여야 하며, 이를
현명주의(顯名主義)라고 한다. 만약 대리인이 본인을 위한 것임을 표시하지 않고
한 의사표시, 즉 대리의사가 표시되지 않은 대리인의 의사표시는 그 효과가 본인에
게 귀속되지 않고, 대리인 자신에게 귀속된다(제115조). 대리의 효력이 발생하려면
대리인이 **대리권을 가지고 있고**, 또한 그 **권한의 범위 안에서 대리행위**를 하여야
한다.

2. 대리의 종류

(1) 임의대리와 법정대리

임의대리란 대리권이 본인의 의사에 의해 부여되는 경우이고, **법정대리**는 대
리권이 본인과 대리인 사이에 일정한 관계가 있기 때문에, **법률의 규정이나 선임에
의하여 부여되는 것**을 말한다.

(2) 능동대리와 수동대리, 유권대리와 무권대리, 단독대리와 공동대리 및 복대리

의사표시를 하는 능동대리와 의사표시를 받는 수동대리, 정당한 대리권이 있는 유권대리와 권한이 없는 무권대리, 1인이 본인을 대리하는 단독대리와 수인이 공동으로 본인을 대리하는 공동대리, 그리고 대리인이 그 권한 내의 행위를 하기 위해 자기의 이름으로 본인의 대리인을 선임하는 행위를 복대리(複代理)라고 한다.

3. 무권대리(無權代理)

대리를 함에는 대리인에게 대리권이 있어야 하는데, 이러한 **대리권이 없는 대리인이 본인의 대리인으로 의사표시를 하는 경우**를 무권대리라고 한다. 무권대리에는 무권대리인과 본인 사이에 특별히 밀접한 관계가 있는 광의의 무권대리인 **표현대리**와 대리권이 전혀 없는 **협의의 무권대리**가 있다.

(1) 표현대리(表見代理)

표현대리란 대리인의 대리행위로서 한 행위가 사실은 대리권이 없이 행한 것이지만, 제3자로 하여금 대리권이 있다고 믿을 만한 특별한 사정이 본인과의 사이에 존재하여 본인에게도 책임이 있다고 인정되는 경우에 정당한 대리인의 대리행위로 취급하여 그 효과를 본인에게 귀속시키려는 제도이다.

민법은 이러한 특별한 사정으로, 제3자에 대하여 본인이 타인에게 대리권을 수여하였다는 뜻을 표시하였으나 사실은 대리권을 주지 않은 경우(제125조), 대리인이 그 권한을 넘는 법률행위를 한 때(제126조), 대리권이 소멸한 후에 대리행위를 한 때(제129조)를 표현대리로 규정하고 있다. 이러한 표현대리도 광의의 무권대리에 해당한다고 보는 것이 통설과 판례의 입장이다.[26]

1) 대리권수여의 표시에 의한 표현대리의 경우

타인에게 대리권을 수여함을 표시한 자는 그 대리권의 범위 내에서 행한 그 타인과 그 제3자간의 법률행위에 대하여 책임이 있다. 그러나 제3자가 대리권 없음을 알

---

26) 김준호, 민법강의, 322면 참조.

았거나 알 수 있었을 때에는 본인이 책임을 지지 아니한다(제125조).

즉 대리권 성립의 외관이 존재하는 경우이다. 예컨대 甲이 자기 소유건물의 매각에 관해 乙에게 대리권을 주면서 위임장을 교부한 후 그 대리행위를 하기 전에 수권행위를 철회한 경우에 아직 乙에 대한 위임장을 회수하지 않은 상태에서 乙이 위임장을 가지고 제3자와 건물매각에 관해 대리행위를 한 경우이다.

2) 권한을 넘는 표현대리의 경우

제3자가 그 권한이 있다고 믿을 만한 정당한 이유가 있는 때에는 본인은 그 행위에 대하여 책임이 있다(제126조).

3) 대리권소멸후의 표현대리의 경우

대리권의 소멸은 선의의 제3자에게는 대항하지 못한다. 그러나 제3자가 과실로 인하여 그 사실을 알지 못한 때에는 그러하지 아니하다(제129조).

(2) 협의의 무권대리

협의의 무권대리란 무권대리 중 표현대리에 해당하지 않은 경우를 말하는데, 이 경우에는 본인에게 전혀 책임이 없으므로 **본인이 추인(追認)하지 않는 한** 본인에 대하여는 효력이 없다. **본인의 추인**을 얻지 못하거나 **대리권을 증명하지 못한 경우에는 무권대리인 자신이 책임**을 져야 한다.

4. 대리권의 범위

(1) 법률의 규정 또는 본인의 수권행위

대리권의 범위는 **법정대리권**의 경우에는 **법률의 규정**에 의하여 정해지지만, **임의대리의 경우에는 본인의 수권행위(授權行爲)에 의하여 결정**된다. 대리권의 범위가 불분명한 때에는 관리행위, 즉 **보존행위**나 대리의 목적인 물건이나 권리의 성질을 변하지 아니하는 범위에서 그 **이용 또는 개량하는 행위**만 할 수 있다(제118조).

(2) 각자대리 및 복대리인의 선임

대리인이 수인인 때에는 각자가 본인을 대리한다. **대리권이 법률행위에 의하여 부여된 경우**에는 대리인은 본인의 승낙이 있거나 부득이한 사유가 있는 때가 아니면 복대리인(複代理人)을 선임하지 못한다(제120조). **법정대리인**은 그 책임으로 복대리인을 선임할 수 있다. 그러나 부득이한 사유로 인한 때에는 그 선임감독에 관한 책임이 있다.

(3) 자기계약과 쌍방대리

대리인은 본인의 승낙이 없으면 본인을 위하여 자기와 법률행위를 하거나 동일한 법률해위에 관하여 당사자 쌍방을 대리하지 못한다. 그러나 채무의 이행은 할 수 있다.

5. 법률행위의 무효와 취소

(1) 법률행위의 일부무효

법률행위의 **일부분이 무효인 때에는 그 전부를 무효로 한다.** 그러나 그 무효부분이 없더라도 법률행위를 하였을 것이라고 인정될 때에는 나머지 부분은 무효가 되지 아니한다.

(2) 무효행위의 전환(轉換)

무효인 법률행위가 다른 법률행위의 요건을 구비하고 당사자가 그 무효를 알았더라면 다른 법률행위를 하는 것을 의욕하였으리라고 인정될 때에는 **다른 법률행위로서 효력을 가진다.**

(3) 무효행위의 추인(追認)

무효인 법률행위는 추인을 하여도 그 효력이 생기지 아니한다. 그러나 **당사자가 그 무효임을 알고 추인한 때에는 새로운 법률행위로 본다.**

(4) 법률행위의 취소권자

취소할 수 있는 법률행위는 **제한능력자, 착오로 인하거나 사기·강박에 의하여 의사표시를 한 자**와 그의 **대리인 또는 승계인**만이 취소할 수 있다.

(5) 추인의 방법 및 효과

취소권자가 추인(追認)할 수 있고, 추인 후에는 취소하지 못한다. 또한 추인은 취소의 원인이 종료한 후에 하지 아니하면 효력이 없다. 그러나 전부나 일부의 이행, 이행의 청구, 경개, 담보의 제공, 취소할 수 있는 행위로 취득한 권리의 전부나 일부의 양도, 강제집행이 있으면 추인한 것으로 본다(**법정추인**). 그러나 이의를 보류한 때에는 그러하지 아니하다(제145조).

(6) 취소권의 소멸

취소권은 **추인할 수 있는 날로부터 3년** 내에, **법률행위를 한 날로부터 10년** 내에 행사하여야 한다.

Ⅶ. 시 효

1. 시효의 의의

시효란 일정한 사실상태가 일정기간 계속하는 경우에는 이러한 상태가 진실한 권리관계에 부합되는가 여부를 불문하고 그 사실관계 그대로를 권리관계로 인정하는 제도를 말한다.

시효(時效)**제도**를 인정하는 것은 일정한 사실상태가 오랫동안 지속되면, 사회는 이것을 진실한 권리관계로 신뢰하고, 이것을 토대로 **새로운 법률관계가 형성**되기 때문이다.

이 경우에 그 사실관계를 정당하지 못하다고 하는 것은 오히려 거래의 안정성을 위협하고 사회질서를 문란케 할 염려가 있기 때문이다. 그 밖에도 이 제도는 일정한 사실상태가 일정한 기간 계속됨으로써 정당한 권리관계에 관한 **증거가 불충분**하게 된다는 점과 '**권리위에 잠자고 있던 자를 보호하지는 않는다**'는 권리자의 **권리행**

사의 방기(放棄)에서 그 이유를 찾을 수 있다. 말하자면 시효제도는 법의 이념 중에서 정의보다는 **법적 안정성이라는 가치를 더 중시하는 제도**이다.

2. 시효의 종류

시효에는 **취득시효(取得時效)와 소멸시효(消滅時效)**가 있다.

(1) 취득시효

취득시효란 **권리취득의 원인이 되는 시효**를 말한다. 소유자와 같은 외관이 일정한 기간 계속됨으로써, 즉 타인의 권리 또는 물건을 **일정한 기간 점유함으로써** 그에 대한 권리를 취득하는 것을 말한다. 예컨대 **20년간 소유의 의사로 평온**(平穩), **공연**(公然)**하게 부동산을 점유한 자는 등기함으로써** 그 소유권을 취득하며, 또한 **10년간 소유의 의사로 평온, 공연하게 동산을 점유한 자**는 소유권을 취득하며, 이때 점유가 선의이고 과실 없이 개시된 경우에는 **5년**이 경과함으로써 소유권을 취득한다.

(2) 소멸시효

소멸시효란 법률상 권리를 행사할 수 있음에도 불구하고 이를 행사하지 않은 상태가 일정한 기간 계속됨으로써 그 권리가 소멸하는 것을 말한다. 소유권은 소멸시효에 걸리지 않으며, **소유권 및 채권 이외의 재산권은 20년간** 행사하지 아니하면 소멸시효가 완성한다. **일반채권은 소멸시효가 10년**이고, **소멸시효가 3년인 채권**으로는 **이자·부양료·급료·사용료** 기타 1년 이내의 기간으로 정한 금전 또는 물건을 지급을 목적으로 하는 채권, **의료에 관한 채권, 각종 공사에 관한 채권, 변호사·회계사·법무사 등 직무에 관한 채권, 상인 등이 판매한 상품의 대가, 수공업자·제조자의 업무에 관한 채권** 등이 해당하고, **1년의 단기소멸시효인 채권**으로는 **여관·음식점· 소비물의 채권, 의복·침구·장구 기타 동산의 사용료의 채권, 노역인·연예인의 임금 또는 그에 공급한 물건의 대금채권, 학생의 교육·의식·유숙에 관한 교주, 숙주, 교사의 채권** 등이 해당한다(제163, 164조).

상행위로 인한 채권은 상법에 다른 규정이 없는 때에는 **5년간** 행사하지 아니하면 소멸시효가 완성한다. 그러나 다른 법령에 이보다 단기의 시효의 규정이 있는 때에는 그 규정에 의한다(상법 제64조).

판결에 의하여 확정된 채권은 10년으로 하며, 파산절차에 의하여 확정된 채권, 재판상의 화해, 조정 기타 재판과 동일한 효력이 있는 것에 의하여 확정된 채권도 동일하다.

시효는 일정한 사실상태의 계속이 요건이기 때문에 이 상태가 중지되면 시효가 중단되며, 시효가 중단한 때에는 중단까지에 경과한 시효기간은 이를 산입하지 아니하고 **중단사유가 종료한 때로부터 새로이 진행한다.** 소멸시효는 **청구, 압류, 가압류, 가처분[27], 승인에 의하여 중단되며, 최고**(催告)**는 6월내에 재판상의 청구, 파산절차참가, 화해를 위한 소환, 임의출석, 압류, 가압류, 가처분을 하지 아니하면 시효중단의 효력이 없다**(제174조).

《 관련판례 》

※ **대법원 2018. 7. 19. 선고 2018다22008 전원합의체 판결**
　대법원은 종래 확정판결에 의한 채권의 소멸시효기간인 10년의 경과가 임박한 경우에는 그 시효중단을 위한 재소(재소)는 소의 이익이 있다는 법리를 유지하여 왔다. 이러한 법리는 현재에도 여전히 타당하다. 다른 시효중단사유인 압류·가압류나 승인 등의 경우 이를 1회로 제한하고 있지 않음에도 유독 재판상 청구의 경우만 1회로 제한되어야 한다고 보아야 할 합리적인 근거가 없다.

제2절 물 권

Ⅰ. 물권의 의의

물권(物權)**이란 물건을 직접적으로 지배하여 이로부터 이익을 받게 되는 권리**를 말한다. 말하자면 물건에 대한 독점적이고 배타적인 지배권을 물권이라 한다. 이러한 권리를 인정함으로써 인간사회는 제한된 물자에 대한 평화적인 공존관계가 가

---

27) 금전 채권이 아닌 청구권에 대한 집행을 보전하거나 권리 관계의 다툼에 대하여 임시적인 지위를 정하기 위하여 법원이 행하는 일시적인 명령을 말한다. '임시 처분'이라 할 수 있다.

능하게 된다.

II. 물권의 특색

1. 물권은 물건에 대한 배타적인 지배권이다

물권이 배타적 권리라는 것은 하나의 물건 위에는 하나의 물권만 존재하며, 동일 물건에 동일 내용의 물권이 병존할 수 없다는 것을 의미한다. 이것을 **일물일권주의** (一物一權主義)라고 한다. 물권은 배타성을 가지기 때문에 물권을 가진 사람은 누구에게나 이 물권을 주장할 수 있다는 점에서 물권을 **절대권**(絕對權), **대세권**(對世權)이라고도 한다. 이러한 점에서 채권자가 특정의 채무자에게만 주장할 수 있는 **상대권**(相對權) 내지 **대인권**(對人權)인 채권과는 구별된다.

2. 물권은 물권자가 물건을 직접적으로 지배하는 권리이다

물권이 물건을 직접 지배한다는 것은 물권을 실현하기 위해 물권자와 그 객체 사이에 타인의 행위를 개입시키지 않는다는 것을 의미한다. 즉 물권의 내용은 물권자가 물건을 직접 지배하여 실현하게 된다.

이에 반해서 상대권인 채권은 채권자가 채무자 등 다른 특정인의 행위를 통해서 그 권리내용이 실현되고 특정인에게 그 실현을 청구한다는 점에서 구별된다.

3. 물권의 객체는 특정된 독립의 물건이어야 한다

물권의 객체는 현존하는 하나의 독립된 물건이어야 한다. 현재 존재하지 않고 특정되어 있지 않은 물건은 물권의 객체가 될 수 없다. 물건에 관하여 민법은 "**유체물 및 전기 기타 관리할 수 있는 자연력을 말한다**"고 규정하고 있다(제98조).

III. 물권의 종류

물권의 종류는 **법률 또는 관습법**에 의하는 외에는 창설할 수 없는데, 이를 **물권법정주의**(物權法定主義)라고 한다. 관습법에 의해 인정되는 지상권에 유사한 물권으로는 **분묘기지권**을 들 수 있다. 대법원은 타인 소유의 토지에 분묘를 설치한 경우에 20년간 평온, 공연하게 분묘의 기지를 점유하면 지상권과 유사한 관습상의 물권인 분묘기지권을 시효로 취득한다는 법적 규범이 2000. 1. 12. 법률 제6158호로 전부 개정된 '장사 등에 관한 법률'의 시행일인 2001. 1. 13. 이전에 설치된 분묘에 관하여 현재까지 유지되고 있는지 여부에 대하여 이를 인정하는 태도를 취함으로써 분묘기지권(墳墓基地權)을 인정하고 있다. [28]

우리 민법이 규정하고 있는 물권의 종류로는 소유권, 점유권, 지상권, 지역권, 전세권, 유치권, 질권, 저당권 등이 있다. 이 가운데 **지상권, 지역권, 전세권을 용익물권**(用益物權)이라 하고, **유치권, 질권, 저당권을 담보물권**(擔保物權)이라 한다. 또한 용익물권과 담보물권은 소유권의 내용의 일부를 일시적으로 제한하는 권리이므로 이를 **제한물권**(制限物權)이라고도 한다. 그 밖에도 물권의 한 유형으로 관습법에 의한 **양도담보**[29]가 인정되고 있다.

1. 점유권

민법은 점유권에 대하여 규정하고 있지만, 점유권은 다른 물권과는 성질이 다른 점이 많다. **점유란 물건에 대한 사실상의 지배**를 말한다. 따라서 이러한 점유를 하고 있는 자에 대하여는 정당한 권리관계를 떠나서 일단 점유하고 있는 사실 상태를 보호하고자 하는 것이 **점유권**(占有權)이다. 만약 이러한 사실상태가 진정한 권리관계와 일치하지 않을 때에는 법적 절차에 의하여 이를 시정하게 하고, 실력으로 함부로 타인의 점유를 침해하지 못하게 함으로써 사회의 평화를 유지하려는 것이 점유권을 보호하는 취지이다. 따라서 점유권의 효력 중에 가장 중요한 것이 점유보호청구권이다. **점유보호청구권은 점유에 대한 침해를 배척하는 권리이다.** 즉 점유를 침탈당했을 때 **소송에 의하여 이를 회수하거나 또는 점유방해를 제거하는 권리**이다.

그 밖에 점유의 또 다른 법적 효과는 **권리를 추정**하는 효력이 있다. 즉 점유는 물권자라는 점을 대외적으로 표시하는 방법이므로, 물건에 대한 점유가 있을 때에는

---

28) 대법원 2017. 1. 19. 선고 2013다17292 전원합의체 판결 [분묘철거등].

29) 양도담보(讓渡擔保)란 담보목적물의 소유권 그 자체를 채권자에 이전하고, 일정한 기간 내에 채무자가 변제하지 않으면 채권자(債權者)는 그 목적물로부터 우선변제(優先辨濟)를 받게 되지만, 변제하면 그 소유권을 다시 채무자에게 반환하는 담보제도를 말한다. 거래실무상으로는 채권자는 채권확보를 용이하게 하기 위해 〈동산〉에 대하여는 양도담보제도를, 〈부동산〉에 대하여는 "가등기담보 등에 관한 법률"에 따르는 가등기담보제도를 많이 활용하고 있는 실정이다.

정당한 물권이 존재하는 것으로 추정하게 된다.

2. 소유권

소유권(所有權)이란 **법률의 범위 안에서 소유물을 사용, 수익, 처분할 수 있는 가장 기본적이며 완전한 물권**이다. 소유물은 소유권자에게 완전히 귀속된다. 소유자는 물건을 완전히 지배할 수 있으며, 그 물건에 대한 타인의 침해를 배제할 수 있다. 소유권은 물건을 직접적, 배타적으로 지배하는 것을 내용으로 하는 권리이기 때문에 원칙적으로 1개의 물건에는 1개의 소유권만 성립할 수 있다.

소유권의 완전한 내용이 침해되거나 침해될 우려가 있을 때에는 물권적 청구권으로서 구제를 받거나 침해를 예방할 수 있다.

소유권에 기인한 **물권적 청구권**으로는 **소유물반환청구권, 소유물방해배제청구권, 소유물방해예방청구권** 등이 있다.

또한 이웃하는 사람들 간의 소유권이 서로 충돌하는 경우에는 이를 적절히 제한을 가함으로써 조화로운 이웃관계를 유지하도록 하기 위해 **상린관계**(相隣關係)**에 관한 규정**을 민법은 두고 있다.

토지소유자는 경계나 그 근방에서 담 또는 건물을 축조하거나 수선하기 위하여 필요한 범위내에서 이웃토지의 사용을 청구할 수 있는 **인지**(隣地)**사용청구권**(제216조)이 있으며, **매연**(煤煙) **등에 의한 인지에 대한 방해금지**(제217조), **수도 등의 시설권, 주위토지통행권, 자연유수의 승수의무와 권리**(제221조), **공유하천용수권**(제231조), **경계선부근의 건축제한, 차면시설**(遮面施設)**의무, 지하시설 등의에 대한 제한**(제244조) 등이 있다.

3. 용익물권

용익물권(用益物權)이란 **타인의 물건을 일정한 범위 내에서 사용, 수익할 수 있는 권리**(權利)를 말한다. 즉 소유권에 포함된 여러 가지 권능(權能) 중에서, 사용과 수익의 권능을 일시적으로 다른 사람이 행사하도록 허용한 경우가 용익물권이다.

용익물권에는 **지상권, 지역권, 전세권**이 있다.

(1) 지상권

지상권(地上權)이란 **타인의 토지에서 건물 기타 공작물이나 수목을 소유하기 위하여 그 토지를 사용하는 권리**를 말한다. 지상권은 타인의 토지에 건물이나 수목을 소유하기 위하여 비교적 장기간 동안 그 토지를 사용하는 물권이다.

이 경우에 현실적으로는 대부분 부동산 임대차계약을 체결하는 방법을 이용하고 있다. 이것은 부동산 소유자가 이용자에게 지상권이라는 물권을 설정하는 것보다는 부동산임대차라는 형식의 계약을 통해 부동산을 임대하는 것이 부동산소유자에게는 여러모로 유리하기 때문이다.

지상권 중 **구분지상권(區分地上權)이란 지하 또는 지상의 공간**을 상하의 범위로 정하여 **건물 기타 공작물을 소유하기 위한 지상권**을 말한다(제289조의2). 즉 공중권(空中權)·지중권(地中權)·지하권(地下權)을 통틀어서 구분지상권이라 부른다. 구분지상권은 토지의 상하의 어떤 층만을 객체로 하며, 예를 들면 1필(筆)의 토지의 어떤 층에만 설정할 수도 있다.

(2) 지역권

지역권(地役權)이란 **자기 토지의 편익을 위하여 타인의 토지를 이용하는 권리**를 말한다. 여기서 편익을 받는 토지를 **요역지**(要役地)라 하고, 편익을 제공하는 토지를 **승역지**(承役地)라고 한다. 따라서 지역권은 요역지의 이용가치를 증대시키기 위해 승역지를 이용할 수 있는 용익물건이다. 예컨대 요역지에 들어가기 위해 승역지를 통행(**통행지역권**)하거나 승역지를 통해 요역지에 물을 끌어오는 경우(**용수지역권**) 등을 들 수 있다.

지역권은 요역지의 소유권에 딸려 있으며, 요역지와 분리하여 양도하거나 다른 권리 목적으로 하지 못한다. 지역권은 타인의 토지를 단순히 이용하는 것뿐만 아니라 실질적으로 두 개의 토지의 이용을 조절하는 기능을 한다.

(3) 전세권

전세권(傳貰權)이란 **전세금을 지급하고 타인의 부동산을 점유하여 그 용도에 좇아 그것을 사용, 수익하는 것**을 말한다. 전세권자는 그 부동산 전부에 대하여 후

순위권리자 기타 채권자보다 전세금의 우선변제를 받을 권리가 있다. 그리고 농경지는 전세권의 목적으로 하지 못한다.

전(轉)전세권자는 그 전세권을 타인에게 양도 또는 담보로 제공할 수 있고, 그 존속기간 내에서는 그 목적물을 타인에게 **전전세(轉傳貰) 또는 임대(賃貸)할 수 있다**. 그러나 설정행위로 금지한 때에는 그러하지 아니하다. **전세권의 존속기간은 10년을 넘지 못하며**, 당사자의 약정기간이 10년을 넘는 때에는 이를 10년으로 단축한다. 또한 **건물에 대한 전세권의 존속기간을 1년 미만으로 정한 때에는 이를 1년으로 한다.** 건물의 **전세권설정자**가 전세권의 존속기간 **만료전 6월부터 1월까지 사이에** 전세권자에 대하여 갱신거절의 통지 또는 조건을 변경하지 아니하면 갱신하지 아니한다는 뜻의 통지를 하지 아니한 경우에는 그 기간이 만료된 때에 전전세권(前傳貰權)과 동일한 조건으로 다시 **전세권을 설정한 것으로 본다**(제312조).

전세권의 존속기간을 정하지 아니한 때에는 각 당사자는 **언제든지 상대방에 대하여 전세권의 소멸을 통고할 수 있고,** 상대방이 이 **통고를 받은 날로부터 6월이 경과하면 전세권은 소멸한다.** 전세권설정자가 전세금의 반환을 지체한 때에는 전세권자는 민사집행법의 정하는 바에 의하여 **전세권의 목적물의 경매를 청구할 수 있다**(제318조).

4. 담보물권

담보물권(擔保物權)이란 **채권자가 자기의 채권을 확보하기 위하여 타인소유물의 교환가치를 지배하는 권리를** 말한다. 교환가치를 지배한다는 것은 채무의 변제가 없는 경우에 그 목적물의 매각대금으로부터 자기채권의 우선변제를 받는 것을 말한다. 담보물권제도는 **<금융매개수단으로서의 기능>**을 가지며 민법상으로는 유치권, 질권, 저당권 등이 있다.

(1) 유치권

유치권(留置權)이란 **타인의 물건이나 유가증권을 점유한 자가 그 물건이나 유가증권에 관하여 생긴 채권이 변제기에 있는 경우에 그 변제를 받을 때까지 그 물건이나 유가증권을 유치할 수 있는 권리를** 말한다(제320조 제1항). 예컨대 타인의 시계를 수리한 자는 그 수리비를 지급받을 때까지 시계의 인도를 거절할 수 있다.

(2) 질권

질권(質權)은 채권자가 그 채권의 담보로 채무자 또는 제3자(물상보증인:物上保證人)로부터 받은 물건을 유치(留置)하고, 그 채무의 변제가 없을 경우에는 그 물건을 매각하여 그 물건의 매각대금으로부터 다른 채권자에 우선하여 채권을 변제받을 수 있는 권리를 말한다(제329조, 제345조).

질권의 목적이 될 수 있는 것은 **동산과 권리(재산권)**이며, 부동산은 그 목적이 될 수 없다. **권리질권**이란 동산 이외의 재산권을 목적으로 하는 질권을 말한다. 질권설정자는 보통 목적물의 소유자 또는 목적물에 대한 처분권자인 피담보채권의 채무자이다. 권리질권 중 채권을 목적으로 하는 질권을 채권질권이라 한다.

(3) 저당권

저당권(抵當權)이란 저당권자인 채권자가 채무자 또는 제3자가 점유를 이전하지 않고 채무의 담보로 제공한 부동산에 대하여 다른 채권자보다 자기채권을 **우선변제받을 수 있는 약정담보물권**을 말한다.

저당권은 채무자가목적물의 점유를 채권자인 저당권자에게 이전하지 않고 채무자 자신이 점유, 사용, 수익하기 때문에 목적물의 이용을 희생하지 않으므로 기업금융의 활용수단이 되고 있다. 이 점에서 목적물의 점유를 채권자에게 이전하는 담보물권인 서민금융으로 주로 활용되는 질권과는 구별된다. 저당권은 순수한 가치권으로서 가장 합리적인 내용을 지닌 **물적 담보물권**이다.

(4) 양도담보

양도담보란 채무자가 담보목적물의 소유권 자체를 채권자에게 일단 양도하였다가 일정한 기간 내에 채무변제를 하면 그것을 다시 채무자에게 반환하도록 하는 담보제공방법을 말한다. 예컨대 甲이 乙의 가옥을 담보로 돈을 빌려줄 때 甲이 자기 명의로 소유권이전등기를 하였다가 일정한 기간 내에 乙이 채무를 이행하면 다시 乙에게 다시 가옥을 반환하는 경우를 말한다. 즉 소유권이전형 비전형담보이다. 양도담보는 매매의 형식을 취하는 **매도담보**와 소비대차 형식을 이용하는 **좁은 의미의 양도담보**로 나누어진다.

이 제도는 민법의 규정에는 없으나, 학설과 판례에 의하여 유효한 것으로 인정되고 있으며, 질권이나 저당권과 같은 담보물권의 경우에는 반드시 복잡한 경매절차라는 환가절차를 거쳐 채권을 확보하게 되지만, **양도담보는 경매절차 없이 담보목적물의 소유권을 취득**하게 되므로 특히 채권자들이 이 제도를 실제로 많이 활용하고 있다. 이 경우에도 "가등기 담보에 관한 법률"에 의해 채권자는 담보목적부동산의 가액에서 채무액을 공제한 청산금을 채무자에게 지급해야만 담보목적물에 대한 소유권을 취득하게 된다.[30]

Ⅳ. 물권변동

1. 물권변동의 의의

물권변동(物權變動)이란 **물권의 발생, 변경, 소멸**을 통칭한다. 이를 **물권의 득실변경**(得失變更)이라고도 한다. 물권변동의 원인인 물권법상의 법률요건에는 **법률행위와 준법률행위**가 있다.

물권변동을 가져오는 법률행위를 **물권행위**라 하고, 물권변동을 가져오는 준법률행위에는 **시효**(時效), **혼동**(混同), **무주물선점**(無主物先占), **유실물습득**(遺失物拾得), **매장물발견**(埋藏物發見), **상속**(相續), **몰수**(沒收) 등이 있다.

2. 물권행위

물권행위(物權行爲)란 **물권의 변동을 목적으로 하는 의사표시를 요소로 하는 법률행위**를 말하며, 이를 **물권적 법률행위**라고도 한다. 예컨대, 소유권 이전, 지상권, 저당권 등 제한물권의 설정 등이 여기에 해당한다.

이와 같이 **물권행위는 채권, 채무의 발생을 목적으로 하는 법률행위인 채권행위**와 구별된다. 물권행위의 법률효과로서 물권변동이 발생하게 되는데, 이 경우에 당사자의 의사표시만으로 물권변동이 일어나게 하느냐 또는 그 밖에도 일정한 형식, 예컨대 **등기**(登記) **또는 인도**(引渡)라는 형식을 구비해야만 비로소 물권변동의 효력이 발생하는 것으로 할 것인가는 입법정책의 문제이다. 이에 관하여는 **의사주의**(意思主義)와 **형식주의**(形式主義)가 대립하지만, 우리 민법은 물권변동에 관하여

---

30) 가등기 담보 등에 관한 법률 제4조 참조.

형식주의를 취하고 있다.

3. 공시의 원칙과 공신의 원칙

물권의 변동은 **외부에서 인식할 수 있는 표상, 즉 공시방법**을 갖추어야 한다는 원칙을 물권변동에 있어서 "**공시의 원칙**"(公示의 原則)이라 한다. 물권은 물건에 대한 배타적인 지배권이기 때문에 제3자가 물권의 존재를 용이하게 알 수 있도록 하는 수단을 강구하지 않으면, 제3자에게 뜻하지 않은 손해를 입히게 되고 나아가 거래의 안전을 해치게 된다.

더욱이 물권 중 소유권과 저당권은 현실적으로 물건에 대한 현실적 지배를 요건으로 하지 않는 관념적인 권리이기 때문에 더욱 더 공시의 필요성이 크다고 하겠다.

이와 같이 물건에 관한 거래의 안전과 신뢰를 확보하기 위한 제도가, 이른바 **공시제도와 공신제도**이다.

공시방법에 관한 입법주의에는 **등기나 인도**를 성립요건으로 하는 **형식주의**(形式主義)와 대항요건으로 하는 **의사주의**(意思主義)의 두 가지 입법례가 있지만, 우리나라와 독일 민법은 형식주의를 취하고 있고, 프랑스 민법은 의사주의를 채택하고 있다.

한편 물권의 존재를 추측케 하는 등기 또는 점유와 같은 외관을 갖춘 경우에는 비록 그 표상이 권리관계와 일치하지 않은 경우일지라도 그 표상을 신뢰하여 물권거래를 한 자를 보호해야 한다는 원칙을 "**공신의 원칙**(公信의 原則)"이라 한다.

말하자면 공시의 원칙은 물권이 있으면 외부에서 이를 인식할 수 있는 표상, 즉 공시방법을 갖추어야 한다는 원칙임에 반하여, 공신의 원칙은 물권에 관한 공시가 있으면 이를 신뢰한 자를 보호해야 한다는 원칙이라 할 수 있다.

이 경우에는 **진실한 권리자의 이익과 일반 신뢰자의 이익의 조화가 필요**하다.

4. 등기와 인도

우리 민법은 형식주의를 취하므로 법률행위로 인한 물권변동을 위해서는 **부동산물권일 경우**에는 해당부동산에 관한 **등기**를 해야 하고, **동산물권일 때**에는 **목적물을 인도**해야만 그 효력이 발생한다.

(1) 등기

등기란 **부동산에 관한 물권관계를 국가기관에 비치된 등기부에 표시하는 것**을 말한다. 따라서 등기제도는 부동산에 관한 모든 권리관계의 변동을 정확히 나타낸다고 할 수 있다. **부동산에 관한 법률행위로 인한 물권의 득실변경은 등기하여야 그 효력이 생긴다**(제186조).

그러나 **상속, 공용징수, 판결, 경매 기타 법률의 규정에 의한 부동산에 관한 물권의 취득**은 등기를 요하지 않지만, 등기를 하지 않으면 이를 처분하지 못한다(제187조).

(2) 인도

동산에 관한 물권의 변동은 **물건에 대한 점유의 이전, 즉 물건인도**(引渡)가 있어야 효력이 발생한다. 원래 **인도**(引渡)란 양도인에 의한 양수인으로의 **점유의 현실적 이전**을 의미하지만, **민법상의 점유이전**에는 ① **현실적 인도** 외에도 ② **점유개정**(占有改定:당사자의 약정으로 양도인이 점유를 계속하는 경우), ③ **간이인도**(簡易引渡:양수인이 이미 점유하고 있는 물건을 매수하는 경우), ④ **목적물 반환청구권의 양도**(양도인이 제3자에 대해 가지는 반환청구권을 양수인에게 이를 양도하는 경우)**의 방법**에 의해서도 가능하다(제188조~제190조).

5. 농작물 등에 대한 명인방법에 의한 소유권 취득

농작물의 경우에는 관습법상의 공시방법인 명인방법에 의해 소유권을 표시하는 경우에도 이를 인정하고 있다.

《 관련 사례 및 판례 》

※ 설문사례(대법원 1996. 2. 23. 선고 95도2754판결)
〈사례〉 쪽파를 농지 소유자로부터 샀는데, 쪽파밭에 아무런 표시도 하지 않은 상태에서 소유자가 임의로 제3자에게 쪽파를 매도했습니다. 제3자는 쪽파밭 주위에 울타리를 설치해 소유권을 표시하고 쪽파가 본인의 소유라고 하면서 수확을 하지 못하게 하는데 쪽파 소유권은 누구에게 있는지요?

〈해설〉 수확되지 아니한 농작물에 대한 소유권 취득의 요건에 관해 대법원은 "물권 변동에 있어서 형식주의를 채택하고 있는 현행 민법하에서는 소유권을 이전한다는 의사 외에 부동산에 있어서는 등기를, 동산에 있어서는 인도를 필요로 함과 마찬가지로 쪽파와 같이 수확되지 아니한 농작물에 있어서는 **명인방법을 실시함으로 그 소유권을 취득**한다"라고 판시하고 있습니다.

※ 대법원 1967. 2. 28. 선고 67다2442 판결

명인방법은 지상물을 토지와 분리하지 않은 채 토지 소유권으로부터 독립된 거래객체로 함에 이용되는 **관습법상의 공시방법**으로, 그 지상물의 소유자가 누구인지를 외부의 제3자에게 명백하게 인식시키는 방법을 말합니다. 쪽파를 산 사람이 명인방법을 실시하지 않은 경우 매수인은 쪽파에 대한 소유권을 취득했다고 볼 수 없어 그 소유권은 여전히 매도인에게 있고, 수확되지 아니한 농작물의 소유자가 이중으로 양도한 경우에 먼저 명인방법을 갖춘 자가 그 소유권을 취득합니다.

결국 의뢰인보다 쪽파를 뒤에 샀지만 제3자가 먼저 쪽파 경계에 울타리를 설치, 쪽파 소유자를 표시하는 등의 명인방법을 갖췄으므로, 쪽파 소유권은 최종적으로 제3자에게 있다 할 것입니다.

제3절 채권

I. 채권의 의의

채권(債權)이란 특정인인 채권자가 다른 특정인인 채무자에 대하여 특정한 급부를 청구할 수 있는 권리를 말한다. 물권이 **물건에 대한 독점적·배타적인 지배권**으로서 누구에게나 주장할 수 있는 **절대권**인데 반하여, **채권은 대인적 권리**로서 특정인에게만 상대적으로 주장할 수 있는 **상대권**이다. 채권은 특정인 사이에 성립하는 권리로서 계약자유의 원칙이 적용되어 당사자의 의사가 존중되어야 하므로, 채권관련법규는 당사자의 약정이 없는 경우에 적용되는 **임의법규**에 속한다.

또한 채권은 채권자와 채무자 사이의 신뢰관계를 기초로 하기 때문에, 채권법률관계에서는 **신의성실(信義誠實)의 원칙**이 최고의 이념으로 작용한다.

Ⅱ. 채권의 목적

　채권의 목적이란 채권의 내용이 되는 채무자의 급부(給付)를 말한다. 채권의 내용이 되는 채권의 급부는 **작위급부와 부작위급부, 주는 급부와 하는 급부, 특정물급부와 불특정물급부** 등으로 나눌 수 있다.

　채권의 내용인 급부의 종류나 내용에는 특별한 제한이 없으나, 선량한 풍속 기타 사회질서에 반하지 않아야 하며, 실현가능하고 확정할 수 있어야 한다. 금전으로 가액을 산정할 수 없는 것이라도 채권의 목적으로 할 수 있다.

　특정물의 인도가 채권의 목적인 때에는 채무자는 그 물건을 인도받기 전까지 선량한 관리자의 주의로 보존하여야 하며, 이자있는 채권의 이율은 다른 법률의 규정이나 당사자의 약정이 없으면 연 5분으로 한다(제374, 379조).

Ⅲ. 채권의 효력

　채권이란 채권자가 채무자에 대하여 일정한 행위를 요구할 수 있는 권리이다. 채무자에 대하여 채무의 이행 또는 변제가 되면 채권은 소멸하게 되는데, 이를 채권의 대내적 효력이라 한다.

1. 채무불이행의 지체책임과 강제이행의 청구

　채무이행의 확정한 기한이 있는 경우에는 채무자는 기한이 도래한 때로부터 지체책임이 있으며, 채무이행의 기한이 없는 경우에는 채무자는 이행청구를 받은 때로부터 지체책임이 있다. 채무자가 임의로 채무를 이행하지 아니한 때에는 채권자는 그 강제이행을 법원에 청구할 수 있다(제389조).

2. 채무불이행과 손해배상책임과 손해배상범위

　채무자가 채무의 내용에 좇은 이행을 하지 아니한 때에는 채권자는 **손해배상을 청구**할 수 있는데, 이를 **채권의 대외적 효력**이라고 한다. 채무불이행에 따른 손해배상책임은 채무자에게 고의 또는 과실없이 이행할 수 없게 된 때에는 손해배상책임이 없다. 채무자는 자기에게 과실이 없는 경우에도 그 이행지체 중에 생긴 손해를 배상하여야 한다. 그러나 채무자가 이행기에 이행하여도 손해를 면할 수 없는 경우에는 손해배상책임이 없다.

채무불이행으로 인한 손해배상은 **통상의 손해를 그 한도**로 하며, 특별한 사정으로 인한 손해는 채무자가 그 사정을 알았거나 알 수 있었을 때에 한하여 배상책임이 있다(제393조).

채무자가 채무의 이행을 지체한 경우에 채권자가 상당한 기간을 정하여 이행을 최고하여도 그 기간내에 이행하지 아니하거나 지체후의 이행이 채권자에게 이익이 없는 때에는 채권자는 수령을 거절하고 이행에 갈음한 **손해배상을 청구**할 수 있다.

금전채무불이행의 손해배상액은 법정이율에 의한다. 당사자는 채무불이행에 관한 손해배상액을 예정할 수 있으며, 예정액이 부당하게 과다한 경우에는 법원은 적당히 감액할 수 있다.

Ⅳ. 다수 당사자 사이의 채권관계

채권관계는 1개의 급부에 관하여 한 사람의 채권자와 한 사람의 채무자가 있는 것이 보통이지만, **복수의 채권자 또는 채무자가 있는 채권관계를 다수당사자의 채권관계**라고 한다.

예컨대 甲과 乙이 공동으로 병으로부터 금전을 차용하거나 가옥을 구입한 경우에 차용금을 변제할 채무나 가옥대금지급채무를 부담하는 경우를 들 수 있다.

다수당사자의 채권관계에서 발생하는 기본적인 법률관계는 **수인의 채권자 또는 채무자**는 그 상대방에 대하여 어떻게 청구하고 변제하는가, 또는 수인의 채권자 또는 채무자 중 한 사람에게 생긴 사유는 다른 사람에게 어떤 영향을 미치는가, 변제를 받은 경우에 내부관계는 어떻게 되는가 등이 중요한 문제가 되고 있다.

민법이 규정하고 있는 다수당사자의 채권관계는 분할채권관계, 불가분채권관계, 연대채무, 보증채무 등이 있는데, 이 가운데 연대채무와 보증채무는 전적으로 채권의 인적 담보로서 채무의 이행을 확보하는데 있다.

(1) **다수당사자의 채권관계**는 특별한 의사표시가 없으면 각 채권자 또는 각 채무자는 균등한 비율로 권리가 있고 의무를 부담하는 **분할채권관계**(分割債權關係)이다. 그러나 채권의 성질 또는 당사자의 의사표시에 의해 **불가분채권**(不可分債權)**의 경우**에는 각 채권자는 이행을 청구할 수 있고, **채무자는 모든 채권자를 위하여**

각 채권자에게 이행할 수 있다.

(2) **연대채무**(連帶債務)란 수인의 채무자가 채무전부를 각자 이행할 의무가 있고, 채무자 1인의 이행으로 다른 채무자도 그 의무를 면하게 되는 경우를 말한다.

(3) 보증채무(保證債務)란 주채무자가 이행하지 아니하는 채무를 보증채무자가 이행할 의무가 있다. 그리고 보증인은 주채무자(主債務者)의 변제자력(辨濟資力)이 있는 사실 및 그 집행이 용이할 것을 증명하여 먼저 주채무자에게 청구할 것과 그 재산에 대하여 집행할 것을 항변할 수 있는데, 이를 **보증인의 최고**(催告) · **검색**(檢索)**의 항변권**(抗辯權)이라 한다.

1. 채권의 양도와 채무의 인수

채권은 타인에게 양도할 수 있으며 타인의 채무를 인수할 수도 있다. 또한 채권은 채무의 내용에 따르는 급부제공으로 **변제**(辨濟)**하면 소멸**하게 된다.

2. 변제목적물의 공탁과 채무면제

채권자가 변제를 받지 아니하거나 받을 수 없는 때에는 변제자는 채권자를 위하여 **변제의 목적물을 공탁**(供託)**하여 그 채무를 면할 수 있다**. 또한 변제자가 과실없이 채권자를 알 수 없는 경우에도 공탁할 수 있다.

3. 경개와 혼동

경개(更改)란 당사자가 채무의 중요한 부분을 변경하는 계약을 함으로써 **종래의 구채무를 소멸시키고 새로운 계약을 성립시키는 것**을 말한다. **혼동**(混同)이란 **채권과 채무가 동일인에게 귀속함으로써 채권이 소멸되는 것**을 말한다.

4. 채권이 발생하는 당사자 사이의 전형적인 계약

우리 민법에 규정되어 있는 전형적인 계약으로는, 증여(제554조), 매매(제563조), 교환(제596조), 소비대차(제598조), 사용대차(제609조), 임대차(제618조), 고용((제655조), 도급(제664조), 여행계약(제674조의 2), 현상광고(제675조), 위임(제680조),

임치(제693조), 조합(제703조), 종신정기금(제725조), 화해(제734조)의 15가지 유형이 있는데, 그 개념을 살펴보면 다음과 같다.

《 채권이 발생하는 당사자 사이의 전형적인 계약 유형 》

① **증여**: 당사자 일방이 **무상으로 재산을 상대방에게 수여하는 의사표시를 하고 상대방이 이를 승낙**함으로써 그 효력이 생기는 계약을 말한다. 부담부증여의 경우에는 쌍무계약에 관한 규정을 준용(準用)한다.

② **매매**: 당사자 일방이 **재산권을 상대방에게 이전할 것을 약정**하고 상대방이 그 **대금을 지급할 것을 약정**함으로써 그 효력이 생기는 계약을 말한다.

③ **교환**: 당사자 쌍방이 **금전 이외의 재산권을 상호 이전할 것을 약정**함으로써 그 효력이 생긴다(제596조).

④ **소비대차(消費貸借)**: 당사자 일방이 **금전 기타 대체물의 소유권을** 상대방에게 이전할 것을 약정하고 상대방은 그와 **같은 종류, 품질 및 수량으로 반환할 것을 약정**함으로써 성립하는 계약을 말한다.

⑤ **사용대차(使用貸借)**: 당사자 일방이 상대방에게 **무상으로 사용, 수익하게 하기 위하여 목적물을 인도할 것을 약정**하고 상대방은 이를 사용, 수익한 후 그 물건을 **반환할 것을 약정함으로써 성립하는 계약**을 말한다.

⑥ **임대차(賃貸借)**: 당사자 일방이 상대방에게 **목적물을 사용, 수익하게 할 것을 약정**하고 상대방이 이에 대하여 **차임(借賃)을 지급할 것을 약정**함으로써 생기는 계약을 말한다.

⑦ **고용(雇傭)**: 당사자 일방이 상대방에 대하여 **노무를 제공할 것을 약정**하고 상대방이 이에 대하여 **보수를 지급할 것을 약정**함으로써 그 효력이 생기는 계약을 말한다.

⑧ **여행계약**: 여행계약은 당사자 한쪽이 상대방에게 운송, 숙박, 관광 또는 그 밖의 여행 관련 용역을 결합하여 제공하기로 약정하고 상대방이 그 대금을 지급하기로 약정함으로써 효력이 생기는 계약을 말한다.

⑨ **도급(都給)**: 당사자 **일방이 어느 일을 완성할 것을 약정**하고 상대방이 그 일의 결과에 대하여 **보수를 지급할 것을 약정**함으로써 그 효력이 생긴다.

⑩ **현상광고**: 광고자가 어느 행위를 한 자에게 일정한 보수를 지급할 의사를 표시하고 이에 응한 자가 광고에 정한 행위를 완료함으로써 그 효력이 생긴다.

⑪ **위임**: 당사자 일방이 상대방에 대하여 **사무의 처리를 위탁**하고 상대방이 이를 승낙함으로써 그 효력이 생긴다.

⑫ **임치(任置)**: 당사자 일방이 상대방에 대하여 **금전이나 유가증권 기타 물건의 보관을 위탁**하고 상대방이 이를 승낙함으로써 효력이 생긴다.

⑬ **조합**: 2인 이상이 **상호 출자하여 공동사업을 경영**할 것을 약정함으로써 그 효력이 생긴다.

⑭ **종신정기금**(終身定期金) **계약:** 당사자 일방이 자기, 상대방 또는 제3자의 종신까지 정기로 금전 기타의 물건을 상대방 또는 제3자에게 지급할 것을 약정함으로써 그 효력이 생긴다.

⑮ **화해:** 당사자가 상호 양보하여 **당사자간의 분쟁을 종지할 것을 약정**함으로써 그 효력이 발생한다.

V. 불법행위

1. 불법행위로 인한 손해배상책임

불법행위란 고의 또는 과실에 의하여 타인의 권리를 침해하여 손해를 발생하게 하는 행위를 말하며, 이러한 위법행위로 타인에게 손해를 가한 자는 그 **손해를 배상할 책임**이 있다(제750조). 또한 **타인의 신체, 자유, 명예를 해하거나 기타 정신상 고통을 가한 자는 재산 이외의 손해에 대하여도 배상할 책임**이 있다(제751조).

민법은 원칙적으로 **과실책임주의**를 취하여, 불법행위에 대하여도 불법행위자의 **고의 또는 과실이 있을 것**을 요건으로 하고 있다.

그러나 수인이 공동의 불법행위로 타인에게 손해를 가한 때에는 연대하여 그 손해를 배상할 책임이 있다. 공동 아닌 수인의 행위 중 어느 자의 행위가 그 손해를 가한 것인지를 알 수 없는 때에도 연대책임을 지며, 교사자나 방조자는 공동행위자로 본다(제760조).

2. 생명침해로 인한 위자료(慰藉料)

타인의 생명을 해한 자는 **피해자의 직계존속, 직계비속 및 배우자**에 대하여는 재산상의 손해가 없는 경우에도 위자료로서 **손해배상의 책임**이 있다(제752조).

3. 미성년자, 심신상실자의 책임능력

미성년자가 타인에게 손해를 가한 경우에 그 행위의 **책임을 변식**(辨識)**할 지능이 없으면 배상책임이 없으며,** 고의 또는 과실로 심신상실을 초래하지 않는 한 심신상실중에 타인에게 손해를 가한 자는 배상의 책임이 없다(제753조, 제754조).

4. 특수한 지위에 있는 자의 책임

(1) 감독자의 책임

민법은 특수한 불법행위로서, **미성년자 또는 책임무능력자의 불법행위에 대하여 이들을 감독할 법정의무가 있는 자는 그의 손해를 배상할 책임이 있지만**, 감독과실이 없으면 책임을 부담하지 않는다(제755조).

(2) 사용자의 배상책임

타인을 사용하여 어느 사무에 종사하게 한 자는 피용자(被傭者)가 그 사무집행에 관하여 **제3자에게 가한 손해를 배상할 책임**이 있다. 그러나 사용자가 피용자의 선임 및 그 사무감독에 상당한 주의를 한 때 또는 상당한 주의를 하여도 손해가 있을 경우에는 배상의 책임이 없으며, 사용자 또는 감독자는 **피용자에 대하여 구상권(求償權)을 행사**할 수 있다(제756조).

(3) 도급인의 책임

도급인(都給人)은 수급인(受給人)이 그 일에 관하여 **제3자에게 가한 손해를 배상할 책임이 없으나** 도급 또는 지시에 관하여 **도급인에게 중대한 과실이 있는 때에는 손해에 대한 배상책임**을 진다(제757조).

(4) 공작물 등의 점유자, 소유자의 책임

공작물의 설치 또는 보존의 하자로 인하여 타인에게 손해를 가한 때에는 **공작물 점유자가 배상할 책임**이 있다. 그러나 점유자가 손해의 방지에 필요한 주의를 해태(懈怠)하지 아니한 때에는 그 **소유자가 손해를 배상할 책임**을 진다(제758조).

(5) 동물의 점유자의 책임

동물의 점유자는 그 동물이 타인에게 가한 **손해를 배상할 책임**이 있지만 동물의 종류와 성질에 따라 그 보관에 상당한 주의를 해태(懈怠)하지 아니한 때에는 그러하지 아니하다(제759조).

(6) 손해배상의 방법과 내용

불법행위가 발생하였을 경우에 피해자는 가해자에 대하여 **손해배상청구권을** 가지며, 배상의 방법은 **금전배상주의를 원칙**으로 한다. **재산적 손해**뿐만 아니라 **정신적 손해**에 대하여도 마찬가지이다.

타인의 명예를 훼손한 경우에 법원은 피해자의 청구에 의하여 **손해배상에 갈음**하거나 손해배상과 함께 **명예회복에 적당한 처분**을 명할 수 있다. **사죄광고**는 헌법 제19조 양심의 자유를 국가가 강제하는 것으로 민법상의 "명예회복에 적당한 처분"에 해당하지 않는다고 **헌법재판소가 위헌결정**을 한 바 있다.[31]

정당방위 또는 긴급피난으로 부득이 타인에게 손해를 가한 자는 **배상할 책임이 없다.** 그러나 **피해자는 불법행위에 대하여 손해의 배상을 청구**할 수 있다(제761조).

(7) 손해배상청구권의 소멸시효

불법행위로 인한 손해배상청구권은 **피해자나 그 법정대리인이 그 손해 및 가해자를 안 날로부터 3년간 이를 행사하지 아니하거나, 불법행위를 한 날로부터 10년**을 경과하면 **시효로 인하여 소멸**한다(제766조).

VI. 방문판매 등에 관한 법률

이 법은 **방문판매, 전화권유판매, 다단계판매, 후원방문판매, 계속거래, 사업권유거래** 등에 의한 **재화(財貨) 또는 용역(用役)의 공정한 거래에 관한 사항**을 규정함으로써 소비자의 권익을 보호하고 시장의 신뢰도를 높여 국민경제의 건전한 발전에 이바지함을 목적으로 한다(동법 제1조).

방문판매 또는 전화권유판매 등에 의하여 재화 등의 구매에 관한 계약을 체결한 소비자는 일반적인 매매와는 달리 **일정한 기간 이내에 그 계약에 관한 청약을 철회**할 수 있다(동법 제8조).

---

31) 헌재결 1991. 4. 1, 89헌마160.

부동산가압류신청

채 권 자 ○○○
　　　　○○시 ○○구 ○○동 ○○(우편번호 ○○○-○○○)
　　　　전화·휴대폰번호:
　　　　팩스번호, 전자우편(e-mail)주소:

채 무 자 ◇◇◇
　　　　○○시 ○○구 ○○동 ○○(우편번호 ○○○-○○○)
　　　　전화·휴대폰번호:
　　　　팩스번호, 전자우편(e-mail)주소:

청구채권의 표시

금 ○○○원
채권자가 채무자에 대하여 가지는 **대여금청구채권**

가압류하여야 할 부동산의 표시
별지 제1목록 기재와 같습니다.

신 청 취 지

　채권자가 채무자에 대하여 가지는 위 채권의 집행을 보전하기 위하여 채무자 소유의 별지 제1목록 기재 **부동산을 가압류한다.**
라는 재판을 구합니다.

신 청 이 유

1. 채권자는 채무자에게 20○○. ○. ○. 이자를 월 2%, 갚을 날짜는 12개월 뒤로 정하여 금 ○○○원을 빌려준 사실이 있습니다. 그러나 채무자는 갚을 날짜가 지난 지금까지 별다른 사유 없이 지급하지 아니하고 있습니다.
2. 채권자가 알아본 결과 채무자는 다른 채권자에게도 많은 채무가 있고, 채무자의 재산이라고는 담보제공 된 아파트 한 채가 있을 뿐입니다.

3. 채권자는 채무자로부터 대여금을 지급 받기 위한 본안소송을 준비하고 있으나, 위와 같은 채무자의 재산상태에서는 승소한 뒤에도 강제집행의 목적을 달성할 수 없기 때문에 이 사건 신청에 이르게 된 것입니다.
4. 그리고 담보제공은 **공탁보증보험증권**(○○보증보험주식회사 증권번호 제○○호)을 제출하는 방법으로 할 수 있도록 허가하여 주시기 바랍니다.

첨 부 서 류

1. 현금보관증   1통
1. 부동산등기사항 전부증명서   2통
1. 가압류신청진술서   1통
1. 송달료납부서   1통

20○○. ○. ○.

위 채권자 ○○○ (서명 또는 날인)

○○지방법원 귀중

1. 전화권유판매업자의 통화내용보존의무

전화권유판매에 관한 계약의 경우에 전화권유판매업자는 소비자의 동의를 받아 통화내용 중 계약에 관한 사항을 계약일부터 **3개월 이상 보존**하여야 한다.

또한 소비자는 전화권유판매업자가 보존하는 통화내용에 대하여 방문·전화·팩스 또는 전자우편 등의 방법으로 열람을 요청할 수 있으며, 전화권유판매업자는 그 요청에 따라야 한다(제7조의2).

2. 방문판매 또는 전유권유판매방법의 재화 등 구매계약의 청약철회

(1) 청약철회 등

방문판매 등에 의하여 물건을 구매한 경우에는 **계약서를 받은 날부터 14일 이내에 계약을 철회**할 수 있지만, 그 계약서를 받은 날보다 재화 등이 늦게 공급된 경우에는 **재화 등을 공급받거나 공급이 시작된 날부터 14일 이내에 계약을 철회할** 수 있다(동법 제8조 제1항). 이와 달리 ① 계약서를 받지 아니한 경우, ② 방문판매자 등의 주소 등이 적혀 있지 아니한 계약서를 받은 경우, ③ 방문판매자 등의 주소 변경 등의 사유로 기간 이내에 청약철회 등을 할 수 없는 경우에는 **방문판매자 등의 주소를 안 날 또는 알 수 있었던 날부터 14일 이내에 계약을 철회**할 수 있으며, **방문판매업자 등이 청약철회 등을 방해한 경우**에는 그 **방해행위가 종료한 날부터 14일 이내**에 계약을 철회할 수 있다.

다단계판매의 방법으로 재화 등의 구매에 관한 계약을 체결한 소비자가 청약철회 등을 하는 경우에는 **다단계판매원에 대하여 우선적으로 청약철회**를 하고, 다단계 판매원의 소재 불명 등으로 인해 청약철회가 어려운 경우에만 그 재화 등을 공급한 **다단계판매업자에게 청약철회** 등을 할 수 있다.

(2) 청약철회가 불가능한 경우

소비자는 ① 소비자에게 책임이 있는 사유로 재화 등이 멸실되거나 훼손된 경우, ② 소비자가 재화 등을 사용하거나 일부 소비하여 그 가치가 현저히 감소한 경우, ③ 시간이 지남으로써 다시 판매하기 어려울 정도로 재화 등의 가치가 현저히 낮아진 경우, ④ 복제할 수 있는 재화 등의 포장을 훼손한 경우, ⑤ 그 밖에 거래의 안전을 위하여 대통령령으로 정하는 경우에는 방문판매자 등의 의사에 반하여 청약철회 등을 할 수 없다.

그리고 방문판매자 등이 위의 ②~④에 해당하여 청약철회 등을 할 수 없는 재화 등의 경우에는 그 사실을 재화 등의 포장이나 그 밖에 소비자가 쉽게 알 수 있는 곳에 분명하게 표시하거나 시용(試用) 상품을 제공하는 등의 방법으로 청약철회 등의 권리행사가 방해받지 아니하도록 조치하여야 한다(제8조 제5항).

(3) 재화 등의 내용이 계약내용과 다른 경우

소비자는 위의 ① 청약철회가 가능한 경우 또는 ② 청약철회가 불가능한 경우의 사정에도 불구하고 재화 등의 내용이 표시·광고의 내용과 다르거나 계약내용과 다르게 이행된 경우에는 그 재화 등을 **공급받은 날부터 3개월 이내**에, 그 사실을 안 날 또는 알 수 있었던 날부터 30일 이내에 청약철회 등을 할 수 있다(제8조 제3항).

(4) 특수판매업자의 입증책임

청약철회를 할 경우에 재화 등의 훼손에 대한 소비자의 책임 유무, 계약이 체결된 사실과 그 시기, 재화 등의 공급 사실 및 그 시기, 계약서의 발급 사실 및 그 시기 등에 관하여 다툼이 있는 경우에는 **방문판매업자가 이를 입증**해야 한다. 그리고 특수판매업자는 이러한 증명에 필요한 통화내용 등 거래기록을 미리 보존할 수 있다.

(5) 청약철회 등의 효과(제9조)

1) 소비자의 재화 등 반환

소비자가 청약철회 등을 한 경우에는 이미 공급받은 **재화 등을 반환**하여야 한다.

2) 방문판매자 등의 대금 등 환급

방문판매자 등은 **재화 등을 반환받은 날부터 3영업일 이내에 이미 지급받은 재화 등의 대금을 환급**하여야 한다. 이 경우 방문판매자 등이 소비자에게 재화 등의 대금의 환급을 지연하면 그 지연기간에 따라 **연 100분의 40이내의 범위**에서 「은행법」에 따른 은행이 적용하는 연체금리 등 경제사정을 고려하여 대통령령으로 정하는 이율을 곱하여 산정한 **지연이자(지연배상금)를 지급**하여야 한다.

소비자가 신용카드 등으로 재화등의 대금을 지급한 경우에는 방문판매자 등은 지체 없이 그 신용카드등의 대금결제수단을 제공한 사업자로 하여금 재화등의 대금청구를 정지하거나 취소하도록 요청하여야 한다. 다만 방문판매자등이 결제업자로부터 그 재화등의 대금을 이미 지급받은 경우에는 지체 없이 이를 결제업자에게 환급하고 그 사실을 소비자에게 알려야 한다.

3) 환급금액과 채무의 상계

소비자는 방문판매자 등이 정당한 사유없이 결제업자에게 대금을 환급하지 아니하는 경우에는 환급받을 금액에 대하여 결제업자에게 그 방문판매자 등에 대한 다른 채무와 상계할 것을 요청할 수 있다. 이 경우 **결제업자**는 대통령령으로 정하는 바에 따라 그 **방문판매자 등에 대한 다른 채무와 상계**할 수 있다(동조 제6항).

4) 방문판매자의 반환비용부담과 이에 따른 위약금 또는 손해배상금청구불가

이러한 청약철회의 경우에 공급받은 재화 등의 반환에 필요한 비용은 **방문판매자 등이 부담**하며 방문판매자등은 소비자에게 청약철회 등을 이유로 위약금 또는 손해배상을 청구할 수 없다(동조 제9항).

5) 공정거래위원회의 손해배상액 산정기준 고시

방문판매자등과 소비자 간의 손해배상청구에 따른 분쟁을 원활하게 해결하기 위하여 공정거래위원회는 손해배상액의 산정기준을 정하여 고시할 수 있다.

(6) 다단계판매원의 청약철회(제17조)

다단계판매의 방법으로 재화 등의 구매에 관한 계약을 체결한 **다단계판매원**은 ① 재고 보유에 관하여 다단계판매업자에게 거짓으로 보고하는 등의 방법으로 과다하게 재화등의 재고를 보유한 경우, ② 다시 판매하기 어려울 정도로 재화등을 훼손한 경우, ③ 그 밖에 대통령령으로 정하는 경우의 어느 하나에 해당하는 경우를 제외하고는 **계약을 체결한 날부터 3개월 이내에 서면**(전자문서를 포함한다)으로 그 계약에 관한 청약철회 등을 할 수 있다.

3. [전자상거래 등에서의 소비자보호에 관한 법률], [독점규제 및 공정거래에 관한 법률], [소비자기본법], [전자문서 및 전자거래기본법]에 따른 법적 규제

(1) 청약철회 등

「전자상거래 등에서의 소비자보호에 관한 법률」은 청약철회 등에 관하여 통신판매업자와 재화 등의 **구매에 관한 계약을 체결한 소비자**는 법 제13조 제2항[32]에

---

32) 「전자상거래 등에서의 소비자보호에 관한 법률」 제13조 제2항 통신판매업자는 소비자가 계약체결 전에 재화등에 대한 거래조건을 정확하게 이해하고 실수나 착오 없이 거래할 수 있도록 다음 각 호의 사항을

따른 **계약내용에 관한 서면을 받은 날부터 7일**, 그 서면을 받은 때보다 재화 등의 공급이 늦게 이루어진 경우에는 **재화 등을 공급받거나 재화 등의 공급이 시작된 날부터 7일 내에 청약을 철회 할 수 있고**, 제13조제2항에 따른 계약내용에 관한 서면을 받지 아니한 경우, 통신판매업자의 주소 등이 적혀 있지 아니한 서면을 받은 경우 또는 통신판매업자의 주소 변경 등의 사유로 제1호의 기간에 청약철회 등을 할 수 없는 경우에는 **통신판매업자의 주소를 안 날 또는 알 수 있었던 날부터 7일 이내에** 청약을 철회할 수 있다(제17조).

(2) 청약철회가 불가능한 경우

소비자는 본인에게 책임이 있는 사유로 재화 등이 **멸실 또는 훼손되거나, 소비자의 사용** 또는 일부 소비로 재화 등의 **가치가 현저히 감소한 경우, 시간이 지나** 다시 판매하기 곤란할 정도로 재화등의 **가치가 현저히 감소하거나, 복제가 가능한 재화등의 포장을 훼손한 경우 또는** 그 밖에 거래의 안전을 위하여 대통령령으로 정하는 경우 중 어느 하나에 해당하는 경우에는 통신판매업자의 의사에 반하여

적절한 방법으로 표시·광고하거나 고지하여야 하며, 계약이 체결되면 계약자에게 다음 각 호의 사항이 기재된 계약내용에 관한 서면을 재화등을 공급할 때까지 교부하여야 한다. 다만, 계약자의 권리를 침해하지 아니하는 범위에서 대통령령으로 정하는 사유가 있는 경우에는 계약자를 갈음하여 재화등을 공급받는 자에게 계약내용에 관한 서면을 교부할 수 있다.
1. 재화등의 공급자 및 판매자의 상호, 대표자의 성명·주소 및 전화번호 등
2. 재화등의 명칭·종류 및 내용
2의2. 재화등의 정보에 관한 사항. 이 경우 제품에 표시된 기재로 계약내용에 관한 서면에의 기재를 갈음할 수 있다.
3. 재화등의 가격(가격이 결정되어 있지 아니한 경우에는 가격을 결정하는 구체적인 방법)과 그 지급방법 및 지급시기
4. 재화등의 공급방법 및 공급시기
5. 청약의 철회 및 계약의 해제의 기한·행사방법 및 효과에 관한 사항
6. 재화등의 교환·반품·보증과 그 대금 환불 및 환불의 지연에 따른 배상금 지급의 조건·절차
7. 전자매체로 공급할 수 있는 재화등의 전송·설치 등을 할 때 필요한 기술적 사항
8. 소비자피해보상의 처리, 재화등에 대한 불만 처리 및 소비자와 사업자 사이의 분쟁 처리에 관한 사항
9. 거래에 관한 약관(그 약관의 내용을 확인할 수 있는 방법을 포함)
10. 소비자가 구매의 안전을 위하여 원하는 경우에는 재화등을 공급받을 때까지 대통령령으로 정하는 제3자에게 그 재화등의 결제대금을 예치하는 것의 이용을 선택할 수 있다는 사항 또는 통신판매업자의 제24조제1항에 따른 소비자피해보상보험계약등의 체결을 선택할 수 있다는 사항(제15조제1항에 따른 선지급식 통신판매의 경우에만 해당하며, 제24조제3항에 각 호의 어느 하나에 해당하는 거래를 하는 경우는 제외한다)
11. 그 밖에 소비자의 구매 여부 판단에 영향을 주는 거래조건 또는 소비자피해의 구제에 필요한 사항으로서 대통령령으로 정하는 사항

청약철회등을 할 수 없다(제17조).

그리고 통신판매업자는 청약철회등이 불가능한 재화등의 경우에는 그 사실을 재화등의 포장이나 그 밖에 소비자가 쉽게 알 수 있는 곳에 명확하게 표시하거나 시험 사용 상품을 제공하는 등의 방법으로 청약철회등의 권리 행사가 방해받지 아니하도록 조치하여야 하며, 디지털콘텐츠에 대하여 소비자가 청약철회등을 할 수 없는 경우에는 청약철회등이 불가능하다는 사실의 표시와 함께 시험 사용 상품을 제공하는 등의 방법으로 청약철회등의 권리 행사가 방해받지 않도록 하여야 한다.

(3) 재화 등의 내용이 계약내용과 다른 경우

재화등의 내용이 표시·광고의 내용과 다르거나 계약내용과 다르게 이행된 경우에는 그 재화등을 **공급받은 날부터 3개월 이내**, 그 사실을 **안 날 또는 알 수 있었던 날부터 30일 이내에 청약철회**등을 할 수 있으며, 청약철회등을 서면으로 하는 경우에는 그 의사표시가 적힌 서면을 발송한 날에 그 효력이 발생한다.

(4) 통신판매업자의 입증책임

청약철회 등에 관한 규정을 적용할 때 재화등의 훼손에 대하여 소비자의 책임이 있는지 여부, 재화등의 구매에 관한 계약이 체결된 사실 및 그 시기, 재화등의 공급 사실 및 그 시기 등에 관하여 **다툼이 있는 경우에는 통신판매업자가 이를 증명하여야 한다.**

4. 할부거래에 관한 법률

할부거래에 관한 법률은 할부계약 및 선불식 할부계약에 의한 거래를 공정하게 함으로써 소비자의 권익을 보호하고 시장의 신뢰도를 높여 국민경제의 건전한 발전에 이바지함을 목적으로 제정되었다.

(1) 개념

1) 할부계약

계약의 명칭·형식이 어떠하든 재화나 용역(일정한 시설을 이용하거나 용역을 제공받을 수 있는 권리를 포함한다)에 관하여 소비자가 사업자에게 재화의 대금(代金)이나 용역의 대가를 2개월 이상의 기간에 걸쳐 3회 이상 나누어 지급하고, 재화등의 대금을 완납하기 전에 재화의 공급이나 용역의 제공을 받기로 하는 계약, 즉 **"직접 할부계약"**과 소비자가 신용제공자에게 재화등의 대금을 2개월 이상의 기간에 걸쳐 3회 이상 나누어 지급하고, 재화등의 대금을 완납하기 전에 사업자로부터 재화등의 공급을 받기로 하는 계약, 즉 **"간접할부계약"**을 말한다.

2) 할부거래

할부거래란 할부계약에 의한 거래를 말하며, 할부거래업자란 할부계약에 의한 재화등의 공급을 업으로 하는 자를 말한다.

(2) 청약철회

소비자는 소정의 양식(제6조 제1항[33])을 갖춘 **계약서를 받은 날부터 7일 이내**, 그 계약서를 받은 날보다 재화등의 공급이 늦게 이루어진 경우에는 재화등을 **공급 받은 날부터 7일 이내에** 할부계약에 관한 청약을 철회할 수 있다. 또한 제6조제1항에 따른 계약서를 받지 아니한 경우, 할부거래업자의 주소 등이 적혀 있지 아니한 계약서를 받은 경우, 할부거래업자의 주소 변경 등의 사유로 제1호의 기간 이내에 청약을 철회할 수 없는 경우 중 어느 하나에 해당하는 경우에는 그 주소를 안 날 또는 알 수 있었던 날 등 청약을 철회할 수 있는 날부터 7일 이내에 할부계약에 관한 청약을 철회할 수 있으며, 계약서에 청약의 철회에 관한 사항이 적혀 있지 아니한 경우에는 청약을 철회할 수 있음을 안 날 또는 알 수 있었던 날부터 7일 이내, 할부

---

33) 제6조(할부계약의 서면주의) ① 할부거래업자는 총리령으로 정하는 바에 따라 다음 각 호의 사항을 적은 서면으로 할부계약을 체결하여야 한다. 다만, 「여신전문금융업법」에 따른 신용카드회원과 신용카드가맹점 간의 간접할부계약의 경우 제4호, 제5호 중 지급시기 및 제11호의 사항을 적지 아니할 수 있다.
   1. 할부거래업자·소비자 및 신용제공자의 성명 및 주소 / 2. 재화등의 종류·내용 및 재화등의 공급 시기
   3. 현금가격 / 4. 할부가격 / 5. 각 할부금의 금액·지급횟수·지급기간 및 지급시기
   6. 할부수수료의 실제연간요율 / 7. 계약금 / 8. 재화의 소유권 유보에 관한 사항
   9. 제8조에 따른 청약철회의 기한·행사방법·효과에 관한 사항
   10. 제11조제1항에 따른 할부거래업자의 할부계약의 해제에 관한 사항
   11. 제12조제1항에 따른 지연손해금 산정 시 적용하는 비율
   12. 제13조에 따른 소비자의 기한의 이익 상실에 관한 사항
   13. 제16조에 따른 소비자의 항변권과 행사방법에 관한 사항

거래업자가 청약의 철회를 방해한 경우에는 그 방해 행위가 종료한 날부터 7일 이내에 할부계약에 관한 청약을 철회할 수 있다(제8조 제1항).

소비자가 청약철회 규정에 따라 청약을 철회할 경우 규정에 따른 기간 이내에 **할부거래업자에게 청약을 철회하는 의사표시가 적힌 서면을 발송**하여야 하며, 청약의 철회는 서면을 발송한 날에 그 효력이 발생한다.

(3) 청약철회가 불가능한 경우

소비자는 본인에게 책임 있는 사유로 재화 등이 **멸실 또는 훼손되거나, 소비자의 사용** 또는 소비에 의하여 그 가치가 현저히 낮아질 우려가 있는 재화등을 사용 또는 소비한 경우, **시간이 지나** 다시 판매하기 어려울 정도로 재화등의 **가치가 현저히 낮아지거나, 복제가 가능한 재화등의 포장을 훼손한 경우 또는** 그 밖에 거래의 안전을 해칠 수 있는 경우에는 **청약철회등**을 할 수 없다. 다만, 할부거래업자가 청약의 철회를 승낙한 경우에는 청약을 철회할 수 있다.

할부거래업자는 규정에 따라 청약을 철회할 수 없는 재화등에 대하여는 그 사실을 재화등의 포장이나 그 밖에 소비자가 쉽게 알 수 있는 곳에 분명하게 표시하거나 시용(試用) 상품을 제공하는 등의 방법으로 소비자가 청약을 철회하는 것이 방해받지 아니하도록 조치하여야 한다.

(4) 통신판매업자의 입증책임

청약철회 등에 관한 규정을 적용함에 있어서 계약서의 발급사실과 그 시기, 재화 등의 공급 사실과 그 시기 등에 관하여 다툼이 있는 경우에는 **할부거래업자가 이를 입증**하여야 한다.

5. 보험업법에 따른 보험계약

(1) 청약철회

보험회사는 일반보험계약자로서 보험회사에 대하여 대통령령으로 정하는 보험계약을 청약한 자가 **보험증권을 받은 날로부터 15일(거래 당사자 사이에 15일보다 긴 기간으로 약정한 경우에는 그 기간)** 이내에 대통령령으로 정하는 바에 따라 청약철회의 의사를 표시하는 경우에는 특별한 사정이 없는 한 이를 거부할 수 없지만, 청약을 한 날로부터 30일을 초과한 경우에는 이를 거부할 수 있다. 보험증권의 교부에 관하여 다툼이 있으면 보험회사가 이를 증명하여야 한다.

(2) 청약철회의 효과

보험회사는 청약철회의 규정에 따른 **청약의 철회를 접수한 날로부터 3일 이내에 이미 납입 받은 보험료를 반환**하여야 하며, 보험료 반환이 늦어진 기간에 대하여는 계산한 금액을 더하여 지급하여야 한다. 보험회사는 청약자에 대하여 그 청약의 철회에 따른 손해배상 또는 위약금 등 금전의 지급을 청구할 수 없다.

보험계약 청약의 철회 당시 이미 보험금의 지급사유가 발생한 경우에는 그 청약철회의 효력은 발생하지 않지만, 청약자가 보험금의 지급사유가 발생했음을 알면서 해당 보험계약의 청약을 철회한 경우에는 청약철회의 효력이 발생한다.

6. 소비자기본법

소비자기본법은 소비자의 권익을 증진하기 위하여 소비자의 권리와 책무, 국가·지방자치단체 및 사업자의 책무, 소비자단체의 역할 및 자유시장경제에서 소비자와 사업자 사이의 관계를 규정함과 아울러 소비자정책의 종합적 추진을 위한 기본적인 사항을 규정함으로써 소비생활의 향상과 국민경제의 발전에 이바지함을 목적으로 제정되었다.

(1) 소비자의 기본적 권리

소비자는 물품 또는 용역으로 인한 생명·신체 또는 재산에 대한 위해로부터 보호를 받고, **물품등을 선택함에 있어서 필요한 지식 및 정보를 제공받으며**, 물품등을 사용함에 있어서 거래상대방·구입장소·가격 및 거래조건 등을 자유로이 선택할 수 있고, 소비생활에 영향을 주는 국가 및 지방자치단체의 정책과 사업자의 사업활동 등에 대하여 의견을 반영시킬 권리를 가진다. 또한 물품등의 사용으로 인하여 입은 피해에 대하여 신속·공정한 절차에 따라 적절한 보상을 받을 수 있으며, 합리적인 소비생활을 위하여 필요한 교육을 받고, 소비자 스스로의 권익을 증진하기 위하여 단체를 조직하고 이를 통하여 활동할 수 있으며, 안전하고 쾌적한 소비생활 환경에서 소비할 권리를 갖는다.

(2) 소비자의 책무

소비자는 사업자 등과 더불어 자유시장경제를 구성하는 주체임을 인식하여 물품등을 올바르게 선택하고, 소비자의 기본적 권리를 정당하게 행사하여야 하며, 스스로의 권익을 증진하기 위하여 필요한 지식과 정보를 습득하도록 노력하여야 한다. 또한 소비자는 자주적이고 합리적인 행동과 자원절약적이고 환경친화적인 소비생활을 함으로써 소비생활의 향상과 국민경제의 발전에 적극적인 역할을 다하여야 한다.

(3) 피해구제의 신청 등

소비자는 **물품등의 사용으로 인한 피해의 구제를 한국소비자원에 신청**할 수 있으며, 국가·지방자치단체 또는 소비자단체는 소비자로부터 피해구제의 신청을 받은 때에는 한국소비자원에 그 처리를 의뢰할 수 있다.

사업자는 소비자로부터 피해구제의 신청을 받으면 한국소비자원에 그 처리를 의뢰할 수 있다.

한국소비자원장은 관련 규정에 의한 피해구제의 신청을 받은 경우 그 내용이 한국소비자원에서 처리하는 것이 부적합하다고 판단되는 때에는 신청인에게 그 사유를 통보하고 그 사건의 처리를 중지할 수 있다.

(4) 위법사실의 통보

한국소비자원장은 피해구제신청사건을 처리함에 있어서 당사자 또는 관계인이 법령을 위반한 것으로 판단되는 때에는 **관계기관에 이를 통보하고 적절한 조치를 의뢰**하여야 한다. 다만, 다음 피해구제신청사건의 당사자가 피해보상에 관한 합의를 하고 법령위반행위를 시정하거나, 관계 기관에서 위법사실을 이미 인지하여 조사하고 있는 경우에는 그러하지 아니하다.

(5) 합의권고

한국소비자원장은 피해구제신청의 당사자에 대하여 피해보상에 관한 **합의를 권고할 수 있다.** 원장은 관련 규정에 따라 피해구제의 신청을 받은 날부터 **30일 이내**에 합의가 이루어지지 아니하는 때에는 지체 없이 **소비자분쟁조정위원회에 분쟁조정을 신청**하여야 한다. 다만, 피해의 원인규명 등에 상당한 시일이 요구되는 피해구제신청사건의 경우에는 **60일 이내의 범위에서 처리기간을 연장**할 수 있다.

(6) 피해구제절차의 중지

한국소비자원의 피해구제 처리절차 중에 **법원에 소를 제기한 당사자는 그 사실을 한국소비자원에 통보**하여야 하고, 한국소비자원은 당사자의 소제기 사실을 알게 된 때에는 지체 없이 피해구제절차를 중지하고, 당사자에게 이를 통지하여야 한다.

(7) 분쟁조정

소비자와 사업자 사이에 발생한 분쟁에 관하여 규정에 따라 설치된 기구에서 소비자분쟁이 해결되지 아니하거나 합의권고에 따른 합의가 이루어지지 아니한 경우 당사자나 그 기구 또는 단체의 장은 **조정위원회에 분쟁조정을 신청**할 수 있다. 조정위원회는 분쟁조정을 신청받은 경우 지체 없이 **분쟁조정절차를 개시**하여야 하고, 전문위원회에 자문할 수 있으며, **분쟁조정절차에 앞서 이해관계인·소비자단체 또는 관계기관의 의견**을 들을 수 있다.

1) 분쟁조정의 기간

조정위원회는 규정에 따라 분쟁조정을 신청받은 때에는 그 **신청을 받은 날부터 30일 이내에 그 분쟁조정을 마쳐야 한다.** 다만, 조정위원회는 정당한 사유가 있는 경우로서 30일 이내에 그 분쟁조정을 마칠 수 없는 때에는 그 기간을 연장할 수 있는데, 이 경우 그 사유와 기한을 명시하여 당사자 및 그 대리인에게 통지하여야 한다.

2) 분쟁조정의 효력

조정위원회의 위원장은 분쟁조정을 마친 때에는 지체 없이 당사자에게 그 분쟁조정의 내용을 통지하여야 한다. 통지를 받은 당사자는 **그 통지를 받은 날부터 15일 이내에 분쟁조정의 내용에 대한 수락 여부를 조정위원회에 통보**하여야 하는데, 이 경우 15일 이내에 의사표시가 없는 때에는 수락한 것으로 본다.

당사자가 분쟁조정의 내용을 수락하거나 수락한 것으로 보는 경우 조정위원회는 조정조서를 작성하고, 조정위원회의 위원장 및 각 당사자가 기명·날인하여야 하지만, 수락한 것으로 보는 경우에는 각 당사자의 기명·날인을 생략할 수 있다.

당사자가 분쟁조정의 내용을 수락하거나 수락한 것으로 보는 때에는 그 분쟁조정의 내용은 **재판상 화해와 동일한 효력**을 갖는다.

제4절 금전 및 부동산거래

I. 금전거래

1. 금전거래시 유의사항

(1) 명확한 근거를 남길 것

금전거래시 이를 기록하고 문서로 남기는 것이 분쟁을 예방하는 가장 중요한 방법이다. 따라서 돈을 주고 받을 때에는 반드시 **차용증과 영수증을 작성하여 교환**하고, **계약**을 할 때에는 계약내용을 상세히 기록한 문서를 작성하여 교환하는 것이 필요하다.

(2) 상대방의 신원확인과 변제능력

금전거래를 할 때에는 반드시 상대방의 신원과 재력 및 신용을 확인하는 것이 필요하다. 상대방의 신용이 의심스러운 경우에는 금전거래를 하지 말아야 한다. 신용이 확인되지는 않지만 부득이 돈을 빌려주지 않을 수 없는 경우에는 채권회수를 위해 담보확보가 필요하다. 담보에는 **인적 담보**와 **물적 담보**가 있다. **인적 담보**는 채무자가 제3자로 하여금 보증이나 연대보증을 서도록 하는 방법이며, **물적 담보**는 부동산에 저당권이나 가등기를 하는 방법, 동산이나 유가증권을 담보로 받아 두는 방법이 있다.

금전거래의 상대방이 **미성년일 때에는 부모의 동의**가 있어야 하고, 동의가 없으면 **미성년자의 보호자가 계약을 취소**할 수 있게 된다.

부부의 일방과 금전거래를 할 때에는 그 돈이 자녀들의 학비, 의료비, 가스, 전기료 등과 같은 **일상가사비용으로 사용된 경우에는 연대하여 변제책임**이 있으나, 일상가사와 관계없는 유흥오락비나 다른 사업목적으로 사용되는 경우에는 그 배우자가 별도로 보증을 서지 않는 한 돈을 갚을 책임이 없다.

그러나 **도박자금이나 기타 범죄에 사용되는 줄 알면서도 돈을 빌려주는 경우**에는 이러한 행위가 선량한 풍속 기타 사회질서에 반하는 행위로서 불법원인급여(不法原因給與)에 해당하여 금전차용인이 임의로 갚지 않으면 법률상 청구할 수 없으므로(제746조)[34] 이러한 금전거래는 하지 않아야 한다. 또한 **선량한 풍속 기타 사회질서에 반하는 반사회적인 행위**를 내용으로 하는 법률행위는 **무효**이며(제103조), **당사자의 궁박**(窮迫)·**경솔·무경험으로 인하여 현저하게 불공정한 법률행위는 무효**이다(제104조).

(3) 채무자는 채권자의 부당한 요구를 거부해야 한다.

금전을 차용하려는 사람은 다급한 경제적 사정 때문에 악덕 채권자의 가혹하고 부당한 요구에 응하는 경우가 많다. 그러므로 차용자는 돈을 빌릴 때는 **원금과 이자, 기간 등 차용계약서의 내용을 잘 읽어 보고 계약**을 해야 한다.

그리고 빌린 돈을 갚을 때는 원금과 이자에 대한 영수증을 받아야 하고, 차용금액을 완전히 갚았을 때는 **차용증서를 채권자로부터 반드시 회수**하여야 한다.

또한 악덕 채권자 중에는 변제기일에 채무자를 만나주지 않거나 변제기일을 연기해주겠다고 채무자를 속인 후 담보물을 처분하는 경우도 있다.

변제기일에 채권자를 만날 수 없거나 만나주지 않는 경우에는 채무자는 **변제기일에 반드시 법원에 공탁절차를 밟아야 한다.**

---

34) 민법 제746조[불법원인급여] 불법의 원인으로 인하여 재산을 급여하거나 노무를 제공하는 때에는 그 이익의 반환을 청구하지 못한다. 그러나 그 불법원인이 수익자에게만 있는 때에는 그러하지 아니하다(판례는 무효인 명의신탁약정에 기하여 경료된 타인 명의의 등기가 마쳐졌다는 이유만으로 그것이 당연히 불법원인급여에 해당한다고 볼 수 없다고 판시하였다(대판 2003. 11. 27, 2003다41722).

(4) 채무는 상속된다.

차용자가 사망하여도 차용자의 채무는 상속인에게 법률상 당연히 상속되므로, 채권자는 상속인에게 돈을 갚을 것을 요구할 수 있다. 왜냐하면 **상속인은 피상속인의 재산에 관한 포괄적 권리의무를 승계**하기 때문이다(제1005조). 따라서 채무자의 상속인이 채무를 면하려면 상속을 포기하거나 상속의 한정승인을 하여야 한다. **상속의 한정승인**이란 상속인이 상속으로 인하여 취득할 재산의 한도에서 피상속인의 채무와 유증을 변제할 것을 조건으로 상속을 승인하는 것을 말한다(제1028조).

(5) 채권자는 합법적 수단을 통해 채권을 확보해야 한다.

민법은 사권에 의한 자력구제를 금지하고 있다. **자력구제**란 자기의 권리를 보전하기 위하여 국가가 정하고 있는 제3의 기관의 힘을 빌리지 않고 스스로 채권을 회수하는 것을 말한다.

채권자가 채권을 회수하기 위하여 가령 해결사를 동원하여 폭력을 행사하는 것은 그 자체가 범죄를 구성하기 때문이다. 그 밖에도 채권회수를 위해 타인의 주거에 주거자의 의사에 반하여 출입하는 경우에도 **주거침입죄가 성립**하게 된다.

(6) 채권추심명령, 압류명령, 전부명령

1) **전부명령**(轉付命令)이란 채무자(債務者)가 제3채무자에 대하여 가지는 압류한 금전채권을 집행채권과 집행비용청구권의 변제에 갈음하여 압류채권자에게 이전시키는 **집행법원의 결정**이다.

2) **채권추심**(債權推尋)이란 금융거래나 상거래과정에서 발생한 금전채권에 대하여 정당한 사유 없이 채무내용대로 돈을 지불하지 않는 경우에 **채무이행을 촉구하는 것**을 말한다.

3) **채권추심명령**(債權推尋命令)이란 압류채권자에게 채무자가 제3채무자에 대하여 가지고 있는 금전채권을 대위절차(민법 제404/405조)에 의하지 아니하고 **채무자에 갈음하여 직접 추심할 수 있는 권리를 부여하는 집행법원의 결정**을 말한다.

4) **압류명령**(押留命令)이란 제3채무자에 대하여 채무자에게 지급하는 것을 금지하고, 채무자에 대하여 **채권의 처분, 특히 추심**(推尋)**과 영수의 금지를 명하는 집행법원의 결정**을 말한다(민사집행법 223조).

(7) 압류, 가압류

1) 압류(押留)

특정의 물건 또는 권리에 대하여 사인(私人)의 사실상의 처분(소비 등) 또는 **법률상의 처분(양도 등)을 금지하는 행위**를 말하며, 좁은 뜻으로는 금전채권에 관하여 강제집행의 제1단계로서 집행기관이 먼저 채무자의 재산(물건 또는 권리)의 **사실상 또는 법률상의 처분을 금지**하고 이를 확보하는 강제행위를 말한다. 종래에는 이를 **차압**(差押)이라 하였다.

가. **채권자의 압류**란 채무명의(債務名義)를 가진 채권자의 신청으로 **채무자의 재산에 대하여 처분을 금지하는 행위**를 말한다.

나. **채권자의 가압류**(假押留)란 채권자가 **채무명의(판결 등)를 얻기 전에 장래의 채권을 보전하기 위하여 채무자의 재산처분행위를 금지하고 보전하기 위한 처분**을 말한다.

다. **채무명의**(債務名義)**란 국가강제력에 의해 실현될 청구권의 존재와 범위가 표시되고 집행력이 부여된 공정증서**를 말한다. 채무명의 종류에는 **확정판결, 인락조서·화해조서·조정조서, 확정된 지급명령, 가압류명령, 공정증서**(집행법 제55조 제4호) 등이 해당하며, 이를 **집행명의 또는 집행권원**이라고도 한다.

2) 가압류(假押留)

가압류란 금전채권 또는 금전으로 환산할 수 있는 **청구권**을 그대로 두면 장래 강제집행이 불가능하게 되거나 곤란하게 되는 것을 막기 위해 미리 **일반담보가 되는 채무자의 재산을 압류, 확보하는 것으로 보전절차의 일종**이다. 즉 채권자의 **가압류란** 채권자가 **채무명의(판결 등)를 얻기 전에 장래의 채권을 보전하기 위하여 채무자의 재산처분행위를 금지하고 보전하기 위한 처분**을 말한다.

부동산에 대해서는 **가압류 등기, 가처분 등기**가 가능하다.

보전절차에는 **가처분과 가압류**가 있는데, **가처분은 금전채권이외의 청구권에 대하여 행하는 보전절차이다.** 가압류와 가처분은 보전하려는 청구권의 종류가 무엇이냐에 따라서 구별된다. 즉 **가압류는 금전채권에 대하여 채권자가 채무자에 대한 채무명의를 취득함으로써** 강제집행에 착수할 때까지 채무자의 재산은닉, 도망 및 빈번한 주소이동 등의 사실이 생겨 채무명의를 얻어도 집행이 불가능 또는 현저히 곤란하게 될 염려가 있을 때 **채무자의 재산을 한동안 확보하여 강제집행을 가능하게 하려는 목적**으로 행해진다. 가압류 집행을 한 후에는 법원에 소송을 제기하여 **확정판결**을 받고 이미 집행한 **가압류 재산을 경매처분하여 채권을 회수**한다.

3) 가처분(假處分)

금전채권 이외의 특정물의 급여·인도를 목적으로 하는 청구권에 대한 집행을 보전하기 위하여 또는 다툼이 있는 권리관계에 대하여 임시의 지위를 정하기 위해 법원이 행하는 일시적인 명령을 말한다. 판결이 확정되고 그것의 강제집행 시까지는 많은 시간이 소요되기 때문에 그 기간에 피해가 커질 우려가 있는 경우, 재판을 청구하기 전이나 청구하는 것과 동시에 법원에 가처분 신청을 할 수 있다. 가처분은 특정물의 지급을 목적으로 하는 청구권에 대한 강제집행의 보존을 위하여 그 효능이 있는 것으로써 금전채권이나 금전으로 환산할 수 있는 채권의 보전을 위한 가압류와 구별된다. 예컨대 처분금지 가처분이나 점유이전금지 가처분, 방해배제의 가처분, 금원지급 가처분, 가옥명도단행 가처분, 건축공사금지 가처분, 출입금지 가처분, 이사직무집행정지 가처분 및 직무대행자 선임 가처분, 건축공사방해금지 가처분, 친권행사정지 및 대행자선임 가처분 등이 있다.

4) 압류가 금지된 채권

가. 민사집행법 제246조 제1항에 의한 압류금지

① 법령에 규정된 **부양료 및 유족부조료**

② 채무자가 구호사업이나 제3자의 도움으로 계속 받는 수입

③ 병사의 급료

④ 급료·연금·봉급·상여금·퇴직연금 그 밖에 이와 비슷한 성질을 가진 **급**

여채권의 2분의 1에 해당하는 금액. 다만, 그 금액이 국민기초생활보장법에 의한 최저생계비를 감안하여 대통령령이 정하는 금액을 초과하는 경우에는 각각 당해 대통령이 정하는 금액으로 한다.

⑤ 퇴직금 그 밖에 이와 비슷한 성질을 가진 **급여채권의 2분의 1에 해당하는 금액**

⑥ 「주택임대차보호법」 제8조, 같은 법 시행령의 규정에 따라 **우선변제를 받을 수 있는 금액**

⑦ 생명, 상해, 질병, 사고 등을 원인으로 채무자가 지급받는 **보장성보험의 보험금**(해약환급 및 만기환급금을 포함한다.) 다만, 압류금지의 범위는 생계유지 치료 및 장애 회복에 소요될 것으로 예상되는 비용 등을 고려하여 대통령령으로 정한다.

⑧ **채무자의 1월간 생계유지에 필요한 예금**(적금·부금·예탁금과 우편대체를 포함한다.) 다만, 그 금액은 「국민기초생활보장법」에 의한 최저생계비, 제195조 제3호에서 정한 금액 등을 고려하여 대통령령으로 정한다.

나. 기타 법률에 의한 양도·압류 및 담보금지

그 밖에 개별 법률에 의해 양도하거나 압류할 수 없으며, 담보로 제공할 수 없는 금여로는 **공무원연금법에 의한 권리의 보호**(제39조), **국가유공자등 예우 및 지원에 관한 법률에 의한 보상금**(동법 제19조), **사립학교교직원연금법에 의한 급여**(동법 제40조), **국민연금법에 의한 각종 급여**(동법 제58조), **각종 보험법에 의한 보험급여**(고용보험법 제38조 등), **형사보상청구권**(형사보상 및 명예회복에 관한 법률 제23조), **생명·신체의 침해로 인한 국가배상금**(국가배상법 제4조) 등이 있다.

다만 공무원퇴직연금의 경우에는 대통령령으로 정하는 금융회사에 담보로 제공할 수 있고, 국세징수법, 지방세징수법, 그 밖의 법률에 따른 체납처분의 대상으로 할 수 있다.

또한 수급권자에게 지급된 급여 중 민사집행법 제195조제3호에서 정하는 금액(채무자등의 생활에 필요한 1월간의 생계비로서 대통령령이 정하는 액수의 금전) 이하는 압류할 수 없으며, 퇴직연금 또는 조기퇴직연금의 수급자가 본인의 퇴직연금 또는 조기퇴직연금 외에 퇴직유족연금을 함께 받게 된 경우에는 **퇴직유족연금액의 2분의 1을 빼고** 지급한다(제39조).

다. 신용정보회사를 이용한 채권추심

신용정보법에 따른 신용정보회사의 채권추심비용 추심액의 20~30% 정도의 비용이 소요된다.

(8) 채무의 승인

일부변제, 이자지급, 담보제공 등이 있으면 채무를 승인한 것이 된다. 채무를 승인하면 시효는 중단되고, 그 때까지 진행된 시효기간은 효력을 잃는다. 중단사유가 종료한 때로부터 새로 시효가 진행된다.

2. 보증

민법상 채무에 대한 담보에는 **물적 담보**와 **인적 담보**가 있다.

물적 담보는 채권자에게 채무자가 채무이행의 담보로 부동산 등 **재산을 담보로 제공하고 그 담보의 범위 내에서만 책임**을 지는 것이다. **저당권, 질권, 양도담보, 가등기담보** 등이 여기에 해당한다.

인적 담보는 채권을 확보하기 위하여 보증을 선 **보증인의 재산에 대하여 무한 책임**을 지도록 하는 것이다. 이러한 인적 담보제도는 채무자의 수를 늘림으로써 채권자가 추급할 수 있는 책임재산의 상태를 늘릴 수 있게 되어 보증인의 인적 요소에 의존하는 정도가 강하다. 금융거래에 있어서는 인적 담보는 실제적으로 물적 담보에 비하여 그 절차가 간편하므로 자주 활용되고 있는 실정이다.

(1) 보증채무

보증채무란 주채무자가 그 채무를 이행하지 않을 경우에 **보증인이 주채무자의 채무를 이행하여야 할 채무**를 말한다. 보증채무는 채권자와 보증인간의 **보증계약**에 의하여 성립한다. 보증채무는 주채무자가 채무를 이행하지 않을 경우에 보조적으로 주채무자의 채무내용을 이행할 책임이 있기 때문에 채권자는 먼저 주채무자에게 채무이행을 청구하여야 한다. 보증인이 채권자에게 보증채무를 이행한 경우에는 **주채무자에게 구상권을 행사**할 수 있다.

금 전 차 용 계 약 서

제1조(당사자) 채권자 ○○○(이하 "갑"이라고 함.)는 20○○년 ○월 ○일 금○○○원을
채무자◎◎(이하 "을"이라고 함.)에게 대여하고 을은 이를 차용한다.

제2조(변제기) 차용금의 변제기한은 20○○년 ○월 ○일로 한다.

제3조(이자 및 지연손해금) ① 이자는 연 ○%의 비율로 한다.

② 원리금의 변제를 지체했을 때에는 을은 연 ○○%의 비율에 의한 지연손해금을 가
산해서 지불해야 한다.

제4조(변제방법) 채무의 변제는 갑의 주소 또는 갑이 지정하는 지정장소에 지참 또는 송
금해서 지불한다.

제5조(기한이익의 상실) 을이 다음 각 호의 1에 해당하는 경우에 있어서는 갑으로부터
기한의 이익을 상실하고 채무전부를 즉시 변제하여야 한다.

1. 본 건 이자의 지불을 ○개월 분 이상 지체했을 때
2. 다른 채무 때문에 강제집행, 집행보전처분을 받거나, 파산 또는 경매의 신청이 있
   었을 때
3. 을이 주소를 변경하고, 그 사실을 갑에게 고지하지 않았을 때

갑과 을은 상기 계약을 증명하기 위하여 본 계약서 2통을 작성하고, 각자 서명 날인한
후 1통씩을 보관한다.

20○○년 ○월 ○일

채권자	주 소						
	성 명		㉑	주민등록번호	-	전화번호	
채무자	주 소						
	성 명		㉑	주민등록번호	-	전화번호	

만약 채권자가 주채무자에게 청구를 하지도 않고 바로 보증인에게 채무이행을 청구한 때에는, 보증인은 주채무자의 경제적 능력, 즉 변제자력(辨濟資力)이 있다는 사실 및 그 집행이 용이할 것을 증명하여 먼저 주채무자에게 청구할 것과 그 재산에 대하여 집행할 것을 항변할 수 있는데, 이를 **보증인의 "최고·검색의 항변권"**이라 한다(제437조).

이러한 보증인의 항변에도 불구하고 채권자의 해태(懈怠)로 인하여 채무자로부터 전부나 일부의 변제를 받지 못한 경우에는 채권자가 해태하지 아니하였으면 변제받았을 한도에서 보증인은 그 의무를 면한다(제438조).

주채무자의 부탁으로 보증인이 된 수탁보증인이 과실없이 변제 기타 출재(出財)로 주채무를 소멸하게 한 때에는 **주채무자에 대하여 구상권**(求償權)이 있다.

보증채무는 특정한 채무를 보증하는 것이기 때문에 보증인이 사망하더라도 상속인에게 상속되기 때문에, 상속인들은 상속의 포기 또는 한정승인의 의사를 법원에 신고해야 보증책임을 면할 수 있다.

(2) 연대보증

연대보증이란 보증인이 주채무자와 연대하여 채무를 부담함으로써 **주채무의 이행을 담보하는 것**을 말한다. 따라서 연대보증은 보증채무의 일종이지만 주채무에 대한 보충성이 없기 때문에 연대보증인은 **"최고·검색의 항변권**(催告·檢索의 抗辯權)**"**을 갖지 않는다.

(3) 공동보증

공동보증이란 동일한 주채무에 대하여 여러 사람이 1개의 계약이나 별개의 계약으로 **공동으로 보증인이 되어 보증하는 경우**를 말한다. 이 경우에 공동보증인은 주채무액을 균등한 비율로 분할한 금액에 관해서만 보증채무를 부담하는데, 이를 **공동보증의 "분별의 이익"**이라 한다.

공동보증에 있어서 어느 한 보증인이 자기의 재산으로 주채무를 면책케 한 때에, 그 전액에 관하여 **주채무자에게 구상권을 행사**할 수 있으며, 자신의 부담부분을 넘는 변제를 한 때에는 나머지 다른 공동보증인에 대하여도 구상권을 행사할 수 있다(제448조).

(4) 신원보증

신원보증(身元保證)이란 피용자(被傭者)가 장차 고용계약상의 채무불이행으로 사용자에게 손해배상의무를 부담하게 되는 경우에 그 이행을 담보하는 보증을 말한다. 예컨대 회사에 고용되어 근무하는 피용자가 회사의 공금을 횡령하였을 경우에 신원보증인이 그 책임을 지는 것을 말한다. 신원보증은 친족간의 정의(情誼)관계에 기초하여 이루어지는 보증인제도이므로 사용자에 의하여 일방적으로 정해지고 그 책임범위도 지나치게 넓게 약정된 경우가 많다. 따라서 이러한 신원보증인의 책임을 완화하기 위하여 제정된 법률이 「**신원보증법**」[35]이다.

1) 신원보증계약의 의의와 보증계약기간

"**신원보증계약**"이란 **피용자(被傭者)가 업무를 수행하는 과정에서 그에게 책임 있는 사유로 사용자(使用者)에게 손해를 입힌 경우에 그 손해를 배상할 채무를 부담할 것을 약정하는 계약**을 말하며, 기간을 정하지 아니한 신원보증계약은 그 성립일부터 **2년간 효력**을 가지고, 신원보증계약의 **기간은 2년을 초과하지 못하며**, 이보다 장기간으로 정한 경우에는 그 기간을 2년으로 단축한다. 또한 신원보증계약은 갱신할 수 있지만, 그 기간은 **갱신한 날부터 2년**을 초과하지 못한다 (동법 제3조).

2) 사용자의 통지의무와 면책사유

사용자는 피용자가 업무상 부적격자이거나 불성실한 행적이 있어 이로 인하여 신원보증인의 책임을 야기할 우려가 있음을 알았거나, 피용자의 업무 또는 업무수행의 장소를 변경함으로써 신원보증인의 책임이 가중되거나 업무 감독이 곤란하게 될 경우에는 지체 없이 신원보증인에게 통지하여야 한다.

사용자가 고의 또는 중과실로 통지의무를 게을리하여 신원보증인이 해지권을 행사하지 못한 경우 신원보증인은 그로 인하여 발생한 손해의 한도에서 의무를 면한다.

---

35) 2002. 2. 14. 제정.

3) 신원보증계약의 해지

신원보증인이 신원보증계약을 해지할 수 있는 경우로는, ① 사용자로부터 위의 통지를 받거나 신원보증인 스스로 위의 통지사유에 해당하는 사유가 있음을 안 경우, ② 피용자의 고의 또는 과실로 인한 행위로 발생한 손해를 신원보증인이 배상한 경우, ③ 그 밖에 계약의 기초가 되는 사정에 중대한 변경이 있는 경우이다(동법 제5조).

4) 신원보증인의 손해배상책임

신원보증인의 **손해배상책임과 그 금액**을 정할 때 피용자의 감독에 관한 사용자의 과실유무, 신원보증을 하게 된 사유 및 이를 할 때 주의를 한 정도, 피용자의 업무 또는 신원의 변화에 그 밖의 사정을 고려하여야 한다(동법 제5조). 신원보증계약은 신원보증인의 사망으로 그 효력을 상실하지만, 신원보증인이 사망하기 전에 이미 발생한 **신원보증계약으로 인한 보증채무는 상속인에게 상속**된다.

신원보증인은 **피용자(被傭者)의 고의 또는 중과실로 인한 행위로 발생한 손해를 배상할 책임이 있다**(동법 제6조 제1항).

3. 공탁제도

공탁(供託)이란 법령의 규정에 따른 원인에 의해 금전, 유가증권, 물품을 법원의 공탁소에 임치하여 법령에 정한 일정한 목적을 달성하는 제도이다. 원인에 따라 **변제공탁, 보증공탁** 등이 있다.

(1) 변제공탁

변제공탁(辨濟供託)이란 채무자가 변제를 하려고 하여도 채권자가 변제를 받지 아니하거나 변제를 받을 수 없는 경우 또는 과실없이 채권자가 누구인지 알 수 없는 경우에 채무자는 **채무이행에 갈음하여 채무의 목적물을 공탁하여 그 채무를 면할 수 있게 하는 공탁**을 말한다. 변제공탁을 하면 채무가 소멸하므로 채무자는 채무를 면하게 된다.

보 증 계 약 서

채권자 ○○○을 갑으로 하고 보증인 ○○○을 을로 하여, 양당사자 간에 보증 채무에 관하여 다음의 계약을 체결한다.

제1조(계약의 목적) 보증인 을은 20○○년 ○월 ○일 채권자 갑과 채무자 △△△(주소: ○○시 ○○구 ○○로 ○○번지) 간의 ○○계약서에 기재된 채무에 대해서 채무자가 이행을 하지 않을 때는 그 이행을 할 책임을 진다.

제2조(검색의 항변권의 포기) 보증인은 검색의 이익을 포기한다.

제3조(채무의 변제의무) 보증인은 채권자로부터 채무자가 그 채무를 이행하지 않은 취지를 통보 받은 후 ○일간 내에 제1조의 보증채무를 이행하지 않을 때는 채권자에 대하여 위약금 ○○○원을 지급한다.

이 계약을 증명하기 위해 이 증서 2통을 작성하여 각자 서명·날인하고 각 1통을 보관한다.

20○○년 ○월 ○일

채권자	주 소					
	성 명 또는 상 호	㊞	주민등록번호 또는 사업자등록번호	−	전 화 번 호	
보증인	주 소					
	성 명 또는 상 호	㊞	주민등록번호 또는 사업자등록번호	−	전 화 번 호	

공탁은 채권자의 주소지를 관할하는 법원의 **공탁소에 비치된 공탁서와 공탁통지서**를 받아 일정한 서류를 제출하면 공탁공무원이 심사하여 **공탁을 수리**하게 되고, 그 후 공탁자가 공탁물을 **공탁물보관은행에 납입**하면 된다. 지정된 납입기일까지 납입하지 않으면 공탁수리결정은 그 효력이 상실된다.

(2) 보증공탁(保證供託)

보증공탁이란 소송행위, 집행행위 또는 어떤 행위로 인하여 **특정의 상대방이 받을 수 있는 손해를 담보**[36]하기 위한 공탁을 말한다. 이에는 **재판상 보증공탁, 영업보증공탁**[37], **기타의 보증공탁** 등이 있다. 그 밖에도 **가압류보증, 가처분보증, 소송비용담보, 가집행을 면하기 위한 담보** 등이 있으며, 보증공탁의 절차는 변제공탁과 동일하다.

4. 내용증명

내용증명(內容證明)이란 발송인이 수취인에게 어떤 내용의 문서를 언제 발송하였다는 사실을 **우체국에서 공적으로 증명하는 등기취급우편제도**이다.

내용증명은 개인 상호간의 **채권채무관계나 권리의무관계**를 더욱 명확히 해야 할 필요가 있을 때 주로 이용된다. 내용증명은 본안소송을 제기하기에 앞서 의무의 이행을 촉구하거나 증거력 확보를 위한 수단 등으로 개인 상호간에 주로 이용된다. 따라서 내용증명을 발송했다고 하여 법적 효력이 곧 바로 발생하는 것은 아니다.

일상생활에서 내용증명이 필요한 경우로는, ① **채무이행의 최고와 계약의 해제**, ② **채권양도의 통지**, ③ **임대차계약의 해지**, ④ **기타 법적인 의미를 지닌 의사를 상대방에게 통지할 경우**이다.

내용증명은 A4용지에 상대방에게 알리고자 하는 내용을 **육하원칙에 따라 작성**해야 하며, 내용문서의 서두나 말미에는 **발송인 및 수취인의 주소, 성명**을 반드시 기

---

36) 민사소송법상의 담보에는, ① 소송비용담보(민소법 제117조), ② 가집행의 담보(민소법 제213조) ③ 민사집행법상의 담보에는 부동산 매각허가 결정에 대한 항고보증(민집법 제130조) 선박경매취소를 위한 보증(민집법 제181조) 등이 있다.

37) 영업보증의 공탁이란, 영업거래상 채권을 취득하는 상대방이나 기업활동에 의하여 손해를 입은 피해자를 보호하기 위하여 담보를 제공하는 공탁이며, 기타의 담보공탁으로서는 세법상의 보증공탁으로 세금의 연납 또는 징수유예를 인정할 때에 장래의 납부 또는 징수를 확보하기 위하여 납세자등이 일정의 담보를 제공하는 공탁 등이 있다.

재해야 하며, 누가 누구에게 발송한 내용문서인지를 명확히 기재해야 한다.

작성된 문서는 **원본과 복사본 2부를 우체국 접수창구에 제출**하면 된다. 내용문서의 원본과 복사된 등본 2통에 대한 소정의 증명절차가 끝나면 원본을 수취인에게 발송하여야 한다. 수취인에게 보낼 원본은 내용문서에 기록된 발송인 및 수취인의 주소, 성명을 동일하게 기재한 봉투에 넣고 우체국 취급직원이 보는 곳에서 이를 봉함하여 **등기접수**하면 된다. 내용증명을 발송하는 경우에는 등기우편으로 하여야 하고 **배달증명**을 함께 받아 두어야 한다.

5. 지급명령

지급명령(支給命令)이란 **변론을 열지 않고 간단한 절차**에 의하여 채권자의 청구에 이유가 있다고 인정하면 채무자에 대하여 **금전 기타 대체물 또는 유가증권의 일정한 수량의 지급을 명하는 재판**을 말한다. 지급명령은 일반적인 판결절차와 같은 변론이나 증거조사 등의 번거로운 절차를 거치지 않고 누구라도 쉽게 이용하기 위한 소송절차이다.

지급명령은 상대방의 주소지를 **관할하는 법원에 신청**하면 되고, **법원은 채권자가 일방적으로 제출한 증거만으로 "지급명령의 결정"**을 하게 된다. 이러한 법원의 결정에 불복하는 채무자는 법원에 이의신청을 할 수 있고, 적법한 이의신청이 있는 때에는 정식소송으로 진행된다.

법원의 지급명령에 대하여 이의신청이 없거나 이의신청을 취하(取下)하거나 각하(却下)결정이 확정된 때에는, 지급명령은 **확정판결과 동일한 효력이 발생**한다. 지급명령을 우편으로 송달받은 채무자는 송달받은 날부터 **2주일 내에 지급을 하지 않고 이의신청을 하지 않으면 지급명령은 확정**되고, 채권자는 법원의 지급명령에 기초하여 채무자의 재산을 **강제집행**할 수 있게 된다.

6. 소액심판

소액심판제도란 소액의 민사사건, 즉 **3천만원**을 초과하지 아니하는 금전지급을 목적으로 하는 **대여금, 물품대금, 손해배상청구**와 같은 사건에 대하여 신속하고 간편하게 경제적으로 재판을 받을 수 있게 하는 제도이다. 소액사건심판법 제2조 제

1항에 따른 소액사건의 범위는 제소한 때의 소송목적의 값이 **3,000만원을 초과하지 아니하는 금전 기타 대체물**이나 **유가증권의 일정한 수량의 지급**을 목적으로 하는 **제1심의 민사사건으로 한다**(소액사건심판규칙 제1조의2).

소액심판은 법원 종합민원실이나 법원 민사과에 가면 누구든지 인쇄된 소장서식용지를 무료로 얻어서 해당사항을 기재하면 소장이 되도록 비치되어 있다.

또한 원고와 피고 쌍방이 임의로 법원에 출석하여 진술하는 방법으로도 소제기가 가능하다. **소장(訴狀)을 접수하면 즉시 변론기일을 지정**하여 알려준다.

소액심판제도는 재판이 단 1회로 끝내는 것을 원칙으로 하므로 당사자들이 유의해야 할 사항으로는 "모든 증거는 최초의 변론기일에 제출할 수 있도록 준비해야 한다"는 점과 당사자가 재판에 불출석하게 되면 불합리한 재판결과가 도출된다는 점이다. 즉 피고가 불출석하고 답변서도 제출하지 않으면 즉석에서 **원고승소판결이 선고**되고, 원고가 2회 불출석하고 그 후 1개월 내에 기일지정의 신청을 하지 않으면 소송은 취하된 것으로 간주될 수 있다.

소액심판제도는 변호사가 아니더라도 **원고나 피고의 아내, 남편, 부모, 형제자매, 자녀 등이 법원의 허가 없이 원고나 피고를 대리하여 소송**을 할 수 있다. 이 경우에는 소송행위의 대리에 관한 **위임장과 주민등록등본을 법원에 제출**해야 한다.

Ⅱ. 부동산 거래

1. 부동산 거래와 등기제도

(1) 부동산의 개념

부동산(不動産)이란 토지와 그 정착물을 말한다(제99조). 토지의 소유권은 **정당한 이익있는 범위내에서 토지의 상하에 미친다**(제212조). 또한 이러한 부동산의 소유자는 소유권을 방해하는 자에 대하여 **소유물방해제거청구권을 행사**할 수 있고, 소유권을 방해할 염려있는 행위를 하는 자에 대하여는 **방해예방청구권을 행사**하거나 **손해배상의 담보를 청구**할 수 있다(제214조).

토지의 정착물이란 토지에 고정적으로 부착되어 용이하게 이동할 수 없는 물건으로서 **건물, 수목, 돌담, 교량** 등이 해당한다.

(2) 부동산 매매계약

1) 부동산 매입시 주의사항

토지나 주택 등 부동산을 구입할 때는 본인이 직접 현장조사를 하여 모든 사항을 확인하여야 한다. 주택의 경우에는 전세, 월세 등에 대한 **현장확인**이 필요하고, 토지의 경우에는 토지의 지번과 지목, 도로와의 인접성 등에 대한 확인이 필요하다.

2) 등기부 및 공적 서류의 열람

가. 부동산의 권리관계를 확인하기 위해서는 **관할등기소에서 부동산등기부를 신청하여 열람**하여야 한다. 부동산중개인 등이 등기부등본을 제시하더라도 본인이 직접 등기부등본을 열람하거나 발급받아 권리관계를 확인하여야 한다. 등기부상의 소유자와 매도인이 일치하는지, 면적, 저당권, 전세권, 가등기 등의 설정 여부를 확인하여야 한다.

나. 담보물권이나 가등기가 되어 있는 부동산은 사지 않는 것이 현명하며, 매수직전에 보존등기가 되어있거나, 상속등기나 회복등기가 된 것은 일단 부동산 실권리자인지 확인해 보아야 한다.

다. 특히 관공서가 쉬는 토요일이나 일요일이나 공휴일에는 계약을 하지 않는 것이 좋다.

라. 또한 등기부등본뿐만 아니라 토지대장, 건축물대장, 임야대장, 토지이용계획확인원 등을 확인하여 도시계획여부, 토지이용에 대한 제한이 없는지 등도 살펴보아야 한다. 2014년부터는 국민편익을 위하여 부동산종합증명서 발급으로도 이러한 점을 확인 가능하게 되었다.

마. 그밖에도 해당지역이 고시지역으로서 **국토교통부장관의 허가 또는 신고구역**으로 지정된 **부동산거래허가 대상지역**인지 여부도 사전에 확인할 필요가 있다.

3) 매매계약의 체결과 당사자의 의무

가. 매도인과 매수인 사이에 부동산에 관한 매매계약이 성립하려면 **매매계약서를 작성**하여야 한다. 매매계약서에는 매도인과 매수인의 인적사항, 목적 부동산의 주소, 면적, 지목 등을 기재하고, 위 당사자 사이에 **부동산에 관한 매매계약을 체결한다는 문언을 기입**하여야 한다.

나. **소유권 등 등기의 이전방법과 매매대금과 대금지급방법과 시기, 목적물의 명도시기 등 당사자 간에 합의된 내용을 기재**하여야 한다. 당사자 간에 **특약사항이 있으면 이를 기재**한다. **매매계약 일자, 당사자와 입회인의 주소, 성명을 적고 날인**한다.

다. 부동산 매매계약은 계약서작성을 허가받은 부동산중개인 또는 법률전문가의 입회하에 하는 것이 좋으며, 통상적으로 **매매계약금은 매매대금의 10%을 지불**한다. 계약금의 성질은 당사자 사이에 다른 약정이 없는 한 해약권을 보류하기 위하여 해약금으로 추정하고 있다(제565조).

라. 매매계약이 성립하면 매도인은 매매의 목적물에 대한 재산권을 매수인에게 이전할 의무가 발생하며, 매수인은 매매대금을 매도인에게 지급할 의무를 지게 된다. 부동산 매매의 경우에 일반적으로 계약시에 **계약금, 중도금, 부동산명도일에 잔금**을 지급하는 것이 거래의 관행이다. 그리고 계약금 등을 지급할 때에는 반드시 영수증을 주고받는 등 대금지급내용을 명백히 하여야 하며, 등기부는 중도금지급, 잔금지급시마다 그 직전에 확인하여야 한다. 중도금지급 후에도 이중매매가 이루어지는 경우가 있기 때문이다.

마. 매수인이 계약서에 중도금 지급을 약속하였다면 매도인에게 중도금을 지급하여야 한다. 중도금을 지급한 후에는 계약내용을 일부 이행한 것으로 보아 매도인은 계약을 해제할 수 없게 되며, 약정한 날짜에 매도인은 등기서류와 부동산을 인도하고 매수인은 잔금을 지급해야 한다. 그리고 매수인이 매수시에 받아야 할 서류로는 **등기필증, 매도인의 부동산매도용 인감증명, 매도증서, 위임장** 등이다.

바. 매수인이 잔금지급일자에 잔금을 지불하지 않으면 매도인은 부동산의 인도를

거절할 수 있고 나아가 매매계약 자체를 해제할 수 있다.

　사. 잔금지급후에 매수인은 등기관련서류를 가지고 등기소에 가서 소유권이전등
　　　기를 하여야 한다. **소유권이전등기 신청시 필요한 서류로는 등기필증, 인
　　　감증명서(매도인), 부동산거래계약 신고필증, 취득세납부영수증 1통과 신
　　　청정보(신청서) 2통, 매도인과 매수인의 각 주민등록등본**이 필요하다. 재
　　　산권과 그 밖의 권리를 취득하는 경우에는 등기 또는 등록하기 전까지 **취득
　　　세를 신고 납부**하여야 한다. 그밖에도 농어촌특별세, 지방교육세, 국민주택채
　　　권, 등기신청수수료 및 수입인지비용 등이 소요된다.

(3) 등기제도

1) 등기제도의 의의

　등기란 등기관이 법정절차에 따라 등기부라는 공적 장부에 부동산에 관한 일정한
권리관계를 기재하는 것 또는 그러한 기재 그 자체를 말한다.
　등기부에는 토지등기부와 건물등기부가 있다.
　등기제도의 목적은 **부동산에 관한 권리관계를 공시**하는데 있으므로, 등기에 관
한 장부를 공개함으로써 일반인이 이를 이용할 수 있도록 하는데 있다. 우리나라는
권리의 객체인 부동산을 단위로 등기를 편성하는 **"물적 편성주의"**를 취하고 있다.

2) 등기해야 할 권리

　부동산등기법에서 등기능력을 인정하고 있는 권리는 **소유권, 지상권, 지역권, 전
세권, 저당권의 5가지**이다. 그밖에 부동산 물권은 아니지만 법률에 의해 등기능력이
인정되는 것으로 **부동산임차권, 채권담보권, 권리질권, 부동산환매권**이 있다.

3) 등기의 효력

　등기의 효력에는 본등기의 효력과 가등기의 효력이 있다. 즉 **본등기**는 ① **권리변
동의 효력**, ② **대항적 효력**, ③ **순위확정적 효력**을 가지며, **가등기**(假登記)는 본
등기 순위보전의 효력이 있다.

(4) 등기절차

1) 등기신청(공동신청주의)

등기는 **당사자의 신청에 의하여 행해지는 것이 원칙**이지만, 예외적으로 관공서의 촉탁이나 등기공무원의 직권 또는 법원의 명령에 의하여 행해지는 경우도 있다. **신청자가 등기소를 직접 방문하여 신청하는 경우와 전산정보처리시스템을 이용하여 신청하는 전자신청이 있다.** 방문신청의 경우에 등기는 **원칙적으로 등기권리자와 등기의무자가 반드시 서면**으로 부동산소재지를 관할하는 법원의 등기과나 등기소에 **공동신청**하여야 한다. 그러나 **판결에 의한 등기나 상속등기 등은 단독으로 신청**할 수 있다.

2) 등기신청에 필요한 서류

등기에 필요한 서류에는
① 신청정보(신청서)
② 등기원인을 증명하는 서면,
③ 등기의무자의 등기필증
④ 인감증명서
⑤ 주민등록등본
⑥ 토지대장, 건축물대장, 지적도, 도면 등을 갖추어야 한다.

2. 주택임대차보호제도

(1) 주택임대차보호법의 제정

민법상의 전세권이나 임대차 계약에 관한 규정은 당사자 사이의 자유의사에 의한 계약을 중시하고 당사자 간의 법률관계를 형식적으로 평등하게 규율하고 있다. 그러나 부동산 계약관계 현실은 경제적 강자인 임대의 횡포와 자의에 의해 경제적 약자인 부동산 임차인이 임대인의 부당한 요구로 인해 피해를 입는 경우가 빈번하게 발생하여 심각한 사회적 문제를 야기하게 되었다. 따라서 임차인의 주거생활의 안정과 경제적 지위를 사회법적 차원에서 보장해야 할 필요성이 절실하게 대두하게 되어, **1981년 3월 5일 무주택임차인의 권리와 지위를 보호하는 것을 주요내용**으로 하는 "주택임대차보호법"을 제정하였고, 그 후 여러 차례에 걸쳐 개정하였다.

주택임대차보호법 제1조에서는 "이 법은 **주거용 건물의 임대차에 관하여 민법에 대한 특례를 규정함으로써 국민의 주거생활의 안정을 보장함을** 목적으로 한다."고 규정하여 이 법의 입법취지를 밝히고 있다.

(2) 주택임대차보호법의 적용범위

1) 주거용 건물, 즉 주택의 임대차에 한하여 적용된다.

주택은 사회통념상 건물로 인정되기에 충분한 요건을 구비하고 주거용으로 사용되고 있으면 족하다. 따라서 공부상으로는 **공장용 건물이나 창고용 건물**이라 하더라도 **건물의 내부구조를 주거용으로 사실상 변경한 경우에는 주택**으로 보아야 한다. 또한 무허가 주택도 이 법의 적용을 받는다. 따라서 관할관청으로부터 건축허가를 받지 않고 건축한 **무허가건물**이나 건축허가를 받았으나 **준공검사를 필하지 못한 건물**도 이 법의 적용을 받게 된다.

2) 임차주택의 일부가 주거 외의 목적으로 사용되는 경우에도 적용을 받는다.

임차목적물이 주거용 건물과 함께 사용되는 것인 이상 임차주택의 일부가 비주거용인 경우까지 이 법의 보호대상이 된다. 따라서 주택에 딸린 가게에서 소규모영업 또는 공장을 하는 사람도 이 법의 보호대상이 된다.

3) 미등기 전세에도 적용된다(동법 제12조). 따라서 미등기 전세계약시 지급한 "전세금"은 "임대차의 보증금"으로 본다.

(3) 주택임대차보호법의 보호내용

1) 주택임차권의 대항력

"임차권의 대항력"이란 제3자에 대하여 임대차 관계를 주장할 수 있는 권리를 말한다. 제3자에 대하여 효력이 발생한다는 것은 임차인이 그 주택의 임대차관계를 주장할 수 있다는 의미이므로, 임대차기간 중에 임대주택의 소유자가 변경되더라도 새로운 소유자는 임대인의 지위를 포괄적으로 승계하기 때문에 **임차인은 계약기간 동안에는 그 집에서 생활할 수 있는 권리가 있다는** 의미이다.

주택임대차는 등기가 없는 경우에도 **주택의 인도와 주민등록을 마친 경우에는**

그 다음날부터 제3자에 대하여 효력이 발생한다. **전입신고를 한 때에 주민등록이 된 것으로 본다**(동법 제3조 제1항).

여기서 **주택의 인도란 주택에 대한 사실상의 점유의 이전, 즉 주택에의 입주**를 말하며, **현실의 인도, 간이인도, 반환청구권의 양도에 의한 인도, 점유개정에 의한 경우도 가능**하다.

그리고 여기서 말하는 **주민등록이란 임차인 본인뿐만 아니라 실제로 공동생활을 하고 있는 가족**, 즉 임차인의 배우자, 직계존비속, 형제들의 주민등록이 되어 있는 경우도 포함한다. 따라서 임차인 본인이 일시적으로 주민등록을 이전하였다 하더라도 공동생활을 하는 가족의 주민등록이 되어 있고, 임차인이 공동생활을 하고 있으면 주택임대차보호법상의 대항요건을 구비한 것으로 인정된다.

확정일자란 그 날짜 현재에 해당문서가 존재하고 있었다는 것을 입증하기 위하여 **공증인, 법원서기 또는 동사무소에서 임대차계약서(검인계약서)상에 확정일자부의 번호를 써넣고 일자인을 찍는 것**을 말한다.

2) 임차주택양수인의 임대인 지위승계

주택임대차보호법에 제3조 제4항에 의하면, **임차주택의 양수인은 임대인의 지위를 승계한 것으로 본다**고 규정함으로써, 종전 임대인과 임차인 간에 존재한 임대차계약관계가 그대로 임차주택의 양수인과 임차인간에 승계가 되고 종전의 임대인은 그 임대차관계로부터 완전히 이탈하게 된다.

여기서 "**임차주택의 양수인**"이란 매매, 교환 등 법률행위에 의하여 임차주택의 소유권을 취득한 자뿐만 아니라 그 밖에 상속, 공용징수, 판결, 경매 등의 법률의 규정에 의하여 임차주택의 소유권을 취득한 자를 말한다.

임차주택의 양수인이 임대인의 지위를 승계한다는 것은 종전 임대차계약서에서 정하여진 권리와 의무를 이어 받는 것이므로, 임차주택의 소유권변동 후에 발생할 차임청구권은 양수인에게 이전하는 것은 당연하지만, 그 이전에 발생하였거나 아직 지급되지 않은 차임청구권은 종전의 임대인에게 발생하였던 채권이므로 양수인에게 승계되는 것은 아니라고 보아야 한다.

또한 **보증금 또는 전세금반환채무**는 임대주택의 반환채무와 동시이행관계에 있으므로 당연히 **새로운 양수인이 부담**하여야 한다.

3) 임차권등기명령제도

주택임대차가 끝난 후 보증금이 반환되지 아니한 경우 임차인은 임차주택의 소재지를 관할하는 **지방법원, 지방법원지원, 또는 시·군법원에 임차권등기명령을 신청**할 수 있다(동법 제3조의3).

임차권등기명령이란 계약기간이 종료했음에도 보증금을 돌려받지 못한 세입자가 법원에 요청하면 법원은 7~10일 이내에 임대인에게 임차권을 등기하도록 직권으로 명령하는 제도이다.

4) 주택임대차계약기간의 존속보장
① 주택임대차기간

주택임대차기간은 당사자간에 자유로이 정할 수 있으나, 기간의 정함이 없거나 기간을 **2년 미만으로 정한 임대차는 그 기간을 2년으로 본다**(동법 제4조 제1항). 이러한 최단기간의 임대차기간보장은 임차인 보호를 위한 기간이므로, 임차인이 임대인과 합의하여 임대기간을 2년 미만으로 기간을 정하는 것은 유효하다.

② 계약의 갱신

임대인이 **임대차기간이 끝나기 6개월 전부터 1개월 전까지의 기간에 갱신거절의 통지 또는 계약조건을 변경**하지 아니하면 갱신하지 아니한다는 뜻의 통지를 하지 아니한 경우에는 그 기간이 끝난 때에 **전 임대차와 동일한 조건으로 다시 임대차한 것으로 본다**(동법 제6조 제1항). 다만, 임대차기간을 2년으로 정하여 임차인을 보호하려는 것은 임차인 자신의 의무를 다하지 않았을 때에도 무조건 보호해준다는 취지는 아니므로 임차인이 2기의 차임액에 달하도록 연체하거나 그 밖에 임차인으로서의 의무를 현저히 위반한 때에는 보호받지 못한다(동조 제3항).

③ 묵시적 계약 갱신의 경우의 계약해지

임대차기간의 정함이 없다면 임차인은 언제든지 임대인에게 계약해지의 통지가 가능하고, 그 효력은 **통지가 임대인에게 도달한 날로부터 3개월이 지나면 발생**한다(동법 제6조의2).

5) 보증금반환청구권의 보장

주택임대차에 있어서 임차인 보호의 핵심은 보증금반환청구권을 확실하게 보장하는 것이다. 주택임대차보호법은 임차인의 순위에 의한 **우선변제권**과 **보증금 중 일정액에 대한 최우선변제권을 인정**하고 있다.

가. 우선변제권

일정한 요건을 갖춘 임차인에게 우선변제권을 인정하고 있다. 즉 **주택의 임차인이 주택의 인도와 주민등록을 마치고 주택임대차계약서상의 확정일자를 갖추었을 때**, 경매 또는 공매시 임차주택의 환가대금에서 **후순위권리자 그 밖의 채권자보다 우선하여 보증금을 변제받을 권리**가 있다.

확정일자를 받은 임차인은 후순위권리자 그 밖의 채권자보다 우선하여 보증금을 변제받을 권리가 있을 뿐이므로 **임차인이 주택의 인도, 주민등록 및 계약서상의 확정일자를 갖추기 전에 설정된 담보물권보다는 우선하지 못한다.** 주택임대차계약서상의 확정일자(確定日字)를 받기 위해서는 임대인의 동의는 필요없고, 우선변제권이 인정되는 보증금은 그 금액의 범위에 제한이 없으므로 다액의 보증금의 경우에도 적용된다.

다만, 임차인이 그 주택의 양수인에게 대항할 수 있는 경우에는 임대차가 종료된 후가 아니면 보증금의 우선변제를 청구하지 못하며, 우선변제가 인정되더라도 임차인은 임차주택을 양수인에게 인도하지 아니하면 보증금을 수령할 수 없다.

나. 최우선변제권

(a) **일정한 범위의 인차인은 일정한 범위의 보증금에 대하여 다른 담보물권자보다 우선하여 변제받을 수 있다.** 이 경우 임차인은 주택에 대한 경매신청의 등기 전에 주택인도와 주민등록을 갖추어야 한다.

(b) 다른 담보물권자보다도 우선 변제를 받을 수 있다는 것은 그 임차주택소유자에 대한 일반채권자는 물론 **선순위저당권 등 담보물권을 가지고 있는 자보다도 우선하여 그 주택가액의 2분의 1 범위 내에서 보증금의 반환을 받을 수 있다는** 것이다(제8조 참조).

(c) 임차인이 임차주택에 대하여 보증금반환청구소송의 확정판결이나 그 밖에 이에 준하는 집행권원(執行權原)에 따라서 **경매를 신청하는 경우에는** 집행

개시의 요건에 관한 민사집행법 제41조에도 불구하고 반대의무(反對義務)의 이행이나 이행의 제공을 집행개시의 요건으로 하지 아니한다.

(d) 또한 **대항요건(對抗要件)과 임대차계약증서상의 확정일자(確定日字)를 갖춘 임차인은 「민사집행법」에 따른 경매 또는 「국세징수법」에 따른 공매(公賣)를 할 때에 임차주택(대지를 포함한다)의 환가대금(換價代金)에서 후순위권리자(後順位權利者)나 그 밖의 채권자보다 우선하여 보증금을 변제(辨濟)받을 권리가 있다**(동법 제3조의2).

(e) 우선변제를 받을 수 있는 임차인의 범위와 우선변제를 받을 수 있는 보증금의 범위는 다음과 같다(동법 시행령 제10, 11조).

(ㄱ) 서울특별시: 1억원 1천만원 이하의 임차인: 3천700만원

(ㄴ) 「수도권정비계획법」에 따른 과밀억제권역(서울특별시는 제외한다), 세종특별자치시, 용인시 및 화성시: 1억원 이하의 임차인: 3천400만원

(ㄷ) 광역시(「수도권정비계획법」에 따른 과밀억제권역에 포함된 지역과 군지역은 제외한다), 안산시, 김포시, 광주시 및 파주시: 6천만원 이하의 임차인: 2천만원

(ㄹ) 그 밖의 지역: 5천만원 이하의 임차인: 1천700만원

우선변제권은 일정한 보증금액에 대하여만 인정되므로, 보증금전액을 우선변제 받기 위해서는 임대차계약서에 확정일자를 받아두어야 한다.

6) 임대인의 차임증액청구권의 제한

주택임대차보호법은 약정한 차임 또는 보증금이 임차주택에 관한 조세, 공과금 그 밖의 부담의 증감이나 경제사정의 변경으로 인하여 상당하지 아니하게 된 때에는 당사자는 장래에 대하여 그 **증감을 청구**할 수 있다(동법 제7조). 다만, 증액의 경우에는 대통령으로 정하는 기준에 따른 비율을 초과하지 못하도록 하고 있다. 즉 차임의 증액청구는 임대차계약 또는 약정한 차임 등의 증액이 있은 후 1년 이내에는 하지 못하도록 하였고, 설사 1년 후에 올리는 경우에도 증액청구는 약정한 차임 등의 20분의1의 금액을 초과하지 못하도록 하고 있다(동법 시행령 제8조).

7) 주택임차권의 승계

임차인이 상속인이 없이 사망한 경우에는 그 주택에서 가정공동생활을 하던 사실상의 혼인관계에 있는 자가 임차인의 권리와 의무를 승계한다. 또한 상속권자가 임차인과 함께 가정공동생활을 하고 있지 아니한 경우에는 임차권은 사실상의 혼인관계에 있는 자와 2촌 이내의 친족이 공동으로 승계한다(동법 제9조). 임차인이 사망한 후 1개월 이내에 승계대상자가 임대인에게 승계하지 않겠다는 의사표시를 하면 승계되지 않는다(동법 제9조 제3항).

8) 이 법의 준용범위

이 법은 **일시사용을 위한 임대차임**이 명백한 경우에는 적용하지 않으며, **미등기전세에도 준용**한다. 또한 임대보증금반환청구소송에 관하여는 '**소액사건심판법**'을 **준용**한다(동법 제11조~제13조).

3. 「상가건물 임대차보호법」의 내용

이 법은 상가건물 임대차에 관하여 「민법」에 대한 특례를 규정하여 **국민 경제생활의 안정을 보장**함을 목적으로 제정되었다. 이 법의 주요 내용을 살펴보면 다음과 같다.

(1) 확정일자 부여 및 임대차정보의 제공

확정일자는 상가건물의 소재지 관할 세무서장이 부여하며, 관할 세무서장은 해당 상가건물의 소재지, 확정일자 부여일, 차임 및 보증금 등을 기재한 확정일자부를 작성하여야 한다. 이 경우 전산정보처리조직을 이용할 수 있다.

상가건물의 임대차에 이해관계가 있는 자는 관할 세무서장에게 해당 상가건물의 확정일자 부여일, 차임 및 보증금 등 정보의 제공을 요청할 수 있는데, 요청을 받은 관할 세무서장은 정당한 사유 없이 이를 거부할 수 없다.

임대차계약을 체결하려는 자는 임대인의 동의를 받아 관할 세무서장에게 정보제공을 요청할 수 있고, 확정일자부에 기재하여야 할 사항, 상가건물의 임대차에 이해관계가 있는 자의 범위, 관할 세무서장에게 요청할 수 있는 정보의 범위 및 그 밖에 확정일자 부여사무와 정보제공 등에 필요한 사항은 대통령령으로 정한다.

부동산매매계약서

매도인 ○○○(이하 "갑"이라 한다)과 매수인 ○○○(이하 "을"이라 한다)은 아래 표시의 부동산에 관하여 다음과 같이 합의하여 계약을 체결한다.

〈부동산의 표시〉

소재지					
토 지	지　　　목		면 적		㎡(　　평)
건 물	구조 및 용도		면 적		㎡(　　평)

제1조(목적) 갑은 그 소유의 위 부동산을 을에게 매도하고 을은 이를 매수한다.

제2조(매매대금) ① 매매대금은 금○○○원으로 하고 다음과 같이 지급하기로 한다.

계 약 금	금	원은 계약체결시에 지급하고			
중 도 금	금	원은	년	월	일에 지급하면
잔　　금	금	원은	년	월	일에 지급하기로 함

② 제1항의 계약금은 잔금수령시에 매매대금의 일부로 충당한다.

제3조(소유권이전 및 매매물건의 인도) 갑은 을의 잔금지급과 동시에 소유권이전등기에 필요한 서류를 을에게 교부하고 이전등기절차에 협력하여야 하며 갑의 비용과 책임으로 매매부동산을 을에게 인도하여야 한다.

제4조(저당권등의 말소) 갑은 위 제3조의 인도전에 매매부동산상의 저당권, 질권, 전세권, 지상권, 임차권 기타 소유권의 행사를 제한하는 일체의 권리를 말소 시켜야 한다.

제5조(부속물의 이전) 위 제3조의 인도시 매매부동산에 부속된 물건은 매매목적물에 포함된 것으로 한다.

제6조(매도인의 담보책임) 매매부동산은 계약시의 상태를 대상으로 하며 공부상의 표시와 실제가 부합하지 아니하여도 쌍방이 이의를 제기하지 않기로 한다.

제7조(위험부담) ① 매매부동산의 인도 이전에 불가항력으로 인하여 매매부동산이 멸실 또는 훼손되었을 경우에는 그 손해는 갑의 부담으로 한다.

② 제1항의 경우에 을이 계약을 체결한 목적을 달성할 수 없을 때에는 을은 계약을 해제할 수 있으며 이때 갑은 이미 수령한 대금을 을에게 반환하여야 한다.

제8조(계약의 해제) ① 위 제2조의 중도금 지급(중도금약정이 없을 때에는 잔금)전까지 을은 계약금을 포기하고, 갑은 계약금의 배액을 상환하고 계약을 해제할 수 있다.

② 당사자 어느 일방이 본 계약을 위반하여 이행을 태만히 한 경우 상대방은 1주간의 유예기간을 정하여 이행을 최고하고, 일방이 이 최고의 기간 내에 이행을 하지 않을 경우에 상대방은 계약을 해제할 수 있다.

제9조(위약금) 위 제8조 제2항에 의하여 갑이 본 계약을 어겼을 EO에는 계약금으로 받은 금액의 2배를 을에게 주기로 하고, 을이 본 계약을 어겼을 때에는 계약금은 갑에게 귀속되고 돌려달라는 청구를 할 수 없다.

제10조(비용) 매도증서작성비용 및 이에 부대하는 비용은 갑이 부담하고 소유권이전등기에 필요한 등록세 등의 비용은 을이 부담한다.

제11조(공과금 등) 매매물건에 부과되는 조세공과·제비용 및 매매물건에서 발생하는 수익은 모두 인도일을 기준으로 하여 그 전일까지 생긴 부분은 갑에게 귀속하고 그 이후부터는 을에게 귀속한다.

제12조(관할 법원) 이 계약에 관한 분쟁이 발생할 시에는 소송의 관할법원은 매매부동산의 소재지를 관할하는 법원으로 한다.

이 계약을 증명하기 위하여 계약서 2통을 작성하여 갑과 을이 서명·날인한 후 각각 1통씩 보관한다.

20○○년 ○월 ○일

매도인	주 소					
	성명 또는 상호	㉛	주민등록번호 또는 사업자등록번호	-	전화번호	
매수인	주 소					
	성명 또는 상호	㉛	주민등록번호 또는 사업자등록번호	-	전화번호	
입회인	주 소					
	성명 또는 상호	㉛	주민등록번호 또는 사업자등록번호	-	전화번호	

부동산임대차계약서

임대인(이하 "갑(甲)"이라고 함)과 임차인(이하 "을(乙)"이라고 함)은 서로간 합의하에 다음과 같이 부동산 임대차계약을 체결한다.

1. 부동산의 표시

소 재 지	
건 물	용도 : 구조 : 면적 : m²/(평)
임 대 할 부 분	

2. 계약내용(약정사항)

제1조(보증금) 을은 상기 표시 부동산의 임대차보증금 및 차임(월세)을 다음과 같이 지불하기로 한다.
　○보증금 : 금○○○원(○○○)
　○계약금 : 금○○○원은 계약시에 지불한다.
　○중도금 : 금○○○원은 20○○년 ○월 ○일에 지불한다.
　○잔 금 : 금○○○원은 매월 말일에 지불한다.
　○차임(월세금) : 금○○○원은 매월 말일에 지불한다.

제2조(임대차기간) 임대차 기간은 20○○년 ○월 ○일부터 20○○년 ○월 ○일까지 ○○개월로 한다.

제3조(건물의 인도) 갑(甲)은 상기 표시 부동산을 임대차 목적대로 사용·수익할 수 있는 상태로 하여 20○○년 ○월 ○일까지 을(乙)에게 인도 한다.

제4조(구조변경, 전대등의 제한) 을은 갑(甲)의 동의 없이 상기 표시 부동산의 용도나 구조 등의 변경, 전대, 양도, 담보제공 등 임대차 목적 외에 사용 할 수 없다.

제5조(계약의 해제) 을(乙)이 갑(甲)에게 중도금(중도금 약정이 없는 경우에는 잔금)을 지불하기 전까지는 본 계약을 해제할 수 있는바, 갑(甲)이 해약할 경우에는 계약금의 2배액을 상환하며 을(乙)이 해약할 경우는 계약금을 포기하는 것으로 한다.

제6조(계약의 종료) ① 을(乙)은 존속기간의 만료, 합의해지 및 기타 해지사유가 발생하면 위 부동산을 원상회복하여 갑(甲)에게 반환한다.

② 제1항의 경우, 갑(甲)은 보증금을 을에게 반환하고 연체 임대료 또는 손해배상금액이 있을 때에는 이들을 제외하고 그 잔액을 반환한다.

제7조(민법의 적용) 본 계약에서 정하지 아니한 사항에 대해서는 민법의 규정을 적용토록 한다.

위 계약을 증명하기 위하여 계약서 2통을 작성하고, 각 서명·날인하여 각자 1통씩 보관한다.

20○○년 ○월 ○일

임대인	주 소						
	성 명 또는 상 호	㊞	주민등록 번 호	–	전 화 번 호	
임차인	주 소						
	성 명 또는 상 호	㊞	주민등록 번 호	–	전 화 번 호	
입회인	주 소						
	성 명 또는 상 호	㊞	주민등록 번 호	–	전 화 번 호	

(2) 보증금의 회수

임차인이 임차건물에 대하여 보증금반환청구소송의 확정판결, 그 밖에 이에 준하는 집행권원에 의하여 경매를 신청하는 경우에는 「민사집행법」 제41조에도 불구하고 반대의무의 이행이나 이행의 제공을 집행개시의 요건으로 하지 않는다. 관련 규정에 따라 대항요건을 갖추고 **관할 세무서장으로부터 임대차계약서상의 확정일자를 받은 임차인**은 「민사집행법」에 따른 경매 또는 「국세징수법」에 따른 공매 시 임차건물(임대인 소유의 대지를 포함한다)의 환가대금에서 후순위권리자나 그 밖의 채권자보다 우선하여 보증금을 변제받을 권리가 있다. 임차인은 임차건물을 양수인에게 인도하지 아니하면 확정일자에 따른 보증금을 받을 수 없다.

우선변제의 순위와 보증금에 대하여 이의가 있는 **이해관계인은 경매법원 또는 체납처분청에 이의를 신청**할 수 있는데, 이의신청을 받은 체납처분청은 이해관계인이 이의신청일부터 7일 이내에 임차인 또는 우선변제권을 승계한 금융기관 등을 상대로 소(訴)를 제기한 것을 증명한 때에는 그 소송이 종결될 때까지 이의가 신청된 범위에서 임차인 또는 우선변제권을 승계한 금융기관 등에 대한 보증금의 변제를 유보(留保)하고 남은 금액을 배분하여야 한다. 이 경우 유보된 보증금은 소송 결과에 따라 배분한다.

「은행법」에 따른 은행, 「중소기업은행법」에 따른 중소기업은행, 「한국산업은행법」에 따른 한국산업은행, 「농업협동조합법」에 따른 농협은행, 「수산업협동조합법」에 따른 수산업협동조합중앙회, 「우체국예금·보험에 관한 법률」에 따른 체신관서, 「보험업법」 제4조 제1항 제2호 라목의 보증보험을 보험종목으로 허가받은 보험회사, 그 밖에 제1호부터 제7호까지에 준하는 것으로서 대통령령으로 정하는 기관 등이 우선변제권을 취득한 임차인의 보증금반환채권을 계약으로 양수한 경우에는 양수한 금액의 범위에서 **우선변제권을 승계**한다.

우선변제권을 승계한 금융기관 등은 임차인이 대항요건을 상실하였거나, 임차권 등기가 말소된 경우 또는 임대차등기가 말소된 경우에는 우선변제권을 행사할 수 없다. 또한 금융기관 등은 우선변제권을 행사하기 위하여 임차인을 대리하거나 대위하여 임대차를 해지할 수 없다.

(3) 임차권등기명령

임대차가 종료된 후 보증금이 반환되지 아니한 경우 임차인은 임차건물의 소재지를 관할하는 지방법원, 지방법원지원 또는 시·군법원에 **임차권등기명령을 신청**할 수 있다.

(4) 임대차기간

임대차기간을 정하지 아니하거나 기간을 1년 미만으로 정한 임대차는 그 기간을 **1년으로 본다. 다만, 임차인은 1년 미만으로 정한 기간이 유효함을 주장**할 수 있다. 임대차가 종료한 경우에도 임차인이 보증금을 돌려받을 때까지는 임대차 관계는 존속하는 것으로 본다(제9조).

(5) 계약갱신 요구 및 계약갱신요구권

임대인은 임차인이 **임대차기간이 만료되기 6개월 전부터 1개월 전까지 사이에 계약갱신을 요구할 경우 정당한 사유 없이 거절하지 못한다.** 다만, 임차인이 3기의 차임액에 해당하는 금액에 이르도록 차임을 연체한 사실이 있거나, 임차인이 거짓이나 그 밖의 부정한 방법으로 임차하였거나, 서로 합의하여 임대인이 임차인에게 상당한 보상을 제공한 경우나, 임차인이 임대인의 동의 없이 목적 건물의 전부 또는 일부를 전대(轉貸)한 경우, 임차인이 임차한 건물의 전부 또는 일부를 고의나 중대한 과실로 파손한 경우, 임차한 건물의 전부 또는 일부가 멸실되어 임대차의 목적을 달성하지 못할 경우, 임대인이 목적 건물의 전부 또는 대부분을 철거하거나 재건축하기 위하여 목적 건물의 점유를 회복할 필요가 있는 경우, 그 밖에 임차인이 임차인으로서의 의무를 현저히 위반하거나 임대차를 계속하기 어려운 중대한 사유가 있는 경우에는 거절할 수 있다.

임차인의 계약갱신요구권은 최초의 임대차기간을 포함한 **전체 임대차기간이 10년을 초과하지 아니하는 범위에서만 행사**할 수 있으며, 갱신되는 임대차는 전 임대차와 동일한 조건으로 다시 계약된 것으로 본다. 다만, 차임과 보증금은 일정한 범위에서 증감할 수 있다.

임대인이 임대차기간 만료 6개월 전부터 1개월 전까지 사이에 임차인에게 갱신

거절의 통지 또는 조건 변경의 통지를 하지 아니한 경우에는 그 기간이 만료된 때에 전 임대차와 동일한 조건으로 다시 임대차한 것으로 본다. 이 경우에 임대차의 존속 기간은 1년으로 본다. 이 경우 임차인은 언제든지 임대인에게 계약해지의 통고를 할 수 있고, 임대인이 통고를 받은 날부터 3개월이 지나면 효력이 발생한다.

(6) 계약갱신의 특례

보증금액을 초과하는 임대차의 계약갱신의 경우에는 당사자는 상가건물에 관한 조세, 공과금, 주변 상가건물의 차임 및 보증금, 그 밖의 부담이나 경제사정의 변동 등을 고려하여 **차임과 보증금의 증감을 청구**할 수 있다.

(7) 권리금

1) 정의

권리금이란 임대차 목적물인 상가건물에서 영업을 하는 자 또는 영업을 하려는 자가 영업시설·비품, 거래처, 신용, 영업상의 노하우, 상가건물의 위치에 따른 영업상의 이점 등 유형·무형의 재산적 가치의 양도 또는 이용대가로서 임대인, 임차인에게 보증금과 차임 이외에 지급하는 금전 등의 대가를 말한다. **권리금 계약**이란 신규임차인이 되려는 자가 임차인에게 권리금을 지급하기로 하는 계약을 말한다(제10조의3).

2) 권리금 회수기회 보호

임대인은 임대차기간이 끝나기 3개월 전부터 임대차 종료 시까지 임차인이 주선한 신규임차인이 되려는 자에게 권리금을 요구하거나 임차인이 주선한 신규임차인이 되려는 자로부터 권리금을 수수하는 행위나 임차인이 주선한 신규임차인이 되려는 자로 하여금 임차인에게 권리금을 지급하지 못하게 하는 행위, 임차인이 주선한 신규임차인이 되려는 자에게 상가건물에 관한 조세, 공과금, 주변 상가건물의 차임 및 보증금, 그 밖의 부담에 따른 금액에 비추어 현저히 고액의 차임과 보증금을 요구하는 행위, 그리고 그 밖에 정당한 사유[38] 없이 임대인이 임차인이 주선한 신규임

---

38) 상가건물 임대차보호법 제10조의4 제2항(1. 임차인이 주선한 신규임차인이 되려는 자가 보증금 또는 차

차인이 되려는 자와 임대차계약의 체결을 거절하는 행위를 함으로써 권리금 계약에 따라 임차인이 주선한 신규임차인이 되려는 자로부터 권리금을 지급받는 것을 방해하여서는 아니 된다.

3) 손해배상 책임

임대인이 권리금 회수기회의 보호규정을 위반하여 **임차인에게 손해를 발생하게 한 때에는 그 손해를 배상할 책임**이 있다. 이 경우 그 손해배상액은 신규임차인이 임차인에게 지급하기로 한 권리금과 임대차 종료 당시의 권리금 중 낮은 금액을 넘지 못하며, 임대인에게 손해배상을 청구할 권리는 **임대차가 종료한 날부터 3년 이내에 행사**하지 아니하면 시효의 완성으로 소멸한다.

임차인은 임대인에게 임차인이 주선한 신규임차인이 되려는 자의 보증금 및 차임을 지급할 자력 또는 그 밖에 임차인으로서의 의무를 이행할 의사 및 능력에 관하여 자신이 알고 있는 정보를 제공하여야 한다.

4) 권리금 적용 제외

임대차 목적물인 상가건물이 「유통산업발전법」 제2조에 따른 **대규모점포 또는 준대규모점포의 일부이거나, 「국유재산법」에 따른 국유재산 또는 「공유재산 및 물품 관리법」에 따른 공유재산**인 경우에는 권리금 회수기회의 보호를 적용하지 않는다.

5) 표준권리금계약서의 작성과 권리금 평가기준의 고시

국토교통부장관은 임차인과 신규임차인이 되려는 자가 권리금 계약을 체결하기 위한 표준권리금계약서를 정하여 그 사용을 권장할 수 있으며, 권리금에 대한 감정평가의 절차와 방법 등에 관한 기준을 고시할 수 있다.

임을 지급할 자력이 없는 경우, 2. 임차인이 주선한 신규임차인이 되려는 자가 임차인으로서의 의무를 위반할 우려가 있거나 그 밖에 임대차를 유지하기 어려운 상당한 사유가 있는 경우, 3. 임대차 목적물인 상가건물을 1년 6개월 이상 영리목적으로 사용하지 아니한 경우, 4. 임대인이 선택한 신규임차인이 임차인과 권리금 계약을 체결하고 그 권리금을 지급한 경우)

(8) 차임연체와 해지

임차인의 **차임연체액이 3기의 차임액**에 달하는 때에는 **임대인은 계약을 해지**할 수 있다.

┌─────────────────── 《 상가건물 임대차보호법 시행령의 주요내용 》 ───────────────────┐

(1) 보증금액의 범위(동법 시행령 제2조)
  1. 서울특별시: 6억1천만원
  2 「수도권정비계획법」에 따른 과밀억제권역(서울특별시 제외) 및 부산광역시:
     5억원
  3. 광역시(「수도권정비계획법」에 따른 과밀억제권역에 포함된 지역, 군지역, 부산광
     역시 제외), 세종특별자치시, 파주시, 화성시, 안산시, 용인시, 김포시 및 광주시:
     3억9천만원
  4. 그 밖의 지역 : 2억7천만원

(2) **차임 등 증액청구의 기준**(동법 시행령 제4조) 법 제11조제1항의 규정에 의한 차임 또
    는 보증금의 증액청구는 청구당시의 **차임 또는 보증금의 100분의 5의 금액**을 초과하
    지 못한다.

(3) 우선변제를 받을 임차인의 범위(동법 시행령 제6조) 법 제14조의 규정에 의하여 우
    선변제를 받을 임차인은 **보증금과 차임**이 있는 경우 법 제2조제2항의 규정에 의하
    여 환산한 금액의 합계가 다음 각호의 구분에 의한 금액 이하인 임차인으로 한다.
  1. 서울특별시 : **6천500만원**
  2. 「수도권정비계획법」에 따른 과밀억제권역: **5천500만원**
  3. 광역시, 안산시, 용인시, 김포시 및 광주시: **3천800만원**
  4. 그 밖의 지역 : **3천만원**

(4) **우선변제를 받을 보증금의 범위 등**(동법 시행령 제7조) ① 법 제14조의 규정에 의하
    여 우선변제를 받을 보증금중 일정액의 범위는 다음 각호의 구분에 의한 금액 이하
    로 한다.
  1. 서울특별시 : **2천200만원**
  2. 「수도권정비계획법」에 따른 과밀억제권역(서울특별시는 제외한다): **1천900만원**
  3. 광역시(「수도권정비계획법」에 따른 과밀억제권역에 포함된 지역과 군지역은 제
     외한다), 안산시, 용인시, 김포시 및 광주시: **1천300만원**

└──┘

4. 그 밖의 지역 : **1천만원**

② 임차인의 보증금중 일정액이 상가건물의 가액의 2분의 1을 초과하는 경우에는 **상가건물의 가액의 2분의 1에 해당하는 금액에 한하여 우선변제권**이 있다.

③ 하나의 상가건물에 임차인이 2인 이상이고, 그 각 보증금중 일정액의 합산액이 상가건물의 가액의 2분의 1을 초과하는 경우에는 그 각 보증금중 일정액의 합산액에 대한 각 임차인의 보증금중 일정액의 비율로 그 상가건물의 가액의 2분의 1에 해당하는 금액을 분할한 금액을 각 임차인의 보증금중 일정액으로 본다.

제6장 여성과 관련된 법률

제1절 유엔여성차별철폐협약

Ⅰ. 여성차별철폐에 관한 국제협약의 추진을 위한 합의내용

1979년 유엔총회 결의로 「여성에 대한 모든 형태의 차별철폐에 관한 협약」 (Convention on the Elimination of All Forms of Discrimination Against for Women ;CEDAW)[39)]이 채택되어 우리나라에서도 1985. 1. 26.부터 그 효력이 발생한 이래로, 우리나라에서는 여성과 관련된 남녀차별금지와 여성권익향상을 위한 주요 법률들이 제정·개정되어 왔다. 이 중에서도 이른바 「**여성차별철폐에 관한 유엔협약**」은 국제적인 여성차별철폐에 관한 준거기준이 되므로, 먼저 이 협약의 주요내용을 개괄적으로 살펴보기로 한다.

이 **국제협약**은 〈전문, 6부 30개조로 구성〉되어 있는데, 제1조에서는 '여성에 대한 차별'을 정의하여, '정치적·경제적·사회적·문화적·시민적 또는 기타 분야에 있어서 결혼 여부에 관계없이 남녀평등의 기초 위에서 인권과 기본적 자유를 인식, 향유 또는 행사하는 것을 저해하거나 무효화하는 효과 또는 목적을 가진

---

38) 〈유엔여성차별철폐협약〉에 우리나라는 세계 90번째로 1984년 12월 가입하였고, 2005년 12월 현재 170여개국이 비준했다. 북한은 2001년 2월 이 협약에 가입하였다. 이 협약의 이행상황을 점검하기 위하여 유엔여성차별위원회를 두도록 하고 있는데, 이 위원회는 협약 당사국 회의에서 선출된 임기 4년의 여성문제전문가 23명의 위원으로 구성되며, 각국 정부의 이행보고서를 심의하고 권고하며 유엔총회에 그 활동을 보고한다. 우리나라에서는 김영정 전정무장관이 1997년부터 위원으로, 신혜수 여성단체연합 공동대표가 2001년부터 위원으로 활동한 바 있다. 신혜수 교수는 2011년부터 유엔사회권위원회 위원으로 활동하고 있고, 현재 사단법인 유엔인권정책센터(Korea Center for United Nations Human Rights Policy : 약칭 'KOCUN', '코쿤')의 상임대표를 맡고 있다. 유엔 경제적·사회적·문화적 권리위원회는 18명의 국제 인권 전문가로 구성되며, 대한민국은 1990년 4월에 가입했고, 한국인이 위원으로 선출된 것은 신혜수 교수가 처음이다.
유엔 여성차별위원회에서 우리나라와 관련하여 여성의 낙태죄처벌, 일본군 위안부 문제 등이 의제화 되었다. 앞으로 유엔여성차별철폐위원회는 과테말라, 아프리카 등에서 지역협의회를 개최하고 2013년 일반 권고문 초안 발표, 여성차별철폐협약 회원 국가의 검토, 2014년 권고문을 발표한 바 있다. 일반 권고문이 채택되면 회원국은 여성차별철폐조약이행보고서에 이 권고문 내용을 포함한 이행 보고서를 제출해야 한다.

성에 근거한 모든 구별, 배제 또는 제한을 의미한다.'고 규정하고 있고, 또한 이러한 차별철폐를 위해 적절한 정책을 지체 없이 추진하기로 합의하고, 이러한 목적 달성을 위해 다음과 같은 몇 가지 내용을 약속한다고 명시하고 있다. 그 내용을 살펴보면 다음과 같다.

(1) **남녀평등의 원칙**이 헌법 또는 기타 적절한 입법에 아직 규정되지 않았다면 이를 구현하며 법 또는 기타 적절한 수단을 통해 이 원칙의 실제적 실현을 확보할 것

(2) **여성에 대한 모든 차별을 금지**하는 적절한 입법 및 기타 조치를 채택하고 필요한 경우 제재를 포함시킬 것

(3) 남성과 동등한 기초 위에서 여성의 권리에 대한 법적 보호를 확립하며, 권한 있는 국내법정과 기타 공공기관을 통하여, 여성을 어떠한 차별행위로부터도 효과적으로 보호하도록 확보할 것

(4) 여성에 대한 어떠한 **차별행위 또는 관행에 따르는 것을 금지**하며, 공공당국과 기관이 이 의무와 부합되게 행동하도록 확보할 것

(5) 어떠한 **개인, 조직 또는 기업에 의한 여성차별도 철폐**되도록 모든 적절한 조치를 취할 것

(6) 여성에 대한 차별을 구성하는 현행 법률, 규칙, 관습 및 관행을 수정 또는 폐지하도록 **입법**을 포함한 모든 적절한 조치를 취할 것

(7) 여성에 대한 **차별을 구성하는 모든 국내 형사법 규정을 폐지**할 것 등을 규정하고 있다.

Ⅱ. 협약의 주요내용

1. 협약의 전문내용

이 협약의 전문에서는 **모든 형태에서의 남녀차별철폐를 위한 결의, 권고 및 선언**의 취지를 기술하고 있다. 이를 살펴보면 다음과 같다.

본 협약의 당사국은 국제연합헌장이 기본적 인권, 인간의 존엄과 가치 및 남녀평등권에 대한 신뢰를 재확인하고 있음에 유의하고, 세계인권선언은 차별이 허용될 수 없다는 원칙을 확인하고 있으며 모든 인간은 자유롭게 그리고 존엄과 제반권리에 있어 평등하게 출생하며, 성에 기인한 차별을 포함한 어떠한 차별도 받지 아니하고, 이 선언에 규정된 모든 권리와 자유를 누릴 권리가 있다고 선언하고 있음에 유의하며, 국제인권규약의 당사국은 모든 경제적·사회적·문화적·시민적 및 정치적 권리를 향유할 남녀의 평등권을 보장할 의무를 지고 있음에 유의하고, 국제연합 및 전문기구의 후원 하에 체결된 남녀권리의 평등을 촉진하는 제 국제협약을 고려하며, 국제연합 및 전문기구에 의해 채택된 남녀권리의 평등을 촉진하는 결의, 선언 및 권고에도 유의하고, 그러나 이러한 제도에도 불구하고 여성에 대한 광범위한 차별이 계속 존재하고 있음을 우려하며, 여성에 대한 차별은 권리평등 및 인간의 존엄성의 존중원칙에 위배되고, 여성이 남성과 동등한 조건하에 국가의 정치적·사회적·경제적 및 문화적 생활에 참여하는 데 장애가 되며, 사회와 가정의 번영의 증진을 어렵게 함을 상기하고, 궁핍한 상황하에서는 식량·건강·교육·훈련 및 취업기회와 기타의 필요에 있어 여성이 가장 혜택받기 어려운 점을 우려하며, 형평과 정의에 기초를 둔 신국제경제질서의 수립이 남녀평등을 도모하는 데 크게 기여할 것임을 확신하고, 인종격리정책, 모든 형태의 인종주의, 인종차별, 식민주의, 신식민주의, 침략, 외국의 점령 및 지배와 국내문제에 대한 간섭 등의 제거가 남성과 여성의 권리의 완전한 향유에 필수적임을 강조하며, 국제평화와 안전의 강화, 국제긴장의 완화, 국가의 사회적·경제적 체제에 관계없이 국가간의 상호협력, 전반적이고 완전한 군비축소, 특히 엄격하고 효과적인 국제적 통제하의 핵군축, 국제관계에 있어서의 정의평등 및 호혜원칙의 확인, 외국의 식민지배와 외국의 점령하에 있는 인민의 자결권 및 독립권의 실현 그리고 국가주권 및 영토보전에 대한 존중 등이 사회진보와 발전을 촉진하며 결과적으로 남성과 여성 사이의 완전한 평등의 성취에 기여할 것임을 확인하고, 국가의 완전한 발전과 인류의 복지 및 평화를 위해서는 여성이 모든 분야에서 남성과 평등한 조건으로 최대한 참여하는 것이 필요함을 확신하며, 현재까지 충분히 인식되고 있지 못하는 **가정의 복지와 사회의 발전에 대한 여성의 지대한 공헌, 모성의 사회적 중요성 및 가정과 자녀양육에 있어서의 부모의 역할을 명심**하고 또한 출산에 있어서의 여성의 역할이 차별의 근거가 될 수 없으며, **아동의 양육에는 남성,**

여성 및 사회 전체가 책임을 분담해야 함을 인식하고, 남성과 여성 사이에 완전한 평등을 달성하기 위해서는 사회와 가정에서의 여성의 역할뿐만 아니라 남성의 전통적 역할에도 변화가 필요함을 인식하며, 여성에 대한 차별철폐에 관한 선언에 명시된 제 원칙을 이행하고, 이러한 목적으로 모든 형태 및 양태에 있어서의 차별을 철폐하는 데 필요한 조치를 취할 것을 결의하면서 다음과 같이 합의하였다.

2. 협약의 주요내용

(1) 잠정적 특별조치 등의 적절한 조치의 원칙

여성이 정치적·경제적·사회적 및 문화적 분야에서 완전한 발전 및 진보를 확보할 수 있도록 입법을 포함한 적절한 조치를 당사자국이 취해야 하며, **자녀양육은 남녀공동책임이고 자녀의 이익이 최우선적으로 고려되어야** 하고, **여성에 대한 인신매매와 매춘에 의한 착취를 금지하는 적절한 조치를** 취해야 한다고 규정하고 있다(제3조~제6조 참조).

(2) 정치적 및 공적 생활 등에서의 양성평등

제7조에서는 당사국은 정치적 및 공적 생활에서의 여성에 대한 차별을 철폐하기 위한 적절한 조치를 취해야 하며, 특히 모든 **공공기구의 피선거권, 공공직능을 수행할 권리 및 국가의 공적·정치적 생활과 관련된 비정부기구나 단체에 참여할 권리** 등을 규정하고 있고, 제8조에서는 여성에 대한 **국제기구업무에 참여할 기회 확보**를 위한 적절한 조치, 그리고 제9조는 여성이 국적을 취득·변경 또는 보유함에 있어서 남성과 동일한 권리부여 등을 규정하고 있다.

(3) 교육, 고용, 보건분야, 농어촌 여성 등에 대한 적절한 조치

1) **교육분야**에서 여성에게 남성과 동등한 권리를 확보하고 여성차별을 철폐하기 위해 당사국은 적절한 조치를 취해야 하며, 특히 **동등한 조건하에서 교육이** 이루어지도록 해야 한다고 규정하고 있다(제10조).

2) **고용분야**에서도 남녀평등의 기초 위에서 동일한 권리확보의 목적으로 여성에 대한 차별철폐를 위한 적절한 조치를 취하여야 한다. 당사국은 **결혼**

또는 모성을 이유로 한 여성에 대한 차별을 방지하며 여성의 근로에 대한 유효한 권리를 확보하기 위하여 적절한 조치를 취해야 한다고 규정하고 있다(제11조).

3) 남녀평등의 기초 위에서 가족계획에 관련된 것을 포함한 보건사업의 혜택을 확보하기 위한 **보건분야에서의 여성에 대한 차별을 철폐하기 위한 당사국의 적절한 조치**를 규정하고 있다(제12조).

4) 가족급부금에 대한 권리, 은행대부, 저당 및 기타 형태의 금융대부에 대한 권리, 레크레이션 활동, 체육과 각종 문화생활에 참여할 권리 등을 확보하기 위한 당사국은 차별철폐조치를 해야 한다(제13조).

5) 농촌여성의 가족의 경제적 생존을 위하여 수행하는 중요한 역할을 고려하여 이 협약의 제 조항의 적용을 확보할 수 있는 적절한 조치를 취해야 하며, 남녀평등의 기초 위에 **농촌여성의 지역개발 참여와 개발이익의 향유를 보장**받을 수 있도록 차별철폐를 위한 적절한 조치를 취해야 한다고 규정하고 있다(제14조).

(4) 법 앞에서의 만인평등

여성에 대하여 **법 앞에서의 남성과의 평등부여**, 민사문제에 있어서 남성과 동등한 법적 능력 및 능력행사의 기회를 부여하여야 하며(제15조), 혼인과 가족관계에 있어서 여성차별철폐를 위한 적절한 조치와 아동보호에 관한 규정(제16조)을 두고 있다.

(5) 여성차별철폐위원회(Committee on the Elimination of Discrimination against Women)

이 협약의 제5부는 제17조부터 제22조까지인데 그 주요 내용은, 이 협약의 이행상 행하여진 진전을 심의할 목적으로 **여성에 대한 차별철폐위원회를 설치**하며, 높은 도덕적 명성과 능력을 갖춘 전문가로 구성한다. 국제연합사무총장은 본 협약에 따른 위원회임무의 효율적 수행을 위해 필요한 직원 및 시설을 제공한다. 또한 위원회의 회의는 국제연합본부 또는 위원회가 정하는 다른 편리한 장소에서 정규로 개최되고, 위원회는 경제사회이사회를 통하여 그 **활동에 관한 보고서를 매년 국제연합총회에 제출**한다고 규정하고 있다

(6) 서명 및 비준 또는 가입 등

이 협약 제6부는 제23조부터 제30조까지의 규정인데, 이 협약의 **서명, 비준, 가입과 이 협약의 해석과 적용에 관한 분쟁해결**에 대해서 규정하고 있다(제23조~제30조).

《 협약의 주요내용 》

「여성에 대한 모든 형태의 차별철폐에 관한 협약」의 주요내용
(CEDAW: Convention on the Elimination of All Forms of Discrimination against Women)

1. 차별의 정의 (제1조)
   - 성에 근거한 모든 구별, 배제 또는 제한
2. 당사국의 의무 (제2조)
   - 법 또는 기타 적절한 수단을 통하여 남녀평등원칙의 실제적 실현 확보
3. 제2조 실행을 위한 적절한 조치(제3조)
4. 차별을 철폐하기 위한 잠정적 특별조치(제4조)
5. 사회적 문화적 행동양식의 변화 (제5조)
   - 기존의 남성과 여성의 사회적 및 문화적 행동양식의 수정
6. 여성 인신매매·매매춘 금지 (제6조)
   - 모든 형태의 인신매매 및 매춘에 의한 착취를 금지하기 위하여 입법을 포함한 적절한 조치
7. 국가의 정치적 및 공적 생활에서의 평등 (제7조)
8. 국제기구 업무 참여에 있어서의 평등 (제8조)
9. 국적에서의 평등 (제9조)
10. 교육에서의 평등(제10조)
11. 고용과 노동권권리에서의 평등 (제11조)
12. 보건, 의료 접근에서의 평등 (제12조)
13. 금융과 사회보장에서의 평등 (제13조)
14. 시골여성의 경제적 사회적 지위향상 (제14조)
15. 법률 및 민사문제와 관련한 평등 (제15조)

---

16. 가족법에서의 남녀평등 (제16조)

17. 여성차별철폐위원회 설립 (제17조)

18. 보고서 제출 (제18조)

    – 협약을 비준하거나 가입한 후 1년 이내 최초보고서를 제출하고 이후 매 4년마다 협약이행에 대한 보고

※ **기타 남녀 차별을 금지하고 여성의 인권을 보호하는 내용을 담고 있는 협약**

    ○ 부녀자의 정치적 권리에 관한 협약

       (Convention on the Political Rights of Women / 1959. 9. 21 발효)

    ○ 인신매매금지 및 타인의 매춘행위에 의한 착취금지에 관한 협약

       (Convention for the Suppression of the Traffic in Persons and of the Exploitation of the Prostitution of others / 1962. 5. 14 발효)

    ○ 경제적, 사회적 및 문화적 권리에 관한 국제규약

       (International Covenant on Economic, Social and Cultural Rights / 1990. 7. 10 발효)

    ○ 시민적 및 정치적 권리에 관한 국제규약

       (International Covenant on Civil and Political Rights / 1990. 7. 10 발효)

    ○ 시민적 및 정치적 권리에 관한 국제규약 선택의정서

       (Optional Protocol to the International Covenant on Civil and Political Rights / 1990. 7. 10 발효)

    ○ 아동의 권리에 관한 협약

       (Convention on the Rights of the Child / 1991. 12. 20 발효)

    ○ 아동의 무력충돌에의 참여에 관한 아동권리협약 선택의정서

       (Optional Protocol to the Convention on the Rights of the Child on the Involvement of Children in Armed Conflict / 2000. 9. 6 서명)

    ○ 아동매매·아동매춘 및 아동포르노그라피에 관한 아동권리협약 선택의정서

       (Optional Protocol to the Convention on the Rights of the Child on the Sale of Children, Child Prostitution and Child Pornography / 2000. 9. 6 서명)

    ○ 고문 및 그 밖의 잔혹한, 비인도적인 또는 굴욕적인 대우나 처벌의 방지에 관한 협약

       (Convention against Torture and Other Cruel, Inhuman or Degrading Treatment or Punishment / 1995. 2. 8 발효)

    ○ 국제연합 국제조직범죄방지협약을 보충하는 인신 특히 여성과 아동의 매매방지 및 억제를 위한 의정서

       (Protocol to Prevent, Suppress and Punish Trafficking in Persons, Especially Women and Children, supplementing the United Nations Convention against Transnational Organized Crime / 2000. 12. 13 서명)

남녀고용평등과 일·가정 양립 지원에 관한 법률

I. 머리말

「남녀고용평등과 일·가정 양립지원에 관한 법률」은 1987. 12. 4.(법률 제3989 호) 제정된 후 여러 차례에 걸쳐 개정되었다. 이 법은 총 6장 39개조로 구성되어 있다. 총칙에는 목적, 정의규정, 적용범위, 관계자의 책무, 시책의 수립, 남녀고용평등 기본계획 수립, 실태조사 실시, 제2장에 고용에 있어서 남·녀의 평등한 기회보장 및 대우 등, 제3장에 모성보호 및 일·가정 양립 지원, 제4장에는 분쟁의 예방과 해결, 제5장 보칙, 제6장 벌칙 등을 규정하고 있다. 특히 제3차 개정의 특징은 제5조 제2 항 제3, 4호의 근로여성의 능력개발과 근로여성의 모성보호에 관한 사항이 삭제되고, **직장내 성희롱예방(제8조의2), 고용평등이행실태 등의 공표(제20조의2), 벌금과 과태료 규정의 개정** 등을 들 수 있다.

최근 개정은 2019년 1월 15일에 이루어졌는데, 개정취지를 살펴보면 2017년 2월 발표한 '여성경제활동 지수 2017' 보고서(PwC)에서 한국의 남녀임금격차는 36.7퍼센트로 OECD 회원 국가 중 최고치를 보이고 있고, 남녀임금격차를 해소하는데 100년 이상이 걸릴 수 있다고 내다보는 등 그 심각성을 이야기하고 있다. 또한 한국노동연구원의 '2016년 비정규직 노동통계'에 따르면, 남성 임금노동자 중 비정규직이 차지하는 비중은 2003년 27.6퍼센트에서 2016년 26.4퍼센트로 소폭 줄었지만, 여성 비정규직 비중은 2003년 39.6퍼센트에서 2016년 41.0퍼센트로 늘어, 13년 전보다 격차가 더 커졌는데, 이는 전체 노동자 가운데 비정규직이 차지하는 비중은 큰 변화가 없는 가운데 여성과 남성 간 비정규직 비율 격차가 커진 것이다. 한편 2017년 3월 고용노동부의 '적극적 고용개선조치'에 따른 성차별 기업 명단 공개가 사회적 반향을 일으킨 바 있으나 현행법에는 직종별·직급별 남녀 근로자 현황만 보고하게 되어 있어, 실질적인 고용평등을 촉진하는 데 한계가 있어 고용노동부장관은 '적극적 고용개선조치' 제도 대상인 공공기관과 500인 이상 사업장에 대하여 직종·직급뿐 아니라, 남녀 근로자의 고용형태와 임금 현황까지 보고하게 함으로써 **실질적 고용평등을 실현하려는 목적**을 가지고 개정이 이루어졌다.

개정된 주요내용은,

(가) 제17조의3제2항 중 "직급별 남녀 근로자 현황"을 "직급별 남녀 근로자 현황과 남녀 근로자 임금 현황"으로 하고,

(나) 같은 조 제3항 중 "직종별 남녀 근로자 현황과"를 "직종별·직급별 남녀 근로자 현황, 남녀 근로자 임금 현황과"로 하며,

(다) 같은 조 제5항 중 "근로자"를 "근로자 현황, 남녀 근로자 임금"으로 한다.

Ⅱ. 목적 및 정의

이 법의 목적은 제1조에 "**대한민국헌법의 평등이념**에 따라 **고용에서 남녀의 평등한 기회와 대우를 보장**하고 **모성보호와 여성고용을 촉진**하여 **남녀고용평등을 실현**함과 아울러 **근로자의 일과 가정의 양립을 지원**함으로써 **모든 국민의 삶의 질 향상**에 이바지하는 것을 목적으로 한다"고 규정하고 있다.

1. '차별'의 개념

이 법에서는 **차별**을 정의하여, '사업주가 근로자에게 성별, 혼인 또는 가족상의 지위, 임신 또는 출산 등의 사유로 합리적인 이유 없이 채용 또는 근로의 조건을 달리하거나 기타 불이익한 조치를 취하는 것을 말하며, 어느 한 성이 충족하기 현저히 어려운 인사에 관한 기준이나 조건의 적용도 차별로 본다'고 명시하고 있다.

그러나 ① 직무의 성격에 비추어 특정 성이 불가피하게 요구되는 경우, ② 근로여성의 임신·출산·수유 등 모성보호를 위한 조치를 취하는 경우, ③ 그 밖에 이 법률이나 다른 법률에 따라 적극적 고용개선조치를 취하는 경우에는 제외되도록 하였다(동법 제2조 제1호).

2. '직장내 성희롱' 등의 개념

'**직장내 성희롱**'이란 '사업주·상급자 또는 근로자가 직장 내의 지위를 이용하거나 업무와 관련하여 다른 근로자에게 성적 언동 등으로 성적 굴욕감 또는 혐오감을 느끼게 하거나 성적 언동 또는 그 밖의 요구 등에 따르지 아니하였다는 이유로 근로조건 및 고용에서 불이익을 주는 것을 말한다'라고 개념을 정의하고 있으며(제2조

제2호), 또한 '적극적 고용개선조치'란 '현존하는 남녀간의 고용차별을 없애거나 고용평등을 촉진하기 위하여 잠정적으로 특정 성을 우대하는 조치'를 말하고, 여기서 말하는 '근로자'란 '사업주에게 고용된 자와 취업할 의사를 가진 자'라고 규정하고 있다(제2조제3~4호).

3. 남녀고용평등의 실현을 위한 각종 시책 및 기본계획의 수립

고용노동부장관은 남녀고용평등과 일·가정의 양립을 실현하기 위한 기본계획과 각종 시책을 수립·시행하여야 한다(제5조, 제6조의3)라는 규정을 두고 있다.

Ⅲ. 고용에 있어서 남녀의 평등한 기회보장 및 대우 등

1. 남녀의 평등한 기회보장 및 대우

이 법 제2장 제1절에는 고용에 있어서 남녀평등을 실현하기 위해, **모집과 채용, 임금, 임금외의 금품, 교육·배치 및 승진, 정년퇴직 및 해고에 있어서 남녀를 차별하지 못하도록 규정**하고 있다(제7조~제11조).

2. 직장내 성희롱의 금지 및 예방

사업주, 상급자 또는 근로자는 직장내 성희롱을 해서는 안 되고, 성희롱예방을 위해 사업주는 **직장내 성희롱의 예방교육을 매년 실시**해야 한다.

(1) 직장 내 성희롱 예방 교육

사업주는 직장 내 성희롱을 예방하고 근로자가 안전한 근로환경에서 일할 수 있는 여건을 조성하기 위하여 직장 내 성희롱의 예방을 위한 교육을 매년 실시하여야 하며, 사업주 및 근로자는 성희롱 예방 교육을 받아야 한다.

사업주는 성희롱 예방 교육의 내용을 근로자가 자유롭게 열람할 수 있는 장소에 항상 게시하거나 갖추어 두어 근로자에게 널리 알려야 하고, 고용노동부령으로 정하는 기준에 따라 직장 내 성희롱 예방 및 금지를 위한 조치를 하여야 하며, 성희롱 예방 교육의 내용·방법 및 횟수 등에 관하여 필요한 사항은 대통령령으로 정한다(제13조).

(2) 성희롱 예방 교육의 위탁

사업주는 성희롱 예방 교육을 고용노동부장관이 지정하는 기관에 위탁하여 실시할 수 있다. 사업주가 성희롱 예방 교육기관에 위탁하여 성희롱 예방 교육을 하려는 경우에는 성희롱 예방 교육의 내용·방법 및 횟수 등을 성희롱 예방 교육기관에 미리 알려 그 사항이 포함되도록 하여야 한다. 성희롱 예방 교육기관은 고용노동부령으로 정하는 기관 중에서 지정하되, 고용노동부령으로 정하는 강사를 1명 이상 두어야 하고, 고용노동부령으로 정하는 바에 따라 교육을 실시하고 교육이수증이나 이수자 명단 등 교육 실시 관련 자료를 보관하며 사업주나 피교육자에게 그 자료를 내주어야 한다.

고용노동부장관은 성희롱 예방 교육기관이 거짓이나 그 밖의 부정한 방법으로 지정을 받은 경우, 정당한 사유 없이 고용노동부령으로 정하는 강사를 3개월 이상 계속하여 두지 아니한 경우, 2년 동안 직장 내 성희롱 예방 교육 실적이 없는 경우에 해당하면 그 지정을 취소할 수 있으나, 지정을 취소하려면 청문을 하여야 한다(제13조의2).

(3) 직장 내 성희롱 발생 시 조치

누구든지 직장 내 성희롱 발생 사실을 알게 된 경우 그 사실을 해당 사업주에게 신고할 수 있으며, 사업주는 신고를 받거나 직장 내 성희롱 발생 사실을 알게 된 경우에는 지체 없이 그 사실 확인을 위한 조사를 하여야 한다. 이 경우 사업주는 직장 내 성희롱과 관련하여 피해를 입은 근로자 또는 피해를 입었다고 주장하는 근로자가 조사 과정에서 성적 수치심 등을 느끼지 않도록 하여야 한다. 사업주는 조사 기간 동안 피해근로자등을 보호하기 위하여 필요한 경우 해당 피해근로자 등에 대하여 근무장소의 변경, 유급휴가 명령 등 적절한 조치를 하여야 하는데, 이 경우 피해근로자등의 의사에 반하는 조치를 하여서는 안 된다.

사업주는 조사 결과 직장 내 성희롱 발생 사실이 확인된 때에는 피해근로자가 요청하면 근무장소의 변경, 배치전환, 유급휴가 명령 등 적절한 조치를 하여야 하고, 지체 없이 직장 내 성희롱 행위를 한 사람에 대하여 징계, 근무장소의 변경 등 필요한 조치를 하여야 하는데, 이 경우 사업주는 징계 등의 조치를 하기 전에 그 조치에 대하여 직장 내 성희롱 피해를 입은 근로자의 의견을 들어야 한다.

사업주는 성희롱 발생 사실을 신고한 근로자 및 피해근로자 등에게 파면, 해임, 해고, 그 밖에 신분상실에 해당하는 불이익 조치나, 징계, 정직, 감봉, 강등, 승진 제한 등 부당한 인사조치, 직무 미부여, 직무 재배치, 그 밖에 본인의 의사에 반하는 인사조치, 성과평가 또는 동료평가 등에서 차별이나 그에 따른 임금 또는 상여금 등의 차별 지급, 직업능력 개발 및 향상을 위한 교육훈련 기회의 제한, 집단 따돌림, 폭행 또는 폭언 등 정신적·신체적 손상을 가져오는 행위를 하거나 그 행위의 발생을 방치하는 행위 및 그 밖에 신고를 한 근로자 및 피해근로자등의 의사에 반하는 불리한 처우를 하여서는 안 된다.

직장 내 성희롱 발생 사실을 조사한 사람, 조사 내용을 보고 받은 사람 또는 그 밖에 조사 과정에 참여한 사람은 해당 조사 과정에서 알게 된 비밀을 피해근로자 등의 의사에 반하여 다른 사람에게 누설하여서는 안 되지만, 조사와 관련된 내용을 사업주에게 보고하거나 관계 기관의 요청에 따라 필요한 정보를 제공하는 경우는 제외한다(제14조).

(4) 고객 등에 의한 성희롱 방지

사업주는 고객 등 업무와 밀접한 관련이 있는 자가 업무수행 과정에서 성적인 언동 등을 통하여 근로자에게 성적 굴욕감 또는 혐오감 등을 느끼게 하여 해당 근로자가 그로 인한 고충 해소를 요청할 경우 근무 장소 변경, 배치전환, 유급휴가의 명령 등 적절한 조치를 하여야 하며, 해고나 그 밖의 불이익한 조치를 하여서는 아니 된다(제14조의2).

3. 여성의 직업능력개발 및 고용촉진

여성의 직업능력개발 및 고용촉진을 위하여 직업안정법 제4조에 따른 직업안정기관은 직업지도에 필요한 조치를 하여야 하고, 국가, 지방자치단체 및 사업주는 직업능력개발 및 향상을 위하여 남녀에게 평등한 기회를 주어야 하며, 고용노동부장관은 여성고용촉진을 위하여 시설을 설치·운영하는 **비영리법인·단체나 고용촉진을 위한 사업을 실시하는 사업주에 대하여 필요한 비용의 전부 또는 일부를 지원할** 수 있도록 하였다.

또한 고용노동부장관은 임신·출산·육아 등의 이유로 직장을 그만두었으나 재취업할 의사가 있는 **"경력단절여성"**을 위하여 취업유망 직종을 선정하고, 특화된 훈련과 고용촉진프로그램을 개발하여야 하며, 직업안정기관을 통하여 직업정보, 직업훈련정보 등을 제공하고 전문화된 직업지도, 직업상담 등의 서비스를 제공하여야 한다(제15조 내지 제17조의2)

4. 적극적 고용개선 조치시행계획의 수립, 제출

여성에 대한 적극적인 고용개선조치를 위해, **고용노동부장관**은 사업주로서 고용하고 있는 직종별 여성근로자의 비율이 산업별·규모별로 고용기준에 미달하는 사업주에 대하여는 차별적 고용관행 및 제도개선을 위한 '**적극적 고용개선 조치시행계획**'을 **수립·제출할 것을 요구**할 수 있도록 하고, 일정 규모 이상의 근로자를 고용하는 사업의 사업주나 법령에 정한 공공기관의 장에게는 제출의무를 부과하고 있다. 그 주요내용을 살펴보면, 법령으로 정하는 공공기관 및 단체의 장이나 일정 규모 이상의 근로자를 고용하는 사업에 해당하는 사업주는 직종별·직급별 남녀 근로자 현황과 남녀 근로자 임금 현황을 고용노동부장관에게 제출하여야 하고, 해당하지 아니하는 사업주로서 적극적 고용개선조치를 하려는 사업주는 직종별·직급별 남녀 근로자 현황, 남녀 근로자 임금 현황과 시행계획을 작성하여 고용노동부장관에게 제출할 수 있다.(제17조의3).

이러한 적극적 고용개선조치를 위한 시행계획에 대하여, 고용노동부장관은 그 이행실적을 평가하여 그 결과에 따라 지원하며, 사업주는 시행계획 및 이행실적 등을 근로자가 열람할 수 있도록 게시하는 등 필요한 조치를 취하도록 규정하고 있다. 또한 고용노동부장관은 적극적 고용개선조치를 위해 관계 행정기관의 장에게 차별의 시정 또는 예방을 위한 필요한 조치의 협조를 요청할 수 있으며, 적극적 고용개선조치에 관한 중요사항은 **고용정책 기본법 제10조에 따른 고용정책심의회의 심의**를 거치도록 하였고, 나아가 고용노동부장관은 적극적 고용개선조치업무를 효율적으로 수행하기 위하여 조사·연구·교육·홍보 등의 사업을 할 수 있다(제17조의4~8).

그 밖에도 고용노동부장관은 **적극적 고용개선조치 미이행 사업주의 명단을 공표**할 수 있으며(제17조의5), 사업장의 **남녀고용평등 이행을 촉진**하기 위하여 그 사업장 소속 근로자 중 노사가 추천하는 자를 **"명예고용평등감독관"**으로 **위촉**할 수 있다.

Ⅳ. 모성보호 및 일·가정의 양립 지원

1. 출산전후(出産前後) 휴가에 대한 지원

(1) 출산전후휴가에 대한 지원 등

국가는 근로기준법 제72조의 규정에 의한 출산전후휴가 또는 유산·사산 휴가를 사용한 근로자 중 일정한 요건에 해당하는 자에게 **당해 휴가기간에 대하여 통상임금에 상당하는 금액(출산전후휴가급여등)을 지급**할 수 있고, 이는 사업주가 지급한 것으로 간주하도록 하여 여성근로자의 모성을 보호하고 있다(제18조).

(2) 배우자 출산휴가

사업주는 근로자가 배우자의 출산을 이유로 휴가를 청구하는 경우에 **5일의 범위 내에서 3일 이상의 휴가**를 주어야 하며, 휴가기간 중 **최초 3일은 유급**으로 한다. 다만, 휴가는 근로자의 배우자가 **출산한 날부터 30일이 지나면 청구할 수 없다**(제18조의2).

(3) 난임치료휴가

사업주는 근로자가 인공수정 또는 체외수정 등 난임치료를 받기 위하여 휴가를 청구하는 경우에 연간 3일 이내의 휴가를 주어야 하며, 이 경우 최초 1일은 유급으로 한다. 다만, 근로자가 청구한 시기에 휴가를 주는 것이 정상적인 사업 운영에 중대한 지장을 초래하는 경우에는 근로자와 협의하여 그 시기를 변경할 수 있으며, 난임치료휴가를 이유로 해고, 징계 등 불리한 처우를 하여서는 안 된다(제18조의3).

2. 육아휴직 및 근로시간 단축 등

(1) 육아휴직

사업주는 근로자가 **만 8세 이하 또는 초등학교 2학년 이하의 자녀(입양한 자녀를 포함한다)를 양육하기 위하여 휴직을 신청하는 경우에 이를 허용**하여야 한다. 다만, 대통령령으로 정하는 경우(1년 미만인 근로자, 배우자가 육아휴직중인 근로자)에는 그러하지 아니하며, **육아휴직의 기간은 1년 이내로** 한다.

또한 사업주는 육아휴직을 이유로 해고나 그 밖의 불리한 처우를 하여서는 아니 되며, **육아휴직 기간에는 그 근로자를 해고하지 못한다.** 다만, 사업을 계속할 수 없는 경우에는 그러하지 아니하다.

그 밖에도 사업주는 육아휴직을 마친 후에는 **휴직 전과 같은 업무 또는 같은 수 준의 임금을 지급하는 직무에 복귀시켜야 한다. 또한 제2항의 육아휴직 기간은 근속기간에 포함한다.**

또한 **기간제근로자 또는 파견근로자의 육아휴직 기간**은 「기간제 및 단시간근 로자 보호 등에 관한 법률」 제4조에 따른 **사용기간** 또는 「파견근로자보호 등에 관 한 법률」 제6조에 따른 **근로자파견기간에 산입하지 아니한다**(제19조).

육아휴직 기간 동안 매월 **통상임금의 100분의 40을 육아휴직 급여로 지급하 고(상한액 월 100만 원, 하한액 월 50만 원)**, 육아휴직 급여액 중 일부(100분의 25)를 직장 복귀 6개월 후에 합산하여 일시불로 지급한다.

지급 대상은 사업주로부터 30일 이상 육아휴직을 부여받고, 육아휴직 개시일 이전 에 피보험단위기간(재직하면서 임금을 받은 기간)이 모두 합해서 180일 이상이 되어 야 한다. 단, 같은 자녀에 대해서 피보험자인 배우자가 육아휴직(30일 미만은 제외) 을 부여받지 않아야 한다.

공무원 육아휴직의 경우에 자녀 1명 당 남성의 경우 1년이고, 여성은 임신, 육아 를 포함하여 **3년간 휴직이 가능하며, 공무원 무급휴직의 경우** 5년 이상근무하면 **1 년의 범위에서 휴직할 수 있고, 질병휴직은 3년의 범위에서** 가능하다.

(2) 육아기 근로시간 단축, 근로조건 등

1) 육아기 근로시간 단축

사업주는 제19조제1항에 따라 육아휴직을 신청할 수 있는 근로자가 **육아휴직 대 신 근로시간의 단축을 신청**하는 경우에 이를 허용하여야 한다. 다만, 대체인력 채 용이 불가능한 경우, 정상적인 사업 운영에 중대한 지장을 초래하는 경우 등 대통령 령으로 정하는 경우에는 그러하지 아니하다. 사업주가 육아기 근로시간 단축을 허용 하지 아니하는 경우에는 해당 근로자에게 그 사유를 서면으로 통보하고 육아휴직을 사용하게 하거나 그 밖의 조치를 통하여 지원할 수 있는지를 해당 근로자와 협의하여야 한다.

또한 **사업주가 해당 근로자에게 육아기 근로시간 단축을 허용하는 경우 단축 후 근로시간은 주당 15시간 이상이어야 하고 30시간을 넘어서는 아니 된다.** 또한 **육아기 근로시간 단축의 기간은 1년 이내**로 하며, 사업주는 육아기 근로시간 단축을 이유로 해당 근로자에게 해고나 그 밖의 불리한 처우를 하여서는 아니 된다.

그 밖에 사업주는 근로자의 육아기 근로시간 단축기간이 끝난 후에 그 근로자를 육아기 근로시간 단축 전과 같은 업무 또는 같은 수준의 임금을 지급하는 직무에 복귀시켜야 한다.

2) 근로시간 단축과 근로조건 등

사업주는 "육아기 근로시간 단축"을 하고 있는 근로자에 대하여 근로시간에 비례하여 적용하는 경우 외에는 육아기 근로시간 단축을 이유로 그 근로조건을 불리하게 하여서는 아니 되며, 육아기 근로시간 단축을 한 근로자의 근로조건(육아기 근로시간 단축 후 근로시간을 포함한다)은 사업주와 그 근로자 간에 서면으로 정한다(제19조의3).

또한 사업주는 육아기 근로시간 단축을 하고 있는 근로자에게 단축된 근로시간 외에 연장근로를 요구할 수 없다. 다만, 그 근로자가 명시적으로 청구하는 경우에는 사업주는 주 12시간 이내에서 연장근로를 시킬 수 있다. 육아기 근로시간 단축을 한 근로자에 대하여 「근로기준법」 제2조 제6호에 따른 평균임금을 산정하는 경우에는 그 근로자의 육아기 근로시간 단축기간을 평균임금 산정기간에서 제외한다.

근로자의 육아휴직이나 육아기 근로시간 단축사용형태로는, ① 육아휴직의 1회 사용, ② 육아기 근로시간 단축의 1회 사용, ③ 육아휴직의 분할사용(1회만 할 수 있다), ④ 육아기 근로시간 단축의 분할 사용(1회만 할 수 있다), ⑤ 육아휴직의 1회 사용과 육아기 근로시간 단축의 1회 사용의 5가지 형태가 있으며, 이 중 어느 방법을 사용하여도 무방하지만, 그 **총 기간은 1년**을 넘을 수 없다.

사업주는 초등학교 취학 전까지의 자녀를 양육하는 근로자의 육아를 지원하기 위하여 업무를 시작하고 마치는 시간의 조정, 연장근로의 제한, 근로시간의 단축 및 탄력적 운영 등 근로시간의 조정, 그 밖에 필요한 조치를 취하여야 한다. 또한 육아휴직 중인 근로자에 대한 직업능력 개발 및 향상을 위하여 노력하여야 하고 산전후휴가, 육아휴직 또는 육아기 근로시간 단축을 마치고 복귀하는 근로자가 쉽게 직장생활에 적응할 수 있도록 지원하여야 한다(제19조의4~6).

국가는 사업주가 근로자에게 육아휴직이나 육아기 근로시간 단축을 허용한 경우 그 근로자의 생계비용과 사업주의 고용유지비용의 일부를 지원할 수 있고, 소속 근로자의 일·가정의 양립을 지원하기 위한 조치를 도입하는 사업주에게 세제 및 재정을 통한 지원을 할 수 있다(제20조).

3) 육아휴직의 적용 제외

사업주는 육아휴직을 시작하려는 날의 전날까지 해당 사업에서 계속 근로한 기간이 6개월 미만인 근로자나 같은 영유아에 대하여 배우자가 육아휴직을 하고 있는 근로자에 대해서는 육아휴직의 허용을 허가하지 않을 수 있다(동법 시행령 제10조).

3. 보육지원 등

(1) 직장어린이집과 공공복지시설 설치 등

영유아보육법에 따라 **사업주는 근로자의 취업을 지원하기 위하여 수유·탁아 등 육아에 필요한 보육시설(직장어린이집)을 설치하여야 하며,** 직장보육시설을 설치하여야 하는 사업주 외의 사업주가 직장보육시설을 설치하려는 경우 고용노동부장관은 직장보육시설의 설치·운영에 필요한 정보 제공, 상담 및 비용의 일부 지원 등 필요한 지원을 할 수 있다(제21조~제21조의2).

또한 국가 또는 지방자치단체는 **여성 근로자를 위한 교육·육아·주택 등 공공복지시설을 설치할 수 있다**(제22조).

(2) 근로자의 가족 돌봄 등을 위한 지원

사업주는 근로자가 부모, 배우자, 자녀 또는 배우자의 부모(이하 "가족"이라 한다)의 질병, 사고, 노령으로 인하여 그 **가족을 돌보기 위한 휴직, 이른바 "가족돌봄휴직"을 신청하는 경우 이를 허용**하여야 한다. 다만, 대체인력 채용이 불가능한 경우, 정상적인 사업 운영에 중대한 지장을 초래하는 경우 등 대통령령으로 정하는 경우에는 그러하지 아니하다.

사업주가 가족돌봄휴직을 허용하지 아니하는 경우에는 해당 근로자에게 그 사유를 서면으로 통보하고, 1. 업무를 시작하고 마치는 시간 조정, 2. 연장근로의 제한, 3. 근로시간의 단축, 탄력적 운영 등 근로시간의 조정, 4. 그 밖에 사업장 사정에 맞는 지원조치 중, 어느 하나에 해당하는 조치를 하도록 노력하여야 한다.

가족돌봄휴직 기간은 **연간 최장 90일**로 하며, 이를 나누어 사용할 수 있고, 이 경우 나누어 사용하는 **1회의 기간은 30일 이상**이 되어야 한다. 사업주는 가족돌봄휴직을 이유로 해당 근로자를 해고하거나 근로조건을 악화시키는 등 불리한 처우를 하여서는 아니 된다. 가족돌봄휴직 기간은 근속기간에 포함한다. 다만, 「근로기준법」 제2조제1항제6호에 따른 평균임금 산정기간에서는 제외한다.

그리고, 고용노동부장관은 일·가정 양립프로그램의 도입·확산, 모성보호 조치의 원활한 운영 등을 지원하기 위하여 조사·연구 및 홍보 등의 사업을 하고, 전문적인 상담 서비스와 관련 정보 등을 사업주와 근로자에게 제공하여야 하는데, 이는 공공기관 또는 민간에 위탁하여 수행할 수 있다(제22조의3).

V. 분쟁의 예방과 해결, 보칙 및 벌칙

1. 분쟁의 예방과 해결

고용노동부장관은 차별, 직장내 성희롱, 모성보호 및 일·가정 양립지원에 관한 상담을 실시하는 **민간단체에 필요한 비용의 일부를 예산의 범위안에서 지원할** 수 있으며, 사업장의 남녀고용평등 이행을 촉진하기 위하여 당해 사업장 소속 근로자 중 노사가 추천하는 자를 **명예고용평등감독관(명예감독관)으로 위촉**할 수 있다(제23조~제24조).

사업주는 이 법 제7조부터 제13조까지, 제13조의2, 제14조, 제14조의2, 제18조제4항, 제18조의2, 제19조, 제19조의2부터 제19조의6까지, 제21조 및 제22조의2에 따른 사항에 관하여 근로자가 고충을 신고하였을 때에는 「**근로자참여 및 협력증진에 관한 법률**」에 따라 해당 사업장에 설치된 **노사협의회에 고충의 처리를 위임**하는 등 자율적인 해결을 위하여 노력하여야 한다(제25조).

2. 보칙 및 벌칙

(1) 고용평등 이행실태 등의 공표

이 법의 실효성을 확보하기 위하여 필요하다고 인정하는 경우에 노동부장관은 다른 법률에 제한이 없는 한 고용평등의 이행실태, 기타 조사결과 등을 공표할 수 있다(제32조).

(2) 벌칙

1) 사업주가 제11조의 규정에 위반하여 근로자의 정년·퇴직 및 해고에서 남녀를 차별하거나 여성근로자의 혼인, 임신 또는 출산을 퇴직사유로 예정하는 근로계약을 체결하는 경우에는 **5년 이하의 징역 또는 3천만원 이하의 벌금**에 처한다(제37조 제1항).

2) 사업주가 제8조제1항, 제14조제2항, 제19조제3항, 제19조의2제5항, 제19조의3 제1항의 어느 하나에 해당하는 위반행위를 한 경우에는 **3년 이하의 징역 또는 2천만원 이하의 벌금**에 처하며, 제19조의3제3항을 위반하여 육아기 근로시간단축을 하고 있는 근로자에게 단축된 근로시간 외에 연장근로를 요구한 경우에는 **1천만원 이하의 벌금**에 처한다.

3) 사업주가 제7조, 제9조, 제10조, 제19조 제1항 및 제4항, 제24조 제3항의 어느 하나에 해당하는 위반행위를 한 경우에는 **500만원 이하의 벌금**에 처한다(제37조).

4) 양벌규정 – 종업원의 위반행위에 대하여 법인이 상당한 주의와 감독을 게을리한 경우에는 **법인에 대하여 벌금형**을 과한다(제38조).

5) 사업주가 직장내성희롱행위를 한 경우에는 **1천만원 이하의 과태료**를 부과하고, 이러한 위반행위에 대하여 지체 없이 조치를 하지 않은 경우 등에는 500만원 이하의 과태료를, 성희롱예방교육을 하지 아니한 때에는 **300만원 이하의 과태료**를 부과하도록 규정하고 있다(제39조).

《 참고자료 》

※ 성희롱을 규정하고 있는 법률
  – 남녀고용평등법(제2조 제2호), 양성평등기본법(제3조 제2호), 국가인권위원회법
    (제2조 제3호 라목)

※ 『남녀고용평등과 일·가정 양립 지원에 관한 법률 시행규칙』에서 규정하고 있는 "직장내
  성희롱 판단을 위한 기준의 예시"

1. 성적인 언동에 대한 예시
 (1) 육체적 행위
    ① 입맞춤이나 포옹, 뒤에서 껴안는 등의 신체적 접촉행위
    ② 가슴·엉덩이 등 특정 신체부위를 만지는 행위
    ③ 안마나 애무를 강요하는 행위
 (2) **언어적 행위**
    ① 음란한 농담을 하거나 음탕스럽고 상스러운 이야기를 하는 행위(전화통화를
      포함)
    ② 외모에 대한 성적인 비유나 평가를 하는 행위
    ③ 성적인 사실관계를 묻거나 성적인 내용의 정보를 의도적으로 유포하는 행위
    ④ 성적인 관계를 강요하거나 회유하는 행위
    ⑤ 회식자리 등에서 무리하게 옆에 앉혀 술을 따르도록 강요하는 행위
 (3) **시각적 행위**
    ① 음란한 사진·그림·낙서·출판물 등을 게시하거나 보여주는 행위
    ② 성과 관련된 자신의 특정 신체부위를 고의적으로 노출하거나 만지는 행위
 (4) **그 밖에 사회통념상 성적 굴욕감 또는 혐오감을 느끼게 하는 것으로 인정되는 언어나**
    행동

2. 고용상의 불이익을 주는 것의 예시
   채용탈락·감봉·승진탈락·전직·정직·휴직·해고 등과 같이 **채용 또는 근로조건을 일**
   방적으로 불리하게 하는 것을 말한다.
   여기에서 **성희롱 여부의 판단**시에는 **피해자의 주관적 사정**을 고려하되, 사회통념상
   합리적인 사람이 피해자의 입장이라면 문제가 되는 행동에 대하여 어떻게 판단하고
   대응하였을 것인가를 함께 고려하여야 하며, 결과적으로 **위협적·적대적인 고용환경**
   을 형성하여 업무능률을 저해하게 되는지를 검토하여야 한다.

Ⅵ. 각국의 입법례

1. 스웨덴

스웨덴에서는 기존의 남녀고용평등법의 개정만으로는 양성평등정책의 목표를 충분히 달성할 수 없을 뿐만 아니라 오히려 남성에 대한 불평등이 야기된다는 점을 들어, 새로운 '평등법'을 제정하여 1992년 1월 1일부터 시행해오고 있다. 이 법은 노사간의 남녀평등에의 협력의무를 명기하고 있으며, 사용자에 대하여는 ① 평등계획의 매년작성, ② 남녀노동자가 일과 육아를 양립할 수 있도록 할 것, ③ 다양한 직종과 직제에 있어서 남녀노동자수를 균등화할 것 등의 의무규정을 두고 있고, ④ 이 규정의 위반에 대해서는 벌금명령, 의무이행이 부과되는 등 제재규정이 강화되었다.[40]

2. 프랑스

프랑스는 유럽에서는 처음으로 1991년 12월 성희롱을 처벌하는 형법개정안이 성립되었고, 직장의 성희롱을 금지하는 내용으로 1992년 11월에 노동법 및 형사소송법이 개정되었다. 프랑스의 성희롱의 중심개념은 '권한의 남용'에 두고 있으며, 성희롱의 피해자뿐만 아니라 그 증언을 한 노동자를 제재나 해고로부터 보호하고 있고, 노동자의 건강을 위한 위생안전노동위원회가 성희롱방지책의 제안임무도 수행하도록 하고 있다.

3. 영국

영국은 성차별개선책으로 affirmative Action이 있었으나, 이 정책은 일정한 비율을 정하여 여성의 채용을 해야 한다는 특별조치를 내용으로 함으로써 남성들에게 오히려 불리하게 되어 역차별이라는 지적을 받아 왔다. 1975년에 제정된 성차별법은 특별대우를 금지하고 있지만, 여성만을 대상으로 하는 직업훈련·채용·등용 등에 관해서는 positive Action이라고 하여 장려되고 있다. 1991년 10월 28일 발표된 '기회

---

40) 스웨덴 통계청의 '남성과 여성의 시간사용에 관한 보고서'에 의하면, 1985년 조사에서 일과 가정생활의 합계시간이 남성은 주 65시간, 여성은 주 74시간이었으나, 1990년에 들어와서 남성은 주 60시간, 여성은 주 61시간으로 거의 평등하게 되었다.

2000'이라 불리어지는 캠페인은, 이 정책의 실례로서 지역사회 속의 기업이 주도하는 직급별 성차별의 개선을 목표로 하는 장기적인 캠페인을 의미한다. 성차별로서의 성희롱은 성차별법에서는 예상하지 못했으나, 직장의 성희롱은 법원의 해석을 통해 그 위법성을 인정하고 있다.

4. 미국

미국의 성희롱에 관한 법조항은 1964년 민권법(civil rights Act) 제7장(균등고용기회법)에 규정되어 있다. 이 법에 의하면 성희롱의 전제조건은 성적 농담, 추근댐, 성적 수치심을 자아낼 것 같은 행동으로서 상대방이 환영하지 않는(unwelcome) 것이며, 성희롱이 상대방과 여타 근로자들에게 입힌 피해가 객관화될 수 있어야 한다. 미국법률이 정한 객관화의 근거로, 우선 이른바 '소파승진'이라고 부르는 관계로서 고용이나 해고 또는 승진 권한을 이용한 성적 접근을 요구하는 경우, 다음으로 적대적 고용환경을 조성하는 경우를 들 수 있다. 후자의 경우는 적대적 근무환경에 반복적으로 처하도록 함으로써 법에 호소하는 피해자에 대한 눈에 보이지 않는 보복을 하는 경우이다.

이러한 점을 인식하고 미국에서는 1991년 민권법을 개정하여, 종래에는 성희롱피해자가 승소할 경우에 손해본 임금을 되돌려 받고 원직복귀하는 선에 그쳤으나, 개정민권법은 성희롱피해자가 상실임금외에 피해보상을 요구할 수 있도록 하여, 성희롱에 대한 피해배상은 미래의 금전적 손실, 정신적 고통 및 기타 비금전적 손실을 포함할 수 있게 되었다.

5. 일본

일본의 경우에는 **고용기회균등법(1985년)을 제정**한 이후에도, 실질적으로 이 법을 위반하는 사례가 아직도 많은 실정이다.

(문) 남자직원들이 대부분인 사무실에서 평소에는 잘 어울리지만 회식자리뿐만 아니라 업무 중에도 음담패설이나 야한 이야기를 하곤 해서 당혹스럽다. 이럴 때 성희롱에 해당되는가?

(답) 성희롱에 해당한다.

특히 어느 한 쪽이 수적으로 우세한 곳에서 성적인 농담을 하는 것은 다른 성의 사람에게 더욱 당혹감을 줄 수 있다. 상대방이 그런 행위에 대해 어떠한 거부 의사도 표현하지 않았다고 해서 성희롱을 한 것에 대한 책임에서 벗어날 수 있는 것은 아니다. 상대방이 그러한 행위에 동참하지 않았다는 것은 소극적인 거부의 표현으로 보아야 한다.

〈성희롱에 해당하는 언어적 행위〉를 보면, ① 음란한 농담이나 음담패설, ② 외모에 대한 성적인 비유나 평가, ③ 성적 사실을 묻거나 성적인 내용의 정보를 의도적으로 유포하는 행위, ④ 회식자리 등에서 무리하게 옆에 앉혀 술을 따르도록 강요하는 행위, ⑤ 성적관계를 강요하거나 회유하는 행위, ⑥ 음란한 내용의 전화통화 등이 있다.

제3절 근로기준법

I. 머리말

근로기준법은 1997년 3월 13일 법률 제5309호로 제정되어 시행되었다. 이 법은 산업구조의 변화와 고용형태의 다양화에 따라 고용관계를 신축적으로 운영하며 경직적인 근로시간제도를 유연화하는 등 고용관계 및 근로시간제도를 현실에 부합되도록 근로기준제도를 합리적으로 규정함으로써 근로자의 기본적 생활을 보장·향상시키며 균형있는 국민경제의 발전을 도모하려는 목적에서 제정되었다.

근로기준법은 제정 이후 32차례에 걸쳐 개정이 이루어졌는데, 가장 최근에는 2019년 1월 15일에 개정이 이루어졌다. 개정 이유를 살펴보면 헌법재판소가 '월급근로자로서 6개월이 되지 못한 자'를 해고예고의 적용 예외로 규정하고 있는 조항에 대하여 근무기간이 6개월 미만인 월급근로자의 근로의 권리를 침해하며, 근무기간이 6개월 이상인 월급근로자나 월급제 이외의 형태로 보수를 받는 근로자와 합리적 근거 없이 차별취급을 하여 평등원칙 위반을 이유로 위헌결정을 하였고,[41] 해고예고의 적용 예외 규정에 대하여는 적용 예외 대상 사유들 간에 일관적·체계적인 기준이 결여되었다는 문제점 등이 여러 차례 지적된 바 있어 정비의 필요성이 제기되었다. 또한, 직장 내에서의 괴롭힘으로 동료를 사망에 이르게 하는 사고가 발생하는 등 직장 내 괴롭힘으로 인한 문제가 심각해지고 있고, 직장 내 괴롭힘은 근로자의 정신적 ·신체적 건강에 악영향을 끼칠 뿐만 아니라 기업에도 막대한 비용부담을 초래하게 되므로 이에 대한 대책이 필요하였다. 그리고 우리나라가 경제규모와 국제적 위상에 걸맞지 않게 외국인근로자의 노동인권개선에 소극적이라는 국내외 비판이 제기되고 있는 실정으로, 이에 대한 대책을 마련하려는 취지에서 개정이 이루어졌다.

그 주요내용을 살펴보면,

(1) 현행 해고의 예고에 대한 적용 예외 사유들을 '계속 근로한 기간이 3개월 미만인 경우'로 일원화하였고,

(2) 사용자 또는 근로자는 직장에서의 지위 또는 관계 등의 우위를 이용하여 업무상 적정범위를 넘어 다른 근로자에게 신체적·정신적 고통을 주거나 근무환경을 악화시키는 직장 내 괴롭힘을 해서는 안 되고, 누구든지 직장 내 괴롭힘 발생 사실을 알게 된 경우 그 사실을 사용자에게 신고할 수 있도록 하였으며,

(3) 취업규칙에 포함되어야 할 내용에 직장 내 괴롭힘의 예방 및 발생 시 조치 등에 관한 사항을 추가하였고,

(4) 사용자는 부속 기숙사를 설치·운영할 때 기숙사의 구조와 설비, 기숙사의 설치 장소, 기숙사의 주거 환경 조성 등에 관하여 대통령령으로 정하는 기준을 충족해야 하며,

(5) 사용자는 부속 기숙사에 대하여 근로자의 건강 유지, 사생활 보호 등을 위한 조치를 마련해야 한다.

(6) 그리고, 사용자가 직장 내 괴롭힘 발생 사실을 신고한 근로자 및 피해근로자 등에게 해고나 그 밖의 불리한 처우를 해서는 안 되고, 이를 위반하면 3년 이하의 징역 또는 3천만원 이하의 벌금에 처할 수 있도록 개정되었다.

---

41) 헌재결 2015. 12. 23. 2014헌바3.

Ⅱ. 근로기준법의 적용범위

1. 임금과 평균임금

"임금"이란 사용자가 근로의 대가로 근로자에게 임금, 봉급, 그 밖에 어떠한 명칭으로든지 지급하는 일체의 금품을 말하며, "평균임금"이란 이를 산정하여야 할 사유가 발생한 날 이전 3개월 동안에 그 근로자에게 지급된 임금의 총액을 그 기간의 총일수로 나눈 금액을 말하고, 근로자가 취업한 후 3개월 미만인 경우도 이에 준한다. 다만 산출된 금액이 그 근로자의 통상임금보다 적으면 그 통상임금액을 평균임금으로 한다.

2. 공민권 행사의 보장

사용자는 근로자가 근로시간 중에 **선거권, 그 밖의 공민권(公民權) 행사 또는 공(公)의 직무를 집행하기 위하여 필요한 시간**을 청구하면 거부하지 못한다. 다만, 그 권리 행사나 공(公)의 직무를 수행하는 데에 지장이 없으면 청구한 시간을 변경할 수 있다(제10조).

3. 근로기준법의 적용 범위

이 법은 **상시 5명 이상의 근로자를 사용하는 모든 사업 또는 사업장에 적용한다.** 다만, 동거하는 친족만을 사용하는 사업 또는 사업장과 가사(家事) 사용인에 대하여는 적용하지 아니한다. **상시 4명 이하의 근로자를 사용하는 사업 또는 사업장**에 대하여는 대통령령으로 정하는 바에 따라 이 법의 일부 규정을 적용할 수 있으며, 이 법을 적용하는 경우에 상시 사용하는 근로자 수를 산정하는 방법도 대통령령으로 정한다.

4. 근로계약

이 법에서 정하는 기준에 미치지 못하는 근로조건을 정한 근로계약은 그 부분에 한하여 무효로 한다.

(1) 전차금 상계의 금지 및 경영상 이유에 의한 해고의 제한

사용자는 전차금(前借金)이나 그 밖에 근로할 것을 조건으로 하는 전대(前貸)채권과 임금을 상계하지 못한다(제21조). 또한 경영상 이유에 의하여 근로자를 해고하려면 긴박한 경영상의 필요가 있어야 한다. 이 경우 경영 악화를 방지하기 위한 사업의 양도·인수·합병은 긴박한 경영상의 필요가 있는 것으로 본다. 이 경우에 사용자는 해고를 피하기 위한 노력을 다하여야 하며, 합리적이고 공정한 해고의 기준을 정하고 이에 따라 그 대상자를 선정하여야 하는데, 남녀의 성을 이유로 차별하여서는 안 된다. 또한 사용자는 해고를 피하기 위한 방법과 해고의 기준 등에 관하여 그 사업 또는 사업장에 근로자의 과반수로 조직된 노동조합이 있는 경우에는 그 노동조합(근로자의 과반수로 조직된 노동조합이 없는 경우에는 근로자의 과반수를 대표하는 자를 말한다)에 해고를 하려는 날의 50일 전까지 통보하고 성실하게 협의하여야 한다. 사용자가 해당 규정에 따른 요건을 갖추어 근로자를 해고한 경우에는 정당한 이유가 있는 해고를 한 것으로 본다(제24조).

(2) 해고의 예고와 해고사유의 서면통지

사용자는 근로자가 계속 근로한 기간이 3개월 미만이거나, 천재·사변, 그 밖의 부득이한 사유로 사업을 계속하는 것이 불가능한 경우 또는 근로자가 고의로 사업에 막대한 지장을 초래하거나 재산상 손해를 끼친 경우로서 고용노동부령으로 정하는 사유에 해당하지 않을 경우 근로자를 해고하려면 적어도 **30일 전**에 예고를 하여야 하고, 30일 전에 예고를 하지 아니하였을 때에는 **30일분 이상의 통상임금을 지급**하여야 한다. 또한 근로자를 해고하려면 **해고사유와 해고시기를 서면으로 통지**하여야 그 해고가 효력을 발생한다. 사용자가 해고의 예고를 해고사유와 해고시기를 명시하여 서면으로 한 경우에는 통지를 한 것으로 본다(제27조).

(3) 부당해고 등의 구제신청

사용자가 근로자에게 부당해고 등을 하면 근로자는 **노동위원회에 구제를 신청**할 수 있는데, 구제신청은 부당해고 등이 있었던 날부터 **3개월 이내**에 하여야 한다(제28조).

(4) 금품 청산과 임금채권의 우선변제

사용자는 근로자가 사망 또는 퇴직한 경우에는 그 지급 사유가 발생한 때부터 14일 이내에 임금, 보상금, 그 밖에 일체의 금품을 지급하여야 한다. 다만, 특별한 사정이 있을 경우에는 당사자 사이의 합의에 의하여 기일을 연장할 수 있다(제36조).

그리고 임금, 재해보상금, 그 밖에 근로관계로 인한 채권은 사용자의 총재산에 대하여 질권(質權)·저당권 또는 「동산·채권 등의 담보에 관한 법률」에 따른 담보권에 따라 담보된 채권 외에는 조세·공과금 및 다른 채권에 우선하여 변제되어야 한다. 다만, 질권·저당권 또는 「동산·채권 등의 담보에 관한 법률」에 따른 담보권에 우선하는 조세·공과금에 대하여는 그러하지 아니하다.

또한 최종 3개월분의 임금, 재해보상금 등의 채권은 사용자의 총재산에 대하여 질권·저당권 또는 「동산·채권 등의 담보에 관한 법률」에 따른 담보권에 따라 담보된 채권, 조세·공과금 및 다른 채권에 우선하여 변제되어야 한다.

5. 임금

임금은 통화(通貨)로 직접 근로자에게 그 전액을 지급하여야 하지만, 법령 또는 단체협약에 특별한 규정이 있는 경우에는 임금의 일부를 공제하거나 통화 이외의 것으로 지급할 수 있다. 임금은 매월 1회 이상 일정한 날짜를 정하여 지급하여야 하지만, 임시로 지급하는 임금, 수당, 그 밖에 이에 준하는 것 또는 대통령령으로 정하는 임금에 대하여는 그러하지 아니하다.

(1) 휴업수당

사용자의 귀책사유로 휴업하는 경우에 사용자는 휴업기간 동안 그 근로자에게 평균임금의 100분의 70 이상의 수당을 지급하여야 한다. 다만, 평균임금의 100분의 70에 해당하는 금액이 통상임금을 초과하는 경우에는 통상임금을 휴업수당으로 지급할 수 있다. 그러나 부득이한 사유로 사업을 계속하는 것이 불가능하여 노동위원회의 승인을 받은 경우에는 기준에 못 미치는 휴업수당을 지급할 수 있다(제46조).

(2) 임금의 시효

이 법에 따른 **임금채권은 3년간** 행사하지 아니하면 시효로 소멸한다(제49조).

6. 근로시간

(1) 근로시간

1주간의 근로시간은 휴게시간을 제외하고 40시간을 초과할 수 없으며, 1일의 근로시간은 휴게시간을 제외하고 8시간을 초과할 수 없다. 근로시간을 산정함에 있어 작업을 위하여 근로자가 사용자의 지휘·감독 아래에 있는 대기시간 등은 근로시간으로 본다(제50조).

(2) 탄력적 근로시간제

사용자는 취업규칙(취업규칙에 준하는 것을 포함한다)에서 정하는 바에 따라 2주 이내의 일정한 단위기간을 평균하여 1주 간의 근로시간이 40시간을 초과하지 아니하는 범위에서 특정한 주에 40시간의 근로시간을, 특정한 날에 8시간 근로시간을 초과하여 근로하게 할 수 있다. 다만, 특정한 주의 근로시간은 48시간을 초과할 수 없다(제51조 제1항).

사용자는 근로자대표와의 서면 합의에 따라 대상 근로자의 범위, 단위기간(3개월 이내의 일정한 기간으로 정하여야 한다), 단위기간의 근로일과 그 근로일별 근로시간을 정하면 3개월 이내의 단위기간을 평균하여 1주간의 근로시간이 40시간의 근로시간을 초과하지 아니하는 범위에서 특정한 주에 40시간의 근로시간을, 특정한 날에 8시간의 근로시간을 초과하여 근로하게 할 수 있다. 다만, 특정한 주의 근로시간은 52시간을, 특정한 날의 근로시간은 12시간을 초과할 수 없다.

탄력적 근로시간제는 15세 이상 18세 미만의 근로자와 임신 중인 여성 근로자에 대하여는 적용하지 아니하며, 사용자는 탄력적 근로시간제에 따라 근로자를 근로시킬 경우 기존의 임금 수준이 낮아지지 아니하도록 임금보전방안(賃金補塡方案)을 강구하여야 한다.

(3) 선택적 근로시간제

사용자는 취업규칙에 따라 업무의 시작 및 종료 시각을 근로자의 결정에 맡기기로 한 근로자에 대하여 근로자대표와의 서면 합의에 따라 대상 근로자의 범위(15세 이상 18세 미만의 근로자는 제외한다), 정산기간(1개월 이내의 일정한 기간으로 정하여야 한다), 정산기간의 총 근로시간, 반드시 근로하여야 할 시간대를 정하는 경우에는 그 시작 및 종료 시각, 근로자가 그의 결정에 따라 근로할 수 있는 시간대를 정하는 경우에는 그 시작 및 종료 시각 등을 정하면 1개월 이내의 정산기간을 평균하여 1주간의 근로시간이 40시간의 근로시간을 초과하지 아니하는 범위에서 1주간에 40시간의 근로시간을, 1일에 8시간의 근로시간을 초과하여 근로하게 할 수 있다(제52조).

(4) 연장 근로의 제한

당사자 간에 합의하면 1주 간에 12시간을 한도로 제50조의 근로시간을 연장할 수 있으며, 탄력적 근로시간제의 근로시간을 연장할 수 있고, 선택적 근로시간제의 정산기간을 평균하여 1주 간에 12시간을 초과하지 아니하는 범위에서 선택적 근로시간제의 근로시간을 연장할 수 있다.

상시 30명 미만의 근로자를 사용하는 사용자는 당사자 간의 합의에 따라 연장된 근로시간을 초과할 필요가 있는 사유 및 그 기간과 대상 근로자의 범위에 대하여 근로자대표와 서면으로 합의한 경우 연장된 근로시간에 더하여 1주 간에 8시간을 초과하지 아니하는 범위에서 근로시간을 연장할 수 있으나, 15세 이상 18세 미만의 근로자에 대하여는 적용하지 아니한다.

사용자는 특별한 사정이 있으면 고용노동부장관의 인가와 근로자의 동의를 받아 당사자 간에 합의에 의한 근로시간을 연장할 수 있다. 다만, 사태가 급박하여 고용노동부장관의 인가를 받을 시간이 없는 경우에는 사후에 지체 없이 승인을 받아야 하며, 고용노동부장관은 근로시간의 연장이 부적당하다고 인정하면 그 후 연장시간에 상당하는 휴게시간이나 휴일을 줄 것을 명할 수 있다(제53조).

7. 휴식

(1) 휴게, 휴일, 연장·야간 및 휴일 근로

사용자는 근로시간이 4시간인 경우에는 30분 이상, 8시간인 경우에는 1시간 이상의 휴게시간을 근로시간 도중에 주어야 하며, 휴게시간은 근로자가 자유롭게 이용할수 있다(제54조). 또한 근로자에게 1주일에 평균 1회 이상의 유급휴일을 주어야 하며(제55조), 연장근로에 대하여는 통상임금의 100분의 50 이상을 가산하여 지급하여야 하고, 휴일근로에 대하여는 기준에 따른 금액 이상을 가산하여 근로자에게 지급하여야 하는데, ① 8시간 이내의 휴일근로에 대해서는 통상임금의 100분의 50, ② 8시간을 초과한 휴일근로에 대해서는 통상임금의 100분의 100을 지급하여야 한다. 야간근로(오후 10시부터 다음날 오전 6시 사이의 근로를 말한다)에 대하여는 통상임금의 100분의 50 이상을 가산하여 근로자에게 지급한다(제56조).

(2) 근로시간 및 휴게시간의 특례

「통계법」 제22조제1항에 따라 통계청장이 고시하는 산업에 관한 표준의 중분류또는 소분류 중 육상운송 및 파이프라인 운송업(다만, 「여객자동차 운수사업법」 제3조제1항제1호에 따른 노선(路線) 여객자동차운송사업은 제외), 수상운송업, 항공운송업, 기타 운송관련 서비스업, 보건업에 해당하는 사업에 대하여 사용자가 근로자대표와 서면으로 합의한 경우에는 주(週) 12시간을 초과하여 연장근로를 하게 하거나 휴게시간을 변경할 수 있다. 그러나 사용자는 근로일 종료 후 다음 근로일 개시전까지 근로자에게 연속하여 11시간 이상의 휴식 시간을 주어야 한다(제59조).

(3) 연차 유급휴가

사용자는 1년간 80퍼센트 이상 출근한 근로자에게 15일의 유급휴가를 주어야 하며, 계속하여 근로한 기간이 1년 미만인 근로자 또는 1년간 80퍼센트 미만 출근한근로자에게 1개월 개근 시 1일의 유급휴가를 주어야 한다. 또한 3년 이상 계속하여근로한 근로자에게는 15일의 유급휴가에 최초 1년을 초과하는 계속 근로 연수 매 2년에 대하여 1일을 가산한 유급휴가를 주어야 한다. 이 경우 가산휴가를 포함한 총휴가 일수는 25일을 한도로 한다. 사용자는 휴가를 근로자가 청구한 시기에 주어야 하고, 그 기간에 대하여는 취업규칙 등에서 정하는 통상임금 또는 평균임금을 지급하여야 한다. 다만, 근로자가 청구한 시기에 휴가를 주는 것이 사업 운영에 막대한 지장이 있는 경우에는 그 시기를 변경할 수 있다. 규정에 의하여 근로자가 업무상의 부상 또는 질병으로 휴업한 기간과 임신 중의 여성이 임산부의 보호 규정에 따른 휴가로 휴업한 기간 및 남녀고용평등과 일·가정양립 지원에 관한 법률에 따른 육아휴직으로 휴업한 기간은 출근한 것으로 본다. 휴가는 1년간 행사하지 아니하면 소멸되지만, 사용자의 귀책사유로 사용하지 못한 경우에는 그러하지 아니하다(제60조).

8. 여성과 소년

(1) 최저 연령과 취직인허증

15세 미만인 자(「초·중등교육법」에 따른 중학교에 재학 중인 18세 미만인 자를 포함한다)는 근로자로 사용하지 못하지만, 대통령령으로 정하는 기준에 따라 고용노동부장관이 발급한 취직인허증(就職認許證)을 지닌 자는 근로자로 사용할 수 있다. 취직인허증은 본인의 신청에 따라 의무교육에 지장이 없는 경우에는 직종(職種)을 지정하여서만 발행할 수 있다. 그러나 고용노동부장관은 거짓이나 그 밖의 부정한 방법으로 취직인허증을 발급받은 자에게는 그 인허를 취소하여야 한다(제64조).

(2) 사용금지

사용자는 임신 중이거나 산후 1년이 지나지 아니한 여성과 18세 미만자를 도덕상 또는 보건상 유해·위험한 사업에 사용하지 못한다. 임산부가 아닌 18세 이상의 여성을 보건상 유해·위험한 사업 중 임신 또는 출산에 관한 기능에 유해·위험한 사업에 사용하지 못한다(제65조).

(3) 임금의 청구와 근로시간

미성년자는 독자적으로 임금을 청구할 수 있다(제68조). 15세 이상 18세 미만인 자의 근로시간은 1일에 7시간, 1주일에 35시간을 초과하지 못하지만, 당사자 사이의 합의에 따라 1일에 1시간, 1주일에 5시간을 한도로 연장할 수 있다(제69조).

사용자는 18세 이상의 여성을 오후 10시부터 오전 6시까지의 시간 및 휴일에 근로시키려면 그 근로자의 동의를 받아야 하며, 임산부와 18세 미만자를 오후 10시부터 오전 6시까지의 시간 및 휴일에 근로시키지 못한다. 다만 18세 미만자의 동의가 있는 경우나 산후 1년이 지나지 아니한 여성의 동의가 있는 경우 또는 임신 중의 여성이 명시적으로 청구하는 경우에는 고용노동부장관의 인가를 받으면 근로시킬 수 있지만, 고용노동부장관의 인가를 받기 전에 근로자의 건강 및 모성 보호를 위하여 그 시행 여부와 방법 등에 관하여 그 사업 또는 사업장의 근로자대표와 성실하게 협의하여야 한다(제70조).

사용자는 산후 1년이 지나지 아니한 여성에 대하여는 단체협약이 있는 경우라도 1일에 2시간, 1주일에 6시간, 1년에 150시간을 초과하는 시간외근로를 시키지 못하며(제71조), 여성과 18세 미만인 자를 갱내(坑內)에서 근로시키지 못한다. 다만, 보건·의료, 보도·취재 등 대통령령으로 정하는 업무를 수행하기 위하여 일시적으로 필요한 경우에는 그러하지 아니하다(제72조). 또한 사용자는 여성 근로자가 청구하면 **월 1일의 생리휴가**를 주어야 한다(제73조).

(4) 임산부의 보호

사용자는 임신 중의 여성에게 출산 전과 출산 후를 통하여 90일(한 번에 둘 이상 자녀를 임신한 경우에는 120일)의 출산전후휴가를 주어야 한다. 이 경우 휴가 기간의 배정은 출산 후에 45일(한 번에 둘 이상 자녀를 임신한 경우에는 60일) 이상이 되어야 한다. 임신 중인 여성 근로자가 유산의 경험 등 대통령령으로 정하는 사유로 휴가를 청구하는 경우 출산 전 어느 때라도 휴가를 나누어 사용할 수 있도록 하여야 하는데, 이 경우 출산 후의 휴가 기간은 연속하여 45일(한 번에 둘 이상 자녀를 임신한 경우에는 60일) 이상이 되어야 한다(제74조).

또한 사용자는 임신 중인 여성이 유산 또는 사산한 경우로서 그 근로자가 청구하면 대통령령으로 정하는 바에 따라 유산·사산 휴가를 주어야 한다. 다만, 인공 임신 중절 수술(「모자보건법」 제14조제1항에 따른 경우는 제외한다)에 따른 유산의 경우는 그러하지 아니하다. 휴가 중 최초 60일(한 번에 둘 이상 자녀를 임신한 경우에는 75일)은 유급으로 하지만, 「남녀고용평등과 일·가정 양립 지원에 관한 법률」 제18조에 따라 출산전후휴가급여 등이 지급된 경우에는 그 금액의 한도에서 지급의 책임을 면한다.

사용자는 임신 중의 여성 근로자에게 시간외근로를 하게 하여서는 아니 되며, 그 근로자의 요구가 있는 경우에는 쉬운 종류의 근로로 전환하여야 하고, 출산전후휴가 종료 후에는 휴가 전과 동일한 업무 또는 동등한 수준의 임금을 지급하는 직무에 복귀시켜야 한다. 임신 후 12주 이내 또는 36주 이후에 있는 여성 근로자가 1일 2시간의 근로시간 단축을 신청하는 경우 이를 허용하여야 하지만, 1일 근로시간이 8시간 미만인 근로자에 대하여는 1일 근로시간이 6시간이 되도록 근로시간 단축을 허용할 수 있다. 사용자는 근로시간 단축을 이유로 해당 근로자의 임금을 삭감하여서는 아니 된다.

(5) 태아검진 시간의 허용과 육아 시간

사용자는 임신한 여성근로자가 「모자보건법」 제10조에 따른 임산부 정기건강진단을 받는데 필요한 시간을 청구하는 경우 이를 허용하여 주어야 하며, 건강진단 시간을 이유로 그 근로자의 임금을 삭감하여서는 안 된다(제74조의2). 또한 생후 1년 미만의 유아(乳兒)를 가진 여성 근로자가 청구하면 1일 2회 각각 30분 이상의 유급 수유 시간을 주어야 한다.

9. 직장 내 괴롭힘의 금지 및 발생 시의 조치

사용자 또는 근로자는 직장에서의 지위 또는 관계 등의 우위를 이용하여 업무상 적정범위를 넘어 다른 근로자에게 신체적·정신적 고통을 주거나 근무환경을 악화시키는 행위를 하여서는 안 된다(제76조의2).

누구든지 직장 내 괴롭힘 발생 사실을 알게 된 경우 그 사실을 사용자에게 신고할 수 있으며, 사용자는 신고를 접수하거나 직장 내 괴롭힘 발생 사실을 인지한 경우에 지체 없이 그 사실 확인을 위한 조사를 실시하여야 한다. 조사 기간 동안 직장 내 괴롭힘과 관련하여 피해를 입은 근로자 또는 피해를 입었다고 주장하는 근로자를 보호하기 위하여 필요한 경우 해당 피해근로자등에 대하여 근무장소의 변경, 유급휴가 명령 등 적절한 조치를 하여야 하는데, 이 경우 사용자는 피해근로자 등의 의사에 반하는 조치를 하여서는 아니 된다.

조사 결과 직장 내 괴롭힘 발생 사실이 확인된 때에는 피해근로자가 요청하면 근무장소의 변경, 배치전환, 유급휴가 명령 등 적절한 조치를 하여야 하며, 행위자에 대하여 징계, 근무장소의 변경 등 필요한 조치를 하여야 하는데, 이 경우 사용자는 징계 등의 조치를 하기 전에 그 조치에 대하여 피해근로자의 의견을 들어야 한다.

사용자는 직장 내 괴롭힘 발생 사실을 신고한 근로자 및 피해근로자등에게 해고나 그 밖의 불리한 처우를 하여서는 아니 된다(제76조의3).

10. 재해보상

(1) 요양보상

근로자가 업무상 부상 또는 질병에 걸리면 **사용자**는 그 비용으로 필요한 요양을 행하거나 **필요한 요양비를 부담**하여야 한다.

(2) 휴업보상

사용자는 요양보상에 따라 요양 중에 있는 근로자에게 그 **근로자의 요양 중 평균임금의 100분의 60의 휴업보상**을 하여야 하며, 휴업보상을 받을 기간에 그 보상을 받을 자가 임금의 일부를 지급받은 경우에는 사용자는 **평균임금에서 그 지급받은 금액을 뺀** 금액의 100분의 60의 휴업보상을 하여야 한다.

(3) 장해보상

근로자가 업무상 부상 또는 질병에 걸리고, 완치된 후 신체에 장해가 있으면 사용자는 그 장해 정도에 따라 **평균임금에 별표에서 정한 일수를 곱한 금액의 장해보상**을 하여야 하며, 이미 신체에 장해가 있는 자가 부상 또는 질병으로 인하여 같은 부위에 장해가 더 심해진 경우에 그 장해에 대한 장해보상 금액은 장해 정도가 더 심해진 장해등급에 해당하는 장해보상의 일수에서 기존의 장해등급에 해당하는 장해보상의 일수를 뺀 일수에 보상청구사유 발생 당시의 평균임금을 곱하여 산정한 금액으로 한다. 장해보상을 하여야 하는 신체장해 등급의 결정 기준과 장해보상의 시기는 대통령령으로 정한다.

(4) 유족보상과 장의비

근로자가 **업무상 사망한 경우**에는 사용자는 근로자가 사망한 후 지체 없이 그 유족에게 **평균임금 1,000일분의 유족보상**을 하여야 하며, 근로자가 업무상 사망한 경우에는 사용자는 근로자가 사망한 후 지체 없이 **평균임금 90일분의 장의비를 지급**하여야 한다.

(5) 일시보상

요양보상에 따라 보상을 받는 근로자가 요양을 시작한 지 2년이 지나도 부상 또는 질병이 완치되지 아니하는 경우에는 사용자는 그 근로자에게 **평균임금 1,340일분의 일시보상**을 하여 그 후의 이 법에 따른 모든 보상책임을 면할 수 있다. 보상을 받을 권리는 퇴직으로 인하여 변경되지 아니하고, **양도나 압류**하지 못한다.

11. 취업규칙

상시 10명 이상의 근로자를 사용하는 사용자는 업무의 시작과 종료 시각, 휴게시간, 휴일, 휴가 및 교대 근로에 관한 사항과 임금의 결정·계산·지급 방법, 임금의 산정기간·지급시기 및 승급(昇給)에 관한 사항, 가족수당의 계산·지급 방법에 관한 사항 및 퇴직에 관한 사항, 「근로자퇴직급여 보장법」 제4조에 따라 설정된 퇴직급여, 상여 및 최저임금에 관한 사항, 근로자의 식비, 작업 용품 등의 부담에 관한 사항, 근로자를 위한 교육시설에 관한 사항, 출산전후휴가·육아휴직 등 근로자의 모성보호 및 일·가정 양립 지원에 관한 사항, 안전과 보건에 관한 사항, 근로자의 성별·연령 또는 신체적 조건 등의 특성에 따른 사업장 환경의 개선에 관한 사항, 업무상과 업무 외의 재해부조(災害扶助)에 관한 사항, 직장 내 괴롭힘의 예방 및 발생 시 조치 등에 관한 사항, 표창과 제재에 관한 사항, 그리고 그 밖에 해당 사업 또는 사업장의 근로자 전체에 적용될 사항에 관한 취업규칙을 작성하여 고용노동부장관에게 신고하여야 한다. 이를 변경하는 경우에도 또한 같다.

[통상임금과 평균임금 적용 규정]

통 상 임 금	평 균 임 금
해고예고수당 (근로기준법 제26조)	퇴직금 (근로기준법 제34조)
휴업수당 (근로기준법 제46조)	휴업수당 (근로기준법 제46조)
연장근로가산수당 (근로기준법 제56조)	연차유급휴가수당 (근로기준법 제60조)
야간근로가산수당 (근로기준법 제56조)	휴업보상, 장해보상, 유족보상, 장례비, 일시보상, 분할보상 등 **각종 재해보상** (근로기준법 제78조~제85조)
휴일근로가산수당 (근로기준법 제56조)	감급의 제한 (근로기준법 제95조) 감급의 제재의 경우에 평균임금의 1일분의 2분의1, 임금총액의 10분의1을 초과하지 못함.
연차유급휴가수당 (근로기준법 제60조)	
연장·휴일근로에 대한 임금	
기타 법에 유급으로 표시된 표상	

제4절 모자보건법

Ⅰ. 머리말

모자보건법은 1973년 2월 8일(법률 제2514호) 제정된 후, 이 법의 목적이 2009년 전문 개정되었다. 이 법의 목적은 모성(母性) 및 영유아의 생명과 건강을 보호하고 건전한 자녀의 출산과 양육을 도모함으로써 국민보건 향상에 이바지함에 있다. 이 법의 주요 내용으로는 국가 또는 지자체가 영유아의 건전한 발육을 도모하기 위하여 모성 및 영·유아에 대한 질병 및 사고의 예방, 질병의 조기발견 및 치료 등에 관한 적절한 조치, 인공임신중절수술의 허용한계, 가족계획요원에 대한 국고보조 등이다.

모자보건법은 개정 이후 여러 차례 개정되었는데, 특히 제6차 개정(2005. 12. 7.) 시에는 임산부와 영유아에게 요양 등의 서비스를 제공하는 산후조리업을 영위하려는 자는 일정한 기준에 따른 인력시설을 갖추어 시장·군수·구청장에게 신고하도록 하고, 감염 등을 방지하기 위하여 필요한 조치를 취하도록 하는 등 임산부와 영유아의 감염 및 안전사고 예방을 도모하려는 것이 주요 내용이다.

즉, 모자보건법 제15조에 산후조리업을 하고자 하는 자는 산후조리원의 운영에 필요한 간호사 또는 간호조무사 등의 인력과 시설을 갖추고 시장·군수·구청장에게 신고하도록 하는 규정을 신설하고 산후조리업자는 임산부 및 영유아의 감염 또는 질병을 예방하기 위하여 소독 등 필요한 조치를 취하고, 임산부 또는 영유아에게 감염 또는 질병이 의심되거나 발생하는 때에는 즉시 의료기관에 이송하는 등의 필요한 조치를 취하도록 하는 제15조의4를 신설하였다.

또한 시장·군수·구청장은 산후조리업자가 인력시설을 갖추지 아니한 경우 결격사유가 있는 자를 종사하도록 한 경우 등에는 기간을 정하여 시정을 명하고, 산후조리업자가 당해 시정명령을 위반한 때에는 6월 이내의 기간을 정하여 산후조리업의 정지 또는 폐쇄를 명할 수 있도록 하는 제15조의8 및 제15조의9 조항을 신설하였다.

2009. 1. 7. 개정에서는 저출산 시대의 모성 및 영유아 건강증진 시책을 효율적으로 추진하기 위하여, 모성을 임산부와 가임기 여성을 포함하는 개념으로 명확하게 정의하고, 모자보건사업의 범위에 모성의 생식건강 관리와 임신·출산·양육 지원 사업을 포함시키며, 모성의 생식건강 관리와 임신·출산·양육을 지원할 수 있도록 신생아 집중치료 시설 등의 설치와 불임극복 지원사업 등에 대한 법적 근거를 마련하고, 산후조리원에서의 안전사고 예방 및 감염확산 방지의 실효성을 확보하기 위하여 임산부나 영유아에게 안전사고 등이 발생한 경우에는 즉시 의료기관으로 이송하고, 보건소장에게 보고하도록 하는 등 감염 및 안전사고에 즉시 대응할 수 있는 체계를 구축하는 한편, 법 문장을 원칙적으로 한글로 적고, 어려운 용어를 쉬운 용어로 바꾸며, 길고 복잡한 문장을 간결하게 하는 등 국민이 법 문장을 이해하기 쉽게 정비하는데 있었다.

2012. 5. 23. 개정에서는 법률상 '**불임**'이라는 용어를 '쉽게 임신이 되지 아니하지만 치료를 통해 임신이 가능한 상태'를 뜻하는 '**난임**'으로 **변경**하여, 난임가정에 희망을 주고 난임에 대한 사회적 인식을 전환하여 최근 심각한 국가적 과제로 인식되고 있는 저출산 문제의 해결에 기여하도록 하는 한편, 국가와 지방자치단체로 하여금 인공임신중절 등을 예방하는 사업을 실시하도록 함으로써 **모성건강을 보호하고 생명을 존중하는 사회분위기를 조성**하도록 하였다.

2015. 1. 28. 개정에서는 산후조리원 이용기간 중 발생할 수 있는 감염사고 등으

로 인하여 이용자에게 손해를 발생하게 한 때에는 산후조리업자에게 손해배상책임이 있음을 명시하고, 그 손해를 보장하기 위하여 산후조리업자가 책임보험에 가입하도록 의무화하였으며, 산후조리업자가 산후조리원의 서비스별 이용요금을 홈페이지 등을 통하여 이를 공시하도록 하고 이를 위반하는 경우 과태료를 부과하여 산후조리원 이용요금의 투명성을 제고하고 이용자들의 편의를 제고하도록 하였다.

2016. 12. 2. 개정에서는 고령 또는 다태아 임신 등 고위험 임신에 대한 적극적인 치료를 지원하기 위하여 고위험 임산부에 대한 치료 시설 및 장비 등의 지원 근거를 마련하고, 산전·산후 우울증은 임산부, 태아 또는 영아의 건강과 안전에 부정적인 영향을 끼칠 수 있기 때문에 산전·산후 우울증의 예방과 조기 발견을 위한 검사 등을 지원할 수 있도록 하며, 난임부부가 겪는 정서적·심리적 고통과 불안을 경감하고 난임 극복을 위한 전문적인 지원을 하기 위하여 보건복지부장관 및 시·도지사가 난임전문상담센터를 설치·운영할 수 있도록 하였다.

2018. 3. 13. 개정에서는 고위험 임산부 및 신생아 집중치료 시설 간의 연계 및 업무조정 등을 위하여 공공보건의료기관 중에서 중앙모자의료센터를 지정할 수 있는 근거를 마련하고, 난임 부부의 알권리 보장 및 난임시술 의료기관의 책임성 강화를 위하여 난임시술의료기관의 평가결과를 공개하도록 의무화하는 한편, 안전한 산후조리 환경을 조성하기 위하여 산모와 신생아의 건강관리 및 감염 예방 등과 관련한 준수사항을 위반하였을 경우 위반사실 등을 공표할 수 있도록 하고, 감염이나 질병 발생 시 의료기관에 이송한 사실을 보고하지 않은 경우 과태료 부과금액의 상한을 상향하며,「정신건강증진 및 정신질환자 복지서비스 지원에 관한 법률」의 개정 취지를 반영하여 산후조리업 종사자 등의 결격사유 규정을 정비하였다.

2019. 1. 15. 개정에서는 산후조리원을 이용하는 임산부와 영유아의 건강을 보호하고 감염을 예방하기 위하여 산후조리원에서 감염 또는 질병이 의심되거나 발생하여 임산부나 영유아를 의료기관으로 이송한 경우 임산부 또는 보호자로부터 내용을 통보받아 확인하고 소독 및 격리 등 필요한 조치를 하도록 하는 등 산후조리업자의 준수사항을 강화하고, 산후조리업자는 다른 사람에게 위해를 끼칠 우려가 있는 대통령령으로 정하는 질병이 있거나 의심되는 사람에게 근무제한 조치를 하도록 하며, 산후조리업에 종사하는 사람은 감염병환자 또는 감염병의사환자라는 진단을 받은 경우 산후조리업자에게 그 사실을 알리도록 하였다.

II. 모자보건법의 주요내용

1. "임산부·모성·영유아" 등에 대한 정의

이 법에서는 임산부 등에 대한 정의규정을 두고 있는데, 그 내용은 다음과 같다.

(1) **"임산부"란 임신 중이거나 분만 후 6개월 미만인 여성**을 말한다.

(2) **"모성"**이란 임산부와 가임기(可姙期) 여성을 말한다.

(3) **"영유아"**란 출생 후 6년 미만인 사람을 말한다.

(4) **"신생아"**란 출생 후 28일 이내의 영유아를 말한다.

(5) **"미숙아(未熟兒)"**란 신체의 발육이 미숙한 채로 출생한 영유아로서 대통령령으로 정하는 기준에 해당하는 영유아를 말한다.

(6) **"선천성이상아(先天性異常兒)"**란 선천성 기형(畸形) 또는 변형(變形)이 있거나 염색체에 이상이 있는 영유아로서 대통령령으로 정하는 기준에 해당하는 영유아를 말한다.

(7) **"인공임신중절수술"**이란 태아가 모체 밖에서는 생명을 유지할 수 없는 시기에 태아와 그 부속물을 인공적으로 모체 밖으로 배출시키는 수술을 말한다.

(8) "모자보건사업"이란 모성과 영유아에게 전문적인 보건의료서비스 및 그와 관련된 정보를 제공하고, 모성의 생식건강(生殖健康) 관리와 임신·출산·양육 지원을 통하여 이들이 신체적·정신적·사회적으로 건강을 유지하게 하는 사업을 말한다.

(9) "산후조리업(産後調理業)"이란 산후조리 및 요양 등에 필요한 인력과 시설을 갖춘 곳(이하 "산후조리원"이라 한다)에서 분만 직후의 임산부나 출생 직후의 영유아에게 급식·요양과 그 밖에 일상생활에 필요한 편의를 제공하는 업(業)을 말한다.

(10) "난임(難姙)"이란 부부가 피임을 하지 아니한 상태에서 부부간 정상적인 성생활을 하고 있음에도 불구하고 1년이 지나도 임신이 되지 아니하는 상태를 말한다.

(11) "보조생식술"이란 임신을 목적으로 자연적인 생식과정에 인위적으로 개입하는 의료행위로서 인간의 정자와 난자의 채취 등 보건복지부령으로 정하는 시술을 말한다.

2. 국가 또는 지방자치단체의 책임 등

(1) 국가 또는 지방자치단체의 책임

모성과 영유아의 건강을 유지·증진하기 위하여 국가 또는 지방자치단체는 모자보건사업 및 가족계획사업에 관한 시책을 강구하도록 의무를 부과하고 있고, 이러한 사항을 관장하기 위하여 국가와 지방자치단체는 모자보건기구를[42] 설치·운영할 수 있고, **지방자치단체가 '모자보건기구'를 설치**하는 때에는 당해 지방자치단체가 설치한 **보건소에 설치함을 원칙**으로 한다(제7조 제1항). 국가와 지방자치단체는 모자보건사업과 가족계획사업에 관한 모자보건기구가 관장하는 사업을 **의료법인이나 비영리법인에 위탁하여 수행**하게 할 수 있다(동법 제7조 제3항).

(2) 임산부의 신고와 등록카드 작성·관리 및 각종 의료지원 등

임산부가 이 법에 의하여 보호를 받고자 하는 경우에는 본인이나 보호자가 **보건소 또는 의료기관에 임신 또는 분만의 사실을 신고**해야 한다. 의료기관의 장 또는 보건소장은 신고를 받으면 이를 종합하여 보건복지부령으로 정하는 바에 따라 특별자치시장·특별자치도지사 또는 시장(「제주특별자치도 설치 및 국제자유도시 조성을 위한 특별법」 제10조제2항에 따른 행정시의 시장은 제외한다)·군수·구청장(자치구의 구청장을 말한다)에게 보고하여야 한다. 또한 해당 의료기관이나 보건소에서 임산부가 사망하거나 사산(死産)하였을 때 또는 신생아가 사망하였을 때에는 보건복지부령으로 정하는 바에 따라 특별자치시장·특별자치도지사 또는 시장·군수·구청장에게 보고하여야 하며, 의료기관의 장은 해당 의료기관에서 미숙아 또는 선천성이상아가 출생한 때에는 보건소장에게 보고하여야 하고, 보고를 받은 보건소장은 그 보호자가 해당 관할 구역에 주소를 가지고 있지 아니하면 그 보호자의 주소지를 관할하는 보건소장에게 그 출생 보고를 이송하여야 한다(제8조).

특별자치도지사·시장·군수·구청장은 신고된 **임산부 또는 영유아에 대하여 모자보건수첩을 발급**해야 하고, 보건소장은 **미숙아 등에 대한 등록카드를 작성·관**

---

42) "모자보건기구"가 관장하는 사항은 다음과 같다. ① 임산부의 산전(産前)·산후(産後)관리 및 분만관리와 응급처치에 관한 사항, ②영유아의 건강관리와 예방접종 등에 관한 사항, ③모성의 생식건강 관리와 건강증진 프로그램 개발 등에 관한 사항, ④부인과(婦人科) 질병 및 그에 관련되는 질병의 예방에 관한 사항, ⑤심신장애아의 발생 예방과 건강관리에 관한 사항, ⑥성교육·성상담 및 보건에 관한 지도·교육·연구·홍보 및 통계관리 등에 관한 사항(모자보건법 제7조 제1항 참조).

리하여야 한다.

그리고 신고된 임산부·영유아·미숙아 등에 대하여는 **정기적으로 건강진단·예방접종을 실시**하거나 모자보건전문가[43]에게 그 가정을 방문하여 보건진료를 하게 하는 등 보건관리에 필요한 조치를 하여야 하며, 임산부·영유아·미숙아 등 중에서 입원진료가 필요한 사람에게, 진찰, 약제나 치료재료의 지급, 처치(處置), 수술, 그 밖의 치료, 의료시설에의 수용, 간호 및 이송의 의료 지원을 할 수 있다(제10조).

(3) 중앙모자의료센터

보건복지부장관은 고위험 임산부 및 미숙아등의 의료지원에 필요한 업무를 수행하게 하기 위하여 「공공보건의료에 관한 법률」 제2조제3호에 따른 공공보건의료기관 중에서 중앙모자의료센터를 지정할 수 있다.

그러나, 중앙모자의료센터로 지정받은 의료기관이 거짓이나 그 밖의 부정한 방법으로 지정을 받은 경우에는 보건복지부장관은 그 지정을 취소하여야 하고, 지정 기준에 미치지 못하게 된 경우나 지정받은 사항을 위반하여 업무를 수행한 경우에는 그 지정을 취소할 수 있다. 중앙모자의료센터의 지정 기준 및 절차, 지정 취소 등에 필요한 사항은 보건복지부령으로 정한다.

(4) 신생아 집중치료 시설 등의 지원과 모유수유시설 설치 및 난임 극복사업 지원 등

국가와 지방자치단체는 미숙아등의 건강을 보호·증진하기 위하여 필요한 의료를 적절하게 제공할 수 있는 **신생아 집중치료 시설 및 장비를 지원할 수 있으며**(제10조의2), 영유아의 건강을 유지·증진하기 위하여 필요한 **모유수유시설의 설치를 지원**할 수 있고, 모유수유를 권장하기 위하여 필요한 자료조사·홍보·교육 등을 적극 추진하여야 한다.

또한 국가와 지방자치단체는 산후조리원, 의료기관 및 보건소는 모유수유에 관한 지식과 정보를 임산부에게 충분히 제공하는 등 **모유수유를 적극적으로 권장**하여야 하고, 임산부가 영유아에게 모유를 먹일 수 있도록 임산부와 영유아가 함께 있을 수

---

43) 의사·한의사·조산사·간호사의 면허를 받은 사람 또는 간호조무사의 자격을 인정받은 사람으로서 모자보건사업에 종사하는 사람을 말한다.

있는 시설을 설치하기 위하여 노력하여야 한다(제10조의3)

그 밖에도 난임문제를 지원하기 위해 2015. 12. 22. 법개정에 의해, 국가와 지방자치단체가 난임 등 생식건강 문제를 극복하기 위해 난임치료를 위한 시술비, 난임 관련 상담 및 교육, 난임 예방 및 관련 정보 제공 및 그 밖에 보건복지부장관이 필요하다고 인정하는 사업에 지원을 할 수 있도록 하였다(제11조).

나아가 임신과 출산의 중요성을 고취하기 위하여 **10월 10일을 임산부의 날**로 정하고(제3조의2), 영유아의 친권자·후견인 기타 영유아를 보호하고 있는 자는 육아에 대한 올바른 이해를 가지고 영유아의 건강유지·증진에 노력하도록 한다고 함으로써 모성 등의 의무를 규정하고 있으며(제4조), **결혼이민자에게도 이 법을 적용하도록 하였다**(제3조의3).

3. 인공임신중절수술의 허용한계와 인공임신중절의 예방사업 등

이 법 제14조에는 의학적·우생학적·윤리적 적응이 있는 경우에 임산부가 배우자의 동의를 얻어 의사에 의하여 인공임신중절수술을 할 수 있도록 규정하고 있다. 말하자면 일반적으로 금지된 위법행위로서 형법상 낙태죄에 해당하는 경우에도 모자보건법 제14조에 의해 예외적·제한적 범위 내에서 낙태에 대한 합법화의 길을 열어주고 있다. 따라서 모자보건법 제14조에 따른 인공임신중절수술의 허용한계에 관한 규정은, 이른바 적응방식에 의하여 낙태죄의 위법성조각사유를 규정하고 있다고 할 수 있다.

다른 한편으로는 원하지 아니하는 임신을 사전에 회피할 수 있도록 국가와 지방자치단체가 여성의 건강보호 및 생명존중 분위기를 조성하기 위하여 인공임신중절의 예방 등 필요한 사업을 실시할 수 있으며, 나아가 보건복지부장관, 특별자치도지사 또는 시장·군수·구청장은 원하는 사람에게 피임약제나 피임용구를 보급할 수 있도록 규정하고 있다(제12조).

(1) 모자보건법에 따른 낙태의 허용요건

모자보건법에 규정된 인공임신중절수술이 허용되어 합법화되기 위한 요건으로는 ① 의사에 의하여 시술이 행해져야 하며, ② 임산부 본인과 그 배우자(사실혼 관계 포함)의 동의를 얻어야 한다. 만약 배우자의 사망·실종·행방불명 기타 부득이한 사유로 인하여 동의를 얻을 수 없는 경우에는 본인만의 동의로도 가능하며, 본인 또는 배우자가 심신장애로 의사표시를 할 수 없는 때에는 그 친권자 또는 후견인의 동의로, 친권자 또는 후견인이 없는 때에는 부양의무자의 동의로 각각 그 동의에 갈음할 수 있다.

그리고 합법화의 개별적 적용요건으로는 ① 본인 또는 배우자가 대통령령이 정하는 우생학적 또는 유전학적 정신장애나 신체질환이 있거나[44], ② 본인 또는 배우자가 대통령령이 정하는 전염성질환이 있는 경우[45], ③ 강간 또는 준강간에 의하여 임신이 되었거나, ④ 법률상 혼인할 수 없는 혈족 또는 인척간에 임신된 경우, 그리고 ⑤ 임신의 지속이 보건의학적 이유로 모체의 건강을 심각하게 해치고 있거나 해칠 우려가 있는 경우 등이 해당된다.

마지막으로 임신한 날로부터 24주일 이내일 것을 요건으로 하고 있다(동법시행령 제15조 제1항).

(2) 낙태허용론에 대한 비판

우리나라에서는 모자보건법 제14조에 따른 제한적 범위 내에서만 낙태가 허용되지만, 다음과 같은 비판을 받고 있다.

첫째, 낙태의 허용범위에 관한 규정이 너무 **좁게 규정**되어 있다는 점이다. 즉, 동법 제14조 제1항 5호의 의학적 적응의 경우에 산모의 건강을 태아의 건강보다 우선시하는 점에서는 타당하다고 생각되나, 제1, 2호의 우생학적 적응의 경우에는 임신중에 있었던 약물복용·X선촬영·기타 질병 등과 같이 임신중 충격으로 인한 경우는 엄밀하게 해석하면 여기에 해당하지 않게 된다. 또한 제3·4호의 윤리적 적응의 경우에도 강제추행죄, 미성년자간음죄, 업무상위력 등에 의한 간음죄 등은 여기에 포함되지 않게 된다는 점이다.

둘째, 현재의 모자보건법은 현실문제의 해결에 **불충분한 입법**이라는 점이다. 임산부의 임신지속이 그 자신이나 가족의 사회적·경제적 상태를 현저히 위태롭게 할

---

44) 모자보건법시행령 제15조 제2항에 인공임신중절수술을 할 수 있는 우생학적 또는 유전학적 정신장애나 신체질환은 연골무형성증, 낭성섬유증 및 그 밖의 유전성 질환으로서 그 질환이 태아에 미치는 위험성이 높은 질환으로 한다.

45) 여기서 인공임신중절수술을 할 수 있는 전염성 질환은 풍진, 톡소플라즈마증 및 그 밖에 의학적으로 태아에 미치는 위험성이 높은 전염성 질환으로 한다.

우려가 있는, 이른바 **사회적 적응에 의한 낙태**를 허용하지 않음으로써 양육의 기대가 절망적인 경우에도 낙태는 허용되지 않게 된다는 점이다.

셋째, 낙태가 허용되는 **적응요건의 판단기준과 절차**에 관하여 아무런 제한 규정이 없다는 점이다. 모자보건법에서 허용하는 낙태의 사유에 해당하는가에 대한 구체적인 판단을 의사가 독단적으로 하게 방임함으로써 낙태의 적용요건을 엄격히 규정하고 있음에도 불구하고 불법적인 낙태가 널리 행해지고 있는 것이 현실이다.

Ⅲ. 인공임신중절에 관한 각국의 동향

1. 낙태 자유화 문제

1960년대에 들어오면서 낙태자유화에 대한 논의가 전세계적으로 발생하고 있는 것은 인구폭발이라는 사회문제와 법규범과의 괴리문제에 대한 반성과 여성의 생식에 대한 자기결정권문제와 더불어 본격적으로 논의되기 시작했다고 할 수 있다. 말하자면 현실적으로는 불법적인 낙태가 공공연히 이루어지고 있는데도 불구하고 사법당국에 의해 처벌되는 경우는 극히 미미한 것이 전세계적인 현상이었고, 이러한 현상은 현재도 여전하고 따라서 낙태죄는 운에 의해 좌우되는 범죄라는 오명을 받게 되었다.

영국에서는 1967년 Abortion Act에 의하여 낙태의 자유가 확대되었고, **프랑스**에서는 1975년 인공임신중절법을 제정하여 여성이 요망하는 경우에 중절이 가능하도록 하였으며, **스웨덴**은 1975년 임신중절법을 개정하여 임신 18주까지는 본인의 결정 하에 인공임신중절이 가능하고, 이후에는 social worker와 상담하여 결정하도록 했으며, 그 외에도 임산부의 요망에 의하여 대체적으로 인공임신중절을 인정하고 있는 나라는 북유럽을 중심으로 이탈리아, 미국, 중국 등의 국가이다.

이에 반하여 필리핀, 인도네시아, 대만, 몽골, 소말리아, 자이르, 도미니카, 중앙아프리카 등의 국가에서는 어떠한 경우에도 낙태를 비합법적인 불법행위로 보고 있다.

오늘날 낙태문제에 대한 세계적인 추세는 크게 **세 가지 입장**으로 나누어진다. 즉, ① **여성의 생식에 대한 자기결정권**이라는 측면을 강조하여 여성의 낙태를 가능한 한 인정하는 입장(**낙태자유론자**)과 ② **태아의 생명존중**이라는 측면에서 태아의 생래적 인권을 강조하여 반대하는 입장(**낙태반대론자**) 및 ③ 제한된 범위에서 일정한 요건하에서 낙태를 인정하는 **절충설**의 입장이 그것이다. 이러한 입장의 차이는 각 국의 문화와 역사적 전통에 따라 달라지기도 하지만, 현재는 지역적 전통보다는 개인의 인생관·세계관·종교관에 따라 그 입장을 크게 달리하는 면이 더 강하다. 오늘날 대체적으로 종교적 신념에 따르는 사람은 원칙적으로 낙태를 반대하는 사람이 많고, 반면에 여성의 임신·출산에 대한 자기결정권을 강조하는 입장에서는 아직 세상에 출생하지도 않은 태아의 권리보다도 임신한 여성의 현실적 입장을 우선시하는 입장에서는 가능한 한 낙태의 허용범위를 확대하거나 허용요건을 완화하려는 입장에 서 있다고 볼 수 있다.

미국, 중국, 이탈리아, 북유럽국가들은 임신중절을 여성의 요망에 의하여 임신 후 일정한 기간 동안에는 자유롭게 허용하는 국가가 점차 늘어가는 것이 오늘날 세계적인 추세라 할 수 있으나, 다른 한편으로는 태아의 생명권 내지 인간의 존엄권을 강조하여 낙태를 허용해서는 안된다는 강경한 입장도 새롭게 강조되고 있는 것도 오늘날의 현실이다. 우리나라의 모자보건법은 일본이 제한적으로 낙태를 허용하고 있는 것과 유사한 입법을 가지고 있다.

2. 낙태죄에 대한 외국의 동향

(1) 독일의 경우

독일은 1974년 6월 18일 제5차 형법개정에 의하여 기한방식을 도입하여 임신 12주 이내에 임부의 동의를 얻어 의사가 낙태를 할 때는 처벌되지 않는 것으로 규정하였으나, **1975년 2월 25일 연방헌법재판소에 의해 위헌판결**을 받게 되었다. 이 판결의 요지는 모체안에서 자라고 있는 생명인 태아는 독립된 법익으로서 헌법의 보호를 받으므로 국가가 보호할 의무가 있다. 태아의 생명보호는 임신 전기간에 걸쳐서 임부의 자기결정권에 우선한다는 것이다. 이에 따라 1976년 5월 18일 제15차 형법개정에 의하여 **적응규정에 의한 제한적 낙태허용의 입법**을 취하게 되었다.

그러나 1990년 독일 통일로 인해 구동독에서의 1972년 이래 기한방식에 의하여 임신 3개월 이내의 낙태는 자유로웠기 때문에 이 문제는 새로운 국면에 접어들게 되어, **1992년 7월 27일 독일연방의회는 임신초기에 상담의무와 결합한 기한방식을 채택**하여 '**임부 및 가정보호법률**'(Schwangeren und Familienhilfegesetz)을 통과시키게 되었다. 이 법률의 통과로 문제가 해결되는 듯 했으나, 다시 **연방헌법재판소**

는 1993년 5월 28일 이 법률에 대하여 위헌판결을 선고하게 되었다. 즉, '법질서는 태아의 생명권을 보장해주어야 하고, 낙태의 원칙적 금지와 아이의 원칙적 출산 의무는 헌법이 요구하는 보호의 불가결한 요소이다. … 입법자가 태아를 보호함에 있어서 임신초기에 갈등상태에 있는 임부와 상담하여 적응방식에 의한 낙태의 처벌을 포기하는 것을 금지하는 것은 아니며, 이 경우에도 상담은 태아를 보호하기 위한 적극적인 요건이어야 하고 국가는 상담절차를 행함에 있어서 전적인 책임을 져야 한다.'라고 하였다. 이에 따라 1995년 8월 21일 새로 개정된 낙태에 관한 형법규정이 국회를 통과하여 낙태죄논쟁은 일단락되었다.

이에 의하면 '임신 12주 이내에 임부가 낙태를 요구하고, 적어도 낙태시술 3일전에 상담을 한 후 상담증명서를 받고, 의사가 낙태시술을 한 때는 허용된다. 또한 임부의 현재와 장래의 생활관계를 고려할 때 임부의 생명의 위험 또는 육체적·정신적 건강상태의 중대한 위험을 제거하기 위하여 낙태 이외에 다른 방법이 없는 때에는 임부의 동의를 얻어 의사가 시술하는 낙태는 허용된다'고 하여 **기한방식과 적응방식 및 상담방식을 결합한 혼합방식**을 취하고 있다.

(2) 미국의 경우

미국은 연방대법원이 **여성의 프라이버시에 대한 권리**로서 임신 3개월까지는 임부가 의사와 상담하여 낙태를 하는 것을 州法이 금지할 수 없다고 하여 독일과 반대의 입장을 보이고 있다. **1973년 1월 22일 Roe v. Wade사건**에서 연방대법원은 모체의 생명을 보호하기 위하여 필요한 경우 이외의 **낙태금지에 관한 Texas주법을 위헌이라 판시**하였다.

여기서 Blackmann판사는 '**여성의 프라이버시에 관한 권리**는 낙태의 가부를 결정할 정도로 광범위하다. 임신초기 3개월까지의 낙태는 비교적 안전하다. 따라서 임신 3개월까지의 낙태는 위험한 낙태수술로부터 임부를 보호한다는 이유로 주법이 개입할 여지가 없다. 인간으로서의 태아란 출산이 약속되어 있는 경우뿐이다'라고 하였다.

이 후에도 연방대법원은 Planned Parenthood of Gen. Mo. v. Danforth사건 (1976. 7. 1.)에서 임신 12주 이내의 낙태에 배우자의 동의요구를 위헌이라 판시하였고, Bellotti v. Baird사건(1979. 9. 2.)에서는 미성년자도 단독으로 낙태할 헌법상의 권리를 가진다고 하여, 일관되게 **임부(姙婦)의 프라이버시권으로서의 자기결정권**을 널리 인정하고 있다.

3. 입법론적 문제

낙태행위는 형법에 의하여 낙태죄로서 처벌되나 모자보건법상의 적응규정에 의해 일정한 경우에 한해 제한적으로 허용하고 있으나, 이 법률은 현실과 괴리가 크다고 할 수 있다. 오늘날 낙태죄의 폐지논쟁과 관련하여 크게 3가지 입장으로 나눌 수 있다.

첫째, 오늘날 과학적 피임방법이 발달되어 있으므로 태아의 생명권을 희생하는 **낙태행위는 처벌되어야 한다는 견해,**

둘째, 태아를 생명으로는 보는 데는 과장이 있고, 자의 출생에 대한 자유가 존중되어야 하므로 **낙태죄는 폐지되어야 한다는 견해,**

셋째, 태아의 생명은 인간의 생명과 직결되므로 낙태를 전면적으로 허용할 수는 없지만 **임부의 자유와 책임이 조화되는 범위 내에서 허용사유를 넓혀야 한다는 견해가 대립**되고 있다.

생각건대 태아의 생명[46]은 인간의 생명과 동일하다고는 할 수 없지만 생성중의 생명임에는 틀림없다. 태아의 생명은 절대적 보호가치를 지니는 사람의 생명과 동일한 가치를 지닌다고는 볼 수 없지만 법규범에 의해 보호해야 할 법익이다. 그러므로 **임부의 생명과 건강보호**라는 낙태죄의 부차적 보호법익과 낙태죄의 실효성이라는 측면을 고려하면서, 아울러 주보호법익인 **태아의 생명보호**라는 측면을 존중해야 한다면, 일반적으로는 임부의 자기결정권보다 태아의 생명보호가 더 중요한 보호가치가 된다. 그러나 태아의 경우도 그 수태이후의 기간경과에 따라 태아의 발육정도가 다르므로 임신 12주까지는 임부의 자기결정권이 우선하되 태아의 생명보호라는 가치도 고려하여 **낙태를 허용하되 낙태여부에 대한 상담의무를 부과**하고, 이 기간 경

---

46) 1991년 제2회 생명존중세계대회가 동경에서 개최되어 '태아의 인권선언'을 하였는데, 그 전문에는 '인간은 누구나 각 개인마다 수정의 순간으로부터 자연사에 이르기까지 인간의 존엄과 가치를 지니게 되는 것이므로, 오늘날 우리들은 공공하게 이하의 6개조의 선언에 동의한다.'라고 하여 6개조를 들고 있다. 대법원 판례도 '인간의 생명은 잉태된 때로부터 시작되는 것이고 회임된 태아는 새로운 존재와 인격의 근원으로써 존엄과 가치를 지니므로 그 자신이 이를 인식하고 있던지 또 스스로 방어할 수 있는지에 관계없이 침해되지 않도록 보호되어야 함이 헌법아래 국민 일반이 지니는 건전한 도의적 감정과 합치되는 바이다.'라고 판시하였다(대법원 1985.6.11. 84도1958).

과 후에는 적응방식에 의해 엄격하게 제한적으로 낙태를 허용하고, 임신24주 경과 이후에는 임부의 생명보호를 위한 경우 이외에는 낙태를 전면 금지하는 것이 인간 으로서의 존엄과 가치를 생성 중의 생명인 태아의 생명보호를 통해서 예방·확립하 는 길이라 생각된다.

─────── 《 관련사례 》 ───────

(문) 첫아이가 선천성뇌수종이라는 판단을 받아서 둘째아이를 가졌을 때 철저히 검사를 받아 정상아를 출산하고자 정기진찰을 받으면서 기형아 검사를 받았는데 A병원으 로부터 **정상이라는 진단을 받아 출산**하였다. 그러나 둘째아이는 **다운증후군으로 인 해 장애아**로 태어났다. **병원에 대하여 손해배상을 청구할 수 있을까?**

(답) 다운증후군은 모자보건법상의 인공임신중절을 할 수 있는 사유에 해당되지 아니하 고 다운증후군으로 태어난 것이 인공임신중절로 출생하지 않은 것과 비교해서 손 해라고 할 수 없고 그 장애 자체가 의사나 다른 누구의 과실로 말미암은 것이 아니 므로 **손해배상을 청구할 수 없다**고 하겠다.

모자보건법 제14조 제1항 제1호는 인공임신중절수술을 할 수 있는 경우로 임산부 본인 또는 배우자가 대통령이 정하는 우생학적 또는 유전학적 정신장애나 신체질 환이 있는 경우를 규정하고 있고, 모자보건법시행령 제15조 제2항은 같은 법 제14 조 제1항 제1호의 규정에 의하여 **인공임신중절수술**을 할 수 있는 **우생학적 또는 유 전학적 정신장애나 신체질환에 해당하는 경우**라 할 수 있는데, 다운증후군은 여기에 해당하는 유전성질환이 아니므로 부모가 태아가 다운증후군에 걸려있음을 알았다 고 하더라도 태아를 적법하게 낙태할 결정권을 가지고 있었다고는 보기 어렵다. 그 리고 장애를 가지고 출생한 것이 손해라는 것도 인간생명의 존엄성과 그 가치의 무 한함에 비추어 볼 때 인정될 수 없는 것이고 장애로 인한 치료비등 여러 가지 비용 이 정상인에 비하여 더 소요된다고 하더라도 그 **장애 자체가 의사 등의 타인의 과실 로 인한 것이 아닌 이상 손해배상을 청구할 수 있는 사유가 된다고 할 수 없을 것이 다.**

제5절 한부모가족지원법

Ⅰ. 머리말

이 법은 배우자를 상실한 여성, 노동능력을 상실한 배우자를 가진 여성, 미혼여성, 기타 보건복지부령이 정하는 여성이 세대주인 모자가정에 대해서만 국가 등이 경제적·사회적 지원을 하도록 하기 위해 1989. 4. 1.에 '**모자복지법**'이 제정되었고, 그 지원을 확대하는 여러 차례의 법률개정이 있었다. 그러나 부자가정은 이 법의 혜택을 받지 못하는 문제점이 지적되어, 모자가정과 마찬가지로 부자가정에 대해서도 지원될 수 있도록, 2002. 12. 18. '**모·부자복지법**'으로 법명을 변경하게 되었으며, 법이 개정되어 시행되는 동안 한국 가족의 유형과 기능이 빠르게 변화하면서 여러 형태의 한부모들이 증가하고 양성평등이 일반화됨에 따라 2007. 10. 17. 제9차 개정시 법률 명칭을 '한부모가족지원법'으로 다시 변경하게 되었다.

이 법은 한부모 가족이 건강하고 문화적인 생활을 영위할 수 있게 함으로써 한부모가족 생활안정과 복지증진에 기여함을 목적으로 하고 있다(제1조).

이 법이 제정되기까지 우리 사회는 날로 도시화·산업화·핵가족화되어 배우자와의 사별, 이혼, 유기, 별거 등의 사유로 배우자가 없거나 배우자가 있어도 폐질·불구 등으로 근로능력을 상실하여 여성이 생계의 책임을 지는 모자가정이 급격히 늘어나게 되어 이들에 대해 복지급여지급이나 복지자금대여, 고용촉진 등 종합적이고 체계적인 복지대책의 수립과 한부모가족복지시설의 설치 등을 통한 각종 복지제공의 필요성의 증대가 그 배경이 되었다.

이 법은 총칙, 복지의 내용과 실시, 한부모가족복지시설, 비용, 보칙 및 부칙으로 구성되어 있다.

Ⅱ. 한부모가족지원법의 주요내용

1. 국가 등의 책임과 한부모가족의 권리 등

국가와 지방자치단체는 한부모가족의 복지를 증진할 책임을 지고, 모든 국민은 한부모가족의 복지증진을 위해 협조해야 한다는 규정과 한부모가족의 모 또는 부와 아동은 그가 가지고 있는 자산과 노동능력을 최대한 활용하여 자립과 생활향상을 위하여 노력해야 한다는 규정을 둠으로써, 정부와 사회의 협조와 한부모가족 스스로의 노력이 혼연일체가 되어 한부모가족의 건강하고 문화적인 생활의 향유를 보장하도록 노력해야 함을 선언하고 있다.

또한 국가와 지방자치단체는 한부모가족에 대한 사회적 편견과 차별을 예방하고, 사회구성원이 한부모가족을 이해하고 존중할 수 있도록 교육 및 홍보 등 필요한 조치를 할 수 있고, 한부모가족의 모(母) 또는 부(父)는 임신과 출산 및 양육을 사유로 합리적인 이유 없이 교육·고용 등에서 차별을 받지 아니한다고 규정하여 각종 사회적 편견과 차별을 금지하고 있으며, 이를 위한 국가와 지방자치단체의 교육, 홍보가 가능하도록 하였다.

2. 한부모가족 등의 개념

이 법에서 "모" 또는 "부"란 ① 배우자와 사별 또는 이혼하거나 배우자로부터 유기(遺棄)되었거나, ② 정신이나 신체의 장애로 장기간 노동능력을 상실한 배우자를 가진 자, ③ 교정시설·치료감호시설에 입소한 배우자 또는 병역복무 중인 배우자를 가진 사람, ④ 사실혼(事實婚) 관계에 있는 자를 제외한 미혼자 및 ⑤ 이에 준하거나 여성가족부령으로 정하는 자로서 아동인 자녀를 양육하는 자를 말한다.

또한 "청소년 한부모"란 24세 이하의 모 또는 부를 말하며, "한부모가족"이란 모자가족 또는 부자가족을 말하고, "모자가족"이란 모가 세대주(세대주가 아니더라도 세대원(世代員)을 사실상 부양하는 자를 포함한다)인 가족을 말한다. "부자가족"이란 부가 세대주(세대주가 아니더라도 세대원을 사실상 부양하는 자를 포함한다)인 가족을 말하며, "아동"이란 18세 미만(취학 중인 경우에는 22세 미만을 말하되, 「병역법」에 따른 병역의무를 이행하고 취학 중인 경우에는 병역의무를 이행한 기간을 가산한 연령 미만을 말한다)의 자, "지원기관"이란 이 법에 따른 지원을 행하는 국가나 지방자치단체를 말하는 것이며, "한부모가족복지단체"란 한부모가족의 복지 증진을 목적으로 설립된 기관이나 단체를 말한다.

3. 지원대상자의 범위와 특례

(1) 지원대상자의 범위

이 법에 따른 지원대상자는 제4조제1호·제1호의2 및 제2호부터 제5호까지의 규정에 해당하는 자로서 여성가족부령으로 정하는 자로 하며, 지원대상자 중 아동의 연령을 초과하는 자녀가 있는 한부모가족의 경우 그 자녀를 제외한 나머지 가족구성원을 지원대상자로 한다(제5조).

(2) 지원대상자의 범위에 대한 특례

혼인 관계에 있지 아니한 자로서 출산 전 임신부와 출산 후 해당 아동을 양육하지 아니하는 모는 지원대상임에도 불구하고 미혼모자가족복지시설을 이용할 때에는 이 법에 따른 지원대상자가 된다. 또한 부모가 사망하거나 생사가 분명하지 않거나, 부모가 정신 또는 신체의 장애·질병으로 장기간 노동능력을 상실하였거나, 부모의 장기복역 등으로 부양을 받을 수 없고, 부모가 이혼하거나 유기하여 부양을 받을 수 없는 아동과 그 아동을 양육하는 조부 또는 조모로서 여성가족부령으로 정하는 자는 제5조에도 불구하고 이 법에 따른 지원대상자가 된다. 그리고 국내에 체류하고 있는 외국인 중 대한민국 국민과 혼인하여 대한민국 국적의 아동을 양육하고 있는 사람으로서 대통령령으로 정하는 사람이 제5조에 해당하면 이 법에 따른 지원대상자가 된다(제5조의2).

4. 복지의 내용과 실시

(1) 복지 급여의 내용

국가나 지방자치단체는 이 법에 따른 지원대상자가 「국민기초생활 보장법」 등 다른 법령에 따라 지원을 받고 있지 않으면서 복지 급여의 신청이 있으면 생계비, 아동교육지원비, 아동양육비, 그 밖에 대통령령으로 정하는 비용의 복지 급여를 실시하여야 한다. 그리고 아동양육비를 지급할 때에 미혼모나 미혼부가 5세 이하의 아동을 양육하거나 청소년 한부모가 아동을 양육하면 예산의 범위에서 추가적인 복지 급여를 실시하여야 하는데, 이 경우 모 또는 부의 직계존속이 5세 이하의 아동을 양육하는 경우에도 같다. 국가나 지방자치단체는 이 법에 따른 지원대상자의 신청이 있는 경우에는 예산의 범위에서 직업훈련비와 훈련기간 중 생계비를 추가적으로 지급할 수 있으며, 복지 급여의 기준 및 절차, 그 밖에 필요한 사항은 여성가족부령으로 정한다(제12조).

또한 한부모가족의 생활안정과 자립을 촉진하기 위하여 사업에 필요한 자금, 아동교육비, 의료비, 주택자금, 그 밖에 대통령령으로 정하는 한부모가족의 복지를 위하여 필요한 자금을 대여할 수 있다(제13조).

(2) 고용의 촉진 및 고용지원의 연계

국가 또는 지방자치단체는 한부모가족의 모 또는 부와 아동의 직업능력을 개발하기 위하여 능력 및 적성 등을 고려한 **직업능력개발훈련을 실시**하여야 하며, 고용을 촉진하기 위하여 적합한 **직업을 알선**하고 각종 사업장에 모 또는 부와 아동이 우선 고용되도록 노력하여야 한다(제14조). 그리고 한부모가족의 모 또는 부와 아동의 취업기회를 확대하기 위하여 한부모가족 관련 시설 및 기관과 직업안정법에 따른 직업안정기관 간 효율적인 연계를 도모하여야 하며, 고용노동부장관은 한부모가족의 모 또는 부와 아동을 위한 취업지원사업 등이 효율적으로 추진될 수 있도록 여성가족부장관과 긴밀히 협조하여야 한다(제14조의2).

(3) 공공시설에 매점 및 시설 설치 및 시설우선이용

국가나 지방자치단체가 운영하는 공공시설의 장은 그 **공공시설에 각종 매점 및 시설의 설치를 허가**하는 경우 이를 한부모가족 또는 한부모가족복지단체에 우선적으로 허가할 수 있다. 또한 국가나 지방자치단체는 한부모가족의 아동이 공공의 아동 편의시설과 그 밖의 공공시설을 우선적으로 이용할 수 있도록 노력하여야 한다(제15조~제16조).

(4) 가족지원서비스

국가나 지방자치단체는 한부모가족에게 아동의 양육 및 교육, 장애인, 노인, 만성질환자 등의 부양, 취사, 청소, 세탁 등 가사, 교육·상담 등 가족 관계 증진과 인지

청구 및 자녀양육비 청구 등을 위한 법률상담, 소송대리 등 법률구조서비스 및 그 밖에 대통령령으로 정하는 한부모가족에 대한 가족지원서비스를 제공하도록 노력하여야 한다(제17조).

(5) 청소년 한부모에 대한 교육과 자립 지원

국가나 지방자치단체는 청소년 한부모가 학업을 할 수 있도록 청소년 한부모의 선택에 따라 「초·중등교육법」 제2조에 따른 학교에서의 학적 유지를 위한 지원 및 교육비 지원 또는 검정고시 지원, 「평생교육법」 제31조 제2항에 따른 학력인정 평생교육시설에 대한 교육비 지원, 「초·중등교육법」 제28조에 따른 교육 지원, 그 밖에 청소년 한부모의 교육 지원을 위하여 여성가족부령으로 정하는 사항에 해당하는 지원을 할 수 있다. 그리고 학습부진아 등에 대한 교육 지원을 위하여 특별시·광역시·특별자치시·도·특별자치도의 교육감은 한부모가족복지시설에 순회교육 실시를 위한 지원을 할 수 있으며, 국가와 지방자치단체는 청소년 한부모의 학업과 양육의 병행을 위하여 그 자녀가 청소년 한부모가 속한 「고등교육법」 제2조에 따른 학교에 설치된 직장어린이집을 이용할 수 있도록 지원할 수 있다. 여성가족부장관은 청소년 한부모가 학업을 계속할 수 있도록 교육부장관에게 협조를 요청하여야 한다(제17조의2).

또한 여성가족부장관은 자녀양육비 산정을 위한 자녀양육비 가이드라인을 마련하여 법원이 이혼 판결 시 적극 활용할 수 있도록 노력하여야 하며(제17조의3), 국가나 지방자치단체는 청소년 한부모가 주거마련 등 자립에 필요한 자산을 형성할 수 있도록 재정적인 지원을 할 수 있고, 지원으로 형성된 자산은 청소년 한부모가 이 법에 따른 지원대상자에 해당하는지 여부를 조사·확인할 때 이를 포함하지 아니한다. 그리고 자립 지원의 대상과 기준은 대통령령으로 정하며, 자립 지원의 신청, 방법 및 지원금의 반환절차 등에 필요한 사항은 여성가족부령으로 정한다(제17조의4).

(6) 미혼모 등의 건강관리 등 지원

국가와 지방자치단체는 미혼모 또는 미혼부와 그 자녀가 건강하게 생활할 수 있도록 산전(産前)·분만·산후(産後)관리, 질병의 예방·상담·치료, 영양·건강에 관한 교육 등 건강관리를 위한 지원을 할 수 있으며, 기본생활지원 미혼모자가족복지시설에 입소한 미혼모 등의 신청이 있는 경우에는 미혼모 등 본인 및 함께 생활하는 자녀에 대한 의료비를 추가적으로 지원할 수 있다(제17조의6).

4. 한부모가족복지시설 등

《 한부모가족복지시설의 종류 》

1. **모자가족복지시설:** 모자가족에게 다음 각 목의 어느 하나 이상의 편의를 제공하는 시설
   가. 기본생활지원: 생계가 어려운 모자가족에게 일정 기간 동안 주거와 생계를 지원
   나. 공동생활지원: 독립적인 생활이 어려운 모자가족에게 일정 기간 동안 공동생활을 통하여 자립을 준비할 수 있도록 주거 등을 지원
   다. 자립생활지원: 자립욕구가 강한 모자가족에게 일정 기간 동안 주거를 지원
2. **부자가족복지시설:** 부자가족에게 다음 각 목의 어느 하나 이상의 편의를 제공하는 시설
   가. 기본생활지원: 생계가 어려운 부자가족에게 일정 기간 동안 주거와 생계를 지원
   나. 공동생활지원: 독립적인 생활이 어려운 부자가족에게 일정 기간 동안 공동생활을 통하여 자립을 준비할 수 있도록 주거 등을 지원
   다. 자립생활지원: 자립욕구가 강한 부자가족에게 일정 기간 동안 주거를 지원
3. **미혼모자가족복지시설:** 미혼모자가족과 출산 미혼모 등에게 다음 각 목의 어느 하나 이상의 편의를 제공하는 시설
   가. 기본생활지원: 미혼 여성의 임신·출산 시 안전 분만 및 심신의 건강 회복과 출산 후의 아동의 양육 지원을 위하여 일정 기간 동안 주거와 생계를 지원(제5조에 따른 지원대상자 중 미혼이 아닌 여성의 임신·출산 시 안전 분만과 출산 후 양육 지원을 포함한다)
   나. 공동생활지원: 출산 후 해당 아동을 양육하지 아니하는 미혼모 또는 미혼모와 그 출산 아동으로 구성된 미혼모자가족에게 일정 기간 동안 공동생활을 통하여 자립을 준비할 수 있도록 주거 등을 지원
4. **일시지원복지시설:** 배우자(사실혼 관계에 있는 사람을 포함한다)가 있으나 배우자의 물리적·정신적 학대로 아동의 건전한 양육이나 모의 건강에 지장을 초래할 우려가 있을 경우 일시적 또는 일정 기간 동안 모와 아동 또는 모에게 주거와 생계를 지원하는 시설
5. **한부모가족복지상담소:** 한부모가족에 대한 위기·자립 상담 또는 문제해결 지원 등을 목적으로 하는 시설

(1) 한부모가족복지시설의 설치, 폐지 및 휴지

1) 한부모가족복지시설의 설치

국가나 지방자치단체는 한부모가족복지시설을 설치할 수 있으며, 한부모가족복지시설의 장은 청소년 한부모가 입소를 요청하는 경우에는 우선 입소를 위한 조치를 취하여야 한다. 국가나 지방자치단체 외의 자가 한부모가족복지시설을 설치·운영하려면 특별자치시장·특별자치도지사·시장·군수·구청장에게 신고하여야 하여야 하는데, 신고한 사항 중 여성가족부령으로 정하는 중요 사항을 변경하려는 경우에도 같다. 「입양특례법」 제20조에 따른 입양기관을 운영하는 자는 미혼모자가족복지시설 중 기본생활지원에 해당하는 편의제공시설을 설치·운영할 수 없다.

한부모가족복지시설의 시설 설치·운영 기준, 시설 종사자의 직종(職種)과 수(數) 및 자격기준, 그 밖에 설치신고에 필요한 사항은 여성가족부령으로 정한다(제20조).

2) 폐지 또는 휴지

한부모가족복지시설의 설치 신고를 한 자가 그 시설을 폐지하거나 그 시설의 운영을 일시적으로 중단하려면 여성가족부령으로 정하는 바에 따라 미리 특별자치시장·특별자치도지사·시장·군수·구청장에게 신고하여야 한다.

한부모가족복지시설의 장은 한부모가족복지시설을 폐지하거나 그 시설의 운영을 일시적으로 중단하는 경우에는 여성가족부령으로 정하는 바에 따라 그 시설에 입소하고 있는 사람이 다른 한부모가족복지시설로 옮길 수 있도록 하는 등 입소자의 권익을 보호하기 위한 조치를 하여야 한다.

특별자치시장·특별자치도지사·시장·군수·구청장은 제1항에 따른 신고를 받은 경우 한부모가족복지시설의 장이 입소자의 권익을 보호하기 위한 조치를 하였는지 여부를 확인하는 등 여성가족부령으로 정하는 조치를 하여야 한다(제21조).

(2) 수탁의무와 감독 및 시설폐쇄

1) 복지시설의 입소 수탁의무

한부모가족복지시설을 설치·운영하는 자는 특별시장·광역시장·특별자치시장·도지사·특별자치도지사(이하 "시·도지사"라 한다) 또는 시장·군수·구청장으로부터 한부모가족복지시설에 한부모가족을 입소하도록 위탁받으면 정당한 사유 없이 이를 거부하지 못한다(제22조).

2) 관계기관의 감독의무

여성가족부장관, 시·도지사 또는 시장·군수·구청장은 한부모가족복지시설을 설치·운영하는 자에게 그 시설에 관하여 필요한 보고를 하게 하거나, 관계 공무원에게 시설의 운영 상황을 조사하게 하거나 장부 등 그 밖의 서류를 검사하게 할 수 있으며, 그 직무를 수행하는 관계 공무원은 그 권한을 표시하는 증표를 지니고 이를 관계인에게 내보여야 한다(제23조).

3) 시설 폐쇄 및 청문

특별자치시장·특별자치도지사·시장·군수·구청장은 한부모가족복지시설이 시설기준에 미달하거나, 수탁의무를 위반하거나, 정당한 이유 없이 보고를 하지 아니하거나 거짓으로 한 경우 또는 조사·검사를 거부하거나 기피한 경우 그 사업의 정지나 폐지를 명하거나 시설을 폐쇄할 수 있다.

특별자치시장·특별자치도지사·시장·군수·구청장은 한부모가족복지시설이 정지 또는 폐지되거나 시설이 폐쇄되는 경우에는 해당 시설에 입소하고 있는 사람이 다른 한부모가족복지시설로 옮길 수 있도록 하는 등 여성가족부령으로 정하는 바에 따라 입소자의 권익을 보호하기 위하여 필요한 조치를 하여야 한다.

특별자치시장·특별자치도지사·시장·군수·구청장은 사업의 폐지를 명하거나 시설을 폐쇄하려면 **청문**을 하여야 한다.

5. 비용

(1) 비용의 보조

국가나 지방자치단체는 대통령령으로 정하는 바에 따라 한부모가족복지사업에 드는 비용을 보조할 수 있다.

(2) 부정수급자에 대한 비용의 징수

거짓이나 그 밖의 부정한 방법으로 복지 급여를 받거나 타인으로 하여금 복지 급여를 받게 한 경우 복지 급여를 지급한 지원기관은 그 비용의 전부 또는 일부를 그 복지 급여를 받은 자 또는 복지 급여를 받게 한 자로부터 징수할 수 있으며, 징수할 금액은 부정수급자에게 통지하여 징수하고, 부정수급자가 이에 응하지 아니하는 경우 국세 또는 지방세 체납처분의 예에 따라 징수한다(제25조의2).

(3) 보조금 등의 반환명령

국가나 지방자치단체는 한부모가족복지시설의 장이나 한부모가족복지단체의 장이 보조금의 교부 조건을 위반하거나, 거짓이나 그 밖의 부정한 방법으로 보조금을 받은 경우, 한부모가족복지시설을 경영하면서 개인의 영리를 도모하는 행위를 하거나, 이 법 또는 이 법에 따른 명령을 위반한 경우 이미 내준 **보조금의 전부 또는 일부의 반환**을 명할 수 있다(제26조).

지원기관은 복지 급여의 변경 또는 복지 급여의 정지·중지에 따라 지원대상자에게 이미 지급한 복지 급여 중 과잉지급분이 발생한 경우에는 즉시 지원대상자에 대하여 그 전부 또는 일부의 반환을 명하여야 한다. 다만, 이를 소비하였거나 그 밖에 지원대상자에게 부득이한 사유가 있는 경우에는 그 반환을 면제할 수 있다.

6. 보칙

(1) 양도·담보 및 압류 금지

이 법에 따라 지급된 복지급여와 이를 받을 권리는 다른 사람에게 양도하거나 담보로 제공할 수 없으며, 다른 사람은 이를 압류할 수 없으며, 지정된 복지급여수급계좌의 예금에 관한 채권은 압류할 수 없다(제27조).

(2) 심사 청구

지원대상자 또는 그 친족이나 그 밖의 이해관계인은 이 법에 따른 복지 급여 등에 대하여 이의가 있으면 그 결정을 통지받은 날부터 90일 이내에 서면으로 해당 복지

실시기관에 심사를 청구할 수 있고, 복지실시기관은 심사 청구를 받으면 30일 이내에 이를 심사·결정하여 청구인에게 통보하여야 한다(제28조).

제6절 아동복지법

Ⅰ. 머리말

현행 아동복지법은 1961. 12. 30.(법률 제912호) 제정될 당시에는 그 명칭이 **아동복리법**이었으며, 아동복리법의 제정으로 그 이전에 관련법령인 **조선감화령**은 폐지되었다. 제정 당시의 입법취지를 살펴보면, 아동이 그 보호자로부터 유실, 유기 또는 이탈되었을 경우, 그 보호자가 아동을 양육하기에 부적당하거나 양육할 수 없는 경우 또는 아동의 건전한 출생을 기할 수 없는 경우에 아동이 건전하고 행복하게 육성되도록 그 복리를 보장하는 데 있다고 기술하고 있다.

이 법에 대한 전면개정은 **1981년 4월 13일**(법률 제3438호) 이루어져 그 명칭이 '**아동복지법**'으로 **변경**되었다. 이전의 아동복리법은 제정 당시 전쟁고아를 중심으로 한 요보호아동에 대한 시설 중심의 구호적 성격의 복지증진에 중점을 두고 있어 그 동안의 경제·사회의 발전에 따라 발생한 사회적 복지요구에 부응하지 못하고 있으므로 요보호아동뿐만 아니라 일반아동을 포함한 전체아동의 복지를 보장하고 특히 유아기에 있어서의 기본적 인격·특성과 능력개발을 조장하기 위한 여건을 조성하는 데 두고 전면 개정되었다. 이후에도 여러 차례 개정되었으나, 특히 2014. 1. 28. 개정에서는 아동학대에 대한 강력한 대처 및 예방을 위하여 제정된 「아동학대범죄의 처벌 등에 관한 특례법」에 따라 관련 조문을 정비하고, 아동학대 관련 범죄전력자가 아동관련기관에 취업하는 것을 10년 동안 제한하는 등 아동학대의 예방 및 피해자 지원에 관한 내용을 담고 있고, 2016. 3. 22. 개정에서는 아동복지시설을 폐업·휴업하려는 경우 및 감독기관이 아동복지시설에 사업의 정지나 시설의 폐쇄를 명하는 경우 해당 아동복지시설 이용자를 다른 시설로 옮기도록 하는 등의 시설 이용자의 권익 보호 조치를 법률로 규정하고, 원칙적으로 아동이 원가정에서 성장하도록 지원하는 등 아동보호서비스의 원칙을 명시하고 보호대상아동에 대한 사전 조사

·상담 등 보호조치에 필요한 구체적인 내용을 정하여 보호대상아동에 대한 보호조치를 강화하고 아동의 복리를 증진하며, 지방자치단체의 장에게만 보호대상아동의 귀가 조치 권한을 부여함으로써 보호대상아동 부모의 압력 행사로부터 아동복지시설의 장을 보호하는 한편 보호대상아동에게 안전하고 건강한 성장발달 환경을 제공하고, 피해아동의 보호자인 아동학대행위자의 협조를 의무화함으로써 아동보호전문기관이 피해아동의 가족 기능 회복을 위한 업무를 실효적으로 수행할 수 있도록 하며, 아동의 심리안정을 도모하고 2차 피해를 방지하기 위해 아동보호전문기관 내 진술녹화실을 설치하여 운영하고, 학대피해아동쉼터에 대한 법적 근거를 마련하며, 아동보호전문기관을 아동복지시설에 포함함으로써 여타 사회복지시설처럼 운영·회계에 대한 정부의 관리·감독을 강화하고, 실태조사에 대한 근거규정을 정비하였다.

2017. 9. 19. 에는 아동을 대상으로 교육 및 보호 등을 수행하는 기관임에도 불구하고 아동학대 관련 범죄전력자의 취업제한 대상기관에서 제외되어 있는 학습부진아 교육 실시기관, 소년원 및 소년분류심사원을 포함하여 아동보호의 사각지대를 해소하고 아동학대를 적극 예방하기 위한 개정이 이루어졌다.

2019. 1. 15. 개정에서는 현행법에서는 아동학대예방 및 방지업무, 보호대상아동 및 취약계층아동에 대한 지원업무 등 아동 지원업무가 별개의 기관에 위탁되어 산발적으로 운영되고 있어서 아동정책을 종합적이고 체계적으로 추진할 수 있는 통합수행기관의 필요성을 느껴 아동권리보장원을 설립하여 보호가 필요한 아동이 발견되어 보호종료 이후까지 이어지는 전 과정을 총괄적, 체계적으로 지원하도록 하였다. 또한, 현행법에서는 아동학대 관련 정보 관리를 위해 운영 중인 국가아동학대정보시스템을 중앙아동보호전문기관에서 위탁하고 있는데, 이를 정보시스템 관리·운영에 전문성을 가지고 있는 사회보장정보원에 위탁하도록 하였으며, 양육환경의 변화로 돌봄에 대한 사회적 요구가 증가하고 있는 현실 및 초등학생의 방과 후 심각한 돌봄공백 문제 해결을 위하여 시·도지사 및 시장·군수·구청장이 **다함께돌봄센터를 설치·운영**할 수 있는 법적 근거를 마련하였다.

Ⅱ. 아동복지법의 내용

이 법은 아동이 건강하게 출생하여 행복하고 안전하게 자랄 수 있도록 아동의 복지를 보장하는 것을 목적으로 한다. 이 법은 1. 총칙, 2. 아동복지정책의 수립 및 시행 등, 3. 아동에 대한 보호서비스 및 아동학대의 예방 및 방지, 4. 아동에 대한 지원서비스, 5. 아동복지전담기관 및 아동복지시설, 6. 보칙과 7. 벌칙의 총7장의 75개 조와 부칙으로 구성되어 있다.

1. 아동 등의 개념

(1) **"아동"**이란 18세 미만인 사람을 말한다.

(2) **"아동복지"**란 아동이 행복한 삶을 누릴 수 있는 기본적인 여건을 조성하고 조화롭게 성장·발달할 수 있도록 하기 위한 경제적·사회적·정서적 지원을 말한다.

(3) **"보호자"**란 친권자, 후견인, 아동을 보호·양육·교육하거나 그러한 의무가 있는 자 또는 업무·고용 등의 관계로 **사실상 아동을 보호·감독하는 자**를 말한다.

(4) **"보호대상아동"**이란 보호자가 없거나 보호자로부터 이탈된 아동 또는 보호자가 아동을 학대하는 경우 등 그 보호자가 아동을 양육하기에 적당하지 아니하거나 양육할 능력이 없는 경우의 아동을 말한다.

(5) **"지원대상아동"**이란 아동이 조화롭고 건강하게 성장하는 데에 필요한 기초적인 조건이 갖추어지지 아니하여 **사회적·경제적·정서적 지원이 필요한 아동**을 말한다.

(6) **"가정위탁"**이란 보호대상아동의 보호를 위하여 성범죄, 가정폭력, 아동학대, 정신질환 등의 전력이 없는 보건복지부령으로 정하는 기준에 적합한 가정에 보호대상아동을 일정 기간 위탁하는 것을 말한다.

(7) **"아동학대"**란 보호자를 포함한 성인이 아동의 건강 또는 복지를 해치거나 정상적 발달을 저해할 수 있는 신체적·정신적·성적 폭력이나 가혹행위를 하는 것과 아동의 보호자가 아동을 유기하거나 방임하는 것을 말한다.

(8) **"아동학대관련범죄"**란 다음 각 목의 어느 하나에 해당하는 죄를 말한다.
　가. **「아동학대범죄의 처벌 등에 관한 특례법」** 제2조제4호에 따른 아동학대범죄
　나. 아동에 대한 「형법」 제2편 제24장 **살인의 죄 중 제250조부터 제255조**[47] 까지의 죄

(9) **"피해아동"**이란 **아동학대로 인하여 피해를 입은 아동**을 말한다.

---

47) 제250조의 살인, 존속살해죄, 제251조의 영아살해죄, 제252조의 촉탁, 승낙에 의한 살인 등의 죄, 제253조의 위계 등에 의한 촉탁살인 등의 죄, 제254조의 미수범 처벌규정과 제255조의 예비, 음모의 죄.

(10) **"아동복지시설"**이란 제50조에 따라 설치된 시설을 말한다.

(11) **"아동복지시설 종사자"**란 아동복지시설에서 아동의 상담·지도·치료·양육, 그 밖에 아동의 복지에 관한 업무를 담당하는 사람을 말한다(제3조).

2. 기본이념

아동은 자신 또는 부모의 성별, 연령, 종교, 사회적 신분, 재산, 장애유무, 출생지역, 인종 등에 따른 어떠한 종류의 차별도 받지 아니하고 자라나야 하며, 완전하고 조화로운 인격발달을 위하여 안정된 가정환경에서 행복하게 자라나야 한다. 또한 아동에 관한 모든 활동에 있어서 **아동의 이익이 최우선적으로 고려**되어야 하며, 아동은 아동의 권리보장과 복지증진을 위하여 이 법에 따른 보호와 지원을 받을 권리를 가진다(제2조).

3. 국가·지방자치단체와 보호자 등의 책무 및 어린이날

(1) 국가와 지방자치단체의 책무

국가와 지방자치단체는 아동의 안전·건강 및 복지 증진을 위하여 아동과 그 보호자 및 가정을 지원하기 위한 정책을 수립·시행하여야 하며, 보호대상아동 및 지원대상아동의 권익을 증진하기 위한 정책을 수립·시행하여야 하고, 아동이 태어난 가정에서 성장할 수 있도록 지원하며, 아동이 태어난 가정에서 성장할 수 없을 때에는 가정과 유사한 환경에서 성장할 수 있도록 조치하고, 아동을 가정에서 분리하여 보호할 경우에는 신속히 가정으로 복귀할 수 있도록 지원하여야 한다(제4조).

또한 국가와 지방자치단체는 장애아동의 권익을 보호하고, 아동이 자신 또는 부모의 성별, 연령, 종교, 사회적 신분, 재산, 장애유무, 출생지역 또는 인종 등에 따른 어떠한 종류의 차별도 받지 아니하도록 필요한 시책을 강구하여야 한다. 「아동의 권리에 관한 협약」에서 규정한 아동의 권리 및 복지 증진 등을 위하여 필요한 시책을 수립·시행하고, 이에 필요한 교육과 홍보를 하여야 하며, 아동의 보호자가 아동을 행복하고 안전하게 양육하기 위하여 필요한 교육을 지원하여야 한다.

(2) 보호자 등의 책무

아동의 보호자는 아동을 가정에서 그의 성장시기에 맞추어 건강하고 안전하게 양육하여야 하며, 아동에게 신체적 고통이나 폭언 등의 정신적 고통을 가하여서는 아니 된다. 또한 모든 국민은 아동의 권익과 안전을 존중하여야 하며, 아동을 건강하게 양육하여야 한다(제5조).

(3) 어린이날 및 어린이주간

어린이에 대한 사랑과 보호의 정신을 높임으로써 이들을 옳고 아름답고 슬기로우며 씩씩하게 자라나도록 하기 위하여 매년 **5월 5일을 어린이날**로 하며, **5월 1일부터 5월 7일까지를 어린이주간**으로 한다(제6조).

4. 아동복지정책의 수립 및 시행 등

(1) 아동정책기본계획의 수립

보건복지부장관은 아동정책의 효율적인 추진을 위하여 **5년마다 아동정책기본계획(이하 "기본계획"이라 한다)을 수립**하여야 한다.

(2) 아동정책조정위원회의 구성

아동의 권리증진과 건강한 출생 및 성장을 위하여 종합적인 아동정책을 수립하고 관계 부처의 의견을 조정하며 그 정책의 이행을 감독하고 평가하기 위하여 **국무총리 소속으로 아동정책조정위원회**를 두며, 위원회는 **위원장을 포함한 25명 이내의 위원으로 구성**하되, **위원장은 국무총리**가 되고 위원은 기획재정부장관·교육부장관·법무부장관·행정안전부장관·문화체육관광부장관·산업통상자원부장관·보건복지부장관·고용노동부장관·여성가족부장관, 아동 관련 단체의 장이나 아동에 대한 학식과 경험이 풍부한 사람 중 위원장이 위촉하는 15명 이내의 위원으로 구성한다.

(3) 아동권리보장원의 설립 및 운영

보건복지부장관은 아동정책에 대한 종합적인 수행과 아동복지 관련 사업의 효과적인 추진을 위하여 필요한 정책의 수립을 지원하고 사업평가 등의 업무를 수행할 수 있도록 아동권리보장원을 설립한다. 보장원은 아동정책 수립을 위한 자료 개발 및 정책 분석, 기본계획 수립 및 시행계획 평가 지원, 위원회 운영 지원, 아동정책영향평가 지원, 아동보호서비스에 대한 기술지원, 아동학대의 예방과 방지를 위한 업무, 가정위탁사업 활성화 등을 위한 업무, 지역 아동복지사업 및 아동복지시설의 원활한 운영을 위한 지원, 「입양특례법」에 따른 국내입양 활성화 및 입양 사후관리를 위한 업무, 아동 관련 조사 및 통계 구축 및 아동 관련 교육 및 홍보, 그리고 아동 관련 해외정책 조사 및 사례분석 등의 업무를 수행한다. 보장원은 법인으로 하고, 주된 사무소의 소재지에 설립등기를 함으로써 성립한다. 보장원을 대표하고 그 업무를 총괄하기 위하여 원장을 두며, 원장은 보건복지부장관이 임면하고, 보건복지부장관은 보장원의 설립·운영에 필요한 비용을 지원할 수 있다(제10조의2).

(4) 아동복지심의위원회

시·도지사, 시장·군수·구청장은 해당사항의 심의를 위하여 그 소속으로 아동복지심의위원회를 각각 두며, 시·도지사, 시장·군수·구청장은 대통령령으로 정하는 바에 따라 심의위원회의 구성 및 운영 현황에 관한 사항을 연 1회 보건복지부장관에게 보고하여야 한다(제12조).

(5) 아동복지전담공무원과 아동위원

아동복지에 관한 업무를 담당하기 위하여 특별시·광역시·도·특별자치도 및 시·군·구에 각각 사회복지사의 자격을 가진 아동복지전담공무원을 둘 수 있으며(제13조), 시·군·구 관할 구역의 아동에 대하여 항상 그 생활상태 및 가정환경을 상세히 파악하고 아동복지에 필요한 원조와 지도를 행하며 전담공무원 및 관계 행정기관과 협력하기 위하여 아동위원을 두어야 한다. 아동위원은 그 업무의 원활한 수행을 위하여 적절한 교육을 받을 수 있으며, 명예직으로 하되, 수당을 지급할 수 있다(제14조).

5. 아동에 대한 보호서비스

(1) 보호조치

시·도지사 또는 시장·군수·구청장은 그 관할 구역에서 보호대상아동을 발견하거나 보호자의 의뢰를 받은 때에는 아동의 최상의 이익을 위하여 전담공무원 또는 아동위원에게 보호대상아동 또는 그 보호자에 대한 상담·지도를 수행하게 하거나, 보호자 또는 대리양육을 원하는 연고자에 대하여 그 가정에서 아동을 보호·양육할 수 있도록 필요한 조치를 하고, 아동의 보호를 희망하는 사람에게 가정위탁하거나, 보호대상아동을 그 보호조치에 적합한 아동복지시설에 입소시키는 일, 약물 및 알콜 중독, 정서·행동·발달 장애, 성폭력·아동학대 피해 등으로 특수한 치료나 요양 등의 보호를 필요로 하는 아동을 전문치료기관 또는 요양소에 입원 또는 입소시키거나 「입양특례법」에 따른 입양과 관련하여 필요한 보호조치를 하여야 한다. 이러한 보호조치 전에 보호대상아동에 대한 상담, 건강검진, 심리검사 및 가정환경에 대한 조사를 실시하여야 하며, 보호대상아동의 개별 보호·관리 계획을 세워 보호하여야 하는데 그 계획을 수립할 때 해당 보호대상아동의 보호자를 참여시킬 수 있다(제15조).

시·도지사 또는 시장·군수·구청장은 보호조치를 함에 있어서 해당 보호대상아동의 의사를 존중하여야 하며, 아동학대행위자가 아닌 보호자가 있을 때에는 그 의견을 들어야 한다. 보호조치를 할 때까지 필요하면 아동일시보호시설에 보호대상아동을 입소시켜 보호하거나, 적합한 위탁가정 또는 적당하다고 인정하는 자에게 일시위탁하여 보호하게 할 수 있는데, 이 경우 보호기간 동안 보호대상아동에 대한 상담, 건강검진, 심리검사 및 가정환경에 대한 조사를 실시하고 그 결과를 보호조치 시에 고려하여야 한다. 또한 시·도지사 또는 시장·군수·구청장은 그 관할 구역에서 약물 및 알콜 중독, 정서·행동·발달 장애 등의 문제를 일으킬 가능성이 있는 아동의 가정에 대하여 예방차원의 적절한 조치를 강구하여야 한다.

누구든지 보호조치와 관련하여 그 대상이 되는 아동복지시설의 종사자를 신체적·정신적으로 위협하는 행위를 하여서는 안되기 때문에 시·도지사 또는 시장·군수·구청장은 아동의 가정위탁보호를 희망하는 사람에 대하여 범죄경력을 확인하여야 한다. 이 경우 본인의 동의를 받아 관계 기관의 장에게 범죄의 경력 조회를 요청하여야 한다.

보장원의 장 또는 가정위탁지원센터의 장은 위탁아동, 가정위탁보호를 희망하는 사람, 위탁아동의 부모 등의 신원확인 등의 조치를 시·도지사 또는 시장·군수·구청장에게 협조 요청할 수 있으며, 요청을 받으면 특별한 사유가 없는 한 이에 응하여야 한다.

(2) 보호대상아동의 퇴소조치 등

보호조치 중인 보호대상아동의 연령이 18세에 달하였거나, 보호 목적이 달성되었다고 인정되면 해당 시·도지사, 시장·군수·구청장은 법령이 정하는 절차와 방법에 따라 그 보호 중인 아동의 보호조치를 종료하거나 해당 시설에서 퇴소시켜야 한다. 보호조치 중인 보호대상아동의 친권자, 후견인 등 보건복지부령으로 정하는 자는 관할 시·도지사 또는 시장·군수·구청장에게 해당 보호대상아동의 가정 복귀를 신청할 수 있으며, 신청을 받은 시·도지사 또는 시장·군수·구청장은 아동복지시설의 장의 의견을 들은 후 보호조치의 종료 또는 퇴소조치가 보호대상아동의 복리에 반하지 아니한다고 인정되면 해당 보호대상아동을 가정으로 복귀시킬 수 있다(제16조).

(3) 금지행위

누구든지 아동을 매매하거나, 아동에게 음란한 행위를 시키거나 이를 매개하는 행위 또는 아동에게 성적 수치심을 주는 성희롱 등의 성적 학대행위, 아동의 신체에 손상을 주거나 신체의 건강 및 발달을 해치는 신체적 학대행위, 아동의 정신건강 및 발달에 해를 끼치는 정서적 학대행위, 자신의 보호·감독을 받는 아동을 유기하거나 의식주를 포함한 기본적 보호·양육·치료 및 교육을 소홀히 하는 방임행위, 장애를 가진 아동을 공중에 관람시키는 행위, 아동에게 구걸을 시키거나 아동을 이용하여 구걸하는 행위, 공중의 오락 또는 흥행을 목적으로 아동의 건강 또는 안전에 유해한 곡예를 시키는 행위 또는 이를 위하여 아동을 제3자에게 인도하는 행위, 정당한 권한을 가진 알선기관 외의 자가 아동의 양육을 알선하고 금품을 취득하거나 금품을 요구 또는 약속하는 행위, 아동을 위하여 증여 또는 급여된 금품을 그 목적 외의 용도로 사용하는 행위를 하여서는 안 된다(제17조).

(4) 친권상실 선고의 청구 등

시·도지사, 시장·군수·구청장 또는 검사는 아동의 친권자가 그 친권을 남용하거나 현저한 비행이나 아동학대, 그 밖에 친권을 행사할 수 없는 중대한 사유가 있는 것을 발견한 경우 아동의 복지를 위하여 필요하다고 인정할 때에는 법원에 친권행사의 제한 또는 친권상실의 선고를 **청구**하여야 하고, 아동복지시설의 장 및 「초·중등교육법」에 따른 학교의 장은 친권상실의 사유에 해당하는 경우 시·도지사, 시장·군수·구청장 또는 검사에게 법원에 친권행사의 제한 또는 친권상실의 선고를 청구하도록 **요청**할 수 있다. 친권행사의 제한 또는 친권상실의 선고 청구를 할 경우 해당 아동의 의견을 존중하여야 하며, 아동복지시설의 장 및 학교의 장의 친권행사의 제한 또는 친권상실의 선고 청구를 요청받은 경우에는 요청받은 날부터 30일 내에 청구 여부를 결정한 후 해당 요청기관에 청구 또는 미청구 요지 및 이유를 서면으로 알려야 한다. 처리결과를 통보받은 아동복지시설의 장 및 학교의 장은 그 처리결과에 대하여 이의가 있을 경우 통보받은 날부터 30일 내에 직접 법원에 친권행사의 제한 또는 친권상실의 선고를 청구할 수 있다(제18조).

(5) 아동의 후견인의 선임 청구 등

시·도지사, 시장·군수·구청장, 아동복지시설의 장 및 학교의 장은 친권자 또는 후견인이 없는 아동을 발견한 경우 그 복지를 위하여 필요하다고 인정할 때에는 법원에 후견인의 선임을 청구하여야 하며, 후견인이 해당 아동을 학대하는 등 현저한 비행을 저지른 경우에는 후견인 변경을 법원에 청구하여야 한다. 후견인의 선임 및 후견인의 변경 청구를 할 때에는 해당 아동의 의견을 존중하여야 하는데, 아동복지시설에 입소 중인 보호대상아동에 대하여는 「보호시설에 있는 미성년자의 후견직무에 관한 법률」을 적용한다(제19조).

(6) 아동의 후견인 및 보조인 등의 선임

법원은 후견인의 선임 및 후견인의 변경 청구에 따라 후견인을 선임하거나 변경할 경우 「민법」 제932조[48]에도 불구하고 해당 아동의 후견에 적합한 사람을 후견인

---

48) 민법 제932조(미성년후견인의 선임) ① 가정법원은 제931조에 따라 지정된 미성년후견인이 없는 경우에

으로 선임할 수 있으며, 후견인이 없는 아동에 대하여 후견인을 선임하기 전까지 시·도지사, 시장·군수·구청장, 아동보호전문기관의 장, 가정위탁지원센터의 장 및 보장원의 장으로 하여금 임시로 그 아동의 후견인 역할을 하게 할 수 있는데, 이 경우 해당 아동의 의견을 존중하여야 한다(제20조).

또한 법원의 심리과정에서 변호사, 법정대리인, 직계 친족, 형제자매, 보장원 또는 아동보호전문기관의 상담원은 학대아동사건의 심리에 있어서 보조인이 될 수 있다. 다만, 변호사가 아닌 경우에는 법원의 허가를 받아야 한다. 수사기관이 피해아동을 수사하거나, 법원이 피해아동을 증인으로 신문하는 경우 검사, 피해아동과 그 보호자 또는 보장원, 아동보호전문기관의 신청이 있는 경우에는 피해아동과 신뢰관계에 있는 사람의 동석을 허가할 수 있다(제21조).

6. 아동학대의 예방 및 방지

(1) 아동학대 예방 및 신고

국가와 지방자치단체는 아동학대의 예방과 방지를 위하여 각종 정책의 수립 및 예방을 하며, 아동의 건강한 성장을 도모하고 범국민적으로 아동학대의 예방과 방지에 관한 관심을 높이기 위하여 매년 11월 19일을 아동학대예방의 날로 지정하고, 아동학대예방의 날부터 1주일을 아동학대예방주간으로 한다(제23조).

누구든지 아동학대를 알게 된 경우에는 아동보호전문기관 또는 수사기관에 신고할 수 있으며, 각종 관련시설의 장이나 종사자는 그 직무상 아동학대를 알게 된 경우에는 즉시 아동보호전문기관 또는 수사기관에 신고하여야 한다.

(2) 아동학대 예방교육의 실시

국가기관과 지방자치단체의 장, 「공공기관의 운영에 관한 법률」에 따른 공공기관

는 직권으로 또는 미성년자, 친족, 이해관계인, 검사, 지방자치단체의 장의 청구에 의하여 미성년후견인을 선임한다. 미성년후견인이 없게 된 경우에도 또한 같다.
② 가정법원은 제924조, 제924조의2 및 제925조에 따른 친권의 상실, 일시 정지, 일부 제한의 선고 또는 법률행위의 대리권이나 재산관리권 상실의 선고에 따라 미성년후견인을 선임할 필요가 있는 경우에는 직권으로 미성년후견인을 선임한다.
③ 친권자가 대리권 및 재산관리권을 사퇴한 경우에는 지체 없이 가정법원에 미성년후견인의 선임을 청구하여야 한다.

과 대통령령으로 정하는 공공단체의 장은 아동학대의 예방과 방지를 위하여 필요한 교육을 연 1회 이상 실시하고, 그 결과를 보건복지부장관에게 제출하여야 하며, 교육 대상이 아닌 사람은 아동보호전문기관 또는 대통령령으로 정하는 교육기관에서 아동학대의 예방과 방지에 필요한 교육을 받을 수 있다(제26조의2).

(3) 아동학대 등의 통보

사법경찰관리는 아동 사망 및 상해사건, 가정폭력 사건 등에 관한 직무를 행하는 경우 아동학대가 있었다고 의심할 만한 사유가 있는 때에는 보장원 또는 아동보호전문기관에 그 사실을 통보하여야 하며, 사법경찰관 또는 보호관찰관은 「아동학대범죄의 처벌 등에 관한 특례법」 제14조 제1항에 따라 임시조치의 청구를 신청하였을 때에는 보장원 또는 아동보호전문기관에 그 사실을 통보하여야 한다. 통보를 받은 보장원 또는 아동보호전문기관은 피해아동 보호조치 등 필요한 조치를 하여야 한다(제27조의2).

(4) 피해아동 응급조치에 대한 거부금지

「아동학대범죄의 처벌 등에 관한 특례법」 제12조 제1항 제3호 또는 제4호에 따라 사법경찰관리, 보장원 또는 아동보호전문기관의 직원이 피해아동을 인도하는 경우에는 아동학대 관련 보호시설이나 의료기관은 정당한 사유 없이 이를 거부하여서는 안 된다(제27조의3).

(5) 사후관리 및 국가아동학대정보시스템의 구축 등

보장원의 장 또는 아동보호전문기관의 장은 아동학대가 종료된 이후에도 가정방문, 전화상담 등을 통하여 아동학대의 재발 여부를 확인하여야 하며, 아동학대의 재발 방지 등을 위하여 필요하다고 인정하는 경우 피해아동 및 보호자를 포함한 피해아동의 가족에게 필요한 지원을 제공할 수 있는데, 보호자는 정당한 사유 없이 이를 거부하거나 방해하여서는 안 된다. 또한 보건복지부장관은 아동학대 관련 정보를 공유하고 아동학대를 예방하기 위하여 대통령령으로 정하는 바에 따라 국가아동학대 정보시스템을 구축·운영하여야 하는데, 피해아동, 그 가족 및 아동학대행위자에 관한 정보와 아동학대예방사업에 관한 정보를 국가아동학대정보시스템에 입력·관리하여야 한다. 이 경우 보건복지부장관은 관계 중앙행정기관의 장, 시·도지사, 시장·군수·구청장, 보장원, 아동보호전문기관 등에 필요한 자료를 요청할 수 있다.

시·도지사 및 시장·군수·구청장, 판사, 검사 및 경찰관서의 장, 「초·중등교육법」에 따른 학교의 장, 아동학대 전담의료기관의 장, 아동복지시설의 장, 그 밖에 대통령령으로 정하는 피해아동의 보호 및 지원 관련 기관 또는 단체의 장은 아동의 보호 및 아동학대 발생 방지를 위하여 필요한 경우 국가아동학대정보시스템상의 피해아동, 그 가족 및 아동학대행위자에 관한 정보를 목적과 필요한 정보의 범위를 구체적으로 기재한 후 보건복지부장관에게 요청할 수 있다.

보건복지부장관은 요청이 있는 경우 국가아동학대정보시스템상의 해당 정보를 제공할 수 있지만 피해아동의 보호를 위하여 필요한 경우로서 대통령령으로 정하는 경우에는 정보의 제공을 제한할 수 있다. 피해아동관련 정보를 취득한 사람은 정보의 요청 목적 외로 해당 정보를 사용하거나 다른 사람에게 제공 또는 누설하여서는 안 된다(제28조~제29조).

(6) 피해아동 및 그 가족 등에 대한 지원

보장원의 장 또는 아동보호전문기관의 장은 아동의 안전 확보와 재학대 방지, 건전한 가정기능의 유지 등을 위하여 피해아동 및 보호자를 포함한 피해아동의 가족에게 상담, 교육 및 의료적·심리적 치료 등의 필요한 지원을 제공하여야 하며, 관계 기관에 협조를 요청할 수 있다. 보호자를 포함한 피해아동의 가족은 보장원 또는 아동보호전문기관이 제공하는 지원에 성실하게 참여하여야 하고, 보장원의 장 또는 아동보호전문기관의 장은 지원 여부의 결정 및 지원의 제공 등 모든 과정에서 피해아동의 이익을 최우선으로 고려하여야 한다. 그리고 국가와 지방자치단체는 「초·중등교육법」 제2조 각 호의 학교에 재학 중인 피해아동 및 피해아동의 가족이 주소지 외의 지역에서 취학할 필요가 있을 때에는 그 취학이 원활하게 이루어 질 수 있도록 지원하여야 한다(제29조).

(7) 아동학대행위자에 대한 상담·교육 등의 권고 및 취업제한 등

보장원의 장 또는 아동보호전문기관의 장은 아동학대행위자에 대하여 상담·교육 및 심리적 치료 등 필요한 지원을 받을 것을 권고할 수 있는데, 이 경우 아동학대행위자는 정당한 사유가 없으면 상담·교육 및 심리적 치료 등에 성실히 참여하여야 한다(제29조의2).

그리고 법원은 아동학대관련범죄로 형 또는 치료감호를 선고하는 경우에는 약식명령을 포함한 판결로 그 형 또는 치료감호의 전부 또는 일부의 집행을 종료하거나 집행이 유예·면제된 날(벌금형을 선고받은 경우에는 그 형이 확정된 날을 말한다)부터 일정기간 동안 시설 또는 기관을 운영하거나 아동관련기관에 취업 또는 사실상 노무를 제공할 수 없도록 하는 명령을 아동학대관련범죄 사건의 판결과 동시에 선고(약식명령의 경우에는 고지를 말한다)하여야 한다. 다만, 재범의 위험성이 현저히 낮은 경우나 그 밖에 취업을 제한하여서는 안되는 특별한 사정이 있다고 판단하는 경우에는 그러하지 아니하다.

《 참 고 자 료 》

※ **취업이 제한되는 아동관련기관(제29조의3 제1항 각호)**

1. 제37조에 따른 취약계층 아동 통합서비스 수행기관, 아동보호전문기관, 제48조의 가정위탁지원센터 및 제52조의 아동복지시설
2. 「가정폭력방지 및 피해자보호 등에 관한 법률」 제4조의6의 긴급전화센터, 같은 법 제5조의 가정폭력 관련 상담소 및 같은 법 제7조의2의 가정폭력피해자 보호시설
3. 「건강가정기본법」 제35조의 건강가정지원센터
4. 「다문화가족지원법」 제12조의 다문화가족지원센터
5. 「성매매방지 및 피해자보호 등에 관한 법률」 제5조의 성매매피해자등을 위한 지원시설 및 같은 법 제10조의 성매매피해상담소
6. 「성폭력방지 및 피해자보호 등에 관한 법률」 제10조의 성폭력피해상담소 및 같은 법 제12조의 성폭력피해자보호시설 및 같은 법 제18조의 성폭력피해자통합지원센터
7. 「영유아보육법」 제2조제3호의 어린이집
8. 「유아교육법」 제2조제2호의 유치원
9. 「의료법」 제3조의 의료기관
10. 「장애인복지법」 제58조의 장애인복지시설
11. 「정신건강증진 및 정신질환자 복지서비스 지원에 관한 법률」 제3조에 따른 정신건강복지센터, 정신건강증진시설, 정신요양시설 및 정신재활시설

12. 「주택법」 제2조제3호의 공동주택의 관리사무소(경비업무 종사자에 한정)
13. 「청소년기본법」 제3조에 따른 청소년시설, 청소년단체
14. 「청소년활동진흥법」 제2조제2호의 청소년활동시설
15. 「청소년복지 지원법」 제29조제1항의 청소년상담복지센터, 같은 법 제30조의 이주
    배경청소년지원센터 및 같은 법 제31조 각 호의 청소년쉼터, 청소년자립지원관, 청
    소년치료재활센터
16. 「청소년 보호법」 제35조의 청소년 보호·재활센터
17. 「체육시설의 설치·이용에 관한 법률」 제2조제1호의 체육시설 중 아동의 이용이 제
    한되지 아니하는 체육시설로서 문화체육관광부장관이 지정하는 체육시설
18. 「초·중등교육법」 제2조 각 호의 학교 및 같은 법 제28조에 따라 학습부진아 등에
    대한 교육을 실시하는 기관
19. 「학원의 설립·운영 및 과외교습에 관한 법률」 제2조제1호의 학원 및 같은 조 제2호
    의 교습소 중 아동의 이용이 제한되지 아니하는 학원과 교습소로서 교육부장관이 지
    정하는 학원·교습소
20. 「한부모가족지원법」 제19조의 한부모가족복지시설
21. 아동보호전문기관 또는 학대피해아동쉼터를 운영하는 법인
22. 「보호소년 등의 처우에 관한 법률」에 따른 소년원 및 소년분류심사원
23. 「민법」 제32조에 따라 보건복지부장관의 설립 허가를 받아 아동인권, 아동복지 등
    아동을 위한 사업을 수행하는 비영리법인(대표자 및 아동을 직접 대면하는 업무에 종
    사하는 사람에 한정)

취업제한기간은 10년을 초과하지 못하며, 법원은 취업제한명령을 선고하려는 경
우에는 정신건강의학과 의사, 심리학자, 사회복지학자, 아동학대 관련 전문가, 그 밖
의 관련 전문가로부터 취업제한명령 대상자의 재범 위험성 등에 관한 의견을 들을
수 있다.

아동관련기관의 설치 또는 설립인가·허가·신고를 관할하는 중앙행정기관의 장,
지방자치단체의 장, 교육감 또는 교육장은 아동관련기관을 운영하려는 자에 대하여
본인의 동의를 받아 관계 기관의 장에게 아동학대관련범죄 전력 조회를 요청하여야
한다. 다만, 아동관련기관을 운영하려는 자가 아동학대관련범죄 전력 조회 회신서를
중앙행정기관의 장, 지방자치단체의 장, 교육감 또는 교육장에게 직접 제출한 경우
에는 아동학대관련범죄 전력 조회를 한 것으로 본다.

아동관련기관의 장은 그 기관에 취업 중이거나 사실상 노무를 제공 중인 사람 또
는 취업하려 하거나 사실상 노무를 제공하려는 사람에 대하여 아동학대관련범죄 전

력을 확인하여야 하며, 이 경우 본인의 동의를 받아 관계 기관의 장에게 아동학대관련범죄 전력 조회를 요청하여야 하지만, 취업자등이 아동학대관련범죄 전력 조회 회신서를 아동관련기관의 장에게 직접 제출한 경우에는 아동학대관련범죄 전력 조회를 한 것으로 본다. 아동학대관련범죄 전력 조회 요청을 받은 관계 기관의 장은 아동학대관련범죄 전력 조회 회신서를 발급하여야 한다.

(8) 아동학대관련범죄전력자 취업의 점검·확인과 취업자의 해임요구 등

보건복지부장관 또는 관계 중앙행정기관의 장은 아동학대관련범죄로 취업제한명령을 선고받은 자가 아동관련기관을 운영하거나 아동관련기관에 취업 또는 사실상 노무를 제공하고 있는지를 직접 또는 관계 기관 조회 등의 방법으로 연 1회 이상 점검·확인하여야 하는데, 점검·확인을 위하여 필요한 경우에는 아동관련기관의 장 또는 그 감독기관에 관련 자료의 제출을 요구할 수 있고, 점검·확인 결과를 대통령령으로 정하는 바에 따라 인터넷 홈페이지 등을 이용하여 공개하여야 한다(제29조의4).

또한 중앙행정기관의 장은 관련 규정을 위반하여 취업하거나 사실상 노무를 제공하는 사람에 대하여 아동관련기관의 장에게 그의 해임을 요구하여야 하며, 운영 중인 아동관련기관의 폐쇄를 요구하여야 한다. 폐쇄요구를 정당한 사유 없이 거부하거나 1개월 이내에 요구사항을 이행하지 아니하는 경우에는 대통령령으로 정하는 바에 따라 해당 아동관련기관을 폐쇄하거나 그 등록·허가 등을 취소하거나 관계 행정기관의 장에게 이를 요구할 수 있다(제29조의5).

7. 아동에 대한 지원서비스

(1) 아동 안전 및 건강지원

국가는 아동복지시설과 아동용품에 대한 안전기준을 정하고 아동용품을 제작·설치·관리하는 자에게 이를 준수하도록 하여야 한다. 또한 국가와 지방자치단체는 유괴 등 범죄의 위험으로부터 아동을 보호하기 위하여 필요하다고 인정하는 경우에는 아동관련시설의 주변구역을 **아동보호구역으로 지정**하여 범죄의 예방을 위한 **순찰 및 아동지도 업무** 등 필요한 조치를 할 수 있으며, 이를 위해 지정된 아동보호구역에는 「개인정보 보호법」 제2조 제7호에 따른 영상정보처리기기를 설치하여야 한다.

나아가 실종 및 유괴 등 아동에 대한 범죄의 예방을 위하여 순찰활동 및 아동지도 업무 등을 수행하는 아동안전 보호인력을 배치·활용할 수 있다.

(2) 취약계층 아동 통합서비스지원 및 자립지원 등

국가와 지방자치단체는 아동의 건강한 성장과 발달을 도모하기 위하여 대통령령으로 정하는 바에 따라 아동의 성장 및 복지 여건이 취약한 가정을 선정하여 그 가정의 지원대상아동과 가족을 대상으로 보건, 복지, 보호, 교육, 치료 등을 종합적으로 지원하는 통합서비스를 실시하며, 또한 보호대상아동의 위탁보호 종료 또는 아동복지시설 퇴소 이후의 자립을 지원하기 위하여 ① 자립에 필요한 주거·생활·교육·취업 등의 지원, ② 자립에 필요한 자산의 형성 및 관리 지원, ③ 자립에 관한 실태조사 및 연구, ④ 사후관리체계 구축 및 운영 및 ⑤ 그 밖에 자립지원에 필요한 조치를 시행하여야 한다(제37, 38조).

(3) 방과 후 돌봄서비스 지원

시·도지사 및 시장·군수·구청장은 초등학교의 정규교육 이외의 시간 동안 아동의 안전한 보호, 안전하고 균형 있는 급식 및 간식의 제공, 등·하교 전후, 야간 또는 긴급상황 발생 시 돌봄서비스 제공, 체험활동 등 교육·문화·예술·체육 프로그램의 연계·제공, 돌봄 상담, 관련 정보의 제공 및 서비스의 연계, 그 밖에 보건복지부령으로 정하는 방과 후 돌봄서비스의 제공을 실시하기 위하여 다함께돌봄센터를 설치·운영할 수 있다(제44조의2).

8. 아동복지전담기관 및 아동복지시설

(1) 아동보호전문기관의 설치 및 해당 업무 등

지방자치단체는 학대받은 아동의 발견, 보호, 치료에 대한 신속처리 및 아동학대예방을 담당하는 아동보호전문기관을 시·도 및 시·군·구에 1개소 이상 두어야 하는데, 시·도지사는 관할 구역의 아동 수 및 지리적 요건을 고려하여 조례로 정하는 바에 따라 둘 이상의 시·군·구를 통합하여 하나의 아동보호전문기관을 설치·운영할 수 있고, 아동보호전문기관을 통합하여 설치·운영하는 경우 시·도지사는 아동보호전문기관의 설치·운영에 필요한 비용을 관할 구역의 아동의 수 등을 고려하여 시장·군수·구청장에게 공동으로 부담하게 할 수 있으며, 위탁하여 운영할 수도 있다(제45조).

아동보호전문기관은 아동학대의 신고접수와 현장조사 및 응급보호, 피해아동 상담·조사를 위한 진술녹화실을 설치·운영하여야 하며, 피해아동, 피해아동의 가족 및 아동학대행위자를 위한 상담·치료 및 교육과 아동학대예방 교육 및 홍보, 피해아동 가정의 사후관리 및 자체사례회의 운영 및 아동학대사례전문위원회의 설치·운영과 그 밖에 대통령령으로 정하는 아동학대예방사업과 관련된 업무를 수행한다(제46조).

(2) 가정위탁지원센터의 설치와 해당 업무 등

지방자치단체는 보호대상아동에 대한 가정위탁사업을 활성화하기 위하여 시·도 및 시·군·구에 가정위탁지원센터를 둔다. 다만, 시·도지사는 조례로 정하는 바에 따라 둘 이상의 시·군·구를 통합하여 하나의 가정위탁지원센터를 설치·운영할 수 있다. 가정위탁지원센터를 통합하여 설치·운영하는 경우 시·도지사는 가정위탁지원센터의 설치·운영에 필요한 비용을 관할 구역의 아동의 수 등을 고려하여 시장·군수·구청장에게 공동으로 부담하게 할 수 있으며, 가정위탁지원을 목적으로 하는 비영리법인을 지정하여 가정위탁지원센터의 운영을 위탁할 수 있다.

보장원은 가정위탁사업의 활성화 등을 위하여 가정위탁지원센터에 대한 지원을 하고, 효과적인 가정위탁사업을 위한 지역 간 연계체계를 구축하며, 가정위탁사업과 관련된 연구 및 자료의 발간과 가정위탁사업을 위한 프로그램을 개발하고 이에 대한 평가를 하며, 상담원에 대한 교육 등 가정위탁에 관한 교육 및 홍보와 가정위탁사업을 위한 정보기반 구축 및 정보 제공, 그리고 그 밖에 대통령령으로 정하는 가정위탁사업과 관련된 업무를 수행한다(제48조).

가정위탁지원센터는 가정위탁사업의 홍보 및 가정위탁을 하고자 하는 가정을 발굴하고, 가정위탁을 하고자 하는 가정에 대한 조사 및 가정위탁 대상 아동에 대한 상담과 가정위탁을 하고자 하는 사람과 위탁가정 부모에 대한 교육 및 위탁가정의 사례관리를 하며, 친부모 가정으로의 복귀를 지원한다. 또한 가정위탁 아동의 자립계획 및 사례 관리를 포함하여 관할 구역 내 가정위탁 관련 정보를 제공하고, 그 밖에 가정위탁과 관련된 업무를 수행한다(제49조).

《 참 고 자 료 》

※ **아동복지시설의 종류**

① **아동양육시설:** 보호대상아동을 입소시켜 보호, 양육 및 취업훈련, 자립지원 서비스 등을 제공하는 것을 목적으로 하는 시설

② **아동일시보호시설:** 보호대상아동을 일시보호하고 아동에 대한 향후의 양육대책수립 및 보호조치를 행하는 것을 목적으로 하는 시설

③ **아동보호치료시설**

㉮ 불량행위를 하거나 불량행위를 할 우려가 있는 아동으로서 보호자가 없거나 친권자나 후견인이 입소를 신청한 아동 또는 가정법원, 지방법원소년부지원에서 보호 위탁된 19세 미만인 사람을 입소시켜 치료와 선도를 통하여 건전한 사회인으로 육성하는 것을 목적으로 하는 시설

㉯ 정서적·행동적 장애로 인하여 어려움을 겪고 있는 아동 또는 학대로 인하여 부모로부터 일시 격리되어 치료받을 필요가 있는 아동을 보호·치료하는 시설

④ **공동생활가정:** 보호대상아동에게 가정과 같은 주거여건과 보호, 양육, 자립지원 서비스를 제공하는 것을 목적으로 하는 시설

⑤ **자립지원시설:** 아동복지시설에서 퇴소한 사람에게 취업준비기간 또는 취업 후 일정 기간 동안 보호함으로써 자립을 지원하는 것을 목적으로 하는 시설

⑥ **아동상담소:** 아동과 그 가족의 문제에 관한 상담, 치료, 예방 및 연구 등을 목적으로 하는 시설

⑦ **아동전용시설:** 어린이공원, 어린이놀이터, 아동회관, 체육·연극·영화·과학실험전시시설, 아동휴게숙박시설, 야영장 등 아동에게 건전한 놀이·오락, 그 밖의 각종 편의를 제공하여 심신의 건강유지와 복지증진에 필요한 서비스를 제공하는 것을 목적으로 하는 시설

⑧ **지역아동센터:** 지역사회 아동의 보호·교육, 건전한 놀이와 오락의 제공, 보호자와 지역사회의 연계 등 아동의 건전육성을 위하여 종합적인 아동복지서비스를 제공하는 시설

⑨ **아동보호전문기관**

⑩ **제48조에 따른 가정위탁지원센터**

⑪ **제10조의2에 따른 보장원**

위의 아동복지시설은 통합하여 설치할 수 있으며, 각 시설 고유의 목적 사업을 해치지 아니하고 각 시설별 설치기준 및 운영기준을 충족하는 경우 다음의 사업을 추가로 실시할 수 있다.

㉮ 아동가정지원사업: 지역사회아동의 건전한 발달을 위하여 아동, 가정, 지역주민에게 상담, 조언 및 정보를 제공하여 주는 사업

ⓘ 아동주간보호사업: 부득이한 사유로 가정에서 낮 동안 보호를 받을 수 없는 아동을 대상으로 개별적인 보호와 교육을 통하여 아동의 건전한 성장을 도모하는 사업

ⓓ 아동전문상담사업: 학교부적응아동 등을 대상으로 올바른 인격형성을 위한 상담, 치료 및 학교폭력예방을 실시하는 사업

ⓡ 학대아동보호사업: 학대아동의 발견, 보호, 치료 및 아동학대의 예방 등을 전문적으로 실시하는 사업

ⓜ 공동생활가정사업: 보호대상아동에게 가정과 같은 주거여건과 보호를 제공하는 것을 목적으로 하는 사업

ⓑ 방과 후 아동지도사업: 저소득층 아동을 대상으로 방과 후 개별적인 보호와 교육을 통하여 건전한 인격형성을 목적으로 하는 사업

9. 아동학대예방사업의 과제와 개선방안[49]

2000년에 정부는 아동복지법을 개정하여 중아아동학대예방센터를 비롯하여 전국 16개 시·도에 아동학대예방센터를 설립하여 아동학대예방사업을 전개하여 왔으나, 아동학대현황보고서의 통계자료에 의하면 그 동안의 아동학대예방 및 대응체계가 적절하게 수행되었는지 다시 살펴볼 필요가 있다. 아동학대예방사업의 개선과제로는 첫째, 아동학대 미신고사례의 발견을 위해 아동학대 신고의무를 전국민으로 확대하고, 둘째, 대부분의 아동학대가 친부모에 의해 일어나는 점을 고려하여 계부모, 양부모 등의 용어사용을 자제하며, 셋째, 아동학대행위자에 대한 상담, 교육 규정을 강화하고, 넷째, 지역별 차등을 줄이기 위해 지역아동보호전문기관의 우선 설립하며, 다섯째, 아동학대 예방 및 대응의 내실화를 위해 관련예산을 일반예산화할 필요가 있다.

---

49) 박선권, 아동학대예방사업의 과제와 개선방안, NARS 현안분석 vol. 4, 국회입법조사처 (2018. 5. 11) 참조.

제7절 **아동학대범죄의 처벌 등에 관한 특례법**

이 법의 제정목적은 아동학대범죄의 처벌 및 그 절차에 관한 특례와 피해아동에 대한 보호절차 및 아동학대행위자에 대한 보호처분을 규정함으로써 아동을 보호하여 아동이 건강한 사회 구성원으로 성장하도록 하는 데 있으며, 2014. 1. 28. 제정되어 2014. 9. 29.부터 시행되었다. 이후 몇 차례의 개정이 이루어지는데 그 내용을 살펴보면 다음과 같다.

먼저 2016. 5. 29. 개정에서는 아동학대범죄 신고자 등에 대한 해고 등 불이익조치를 금지하고(제10조의2), 이를 위반하여 신고자 등에게 불이익조치를 한 자에 대한 처벌조항을 신설(제66조의2)하는 한편, 신고자 등이 보복을 당할 우려가 있는 경우 신변안전조치를 하는 등 신고자 등에 대한 보호조치를 신설(제10조의3)하여 신고자 등이 신고로 인한 피해를 입지 않도록 하였으며, "친고죄에서 고소가 없거나 취소된 경우"이거나 "반의사불벌죄에서 처벌을 원하지 아니하는 의사표시가 있거나 처벌을 원하는 의사표시를 취소한 경우"에는 형사처벌을 할 수 없으나 이러한 경우에도 아동학대행위자에 대한 교육·상담 등이 필요한 경우가 있으므로 이에 대한 특례를 규정하여 아동보호사건으로 처리할 수 있도록 하였다.

2017. 12. 19. 개정에서는 현행법상 가정법원의 판사가 아동학대 피해아동에 대한 보호명령을 할 수 있도록 되어 있는데, 보호명령의 내용 중 아동보호전문기관, 상담소 등에의 상담·치료 위탁이 없으므로 정서적·심리적 차원의 피해아동 보호 규정을 보완할 필요가 있음에 따라 판사가 할 수 있는 피해아동보호명령에 아동보호전문기관, 상담소 등에의 상담·치료 위탁을 추가하고, 판사는 필요하다고 인정하는 경우에 해당 절차에 보호자가 참여할 수 있도록 함으로써 피해아동을 더욱 두텁게 보호하는 한편, 상습적인 아동학대행위자로 보호처분 등을 이행하지 아니한 자 및 아동학대 치료프로그램 이수명령을 불응한 자에 대한 벌금형을 상향하여 처벌을 강화하였다.

Ⅰ. 총칙

아동학대범죄에 대하여는 이 법을 우선 적용한다. 다만, 「성폭력범죄의 처벌 등에 관한 특례법」, 「아동·청소년의 성보호에 관한 법률」에서 가중처벌되는 경우에는 그 법에서 정한 바에 따른다(제3조).

《 용어의 정리 》

1. "아동"이란 「아동복지법」 제3조제1호에 따른 아동을 말한다.
2. "보호자"란 「아동복지법」 제3조제3호에 따른 보호자를 말한다.
3. "아동학대"란 「아동복지법」 제3조제7호에 따른 아동학대를 말한다.
4. "아동학대범죄"란 보호자에 의한 아동학대로서 다음 각 목의 어느 하나에 해당하는 죄를 말한다.
   가. 「형법」 제2편제25장 상해와 폭행의 죄 중 제257조(상해)제1항·제3항, 제258조의2(특수상해)제1항(제257조제1항의 죄에만 해당한다)·제3항(제1항 중 제257조제1항의 죄에만 해당한다), 제260조(폭행)제1항, 제261조(특수폭행) 및 제262조(폭행치사상)(상해에 이르게 한 때에만 해당한다)의 죄
   나. 「형법」 제2편제28장 유기와 학대의 죄 중 제271조(유기)제1항, 제272조(영아유기), 제273조(학대)제1항, 제274조(아동혹사) 및 제275조(유기등 치사상)(상해에 이르게 한 때에만 해당한다)의 죄
   다. 「형법」 제2편제29장 체포와 감금의 죄 중 제276조(체포, 감금)제1항, 제277조(중체포, 중감금)제1항, 제278조(특수체포, 특수감금), 제280조(미수범) 및 제281조(체포·감금등의 치사상)(상해에 이르게 한 때에만 해당한다)의 죄
   라. 「형법」 제2편제30장 협박의 죄 중 제283조(협박)제1항, 제284조(특수협박) 및 제286조(미수범)의 죄
   마. 「형법」 제2편제31장 약취, 유인 및 인신매매의 죄 중 제287조(미성년자 약취, 유인), 제288조(추행 등 목적 약취, 유인 등), 제289조(인신매매) 및 제290조(약취, 유인, 매매, 이송 등 상해·치상)의 죄
   바. 「형법」 제2편제32장 강간과 추행의 죄 중 제297조(강간), 제297조의2(유사강간), 제298조(강제추행), 제299조(준강간, 준강제추행), 제300조(미수범), 제301조(강간등 상해·치상), 제301조의2(강간등 살인·치사), 제302조(미성년자등에 대한 간음), 제303조(업무상위력 등에 의한 간음) 및 제305조(미성년자에 대한 간음, 추행)의 죄
   사. 「형법」 제2편제33장 명예에 관한 죄 중 제307조(명예훼손), 제309조(출판물등에 의한 명예훼손) 및 제311조(모욕)의 죄

아. 「형법」 제2편제36장 주거침입의 죄 중 제321조(주거·신체 수색)의 죄

자. 「형법」 제2편제37장 권리행사를 방해하는 죄 중 제324조(강요) 및 제324조의5 (미수범)(제324조의 죄에만 해당한다)의 죄

차. 「형법」 제2편제39장 사기와 공갈의 죄 중 제350조(공갈), 제350조의2(특수공갈) 및 제352조(미수범)(제350조, 제350조의2의 죄에만 해당한다)의 죄

카. 「형법」 제2편제42장 손괴의 죄 중 제366조(재물손괴등)의 죄

타. 「아동복지법」 제71조제1항 각 호의 죄(제3호의 죄는 제외한다)

파. 가목부터 타목까지의 죄로서 다른 법률에 따라 가중처벌되는 죄

하. 제4조(아동학대치사), 제5조(아동학대중상해) 및 제6조(상습범)의 죄

4의2. "아동학대범죄신고등"이란 아동학대범죄에 관한 신고·진정·고소·고발 등 수사 단서의 제공, 진술 또는 증언이나 그 밖의 자료제출행위 및 범인검거를 위한 제보 또는 검거활동을 말한다.

4의3. "아동학대범죄신고자등"이란 아동학대범죄신고등을 한 자를 말한다.

5. "아동학대행위자"란 아동학대범죄를 범한 사람 및 그 공범을 말한다.

6. "피해아동"이란 아동학대범죄로 인하여 직접적으로 피해를 입은 아동을 말한다.

7. "아동보호사건"이란 아동학대범죄로 인하여 제36조제1항에 따른 보호처분(이하 "보 호처분"이라 한다)의 대상이 되는 사건을 말한다.

8. "피해아동보호명령사건"이란 아동학대범죄로 인하여 제47조에 따른 피해아동보호명 령의 대상이 되는 사건을 말한다.

9. "아동보호전문기관"이란 「아동복지법」 제45조에 따른 아동보호전문기관을 말한다.

9의2. "가정위탁지원센터"란 「아동복지법」 제48조에 따른 가정위탁지원센터를 말한다.

10. "아동복지시설"이란 「아동복지법」 제50조에 따라 설치된 시설을 말한다.

11. "아동복지시설의 종사자"란 아동복지시설에서 아동의 상담·지도·치료·양육, 그 밖 에 아동의 복지에 관한 업무를 담당하는 사람을 말한다.

Ⅱ. 아동학대범죄의 처벌에 관한 특례

1. 이동학대범죄에 대한 가중처벌

(1) 아동학대치사

아동학대범죄를 범한 사람이 아동을 사망에 이르게 한 때에는 무기 또는 5년 이상의 징역에 처한다(제4조).

(2) 아동학대중상해

아동학대범죄를 범한 사람이 아동의 생명에 대한 위험을 발생하게 하거나 불구 또는 난치의 질병에 이르게 한 때에는 3년 이상의 징역에 처한다(제5조).

(3) 상습범

상습적으로 아동학대범죄를 범한 자는 그 죄에 **정한 형의 2분의 1까지 가중**한다. 다만, 다른 법률에 따라 상습범으로 가중처벌되는 경우에는 그러하지 아니하다(제6조).

(4) 아동복지시설의 종사자 등에 대한 가중처벌

아동학대 신고의무자가 보호하는 아동에 대하여 아동학대범죄를 범한 때에는 그 죄에 **정한 형의 2분의 1까지 가중**한다(제7조).

2. 형벌과 수강명령 등의 병과(제8조)

법원은 아동학대행위자에 대하여 **유죄판결(선고유예는 제외한다)을** 선고하면서 **200시간의 범위에서 재범예방에 필요한 수강명령**(「보호관찰 등에 관한 법률」에 따른 수강명령을 말한다) 또는 **아동학대 치료프로그램의 이수명령을 병과**할 수 있다. 아동학대행위자에 대한 수강명령은 형의 집행을 유예할 경우에 그 집행유예기간 내에서 병과하고, 이수명령은 벌금형 또는 징역형의 실형(實刑)을 선고할 경우에 병과한다.

법원이 아동학대행위자에 대하여 형의 집행을 유예하는 경우에는 수강명령 외에 그 집행유예기간 내에서 보호관찰 또는 사회봉사 중 하나 이상의 처분을 병과할 수 있으며, 수강명령 또는 이수명령은 형의 집행을 유예할 경우에는 그 집행유예기간 내에, 벌금형을 선고할 경우에는 형 확정일로부터 6개월 이내에, 징역형의 실형을 선고할 경우에는 형기 내에 각각 집행한다.

수강명령 또는 이수명령이 벌금형 또는 형의 집행유예와 병과된 경우에는 보호관찰소의 장이 집행하고, 징역형의 실형과 병과된 경우에는 교정시설의 장이 집행한다. 다만, 징역형의 실형과 병과된 이수명령을 모두 이행하기 전에 석방 또는 가석방되거나 미결구금일수 산입 등의 사유로 형을 집행할 수 없게 된 경우에는 보호관찰소의 장이 남은 이수명령을 집행한다.

수강명령 또는 이수명령의 내용은 아동학대 행동의 진단 및 상담과 보호자로서의 기본 소양을 갖추게 하기 위한 교육 및 그 밖에 아동학대행위자의 재범예방을 위하여 필요한 사항으로 구성되어 있다. 형벌과 병과하는 보호관찰, 사회봉사, 수강명령 및 이수명령에 관하여 이 법에서 규정한 사항 외에는 「보호관찰 등에 관한 법률」을 준용한다.

3. 친권상실청구 등

아동학대행위자가 제5조 또는 제6조의 범죄를 저지른 때에는 **검사**는 그 사건의 아동학대행위자가 피해아동의 친권자나 후견인인 경우에 법원에 「민법」 제924조의 **친권상실의 선고** 또는 같은 법 제940조의 **후견인의 변경 심판을 청구하여야 한다.** 다만, 친권상실의 선고 또는 후견인의 변경 심판을 하여서는 아니 될 특별한 사정이 있는 경우에는 그러하지 아니하다. 검사가 청구를 하지 아니한 때에는 **아동보호전문기관의 장**은 검사에게 위의 청구를 하도록 **요청할 수 있는데,** 이 경우 청구를 요청받은 **검사**는 요청받은 날부터 **30일 내에 그 처리 결과**를 아동보호전문기관의 장에게 **통보**하여야 한다. 처리 결과를 **통보받은** 아동보호전문기관의 장은 그 처리 결과에 대하여 이의가 있을 경우 통보받은 날부터 **30일 내에 직접 법원에 친권상실의 선고나 후견인 변경 심판을 청구**를 할 수 있다(제9조).

Ⅲ. 아동학대범죄의 처리절차에 관한 특례

※ 아동학대범죄 처리절차

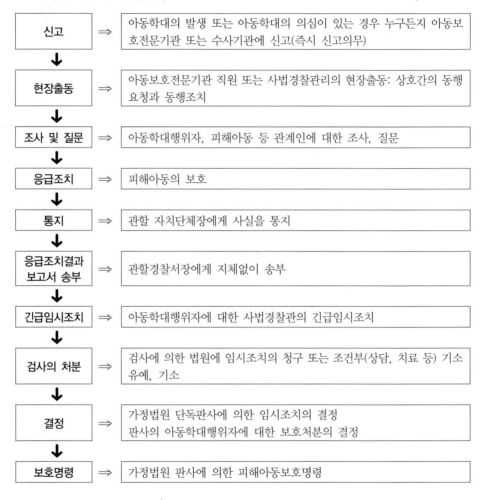

신고	⇒	아동학대의 발생 또는 아동학대의 의심이 있는 경우 누구든지 아동보호전문기관 또는 수사기관에 신고(즉시 신고의무)
현장출동	⇒	아동보호전문기관 직원 또는 사법경찰관리의 현장출동: 상호간의 동행요청과 동행조치
조사 및 질문	⇒	아동학대행위자, 피해아동 등 관계인에 대한 조사, 질문
응급조치	⇒	피해아동의 보호
통지	⇒	관할 자치단체장에게 사실을 통지
응급조치결과 보고서 송부	⇒	관할경찰서장에게 지체없이 송부
긴급임시조치	⇒	아동학대행위자에 대한 사법경찰관의 긴급임시조치
검사의 처분	⇒	검사에 의한 법원에 임시조치의 청구 또는 조건부(상담, 치료 등) 기소유예, 기소
결정	⇒	가정법원 단독판사에 의한 임시조치의 결정 판사의 아동학대행위자에 대한 보호처분의 결정
보호명령	⇒	가정법원 판사에 의한 피해아동보호명령

1. 아동학대범죄 신고절차

(1) 신고의무와 절차

누구든지 아동학대범죄를 알게 된 경우나 그 의심이 있는 경우에는 아동보호전문기관 또는 수사기관에 신고할 수 있으며, 아래의 아동학대범죄 신고의무자 중 어느 하나에 해당하는 사람이 직무를 수행하면서 아동학대범죄를 알게 된 경우나 그 의

심이 있는 경우에는 아동보호전문기관 또는 수사기관에 즉시 신고하여야 한다
(제10조).

《 아동학대범죄 신고의무자 》

1. 「아동복지법」 제10조의2에 따른 아동권리보장원(이하 "아동권리보장원"이라 한다)
   및 가정위탁지원센터의 장과 그 종사자
2. 아동복지시설의 장과 그 종사자(아동보호전문기관의 장과 그 종사자는 제외한다)
3. 「아동복지법」 제13조에 따른 아동복지전담공무원
4. 「가정폭력방지 및 피해자보호 등에 관한 법률」 제5조에 따른 가정폭력 관련 상담소
   및 같은 법 제7조의2에 따른 가정폭력피해자 보호시설의 장과 그 종사자
5. 「건강가정기본법」 제35조에 따른 건강가정지원센터의 장과 그 종사자
6. 「다문화가족지원법」 제12조에 따른 다문화가족지원센터의 장과 그 종사자
7. 「사회복지사업법」 제14조에 따른 사회복지 전담공무원 및 같은 법 제34조에 따른
   사회복지시설의 장과 그 종사자
8. 「성매매방지 및 피해자보호 등에 관한 법률」 제5조에 따른 지원시설 및 같은 법 제
   10조에 따른 성매매피해상담소의 장과 그 종사자
9. 「성폭력방지 및 피해자보호 등에 관한 법률」 제10조에 따른 성폭력피해상담소, 같은
   법 제12조에 따른 성폭력피해자보호시설의 장과 그 종사자 및 같은 법 제18조에 따
   른 성폭력피해자통합지원센터의 장과 그 종사자
10. 「소방기본법」 제34조에 따른 구급대의 대원
11. 「응급의료에 관한 법률」 제2조제7호에 따른 응급의료기관등에 종사하는 응급구
    조사
12. 「영유아보육법」 제7조에 따른 육아종합지원센터의 장과 그 종사자 및 제10조에 따
    른 어린이집의 원장 등 보육교직원
13. 「유아교육법」 제20조에 따른 교직원 및 같은 법 제23조에 따른 강사 등
14. 「의료법」 제3조제1항에 따른 의료기관의 장과 그 의료기관에 종사하는 의료인 및
    의료기사
15. 「장애인복지법」 제58조에 따른 장애인복지시설의 장과 그 종사자로서 시설에서 장
    애아동에 대한 상담·치료·훈련 또는 요양 업무를 수행하는 사람
16. 「정신건강증진 및 정신질환자 복지서비스 지원에 관한 법률」 제3조제3호에 따른
    정신건강복지센터, 같은 조 제5호에 따른 정신의료기관, 같은 조 제6호에 따른 정신
    요양시설 및 같은 조 제7호에 따른 정신재활시설의 장과 그 종사자
17. 「청소년기본법」 제3조제6호에 따른 청소년시설 및 같은 조 제8호에 따른 청소년단
    체의 장과 그 종사자
18. 「청소년 보호법」 제35조에 따른 청소년 보호·재활센터의 장과 그 종사자

19. 「초·중등교육법」 제19조에 따른 교직원, 같은 법 제19조의2에 따른 전문상담교사 및 같은 법 제22조에 따른 산학겸임교사 등
20. 「한부모가족지원법」 제19조에 따른 한부모가족복지시설의 장과 그 종사자
21. 「학원의 설립·운영 및 과외교습에 관한 법률」 제6조에 따른 학원의 운영자·강사· 직원 및 같은 법 제14조에 따른 교습소의 교습자·직원
22. 「아이돌봄 지원법」 제2조제4호에 따른 아이돌보미
23. 「아동복지법」 제37조에 따른 취약계층 아동에 대한 통합서비스지원 수행인력
24. 「입양특례법」 제20조에 따른 입양기관의 장과 그 종사자

(2) 신고자의 비공개와 불이익조치금지 및 보호조치

누구든지 신고인의 인적 사항 또는 신고인임을 미루어 알 수 있는 사실을 다른 사람에게 알려주거나 공개 또는 보도하여서는 아니 되며, 아동학대범죄신고자등에게 이를 이유로 불이익조치를 하여서도 안 된다. 신고자등에 대하여는 「특정범죄신고자 등 보호법」 제7조부터 제13까지의 규정이 준용됨으로써 서류를 작성할 때 인적 사항의 기재를 생략하고, 또한 인적 사항은 공개가 금지되며, 증인소환 및 신문의 특례가 인정되고 신변안전조치를 요청할 수 있다.

(3) 고소에 대한 특례

피해아동 또는 그 법정대리인은 아동학대행위자를 고소할 수 있는데, 피해아동의 법정대리인이 아동학대행위자인 경우 또는 아동학대행위자와 공동으로 아동학대범죄를 범한 경우에는 피해아동의 친족이 고소할 수 있다. 피해아동은 「형사소송법」 제224조에도 불구하고 아동학대행위자가 자기 또는 배우자의 직계존속인 경우에도 고소할 수 있으며, 법정대리인이 고소하는 경우에도 또한 같다. 피해아동에게 고소할 법정대리인이나 친족이 없는 경우에 이해관계인이 신청하면 검사는 10일 이내에 고소할 수 있는 사람을 지정하여야 한다(제10조의4).

(4) 현장출동

아동학대범죄 신고를 접수한 **사법경찰관리나 아동보호전문기관의 직원**은 **지체 없이 아동학대범죄의 현장에 출동**하여야 한다. 이 경우 수사기관의 장이나 아동보

호전문기관의 장은 **서로 동행하여 줄 것을 요청**할 수 있으며, 그 요청을 받은 수사기관의 장이나 아동보호전문기관의 장은 정당한 사유가 없으면 사법경찰관리나 그소속 직원이 **아동학대범죄 현장에 동행하도록 조치**하여야 한다(제11조).

아동학대범죄 신고를 접수한 **사법경찰관리나 아동보호전문기관의 직원**은 아동학대범죄가 행하여지고 있는 것으로 신고된 현장에 출입하여 아동 또는 아동학대행위자 등 관계인에 대하여 **조사를 하거나 질문**을 할 수 있으나, 아동보호전문기관의 직원은 피해아동의 보호를 위한 범위에서만 아동학대행위자 등 관계인에 대하여 조사또는 질문을 할 수 있다. 또한 출입이나 조사를 하는 사법경찰관리나 아동보호전문기관의 직원은 그 권한을 표시하는 증표를 지니고 이를 관계인에게 내보여야 한다.

누구든지 현장에 출동한 사법경찰관리나 아동보호전문기관의 직원이 업무를 수행할 때에 폭행·협박이나 현장조사를 거부하는 등 그 업무 수행을 방해하는 행위를하여서는 안 된다.

(5) 피해아동에 대한 응급조치

현장에 출동하거나 아동학대범죄 현장을 발견한 사법경찰관리 또는 아동보호전문기관의 직원은 피해아동 보호를 위하여 즉시 아동학대범죄 행위를 제지하고, 아동학대행위자를 피해아동으로부터 격리며, 피해아동을 아동학대 관련 보호시설로 인도하거나 긴급치료가 필요한 피해아동을 의료기관으로 인도하는 조치를 하여야 한다. 다만, 보호시설로 인도하는 조치를 하는 때에는 피해아동의 의사를 존중하여야 하지만, 피해아동을 보호하여야 할 필요가 있는 등 특별한 사정이 있는 경우에는 그러하지 아니하다(제12조).

사법경찰관리나 아동보호전문기관의 직원은 관련규정에 따라 피해아동을 분리·인도하여 보호하는 경우 지체 없이 피해아동을 인도받은 보호시설·의료시설을 관할하는 특별시장·광역시장·특별자치시장·도지사·특별자치도지사 또는 시장·군수·구청장에게 그 사실을 통보하여야 하고, 응급조치는 72시간을 넘을 수 없다. 다만, 검사가 임시조치를 법원에 청구한 경우에는 법원의 임시조치 결정 시까지 연장된다.

사법경찰관리 또는 아동보호전문기관의 직원이 응급조치를 한 경우에는 즉시 응급조치결과보고서를 작성하여야 하며, 아동보호전문기관의 직원이 응급조치를 한 경우 아동보호전문기관의 장은 작성된 응급조치결과보고서를 지체 없이 관할 경찰서의 장에게 송부하여야 하는데, 응급조치결과보고서에는 피해사실의 요지, 응급조치가 필요한 사유, 응급조치의 내용 등을 기재하여야 한다.

누구든지 아동보호전문기관의 직원이나 사법경찰관리가 관련업무를 수행할 때에 폭행·협박이나 응급조치를 저지하는 등 그 업무 수행을 방해하는 행위를 하여서는 안 된다.

(6) 아동학대행위자에 대한 긴급임시조치

사법경찰관은 규정에 따른 응급조치에도 불구하고 아동학대범죄가 재발될 우려가 있고, **긴급을 요하여 법원의 임시조치 결정을 받을 수 없을 때**에는 직권이나 피해아동, 그 법정대리인(아동학대행위자를 제외한다), 변호사 또는 아동보호전문기관의 장의 신청에 따라 **주거로부터의 퇴거 등 격리, 100미터 이내의 접근금지, 전기통신을 이용한 접근금지**의 어느 하나에 해당하는 조치를 할 수 있다. **사법경찰관**은 "긴급임시조치"를 한 경우에는 **즉시 긴급임시조치결정서를 작성**하여야 하며, 긴급임시조치결정서에는 범죄사실의 요지, 긴급임시조치가 필요한 사유, 긴급임시조치의 내용 등을 기재하여야 한다(제13조).

(7) 임시조치의 청구

검사는 아동학대범죄가 재발될 우려가 있다고 인정하는 경우에는 직권으로 또는 사법경찰관이나 보호관찰관의 신청에 따라 법원에 **임시조치를 청구**할 수 있다. 피해아동, 그 법정대리인, 변호사 또는 아동보호전문기관의 장은 검사 또는 사법경찰관에게 임시조치의 청구 또는 그 신청을 요청하거나 이에 관하여 의견을 진술할 수 있으며, 요청을 받은 사법경찰관이 임시조치를 신청하지 아니하는 경우에는 검사에게 그 사유를 보고하여야 한다(제14조).

(8) 응급조치·긴급임시조치 후 임시조치의 청구

사법경찰관이 규정에 따른 응급조치 또는 긴급임시조치를 하였거나 아동보호전문기관의 장으로부터 응급조치가 행하여졌다는 통지를 받은 때에는 지체 없이 검사에게 임시조치의 청구를 신청하여야 하고, 신청을 받은 검사가 임시조치를 청구하는 때에는 **응급조치가 있었던 때부터 72시간 이내**에, **긴급임시조치가 있었던 때부터 48시간 이내**에 하여야 한다. 이 경우 규정에 따라 작성된 응급조치결과보고서 및 긴급임시조치결정서를 첨부하여야 한다. 사법경찰관은 검사가 임시조치를 청구하지 아니하거나 법원이 임시조치의 결정을 하지 아니한 때에는 즉시 그 **긴급임시조치를 취소**하여야 한다(제15조).

(9) 피해아동에 대한 변호사 선임의 특례

아동학대범죄사건의 피해아동에 대한 변호사 선임 등에 관하여는 「성폭력범죄의 처벌 등에 관한 특례법」 제27조를 준용한다. 따라서 검사는 피해자에게 변호사가 없는 경우 국선변호사를 선정하여 형사절차에서 피해자의 권익을 보호할 수 있으며, 선임된 변호사는 검사 또는 사법경찰관의 피해자등에 대한 조사에 참여하여 의견을 진술할 수 있다, 다만, 조사 도중에는 검사 또는 사법경찰관의 승인을 받아 의견을 진술할 수 있다(제16조).

2. 아동보호사건

(1) 관할

아동보호사건의 관할은 **아동학대행위자의 행위지, 거주지 또는 현재지를 관할**하는 **가정법원**으로 한다. 다만, 가정법원이 설치되지 아니한 지역에서는 해당 지역의 지방법원(지원을 포함)으로 한다. **아동보호사건의 심리와 결정은 단독판사가** 한다(제18조).

(2) 아동학대행위자에 대한 임시조치 및 임시조치의 변경

1) 임시조치의 내용

판사는 아동학대범죄의 원활한 조사·심리 또는 피해아동 보호를 위하여 필요하다고 인정하는 경우에는 결정으로 아동학대행위자에게 **임시조치**, 즉 피해아동 또는 가정구성원의 **주거로부터 퇴거 등 격리조치**, 보호시설 등에서 100미터 이내의 **접근 금지**, **전기통신을 이용한 접근 금지**, 친권 또는 후견인 **권한행사의 제한 또는 정지**, 아동보호전문기관 등에의 **상담 및 교육 위탁**, 의료기관이나 그 밖의 **요**

양시설에의 위탁 및 경찰관서의 유치장 또는 구치소에의 유치를 할 수 있으며, 이러한 처분은 병과할 수 있다.

판사는 피해아동에 대하여 규정에 따른 응급조치가 행하여진 경우에는 임시조치가 청구된 때로부터 **24시간 이내에 임시조치 여부를 결정**하여야 하는데, 임시조치 기간은 **2개월을 초과할 수 없다.** 다만, 피해아동의 보호를 위하여 그 기간을 연장할 필요가 있다고 인정하는 경우에는 결정으로 제1항제1호부터 제3호까지의 규정에 따른 임시조치는 **두 차례**만, 같은 항 제4호부터 제7호까지의 규정에 따른 임시조치는 **한 차례**만 각 기간의 범위에서 연장할 수 있다(제19조, 제22조).

2) 임시조치의 고지와 집행 및 변경

법원은 의료기관이나 그 밖의 **요양시설에의 위탁 및** 경찰관서의 **유치장 또는 구치소에의 유치**를 한 경우에는 그 사실을 아동학대행위자의 보조인이 있는 경우에는 보조인에게, 보조인이 없는 경우에는 아동학대행위자가 지정한 사람에게 통지하여야 한다. 이 경우 경찰관서의 **유치장 또는 구치소에의 유치**를 하였을 때에는 아동학대행위자에게 변호사 등 보조인을 선임할 수 있으며 항고를 제기할 수 있음을 고지하여야 한다.

판사는 임시조치의 결정을 한 경우에는 가정보호사건조사관, 법원공무원, 사법경찰관리 또는 구치소 소속 교정직공무원으로 하여금 집행하게 할 수 있다. 피해아동 또는 가정구성원은 **주거로부터 퇴거 등 격리조치,** 보호시설 등에서 **100미터 이내의 접근 금지의** 임시조치 후 주거, 학교 또는 보호시설 등을 옮긴 경우에는 관할 법원에 임시조치 결정의 변경을 신청할 수 있다.

아동학대행위자, 그 법정대리인이나 보조인은 규정에 따른 임시조치 결정의 취소 또는 그 종류의 변경을 관할 법원에 신청할 수 있으며, 판사는 정당한 이유가 있다고 인정하는 경우에는 직권 또는 신청에 따라 결정으로 해당 임시조치를 취소하거나 그 종류를 변경할 수 있다.

판사는 임시조치를 받은 아동학대행위자가 아동보호전문기관 등에의 상담 및 교육 위탁이나 의료기관이나 그 밖의 요양시설에의 위탁결정을 이행하지 아니하거나 그 집행에 따르지 아니하면 직권 또는 검사, 피해아동, 그 법정대리인이나 변호사 또는 위탁 대상이 되는 기관의 장의 청구에 따라 결정으로 그 임시조치를 변경할 수 있다.

3) 임시로 후견인의 임무를 수행할 사람

판사는 친권 또는 후견인 권한 행사의 제한 또는 정지로 인하여 피해아동에게 친권을 행사하거나 후견인의 임무를 수행할 사람이 없는 경우 그 임시조치의 기간 동안 특별시장·광역시장·특별자치시장·도지사·특별자치도지사·시장·군수·구청 장·아동권리보장원의 장·아동보호전문기관의 장 및 가정위탁지원센터의 장으로 하여금 임시로 후견인의 임무를 수행하게 하거나 그 임무를 수행할 사람을 선임하여야 하는데, 이 경우 판사는 해당 피해아동의 의견을 존중하여야 하며, 피해아동, 변호사, 아동권리보장원의 장·아동보호전문기관의 장 및 가정위탁지원센터의 장 등 피해아동을 보호하고 있는 사람은 그 선임에 관하여 의견을 제시할 수 있다. 또한 법원은 그 사실을 피해아동, 변호사, 아동권리보장원의 장·아동보호전문기관의 장 및 가정위탁지원센터의 장 등 피해아동을 보호하고 있는 사람에게 고지하여야 한다.

임시로 후견인의 임무를 수행하는 사람은 피해아동 소유 재산의 보존 및 피해아동의 보호를 위한 범위에서만 후견인의 임무를 수행할 수 있는데, 임시로 후견인의 임무를 수행하는 사람에 대해서는 재산관리권과 대리권에 관한 「민법」 제949조를 준용하며, 선임, 사임 및 변경의 절차 등에 필요한 사항은 대법원규칙으로 정한다.

(3) 사법경찰관의 사건송치 및 검사의 결정 전 조사

사법경찰관은 아동학대범죄를 신속히 수사하여 사건을 검사에게 송치하여야 한다. 이 경우 사법경찰관은 해당 사건을 아동보호사건으로 처리하는 것이 적절한 지에 관한 의견을 제시할 수 있다.

검사는 아동학대범죄에 대하여 아동보호사건 송치, 공소제기 또는 기소유예 등의 처분을 결정하기 위하여 필요하다고 인정하면 아동학대행위자의 주거지 또는 검찰청 소재지를 관할하는 보호관찰소의 장에게 아동학대행위자의 경력, 생활환경, 양육능력이나 그 밖에 필요한 사항에 관한 조사를 요구할 수 있는데, 요구를 받은 보호관찰소의 장은 지체 없이 이를 조사하여 서면으로 해당 검사에게 통보하여야 하며, 조사를 위하여 필요한 경우에는 소속 보호관찰관에게 아동학대행위자 또는 관계인을 출석하게 하여 진술요구를 하는 등의 방법으로 필요한 사항을 조사하게 할 수 있다. 조사를 할 때에는 미리 아동학대행위자 또는 관계인에게 조사의 취지를 설명하여야 하고, 그 인권을 존중하며, 직무상 비밀을 엄수하여야 한다.

검사는 아동학대범죄에 관하여 필요한 경우 아동보호전문기관의 장에 대하여 요구결정에 필요한 자료의 제출을 요구할 수 있으며, 결정을 할 때에는 보호관찰소의 장으로부터 통보받은 조사 결과 및 아동보호전문기관의 장으로부터 제출 받은 자료 등을 참고하여 피해아동 보호와 아동학대행위자의 교화·개선에 가장 적합한 결정을 하여야 한다(제24조~제25조).

(4) 조건부 기소유예

검사는 아동학대범죄를 수사한 결과 사건의 성질·동기 및 결과, 아동학대행위자와 피해아동과의 관계, 아동학대행위자의 성행(性行) 및 개선 가능성, 원가정보호의 필요성 및 피해아동 또는 그 법정대리인의 의사를 고려하여 필요하다고 인정하는 경우에는 아동학대행위자에 대하여 **상담, 치료 또는 교육 받는 것을 조건으로 기소유예**를 할 수 있다(제26조).

(5) 아동보호사건의 처리, 검사와 법원의 관할 법원에의 사건송치 및 아동학대행위자의 처리

1) 아동보호사건의 처리

검사는 아동학대범죄로서 조건부 기소유예 사유를 고려하여 보호처분을 하는 것이 적절하다고 인정하는 경우에는 아동보호사건으로 처리할 수 있다. 또한 피해자의 고소가 있어야 공소를 제기할 수 있는 아동학대범죄에서 고소가 없거나 취소된 경우나 피해자의 명시적인 의사에 반하여 공소를 제기할 수 없는 아동학대범죄에서 피해자가 처벌을 희망하지 아니한다는 명시적 의사표시를 하였거나 처벌을 희망하는 의사표시를 철회한 경우에도 아동보호사건으로 처리할 수 있다.

2) 검사의 송치

검사는 규정에 따라 아동보호사건으로 처리하는 경우에는 그 사건을 관할 법원에 송치하여야 하는데, 아동학대범죄와 그 외의 범죄가 경합(競合)하는 경우에는 아동학대범죄에 대한 사건만을 분리하여 관할 법원에 송치할 수 있다.

3) 법원의 송치

법원은 아동학대행위자에 대한 피고사건을 심리한 결과 보호처분을 하는 것이 적절하다고 인정하는 경우에는 결정으로 사건을 관할 법원에 송치할 수 있다.

4) 아동학대행위자의 처리

검사나 법원의 송치결정이 있는 경우 아동학대행위자를 구금하고 있는 시설의 장은 검사의 이송지휘를 받은 때부터 관할 법원이 있는 시(특별시, 광역시, 특별자치시 및 「제주특별자치도 설치 및 국제자유도시 조성을 위한 특별법」 제10조제2항에 따른 행정시를 포함한다)·군에서는 24시간 이내에, 그 밖의 시·군에서는 48시간 이내에 아동학대행위자를 관할 법원에 인도하여야 한다. 이 경우 법원은 아동학대행위자에 대하여 임시조치 여부를 결정하여야 한다. 이러한 결정에 따른 인도와 결정은 구속기간을 규정하고 있는 「형사소송법」 제92조, 제203조 또는 제205조의 기간 내에 이루어져야 한다.

아동학대행위자에 대한 구속영장의 효력은 제1항 후단에 따라 임시조치 여부를 결정한 때에 상실된 것으로 본다.

(6) 공소시효의 정지와 효력

아동학대범죄의 공소시효는 시효는 범죄행위의 종료한 때로부터 진행한다는 「형사소송법」 제252조에도 불구하고 해당 아동학대범죄의 **피해아동이 성년에 달한 날부터 진행하며,** 해당 **아동보호사건이 법원에 송치된 때부터 시효 진행이 정지**된다. 다만, 해당 아동보호사건에 대하여 제44조에 따라 준용되는 「가정폭력범죄의 처벌 등에 관한 특례법」 제37조 제1항 제1호에 따른 처분을 하지 아니한다는 결정이 확정된 때나 해당 아동보호사건이 제41조 또는 제44조에 따라 준용되는 「가정폭력범죄의 처벌 등에 관한 특례법」 제27조 제2항 및 제37조 제2항에 따라 송치된 때에는 그 때부터 진행된다(제34조).

공범 중 1명에 대한 제2항의 시효정지는 다른 공범자에게도 효력을 미친다.

(7) 판사에 의한 보호처분의 결정 등

판사는 심리의 결과 보호처분이 필요하다고 인정하는 경우 ① 아동학대행위자가 피해아동 또는 가정구성원에게 **접근하는 행위의 제한,** ② 아동학대행위자가 피해아동 또는 가정구성원에게 「전기통신기본법」 제2조 제1호의 **전기통신을 이용하여 접근하는 행위의 제한,** ③ 피해아동에 대한 **친권 또는 후견인 권한 행사의 제한 또는 정지,** ④ 「보호관찰 등에 관한 법률」에 따른 **사회봉사 · 수강명령,** ⑤ 「보호관찰 등에 관한 법률」에 따른 **보호관찰,** ⑥ 법무부장관 소속으로 설치한 감호위탁시설 또는 법무부장관이 정하는 보호시설에의 **감호위탁,** ⑦ 의료기관에의 **치료위탁,** ⑧ 아동보호전문기관, 상담소 등에의 **상담위탁**의 어느 하나에 해당하는 보호처분을 할 수 있으며, 이러한 처분은 병과할 수 있다.

피해아동에 대한 **친권 또는 후견인 권한 행사의 제한 또는 정지**의 처분을 하는 경우에는 피해아동을 아동학대행위자가 아닌 다른 친권자나 친족 또는 아동복지시설 등으로 인도할 수 있으며, 보호처분의 기간 동안 임시로 후견인의 임무를 수행할 사람의 선임 등에 대하여는 임시로 후견인의 임무를 수행할 사람에 대해 규정하고 있는 제23조를 준용한다.

법원은 규정에 따라 보호처분의 결정을 한 경우에는 지체 없이 그 사실을 검사, 아동학대행위자, 피해아동, 법정대리인, 변호사, 보호관찰관 및 보호처분을 위탁받아 하는 보호시설, 의료기관, 아동보호전문기관 또는 상담소 등의 장에게 통지하여야 한다. 다만, 수탁기관이 국가나 지방자치단체가 운영하는 기관이 아닌 경우에는 그 **기관의 장으로부터 수탁에 대한 동의**를 받아야 한다.

「보호관찰 등에 관한 법률」에 따른 **사회봉사 · 수강명령,** 「보호관찰 등에 관한 법률」에 따른 **보호관찰,** 법무부장관 소속으로 설치한 감호위탁시설 또는 법무부장관이 정하는 보호시설에의 **감호위탁,** 의료기관에의 **치료위탁,** 아동보호전문기관, 상담소 등에의 **상담위탁**의 처분을 한 경우에는 법원은 아동학대행위자의 **교정에 필요한 참고자료**를 보호관찰관 또는 수탁기관의 장에게 보내야 하며, 감호위탁기관은 아동학대행위자에 대하여 그 **성행을 교정하기 위한 교육**을 하여야 한다.

(8) 보호처분의 기간

아동학대행위자가 피해아동 또는 가정구성원에게 접근하는 행위의 제한, 아동학대행위자가 피해아동 또는 가정구성원에게 「전기통신기본법」 제2조 제1호의 전기통신을 이용하여 접근하는 행위의 제한, 피해아동에 대한 친권 또는 후견인 권한 행사의 제한 또는 정지, 「보호관찰 등에 관한 법률」에 따른 보호관찰, 법무부장관 소속으로 설치한 감호위탁시설 또는 법무부장관이 정하는 보호시설에의 감호위탁, 의료기관에의 치료위탁, 아동보호전문기관, 상담소 등에의 상담위탁에 따른 보호처분의 기간은 1년을 초과할 수 없으며, 사회봉사·수강명령의 시간은 각각 200시간을 초과할 수 없다(제37조).

(9) 보호처분의 변경

법원은 보호처분이 진행되는 동안 필요하다고 인정하는 경우에는 직권 또는 검사, 보호관찰관 또는 수탁기관의 장의 청구에 의하여 결정으로 1회에 한정하여 보호처분의 종류와 기간을 변경할 수 있는데, 보호처분의 종류와 기간을 변경하는 경우 종전의 처분기간을 합산하여 아동학대행위자가 피해아동 또는 가정구성원에게 접근하는 행위의 제한, 아동학대행위자가 피해아동 또는 가정구성원에게 「전기통신기본법」 제2조 제1호의 전기통신을 이용하여 접근하는 행위의 제한, 피해아동에 대한 친권 또는 후견인 권한 행사의 제한 또는 정지, 「보호관찰 등에 관한 법률」에 따른 보호관찰, 법무부장관 소속으로 설치한 감호위탁시설 또는 법무부장관이 정하는 보호시설에의 감호위탁, 의료기관에의 치료위탁, 아동보호전문기관, 상담소 등에의 상담위탁에 따른 보호처분의 기간은 2년을, 같은 항 제4호의 규정에 따른 사회봉사·수강명령의 시간은 400시간을 각각 초과할 수 없다(제40조).

법원은 처분변경 결정을 한 경우에는 지체 없이 그 사실을 검사, 아동학대행위자, 피해아동, 법정대리인, 변호사, 보조인, 보호관찰관 및 수탁기관의 장에게 통지하여야 한다.

3. 피해아동보호명령

(1) 피해아동보호명령사건의 관할

피해아동보호명령사건의 관할은 아동학대행위자의 행위지·거주지 또는 현재지 및 피해아동의 거주지 또는 현재지를 관할하는 가정법원으로 한다. 다만, 가정법원이 설치되지 아니하는 지역에 있어서는 해당 지역의 지방법원으로 한다. 피해아동보호명령사건의 심리와 결정은 판사가 한다(제46조).

(2) 가정법원의 피해아동에 대한 보호명령

판사는 직권 또는 피해아동, 그 법정대리인, 변호사, 아동보호전문기관의 장의 청구에 따라 결정으로 피해아동의 보호를 위하여 아동학대행위자를 피해아동의 주거지 또는 점유하는 방실(房室)로부터의 퇴거 등 격리, 아동학대행위자가 피해아동 또는 가정구성원에게 접근하는 행위의 제한, 아동학대행위자가 피해아동 또는 가정구성원에게 「전기통신기본법」 제2조제1호의 전기통신을 이용하여 접근하는 행위의 제한, 피해아동을 아동복지시설 또는 장애인복지시설로의 보호위탁, 피해아동을 의료기관으로의 치료위탁, 피해아동을 아동보호전문기관, 상담소 등으로의 상담·치료위탁, 피해아동을 연고자 등에게 가정위탁, 친권자인 아동학대행위자의 피해아동에 대한 친권 행사의 제한 또는 정지, 후견인인 아동학대행위자의 피해아동에 대한 후견인 권한의 제한 또는 정지, 친권자 또는 후견인의 의사표시를 갈음하는 결정의 피해아동보호명령을 할 수 있으며, 이들의 처분은 병과할 수 있다(제47조).

판사가 위의 피해아동보호명령을 하는 경우 피해아동, 그 법정대리인, 변호사 또는 아동보호전문기관의 장은 관할 법원에 대하여 필요한 의견을 진술할 수 있으며, 친권자인 아동학대행위자의 피해아동에 대한 친권 행사의 제한 또는 정지, 후견인인 아동학대행위자의 피해아동에 대한 후견인 권한의 제한 또는 정지의 피해아동보호명령을 하는 경우 피해아동보호명령의 기간 동안 임시로 후견인의 임무를 수행할 자의 선임 등에 대하여는 제23조를 준용한다.

피해아동을 아동복지시설 또는 장애인복지시설로의 보호위탁, 의료기관, 아동보호전문기관, 상담소 등으로의 치료위탁, 연고자 등에게 가정위탁을 하는 경우 위탁 대상이 되는 아동복지시설, 의료기관, 아동보호전문기관·상담소 등, 연고자 등의 기준과 위탁의 절차 및 집행 등에 필요한 사항은 대법원규칙으로 정한다.

또한 피해아동을 아동보호전문기관, 상담소 등으로의 상담·치료위탁의 피해아동보호명령을 하는 경우 필요하다고 인정하는 때에는 피해아동의 보호자를 그 과정에 참여시킬 수 있다.

(3) 보조인

피해아동 및 아동학대행위자는 피해아동보호명령사건에 대하여 각자 보조인을 선임할 수 있고, 같은 조 제2항에 의하면 법정대리인·배우자·직계친족·형제자매, 아동보호전문기관의 상담원과 그 기관장 및 제16조에 따른 변호사는 보조인이 될 수 있다고 규정하고 있다.

변호사가 아닌 사람을 보조인으로 선임하거나 보조인이 되려면 법원의 허가를 받아야 하며, 판사는 언제든지 허가를 취소할 수 있고, 보조인의 선임은 심급마다 보조인과 연명날인한 서면으로 제출하여야 한다. 또한 보조인이 되고자 하는 자는 심급별로 그 취지를 신고하여야 하는데, 이 경우 보조인이 되고자 하는 자와 피해아동·아동학대행위자 사이의 신분관계 또는 보조인이 되고자 하는 자의 직위를 소명하는 서면을 첨부하여야 한다.

제1항에 따른 보조인은 독립하여 절차행위를 할 수 있고, 제2항에 따른 보조인은 독립하여 피해아동 또는 아동학대행위자의 명시한 의사에 반하지 아니하는 절차행위를 할 수 있다. 다만, 법률에 다른 규정이 있는 때에는 예외로 한다(제48조).

(4) 국선보조인

법원은 피해아동에게 신체적·정신적 장애가 의심되거나, 빈곤이나 그 밖의 사유로 보조인을 선임할 수 없는 경우, 그리고 그 밖에 판사가 보조인이 필요하다고 인정하는 경우에는 **직권**에 의하거나 피해아동 또는 피해아동의 법정대리인·직계친족·형제자매, 아동보호전문기관의 상담원과 그 기관장의 **신청**에 따라 **변호사를 피해아동의 보조인으로 선정**할 수 있다(제49조).

법원은 아동학대행위자가 국선변호인의 직권선정사유를 규정하고 있는 「형사소송법」 제33조 제1항 각 호의 어느 하나에 해당하는 경우에는 직권으로 변호사를 아동학대행위자의 보조인으로 선정할 수 있다. 이렇게 선정된 보조인에게 지급하는 비용에 대하여는 「형사소송비용 등에 관한 법률」을 준용한다.

(5) 피해아동보호명령기간

관할 법원의 판사는 제47조제1항제1호부터 제5호까지, 제5호의2 및 제6호의 규정에 따른 피해아동보호명령을 하는 경우, 가정보호사건조사관, 법원공무원, 사법경찰관리 또는 구치소 소속 교정직공무원으로 하여금 이를 집행하게 하거나, 특별시장·광역시장·특별자치시장·도지사·특별자치도지사 또는 시장·군수·구청장에게 그 집행을 위임할 수 있다. 피해아동, 그 법정대리인, 변호사 또는 아동보호전문기관의 장은 보호명령의 취소 또는 그 종류의 변경을 신청할 수 있다. 판사는 상당한 이유가 있다고 인정하는 때에는 직권 또는 신청에 따라 결정으로 해당 피해아동보호명령을 취소하거나 그 종류를 변경할 수 있다(제51조).

(6) 피해아동에 대한 임시보호명령

관할 법원의 판사는 피해아동보호명령의 청구가 있는 경우에 피해아동 보호를 위하여 필요하다고 인정하는 때에는 결정으로 임시로 제47조제1항 각 호의 어느 하나에 해당하는 "임시보호명령"을 할 수 있다. 임시보호명령의 기간은 피해아동보호명령의 결정 시까지로 하지만, 판사는 필요하다고 인정하는 경우에는 그 기간을 제한할 수 있다. 판사가 친권자인 아동학대행위자의 피해아동에 대한 친권 행사의 제한 또는 정지, 후견인인 아동학대행위자의 피해아동에 대한 후견인 권한의 제한 또는 정지에 따른 임시보호명령을 한 경우 그 임시보호명령의 기간 동안 임시로 후견인의 임무를 수행할 자의 선임 등에 대하여는 제23조를 준용하며, 임시보호명령의 집행 및 취소와 변경에 대하여는 제50조를 준용한다. 이 경우 "피해아동보호명령"은 "임시보호명령"으로 본다(제52조).

※ 아동의 권리에 관한 협약의 발전과정

아동권리의 발전과정은 크게 세 단계로 나눌 수 있다. 제1기는 제네바 선언(1924년)을 중심으로 한 '아동권리 선언의 탄생기'이고, 제2기는 세계인권선언에 기반하여 아동권리선언(1959년)을 중심으로 한 '인권의 보편화와 아동권리의 발전기'이며, 제3기는 유엔아동권리협약(1989)을 중심으로 한 '아동권리의 법제화 시기'이다. 이러한 과정을 거치면서 아동은 보호를 받아야 할 대상에서 권리주체로 발전하게 되었다.

1. 제네바 선언(제1기)

제네바 선언은 1923년에 젭(Jebb) 여사에 의해 제정되었고, 1924년 국제연맹에서 채택

하였다. 아동의 심신발달 보장, 요보호아동에 대한 원조, 위험에 처한 아동의 최우선적 구제, 생활보장과 착취로부터의 보호, 인류동포에 봉사하는 아동 육성의 5개 조항이 그것이다. 그런데, 이는 '선언'이라는 상징적인 의미가 있기는 하나, 기본적인 생존과 결핍으로부터의 해방이 목적이었기 때문에 아동을 적극적인 권리주체로 인정하지는 않았고 소극적인 의미의 아동권리를 규정한 한계가 있었다.

2. 아동권리선언

국제연합(UN)은 제2차 세계대전을 겪으면서 인류의 공존과 평화를 구현하기 위해, 인간의 존엄성과 보편적 가치, 천부적 권리를 포괄적으로 포함한 '세계인권선언'을 채택하였다. 유엔은 '세계인권선언'을 바탕으로 1959년에 유엔총회에서는 10개 조항으로 이루어진 '유엔 아동권리선언'을 만장일치로 채택하였다.

3. 아동권리에 관한 국제협약(Convention on the Rights of the Child)

유엔은 1979년을 "세계 아동의 해"로 정하였고, 단순한 선언적 권리선언에서 나아가 세계 아동의 권리에 관한 국제협약이 폴란드 정부에 의해 제출되었고, 10년간의 작업을 통해 국제협약의 초안이 마련되어 1989년 유엔총회에서는 "아동의 권리에 관한 국제협약"을 만장일치로 채택하였다.

유엔아동권리협약은 전문 3부 54개의 조문으로 구성되어 있다. 제1부는 협약의 실체인 아동의 권리조항(제1조~제41조)을, 제2부는 유엔인권위원회와 당사국의 관계규정(제42조~제45조)을, 제3부는 협약가입 등 절차와 협약 개정절차에 관한 규정(제46조~제54조)으로 이루어져 있다.

이 협약은 아동을 단순한 '보호대상'이 아닌 '권리의 주체'라고 보면서, 이들의 생존, 발달, 보호에 관한 기본 권리를 명시하고 있다. 뿐만 아니라 유엔의 국제인권규약인 A규약(경제적·사회적 및 문화적 권리에 관한 국제규약)과 B규약(시민적·정치적 권리에 관한 국제규약)에서 인정되는 제반 권리를 아동에 대해서도 규정하고 있으며, 아동의 의견표명권, 놀이·여가의 권리 등 아동의 인권과 권리 확보를 위해 보다 구체적인 사항들을 규정하고 있다. 나아가 협약가입국은 이를 위해 최대한의 입법·사법·행정적 조치를 취하도록 의무화하고 있다.

이와 같이 1989년 유엔에 의해 채택된 〈아동권리협약〉은 아동의 권리문제에 대한 체계적이고 종합적인 권리규범으로, 그 내용이 과거 어떠한 선언이나 헌장보다도 포괄적이고 구체적이며, 아동권리에 대한 선언에서 협약의 단계로 도약적인 발전을 했다는 데 그 의의가 있다. 이에 근거하여 세계 각국은 아동과 관련된 법규, 정책, 서비스에 관한 내용들을 개정, 보완할 수 있는 준거 틀을 마련하고 있으며, 우리나라는 1990년에 이 협약에 서명하였고, **1991년에 비준서를 국제연합에 기탁함으로써 협약의 당사국**이 되었으며, 북한을 포함하여 세계 193개국이 비준했다.

그밖에도 이 협약이 정한 의무에 따라 가입국 정부는 가입 뒤 2년 안에, 그 후부터는 **5년마다 어린이인권 상황에 대한 국가보고서를 제출해야** 하며, **유엔아동권리위원회**는 그 국가보고서를 심의해 어린이인권보장의 장애요인을 분석하고 그 대안을 해당국 정부와 함께 모색하도록 하고 있다.

한편 2003년 1월 스위스 제네바에서 열린 유엔 아동권리위원회는 한국의 "아동권리협약"의 이행상황을 심의한 뒤, ▲ **협약의 내용을 유보하는 부분이 남아 있고** ▲ **협약의 이행과 조정기능을 담당하는 기구가 없으며** ▲ **관련 통계가 불완전해 개선이 필요하다고 권고**한 바 있다.

그밖에도 이 위원회는 또 ▲ 이혼가정의 자녀가 부모를 볼 수 있는 권리가 법적으로 보장돼 있지 않고 ▲ 비상계엄 하의 재판이 단심제이기에 아동의 권리를 보호하기 어려우며 ▲ 입양을 사실상 국가가 허용하는 제도를 문제 삼았다. 또한 시도별 교육위원회와 학교운영위원회에 학생 참여가 보장돼 있지 않고 학교와 가정에서의 체벌이 여전하며 아동 관련 통계가 부처마다 다르다고 지적하면서 아동권리협약의 이행을 저해하는 전통과 문화를 변화시키려는 정부의 노력이 부족하다고 평가한 바 있다.[50]

제8절 여성기업지원에 관한 법률

Ⅰ. 머리말

이 법은 1999년 2월 5일(법률 제5818호)에 제정되어 같은 해 6월 1일부터 시행되어 오고 있으며, 총 21개조와 부칙으로 구성되어 있다. 이 법은 아시아권에서는 처음으로 시행되고 있는 여성관련법률로 여성기업의 활동과 여성의 창업을 적극적으로 지원함으로써 경제영역에 있어 남녀의 실질적인 평등을 도모하고 여성의 경제활

---

50) 유엔아동권리위원회의 위원장을 우리나라 이양희 교수가 2007년 5월부터 2011년 5월까지 맡은 바 있다.

동을 제고하여 국민경제발전에 이바지함을 목적으로 제정되었다.

그 후 2009. 5. 21. 개정에서는 공공기관의 중소기업제품 우선구매제도에 여성기업이 생산하는 제품의 구매 비율을 규정함으로써 공공기관의 여성기업제품 구매확대를 도모하고, '여성기업활동촉진위원회'를 '균형성장촉진위원회'로 개편함으로써 위원회 운영의 효율성을 도모하려는 취지에서, (1) '여성기업활동촉진위원회'를 '균형성장촉진위원회'로 그 명칭을 변경하고, (2) 공공기관의 장은 여성기업이 생산하는 제품의 구매계획을 작성하는 때에는 대통령령으로 정하는 비율 이상의 구매목표를 제시하도록 하되, 공공기관의 특성상 구매목표 제시가 어려운 공공기관의 장은 중소기업청장과 협의하여 따로 정할 수 있도록 하며, (3) 중소기업청장은 공공기관의 구매계획을 확인하고 필요한 사항에 대하여는 개선을 권고할 수 있도록 개정하였다.

2013. 7. 30. 개정에서는 **공공기관의 여성기업제품 구매목표비율 제도를 의무화**하여 여성기업제품 구매활성화를 통해 남성·여성기업간 격차를 해소하려는 내용이다.

2016. 1. 27. 개정에서는 공공기관의 여성기업제품 공공구매 의무화(2014년 1월)로 여성이 경영에 실질적으로 참여하지 않는 부적격 여성기업이 증가함에 따라 여성기업의 정의기준을 개편하고 여성기업 확인, 확인취소 및 부적격 여성기업의 확인신청 제한, 위장 여성기업에 대한 벌칙 및 양벌규정 등의 사후관리 근거를 마련하여 위장 여성기업이 퇴출될 수 있도록 하며, 그 밖에 현행 제도의 운영상 나타난 일부 미비점을 개선·보완하였다.

2018. 6. 12. 개정에서는 현행법에 따르면 공공기관의 장은 여성기업제품의 구매를 촉진하고, 「중소기업제품 구매촉진 및 판로지원에 관한 법률」에 따라 작성하는 구매계획에 여성기업제품의 구매계획과 일정 구매비율을 정하여 포함하여야 하는데 「중소기업제품 구매촉진 및 판로지원에 관한 법률」은 '제품'을 물품, 용역 및 공사를 모두 포함하는 것으로 명시하고 있는 데 비해, 현행법은 여성기업제품을 '여성기업이 직접 생산하고 제공하는 제품'으로 규정하고 있어 물품 외에 용역, 공사 등이 포함될 수 있는지의 여부가 명확하지 않았다. 이에 여성기업제품의 의미를 물품, 제공하는 용역 및 수행하는 공사를 모두 포함하는 것으로 명시함으로써 「중소기업제품 구매촉진 및 판로지원에 관한 법률」에 따라 우선구매 대상이 되는 중소기업제품과의 형평성을 제고하고 여성기업이 판로를 확장할 수 있는 근거를 마련하였다.

Ⅱ. 주요내용

1. 목적 및 정의규정

(1) 목적

이 법은 여성기업의 활동과 여성의 창업을 적극적으로 지원하여 경제영역에서 남녀의 실질적인 평등을 도모하고 여성의 경제활동과 여성경제인의 지위 향상을 도모함으로써 국민경제 발전에 이바지함을 목적으로 한다.

(2) 여성기업, 여성경제인, 공공기관의 정의

이 법에서 사용하는 용어의 뜻은 다음과 같다.

① **"여성기업"**이란 **여성이 소유하고 경영하는 기업**으로서 대통령령으로 정하는 기준에 해당하는 기업을 말한다.

② **"여성경제인"**이란 기업의 임원으로서 그 **기업의 최고의사 결정에 참여하는 여성**을 말한다.

③ "공공기관"이란 「중소기업제품 구매촉진 및 판로지원에 관한 법률」 제2조 제2호에 따른 공공기관을 말한다.[51]

2. 국가 및 지자체의 책임

국가 및 지방자치단체는 여성의 창업과 여성기업의 기업활동을 촉진하기 위하여 자금·인력·정보·기술·판로 등의 분야에서 **종합적인 지원과 사업활동 기회가 균등하게 보장**될 수 있도록 노력하여야 한다.

3. 여성기업활동 촉진에 관한 기본계획의 수립과 차별관행시정요청 및 실태조사

여성기업을 지원하기 위한 정부기관 중 특히 중소기업청장의 역할이 중요하다.

---

51) "공공기관"이란 다음 각 목의 어느 하나에 해당하는 기관 또는 법인을 말한다.
　가. 국가기관 / 나. 지방자치단체 / 다. 특별법에 따라 설립된 법인 중 대통령령으로 정하는 자
　라. 「공공기관의 운영에 관한 법률」 제5조에 따른 공공기관 중 대통령령으로 정하는 자
　마. 「지방공기업법」에 따른 지방공사 및 지방공단
　바. 「지방의료원의 설립 및 운영에 관한 법률」에 따른 지방의료원

(1) 중소벤처기업부장관은 공공기관이 여성기업에 불합리한 차별적 관행이나 제도를 시행할 경우에 이의 시정을 요청할 수 있으며, 공공기관은 특별한 사유가 없는 한 이를 시정하여야 한다(제4조). 또한 중소기업청장은 여성경제인 및 여성기업의 근로자에 대하여 경영능력과 기술수준향상을 위한 연수 및 지도사업 등을 할 수 있다.

(2) 중소벤처기업부장관은 여성기업의 활동을 촉진하기 위한 기본계획을 매년 수립하여 추진해야 하며, 이 기본계획에는 ① 여성기업활동촉진을 위한 기본목표 및 그 추진방향, ② 여성의 창업을 지원하기 위한 사항, ③ 여성기업에 대한 자금, 정보, 기술, 인력, 판로 등의 지원에 관한 사항, ④ 기타 여성기업 및 여성경제인의 활동을 촉진하기 위하여 필요한 사항이 포함되어야 한다. 또한 중소벤처기업부장관은 여성기업의 활동 현황 및 실태를 파악하기 위하여 2년마다 실태 조사를 하고 그 결과를 공표하여야 한다.

4. 균형성장촉진위원회의 설치

기본계획 및 기업 간의 균형성장 촉진에 관한 중요 사항을 심의하기 위하여 중소벤처기업부에 **균형성장촉진위원회**(이하 "위원회"라 한다)를 두며, 분야별로 분과위원회를 둘 수 있다(제6조).

5. 여성의 창업지원 특례

중소벤처기업부장관은 「중소기업창업 지원법」 제4조 제1항에 따른 중소기업 창업지원계획에 여성의 창업촉진을 위한 계획을 포함시켜야 하고, 정부는 「중소기업창업 지원법」 제4조 제2항에 따라 창업자 및 창업지원 관련 사업을 하는 자에 대한 지원을 하는 경우 여성창업자 및 여성창업 지원 실적이 우수한 창업지원 관련 사업자를 우대할 수 있다. 그리고 중소벤처기업부장관은 여성의 창업을 촉진하기 위하여 「중소기업창업 지원법」 제6조제1항에 따른 창업보육센터사업자를 지정할 때에는 **여성을 위한 창업보육센터사업자를 우선 지정**할 수 있다(제8조).

6. 공공기관의 우선 구매

공공기관의 장은 여성기업(「중소기업기본법」 제2조에 따른 중소기업자만 해당한다)이 직접 생산하는 물품, 제공하는 용역 및 수행하는 공사의 구매를 촉진하여야하며, 「중소기업제품 구매촉진 및 판로지원에 관한 법률」 제5조제1항에 따라 작성하는 구매계획에는 여성기업제품의 구매계획을 구분하여 포함시켜야 한다.

여성기업제품의 구매계획에는 대통령령으로 정하는 비율 이상의 구매목표를 포함시켜야 하며, 공공기관의 장은 해당 구매계획을 이행하여야 한다. 중소벤처기업부장관은 규정에 따른 구매계획을 확인한 결과 개선이 필요하다고 인정되는 사항에 대하여는 해당 공공기관의 장에게 그 개선을 권고할 수 있는데, 이 경우 해당 공공기관의 장은 특별한 사정이 없으면 구매계획에 이를 반영하여야 한다. 구매계획과 구매실적의 통보에 필요한 사항은 「중소기업제품 구매촉진 및 판로지원에 관한 법률」 제5조 제4항을 준용한다(제9조).

7. 각종지원

국가 및 지방자치단체는 기업에 대한 자금을 지원할 때 여성기업의 활동과 창업을 촉진하기 위하여 여성기업을 우대하여야 하고(제10조), 중소기업청장은 여성경제인 및 여성기업의 근로자에 대하여 경영능력과 기술수준을 향상시키기 위한 연수및 지도사업 등을 실시할 수 있다(제11조). 또한 한국디자인진흥원은 여성기업의 디자인 개발을 촉진하기 위하여 노력하여야 한다(제12조).

8. 한국여성경제인연합회의 설립 등과 업무

(1) 한국여성경제인연합회의 설립 등

여성경제인의 공동이익의 증진과 건전한 발전을 도모하고 여성의 기업활동 촉진업무를 효율적으로 수행하게 하기 위하여 한국여성경제인협회를 설립한다. 협회는법인으로 하며, 협회를 설립하려면 그 대표자는 대통령령으로 정하는 바에 따라 정관과 그 밖에 필요한 서류를 중소기업청장에게 제출하여 그 설립허가를 받아야 한다. 협회는 주된 사무소의 소재지에서 설립등기를 함으로써 성립한다.

(2) 한국여성경제인 연합회의 업무

협회는 여성경제인에 대한 연수 및 전문여성경제인의 양성과 여성기업에 대한 정보제공, 여성의 창업에 대한 지원 및 촉진 활동, 공동구매 및 판매사업 지원, 여성기업의 해외시장개척 및 외국인투자유치 지원과 외국 여성경제인단체와의 협력, 중소기업청장이 여성기업의 활동과 여성의 창업을 촉진하기 위하여 위탁하는 사업 및 여성의 기업활동을 촉진하기 위한 업무를 수행한다(제14조).

9. 여성기업종합지원센터의 설치 등

협회는 여성의 창업과 여성기업의 활동을 적극적으로 촉진하기 위하여 각종 정보 및 교육·훈련·연수·상담 등의 서비스를 제공할 수 있는 **여성기업종합지원센터**를 설치할 수 있으며, 정부는 지원센터의 설치와 운영에 필요한 자금 등을 지원할 수 있다(제15조).

10. 벌칙

여성기업이 아닌 자로서 거짓이나 그 밖의 부정한 방법으로 이 법에 따른 지원을 받은 자는 3년 이하의 징역 또는 3천만원 이하의 벌금에 처한다.

그밖에도 경력단절여성 등의 경제활동 촉진을 통하여 여성의 경제적 자립과 자아실현 및 국가경제의 지속적 발전에 이바지함을 목적으로 **"경력단절여성 등의 경제활동촉진법"**을 제정하여 2015년 7월 1일부터 시행해오고 있다.

제9절 가정폭력방지 및 피해자보호 등에 관한 법률

I. 머리말

이 법은 약칭하여 **"가정폭력방지법"**이라 일컬어지며, 1997. 12. 31. 제정되어 1998. 7. 1.부터 시행된 후 여러 차례 개정되었다. 이 법의 목적은 **가정폭력을 예방**하고 **가정폭력피해자를 보호·지원**함으로써 **건전한 가정을 육성**하는데 있다. 전문

22개조로 구성되어 있고, 국가 또는 지방자치단체가 **가정의 보호와 유지**를 위해 행해야 하는 책무 등이 중심내용으로 되어 있다.

이 법의 주요내용은, ① 국가와 지방자치단체는 가정폭력의 예방과 피해자보호를 위하여 법적·제도적 장치를 마련하여 이에 필요한 예산을 지원하고, ② 국가와 지자체는 가정폭력상담소와 가정폭력피해자보호시설을 설치·운영할 수 있도록 하고, 민간이 설치·운영하는 가정폭력상담소는 신고제로 하는 한편 가정폭력피해자보호시설은 사회복지법인 기타 비영리법인이 인가를 받아 설치·운영할 수 있도록 하며, ③ 상담소 또는 보호시설의 설치·운영에 소요되는 경비의 일부를 국가 또는 지자체가 보조할 수 있도록 했으며, ④ 의료기관은 가정폭력 피해자본인·가족·친지 또는 상담소나 보호시설의 장 등의 요청이 있는 경우 피해자에 대한 치료·상담 등을 실시하여야 하며, 이에 필요한 비용은 가정폭력을 행한 자가 부담하도록 하되, 다만, 가정폭력을 행한 자가 비용을 부담할 능력이 없는 때에는 국가 또는 지자체가 부담한 후 구상권(求償權)을 행사하도록 하고 있고, ⑤ 상담소 또는 보호시설에서 업무에 종사하였거나 하고 있는 자는 그 업무상 알게 된 비밀을 누설해서는 안되며, 이에 위반했을 때는 1년이하의 징역 또는 500만원이하의 벌금에 처하도록 규정하고 있다.

최근의 개정 내용으로는 2017. 12. 12. 이 법의 기본이념 조항을 동법 제1조의2에 신설하여, "**가정폭력피해자는 피해상황에서 신속하게 벗어나 인간으로서의 존엄성과 안전을 보장받을 권리가 있다**"고 규정하였다.

그리고 2018. 3. 13. 개정에서는 국민생활과 밀접하게 관련되어 있는 신고 민원의 처리절차를 법령에서 명확하게 규정함으로써 관련 민원의 투명하고 신속한 처리를 위하여, 가정폭력 관련 상담소 또는 가정폭력 관련 상담원 교육훈련시설의 설치신고를 받은 경우 10일 이내, 변경신고를 받은 경우 5일 이내에 신고수리 여부를 신고인에게 통지하도록 하였다.

II. 가정폭력방지를 위한 국가 등의 책무

1. 국가와 자치단체의 책무

국가와 지방자치단체는 가정폭력의 예방과 방지를 위하여 ① 가정폭력에 관한 신고체계의 구축 및 운영, ② 가정폭력의 예방과 방지를 위한 조사·연구·교육 및 홍보, ③ 피해자를 보호·지원하기 위한 시설의 설치·운영, ④ 임대주택의 우선 입주권 부여, 직업훈련 등 자립·자활을 위한 지원서비스제공[52], ⑤ 법률구조 및 그 밖에 피해자에 대한 지원서비스 제공, ⑥ 피해자의 보호와 지원을 원활히 하기 위한 관련 기관간의 협력 체계의 구축 및 운영, ⑦ 가정폭력의 예방·방지와 피해자의 보호·지원을 위한 관계법령의 정비와 각종 정책의 수립·시행 및 평가, ⑧ 피해자와 제4조6에 다른 긴급전화센터, 제5조에 따른 가정폭력 관련 상담소, 제7조에 따른 가정폭력피해자 보호시설의 상담원 등 종사자의 신변보호를 위한 안전대책마련, ⑨ 가정폭력피해의 특성을 고려한 피해자 신변 노출 방지 및 보호·지원체계구축의 조치를 취해야 한다(제4조 제1항).

2. 재원확보 및 담당기구설치와 담당공무원 배치의무

국가와 지방자치단체는 이러한 책무를 다하기 위하여 이에 필요한 재원을 확보하는 등 예산상의 조치를 취하여야 하고, 특별시·광역시·특별자치시·도·특별자치도 및 시·군·구에 가정폭력의 예방·방지 및 피해자의 보호·지원을 담당할 기구와 공무원을 두어야 하며, 국가와 지방자치단체는 가정폭력 관련 상담소와 가정폭력피해자보호시설에 대하여 경비보조 등 이를 육성·지원하여야 한다.

3. 가정폭력 실태조사 및 가정폭력 예방교육의 실시

(1) 실태조사 및 결과 발표

여성가족부장관은 **3년마다 가정폭력에 대한 실태조사**를 하여 실시하여 그 결과를 발표하고, 이를 가정폭력의 예방을 위한 정책수립의 기초자료로 활용해야 한다(제4조의2).

(2) 가정폭력 예방교육

국가기관, 지방자치단체 및 「초·중등교육법」에 따른 각급 학교의 장, 그 밖에 대통령령으로 정하는 공공단체의 장은 가정폭력의 예방과 방지를 위하여 필요한 교육

---

52) 법 제8조의5(임대주택의 우선 입주권 부여) 제4조제1항제4호에서 정하는 임대주택의 우선 입주권 부여의 대상자 선정기준 및 선정방법 등에 필요한 사항은 대통령령으로 정한다.

을 실시하고, 그 결과를 여성가족부장관에게 제출하여야 하고, 예방교육을 실시하는 경우 「성폭력방지 및 피해자보호 등에 관한 법률」 제5조에 따른 성교육 및 성폭력 예방교육, 「양성평등기본법」 제31조에 따른 성희롱 예방교육 및 「성매매방지 및 피해자보호 등에 관한 법률」 제4조에 따른 성매매 예방교육 등을 성평등 관점에서 통합하여 실시할 수 있다.

여성가족부장관 또는 특별시장·광역시장·특별자치시장·도지사·특별자치도지사는 교육의 대상이 아닌 국민에게 가정폭력의 예방과 방지를 위하여 필요한 교육을 실시할 수 있으며, 이 경우 여성가족부장관 또는 시·도지사는 교육에 관한 업무를 가정폭력 관련 상담소 또는 대통령령으로 정하는 교육기관에 위탁할 수 있다. 또한 여성가족부장관은 교육을 위하여 전문강사를 양성하고, 교육 프로그램을 개발·보급하여야 하며, 가정폭력 예방교육 실시 결과에 대한 점검을 대통령령으로 정하는 바에 따라 매년 실시하여야 한다. 점검결과 교육이 부실하다고 인정되는 기관·단체에 대하여 대통령령으로 정하는 바에 따라 관리자 특별교육 등 필요한 조치를 취하여야 하고, 점검결과를 ① 「정부업무평가 기본법」 제14조제1항 및 제18조제1항에 따른 중앙행정기관 및 지방자치단체의 자체평가, ② 「공공기관의 운영에 관한 법률」 제48조제1항에 따른 공기업·준정부기관의 경영실적평가, ③ 「지방공기업법」 제78조제1항에 따른 지방공기업의 경영평가, ④ 「초·중등교육법」 제9조제2항에 따른 학교 평가에 반영하도록 해당 기관·단체의 장에게 요구할 수 있으며, 언론 등에 공표하여야 하지만, 다른 법률에서 공표를 제한하고 있는 경우에는 그러하지 아니하다.

4. 아동의 취학지원 및 피해자에 대한 불이익처분의 금지

국가나 지방자치단체는 피해자나 피해자가 동반한 가정구성원 (「가정폭력범죄의 처벌 등에 관한 특례법」 제2조제2호의 자 중 피해자의 보호나 양육을 받고 있는 자를 말한다. 이하 같다)이 아동인 경우 주소지 외의 지역에서 취학(입학·재입학·전학 및 편입학을 포함한다. 이하 같다)할 필요가 있을 때에는 그 **취학이 원활히 이루어지도록 지원**하여야 한다.

또한 피해자를 고용하고 있는 자는 누구든지 「가정폭력범죄의 처벌 등에 관한 특례법」에 따른 가정폭력범죄와 관련하여 **피해자를 해고(解雇)하거나 그 밖의 불이익**을 주어서는 아니 된다.

5. 긴급전화센터의 설치·운영 및 가정폭력 추방 주간

여성가족부장관 또는 시·도지사는 ① 피해자의 신고접수 및 상담, ② 관련 기관·시설과의 연계, ③ 피해자에 대한 긴급한 구조의 지원, ④ 경찰관서 등으로부터 인도받은 피해자 및 피해자가 동반한 가정구성원의 임시 보호의 업무 등을 수행하기 위하여 긴급전화센터를 설치·운영하여야 하는데, 이 경우 외국어 서비스를 제공하는 긴급전화센터를 따로 설치·운영할 수 있고, 대통령령으로 정하는 기관 또는 단체에 위탁할 수 있으며, 위탁할 경우 그에 필요한 경비를 지원하여야 한다.

또한 가정폭력에 대한 사회적 경각심을 높이고 가정폭력을 예방하기 위하여 대통령령으로 정하는 바에 따라 **1년 중 1주간을 가정폭력 추방 주간**으로 하며, 국가와 지방자치단체는 가정폭력 추방 주간의 취지에 맞는 행사 등 사업을 시행하여야 한다. 이 경우 「성폭력방지 및 피해자보호 등에 관한 법률」 제6조에 따른 성폭력 추방 주간의 행사와 **통합하여 시행**할 수 있다.

Ⅲ. 가정폭력 관련 상담소 및 가정폭력 피해자보호시설의 설치·운영 및 업무의 범위

1. 가정폭력관련상담소의 설치

가정폭력 관련 상담소는 국가 또는 지자체가 직접 설치·운영할 수 있고, 사설상담소를 설치·운영하려는 자는 **지자체장에게 신고**하여야 하며, 중요 사항을 변경하려는 경우에도 마찬가지이다. 여성가족부령에 상담소에 두는 상담원의 수와 신고절차 등을 상세히 규정하고 있다.

또한 시장·군수·구청장은 제2항에 따른 **신고를 받은 날부터 10일 이내**(변경신고의 경우 5일 이내)에 신고수리 여부 또는 민원 처리 관련 법령에 따른 처리기간의 연장을 **신고인에게 통지**하여야 하며, 상담소는 **외국인, 장애인 등 대상별로 특화하여 운영**할 수 있다.

2. 상담소의 업무

상담소는 ① 가정폭력을 **신고**받거나 이에 관한 **상담**에 응하는 일과 가정폭력을 신고하거나 이에 관한 상담을 요청한 사람과 그 가족에 대한 상담, ② 가정폭력으로 인하여 정상적인 가정생활 및 사회생활이 어렵거나 기타 긴급히 보호를 필요로 하는 피해자 및 피해자가 동반한 가정구성원에 대한 **임시보호**를 하거나 **의료기관 또는 가정폭력피해자 보호시설로의 인도하는 일**, ③ 행위자에 대한 고발 등 법률적 사항에 관한 자문을 얻기 위한 대한 변호사협회 또는 지방변호사회 및 「법률구조법」의 규정에 따른 법률구조법인 등에 **필요한 협조와 지원의 요청**, ④ 경찰관서 등으로부터 인도받은 피해자의 **임시보호**, ⑤ 가정폭력의 예방과 방지에 관한 **교육 및 홍보 및** ⑥ 기타 가정폭력 및 피해에 관한 **조사·연구의 업무를 수행한다.**

3. 가정폭력피해자보호시설의 설치 및 업무범위

가정폭력피해자보호시설(이하 보호시설)도 국가 또는 지자체가 직접 설치·운영할 수 있으며, 사회복지법인 또는 비영리법인이 시·도지사의 **인가**를 받아 사설보호시설을 설치·운영할 수 있다(제7조).

4. 보호시설

보호시설에는 다음과 같은 종류가 있다(제7조의2).
① **단기보호시설** : 피해자등을 **6월의 범위**에서 보호하는 시설
② **장기보호시설** : 피해자 등에 대하여 **2년의 범위**에서 자립을 위한 주거편의 등을 제공하는 시설
③ **외국인보호시설** : 배우자가 대한민국 국민인 외국인 피해자등을 **2년의 범위에서** 보호하는 시설
④ **장애인보호시설** : 장애인복지법의 적용을 받는 장애인인 피해자등을 **2년의 범위**에서 보호하는 시설
단기보호시설의 장은 그 단기보호시설에 입소한 **피해자 등에 대한 보호기간**을 여성가족부령이 정하는 바에 따라 **3월의 범위** 안에서 **두 차례 연장**할 수 있다.

(1) 보호시설의 입소대상과 퇴소

피해자등으로서 ① 본인이 입소를 희망하거나 입소에 동의하는 경우, ② 지적장

애인이나 정신장애인, 그 밖에 의사능력이 불완전한 자로서 보호자가 입소에 동의하는 경우, ③ 지적장애인 등으로서 상담원의 상담 결과 입소가 필요하나 보호자의 입소 동의를 받는 것이 적절하지 못하다고 인정되는 경우이다.

보호시설의 장은 입소자의 인적 사항 및 입소 사유 등을 시장·군수·구청장에게 **지체 없이 보고**하여야 하며, ③에 해당하는 경우에는 지체 없이 시장·군수·구청장의 **승인**을 받아야 한다.

퇴소는 **본인의 의사 또는 보호자의 요청이 있는 경우**에 퇴소할 수 있으며, 그 밖에 보호목적이 달성되거나 보호기간이 끝날 경우, 부정한 방법으로 입소한 경우, 보호시설 안서 현저한 질서문란행위를 한 경우에는 보호시설의 장은 퇴소를 명할 수 있다.

(2) 보호시설에 대한 비용지원

국가나 지방자치단체는 보호시설에 입소한 피해자나 피해자가 동반한 가정 구성원의 보호를 위하여 필요한 경우 생계비, 아동교육지원비, 직업훈련비, 퇴소시 자립지원금, 그 밖에 대통령령으로 정하는 보호비용을 보호시설의 장 또는 피해자에게 지원할 수 있다. 다만, 보호시설에 입소한 피해자나 피해자가 동반한 가정 구성원이 「국민기초생활 보장법」 등 다른 법령에 따라 보호를 받고 있는 경우에는 그 범위에서 이 법에 따른 지원을 하지 아니한다. 이러한 보호비용 지원의 기준, 방법 및 절차 등에 필요한 사항은 여성가족부령으로 정한다.

(3) 보호시설의 업무

보호시설은 피해자등에 대하여 숙식의 제공, 심리적 안정과 사회적응을 위한 상담 및 치료, 질병치료와 건강관리(입소 후 1개월 이내의 건강검진을 포함한다)를 위한 의료기관에의 인도 등 의료지원, 수사·재판과정에 필요한 지원 및 서비스 연계, 법률구조기관 등에 필요한 협조와 지원의 요청, 자립자활교육의 실시와 취업정보의 제공, 다른 법률에 따라 보호시설에 위탁된 사항, 그 밖에 피해자등의 보호를 위하여 필요한 일에 대한의 업무를 수행한다. 다만, 피해자가 동반한 가정 구성원에게는 숙식제공의 업무 일부를 하지 아니할 수 있고, 장기보호시설은 피해자등에 대하여 제1호부터 제5호까지에 규정된 업무(주거편의를 제공하는 업무는 제외한다)를 하지 않을 수 있다. 장애인보호시설을 설치·운영하는 자가 위의 업무를 할 때에는 장애인의 특성을 고려하여 적절하게 지원할 수 있도록 하여야 한다.

(4) 긴급전화센터, 상담소 및 보호시설 종사자의 자격기준

미성년자, 피성년후견인 또는 피한정후견인, 파산선고를 받은 자로서 복권(復權)되지 아니한 자, 금고 이상의 형을 선고받고 그 집행이 끝나지 아니하거나 집행이 면제되지 아니한 자는 긴급전화센터의 장, 상담소의 장, 보호시설의 장 또는 그 밖에 긴급전화센터·상담소 및 보호시설 종사자가 될 수 없다.

긴급전화센터, 상담소 및 보호시설에 근무하는 **상담원**은 여성가족부령으로 정하는 요건에 해당하는 자로서 **가정폭력 관련 상담원 교육훈련시설**에서 여성가족부령으로 정하는 **상담원 교육훈련과정을 마친 자**로 하며, 그 밖에 긴급전화센터, 상담소 및 보호시설에 종사하는 종사자의 자격기준에 필요한 사항은 여성가족부령으로 정한다.

(5) 보수교육의 실시

여성가족부장관 또는 시·도지사는 긴급전화센터·상담소 및 보호시설 종사자의 자질을 향상시키기 위하여 보수교육을 실시하여야 하며, 교육에 관한 업무는 「고등교육법」 제2조에 따른 대학, 전문대학 또는 대통령령으로 정하는 **전문기관에 위탁**할 수 있다. 또한 보수교육의 기간·방법 및 내용 등에 필요한 세부사항은 여성가족부령으로 정한다.

5. 피해자 의사의 존중의무 및 수시기관의 협조

상담소나 보호시설의 장은 **피해자 등의 명시한 의사에 반하여** 제8조제1항과 제18조의 **보호를 할 수 없다.** 긴급전화센터, 상담소 또는 보호시설의 장은 가정폭력행위자로부터 피해자 또는 그 상담원 등 종사자를 긴급히 구조할 필요가 있는 경우 관할 경찰관서의 장에게 그 **소속 직원의 동행을 요청**할 수 있다. 이 경우 요청을 받은 경찰관서의 장은 특별한 사유가 없으면 이에 따라야 한다.

6. 홍보영상물의 제작·배포 등

여성가족부장관은 가정폭력의 예방과 방지를 위하여 가정폭력의 위해성 및 가정폭력피해자 지원 등에 관한 **홍보영상을 제작하여 「방송법」 제2조 제3호에 따른 방송사업자에게 배포하여야 한다.** 「방송법」 제2조제3호가목의 지상파방송사업자에게 같은 법 제73조제4항에 따라 대통령령으로 정하는 비상업적 공익광고 편성비율의 범위에서 제1항의 홍보영상을 채널별로 송출하도록 요청할 수 있고, 방송사업자는 홍보영상 외에 독자적으로 홍보영상을 제작하여 송출할 수 있다. 이 경우 여성가족부장관에게 필요한 협조 및 지원을 요청할 수 있다.

7. 사법경찰관리의 현장출동

사법경찰관리는 가정폭력범죄의 신고가 접수된 때에는 **지체 없이 가정폭력의 현장에 출동**하여야 하며, 출동한 사법경찰관리는 피해자를 보호하기 위하여 신고된 현장 또는 사건 조사를 위한 관련 장소에 출입하여 **관계인에 대하여 조사를 하거나 질문**을 할 수 있다.

가정폭력행위자는 사법경찰관리의 현장 조사를 거부하는 등 그 업무 수행을 방해하는 행위를 하여서는 안되며, 출입, 조사 또는 질문을 하는 사법경찰관리는 그 권한을 표시하는 증표를 지니고 이를 관계인에게 내보여야 한다.

현장출동 시 수사기관의 장은 긴급전화센터, 상담소 또는 보호시설의 장에게 **가정폭력 현장에 동행하여 줄 것을 요청**할 수 있고, 요청을 받은 긴급전화센터, 상담소 또는 보호시설의 장은 정당한 사유가 없으면 그 **소속 상담원을 가정폭력 현장에 동행**하도록 하여야 한다. 조사 또는 질문을 하는 사법경찰관리는 피해자·신고자·목격자 등이 자유롭게 진술할 수 있도록 가정폭력행위자로부터 분리된 곳에서 조사하는 등 필요한 조치를 하여야 한다.

8. 비밀엄수의 의무

상담소 또는 보호시설의 장이나 이를 보조하는 자 또는 그 직에 있었던 자는 그 직무상 알게 된 비밀을 누설해서는 안되며(제16조), 이 법에 의한 상담소·보호시설 또는 교육훈련시설이 아니면 유사명칭을 사용하지 못한다(제17조).

9. 치료보호

의료기관은 피해자 본인·가족·친지 또는 상담소나 보호시설의 장 등의 **요청이 있을 경우에는 다음의 치료보호를 실시**하여야 한다. 치료보호에는, ① 보건에 관한 상담지도, ② 신체적·정신적 피해에 대한 치료, ③ 기타 대통령령으로 정하는 의료에 관한 사항이 있다.

치료보호에 필요한 비용은 **가정폭력행위자가 부담**하되, 비용부담능력이 없을 때는 국가 또는 지자체가 부담한 후 **구상권을 행사**할 수 있다(제18조).

《 관련사례 》

(문) 아버지의 음주로 인한 상습적인 폭행이 점점 심해져서 이제는 고소를 하고 싶은 데 아버지를 고소할 수도 있는가?

(답) 가정폭력범죄의 처벌 등에 관한 특례법에 의해 **직계존속에 대한 고소가 가능**하다. 원칙적으로 범죄의 피해자는 고소가 가능하다. 그러나 직계존속에 대한 고소는 형사소송법에서 금하고 있는데, 이는 전통적인 가정 내의 위계질서를 존중·유지하기 위한 정책적 배려로 마련된 규정이다. 그런데 가정폭력은 피해자와 가해자의 관계 특성상 은폐되기가 쉽고 국가로서도 처벌을 꺼려 왔으나 점차 그 사례가 증가하고 더 이상 법적인 보호를 소홀히 할 수 없다는 사회적인 합의에 의해 가정폭력범죄의 처벌 등에 관한 특례법이 제정되었고 여기에서 **직계존속에 대한 고소제한에 예외규정**을 두어 고소를 가능하게 하고 있다. 물론 폭행죄는 친고죄가 아니므로 고소 없이도 처벌이 가능하나 위에서 언급한대로 범죄의 특성과 그 처벌을 꺼리는 경향이 있어 굳이 고소를 함이 필요하다고 볼 수 있는 것이다.
만일 피해자의 법정대리인이 가해자인 경우에는 **친족이 대신 고소**를 할 수도 있다.

(문) 한동네에 살고 있는 매형이 누나를 자주 구타해 속이 상합니다. 어제 저녁에는 제가 옆에 있는데도 사소한 트집을 잡아 누나의 뺨을 때리고 식탁을 난장판으로 만들었다. 한번만 더 그런 일이 있으면 경찰에 신고하려고 하는데 경찰이 해주는 일이 무엇인가?

(답) 가정폭력범죄에 대해서 신고를 받은 사법경찰관리는 **즉시 현장에 출동**하여 **폭력행위를 제지**시키고 행위자와 **피해자를 분리하고 범죄를 수사**하여야 한다. 그리고 피해자는 병원 등의 **의료기관으로 인도**하여야 한다. 또 폭력행위의 재발시는 피해자 또는 가정구성원의 주거나 **점유하는 방으로부터의 퇴거 등 격리**,

피해자 또는 가정구성원의 주거, 직장 등에서 **100미터 이내의 접근금지**, 피해자 또는 가정구성원에 대한 **전기통신을 이용한 접근금지 등 임시조치를 신청**할 수 있음을 행위자에게 통보하여야 한다.. 위와 같은 응급조치에도 불구하고 가정폭력범죄가 재발할 우려가 있다고 인정될 때에는 검사에게 법원에 임시조치를 청구하여 줄 것을 신청할 수 있다. 이 때의 **임시조치**로는 피해자나 가정구성원의 주거나 점유하는 방으로부터의 **퇴거 등 격리**, 피해자 또는 가정구성원의 주거, 직장 등에서 **100미터 이내의 접근금지**, 피해자 또는 가정구성원에 대한 **전기통신을 이용한 접근금지** 등이 있다. 가정폭력신고를 받은 경찰이 가정문제 불간섭 등을 이유로 제대로 처리하지 않을 경우에는 **직무유기**가 될 수 있다.

제10절 가정폭력범죄의 처벌 등에 관한 특례법

Ⅰ. 머리말

이 법은 가정폭력범죄의 형사처벌절차에 관한 특례를 정하고 가정폭력범죄를 범한 자에 대하여 환경의 조정과 성행의 교정을 위한 보호처분을 행함으로써 가정폭력범죄로 파괴된 가정의 평화와 안정을 회복하고 건강한 가정을 가꾸며 피해자와 가족구성원의 인권을 보호함을 목적으로 제정되었다. 이 법**(약칭:가정폭력처벌법)** 은 1997. 12. 13.(법률 제5436호)제정되어 1998. 7. 1.부터 시행된 이래로 **2017. 10. 31.까지 제24차례에 걸쳐 개정**되었다.

이 법은 총 제4장 65조로 구성되어, 제1장 총칙, 제2장 가정보호사건, 제3장 민사처리에 관한 특례, 제4장 벌칙, 부칙으로 이루어져 있다.

그 동안 개정된 주요내용을 살펴보면, **교육기관의 비밀엄수의무**를 추가하여 가정폭력의 피해아동이 안심하고 학교에 다닐 수 있도록 하였고, 가정폭력범죄에 대하여는 검사는 **피해자의 주거 등으로부터 100미터 이내의 접근금지** 등 임시조치를 법원에 청구할 수 있으며, 임시조치를 위반한 사람에 대하여는 **유치청구**(留置請求)를 할 수 있도록 하여 피해자를 보호하고 있다. 또한 가정폭력범죄 중에서 친고죄나 반의사불벌죄에 해당하여 피해자의 의사에 따라 **불기소처분되더라도 검사가 보호처분할 수 있는 근거와 실효성을 마련했다는 점** 등을 들 수 있다.

Ⅱ. 가정폭력의 개념 등

1. '가정폭력'의 정의

가정폭력이란 '가정구성원사이의 신체적, 정신적 또는 재산상의 피해를 수반하는 행위'를 말한다(제2조 제1호). 이 법에서 말하는 가정폭력행위의 범주에는 신체적 피해뿐만 아니라 정신적 또는 재산상의 피해를 수반하는 행위도 포함된다.

2. '가정구성원'의 범위

이 법에서 말하는 '가정구성원'은 다음의 어느 하나에 해당하는 자를 말한다(제2조 제2호).

① 배우자(사실혼관계 포함) 또는 배우자관계에 있었던 자
② 자기 또는 배우자와 직계존비속관계(사실상의 양친자관계 포함)에 있거나 있었던 자,
③ 계부모와 자의 관계 또는 적모와 서자의 관계에 있거나 있었던 자
④ 동거하는 친족관계에 있는 자

《 가정폭력범죄의 범위 》

가. 형법 제257조(상해, 존속상해), 제258조(중상해, 존속중상해), 제260조(폭행, 존속폭행) 제1항·제2항, 제261조(특수폭행) 및 제264조(상습범)의 죄
나. 형법 제271조(유기, 존속유기), 제272조(영아유기), 제273조(학대, 존속학대), 제274조(아동혹사)의 죄
다. 제276조(체포, 감금, 존속체포, 존속감금)등의 죄
라. 형법 제283조(협박, 존속협박)등의 죄
마. 형법 제307조(명예훼손), 제308조(사자의 명예훼손), 제309조(출판물등에 의한 명예훼손), 제311조(모욕)의 죄
바. 형법 제321조(주거·신체수색)의 죄
사. 형법 제324조(강요)와 그 미수범의 죄
아. 형법 제350조(공갈)와 그 미수범의 죄
자. 형법 제366조(재물손괴등)의 죄
차. 위의 가목 내지 자목의 죄로서 다른 법률에 의해 가중처벌되는 죄

---

3. 가정폭력행위자와 피해자의 범위

이 법에서 말하는 '가정폭력행위자'란 가정폭력범죄를 범한 자 및 가족구성원인 공범을 말하며, '피해자'란 가정폭력범죄로 인하여 직접적으로 피해를 입은 자를 말한다.

4. 기타 정의

이 법에서의 '가정보호사건'이란 가정폭력범죄로 인하여 이 법에 의한 보호처분의 대상이 되는 사건을 말하며, '보호처분'이란 가정보호사건에 대하여 심리를 거쳐 행위자에게 과하는 말한다. 이 법에서의 '아동'이란 아동복지법 제2조 제1호에 규정된 자를 말하고, 그 밖에도 가정폭력범죄에 대하여는 이 특례법이 우선 적용됨을 총칙에 명시하고 있다(제3조).

Ⅲ. 가정보호사건

1. 신고와 사법경찰관리의 응급조치

가정폭력범죄로부터 가정을 보호하고 신속한 대응과 적절한 조치를 관계기관이 취하도록 규정하고 있다. 즉 가정폭력범죄를 알게 된 자는 누구든지 수사기관에 신고할 수 있으며, 일정한 직무에 종사하는 자는 즉시 신고해야 하는 의무를 지고 있다. 신고한 자에 대하여는 신고행위를 이유로 불이익을 주어서는 안된다(제4조).

진행 중인 가정폭력범죄에 대하여 신고를 받은 사법경찰관리는 즉시 현장에 임하여 다음과 같은 절차에 따라 응급조치를 취해야 한다(제5조). 즉 ① 폭력행위의 제지, 행위자·피해자의 분리 및 범죄수사, ② 피해자의 가정폭력관련상담소 또는 보호시설 인도(피해자의 동의가 있는 경우에 한함), ③ 긴급치료가 필요한 피해자의 의료기관 인도, ④ 폭력행위의 재발시 제8조의 규정에 의하여 임시조치를 신청할 수 있음을 통보하여야 한다.

(1) 사법경찰관의 긴급임시조치

사법경찰관은 응급조치에도 불구하고 가정폭력범죄가 재발될 우려가 있고, 긴급을 요하여 법의 임시조치를 결정받을 수 없을 때에는 직권 또는 피해자나 그 법정대리인의 신청에 의하여 ① 피해자 또는 가정구성원의 주거 또는 점유하는 방실로부터의 퇴거 등 격리, ② 피해자 또는 가정구성원의 주거, 직장 등에서 100미터 이내의 접근금지, ③ 피해자 또는 가정구성원에 대한 「전기통신사업법」 제2조 제1호의 전기통신을 이용한 접근금지에 해당하는 조치, 이른바 "긴급임시조치"를 할 수 있다. 이 경우에 사법경찰관은 긴급임시조치결정서를 작성하여야 하고, 여기에는 범죄사실의 요지, 긴급임시조치가 필요한 사유 등을 기재하여야 한다(제8조의2).

(2) 임시조치의 신청 및 청구의무

사법경찰관이 긴급임시조치를 한 때에는 **지체 없이 검사에게 임시조치를 신청**하여야 하고, 신청받은 검사는 법원에 **임시조치를 청구**하여야 한다. 이 경우 임시조치의 청구는 **긴급임시조치를 한 때부터 48시간 이내에 청구**하여야 한다.

2. 검사의 임시조치의 청구와 판사의 임시조치

(1) 검사의 임시조치청구와 피해자 등의 임시조치의 요청 및 의견진술

검사는 가정폭력범죄가 재발할 우려가 있다고 인정하는 때에는 직권 또는 사법경찰관의 신청에 의해 제29조 제1항 제1호, 제2호 또는 제3호의 임시조치를 법원에 청구할 수 있다.

피해자 또는 법정대리인은 검사 또는 사법경찰관에게 임시조치의 청구 또는 그 신청을 요청하거나 이에 관하여 의견을 진술할 수 있다(제8조 제1~3항). 요청을 받은 사법경찰관이 임시조치를 신청하지 아니하는 경우에는 검사에게 그 사유를 보고하여야 한다(제8조 제4항).

(2) 검사의 가정보호사건으로의 처리 및 상담조건부 기소유예

검사는 가정폭력범죄로서 사건의 성질, 동기 및 결과, 행위자의 성행 등을 고려하여 보호처분에 처함이 상당하다고 인정할 때에는 가정보호사건으로 처리할 수 있다(제9조). 이 경우에 검사는 피해자의 의사를 존중하여야 한다. 그 밖에도 피해자의 고소가 있어야 공소를 제기할 수 있는 가정폭력범죄에서 고소가 없거나 취소된 경우, 피해자가 명시한 의사에 반하여 공소를 제기할 수 없는 가정폭력범죄에서 피해자가 처벌을 희망하지 아니하는 명시적 의사표시가 있거나 처벌을 희망하는 의사표시가 철회된 경우에도 검사는 가정보호사건으로 처리할 수 있다(제9조).

또한 검사는 행위자의 성행교정을 위하여 필요하다고 인정된 때에는 상담조건부 기소유예를 할 수 있다(제9조의2).

검사가 가정보호사건으로 처리하는 경우에는 그 사건을 관할 가정법원에 사건을 송치하여야 하고, 법원이 가정폭력행위자에 대한 피고사건을 심리한 결과 보호처분을 하는 것이 적절하다고 인정하는 경우에는 결정으로 관할 가정법원에 사건을 송치할 수 있다. 이 경우 법원은 피해자의 의사를 존중하여야 한다(제12~13조).

(3) 가정법원 단독판사에 의한 임시조치결정

가정보호사건은 원칙적으로 가정법원이 관할하며, 심리와 결정은 단독판사가 행한다. 가정보호사건의 원활한 조사·심리 또는 피해자의 보호를 위하여 판사가 필요하다고 인정한 때에는 가정폭력행위자에게 결정으로 다음의 어느 하나에 해당하는 임시조치를 할 수 있다. 임시조치의 종류에는 ① 피해자 또는 가정구성원의 주거 또는 점유하는 방실로부터의 퇴거 등 격리, ② 피해자의 주거, 직장 등에서 100미터이내의 접근금지, ③ 피해자 또는 가정구성원에 대한 전기통신기본법 제2조제2호의 전기통신을 이용한 접근금지, ④ 의료기관 기타 요양소에의 위탁, ⑤ 국가경찰관서의 유치장 또는 구치소에의 유치가 있다(제29조 제1항).

동행영장에 의해 동행된 가정폭력행위자 또는 제13조의 규정(검사나 법원의 송치시의 신병처리)에 의해 인도된 가정폭력행위자에 대하여는 법원은 인치된 때로부터 24시간이내에 위의 임시조치여부를 결정해야 한다(제29조 제2항).

임시조치의 결정에 따른 격리 및 접근금지기간은 2월, 의료기관 기타 요양소 위탁 또는 유치장 또는 구치소 유치기간은 1월을 초과할 수 없다. 다만, 피해자의 보호를 위해 기간연장이 필요하다고 인정하는 경우에는 결정으로 제1호부터 제3호까지의 임시조치는 두 차례만, 제4호와 제5호의 임시조치는 한 차례만 각 기간의 범위에서 연장할 수 있다. 의료기관 등에 위탁하는 경우에는 의료기관 등의 장에게 가정폭력행위자를 보호하는 데 필요한 사항을 부과할 수 있고, 그 내용을 미리 고지하고 동의를 받아야 한다.

또한 임시조치 결정의 취소 또는 변경은 가정폭력행위자, 그 법정대리인이나 보조인의 신청에 의하거나 판사가 직권으로 할 수 있다.

임시조치 중 경찰관서 유치장 또는 구치소에의 유치결정을 한 때에는 행위자에게 변호사 등 보조인을 선임할 수 있으며 가정법원본원합의부(없는 지역은 지방법원본원합의부)에 결정고지를 받은 날부터 7일이내에 항고를 제기할 수 있음을 고지하여야 한다.

3. 고소 등의 특례

고소권자는 피해자 또는 그 법정대리인이다. 그러나 피해자의 법정대리인이 가정폭력행위자인 경우 또는 가정폭력행위자와 공동으로 가정폭력범죄를 범한 경우에는 피해자의 친족이 고소할 수 있다. 또한 피해자는 형사소송법 제224조의 규정에도 불구하고 자기 또는 배우자의 직계존속인 경우에도 고소할 수 있다. 법정대리인 또는 친족이 없는 경우에 이해관계인의 신청이 있으면 검사는 10일 이내에 고소할 수 있는 자를 지정해야 한다(제6조).

(1) 사법경찰관의 사건송치

사법경찰관은 가정폭력범죄를 신속히 수사하여 검사에게 사건을 송치해야 하며, 이 경우에 당해사건이 가정보호사건으로 처리함이 상당한지 여부에 대한 의견을 제시할 수 있다(제7조).

(2) 검사의 가정보호사건 처리

사건을 송치받은 검사는 사건의 성질·동기 및 결과, 행위자의 성행 등을 고려하여 보호처분에 처함이 상당하다고 인정할 때에는 가정보호사건으로 처리할 수 있으며, 이 경우에는 피해자의 의사를 존중해야 한다(제9조).

그 밖에도 가정보호사건으로 처리할 수 있는 경우로는 ① 피해자의 고소가 있어야 공소를 제기할 수 있는 가정폭력범죄에서 고소가 없거나 취소된 경우, ② 피해자의 명시한 의사에 반하여 공소를 제기할 수 없는 피해자가 처벌을 희망하지 아니한다는 명시적 의사표시를 하였거나 처벌을 희망하는 의사표시를 철회한 경우이다.

검사가 가정보호사건으로 처리하는 경우에는 사건을 관할 가정법원 또는 지방법원에 송치해야 하고, 법원이 피고사건을 심리한 결과 보호처분에 처함이 상당하다고 인정하는 경우에는 가정보호사건의 관할법원에 송치할 수 있으며, 이 경우에도 피해자의 의사를 존중해야 한다.

검사나 법원의 송치결정이 있는 경우에 행위자를 구금하고 있는 시설의 장은 검사의 이송지휘를 받은 때로부터 관할법원이 있는 시·군에서는 24시간이내에, 기타 시·군에서는 48시간이내에 행위자를 관할법원에 인도해야 하며, 법원은 인치된 때로부터 24시간이내에 임시조치여부를 결정해야 한다.

4. 조사·심리절차 및 불처분 결정

(1) 심리의 비공개

가정보호사건을 심리함에 있어서 사생활보호나 가정의 평화와 안정을 위하여 필요하거나 선량한 풍속을 해할 우려가 있다고 인정할 경우에 판사는 결정으로 이를 공개하지 않을 수 있고, 증인으로 소환된 피해자나 가정구성원은 사생활보호나 가정의 평화와 안정을 이유로 증인신문의 비공개를 신청할 수 있다.

(2) 피해자의 진술권 등

피해자의 신청이 있는 경우에 법원은 제33조 단서의 사정, 즉 신청인이 심리절차에서 충분히 진술하여 다시 진술할 필요가 없거나 신청인의 진술로 심리절차가 현저하게 지연될 우려가 있는 경우 외에는 피해자를 증인으로 반드시 신문하고 의견을 진술할 기회를 주도록 하는 피해자의 진술권 등을 보장하고 있다(제33조).

(3) 법원의 조사·심리방향과 판사의 조사명령, 전문가 의견조회, 소환 및 동행영장, 긴급동행영장

법원이 가정보호사건을 조사·심리함에 있어서는 의학·심리학·사회학·사회복지학 기타 전문적인 지식을 활용하여 행위자·피해자 기타 가정구성원의 성행·경력·가정상황과 가정폭력범죄의 동기·원인 및 실태 등을 밝혀서 이 법의 목적을 달성할 수 있는 적정한 처분이 이루어지도록 노력하여야 한다(제19조).

가정보호사건을 조사하기 위해 법원에 '가정보호사건조사관'을 두며, 판사는 가정보호사건조사관, 보호관찰소의 장에게 가정폭력행위자, 피해자 및 가정구성원에 대한 심문이나 그들의 정신·심리상태, 가정폭력범죄의 동기·원인 및 실태 등의 조사를 명하거나 요구할 수 있다(제20~21조).

법원은 정신건강의학과의사, 심리학자, 사회학자, 사회복지학자, 그 밖의 관련전문가에게 가정폭력행위자, 피해자 또는 가정구성원의 정신·심리상태에 대한 진단소견 및 가정폭력범죄의 원인에 관한 의견을 조회할 수 있다. 가정보호사건을 조사·심리할 때 법원은 의견조회의 결과를 고려하여야 한다(제22조)

또한 판사는 조사·심리에 필요하다고 인정하는 경우에는 행위자·피해자·가정구성원 그 밖의 참고인을 소환할 수 있고, 가정폭력행위자가 정당한 이유 없이 소환에 불응하는 경우에는 동행영장을 발부할 수 있다(제24조). 가정폭력행위자가 소환에 응하지 아니할 우려가 있거나 피해자보호를 위하여 긴급히 필요하다고 인정하는 경우에는 판사는 소환절차 없이 긴급동행영장을 발부할 수 있다(제25조).

1) 판사의 임시조치, 심리의 비공개, 피해자 진술권

판사는 가정보호사건의 원활한 조사, 심리 또는 피해자보호를 위하여 필요하다고 인정하는 경우에는 결정으로 가정폭력행위자에 대하여 위에서 언급한 임시조치를 할 수 있다. 사생활보호를 위해 신리의 비공개와 피해자의 진술권 등을 보장하고 있다(제29, 32조, 제33).

2) 판사의 처분을 하지 아니한다는 결정과 사건이송

판사는 가정보호사건을 심리한 결과 아래의 하나에 해당할 때에는 불처분결정을 하여야 한다. 즉, 불처분결정사유로는 ① 보호처분을 할 수 없거나 할 필요가 없다고 인정하는 경우, ② 사건의 성질·동기 및 결과, 행위자의 성행·습벽 등에 비추어 가정보호사건으로 처리함이 적당하지 아니하다고 인정하는 경우(제37조)이다.

불처분을 한 경우에는 법원이 송치한 사건은 송치법원으로, 검사가 송치한 사건은 검사에게 사건을 이송하여야 한다. 가정보호사건은 다른 쟁송사건보다 우선하여 신속히 처리하여야 하며, 처분의 결정은 특별한 사유가 없으며, 송치받은 날부터 3개월 이내에, 이송받은 날부터 3개월 이내에 하여야 한다.

5. 보호처분의 결정 및 기타 불복절차(항고와 재항고)

(1) 보호처분의 결정 및 유형

판사는 심리의 결과 보호처분이 필요하다고 인정한 때에는 다음에 하나에 해당하는 처분을 결정할 수 있으며, 이를 병과할 수도 있다. **보호처분의 유형**은 다음과 같다(제40조).

《 보호처분의 유형 》

1) 행위자가 피해자 또는 가정구성원에게 접근하는 행위의 제한
2) 행위자가 피해자 또는 가정구성원에게 「전기통신기본법」 제2조제1호의 전기통신을 이용하여 접근하는 행위의 제한
3) 친권자인 행위자의 피해자에 대한 친권행사의 제한
4) 보호관찰 등에 관한 법률에 의한 사회봉사·수강명령
5) 보호관찰 등에 관한 법률에 의한 보호관찰
6) 가정폭력방지 및 피해자보호 등에 관한 법률이 정하는 보호시설에의 감호위탁
7) 의료기관에의 치료위탁
8) 상담소등에의 상담위탁

보호처분 중 행위자가 피해자 또는 가정구성원에게 접근하는 행위의 제한, 행위자가 피해자 또는 가정구성원에게 「전기통신기본법」 제2조제1호의 **전기통신을 이용하여 접근하는 행위의 제한**, 친권자인 행위자의 피해자에 대한 **친권행사의 제한**, 보호관찰 등에 관한 법률에 의한 **보호관찰**, 가정폭력방지 및 피해자보호 등에 관한 법률이 정하는 **보호시설에의 감호위탁**, 의료기관에의 **치료위탁**, 상담소등에의 **상담위탁 등의 기간은 6월**을 초과할 수 없으며, **사회봉사·수강명령**은 **200시간**을 각각 초과할 수 없다(제41조).

보호처분이 진행되는 동안 법원은 필요하다고 인정하는 때에는 직권, 검사·보호관찰관 또는 수탁기관의 장의 청구에 따라 결정으로 1회에 한하여 보호처분의 종류와 기간을 변경할 수 있으며, 위의 각 처분의 보호처분의 기간은 1년을, 사회봉사·수강명령 경우에는 400시간을 각각 초과할 수 없도록 하였다(제45조).

(2) 보호처분에 대한 불복절차(항고 및 재항고)

보호조치나 보호처분 및 보호처분의 취소·변경 등의 결정에 영향을 미칠 법령위반이 있거나 중대한 사실오인이 있는 때 또는 그 결정이 현저히 부당한 때에는 **결정을 고지받은 날로부터 7일 이내에 항고법원(원칙적으로 가정법원 본원합의부)에 항고**할 수 있으며, 항고기각결정에 대하여는 그 결정이 법령에 위반한 때에 한하여 **대법원에 재항고** 할 수 있다.

(3) 피해자 보호명령제도

1) 피해자보호명령사건의 관할

피해자보호명령사건의 관할은 가정폭력행위자의 행위지·거주지 또는 현재지 및 피해자의 거주지 또는 현재지를 관할하는 **가정법원**으로 한다. 다만, 가정법원이 설치되지 아니하는 지역에 있어서는 해당 지역의 지방법원으로 한다. 피해자보호명령사건의 심리와 결정은 판사가 한다(제55조).

2) 피해자보호명령 등

판사는 피해자의 보호를 위하여 필요하다고 인정하는 때에는 피해자 또는 그 법정대리인의 청구에 따라 결정으로 가정폭력행위자에게 ① **피해자 또는 가정구성원의 주거 또는 점유하는 방실로부터의 퇴거 등 격리**, ② **피해자 또는 가정구성원의 주거, 직장 등에서 100미터 이내의 접근금지**, ③ **피해자 또는 가정구성원에 대한 「전기통신사업법」 제2조 제1호의 전기통신을 이용한 접근금지** 및 ④ **친권자인 가정폭력행위자의 피해자에 대한 친권행사의 제한 등의 피해자보호명령**을 할 수 있다.

법원은 피해자의 보호를 위하여 필요하다고 인정하는 경우에는 **피해자 또는 그 법정대리인의 청구 또는 직권으로 일정 기간 동안 검사에게** 피해자에 대하여 가정폭력행위자를 상대방 당사자로 하는 가정보호사건, 피해자보호명령사건 및 그 밖의 가사소송절차에 참석하기 위하여 법원에 출석하는 피해자에 대한 신변안전조치와 자녀에 대한 면접교섭권을 행사하는 피해자에 대한 신변안전조치 및 그 밖에 피해자의 신변안전을 위하여 대통령령으로 정하는 **신변안전조치를 하도록 요청**할 수 있다. 이 경우 검사는 피해자의 주거지 또는 현재지를 관할하는 **경찰서장에게 신변 안전조치를 하도록 요청**할 수 있으며, 해당 경찰서장은 특별한 사유가 없으면 이에 따라야 한다(제55조의2).

3) 피해자보호명령의 기간

피해자보호명령의 기간은 6개월을 초과할 수 없다. 다만, 피해자의 보호를 위하여 그 기간의 연장이 필요하다고 인정하는 경우에는 직권이나 피해자 또는 그 법정대리인의 청구에 따른 결정으로 2개월 단위로 연장할 수 있는데, 기간을 연장하거나 그 종류를 변경하는 경우 종전의 처분기간을 합산하여 2년을 초과할 수 없다(제55조의3).

4) 임시보호명령

판사는 피해자보호명령의 청구가 있는 경우에 피해자의 보호를 위하여 필요하다고 인정하는 경우에는 결정으로 제55조의2 제1항 각 호의 어느 하나에 해당하는 **임시보호명령**을 할 수 있다. 임시보호명령의 기간은 피해자보호명령의 결정 시까지로 한다. 다만, 판사는 필요하다고 인정하는 경우에 그 기간을 제한할 수 있다.

임시보호명령의 취소 또는 그 종류의 변경에 대하여는 제55조의2 제3항 및 제4항을 준용한다. 이 경우 "피해자보호명령"은 "임시보호명령"으로 본다(제55조의3).

6. 민사처리의 특례(배상명령신청 등)

피해자는 가정보호사건이 계속된 법원에 배상명령을 신청할 수 있으며, 이 경우에 인지의 첩부를 요하지 않는다. 법원은 제1심의 가정보호사건의 심리절차에 보호처분을 선고할 경우 직권 또는 피해자의 신청에 의하여 피해자 또는 가정구성원의 부양에 필요한 금전의 지급, 가정보호사건으로 인하여 발생한 직접적인 물적 피해 및 치료비손해의 배상 및 행위자와 피해자사이에 합의된 배상액에 관하여도 배상을 명할 수 있다. 법원의 배상명령은 보호처분과 동시에 선고하여야 한다.

배상신청이 부적법하거나 이유 없거나 상당하지 아니할 때에는 결정으로 각하하고, 이에 불복할 때에는 항고, 재항고가 가능하다. 배상명령은 민사판결과 동일한 효력이 있다.

7. 벌 칙

행위자가 피해자 또는 가정구성원에게 접근하는 행위의 제한, 행위자가 피해자 또는 가정구성원에게 「전기통신기본법」 제2조제1호의 전기통신을 이용하여 접근하는 행위의 제한, 친권자인 행위자의 피해자에 대한 친권행사의 제한의 **보호처분을 받은 자**가 이를 이행하지 아니한 때에는 **2년 이하의 징역이나 2천만원 이하의 벌금 또는 구류**에 처하도록 규정하고 있어 보호처분 이행강제의 실효성을 담보해주고 있다(제63조).

그 외에 상담원 등 관련자와 신문·방송 등 언론관련자의 비밀엄수의무, 보도금지의무 등의 위반에 대해서도 징역 또는 벌금에 처할 수 있도록 규정하여 가정생활의 비밀을 가능한 한 보호하도록 하였다. 상대적으로 경미한 위반행위인 소환불응, 보고서 또는 의견서 제출요구에의 불응 등에 대해서는 500만원 이하의 과태료에 처할 수 있도록 하였다(제65조).

《 관련사례 》

(문) 가정폭력으로 이혼한 전남편이 아직도 찾아와 폭력을 행사하는데 이를 방지할 방법이 있는가? 또 가정폭력방지법은 전남편에게도 적용되는가?

(답) 가정폭력방지법의 적용대상에는 전남편도 포함되므로 형사고소를 할 수 있다.
1998.7.1.부터 시행되고 있는 '가정폭력방지법'이란 '가정폭력범죄의 처벌 등에 관한 특례법'과 '가정폭력방지 및 피해자 보호 등에 관한 법률'을 의미한다. '가정폭력'이란 '가정구성원 사이의 신체적·정신적 또는 재산상의 피해를 수반하는 행위'로서, 여기서 말하는 '가정구성원'이란 아래와 같다.
① **현재 또는 과거의 배우자 :** 현재 법률상이건 사실혼관계(동거)이건 부부인 자, 과거 법률상 혹은 사실상 부부관계(동거)였지만 현재는 이혼하거나 헤어져서 남남인 자들을 모두 포함한다.
② **현재 또는 과거의 자기 또는 배우자의 직계존비속관계 :** 현재 및 과거의 법률상, 사실상의 시부모, 장인 장모, 자녀나 손자손녀 등의 관계에 있거나 있었던 모든 자를 말한다.
③ **현재 또는 과거의 계부모와 자, 적모서자 관계**
④ **동거하는 친족관계에 있는 자**

위와 같이 가정폭력이란 **현재의 가족관계**뿐 아니라 **과거의 가족관계까지 포함**하므로 위 사안의 경우 **가정폭력방지법에 의한 형사고소가 가능**하다.

고소장을 작성할 때는, 최근의 폭력뿐만 아니라 그 전에 있었던 가정폭력이나 혹은 피해자와 가해자와의 관계 등에 대하여 고소장에 자세히 언급함으로써 이번의 폭력이 우발적이거나 일회적이 아님을 강조할 필요가 있고, 상해진단서나 소견서, 멍들거나 다친 부위의 사진 등을 고소장에 첨부하는 것이 좋다.

(문) 결혼 후 혼수문제로 시댁에서 갑에게 노골적으로 불만을 드러내면서 폭력을 행사하고 있다. 보통은 남편이 폭력을 휘두르지만 가끔은 시어머니까지 가세하고 있다. 두 사람 모두 폭력을 멈추게 하는 방법이 없을까?

(답) 두 사람 모두 '**가정폭력범죄의 처벌 등에 관한 특례법**'의 적용을 받는 대상이므로 **형사고소를 할 수 있고 이혼을 하는 방법**도 생각해 볼 수 있다.

가정폭력은 가해자가 깊게 자신의 잘못을 뉘우치지 않는 한 멈춰지지 않을 것이다. 따라서 최선은 아니지만 차선의 방법으로 이혼을 생각해 볼 수 있겠다. 이혼소송을 제기하게 되면 남편과 시부모를 상대로 이혼 및 정신적 고통에 대한 대가인 위자료를 청구할 수 있고, 나아가 남편이나 시부모의 폭력에 대해 형사고소 할 수도 있다. 종전에는 며느리가 시부모를 형사고소 할 수 없었는데, 개정된 '**가정폭력범죄의 처벌 등에 관한 특례법**'에 의해 **시부모에 대한 형사고소도 가능**하다.

제11절 **성관련범죄에 대한 이해**

Ⅰ. 머리글

성폭력이라는 용어는 1994. 1. 5. "**성폭력범죄의 처벌 및 피해자보호 등에 관한 법률**"이 제정, 공포되면서 법률용어로 자리 잡게 되었다. 이 특별형법이 제정되기 전까지는 형법전에서는 '정조(貞操)에 관한 죄'라는 표제하에 성관련범죄를 규정하고 있었다. 그러나 1995년 형법이 개정되면서 형법전 제32장의 표제를, '**정조에 관한 죄**' 대신에 '**강간과 추행에 관한 죄**'로 개정함으로써, 이 규정의 성격을 여성의 정조를 보호한다는 측면보다는 '**성적 자기결정의 자유**'보호하기 위한 규정임을 명백히 하였다. 형법의 강간죄, 강제추행죄 등이 여기에 해당한다.

한편 1994년에 제정된 "성폭력범죄의 처벌 및 피해자보호 등에 관한 법률"은 2010. 4. 15. 폐지되면서, 성폭력범죄의 처벌 및 그 절차에 관한 특례를 규정하여 성폭력범죄 피해자의 생명과 신체의 안전을 보장하고 건강한 사회질서의 확립에 이바지함을 목적으로 하는 **"성폭력범죄의 처벌 등에 관한 특례법"**과 성폭력을 예방하고 성폭력피해자를 보호·지원함을 목적으로 하는 **"성폭력방지 및 피해자보호 등에 관한 법률"**로 각각 나누어 별도의 법률이 성폭력특별법으로 제정(2010. 4. 15.제정, 2011. 1. 1. 시행)되어 오늘에 이르고 있다. 즉 전자의 성격은 성폭력범죄의 처벌과 절차에 관한 특례법이고, 후자는 성폭력예방 및 피해자보호에 중점을 둔 법률이다.

성폭력처벌법인 **"성폭력범죄의 처벌 등에 관한 특례법"**에서는 성폭력범죄의 범위를 폭넓게 정의하여, 형법의 '강간과 추행에 관한 죄' 외에도 성풍속에 관한 죄 중 제242조(음행매개), 제243조(음화반포등), 제244조(음화제조등) 및 제245조(공연음란)의 죄를 포함하고 있으며, 그 밖에도 통신매체이용음란행위, 이른바 몰래 카메라를 이용한 촬영행위, 성적 목적을 위한 공공장소 침입행위, 공중밀집장소에서의 추행 등의 행위도 포섭하여 성폭력특별법의 규제대상으로 삼고 있다..

따라서 형법상의 강간과 추행의 죄에 해당하는 범죄는 사람의 성적 자기결정권을 보호법익으로 하는 데 반해, 성폭력특별법에서 규정하고 있는 성폭력범죄의 보호법익은, 개별범죄유형에 따라 **성적 자기결정권, 아동·청소년·장애인의 성보호, 우리 사회의 보편적이고 지배적인 성윤리의 보호 등**을 보호법익으로 하고 있다고 할 수 있다.

현행법상 성폭력범죄를 비롯한 각종 성관련 범죄를 규정하고 있는 법률로는 **형법, 성폭력범죄의 처벌 등에 관한 법률, 성폭력방지 및 피해자보호 등에 관한 법률, 성매매알선 등 행위의 처벌에 관한 법률, 성매매방지 및 피해자보호 등에 관한 법률, 아동·청소년의 성보호에 관한 법률, 아동복지법, 경범죄처벌법** 등이 있지만, 아래에서는 먼저 형법상 성관련범죄의 내용을 살펴본 후, 성폭력특별법을 중심으로 성관련 법률의 주요내용에 대하여 살펴보기로 한다.

Ⅱ. 형법상 성관련범죄

1. 강간죄·유사강간 및 강제추행죄

(1) 강간죄

1) 강간죄의 행위객체

"폭행 또는 협박으로 사람을 강간한 자는 3년 이상의 유기징역에 처한다(제297조)."고 규정하고 있다. 2012년 형법을 개정하여 강간죄의 객체를 종래의 '부녀'에서 '사람'으로 변경하였다. 따라서 강간죄의 주체와 객체는 남녀를 불문하게 되었다.

또한 성전환수술에 의해 여성으로서의 체형을 갖고 있는 성전환수술에 의한 여성에 대하여 판례는 강간죄의 객체가 되는 여자라 볼 수 없다고 판시하면서, 그 판단기준으로 성염색체의 구성을 기본으로 하여 성선, 외부성기 등 외관, 심리적, 정신적인 성, 사회생활에서 수행하는 주관적, 개인적인 성역할 및 이에 대한 일반인의 평가나 태도 등 모든 요소를 종합적으로 고려하여 사회통념에 따라 결정되는 것이라고 판시한 바 있다.[53] 그 후 대법원은 개인적·사회적으로 여성으로서의 생활을 영위해 가고 있는 경우에는 사회통념상 여성으로 평가되는 성전환자로서 '부녀'에 해당한다고 판시하였다.[54]

그러나 강간죄의 객체가 남녀불문으로 개정된 법률에 의하면 성전환수술 여성의 경우에 여성의 성기를 외관상 갖추고 있는 경우에는 염색체나 임신가능 여부를 불문하고 강간죄의 객체가 된다고 보아야 한다. 강간죄의 기수시기에 관하여 삽입설이 통설인 점을 고려할 때 더욱 그러하다.

한편 법률상의 배우자가 강간죄의 객체가 되는가가 문제된다. 독일의 경우에는 배우자에 대한 강간죄를 인정하고 있다. 학설은 혼인계약의 내용에 강요된 동침까지 포함된다고는 해석할 수 없으므로 배우자를 강간죄의 객체에 포함시키는 긍정설과 이를 부정하는 부정설이 대립하고 있으며, 부부관계의 특수성을 고려하여 부정설이 다수설의 입장이다. 부정설에 의하면 부부간에는 강압적인 성관계가 이루어지더라도 부부강간죄는 성립하지 않지만, 폭행죄, 협박죄, 상해죄, 강요죄 등이 성립할 수 있게 된다. 다만, 혼인관계가 파탄되어 **실질적인 부부관계가 인정될 수 없는 상태에**

---

53) 대법원 1996. 6. 11. 선고, 96도791 판결.
54) 대법원 2009. 9. 10. 선고, 2009도3580 판결.

이른 때에는 법률상의 배우자인 처도 본죄의 객체가 된다는 것이 **판례**[55]**와 다수설**의 태도이다.

2) 폭행 또는 협박의 정도

강간죄의 폭행 또는 협박의 정도는 **상대방의 반항을 불가능하게 하거나 현저히 곤란하게 할 정도**에 이르러야 한다.[56] 그러므로 상대방의 반항을 곤란하게 할 정도로 신체에 대한 유형력을 행사하거나(폭행), 상대방의 반항을 현저히 곤란할 정도로 일정한 해악을 가할 것을 고지하는 행위(협박)에 의해서만이 강간죄가 성립한다. 단순히 폭행죄나 협박죄에 해당하는 정도의 폭행이나 협박의 정도만으로는 충분하지 않다고 하겠다.

(2) 유사강간죄

폭행 또는 협박으로 사람에 대하여 **구강, 항문 등 신체(성기는 제외한다)의 내부에 성기를 넣거나 성기, 항문에 손가락 등 신체(성기는 제외한다)의 일부 또는 도구를 넣는 행위**를 한 사람은 2년 이상의 유기징역에 처한다(제297조의2).

(3) 강제추행죄

"폭행 또는 협박으로 사람에 대하여 추행한 자는 10년 이하의 징역 또는 1,500만원 이하의 벌금에 처한다(제298조)."

1) 폭행, 협박의 정도

본죄의 폭행, 협박의 정도에 대하여는 일반인으로 하여금 항거를 곤란하게 할 정도의 폭행, 협박이면 족하다는 유력설의 견해도 있으나, 강간죄에서의 폭행·협박의 정도와 같다는 견해가 타당하다.

2) 본죄의 주체와 객체

본죄의 주체와 객체에는 **남녀 모두가 포함**된다.

---

55) 대법원 2009. 2. 12. 선고, 2008도8601 판결.
56) 대법원 2007. 1. 25. 선고, 2006도5979 판결.

3) 추행의 개념

추행(醜行)의 개념과 관련하여 주관설에 의하면 '주관적으로는 성욕을 자극, 흥분 또는 만족하게 할 목적으로 하는 행위로서 일반인의 성적 수치심 또는 성적 혐오감을 느끼게 하는 일체의 행위'라고 이해하며, 이와 달리 객관설에 의하면 행위자의 주관적인 성욕의 만족 등은 필요치 않고, 객관적으로 일반평균인의 입장에서 보아 성적 수치심이나 성적 혐오감을 느끼게 하는 일체의 행위를 추행으로 보고 있다.

· 생각건대 객관설에 의하면 추행에 해당하는 행위라 하더라도 주관설에 의하면 행위자의 주관적인 성욕의 만족 등을 위한 행위가 아니라면 추행이 되지 않게 되므로 피해자의 입장에서 보면 추행의 범위가 너무 협소해진다. 그러므로 행위자가 주관적으로 성욕을 자극, 흥분하려는 목적이 없는 행위라 하더라도, **객관적으로 일반인의 입장에서 보아 성적 혐오감이나 성적 수치심을 일으킬 수 있는 일체의 행위**는 추행에 해당한다고 보는 객관설의 입장이 타당하며, **판례도 객관설**의 입장이다.

2. 준강간죄와 준강제추행죄

"사람의 심신상실 또는 항거불능의 상태를 이용하여 간음 또는 추행을 행한 자는 강간, 강제추행의 예에 의한다(제299조)."

본죄는 범죄행위자 자신이 직접적으로 구성요건을 실현해야만 범죄가 성립하는 **자수범**(自手犯)이 아니므로, 타인과 공동으로 또는 타인을 이용하는 공동정범 내지 간접정범의 형태로도 가능하다. 예컨대 수면 중의 부녀 또는 일시적으로 의식을 잃고 있는 부녀 등을 대상으로 간음하는 경우가 이에 해당한다. 이 죄는 성적 자기결정권에 따른 성적 거부의사를 제대로 표현할 수 없는 상태에 있는 자의 성을 보호하는데 있다.

심신상실이란 **사물을 변별할 능력이나 의사를 결정할 능력이 결여된 자**를 말한다. 정신병자 등이 이에 해당한다. 항거불능의 상태에 있는 자란 수면 중의 자를 예로 들 수 있다. 이 경우는 사실상 반항이 불가능한 상태에 이미 놓여있는 자를 이용하는 경우이다. 이와 달리 행위자가 항거불능의 상태를 적극적으로 일으켜 간음 등을 한 경우에는 준강간, 준강제추행이 아니라 강간이나 강제추행에 해당한다. 예컨대 수면제나 마취제를 먹인 경우이다.

3. 13세 미만의 미성년자에 대한 의제강간·강제추행죄

"13세 미만의 부녀를 간음하거나 13세 미만의 사람에게 추행을 한 자는 강간, 강제추행, 강간 등 상해·치상, 강간 등 살인·치사죄의 예에 의한다(제305조)."

본죄는 13세 미만에 해당하는 자에 대한 방해없는 **성적 발전을 보호법익**으로 한다. 그러므로 13세 미만의 미성년자에 대하여는 간음이나 추행에 대한 동의능력이 없는 것으로 법적으로 간주하여 동의나 승낙하에 간음이나 추행을 하였더라도 이를 강간이나 강제추행으로 의제하여 처벌한다는 규정이다. 이 범죄는 **의제강간·의제 강제추행죄**이다. 성폭력특별법에 의해 가중 처벌된다.

피해자의 연령에 대하여 착오를 한 경우, 예컨대 13세 미만인 부녀임에도 불구하고 13세 이상으로 착오한 경우에는 구성요건적(사실의) 착오에 해당하여 고의가 조각되므로 원칙적으로 처벌되지 않게 된다.

반대로 13세 이상인 부녀를 13세 미만으로 착각하였지만 상대방의 동의하에 간음한 경우에는 불가벌적인 불능범이 되어 본죄는 성립하지 않게 된다..

4. 강간 등 상해·치상·살인·치사죄 및 강도강간

(1) 강간 등 상해·치상죄

"제297조 내지 제300조의 죄를 범한 자가 사람을 상해하거나 상해에 이르게 한 때에는 무기 또는 5년 이상의 징역에 처한다(제301조)."

이 죄는 강간죄, 강제추행죄, 준강간죄, 준강제추행죄 및 미성년자의제강간죄를 범한 자가 사람을 상해하거나 상해에 이르게 함으로써 성립하는 범죄이고, 강간 등의 죄는 미수범이라도 가능하다. 이 죄는 **강간죄와 상해죄의 결합범**이고 강간죄에 대한 **결과적 가중범**이다.

특수강간죄와 특수강제추행죄 등의 죄를 범한 사람이 다른 사람을 상해하거나 상해에 이르게 한 때에는 성폭력특별법에 의하여 가중 처벌된다.

상해라는 결과가 발생해야 하는데, **상해란 사람의 생리적 기능을 훼손하여 건강을 불량하게 한 경우**를 말한다. 그러므로 회음부찰과상, 콧등을 붓게 한 경우, 성병 감염, 처녀막파열[57], 보행불능·수면장애·식욕감퇴 등의 기능장애, 히스테리 증상 등

---

57) 대법원 1995. 7. 25. 선고, 94도1351 판결.

도 이에 해당한다. 이러한 상해는 반드시 행위수단인 폭행의 직접적 결과일 필요는 없지만 강간의 기회에 이루어져야 하므로, 강간을 피하려다 상해의 결과가 발생한 경우[58]에도 인과관계가 있게 된다.

(2) 강간 등 살인·치사죄

"제297조 내지 300조의 죄를 범한 자가 사람을 살해한 때에는 사형 또는 무기징역에 처한다. 사망에 이르게 한 때에는 무기 또는 10년 이상의 징역에 처한다(제301조의2)."

이 죄가 성립하기 위해서는 강간 등의 행위와 사망이라는 결과 사이에 인과관계가 있어야 한다. 피해자가 강간의 수단인 폭행 또는 협박을 피하려다가 사망한 경우에도 이 죄가 성립한다.[59] 그러나 피해자가 강간 등의 행위에 수치심을 느껴 자살한 경우에는 인과관계가 부정되므로 본죄는 성립하지 않게 된다. 제3자의 고의나 과실행위, 자연적인 재해 등이 개입하여 결과발생을 야기한 경우에는 인과관계는 부정된다.

(3) 강도강간

강도가 부녀를 강간한 때에는 무기 또는 10년 이상의 징역에 처한다(제339조).

강도가 부녀를 강간한 때에는 **강도죄와 강간죄가 결합된 결합범**으로서 중하게 처벌하고 있다.

5. 미성년자·심신미약자에 대한 간음·추행죄

"미성년자 또는 심신미약자에 대하여 위계 또는 위력으로 간음 또는 추행을 한 자는 5년 이하의 징역에 처한다(제302조)."

이 죄의 객체인 미성년자란 19세 미만자를 말하지만 형법 제305조의 규정을 고려해 13세 미만자는 제외된다. 혼인한 미성년자는 민법상 성인으로 의제되므로 본죄의

---

58) 대법원 1995. 5. 12. 선고, 95도425 판결.
59) 대법원 1995. 5. 12. 선고, 95도425 판결. 대법원은 피해자가 감금상태를 벗어나기 위해 창문으로 탈출하려다 추락한 사안에서 피고인의 강간미수행위와 사망 사이에 상당인과관계가 있으므로 강간치사죄로 처단한 것은 정당하다고 판시하였다.

객체가 아니라는 견해도 있으나, 정신적 신체적으로 미숙한 미성년자의 성적 자유를 보호하려는 이 조항의 취지를 고려해볼 때 혼인한 미성년자도 여기에 해당한다고 보는 것입장이 타당하다.[60]

심신미약자란 정신기능의 장애로 말미암아 정상적인 판단능력이 부족한 자를 말한다. 연령은 묻지 않는다. 또한 본죄의 객체에 해당하더라도 행위수단이 강간 등의 수단인 폭행·협박에 의하여 이루어진 경우에는 본죄가 아니라 강간죄 또는 강제추행죄가 성립한다. 이 범죄의 행위수행의 방법은 **위계(僞計) 또는 위력(威力)이라는 방법**이다.

여기서 **위계'란 기망 또는 유혹 등의 수단을 통해 상대방의 부지나 착오를 이용하는 일체의 행위**를 말한다. 예컨대 돈을 주겠다고 속이거나 질병을 치료한다고 명목으로 성교행위를 하는 경우를 들 수 있다.

또한 '**위력**'이란 **사람의 의사를 제압할 수 있는 일체의 세력**을 말한다. 따라서 강간죄의 수단인 상대방의 의사를 제압할 수 있는 정도의 폭행·협박에는 이르지 않은 폭행·협박이 잇는 경우가 여기에 해당하며, 그밖에도 간음행위자가 그의 경제적·사회적 지위를 이용하여 상대방의 의사를 사실상 제압함으로써 피간음자의 자율적인 의사에 의사 간음이 아닌 경우에는 여기에 해당한다.

또한 피간음자가 아동·청소년인 경우에는 특별형법인 「아동·청소년의 성보호에 관한 법률」이 우선 적용되어 가해자는 가중처벌된다.

6. 업무상위력 등에 의한 간음죄, 피구금자 간음죄

(1) 피보호·감독자 간음죄(제303조 제1항)

업무·고용 기타 관계로 인하여 자기의 보호 또는 감독을 받는 사람에 대하여 위계 또는 위력으로써 간음한 자는 7년 이하의 징역 또는 3천만원 이하의 벌금에 처한다."

본죄의 행위태양은 업무·고용 기타 관계로 **자기의 보호 또는 감독을 받는 사람**에 대하여 **위계 또는 위력으로써 간음한 경우**에 성립하는 범죄이다. 이 죄는 업무·고용 기타 관계로 인해 자기의 보호·감독을 받는 피보호·감독자를 폭행, 협박, 기

---

60) 배종대, 형법각론, 262면.

망, 유혹 등의 방법이나 보호·감독자라는 사회적 지위를 이용하여 피보호·감독자와 간음행위를 하는 경우를 말한다. 피보호·감독자와 행위자 사이에 특별한 자율적인 합의(동의)를 하고서 성교행위를 한 경우가 아니라면 피보호·감독자와 보호·감독자 사이의 성교행위는 위력에 의한 간음죄에 해당한다.

피보호·감독자에 대하여 간음이 아니라 **추행**을 한 경우에는 특별형법인 「성폭력범죄의 처벌 등에 관한 특례법」에 의해 처벌된다.

(2) 피구금자 간음죄

법률에 의하여 구금된 사람을 감호하는 자가 그 사람을 간음한 때에는 10년 이하의 징역에 처하도록 규정하고 있다(제303조 제2항). 따라서 본죄는 피구금자의 동의 여부와 관계없이 성립된다. 예컨대 교도소나 구치소 경찰서 등의 구금시설에 구금된 자와 이를 감호하는 공무원이 성관계를 가지면 설령 상대방의 동의하에 간음행위가 이루어졌다 하더라도 본죄가 성립하게 된다. 한편 형법은 피구금자에 대한 간음행위만을 처벌하고 추행행위에 대하여는 처벌하고 있지 않지만, 「성폭력범죄의 처벌 등에 관한 특례법」에 의해 추행행위도 처벌된다.

7. 약취·유인의 죄

약취·유인의 죄란 사람을 약취(略取) 또는 유인(誘引)하여 자기 또는 제3자의 실력적 지배하에 둠으로써 **개인의 자유를 침해**하는 것을 내용으로 하는 범죄이다. 여기에서 약취(略取)와 유인(誘引)이라 함은 사람의 자유로운 생활관계로부터 자기 또는 제3자의 사실상의 지배하에 옮기는 행위를 말하며, 약취는 폭행 또는 협박이 수단이 되는 경우이고, 유인은 기망(欺罔) 또는 유혹(誘惑)이 수단이 되는 경우이다.

미성년자를 약취 또는 유인한 사람은 10년 이하의 징역에 처하도록 규정하고 있고, **추행, 간음, 결혼 또는 영리의 목적**으로 사람을 약취 또는 유인한 사람은 1년 이상 10년 이하의 징역에 처하며, **노동력 착취, 성매매와 성적 착취, 장기적출을 목적**으로 사람을 약취 또는 유인한 사람은 2년 이상 15년 이하의 징역에 처한다. 또한 **국외에 이송할 목적**으로 사람을 약취 또는 유인하거나 약취 또는 유인된 사람을 **국외에 이송**한 사람도 동일한 형으로 처벌한다(제288조).

'**추행의 목적**'이란 피인취자를 추행행위의 주체 또는 객체로 할 목적을 말하고, 추행이란 객관적으로 일반인에게 성적 수치심이나 혐오감을 일으키게 하는 일체의 행위를 말한다.

'**간음목적**'이란 결혼이 아닌 성교행위를 하기 위한 목적이고, '**영리의 목적**'이란 자기 또는 제3자로 하여금 재산상의 이익을 얻을 목적을 말한다.

피인취자가 미성년자일 때에는 '**특정범죄가중처벌 등에 관한 법률**'에 의해 가중 처벌된다. 석방의 대상으로 재물을 취득할 목적으로 사람을 약취·유인한 경우에는 **인질강도죄**가 성립한다는 견해와 본죄가 성립한다는 견해의 대립이 있다.

(3) 인신매매

사람을 매매한 사람은 7년 이하의 징역에 처하는데, 사람의 매매가 추행, 간음, 결혼 또는 영리의 목적인 경우에는 1년 이상 10년 이하의 징역, 노동력 착취, 성매매와 성적 착취, 장기적출을 목적인 경우에는 2년 이상 15년 이하의 징역에 처하며, 국외에 이송할 목적으로 사람을 매매하거나 매매된 사람을 국외로 이송한 사람도 2년 이상 15년 이하의 징역에 처한다(제289조)

8. 음행매개죄

본죄는 영리를 목적으로 사람을 매개(媒介)하여 간음하게 함으로써 성립하는 범죄로서 3년 이하의 징역 또는 1천500만원 이하의 벌금에 처해진다(제242조).

여기서 '**간음**'이란 **부부 사이 이외의 성교행위**를 말하며, '**매개**'란 간음에 이르게 **알선**하는 행위를 의미한다.

특히 18세 미만의 아동에 대하여 음행을 시키거나 음행을 매개한 자는 '**아동복지법**'제17조 제2호에 해당하여 처벌되며, 성매매를 강요하거나 알선한 자는 '**성매매알선 등 행위의 처벌에 관한 법률**'제18조와 제19조에 의해 처벌되고, 만 19세 미만의 청소년에게 성매매를 강요하거나 알선한 자는 '**아동·청소년의 성보호에 관한 법률**'제11조와 제12조에 의해 처벌된다.

9. 음란물죄와 공연음란죄

(1) 음화 등 반포·판매·임대·공연전시죄 및 음란물건 제조·소지·수입·수출 의 죄

음란한 문서, 도화 필름 기타 물건을 반포, 판매 또는 임대하거나 공연히 전시 또는 상영함으로써 성립하는 범죄로서 1년 이하의 징역 또는 500만원 이하의 벌금에 처해지고(243조), 음화반포 등의 행위에 제공할 목적으로 음란한 물건을 제조, 소지, 수입 또는 수출한 자는 1년 이하의 징역 또는 500만원 이하의 벌금에 처하도록 규정하고 있다.

여기서 '**음란(淫亂)**'의 의미가 문제되는데, 통설은 음란성이란 그 내용이 보통 사람들로 하여금 성욕을 흥분 또는 자극시키고 성적 수치심 내지 성적 혐오감을 일으켜 건전하고 **선량한 성적 도의관념**에 반하는 것을 말한다는 입장이다. 그러나 근자에 와서는 행위자의 주관적인 의도나 목적과는 관계없이 행위자의 객관적인 행위경향이 일반인의 건전한 성도덕관념에 현저하게 반하는 것은 음란하다고 보아야 한다는 입장이 대두하고 있다.

그런데 대법원은 여전히 통설과 같은 입장을 취하고 있다. 즉 " '**음란**'이란 **사회통념상 일반 보통인의 성욕을 자극하여 성적 흥분을 유발하고 정상적인 성적 수치심을 해하여 성적 도의관념에 반하는 것**을 말한다. 음란성에 관한 논의는 자연스럽게 형성·발전되어 온 사회 일반의 성적 도덕관념이나 윤리의식 및 문화적 사조와 직결되고, 아울러 개인의 사생활이나 행복추구권 및 다양성과도 깊이 연관되는 문제로서, 국가 형벌권이 지나치게 적극적으로 개입하기에 적절한 분야가 아니다. 이러한 점을 고려할 때, 특정 표현물을 형사처벌의 대상이 될 음란표현물이라고 하기 위하여는 표현물이 단순히 성적인 흥미에 관련되어 저속하다거나 문란한 느낌을 준다는 정도만으로는 부족하다. 사회통념에 비추어 전적으로 또는 지배적으로 성적 흥미에만 호소할 뿐 하등의 문학적·예술적·사상적·과학적·의학적·교육적 가치를 지니지 아니한 것으로서, 과도하고도 노골적인 방법에 의하여 성적 부위나 행위를 적나라하게 표현·묘사함으로써, 존중·보호되어야 할 인격체로서의 인간의 존엄과 가치를 훼손·왜곡한다고 볼 정도로 평가될 수 있어야 한다. 나아가 이를 판단할 때에는 표현물 제작자의 주관적 의도가 아니라 **사회 평균인의 입장에서**

전체적인 내용을 관찰하여 건전한 사회통념에 따라 객관적이고 규범적으로 평가하여야 한다.

음란물이 그 자체로는 하등의 문학적·예술적·사상적·과학적·의학적·교육적 가치를 지니지 아니하더라도, 음란성에 관한 논의의 특수한 성격 때문에, 그에 관한 논의의 형성·발전을 위해 문학적·예술적·사상적·과학적·의학적·교육적 표현 등과 결합되는 경우가 있다. 이러한 경우 음란 표현의 해악이 이와 결합된 위와 같은 표현 등을 통해 상당한 방법으로 해소되거나 다양한 의견과 사상의 경쟁메커니즘에 의해 해소될 수 있는 정도라는 등의 특별한 사정이 있다면, 이러한 결합 표현물에 의한 표현행위는 공중도덕이나 사회윤리를 훼손하는 것이 아니어서, 법질서 전체의 정신이나 그 배후에 놓여 있는 사회윤리 내지 사회통념에 비추어 용인될 수 있는 행위로서 형법 제20조에 정하여진 '**사회상규에 위배되지 아니하는 행위**'에 해당된다."고 판시한 바 있다.[61]

결국 음란성이란 **규범적 개념**이므로 **그 시대의 보편적인 건전한 성윤리관념**에 따라 판단할 수밖에 없다.[62] 따라서 과학작품이나 예술작품이라고 하여 음란성이 부정되는 것은 아니다. 다만 학술서나 예술·과학작품의 경우에도 음란성의 평가대상이 되는가에 관해서는 긍정설과 부정설이 대립하지만, 긍정설이 통설의 입장이다. 생각건대 예술이나 문학작품이라 하여 음란성의 평가대상이 되지 않는다고 이해하는 부정설은 타당하지 않지만, 학문과 예술과 표현의 자유를 고려할 때 가능한 한 해당 분야의 자정작용에 맡기고 법의 개입을 최소화할 필요가 있다.

한편 **상대적 음란개념**이란 문서의 내용 외에도 작가나 출판사의 의도, 광고나 선전의 의도, 독자의 상황 등을 고려하여 상대적으로 음란성 여부를 판단해야 한다는 견해인데, 음란성의 판단기준은 시대에 따라 변화할 수 있으므로 이러한 관점에서 보면 음란성은 상대적이라 할 수 있다. 그러나 상대적 음란개념을 인정하는 것은 표현된 도화나 문서 자체의 예술성과 같은 사회적 가치를 고려하지 않고, 음란한 문서나 도화의 범위도 명백하지 않아 금지된 행위를 명시할 수 없다는 비난을 면할 수 없다. 우리나라에서는 상대적 음란개념에 대하여는 부정설의 입장이 다수설이다.

음화 등 반포 등의 죄가 성립하기 위해서는 이러한 음란물을 반포, 판매, 임대하거나 또는 공연히 전시 또는 상영하는 행위를 해야 한다. 여기서 '**반포**'(頒布)란 **불**

---

61) 대법원 2017. 10. 26. 선고 2012도13352 판결.
62) 대법원 2008. 3. 13. 선고, 2006도3558 판결.

특정 또는 다수인에게 무상으로 교부하는 것을 말한다. '공연히 전시'한다는 것은 "불특정 또는 다수인이 관람할 수 있는 상태에 두는 것"을 말한다.

(2) 공연음란죄

공연히 음란한 행위를 함으로써 성립하는 범죄로서 1년 이하의 징역 또는 5백만 원 이하의 벌금에 처해진다(제245조). 본죄는 **건전한 성풍속 내지 성도덕을 보호** 하기 위한 범죄이다.

음란의 개념에 대하여는 논란이 있으나, 일반평균인 즉 보통사람들에게 성적 수치 심이나 성적 혐오감을 일으켜 건전한 성도덕관념을 침해하는 행위를 말한다. 그리고 '공연히'란 **불특정 또는 다수인이 알 수 있는 상태**를 말한다.[63]

판례는 고속도로에서 성기를 노출한 경우, 요구르트 홍보를 위해 전라의 여성 누 드모델들이 알몸을 드러낸 채 무대를 돌며 관람객에게 요구르트를 던진 행위는 음 란에 해당한다고 판시하였다. 그러나 단순히 목욕하거나 소변을 보는 것은 음란행위 가 아니다.

10. 기타 경범죄처벌법위반죄

음란에 이르지 않을 정도의 **과다 성적 노출행위**로 일반인에게 성적 수치심이나 **혐오감을 일으키게 하는 행위**는 경범죄처벌법상의 **과다노출행위**에 해당한다(경 범죄처벌법 제3조 제1항 제33호).

성관련 장난전화로 사람을 괴롭힌 경우도 성폭력범죄의 처벌 등에 관한 특례법 상의 **통신매체이용음란행위에 해당되지 않을 정도인 때에는 경범죄처벌법**에 의 해 처벌된다(동법 제3조 제1항 제40호).

Ⅲ. 성폭력범죄의 처벌 등에 관한 특례법

1. 머리말

이 법은 우리 사회의 성폭력범죄를 예방하고 그 피해자를 보호하며 성폭력범죄자

---

63) 이른바 미란다사건(대법원 1996. 6. 11. 선고, 96도980 판결)과 고속도로에서의 알몸노출사건(대법원 2000. 12. 22. 선고, 2000도4372 판결) 참조.

의 처벌과 그 절차에 관한 특례를 규정함으로써 국민의 인권신장과 건강한 사회질서의 확립에 이바지함을 목적으로 1994. 1. 5. 제정되었다. 이 법은 기존의 형법 및 특정범죄가중처벌법에 규정되어 있던 성폭력관련범죄만으로는 입법적 대응이 미진했던 부분을 보완하여, 다양한 형태의 성폭력범죄에 대한 종합적인 대응입법으로서 만들어졌다. 1994년 이 법 제정시에는 '**성폭력범죄의 처벌 및 피해자보호 등에 관한 법률**'이라는 명칭이었으나, 그 후 이 법률이 폐지되면서 2010. 4. 15. **성폭력범죄의 처벌 등에 관한 특례법**'과 '**성폭력방지 및 피해자보호 등에 관한 법률**'로 대체되었다.

이후 성폭력특별법은 여러 차례 개정되었고, 특히 **2012년에는 전면개정**을 하였다. 그 개정이유를 살펴보면, 친고죄로 인하여 성범죄에 대한 처벌이 합당하게 이루어지지 못하고 피해자에 대한 합의 종용으로 2차 피해가 야기되는 문제가 있으므로 친고죄 조항을 삭제하고, 공소시효의 적용배제 대상범죄를 확대하며, 성적 목적을 위한 공공장소 침입죄를 신설하고, 성폭력범죄 피해자를 보호하기 위하여 성인 피해자 또한 법률적 조력을 위한 변호사를 선임할 수 있도록 하며, 법원에 출석하는 피해자 등을 보호·지원하기 위한 증인지원관을 두도록 하고, 의사소통 및 의사표현에 어려움이 있는 성폭력범죄 피해자에게 형사사법절차에서 도움을 주기 위한 진술조력인의 법적 근거를 마련하며, 판결 전 조사에 관한 규정을 두어 법원은 성폭력범죄를 범한 피고인에게 보호관찰, 사회봉사 또는 수강을 명하기 위하여 필요한 경우 보호관찰소의 장에게 신체적·심리적 특성 및 상태, 정신성적 발달과정 등 피고인에 관한 사항의 조사를 요구할 수 있도록 하고, 등록대상자 신상정보의 공개와 고지는 여성가족부장관이 집행하는 것으로 하여 관련 규정을 삭제하고 「아동·청소년의 성보호에 관한 법률」에 따르도록 하는 한편, 그 밖에 현행 제도의 운영상 나타난 일부 미비점을 개선·보완하고자 하는 데 있다.

개정의 주요내용을 열거하면 다음과 같다.

가. '친족'의 범위에 '동거하는 친족'을 포함(제5조).

나. 장애인과 13세 미만인 자에 대한 강간죄의 객체를 '여자'에서 '사람'으로 변경(제6조 및 제7조).

다. '**성적 목적을 위한 공공장소 침입죄**'를 신설.

라. **친고죄 조항을 삭제.**

마. 법원은 성폭력범죄를 범한 피고인에게 **보호관찰, 사회봉사 또는 수강명령**을 부과하기 위하여 필요한 경우 보호관찰소의 장에게 신체적·심리적 특성 및 상태, 정신성적 발달과정 등 피고인에 관한 사항의 조사를 요구할 수 있도록 함(제17조).

바. 강제추행, 준강제추행의 죄 등을 **공소시효의 적용 배제 대상**으로 추가 (제21조).

사. 성폭력피해자에 대한 **법률적 조력을 위해 변호인을 선임**(제27조).

아. 증인으로 법원에 출석하는 피해자등을 보호·지원하기 위하여 증인지원시설을 설치·운영하고 **증인지원관**을 둠(제32조).

자. 의사소통 및 의사표현에 어려움이 있는 성폭력범죄의 피해자에 대한 형사사법 절차에서의 조력을 위한 **진술조력인 제도**마련(제35조부터 제39조).

차. **신상정보 등록대상자**는 1년마다 주소지를 관할하는 경찰관서에 출석하여 컬러사진을 촬영하여 저장·보관(제43조).

카. **등록정보의 공개**는 여성가족부장관이 집행(제47조).

타. **등록정보의 고지**는 「**아동·청소년의 성보호에 관한 법률**」을 준용(제49조).

이후에도 16차례에 걸쳐 개정되었는데, 가장 최근인 2018. 12. 18. 개정에서는 현행법은 성적 욕망 또는 수치심을 유발할 수 있는 다른 사람의 신체를 그 의사에 반하여 촬영하거나 그 촬영물을 유포한 경우 카메라 등을 이용한 촬영죄 등으로 처벌하고 있으나 자의에 의해 스스로 자신을 신체를 촬영한 촬영물이 촬영당사자의 의사에 반하여 유포된 경우에는 다른 사람의 신체를 촬영한 촬영물이 아니라는 이유로 이 법 제14조로 처벌할 수 없고 그보다 형이 낮은 음화반포죄 등으로만 처벌이 가능하여 죄질이나 불법의 중대성 등에 비하여 적절한 처벌이 이루어지지 않고 있다는 문제가 제기되어, 자의에 의해 스스로 자신의 신체를 촬영한 촬영물을 촬영대상자의 의사에 반하여 유포한 경우에도 처벌할 수 있도록 개정하였다. 또한, 카메라 등을 이용한 촬영죄의 벌금형을 현행 1천만원 이하에서 3천만원 이하로 상향하고, 유포의 객체에 사람의 신체를 촬영한 촬영물 외에 복제물(복제물의 복제물을 포함한다)을 추가하며, 촬영대상자의 의사에 반하여 유포된 이상 촬영에 대한 동의 유무가 그 피해에 본질적인 차이를 가져온다고 볼 수 없으므로, 촬영 당시에는 촬영대상자의 의사에 반하지 아니하여도 사후에 그 의사에 반하여 유포되는 경우 촬영 당시 촬영대상자의 의사에 반하여 촬영된 촬영물을 유포하는 경우와 동일하게 처벌하고자 하는 한편, 영리를 목적으로 촬영대상자의 의사에 반하여 정보통신망을 이용하여 촬영물 또는 복제물을 유포한 경우에는 법정형에서 벌금형을 삭제함으로써 처벌을 강화하였다.

2. 총 칙

(1) 목적 및 개관

이 법은 성폭력범죄의 처벌 및 그 절차에 관한 특례를 규정함으로써 성폭력범죄 피해자의 생명과 신체의 안전을 보장하고 건강한 사회질서의 확립에 이바지함을 목적으로 한다.

이 법은 제1장 총칙, 제2장 성폭력범죄의 처벌 및 절차에 관한 특례, 제3장 신상정보 등록 등, 제4장 벌칙과 부칙으로 구성되어 있다.

(2) 성폭력범죄의 정의(定義)

이 법에서 "**성폭력범죄**"란 다음 각 호의 어느 하나에 해당하는 죄를 말한다.

① 「형법」 제2편제22장 성풍속에 관한 죄 중 제242조(음행매개), 제243조(음화반포등), 제244조(음화제조등) 및 제245조(공연음란)의 죄

② 「형법」 제2편제31장 약취(略取), 유인(誘引) 및 인신매매의 죄 중 추행, 간음 또는 성매매와 성적 착취를 목적으로 범한 제288조 또는 추행, 간음 또는 성매매와 성적 착취를 목적으로 범한 제289조, 제290조(추행, 간음 또는 성매매와 성적 착취를 목적으로 제288조 또는 추행, 간음 또는 성매매와 성적 착취를 목적으로 제289조의 죄를 범하여 약취, 유인, 매매된 사람을 상해하거나 상해에 이르게 한 경우에 한정한다), 제291조(추행, 간음 또는 성매매와 성적 착취를 목적으로 제288조 또는 추행, 간음 또는 성매매와 성적 착취를 목적으로 제289조의 죄를 범하여 약취, 유인, 매매된 사람을 살해하거나 사망에 이르게 한 경우에 한정한다), 제292조[추행, 간음 또는 성매매와 성적 착취를 목적으로 한 제288조 또는 추행, 간음 또는 성매매와 성적 착취를 목적으로 한 제289조의 죄로 약취, 유인, 매매된 사람을 수수(授受) 또는 은닉한 죄, 추

행, 간음 또는 성매매와 성적 착취를 목적으로 한 제288조 또는 추행, 간음 또는 성매매와 성적 착취를 목적으로 한 제289조의 죄를 범할 목적으로 사람을 모집, 운송, 전달한 경우에 한정한다] 및 제294조(추행, 간음 또는 성매매와 성적 착취를 목적으로 범한 제288조의 미수범 또는 추행, 간음 또는 성매매와 성적 착취를 목적으로 범한 제289조의 미수범, 추행, 간음 또는 성매매와 성적 착취를 목적으로 제288조 또는 추행, 간음 또는 성매매와 성적 착취를 목적으로 제289조의 죄를 범하여 발생한 제290조제1항의 미수범 또는 추행, 간음 또는 성매매와 성적 착취를 목적으로 제288조 또는 추행, 간음 또는 성매매와 성적 착취를 목적으로 제289조의 죄를 범하여 발생한 제291조제1항의 미수범 및 제292조제1항의 미수범 중 추행, 간음 또는 성매매와 성적 착취를 목적으로 약취, 유인, 매매된 사람을 수수, 은닉한 죄의 미수범으로 한정한다)의 죄

③ 「형법」 제2편 제32장 강간과 추행의 죄 중 제297조(강간), 제297조의2(유사강간), 제298조(강제추행), 제299조(준강간, 준강제추행), 제300조(미수범), 제301조(강간등 상해·치상), 제301조의2(강간등 살인·치사), 제302조(미성년자 등에 대한 간음), 제303조(업무상위력등에 의한 간음) 및 제305조(미성년자에 대한 간음, 추행)의 죄

④ 「형법」 제339조(강도강간)의 죄

⑤ 이 법 제3조(특수강도강간 등)부터 제15조(미수범)까지의 죄

위의 각 호의 범죄로서 다른 법률에 따라 가중처벌되는 죄는 성폭력범죄로 본다.

3. 성폭력범죄의 처벌 및 절차에 관한 특례

(1) 개관

제2장에는 성폭력범죄의 처벌 및 절차에 관한 특례를 규정하고 있다. 즉 특수강도강간 등(제3조), 특수강간(제4조), 친족관계에 의한 강간(제5조), 장애인에 대한 강간·강제추행 등(제6조), 13세 미만 미성년자에 대한 강간·강제추행 등(제7조), 강간 등 상해·치상(제8조), 강간 등 살인·치사(제9조), 업무상 위력 등에 의한 추행(제10조), 공중밀집장소에서의 추행(제11조), 성적 목적을 위한 공공장소 침입행위(제12

조), 통신매체를 이용한 음란행위(제13조), 카메라 등을 이용한 촬영(제14조) 등에 대하여 일반 형법보다 가중 처벌하는 특례를 규정하고 있다.

특히 이 법은 형벌을 강화하여 동법 제10조 제1항의 강간 등 살인의 경우에는 법정형이 사형 또는 무기징역이고, 동조 제2항의 치사의 경우에도 무기 또는 10년 이상의 징역에 처하도록 규정하고 있다.

(2) 성폭력범죄의 처벌에 관한 특례

1) 특수강도강간 등

「형법」 제319조제1항(주거침입), 제330조(야간주거침입절도), 제331조(특수절도) 또는 제342조(미수범. 다만, 제330조 및 제331조의 미수범으로 한정한다)의 죄를 범한 사람이 같은 법 제297조(강간), 제297조의2(유사강간), 제298조(강제추행) 및 제299조(준강간, 준강제추행)의 죄를 범한 경우에는 **무기징역 또는 5년 이상의 징역**에 처하며,「형법」 제334조(특수강도) 또는 제342조(미수범. 다만, 제334조의 미수범으로 한정한다)의 죄를 범한 사람이 같은 법 제297조(강간), 제297조의2(유사강간), 제298조(강제추행) 및 제299조(준강간, 준강제추행)의 죄를 범한 경우에는 **사형, 무기징역 또는 10년 이상의 징역**에 처한다(제3조).

2) 특수강간 등

흉기나 그 밖의 위험한 물건을 지닌 채 또는 **2명 이상이 합동**하여「형법」 제297조(강간)의 죄를 범한 사람은 무기징역 또는 5년 이상의 징역에 처하고,「형법」 제298조(강제추행)의 죄를 범한 사람은 3년 이상의 유기징역에 처하며,「형법」 제299조(준강간, 준강제추행)의 죄를 범한 사람도 위의 예에 따라 처벌한다(제4조).

3) 친족관계에 의한 강간 등

친족관계인 사람이 폭행 또는 협박으로 사람을 강간한 경우에는 7년 이상의 유기징역에 처하며, 사람을 강제추행한 경우에는 5년 이상의 유기징역에 처하고, 친족관계인 사람이 사람에 대하여「형법」 제299조(준강간, 준강제추행)의 죄를 범한 경우에는 제1항 또는 제2항의 예에 따라 처벌한다(제5조).

여기에서 **친족의 범위**는 4촌 이내의 **혈족·인척과 동거하는 친족**으로 하며, **사실상의 관계에 의한 친족을 포함**한다.

4) 장애인에 대한 강간·강제추행·유사강간 등

신체적인 또는 정신적인 장애가 있는 사람에 대하여 「형법」 제297조(강간)의 죄를 범한 사람은 무기징역 또는 7년 이상의 징역에 처하며, 폭행이나 협박을 수반하여 ㉮ 구강·항문 등 신체(성기는 제외한다)의 내부에 성기를 넣는 행위, ㉯ 성기·항문에 손가락 등 신체(성기는 제외한다)의 일부나 도구를 넣는 행위를 한 사람은 5년 이상의 유기징역에 처한다. 또한 신체적인 또는 정신적인 장애가 있는 사람에 대하여 「형법」 제298조(강제추행)의 죄를 범한 사람은 3년 이상의 유기징역 또는 2천만원 이상 5천만원 이하의 벌금에 처한다.

신체적인 또는 정신적인 장애로 항거불능 또는 항거곤란 상태에 있음을 이용하여 사람을 간음하거나 추행한 사람에 대해서도 위의 예에 따라 처벌하며, 위계(僞計) 또는 위력(威力)으로써 신체적인 또는 정신적인 장애가 있는 사람을 간음한 사람은 5년 이상의 유기징역에 처하고, 추행한 사람은 1년 이상의 유기징역 또는 1천만원 이상 3천만원 이하의 벌금에 처한다.

장애인의 보호, 교육 등을 목적으로 하는 시설의 장 또는 종사자가 보호, 감독의 대상인 장애인에 대하여 위의 죄를 범한 경우에는 그 죄에 정한 형의 2분의 1까지 가중한다(제6조).

5) 13세 미만의 미성년자에 대한 강간, 강제추행 등

13세 미만의 사람에 대하여 「형법」 제297조(강간)의 죄를 범한 사람은 무기징역 또는 10년 이상의 징역에 처하고, 폭행이나 협박으로 구강·항문 등 신체(성기는 제외한다)의 내부에 성기를 넣는 행위, 성기·항문에 손가락 등 신체(성기는 제외한다)의 일부나 도구를 넣는 행위를 한 사람은 7년 이상의 유기징역, 「형법」 제298조(강제추행)의 죄를 범한 사람은 5년 이상의 유기징역 또는 3천만원 이상 5천만원 이하의 벌금, 제299조(준강간, 준강제추행)의 죄를 범한 사람이나 위계 또는 위력으로써 13세 미만의 사람을 간음하거나 추행한 사람도 앞의 예에 따라 처벌한다(제7조).

6) 강간 등 상해·치상 및 살인·치사

법 제3조제1항, 제4조, 제6조, 제7조 또는 제15조(제3조제1항, 제4조, 제6조 또는
제7조의 미수범으로 한정한다)의 죄를 범한 사람이 다른 사람을 상해하거나 상해에
이르게 한 때에는 무기징역 또는 10년 이상의 징역에 처하며, 제5조 또는 제15조(제
5조의 미수범으로 한정한다)의 죄를 범한 사람이 다른 사람을 상해하거나 상해에 이
르게 한 때에는 무기징역 또는 7년 이상의 징역에 처한다.

동법 제3조부터 제7조까지, 제15조(제3조부터 제7조까지의 미수범으로 한정한다)
의 죄 또는 「형법」 제297조(강간), 제297조의2(유사강간) 및 제298조(강제추행)부
터 제300조(미수범)까지의 죄를 범한 사람이 다른 사람을 살해한 때에는 사형 또는
무기징역에 처하고, 제4조, 제5조 또는 제15조(제4조 또는 제5조의 미수범으로 한정
한다)의 죄를 범한 사람이 다른 사람을 사망에 이르게 한 때에는 무기징역 또는 10
년 이상의 징역에 처하며, 제6조, 제7조 또는 제15조(제6조 또는 제7조의 미수범으
로 한정한다)의 죄를 범한 사람이 다른 사람을 사망에 이르게 한 때에는 사형, 무기
징역 또는 10년 이상의 징역에 처한다. 그 밖에도 성폭력특별법 제3조부터 제9조까
지의 미수범은 처벌된다(제9조).

7) 업무상 위력 등에 의한 추행

업무, 고용이나 그 밖의 관계로 인하여 자기의 보호, 감독을 받는 사람에 대하여
위계 또는 위력으로 추행한 사람은 3년 이하의 징역 또는 1천500만원 이하의 벌금
에 처하고, 법률에 따라 구금된 사람을 감호하는 사람이 그 사람을 추행한 때에는 5
년 이하의 징역 또는 2천만원 이하의 벌금에 처한다(제10조). 형법에서는 업무상 위
력 등에 의한 간음죄만을 처벌하고 있으나, 성폭력특별법에서는 추행까지도 처벌하
고 있다.

8) 공중 밀집 장소에서의 추행과 성적 목적을 위한 다중이용장소 침입행위

대중교통수단, 공연·집회 장소, 그 밖에 공중(公衆)이 밀집하는 장소에서 사람을
추행한 사람은 1년 이하의 징역 또는 300만원 이하의 벌금에 처하고(제11조), 자기
의 성적 욕망을 만족시킬 목적으로 화장실, 목욕장·목욕실 또는 발한실(發汗室), 모
유수유시설, 탈의실 등 불특정 다수가 이용하는 다중이용장소에 침입하거나 같은 장

소에서 퇴거의 요구를 받고 응하지 아니하는 사람은 1년 이하의 징역 또는 300만원 이하의 벌금에 처한다(제12조).

9) 통신매체를 이용한 음란행위나 카메라 등을 이용한 촬영 등

자기 또는 다른 사람의 성적 욕망을 유발하거나 만족시킬 목적으로 전화, 우편, 컴퓨터, 그 밖의 통신매체를 통하여 성적 수치심이나 혐오감을 일으키는 말, 음향, 글, 그림, 영상 또는 물건을 상대방에게 도달하게 한 사람은 2년 이하의 징역 또는 500만원 이하의 벌금에 처한다(제13조).

카메라나 그 밖에 이와 유사한 기능을 갖춘 기계장치를 이용하여 성적 욕망 또는 수치심을 유발할 수 있는 사람의 신체를 촬영대상자의 의사에 반하여 촬영한 자는 5년 이하의 징역 또는 3천만원 이하의 벌금에 처하고, 이러한 방법으로 촬영된 촬영물 또는 복제물을 반포·판매·임대·제공 또는 공공연하게 전시·상영한 자 또는 이러한 촬영이 촬영 당시에는 촬영대상자의 의사에 반하지 아니한 경우에도 사후에 그 촬영물 또는 복제물을 촬영대상자의 의사에 반하여 반포등을 한 자는 5년 이하의 징역 또는 3천만원 이하의 벌금에 처하며, 영리를 목적으로 촬영대상자의 의사에 반하여 「정보통신망 이용촉진 및 정보보호 등에 관한 법률」 제2조 제1항제1호의 정보통신망을 이용하여 제2항의 죄를 범한 자는 7년 이하의 징역에 처한다(제14조).

(3) 성폭력범죄자에 대한 처분

1) 형벌과 수강명령의 병과

법원이 성폭력범죄를 범한 사람에 대하여 **형의 선고를 유예하는 경우에는 1년 동안 보호관찰**을 받을 것을 명할 수 있지만, 성폭력범죄를 범한 「소년법」 제2조에 따른 소년에 대하여 형의 선고를 유예하는 경우에는 반드시 보호관찰을 명하여야 한다. 성폭력범죄를 범한 사람에 대하여 유죄판결(선고유예는 제외한다)을 선고하는 경우에는 수강명령 또는 이수명령을 부과할 수 없는 특별한 사정이 있는 때가 아니라면 500시간의 범위에서 재범예방에 필요한 수강명령 또는 성폭력 치료프로그램의 이수명령을 병과하여야 한다. 성폭력범죄를 범한 자에 대하여 수강명령은 형의 집행을 유예할 경우에 그 집행유예기간 내에서 병과하고, 이수명령은 벌금 이상의 형을 선고할 경우에 병과한다. 다만, 이수명령은 성폭력범죄자가 「특정 범죄자에 대한 보호관찰 및 전자장치 부착 등에 관한 법률」 제9조의2 제1항 제4호에 따른 이수명령을 부과받은 경우에는 병과하지 아니한다(제16조 참조).

또한 법원이 성폭력범죄를 범한 사람에 대하여 형의 집행을 유예하는 경우에는 수강명령 외에 그 집행유예기간 내에서 보호관찰 또는 사회봉사 중 하나 이상의 처분을 병과할 수 있고, **수강명령 또는 이수명령은 형의 집행을 유예할 경우**에는 그 집행유예기간 내에, 벌금형을 선고할 경우에는 **형 확정일부터 6개월 이내에, 징역형 이상의 실형(實刑)을 선고할 경우에는 형기 내에 각각 집행**한다. 다만, 수강명령 또는 이수명령은 성폭력범죄를 범한 사람이 「아동·청소년의 성보호에 관한 법률」 제21조에 따른 수강명령 또는 이수명령을 부과받은 경우에는 병과하지 아니한다.

수강명령 또는 이수명령이 벌금형 또는 형의 집행유예와 병과된 경우에는 보호관찰소의 장이 집행하고, 징역형 이상의 실형과 병과된 경우에는 교정시설의 장이 집행한다. 다만, 징역형 이상의 실형과 병과된 이수명령을 모두 이행하기 전에 석방 또는 가석방되거나 미결구금일수 산입 등의 사유로 형을 집행할 수 없게 된 경우에는 보호관찰소의 장이 남은 이수명령을 집행한다.

이러한 **수강명령 또는 이수명령**은 ㉮ **일탈적 이상행동의 진단·상담, ㉯ 성에 대한 건전한 이해를 위한 교육**, ㉰ 그 밖에 성폭력범죄를 범한 사람의 **재범예방을 위하여 필요한 사항** 등을 그 내용으로 한다. 성폭력범죄를 범한 사람으로서 형의 집행 중에 가석방된 사람은 가석방을 허가한 행정관청이 보호관찰을 할 필요가 없다고 인정한 경우를 제외하고 가석방기간 동안 보호관찰을 받는다. 보호관찰, 사회봉사, 수강명령 및 이수명령에 관하여 이 법에서 규정한 사항 외의 사항에 대하여는 「보호관찰 등에 관한 법률」을 준용한다.

2) 판결 전 조사

법원은 성폭력범죄를 범한 피고인에 대하여 보호관찰, 사회봉사, 수강명령 또는 이수명령을 부과하기 위하여 필요하다고 인정하면 그 법원의 소재지 또는 피고인의 주거지를 관할하는 보호관찰소의 장에게 피고인의 신체적·심리적 특성 및 상태, 정신성적 발달과정, 성장배경, 가정환경, 직업, 생활환경, 교우관계, 범행동기, 병력(病

歷), 피해자와의 관계, 재범위험성 등 피고인에 관한 사항의 조사를 요구할 수 있다. 이러한 요구를 받은 보호관찰소의 장은 지체 없이 이를 조사하여 서면으로 해당 법원에 알려야 하는데, 이 경우 필요하다고 인정하면 피고인이나 그 밖의 관계인을 소환하여 심문하거나 소속 보호관찰관에게 필요한 사항을 조사하게 할 수 있으며, 보호관찰소의 장에게 조사진행상황에 관한 보고를 요구할 수 있다(제17조).

(4) 성폭력범죄에 대한 형사절차상의 특례

1) 고소제한에 대한 예외

성폭력범죄에 대하여는 「형사소송법」 제224조(고소의 제한) 및 「군사법원법」 제266조에도 불구하고 **자기 또는 배우자의 직계존속을 고소할 수 있다**(제18조).

2) 「형법」상 감경규정에 관한 특례

음주 또는 약물로 인한 심신장애 상태에서 성폭력범죄(제2조제1항제1호의 죄는 제외한다)를 범한 때에는 **「형법」 제10조제1항·제2항 및 제11조를 적용하지 아니할 수 있다**(제20조)고 규정하여, 음주 또는 약물로 인한 성폭력범범죄자에 대하여 일반 형사범죄자와는 달리 심신장애인 형사책임감면규정이나 농아자 감경규정을 적용하지 않는 것도 가능하도록 특례규정을 두었다.

3) 공소시효에 관한 특례

미성년자에 대한 성폭력범죄의 공소시효는 「형사소송법」 제252조제1항 및 「군사법원법」 제294조제1항에도 불구하고 해당 성폭력범죄로 피해를 당한 미성년자가 성년에 달한 날부터 진행하며, 제2조제3호 및 제4호의 죄와 제3조부터 제9조까지의 죄는 디엔에이(DNA)증거 등 그 죄를 증명할 수 있는 과학적인 증거가 있는 때에는 공소시효가 10년 연장된다. 또한 13세 미만의 사람 및 신체적인 또는 정신적인 장애가 있는 사람에 대하여, ㉮ 「형법」 제297조(강간), 제298조(강제추행), 제299조(준강간, 준강제추행), 제301조(강간등 상해·치상) 또는 제301조의2(강간등 살인·치사)의 죄, ㉯ 제6조제2항, 제7조제2항, 제8조, 제9조의 죄, ㉰ 「아동·청소년의 성보호에 관한 법률」 제9조 또는 제10조의 죄를 범한 경우에는 제1항과 제2항에도 불구하고

「형사소송법」 제249조부터 제253조까지 및 「군사법원법」 제291조부터 제295조까지에 규정된 공소시효를 적용하지 아니한다.

　그리고 ㉮「형법」 제301조의2(강간등 살인·치사)의 죄(강간등 살인에 한정한다), ㉯ 제9조제1항의 죄, ㉰「아동·청소년의 성보호에 관한 법률」 제10조제1항의 죄, ㉱「군형법」 제92조의8의 죄(강간 등 살인에 한정한다)를 범한 경우에는 제1항과 제2항에도 불구하고 「형사소송법」 제249조부터 제253조까지 및 「군사법원법」 제291조부터 제295조까지에 규정된 공소시효를 적용하지 아니한다(제21조)(제21조).

4)「특정강력범죄의 처벌에 관한 특례법」의 준용

　성폭력범죄에 대한 처벌절차에는 「특정강력범죄의 처벌에 관한 특례법」 제7조(증인에 대한 신변안전조치), 제8조(출판물 게재 등으로부터의 피해자 보호), 제9조(소송 진행의 협의), 제12조(간이공판절차의 결정) 및 제13조(판결선고)를 준용한다. 특수강도강간 등, 특수강간 등, 강간 등 상해·치상, 강간 등 살인·치사 등의 죄가 특정강력범죄에 해당한다(제22조).

5) 성폭력범죄 피해자, 신고인 등에 대한 보호조치 등

가. 피해자, 신고인 등에 대한 보호조치

　법원 또는 수사기관이 성폭력범죄의 피해자, 성폭력범죄를 신고(고소·고발을 포함한다)한 사람을 증인으로 신문하거나 조사하는 경우에는 「특정범죄신고자 등 보호법」 제5조 및 제7조부터 제13조까지의 규정을 준용한다. 이 경우 「특정범죄신고자 등 보호법」 제9조와 제13조를 제외하고는 보복을 당할 우려가 있음을 요하지 아니한다(제23조).

나. 피해자의 신원과 사생활 비밀 누설 금지

　성폭력범죄의 수사 또는 재판을 담당하거나 이에 관여하는 공무원 또는 그 직에 있었던 사람은 피해자의 주소, 성명, 나이, 직업, 학교, 용모, 그 밖에 피해자를 특정하여 파악할 수 있게 하는 인적사항과 사진 등 또는 그 피해자의 사생활에 관한 비밀을 공개하거나 다른 사람에게 누설하여서는 안되며, 누구든지 피해자의 주소, 성명, 나이, 직업, 학교, 용모, 그 밖에 피해자를 특정하여 파악할 수 있는 인적사항이나 사진 등을 피해자의 동의를 받지 아니하고 신문 등 인쇄물에 싣거나 「방송법」

제2조제1호에 따른 방송 또는 정보통신망을 통하여 공개하여서는 아니 된다(제24조).

다. 성폭력범죄의 피해자에 대한 전담조사제

검찰총장은 각 지방검찰청 검사장으로 하여금 **성폭력범죄 전담 검사를 지정**하도록 하여 특별한 사정이 없으면 이들로 하여금 피해자를 조사하게 하여야 하고, 경찰청장은 각 경찰서장으로 하여금 성폭력범죄 전담 사법경찰관을 지정하도록 하여 특별한 사정이 없으면 이들로 하여금 피해자를 조사하게 하여야 한다. 그리고 국가는 검사 및 사법경찰관에게 성폭력범죄의 수사에 필요한 전문지식과 피해자보호를 위한 수사방법 및 수사절차 등에 관한 교육을 실시하여야 한다(제26조).

라. 성폭력범죄 피해자에 대한 변호사 선임의 특례

성폭력범죄의 피해자 및 그 법정대리인은 형사절차상 입을 수 있는 피해를 방어하고 법률적 조력을 보장하기 위하여 변호사를 선임할 수 있고, 변호사는 검사 또는 사법경찰관의 피해자등에 대한 조사에 참여하여 의견을 진술할 수 있다. 다만, 조사 도중에는 검사 또는 사법경찰관의 승인을 받아 의견을 진술할 수 있다. 변호사는 피의자에 대한 구속 전 피의자심문, 증거보전절차, 공판준비기일 및 공판절차에 출석하여 의견을 진술할 수 있고, 증거보전 후 관계 서류나 증거물, 소송계속 중의 관계 서류나 증거물을 열람하거나 등사할 수 있으며, 형사절차에서 피해자등의 대리가 허용될 수 있는 모든 소송행위에 대한 포괄적인 대리권을 가진다.

검사는 피해자에게 변호사가 없는 경우 국선변호사를 선정하여 형사절차에서 피해자의 권익을 보호할 수 있다.

마. 수사 및 재판절차에서의 배려

수사기관과 법원 및 소송관계인은 성폭력범죄를 당한 피해자의 나이, 심리 상태 또는 후유장애의 유무 등을 신중하게 고려하여 조사 및 심리·재판 과정에서 피해자의 인격이나 명예가 손상되거나 사적인 비밀이 침해되지 아니하도록 주의하여야 하며, 성폭력범죄의 피해자를 조사하거나 심리·재판할 때 피해자가 편안한 상태에서 진술할 수 있는 환경을 조성하여야 하며, 조사 및 심리·재판 횟수는 필요한 범위에서 최소한으로 하여야 한다(제29조).

바. 영상물의 촬영·보존 등

성폭력범죄의 피해자가 19세 미만이거나 신체적인 또는 정신적인 장애로 사물을 변별하거나 의사를 결정할 능력이 미약한 경우에는 피해자의 진술 내용과 조사 과정을 비디오녹화기 등 영상물 녹화장치로 촬영·보존하여야 하고, 영상물 녹화는 피해자 또는 법정대리인이 이를 원하지 아니하는 의사를 표시한 경우에는 촬영을 하여서는 안된다. 다만, 가해자가 친권자 중 일방인 경우는 그러하지 아니하다.

또한 영상물 녹화는 조사의 개시부터 종료까지의 전 과정 및 객관적 정황을 녹화하여야 하고, 녹화가 완료된 때에는 지체 없이 그 원본을 피해자 또는 변호사 앞에서 봉인하고 피해자로 하여금 기명날인 또는 서명하게 하여야 하며, 검사 또는 사법경찰관은 피해자가 녹화장소에 도착한 시각, 녹화를 시작하고 마친 시각, 그 밖에 녹화과정의 진행경과를 확인하기 위하여 필요한 사항을 조서 또는 별도의 서면에 기록한 후 수사기록에 편철하여야 한다. 피해자 또는 법정대리인이 신청하는 경우에는 영상물 촬영과정에서 작성한 조서의 사본을 신청인에게 발급하거나 영상물을 재생하여 시청하게 하여야 하고, 촬영한 영상물에 수록된 피해자의 진술은 공판준비기일 또는 공판기일에 피해자나 조사 과정에 동석하였던 신뢰관계에 있는 사람 또는 진술조력인의 진술에 의하여 그 성립의 진정함이 인정된 경우에 증거로 할 수 있다. 그리고 누구든지 촬영한 영상물을 수사 및 재판의 용도 외에 다른 목적으로 사용하여서는 아니 된다(제30조).

사. 심리의 비공개

성폭력범죄에 대한 심리는 그 **피해자의 사생활을 보호하기 위하여 결정으로 비공개로 진행할 수 있고,** 증인으로 소환받은 성폭력범죄의 피해자와 그 가족은 사생활보호 등의 사유로 증인신문의 비공개를 신청할 수 있다. 재판장은 비공개의 신청을 받으면 그 허가 및 공개 여부, 법정 외의 장소에서의 신문 등 증인의 신문 방식 및 장소에 관하여 결정할 수 있다(제31조).

아. 증인지원시설의 설치·운영 등

각급 법원은 **증인으로 법원에 출석하는 피해자등이 재판 전후에 피고인이나 그 가족과 마주치지 아니하도록 하고, 보호와 지원을 받을 수 있는 적절한 시설을 설치하여야 하며,** 이러한 시설을 관리·운영하고 **피해자등의 보호와 지원을 담당하는 직원인 증인지원관을 두어야 하는데,** 증인지원관에 대하여 인권 감수성

향상에 필요한 교육을 정기적으로 실시한다(제32조).

자. 전문가의 의견 조회

법원은 정신건강의학과의사, 심리학자, 사회복지학자, 그 밖의 관련 전문가로부터 행위자 또는 피해자의 정신·심리 상태에 대한 진단 소견 및 피해자의 진술 내용에 관한 의견을 조회할 수 있는데, 성폭력범죄를 조사·심리할 때에는 의견 조회의 결과를 고려하여야 한다. 전문가를 지정은 법원행정처장이 정하는 관련 전문가 후보자 중에서 하여야 한다.

수사기관이 성폭력범죄를 수사하는 경우에도 위의 내용을 적용하지만, 피해자가 13세 미만이거나 신체적인 또는 정신적인 장애로 사물을 변별하거나 의사를 결정할 능력이 미약한 경우에는 관련 전문가에게 피해자의 정신·심리 상태에 대한 진단 소견 및 진술 내용에 관한 의견을 조회하여야 한다(제33조).

차. 신뢰관계에 있는 사람의 동석

법원과 수사기관은 제3조부터 제8조까지, 제10조 및 제15조의 범죄의 피해자를 증인으로 신문하는 경우에 검사, 피해자 또는 법정대리인이 신청할 때에는 재판에 지장을 줄 우려가 있는 등 부득이한 경우가 아니면 피해자와 신뢰관계에 있는 사람을 동석하게 하여야 한다. 다만, 피해자와 신뢰관계에 있는 사람이 피해자에게 불리하거나 피해자가 원하지 아니하는 경우에는 동석하게 하여서는 안 된다(제34조).

6) 진술조력인 제도의 도입

가. 진술조력인 양성 등

법무부장관은 의사소통 및 의사표현에 어려움이 있는 성폭력범죄의 피해자에 대한 형사사법절차에서의 조력을 위하여 진술조력인을 양성하여야 하며, 이때에는 명부를 작성하여야 한다. 진술조력인은 정신건강의학, 심리학, 사회복지학, 교육학 등 아동·장애인의 심리나 의사소통 관련 전문지식이 있거나 관련 분야에서 상당 기간 종사한 사람으로 법무부장관이 정하는 교육을 이수하여야 한다(제35조).

나. 진술조력인의 수사과정 참여

검사 또는 사법경찰관은 피해자 또는 그 법정대리인이 이를 원하지 아니하는 의사를 표시한 경우가 아니라면 성폭력범죄의 피해자가 13세 미만의 아동이거나 신체적인 또는 정신적인 장애로 의사소통이나 의사표현에 어려움이 있는 경우 원활한 조사를 위하여 **직권이나 피해자, 그 법정대리인 또는 변호사의 신청에 따라 진술조력인으로 하여금 조사과정에 참여하여 의사소통을 중개하거나 보조하게 할 수 있다.** 피해자를 조사하기 전에 피해자, 법정대리인 또는 변호사에게 진술조력인에 의한 의사소통 중개나 보조를 신청할 수 있음을 고지하여야 하고, 조사 전에 피해자를 면담하여 진술조력인 조력 필요성에 관하여 평가한 의견을 수사기관에 제출할 수 있다.

조사과정에 참여한 진술조력인은 피해자의 의사소통이나 표현 능력, 특성 등에 관한 의견을 수사기관이나 법원에 제출할 수 있는데, 이러한 규정들은 검증에 관하여 준용한다(제36조).

다. 진술조력인의 재판과정 참여

법원은 성폭력범죄의 피해자가 13세 미만 아동이거나 신체적인 또는 정신적인 장애로 의사소통이나 의사표현에 어려움이 있는 경우 원활한 증인신문을 위하여 **직권 또는 검사, 피해자, 그 법정대리인 및 변호사의 신청에 의한 결정으로 진술조력인으로 하여금 증인 신문에 참여하여 중개하거나 보조**하게 할 수 있는데, 이 경우에는 신문 전에 피해자, 법정대리인 및 변호사에게 진술조력인에 의한 의사소통 중개나 보조를 신청할 수 있음을 고지하여야 한다. 진술조력인의 소송절차 참여에 관한 구체적 절차와 방법은 대법원규칙으로 정한다(제37조).

라. 진술조력인의 의무

진술조력인은 수사 및 재판 과정에 참여함에 있어 중립적인 지위에서 상호간의 진술이 왜곡 없이 전달될 수 있도록 노력하여야 하며, 그 직무상 알게 된 피해자의 주소, 성명, 나이, 직업, 학교, 용모, 그 밖에 피해자를 특정하여 파악할 수 있게 하는 인적사항과 사진 및 사생활에 관한 비밀을 공개하거나 다른 사람에게 누설하여서는 안 된다(제38조).

마. 벌칙적용에 있어서 공무원의 의제

진술조력인은 「형법」 제129조부터 제132조까지에 따른 벌칙의 적용에 있어서 이를 **공무원으로 본다**(제39조).

7) 비디오 등 중계장치에 의한 증인신문

법원은 제2조제1항제3호부터 제5호까지의 범죄의 피해자를 증인으로 신문하는 경우 검사와 피고인 또는 변호인의 의견을 들어 비디오 등 중계장치에 의한 중계를 통하여 신문할 수 있고, 증인신문의 절차·방법 등에 관하여 필요한 사항은 대법원규칙으로 정한다(제40조).

8) 증거보전의 특례

피해자나 그 법정대리인 또는 경찰은 **피해자가 공판기일에 출석하여 증언하는 것에 현저히 곤란한 사정이 있을 때**에는 그 사유를 소명(疏明)하여 제30조에 따라 촬영된 영상물 또는 그 밖의 다른 증거에 대하여 해당 성폭력범죄를 수사하는 검사에게 「형사소송법」 제184조(증거보전의 청구와 그 절차)제1항에 따른 **증거보전의 청구를 할 것을 요청**할 수 있다. 이 경우 피해자가 16세 미만이거나 신체적인 또는 정신적인 장애로 사물을 변별하거나 의사를 결정할 능력이 미약한 경우에는 공판기일에 출석하여 증언하는 것에 현저히 곤란한 사정이 있는 것으로 본다. 요청을 받은 검사는 그 요청이 타당하다고 인정할 때에는 증거보전의 청구를 할 수 있다(제41조).

9) 피의자의 얼굴 등 공개

검사와 사법경찰관은 성폭력범죄의 피의자가 죄를 범하였다고 믿을 만한 충분한 증거가 있고, 국민의 알권리 보장, 피의자의 **재범 방지 및 범죄예방 등 오로지 공공의 이익을 위하여 필요할 때**에는 얼굴, 성명 및 나이 등 피의자의 신상에 관한 정보를 공개할 수 있다. 다만, 피의자가 「청소년 보호법」 제2조 제1호의 청소년에 해당하는 경우에는 공개하지 아니한다. 피의자의 얼굴 등 공개를 할 때에는 피의자의 인권을 고려하여 신중하게 결정하고 이를 남용하여서는 아니 된다(제25조).

4. 신상정보 등록 등

(1) 신상정보 등록대상자

제2조제1항제3호·제4호, 같은 조 제2항(제1항제3호·제4호에 한정한다), 제3조부

터 제15조까지의 범죄 및 「아동·청소년의 성보호에 관한 법률」 제2조제2호가목·라목의 범죄로 유죄판결이나 약식명령이 확정된 자 또는 같은 법 제49조제1항제4호에 따라 공개명령이 확정된 자는 신상정보 등록대상자가 된다. 다만, 제12조·제13조의 범죄 및 「아동·청소년의 성보호에 관한 법률」 제11조제3항 및 제5항의 범죄로 벌금형을 선고받은 자는 제외한다.

법원은 등록대상 성범죄로 유죄판결을 선고하거나 약식명령을 고지하는 경우에는 등록대상자라는 사실과 신상정보 제출 의무가 있음을 등록대상자에게 알려 주어야 하고, 통지는 판결을 선고하는 때에는 구두 또는 서면으로 하며, 약식명령을 고지하는 때에는 통지사항이 기재된 서면을 송달하는 방법으로 한다.

이러한 판결이나 약식명령이 확정된 날부터 14일 이내에 판결문(제45조제4항에 따라 법원이 등록기간을 달리 정한 경우에는 그 사실을 포함한다) 또는 약식명령 등본을 법무부장관에게 송달하여야 한다(제42조).

(2) 신상정보의 제출 의무

등록대상자는 위의 판결이 확정된 날부터 30일 이내에 ㉮ 성명, ㉯ 주민등록번호, ㉰ 주소 및 실제거주지, ㉱ 직업 및 직장 등의 소재지, ㉲ 연락처(전화번호, 전자우편주소를 말한다), ㉳ 신체정보(키와 몸무게), ㉴ 소유차량의 등록번호 등의 신상정보를 자신의 주소지를 관할하는 경찰관서의 장에게 제출하여야 한다. 다만, 등록대상자가 교정시설 또는 치료감호시설에 수용된 경우에는 그 교정시설의 장 또는 치료감호시설의 장에게 기본신상정보를 제출함으로써 이를 갈음할 수 있다.

관할경찰관서의 장 또는 교정시설등의 장은 등록대상자가 기본신상정보를 제출할 때에 등록대상자의 정면·좌측·우측 상반신 및 전신 컬러사진을 촬영하여 전자기록으로 저장·보관하여야 한다.

등록대상자는 제출한 기본신상정보가 변경된 경우에는 그 사유와 변경내용을 변경사유가 발생한 날부터 20일 이내에 다시 제출하여야 한다.

등록대상자가 기본신상정보 및 변경정보를 제출한 경우에는 그 다음 해부터 매년 12월 31일까지 주소지를 관할하는 경찰관서에 출석하여 경찰관서의 장으로 하여금 자신의 정면·좌측·우측 상반신 및 전신 컬러사진을 촬영하여 전자기록으로 저장·보관하도록 하여야 한다. 다만, 교정시설등의 장은 등록대상자가 교정시설 등에 수용된 경우에는 석방 또는 치료감호 종료 전에 등록대상자의 정면·좌측·우측 상반신 및 전신 컬러사진을 새로 촬영하여 전자기록으로 저장·보관하여야 한다.

관할경찰관서의 장 또는 교정시설등의 장은 등록대상자로부터 제출받은 기본신상 정보 및 변경정보와 저장·보관하는 전자기록을 지체 없이 법무부장관에게 송달하여 야 하는데, 이때에는 범죄경력자료를 함께 송달하여야 한다(제43조).

(3) 출입국 시 신고의무

등록대상자가 6개월 이상 국외에 체류하기 위하여 출국하는 경우에는 미리 관할 경찰관서의 장에게 체류국가 및 체류기간 등을 신고하여야 하며, 신고한 등록대상자 가 입국하였을 때에는 특별한 사정이 없으면 14일 이내에 관할경찰관서의 장에게 입국 사실을 신고하여야 한다. 신고를 하지 아니하고 출국하여 6개월 이상 국외에 체류한 등록대상자가 입국하였을 때에도 같다(제43조의2).

(4) 등록대상자의 신상정보 등록 등

법무부장관은 제43조제5항, 제6항 및 제43조의2제3항에 따라 송달받은 정보와 ㉮ 등록대상 성범죄 경력정보, ㉯ 성범죄 전과사실(죄명, 횟수), ㉰ 「특정 범죄자에 대 한 보호관찰 및 전자장치 부착 등에 관한 법률」에 따른 전자장치 부착 여부 등의 등 록대상자 정보를 등록하여야 한다. 이렇게 등록된 정보는 정보통신망을 이용하여 열 람할 수 있도록 하여야 한다. 다만, 등록대상자가 신청하는 경우에는 등록한 정보를 등록대상자에게 통지하여야 한다.

등록대상자가 기본신상정보 또는 변경정보를 정당한 사유 없이 제출하지 아니한 경우에는 신상정보의 등록에 필요한 사항을 관계 행정기관의 장에게 조회를 요청하 여 등록할 수 있는데, 이 경우 법무부장관은 등록일자를 밝혀 등록대상자에게 신상 정보를 등록한 사실 및 등록한 신상정보의 내용을 통지하여야 한다. 이러한 요청을 받은 관계 행정기관의 장은 지체 없이 조회 결과를 법무부장관에게 송부하여야 한 다(제44조).

(5) 등록정보의 관리

　　법무부장관은 기본신상정보를 최초로 등록한 날부터 ㉮ 신상정보 등록의 원인이 된 성범죄로 사형, 무기징역·무기금고형 또는 10년 초과의 징역·금고형을 선고받은 사람은 30년, ㉯ 신상정보 등록의 원인이 된 성범죄로 3년 초과 10년 이하의 징역·금고형을 선고받은 사람은 20년, ㉰ 신상정보 등록의 원인이 된 성범죄로 3년 이하의 징역·금고형을 선고받은 사람 또는 「아동·청소년의 성보호에 관한 법률」 제49조제1항제4호에 따라 공개명령이 확정된 사람은 15년, ㉱ 신상정보 등록의 원인이 된 성범죄로 벌금형을 선고받은 사람은 10년 동안 등록정보를 보존·관리하여야 한다. 다만, 법원이 등록기간을 정한 경우에는 그 기간 동안 등록정보를 보존·관리하여야 한다. 이 경우 ㉮ 하나의 판결에서 신상정보 등록의 원인이 된 성범죄로 여러 종류의 형이 선고된 경우에는 가장 무거운 종류의 형을 기준으로 하고, ㉯ 하나의 판결에서 신상정보 등록의 원인이 된 성범죄로 여러 개의 징역형 또는 금고형이 선고된 경우에는 각각의 기간을 합산하는데, 징역형과 금고형은 같은 종류의 형으로 보며, ㉰ 「소년법」 제60조에 따라 부정기형이 선고된 경우에는 단기를 기준으로 계산한다. 그러나 ㉮ 등록대상자가 신상정보 등록의 원인이 된 성범죄로 교정시설 또는 치료감호시설에 수용된 기간, ㉯ 제1호에 따른 기간 이전의 기간으로서 제1호에 따른 기간과 이어져 등록대상자가 다른 범죄로 교정시설 또는 치료감호시설에 수용된 기간, ㉰ 제1호에 따른 기간 이후의 기간으로서 제1호에 따른 기간과 이어져 등록대상자가 다른 범죄로 교정시설 또는 치료감호시설에 수용된 기간은 등록기간에 넣어 계산하지 않는다.

　　신상정보 등록의 원인이 된 성범죄와 다른 범죄가 「형법」 제37조(판결이 확정되지 아니한 수개의 죄를 경합범으로 하는 경우로 한정한다)에 따라 경합되어 「형법」 제38조에 따라 형이 선고된 경우에는 그 선고형 전부를 신상정보 등록의 원인이 된 성범죄로 인한 선고형으로 보며, 또한 법원은 등록기간이 결정되는 것이 부당하다고 인정하는 경우에는 판결로 제1항 각 호의 기간 중 더 단기의 기간을 등록기간으로 정할 수 있다.

　　법무부장관은 등록 당시 등록대상자가 교정시설 또는 치료감호시설에 수용 중인 경우에는 등록대상자가 석방된 후 지체 없이 등록정보를 등록대상자의 관할경찰관서의 장에게 송부하여야 하는데, 관할경찰관서의 장은 등록기간 중 ㉮ 제1항에 따른 등록기간이 30년인 등록대상자에 대해서는 3개월, ㉯ 제1항에 따른 등록기간이 20년 또는 15년인 등록대상자는 6개월, ㉰ 제1항에 따른 등록기간이 10년인 등록대상자에 대해서는 1년마다 등록대상자와의 직접 대면 등의 방법으로 등록정보의 진위와 변경 여부를 확인하여 그 결과를 법무부장관에게 송부하여야 한다.

또한 관할경찰서의 장은 ㉮ 「아동·청소년의 성보호에 관한 법률」 제49조에 따른 공개대상자인 경우에는 공개기간, ㉯ 「아동·청소년의 성보호에 관한 법률」 제50조에 따른 고지대상자인 경우에는 고지기간 동안에는 3개월마다 제7항의 결과를 법무부장관에게 송부하여야 한다(제45조).

(6) 신상정보 등록의 면제

1) 신상정보 등록의 원인이 된 성범죄로 형의 선고를 유예받은 사람이 선고유예를 받은 날부터 2년이 경과하여 「형법」 제60조에 따라 면소된 것으로 간주되면 신상정보 등록을 면제한다(제46조 참조).

2) 등록대상자는 아래의 구분에 따른 기간이 경과한 경우에는 법무부령으로 정하는 신청서에 범죄경력조회서를 첨부하여 법무부장관에게 신상정보 등록의 면제를 신청할 수 있다.

㉮ 제45조제1항에 따른 등록기간이 30년인 등록대상자: 최초등록일부터 20년
㉯ 제45조제1항에 따른 등록기간이 20년인 등록대상자: 최초등록일부터 15년
㉰ 제45조제1항에 따른 등록기간이 15년인 등록대상자: 최초등록일부터 10년
㉱ 제45조제1항에 따른 등록기간이 10년인 등록대상자: 최초등록일부터 7년

(7) 신상정보 등록의 종료

신상정보의 등록은 등록기간이 지났거나 면제된 때에 종료되며, 법무부장관은 제 등록이 종료된 신상정보를 즉시 폐기하여야 한다. 등록정보를 폐기하는 경우에는 등록대상자가 정보통신망을 이용하여 폐기된 사실을 열람할 수 있도록 하여야 하며, 등록대상자가 신청하는 경우에는 폐기된 사실을 통지하여야 한다(제45조의3).

(8) 등록정보의 활용, 공개 및 고지

법무부장관은 등록정보를 등록대상 성범죄와 관련한 범죄 예방 및 수사에 활용하게 하기 위하여 검사 또는 각급 경찰관서의 장에게 배포할 수 있는데, 등록정보의 공개 및 고지는 여성가족부장관이 집행하며 법무부장관은 등록정보의 공개 및 고지에 필요한 정보를 여성가족부장관에게 송부하여야 한다.

Ⅳ. 성폭력방지 및 피해자보호 등에 관한 법률

이 법은 성폭력을 예방하고 성폭력피해자를 보호·지원함을 목적으로 2010. 4. 15. 제정되어 2011. 1. 1부터 시행된 이후로 총 16차례에 걸쳐 개정되었다.

그 중 2014. 1. 1. 개정되어 2014. 7. 22.부터 시행되는 개정법률의 개정이유와 주요내용을 살펴보면 다음과 같다.

먼저 개정이유는 성교육 및 성폭력 예방교육과 성매매, 성희롱, 가정폭력 예방교육을 성평등 관점에서 통합하여 실시할 수 있도록 근거규정을 마련하고, 여성가족부장관으로 하여금 매년 예방교육 실시 결과에 대하여 점검을 하도록 하며, 점검 결과 교육이 부실하다고 인정되는 기관·단체 등에 대하여 관리자 특별교육 등 필요한 조치를 취하도록 하고, 점검 결과를 언론 등에 공표하도록 하며, 점검결과를 기관 평가에 반영하도록 요구할 수 있는 근거 규정을 마련하여 성폭력 예방교육의 실효성을 강화하는 한편, 성폭력피해자 등을 보호·지원하기 위한 일반보호시설의 입소기간을 6개월 이내에서 1년 이내로 연장하여 피해자들이 심리적 안정을 찾는데 도움이 되도록 하고, 개정된 「민법」의 취지를 반영하여 피성년후견인 또는 피한정후견인은 상담원 등이 될 수 없도록 하는 것을 내용으로 하고 있다.

개정된 주요내용으로는,

(가) 성폭력 예방교육 의무대상기관이 예방교육을 실시하는 경우, 성매매·성희롱·가정폭력 예방교육 등을 **성평등 관점에서 통합하여 실시**하고,

(나) 여성가족부장관은 **매년 성폭력 예방교육 실시 결과에 대한 점검을 실시**하며,

(다) 여성가족부장관은 점검결과 교육이 부실하다고 인정되는 기관·단체에 대하여 **관리자 특별교육 등 필요한 조치**를 취하여야 하고,

(라) 여성가족부장관은 점검결과를 정부업무평가 등 **기관평가에 반영하도록 해당**

기관·단체에 요구할 수 있도록 한다.

(마) 여성가족부장관은 점검결과를 대통령령으로 정하는 바에 따라 **언론 등에 공표**하도록 하며,

(바) 일반보호시설의 **입소기간을 1년 이내로 연장**하고,

(사) **피성년후견인 또는 피한정후견인은 상담원 등이 될 수 없도록 자격기준을 변경**하고 금치산자 등에 대한 경과조치를 부칙에 규정하는 것을 내용으로 하고 있다.

가장 최근인 2018. 3. 13. 개정에서는 최근 스마트폰의 보급, 카메라의 소형화 등으로 인하여 기계장치를 통해 성적 욕망 또는 수치심을 유발할 수 있는 타인의 신체를 촬영하는 성폭력범죄가 증가하고 있으며, 이러한 불법 촬영물이 정보통신망에 유포되어 불특정 다수에게 빠른 속도로 전파되고 있으나, 문제 해결에 오랜 기간이 소요되고 개인적 대응이 쉽지 않은 점을 감안하여 국가가 불법 촬영 영상물 삭제를 지원할 수 있도록 하였고, 국민생활과 밀접하게 관련되어 있는 신고 민원의 수리 필요성과 처리기간을 법률에 명확하게 규정함으로써 민원인의 예측가능성과 행정의 투명성을 높이고자 하였다. 이 법은 제1장 총칙, 제2장 피해자 보호·지원 시설 등의 설치·운영, 제3장 보칙, 제4장 벌칙과 부칙으로 구성되어 있다.

1. 총칙

(1) 목적 및 정의

이 법의 목적은 성폭력을 예방하고 성폭력피해자를 보호·지원함으로써 인권증진에 이바지하는데 있다. 이 법에서 의미하는 **"성폭력"**이란 「성폭력범죄의 처벌 등에 관한 특례법」 제2조제1항에 규정된 죄에 해당하는 행위를 말하고, **"성폭력행위자"**란 「성폭력범죄의 처벌 등에 관한 특례법」 제2조제1항에 해당하는 죄를 범한 사람을 말하며, **"성폭력피해자"**란 성폭력으로 인하여 직접적으로 피해를 입은 사람을 말한다.

(2) 국가 등의 책무

국가와 지방자치단체는 성폭력을 방지하고 성폭력피해자를 보호·지원하기 위하

여 ㉮ 성폭력 신고체계의 구축·운영, ㉯ 성폭력 예방을 위한 조사·연구, 교육 및 홍보, ㉰ 피해자를 보호·지원하기 위한 시설의 설치·운영, ㉱ 피해자에 대한 주거지원, 직업훈련 및 법률구조 등 사회복귀 지원, ㉲ 피해자에 대한 보호·지원을 원활히 하기 위한 관련 기관 간 협력체계의 구축·운영, ㉳ 성폭력 예방을 위한 유해환경 개선, ㉴ 피해자 보호·지원을 위한 관계 법령의 정비와 각종 정책의 수립·시행 및 평가 등의 조치를 취하여야 하며, 이러한 책무를 다하기 위하여 이에 따른 예산상의 조치를 하여야 한다(제3조).

(3) 성폭력실태조사

여성가족부장관은 성폭력의 실태를 파악하고 성폭력 방지에 관한 정책을 수립하기 위하여 **3년마다 성폭력 실태조사를 하고 그 결과를 발표**하여야 하는데, 성폭력 실태조사의 내용과 방법 등에 필요한 사항은 여성가족부령으로 정한다(제4조).

(4) 성폭력 예방교육

국가기관 및 지방자치단체의 장, 「유아교육법」 제7조에 따른 유치원의 장, 「영유아보육법」 제10조에 따른 어린이집의 원장, 「초·중등교육법」 제2조에 따른 각급 학교의 장, 그 밖에 대통령령으로 정하는 공공단체의 장은 대통령령으로 정하는 바에 따라 성교육 및 성폭력 예방교육 실시, 기관 내 피해자 보호와 피해 예방을 위한 자체 예방지침 마련, 사건발생 시 재발방지대책 수립·시행 등 필요한 조치를 하고, 그 결과를 여성가족부장관에게 제출하여야 한다. 이러한 교육을 실시하는 경우 「성매매방지 및 피해자보호 등에 관한 법률」 제4조에 따른 성매매 예방교육, 「양성평등기본법」 제31조에 따른 성희롱 예방교육 및 「가정폭력방지 및 피해자보호 등에 관한 법률」 제4조의3에 따른 가정폭력 예방교육 등을 성평등 관점에서 통합하여 실시할 수 있고, 「양성평등기본법」 제3조제3호에 따른 사용자는 성교육 및 성폭력 예방교육을 실시하는 등 직장 내 성폭력 예방을 위한 노력을 하여야 한다.

여성가족부장관 또는 특별시장·광역시장·특별자치시장·도지사·특별자치도지사는 제1항에 따른 교육대상에 포함되지 아니하는 국민에게 성교육 및 성폭력 예방교육을 실시할 수 있는데, 이 경우 성폭력 예방교육 지원기관에 위탁할 수 있다

여성가족부장관은 교육을 효과적으로 실시하기 위하여 전문강사를 양성하고, 관

계 중앙행정기관의 장과 협의하여 생애주기별 교육프로그램 및 장애인 등 대상별 특성을 고려한 교육프로그램을 개발·보급하여야 하며, 매년 이에 대한 점검을 실시하고, 점검결과 교육이 부실하다고 인정되는 기관·단체에 대하여 대통령령으로 정하는 바에 따라 관리자 특별교육 등 필요한 조치를 취하여야 한다. 또한 이러한 점검결과를 언론 등에 공표하여야 하며, 평가에 반영하도록 해당 기관·단체의 장에게 요구할 수 있다(제5조).

(5) 성폭력 예방교육 지원기관의 설치·운영 등

여성가족부장관 또는 시·도지사는 성교육 및 성폭력 예방교육의 실시, 생애주기별 교육프로그램 개발·보급, 장애인 등 대상별 특성을 고려한 교육프로그램 개발·보급, 전문강사 양성 등의 업무를 수행하고 지원하기 위한 기관을 설치·운영할 수 있는데, 이는 대통령령으로 정하는 기관이나 단체에 위탁할 수 있고, 지원기관의 업무 및 운영 등에 필요한 사항은 여성가족부령으로 정한다(제5조의2).

(6) 성폭력 예방 홍보영상의 제작·배포·송출

여성가족부장관은 성폭력의 예방과 방지, 피해자의 치료와 재활 등에 관한 홍보영상을 제작하여 「방송법」 제2조제23호의 방송편성책임자에게 배포하여야 하는데, 비상업적 공익광고 편성비율의 범위에서 홍보영상을 채널별로 송출하도록 요청할 수 있다. 방송사업자는 홍보영상 외에 독자적으로 홍보영상을 제작하여 송출할 수 있는데, 이 경우 여성가족부장관에게 필요한 협조 및 지원을 요청할 수 있다(제5조의3).

(7) 성폭력 추방 주간(제6조)

성폭력에 대한 사회적 경각심을 높이고 성폭력을 예방하기 위하여 대통령령으로 정하는 바에 따라 1년 중 1주간을 성폭력 추방 주간으로 한다.

(8) 피해자등에 대한 취학 및 취업 지원

국가와 지방자치단체는 피해자나 피해자의 가족구성원이 「초·중등교육법」 제2조에 따른 각급학교의 학생인 경우 주소지 외의 지역에서 취학할 필요가 있을 때에는 그 취학이 원활히 이루어지도록 지원하여야 한다. 이 경우 취학을 지원하는 관계자는 피해자등의 사생활이 침해되지 아니하도록 유의하여야 한다.

(9) 피해자에 대한 법률상담 등

국가는 피해자에 대하여 법률상담과 소송대리(訴訟代理) 등의 지원을 할 수 있고, 여성가족부장관은 「법률구조법」 제8조에 따른 대한법률구조공단 또는 대통령령으로 정하는 그 밖의 기관에 법률상담 등을 요청할 수 있다. 법률상담 등에 드는 비용은 국가가 부담할 수 있는데, 이러한 요건과 내용 및 절차 등은 대통령령으로 정한다(제7조의2).

(10) 불법촬영물로 인한 피해자에 대한 지원 등

국가는 「성폭력범죄의 처벌 등에 관한 특례법」 제14조에 따른 촬영물이 「정보통신망 이용촉진 및 정보보호 등에 관한 법률」 제2조제1항제1호의 정보통신망에 유포되어 피해를 입은 사람에 대하여 촬영물의 삭제를 위한 지원을 할 수 있다.

촬영물 삭제 지원에 소요되는 비용은 「성폭력범죄의 처벌 등에 관한 특례법」 제14조에 해당하는 죄를 범한 성폭력행위자가 부담하며, 국가가 이를 지출한 경우에는 성폭력행위자에 대하여 **구상권**(求償權)을 행사할 수 있다(제7조의3).

(11) 피해자에 대한 불이익처분의 금지

누구든지 피해자를 고용하고 있는 자는 성폭력과 관련하여 피해자를 해고하거나 그 밖의 불이익을 주어서는 아니 된다(제8조).

(12) 신고의무

19세 미만의 미성년자(19세에 도달하는 해의 1월 1일을 맞이한 미성년자는 제외한다)를 보호하거나 교육 또는 치료하는 시설의 장 및 관련 종사자는 자기의 보호·지원을 받는 자가 「성폭력범죄의 처벌 등에 관한 특례법」 제3조부터 제9조까지, 「형법」 제301조 및 제301조의2의 피해자인 사실을 알게 된 때에는 **즉시 수사기관에 신고**하여야 한다(제9조).

2. 피해자 보호·지원 시설 등의 설치·운영

(1) 상담소의 설치·운영

국가 또는 지방자치단체는 성폭력피해상담소를 설치·운영할 수 있는데, 국가 또는 지방자치단체 외의 자가 상담소를 설치·운영하려면 특별자치시장·특별자치도지사 또는 시장·군수·구청장(자치구의 구청장을 말한다.)에게 신고하여야 한다. 신고한 사항 중 여성가족부령으로 정하는 중요 사항을 변경하려는 경우에도 같다 (제10조).

(2) 상담소의 업무

상담소는 ① 성폭력피해의 신고접수와 이에 관한 상담, ② 성폭력피해로 인하여 정상적인 가정생활 또는 사회생활이 곤란하거나 그 밖의 사정으로 긴급히 보호할 필요가 있는 사람과 제12조에 따른 성폭력피해자보호시설 등의 연계, ③ 피해자등의 질병치료와 건강관리를 위하여 의료기관에 인도하는 등 의료 지원, ④ 피해자에 대한 수사기관의 조사와 법원의 증인신문(證人訊問) 등에의 동행, ⑤ 성폭력행위자에 대한 고소와 피해배상청구 등 사법처리 절차에 관하여 「법률구조법」 제8조에 따른 대한법률구조공단 등 관계 기관에 필요한 협조 및 지원 요청, ⑥ 성폭력 예방을 위한 홍보 및 교육, ⑦ 그 밖에 성폭력 및 성폭력피해에 관한 조사·연구의 업무를 수행한다(제11조).

(3) 보호시설의 설치·운영 및 종류

국가 또는 지방자치단체는 성폭력피해자보호시설을 설치·운영할 수 있는데, 「사회복지사업법」에 따른 사회복지법인이나 그 밖의 비영리법인은 특별자치시장·특별자치도지사 또는 시장·군수·구청장의 인가를 받아 보호시설을 설치·운영할 수 있다(제12조).

```
《 보호시설의 종류 》
```

⑦ **일반보호시설:** 피해자에게 제13조제1항 각 호의 사항을 제공하는 시설

⑭ **장애인보호시설:** 「장애인차별금지 및 권리구제 등에 관한 법률」 제2조제2항에 따른 장애인인 피해자에게 제13조제1항 각 호의 사항을 제공하는 시설

⑮ **특별지원 보호시설:** 「성폭력범죄의 처벌 등에 관한 특례법」 제5조에 따른 피해자로서 19세 미만의 피해자에게 제13조제1항 각 호의 사항을 제공하는 시설

⑯ **외국인보호시설:** 외국인 피해자에게 제13조제1항 각 호의 사항을 제공하는 시설. 다만, 「가정폭력방지 및 피해자보호 등에 관한 법률」 제7조의2제1항제3호에 따른 외국인보호시설과 통합하여 운영할 수 있다.

⑰ **자립지원 공동생활시설:** 제1호부터 제4호까지의 보호시설을 퇴소한 사람에게 제13조제1항제3호 및 그 밖에 필요한 사항을 제공하는 시설

⑱ **장애인 자립지원 공동생활시설:** 제2호의 보호시설을 퇴소한 사람에게 제13조제1항제3호 및 그 밖에 필요한 사항을 제공하는 시설

(4) 보호시설에 대한 보호비용 지원

국가 또는 지방자치단체는 보호시설에 입소한 피해자등의 보호를 위하여 필요한 경우 생계비, 아동교육지원비, 아동양육비, 그 밖에 대통령령으로 정하는 **보호비용을 보호시설의 장 또는 피해자에게 지원**할 수 있다. 다만, 보호시설에 입소한 피해자 등이 「국민기초생활 보장법」 등 다른 법령에 따라 보호를 받고 있는 경우에는 그 범위에서 이 법에 따른 지원을 하지 아니한다(제14조).

(5) 보호시설의 입소

피해자등이 **입소를 희망하거나 입소에 동의하는 경우,** 미성년자 또는 지적장애인 등 의사능력이 불완전한 사람으로서 성폭력행위자가 아닌 **보호자가 입소에 동의하는 경우**에는 보호시설에 입소할 수 있다. 보호시설의 장은 보호시설에 입소한 사람의 인적사항 및 입소사유 등을 특별자치시장·특별자치도지사 또는 시장·군수·구청장에게 **지체 없이 보고**하여야 하며, 친족에 의한 피해자나 지적장애인 등 의사능력이 불완전한 피해자로서 상담원의 **상담 결과 입소가 필요하나 보호자의 입소 동의를 받는 것이 적절하지 못하다고 인정하는 경우**에는 보호시설에 입소하게 할 수 있다. 이 경우 보호시설의 장은 **지체 없이 관할 특별자치시장·특별자치도지사**

또는 시장·군수·구청장의 승인을 받아야 하는데, 입소 및 승인에 있어서 **피해자의 권익 보호를 최우선적으로 고려하여야 한다**(제15조).

《 보호시설의 입소기간 》

㉮ **일반보호시설**: 1년 이내. 다만, 여성가족부령으로 정하는 바에 따라 1년 6개월의 범위에서 한 차례 연장할 수 있다.

㉯ **장애인보호시설**: 2년 이내. 다만, 여성가족부령으로 정하는 바에 따라 피해회복에 소요되는 기간까지 연장할 수 있다.

㉰ **특별지원 보호시설**: 19세가 될 때까지. 다만, 여성가족부령으로 정하는 바에 따라 2년의 범위에서 한 차례 연장할 수 있다.

㉱ **외국인보호시설**: 1년 이내. 다만, 여성가족부령으로 정하는 바에 따라 피해회복에 소요되는 기간까지 연장할 수 있다.

㉲ **자립지원 공동생활시설**: 2년 이내. 다만, 여성가족부령으로 정하는 바에 따라 2년의 범위에서 한 차례 연장할 수 있다.

㉳ **장애인 자립지원 공동생활시설**: 2년 이내. 다만, 여성가족부령으로 정하는 바에 따라 2년의 범위에서 한 차례 연장할 수 있다.

---

(6) 보호시설에서의 퇴소

보호시설에 입소한 사람은 본인의 의사 또는 입소 동의를 한 보호자의 요청에 따라 보호시설에서 퇴소할 수 있다. 보호시설의 장은 입소한 사람이 보호 목적이 달성된 경우, 보호기간이 끝난 경우, 입소자가 거짓이나 그 밖의 부정한 방법으로 입소한 경우, 그 밖에 보호시설 안에서 현저한 질서문란 행위를 한 경우에 해당하면 퇴소를 명할 수 있다(제17조).

(7) 피해자를 위한 통합지원센터의 설치·운영

국가와 지방자치단체는 성폭력 피해상담, 치료, 제7조의2제2항에 따른 기관에 법률상담등 연계, 수사지원, 그 밖에 피해구제를 위한 지원업무를 종합적으로 수행하기 위하여 성폭력피해자통합지원센터를 설치·운영할 수 있으며, 법률로 정하는 기관 또는 단체로 하여금 통합지원센터를 설치·운영하게 할 수 있다.

통합지원센터에 두는 상담원 등 종사자의 수 등에 필요한 사항은 여성가족부령으로 정하게 된다(제18조).

(8) 상담원 등의 자격기준

미성년자, 피성년후견인 또는 피한정후견인, 금고 이상의 형을 선고받고 그 집행이 종료(집행이 종료된 것으로 보는 경우를 포함한다)되지 아니하였거나 그 집행을 받지 아니하기로 확정되지 아니한 사람, 「성폭력범죄의 처벌 등에 관한 특례법」 제2조의 죄 또는 「아동·청소년의 성보호에 관한 법률」 제2조제2호의 죄를 범하여 형 또는 치료감호를 선고받고 그 형 또는 치료감호의 전부 또는 일부의 집행이 종료되거나 집행이 유예·면제된 날부터 10년이 지나지 아니한 사람은 상담소, 보호시설 및 통합지원센터의 장, 상담원 또는 그 밖의 종사자가 될 수 없다(제19조).

(9) 상담원 교육훈련시설

국가와 지방자치단체는 상담원의 자질을 향상시키기 위하여 상담원에 대한 전문적인 교육·훈련을 담당하는 시설을 설치·운영할 수 있는데, 여성가족부장관 또는 시·도지사는 상담원에 대한 전문적인 교육·훈련을 대통령령으로 정하는 기관 또는 단체에 위탁하거나 이를 교육훈련시설로 지정할 수 있다.

㉮ 「고등교육법」에 따른 학교를 설립·운영하는 학교법인, ㉯ 법률구조법인, ㉰ 사회복지법인, ㉱ 그 밖의 비영리법인이나 단체에서 교육훈련시설을 설치하려는 자는 특별자치시장·특별자치도지사 또는 시장·군수·구청장에게 신고하여야 한다. 신고한 사항 중 여성가족부령으로 정하는 중요 사항을 변경하려는 경우에도 또한 같다(제19조의2).

(10) 영리목적 운영의 금지 및 비밀 엄수의 의무

누구든지 영리를 목적으로 상담소, 보호시설 또는 교육훈련시설을 설치·운영하여서는 아니 된다. 다만, **교육훈련시설의 장**은 상담원 교육훈련과정을 수강하는 사람에게 여성가족부장관이 정하는 바에 따라 수강료를 받을 수 있다.

상담소, 보호시설 또는 통합지원센터의 장이나 그 밖의 종사자 또는 그 직에 있었던 사람은 그 직무상 알게 된 비밀을 누설하여서는 아니 된다.

3. 보칙

(1) 경찰관서의 협조

상담소, 보호시설 또는 통합지원센터의 장은 피해자등을 긴급히 구조할 필요가 있을 때에는 경찰관서(지구대·파출소 및 출장소를 포함한다)의 장에게 그 소속 직원의 **동행을 요청**할 수 있으며, 요청을 받은 경찰관서의 장은 특별한 사유가 없으면 이에 따라야 한다(제31조).

(2) 사법경찰관리의 현장출동 등

사법경찰관리는 성폭력 신고가 접수된 때에는 지체 없이 신고된 현장에 출동하여야 하며, 출동한 사법경찰관리는 신고된 현장에 출입하여 관계인에 대하여 조사를 하거나 질문을 할 수 있는데, 출입, 조사 또는 질문을 하는 사법경찰관리는 그 권한을 표시하는 증표를 지니고 이를 관계인에게 내보여야 한다.

조사 또는 질문을 하는 사법경찰관리는 피해자·신고자·목격자 등이 자유롭게 진술할 수 있도록 성폭력행위자로부터 분리된 곳에서 조사하는 등 필요한 조치를 하여야 하는데, 누구든지 정당한 사유 없이 신고된 현장에 출동한 사법경찰관리에 대하여 현장조사를 거부하는 등 업무를 방해하여서는 아니 된다(제31조의2).

(3) 보고 및 검사 등

여성가족부장관, 특별자치시장·특별자치도지사 또는 시장·군수·구청장은 상담소, 보호시설, 통합지원센터 또는 교육훈련시설의 장에게 해당 시설에 관하여 **필요한 보고**를 하게 할 수 있으며, 관계 공무원으로 하여금 그 시설의 운영 상황을 조사하게 하거나 장부 또는 그 밖의 **서류를 검사**하게 할 수 있다.

검사를 하는 공무원은 사전에 검사 일시, 검사 목적 등에 관한 사항을 그 시설의 장에게 통보하여야 하고, 직무를 수행하는 관계 공무원은 그 권한을 표시하는 증표를 지니고 이를 관계인에게 보여주어야 한다(제32조).

V. 특정 범죄자에 대한 보호관찰 및 전자장치 부착 등에 관한 법률

　이 법은 2007년 4월 27일 '**특정성범죄자에 대한 위치추적전자장치부착법**'이 성폭력범죄자의 재범방지와 성행교정(性行矯正)을 통한 재사회화를 위하여 그의 행적을 추적하여 위치를 확인할 수 있는 전자장치를 신체에 부착하게 하는 부가적인 조치를 취함으로써 성폭력범죄로부터 국민을 보호함을 목적으로 제정되었다. 2009. 5. 8. 이 법을 개정하여 **성폭력범죄**뿐만 아니라 **미성년자 대상 유괴범죄**와 **살인범죄**까지 확대하여 위치추적 전자장치(이른바 전자발찌)를 부착할 수 있도록 '**특정 범죄자에 대한 위치추적 전자장치 부착 등에 관한 법률**'로 명칭을 변경하였고, 2012. 12. 18. 다시 "**특정 범죄자에 대한 보호관찰 및 전자장치 부착 등에 관한 법률**"로 명칭을 개정하였으며, 이후 수차례에 걸쳐 개정이 이루어졌다.

　최근 개정인 2018. 9. 18. 개정에서는 현행법은 부칙에서 「전자장치부착법」 시행 전에 유사강간등 특정범죄를 저지른 사람에 대해서도 소급하여 전자발찌 등 전자장치 부착명령을 할 수 있도록 정하고 있으나 전자장치 소급 부착명령의 시효에 정지 규정이 없어 '장기'형을 선고받은 소급 부착명령 대상자의 경우 형 집행 중 부착명령의 시효(5년)가 도과될 수 있어 전자장치 소급 부착명령의 도입취지 및 사회방위에 배치될 우려가 있다. 또한, 전자장치 소급 부착명령은 '판결'이 아닌 '결정'으로 결정에 대하여는 기간의 제한 없이 항고가 가능하므로 일률적으로 확정일을 특정할 수 없는데, 전자장치 소급 부착명령의 시효 기산일이 부착명령의 '확정일'로 되어 있어, 부착명령이 확정되지 않는 경우 시효 기산일을 특정할 수 없는 문제가 발생한다. 이에 전자장치 소급 부착명령의 원인이 된 범죄 사건의 형·치료감호·보호감호 기간 및 그에 계속하여 집행되는 다른 범죄 사건의 형·치료감호·보호감호 기간에는 부착명령의 시효가 정지되도록 하고, 전자장치 소급 부착명령의 시효 기산일을 부착명령의 집행 가능시점인 '고지일'로 하여 현행 제도 운영상 나타난 미비점을 개선·보완하였다.

1. 총칙

(1) 특정범죄 등의 정의

"특정범죄"란 성폭력범죄, 미성년자 대상 유괴범죄, 살인범죄 및 강도범죄를 말한다.

1) 여기서 말하는 "성폭력범죄"란 다음 각 목의 범죄를 말한다.

가. 「형법」 제2편제32장 강간과 추행의 죄 중 제297조(강간)·제297조의2(유사강간)·제298조(강제추행)·제299조(준강간, 준강제추행)·제300조(미수범)·제301조(강간등 상해·치상)·제301조의2(강간등 살인·치사)·제302조(미성년자등에 대한 간음)·제303조(업무상위력등에 의한 간음)·제305조(미성년자에 대한 간음, 추행)·제305조의2(상습범), 제2편제38장 절도와 강도의 죄 중 제339조(강도강간)·제340조(해상강도)제3항(사람을 강간한 죄만을 말한다) 및 제342조(미수범)의 죄(제339조 및 제340조제3항 중 사람을 강간한 죄의 미수범만을 말한다)

나. 「성폭력범죄의 처벌 등에 관한 특례법」 제3조(특수강도강간 등)부터 제10조(업무상 위력 등에 의한 추행)까지의 죄 및 제15조(미수범)의 죄(제3조부터 제9조까지의 미수범만을 말한다)

다. 「아동·청소년의 성보호에 관한 법률」 제7조(아동·청소년에 대한 강간·강제추행 등)·제8조(장애인인 아동·청소년에 대한 간음 등)·제9조(강간 등 상해·치상) 및 제10조(강간 등 살인·치사)의 죄

라. 가목부터 다목까지의 죄로서 다른 법률에 따라 가중 처벌되는 죄

2) 여기서 말하는 "미성년자 대상 유괴범죄"란 다음 각 목의 범죄를 말한다.

가. 미성년자에 대한 「형법」 제287조부터 제292조까지, 제294조, 제296조, 제324조의2 및 제336조의 죄

나. 미성년자에 대한 「특정범죄가중처벌 등에 관한 법률」 제5조의2(약취·유인죄의 가중처벌)의 죄

다. 가목과 나목의 죄로서 다른 법률에 따라 가중 처벌되는 죄

3) 여기서 말하는 "살인범죄"란 다음 각 목의 범죄를 말한다.

가. 「형법」 제2편제1장 내란의 죄 중 제88조(내란목적의 살인)·제89조(미수

범)의 죄(제88조의 미수범만을 말한다), 제2편제24장 살인의 죄 중 제250
조(살인, 존속살해)·제251조(영아살해)·제252조(촉탁, 승낙에 의한 살인
등)·제253조(위계등에 의한 촉탁살인등)·제254조(미수범)·제255조(예비,
음모), 제2편제32장 강간과 추행의 죄 중 제301조의2(강간등 살인·치사)
전단, 제2편제37장 권리행사를 방해하는 죄 중 제324조의4(인질살해·치
사) 전단·제324조의5(미수범)의 죄(제324조의4 전단의 미수범만을 말한
다), 제2편제38장 절도와 강도의 죄 중 제338조(강도살인·치사) 전단·제
340조(해상강도)제3항(사람을 살해한 죄만을 말한다) 및 제342조(미수범)
의 죄(제338조 전단 및 제340조제3항 중 사람을 살해한 죄의 미수범만을
말한다)

나. 「성폭력범죄의 처벌 등에 관한 특례법」 제9조(강간 등 살인·치사)제1항의
죄 및 제15조(미수범)의 죄(제9조제1항의 미수범만을 말한다)

다. 「아동·청소년의 성보호에 관한 법률」 제10조(강간 등 살인·치사)제1항의
죄

라. 「특정범죄 가중처벌 등에 관한 법률」 제5조의2(약취·유인죄의 가중처벌)
제2항제2호의 죄 및 같은 조 제6항의 죄(같은 조 제2항제2호의 미수범만을
말한다)

마. 가목부터 라목까지의 죄로서 다른 법률에 따라 가중처벌되는 죄

4) 여기서 말하는 "**강도범죄**"란 다음 각 목의 범죄를 말한다.

가. 「형법」 제2편제38장 절도와 강도의 죄 중 제333조(강도)·제334조(특수강
도)·제335조(준강도)·제336조(인질강도)·제337조(강도상해, 치상)·제338
조(강도살인·치사)·제339조(강도강간)·제340조(해상강도)·제341조(상습
범)·제342조(미수범)의 죄(제333조부터 제341조까지의 미수범만을 말한
다) 및 제343조(예비, 음모)의 죄

나. 「성폭력범죄의 처벌 등에 관한 특례법」 제3조(특수강도강간 등)제2항 및
제15조(미수범)의 죄(제3조제2항의 미수범만을 말한다)

다. 가목과 나목의 죄로서 다른 법률에 따라 가중처벌되는 죄

(2) "위치추적 전자장치"의 의미

1) "위치추적 전자장치"란 전자파를 발신하고 추적하는 원리를 이용하여 위치를 확인하거나 이동경로를 탐지하는 일련의 기계적 설비로서 대통령령으로 정하는 것을 말한다.

2) 위치추적 전자장치의 구성

위치추적 전자장치는 다음 각 호로 구성한다.

① **휴대용 추적장치**: 전자장치가 부착된 사람(이하 "피부착자"라 한다)이 휴대하는 것으로서 **위성위치확인시스템**(Global Positioning System) 및 **이동통신망을 통하여 피부착자의 위치를 확인하는 장치**

② **재택**(在宅) **감독장치**: 휴대용 추적장치를 보조하는 장치로서, **피부착자의 주거지에 설치하여 피부착자의 위치를 확인하는 장치**

③ **부착장치**: 피부착자의 **신체에 부착하여 휴대용 추적장치와 재택 감독장치에 전자파를 송신하는 장치**

(3) 국가의 책무와 적용범위

국가는 이 법의 집행과정에서 국민의 인권이 부당하게 침해되지 아니하도록 주의하여야 하며, 만 19세 미만의 자에 대하여 부착명령을 선고한 때에는 **19세에 이르기까지 이 법에 따른 전자장치를 부착할 수 없다.**

2. 전자장치 부착명령의 청구

(1) 검사는 ㉮ 성폭력범죄로 징역형의 실형을 선고받은 사람이 그 집행을 종료한 후 또는 집행이 면제된 후 10년 이내에 성폭력범죄를 저지른 때, ㉯ 성폭력범죄로 이 법에 따른 전자장치를 부착받은 전력이 있는 사람이 다시 성폭력범죄를 저지른 때, ㉰ 성폭력범죄를 2회 이상 범하여(유죄의 확정판결을 받은 경우를 포함한다) 그 습벽이 인정된 때, ㉱ 19세 미만의 사람에 대하여 성폭력범죄를 저지른 때, ㉲ 신체적 또는 정신적 장애가 있는 사람에 대하여 성폭력범죄를 저지른 때에 해당하고, 성폭력범죄를 다시 범할 위험성이 있다고 인정되는 사람에 대하여 전자장치를 부착하도록 하는 명령을 법원에 청구할 수 있다.

(2) 검사는 미성년자 대상 유괴범죄를 저지른 사람으로서 미성년자 대상 유괴범죄를 다시 범할 위험성이 있다고 인정되는 사람에 대하여 부착명령을 법원에 청구할 수 있다. 다만, 유괴범죄로 징역형의 실형 이상의 형을 선고받아 그 집행이 종료 또는 면제된 후 다시 유괴범죄를 저지른 경우에는 부착명령을 청구하여야 한다. 그리고, 살인범죄를 저지른 사람으로서 살인범죄를 다시 범할 위험성이 있다고 인정되는 사람에 대하여 부착명령을 법원에 청구할 수 있지만 살인범죄로 징역형의 실형 이상의 형을 선고받아 그 집행이 종료 또는 면제된 후 다시 살인범죄를 저지른 경우에는 부착명령을 청구하여야 한다.

(3) 검사는 다음 각 호의 어느 하나에 해당하고 강도범죄를 다시 범할 위험성이 있다고 인정되는 사람에 대하여 부착명령을 법원에 청구할 수 있다.

㉮ 강도범죄로 징역형의 실형을 선고받은 사람이 그 집행을 종료한 후 또는 집행이 면제된 후 10년 이내에 다시 강도범죄를 저지른 때

㉯ 강도범죄로 이 법에 따른 전자장치를 부착하였던 전력이 있는 사람이 다시 강도범죄를 저지른 때

㉰ 강도범죄를 2회 이상 범하여(유죄의 확정판결을 받은 경우를 포함한다) 그 습벽이 인정된 때

(4) 부착명령의 청구는 공소가 제기된 특정범죄사건의 항소심 변론종결 시까지 하여야 하며, 법원은 공소가 제기된 특정범죄사건을 심리한 결과 부착명령을 선고할 필요가 있다고 인정하는 때에는 검사에게 부착명령의 청구를 요구할 수 있고, 특정범죄사건에 대하여 판결의 확정 없이 공소가 제기된 때부터 15년이 경과한 경우에는 부착명령을 청구할 수 없다(제5조).

3. 부착명령의 판결 등

법원은 부착명령 청구가 이유 있다고 인정하는 때에는 아래의 범위 내에서 부착기간을 정하여 판결로 부착명령을 선고하여야 한다. 다만, 19세 미만의 사람에 대하여 특정범죄를 저지른 경우에는 부착기간 하한을 다음 각 호에 따른 부착기간 하한의 2배로 한다.

```
───────────────  《 부착기간 》  ───────────────
㉮ 법정형의 상한이 사형 또는 무기징역인 특정범죄: 10년 이상 30년 이하
㉯. 법정형 중 징역형의 하한이 3년 이상의 유기징역인 특정범죄(제1호에 해당하는 특
    정범죄는 제외한다): 3년 이상 20년 이하
㉰. 법정형 중 징역형의 하한이 3년 미만의 유기징역인 특정범죄(제1호 또는 제2호에
    해당하는 특정범죄는 제외한다): 1년 이상 10년 이하
```

여러 개의 특정범죄에 대하여 동시에 부착명령을 선고할 때에는 법정형이 가장 중한 죄의 부착기간 상한의 2분의 1까지 가중하되, 각 죄의 부착기간의 상한을 합산한 기간을 초과할 수 없다. 다만, 하나의 행위가 여러 특정범죄에 해당하는 경우에는 가장 중한 죄의 부착기간을 부착기간으로 하며, 부착명령을 선고받은 사람은 부착기간 동안 「보호관찰 등에 관한 법률」에 따른 **보호관찰**을 받는다.

법원은 ㉮ 부착명령 청구가 이유 없다고 인정하는 때, ㉯ 특정범죄사건에 대하여 무죄(심신상실을 이유로 치료감호가 선고된 경우는 제외한다)·면소·공소기각의 판결 또는 결정을 선고하는 때, ㉰ 특정범죄사건에 대하여 벌금형을 선고하는 때, ㉱ 특정범죄사건에 대하여 선고유예 또는 집행유예를 선고하는 때에는 판결로 부착명령 청구를 기각하여야 한다.

부착명령 청구사건의 판결은 특정범죄사건의 **판결과 동시에 선고**하여야 하며, 판결이유에는 요건으로 되는 사실, 증거의 요지 및 적용 법조를 명시하여야 하고, 특정범죄사건의 양형에 유리하게 참작되어서는 안된다. 특정범죄사건의 판결에 대하여 상소 및 상소의 포기·취하가 있는 때에는 부착명령 청구사건의 판결에 대하여도 상소 및 상소의 포기·취하가 있는 것으로 보며, 상소권회복 또는 재심의 청구나 비상상고가 있는 때에도 또한 같다(제9조) .

4. 전자장치 피부착자의 준수사항

법원은 부착명령을 선고하는 경우 부착기간의 범위에서 준수기간을 정하여 ㉮ 야간 등 특정 시간대의 **외출제한**, ㉯ 특정지역·장소에의 **출입금지**, ㉰ **주거지역의 제한**, ㉱ 피해자 등 특정인에의 **접근금지**, ㉲ 특정범죄 치료 **프로그램의 이수**, ㉳ 그 밖에 부착명령을 선고받는 사람의 재범방지와 성행교정을 위하여 필요한 사항

중 하나 이상을 부과할 수 있다. 다만, **500시간의 범위**에서 그 기간을 정하여야 한다(제9조의2).

5. 피부착자의 의무

전자장치가 부착된 자는 전자장치의 부착기간 중 전자장치를 신체에서 임의로 분리·손상, 전파 방해 또는 수신자료의 변조, 그 밖의 방법으로 그 효용을 해하여서는 안 되며, 피부착자는 특정범죄사건에 대한 형의 집행이 종료되거나 면제·가석방되는 날부터 10일 이내에 주거지를 관할하는 보호관찰소에 출석하여 대통령령으로 정하는 신상정보 등을 서면으로 신고하여야 한다. 피부착자가 주거를 이전하거나 7일 이상의 국내여행을 하거나 출국할 때에는 미리 보호관찰관의 허가를 받아야 한다(제14조)

6. 부착기간의 연장 등

피부착자가 ㉮ 정당한 사유 없이 「보호관찰 등에 관한 법률」 제32조에 따른 준수사항을 위반하거나, ㉯ 정당한 사유 없이 제14조제2항을 위반하여 신고하지 아니한 경우, ㉰ 정당한 사유 없이 제14조제3항을 위반하여 허가를 받지 아니하고 주거 이전·국내여행 또는 출국을 하거나, 거짓으로 허가를 받은 경우, ㉱ 정당한 사유 없이 제14조제3항에 따른 출국허가 기간까지 입국하지 아니한 경우에는 법원은 보호관찰소의 장의 신청에 따른 검사의 청구로 1년의 범위에서 부착기간을 연장하거나 준수사항을 추가 또는 변경하는 결정을 할 수 있다(제14조의2).

7. 형 집행 종료 후의 보호관찰

(1) 보호관찰명령의 청구 및 판결

검사는 ㉮ 성폭력범죄를 저지른 사람으로서 성폭력범죄를 다시 범할 위험성이 있다고 인정되는 사람, ㉯ 미성년자 대상 유괴범죄를 저지른 사람으로서 미성년자 대상 유괴범죄를 다시 범할 위험성이 있다고 인정되는 사람, ㉰ 살인범죄를 저지른 사람으로서 살인범죄를 다시 범할 위험성이 있다고 인정되는 사람, ㉱ 강도범죄를 저지른 사람으로서 강도범죄를 다시 범할 위험성이 있다고 인정되는 사람에 대하여 형의 집행이 종료된 때부터 「보호관찰 등에 관한 법률」에 따른 보호관찰을 받도록 하는 명령을 법원에 청구할 수 있으며, 금고 이상의 선고형에 해당하고 보호관찰명령의 청구가 이유 있다고 인정하는 때에는 2년 이상 5년 이하의 범위에서 기간을 정하여 보호관찰명령을 선고하여야 한다.

(2) 준수사항

법원은 제21조의3에 따라 보호관찰명령을 선고하는 경우 제9조의2제1항 각 호의 준수사항 중 하나 이상을 부과할 수 있다. 다만, 제9조의2제1항제4호의 준수사항은 **300시간의 범위**에서 그 기간을 정하여야 한다(제21조의4).

8. 가석방 및 가종료 등과 전자장치 부착

(1) 가석방과 전자장치 부착

부착명령 판결을 선고받지 아니한 특정 범죄자로서 형의 집행 중 가석방되어 보호관찰을 받게 되는 자는 준수사항 이행 여부 확인 등을 위하여 가석방기간 동안 전자장치를 부착하여야 한다. 다만, 심사위원회가 전자장치 부착이 필요하지 아니하다고 결정한 경우에는 그러하지 아니하다.

심사위원회는 제1항에 따라 전자장치를 부착하게 되는 자의 주거지를 관할하는 보호관찰소의 장에게 가석방자의 인적사항 등 전자장치 부착에 필요한 사항을 즉시 통보하여야 하고, 교도소장등은 가석방 예정자가 석방되기 5일 전까지 그의 주거지를 관할하는 보호관찰소의 장에게 그 사실을 통보하여야 한다(제22조).

(2) 가종료 등과 전자장치 부착

치료감호심의위원회는 부착명령 판결을 선고받지 아니한 특정 범죄자로서 치료감호의 집행 중 가종료 또는 치료위탁되는 **피치료감호자**나 보호감호의 집행 중 가출소되는 **피보호감호자**에 대하여 「치료감호법」 또는 「사회보호법」에 따른 준수사항 이행 여부 확인 등을 위하여 보호관찰기간의 범위에서 기간을 정하여 전자장치를 부착하게 할 수 있다. 전자장치 부착을 결정한 경우에는 즉시 피부착결정자의 주거지를 관할하는 보호관찰소의 장에게 통보하여야 하며, 치료감호시설의 장·보호감호시설의 장 또는 교도소의 장은 가종료자등이 가종료 또는 치료위탁되거나 가출소되기 5일 전까지 가종료자등의 주거지를 관할하는 보호관찰소의 장에게 그 사실을 통보하여야 한다(제23조).

9. 형의 집행유예와 부착명령

법원은 특정범죄를 범한 자에 대하여 형의 집행을 유예하면서 보호관찰을 받을 것을 명할 때에는 보호관찰기간의 범위 내에서 기간을 정하여 준수사항의 이행여부 확인 등을 위하여 전자장치를 부착할 것을 명할 수 있다. 부착명령기간 중 소재지 인근 의료기관에서의 치료, 지정 상담시설에서의 상담치료 등 대상자의 재범방지를 위하여 필요한 조치들을 과할 수 있고, 전자장치 부착을 명하기 위하여 필요하다고 인정하는 때에는 피고인의 주거지 또는 그 법원의 소재지를 관할하는 보호관찰소의 장에게 범죄의 동기, 피해자와의 관계, 심리상태, 재범의 위험성 등 피고인에 관하여 필요한 사항의 조사를 요청할 수 있다(제28조).

10. 벌칙

(1) 전자장치 부착 업무를 담당하는 자가 정당한 사유 없이 피부착자의 전자장치를 해제하거나 손상한 때에는 **1년 이상의 유기징역**에 처한다.

(2) 전자장치 부착 업무를 담당하는 자가 금품을 수수·요구 또는 약속하고 제1항의 죄를 범한 때에는 2년 이상의 유기징역에 처한다.

(3) 수신자료를 관리하는 자가 제16조 제2항을 위반한 때에는 1년 이상의 유기징역에 처한다.

Ⅵ. 성폭력범죄자의 성충동약물치료에 관한 법률

이 법은 사람에 대하여 성폭력범죄를 저지른 **성도착증 환자**로서 성폭력범죄를 다시 범할 위험성이 있다고 인정되는 사람에 대하여 **성충동 약물치료를 실시**하여 성폭력범죄의 **재범을 방지하고 사회복귀를 촉진**하는 것을 목적으로 한다. 이 법은 2010. 7. 23. 제정되어 2011. 7. 24.부터 시행되어 오고 있으며, 여러 차례 개정되었다.

가장 최근인 2017. 12. 19. 개정에서는 「성폭력범죄자의 성충동 약물치료에 관한 법률」 제8조제1항에 따른 치료명령의 판결조항은 치료명령 선고를 피고사건 선고와 동시에 하도록 규정하여 장기형이 선고되는 경우 치료명령 선고시점과 집행시점 사이에 상당한 시간적 격차가 있음에도 불구하고, 피치료자가 집행시점에 치료의 필요성에 이의를 제기함으로써 불필요한 치료를 막을 수 있는 절차를 두지 아니하여 과잉금지원칙에 위배된다는 이유로 헌법재판소가 헌법불합치 결정(2013헌가9, 2015. 12. 23. 결정)을 함에 따라 그 취지를 반영하여 치료명령의 집행 면제 신청 절차를 마련함으로써 위헌성을 해소하는 한편, 「형법」 등 개정내용을 반영하여 약물치료 대상범죄에 강도강간미수죄 등을 추가하는 등 현행 제도의 운영상 나타난 일부 미비점을 개선·보완하였다.

1. 성도착증 환자 등의 정의(定義)

(1) "성도착증 환자"란 「치료감호 등에 관한 법률」 제2조제1항제3호에 해당하는 사람 및 정신건강의학과 전문의의 감정에 의하여 성적 이상 습벽으로 인하여 자신의 행위를 스스로 통제할 수 없다고 판명된 사람을 말한다.

(2) **"성폭력범죄"**란 다음 각 목의 범죄를 말한다.

㉮ 「아동·청소년의 성보호에 관한 법률」 제7조(아동·청소년에 대한 강간·강제추행 등)부터 제10조(강간 등 살인·치사)까지의 죄

㉯ 「성폭력범죄의 처벌 등에 관한 특례법」 제3조(특수강도강간 등)부터 제13조(통신매체를 이용한 음란행위)까지의 죄 및 제15조(미수범)의 죄(제3조부터 제9조까지의 미수범만을 말한다)

㉰ 「형법」 제297조(강간)·제297조의2(유사강간)·제298조(강제추행)·제299조(준강간, 준강제추행)·제300조(미수범)·제301조(강간등 상해·치상)·제301조의2(강간등 살인·치사)·제302조(미성년자등에 대한 간음)·제303조(업무상위력등에 의한 간음)·제305조(미성년자에 대한 간음, 추행)·제339조(강도강간), 제340조(해상강도)제3항(사람을 강간한 죄만을 말한다) 및 제342조(미수범)의 죄(제339조 및 제340조제3항 중 사람을 강간한 죄의 미수범만을 말한다)

㉕ 가목부터 다목까지의 죄로서 다른 법률에 따라 가중 처벌되는 죄

(3) **"성충동 약물치료"**란 비정상적인 성적 충동이나 욕구를 억제하기 위한 조치로서 성도착증 환자에게 약물 투여 및 심리치료 등의 방법으로 도착적인 성기능을 일정기간 동안 약화 또는 정상화하는 치료를 말한다.

2. 약물치료명령의 청구 및 판결

(1) 치료명령의 청구

검사는 사람에 대하여 성폭력범죄를 저지른 성도착증 환자로서 성폭력범죄를 다시 범할 위험성이 있다고 인정되는 19세 이상의 사람에 대하여 약물치료명령을 법원에 청구할 수 있다. 치료명령 청구대상자에 대하여 정신건강의학과 전문의의 진단이나 감정을 받은 후 치료명령을 청구하여야 하고, 치료명령의 청구는 공소가 제기되거나 치료감호가 독립청구된 성폭력범죄사건의 항소심 변론종결 시까지 하여야 한다. 법원은 피고사건의 심리결과 치료명령을 할 필요가 있다고 인정하는 때에는 검사에게 치료명령의 청구를 요구할 수 있는데, 피고사건에 대하여 판결의 확정 없이 공소가 제기되거나 치료감호가 독립청구된 때부터 15년이 지나면 치료명령을 청구할 수 없다(제4조).

(2) 치료명령의 판결 등

법원은 치료명령 청구가 이유 있다고 인정하는 때에는 **15년의 범위**에서 치료기간을 정하여 **판결로 치료명령을 선고**하여야 한다. **치료명령을 선고받은 사람은 치료기간 동안 「보호관찰 등에 관한 법률」에 따른 보호관찰**을 받는다.

법원은 ㉠ 치료명령 청구가 이유 없다고 인정하는 때, ㉡ 피고사건에 대하여 무죄(심신상실을 이유로 치료감호가 선고된 경우는 제외한다)·면소·공소기각의 판결 또는 결정을 선고하는 때, ㉢ 피고사건에 대하여 벌금형을 선고하는 때, ㉣ 피고사건에 대하여 선고를 유예하거나 집행유예를 선고하는 때에는 판결로 치료명령 청구를 기각하여야 한다.

치료명령 청구사건의 판결은 피고사건의 **판결과 동시에 선고**하여야 하는데, 판결이유에는 요건으로 되는 사실, 증거의 요지 및 적용 법조를 명시하여야 한다. 치료

명령의 선고는 피고사건의 양형에 유리하게 참작되어서는 안되며, 피고사건의 판결에 대하여 「형사소송법」에 따른 상소 및 상소의 포기·취하가 있는 때에는 치료명령 청구사건의 판결에 대하여도 상소 및 상소의 포기·취하가 있는 것으로 본다. 상소권회복 또는 재심의 청구나 비상상고가 있는 때에도 또한 같다(제8조).

3. 치료명령의 집행

(1) 집행지휘

치료명령은 **검사의 지휘를 받아 보호관찰관이 집행하는데**, 지휘는 판결문 등본을 첨부한 서면으로 한다(제13조).

(2) 치료명령의 집행

치료명령은 「의료법」에 따른 의사의 진단과 처방에 의한 약물 투여, 「정신건강증진 및 정신질환자 복지서비스 지원에 관한 법률」에 따른 정신보건전문요원 등 전문가에 의한 인지행동 치료 등 심리치료 프로그램의 실시 등의 방법으로 집행하는데, 보호관찰관은 치료명령을 받은 사람에게 치료명령을 집행하기 전에 약물치료의 효과, 부작용 및 약물치료의 방법·주기·절차 등에 관하여 충분히 설명하여야 한다.

치료명령을 받은 사람이 형의 집행이 종료되거나 면제·가석방 또는 치료감호의 집행이 종료·가종료 또는 치료위탁으로 석방되는 경우 보호관찰관은 석방되기 전 2개월 이내에 치료명령을 받은 사람에게 치료명령을 집행하여야 하지만, ㉮ 치료명령의 집행 중 구속영장의 집행을 받아 구금된 때, ㉯ 치료명령의 집행 중 금고 이상의 형의 집행을 받게 된 때, ㉰ 가석방 또는 가종료·가출소된 자에 대하여 치료기간 동안 가석방 또는 가종료·가출소가 취소되거나 실효된 때에는 치료명령의 집행이 정지된다. 집행이 정지된 치료명령의 잔여기간에 대하여는 형의 집행을 받지 아니하는 것으로 확정되거나 그 형의 집행이 종료되거나 면제된 후 또는 가석방된 때부터 그 잔여기간을 집행한다(제14조).

(3) 치료기간의 연장 등

치료 경과 등에 비추어 치료명령을 받은 사람에 대한 약물치료를 계속 하여야 할 상당한 이유가 있거나 정당한 사유 없이 「보호관찰 등에 관한 법률」 제32조제2항(제4호는 제외한다) 또는 제3항에 따른 준수사항을 위반한 경우, 정당한 사유 없이 제15조제2항을 위반하여 신고하지 아니한 경우, 거짓으로 제15조제3항의 허가를 받거나, 정당한 사유 없이 제15조제3항을 위반하여 허가를 받지 아니하고 주거 이전, 국내여행 또는 출국을 하거나 허가기간 내에 귀국하지 아니한 경우에 법원은 보호관찰소의 장의 신청에 따른 검사의 청구로 치료기간을 결정으로 연장할 수 있다. 다만, 종전의 치료기간을 합산하여 15년을 초과할 수 없다.

4. 수형자·가종료자 등에 대한 치료명령

(1) 성폭력 수형자에 대한 치료명령 청구

검사는 사람에 대하여 성폭력범죄를 저질러 징역형 이상의 형이 확정되었으나 제8조제1항에 따른 치료명령이 선고되지 아니한 수형자 중 성도착증 환자로서 성폭력범죄를 다시 범할 위험성이 있다고 인정되고 약물치료를 받는 것을 동의하는 사람에 대하여 그의 주거지 또는 현재지를 관할하는 지방법원에 치료명령을 청구할 수 있다. 이러한 **수형자에 대한 치료명령의 절차**는 다음과 같다(제22조).

치료명령 청구가 이유 있다는 결정에 따른 **치료기간은 15년을 초과**할 수 없으며, 정신건강의학과 전문의의 진단이나 감정을 위하여 필요한 경우 수용시설의 장에게 성폭력 수형자를 치료감호시설 등에 이송하도록 할 수 있다. 또한 해당 결정에 영향을 미칠 법령위반이 있거나 중대한 사실오인이 있는 경우나 처분이 현저히 부당한 경우에 해당하면 결정을 고지받은 날부터 **7일 이내에 검사, 성폭력 수형자 본인 또는 그 법정대리인은 고등법원에 항고**할 수 있는데, 항고를 할 때에는 항고장을 원심법원에 제출하여야 하며, **항고장을 제출받은 법원은 3일 이내에 의견서를 첨부하여 기록을 항고법원에 송부**하여야 한다. 항고법원은 항고 절차가 법률에 위반되거나 항고가 이유 없다고 인정한 경우에는 결정으로써 항고를 기각하여야 하고, 항고가 이유 있다고 인정한 경우에는 원결정을 파기하고 스스로 결정을 하거나 다른 관할 법원에 이송하여야 한다. 항고법원의 결정에 대하여는 그 결정이 법령에 위반된 때에만 대법원에 재항고를 할 수 있고 **재항고의 제기기간은 항고기각 결정을 고지받은 날부터 7일**로 한다. 다만, 항고와 재항고는 결정의 집행을 정지하는 효력이 없다.

《 치료명령의 절차 》

㉮ 교도소·구치소(이하 "수용시설"이라 한다)의 장은 「형법」 제72조제1항의 가석방 요건을 갖춘 성폭력 수형자에 대하여 약물치료의 내용, 방법, 절차, 효과, 부작용, 비용부담 등에 관하여 **충분히 설명하고 동의 여부를 확인**하여야 한다.

㉯ 제1호의 성폭력 수형자가 약물치료에 동의한 경우 수용시설의 장은 지체 없이 수용시설의 소재지를 관할하는 지방검찰청의 검사에게 인적사항과 교정성적 등 필요한 사항을 통보하여야 한다.

㉰ 검사는 소속 검찰청 소재지 또는 성폭력 수형자의 주소를 관할하는 보호관찰소의 장에게 성폭력 수형자에 대하여 제5조제1항에 따른 조사를 요청할 수 있다.

㉱ 보호관찰소의 장은 제3호의 요청을 접수한 날부터 2개월 이내에 제5조제3항의 조사보고서를 제출하여야 한다.

㉲ 검사는 성폭력 수형자에 대하여 약물치료의 내용, 방법, 절차, 효과, 부작용, 비용부담 등에 관하여 설명하고 동의를 확인한 후 정신건강의학과 전문의의 진단이나 감정을 받아 법원에 치료명령을 청구할 수 있다. 이 때 검사는 치료명령 청구서에 제7조제1항 각 호의 사항 외에 치료명령 피청구자의 동의사실을 기재하여야 한다.

㉳ 법원은 제5호의 치료명령 청구가 이유 있다고 인정하는 때에는 결정으로 치료명령을 고지하고 치료명령을 받은 사람에게 준수사항 기재서면을 송부하여야 한다.

(2) 가종료 등과 치료명령

「치료감호 등에 관한 법률」 제37조에 따른 치료감호심의위원회는 성폭력범죄자 중 성도착증 환자로서 치료감호의 집행 중 가종료 또는 치료위탁되는 피치료감호자나 보호감호의 집행 중 가출소되는 피보호감호자에 대하여 보호관찰 기간의 범위에서 치료명령을 부과할 수 있는데, **치료감호심의위원회**는 치료명령을 부과하는 결정을 할 경우에는 **결정일 전 6개월 이내에 실시한 정신건강의학과 전문의의 진단 또는 감정 결과를 반드시 참작**하여야 하며, 치료명령을 부과하는 결정을 한 경우에는 즉시 가종료자 등의 주거지를 관할하는 보호관찰소의 장에게 통보하여야 한다(제25조).

'성매매알선 등 행위의 처벌에 관한 법률' 및 '성매매 방지 및 피해자보호 등에 관한 법률

I. 머리말

'**성매매알선 등 행위의 처벌에 관한 법률**'은 종전의 '**윤락행위방지법**'을 폐지한 대체입법으로서 2004. 3. 22. 제정·공포되었으며, 이 법은 공포 후 6월이 경과한 후 인 2004. 9. 24.부터 시행되었다.

이 법률이 시행되기 전에 '성매매 등의 행위'를 규제해왔던 '윤락행위방지법'은 1961년 11월 9일(법률 제771호) 제정되어 시행되어 오다가 1995년 1월 5일(법률 제4911호)에는 성매매행위자(종래 윤락행위자라 하였음)를 선도보호시설에 입소시키는 법적 근거를 명확히 하고, 현실에 맞지 않은 벌칙을 상향조정하는 등 그 동안 법 시행과정에 발생했던 미비점을 보완하여 윤락행위 등의 방지와 선도의 효율성을 확보하기 위하여 전면적인 개정을 한 바 있다.

그러나 이러한 개정에도 불구하고 "**윤락행위방지법**"은 성매매행위자 중 어떤 측면에서는 성매매피해자일 수도 있는 여성의 성을 파는 행위(윤락행위)에 대한 규제에 중점을 둔 법률의 성격을 벗어날 수가 없었고, 이러한 사정에 기인하여 윤리행위 방지법은 폐지되기에 이르렀다.

그리하여 여성의 성매매행위에 대한 비난에 초점이 맞추어진 종래의 '**윤락행위**'라는 용어 대신에, 이를 '**성을 파는 행위와 성을 사는 행위**'로 보아, 이른바 '윤락행위방지'가 아니라 '**성매매방지**'로 그 명칭을 바꾸게 되었고, 그 내용도 성매매피해자 등에 대한 보호처분 등 성매매피해자보호에 중점을 두는 "**성매매알선 등 행위의 처벌에 관한 법률**"로 명칭을 변경하게 되었다.

이 법은 **성매매·성매매알선 등 행위 및 성매매목적의 인신매매를 근절**하고, **성매매피해자의 인권을 보호**함을 목적으로 하고 있다(제1조).

이와 달리 '**성매매방지 및 피해자보호 등에 관한 법률**'(2004. 3. 22. 제정, 2004. 9. 24. 시행)은 성매매를 방지하고 성매매피해자 및 성을 파는 행위를 한 자의 보호와 자립의 지원을 목적으로 제정되었다. 전자의 법률이 성매매행위자 등에 대한 처벌을 주된 목적으로 하는 법률이라면, 후자의 법률은 성매매를 예방하고 성매매피해자에 대한 지원과 보호를 목적으로 한 법률이라 할 수 있다.

이른바 '**성매매방지법**'이라 일컬어지는 이 두 법률의 주요내용을 살펴보기로 한다.

Ⅱ. 성매매알선 등 행위의 처벌에 관한 법률

1. 총칙

(1) '성매매' 등의 정의

1) "**성매매**"란 불특정인을 상대로 금품이나 그 밖의 재산상의 이익을 수수(收受)하거나 수수하기로 약속하고 다음 각 목의 어느 하나에 해당하는 행위를 하거나 그 상대방이 되는 것을 말한다.

㉮ 성교행위

㉯ 구강, 항문 등 신체의 일부 또는 도구를 이용한 유사 성교행위

2) "**성매매알선 등 행위**"란 다음 각 목의 어느 하나에 해당하는 행위를 하는 것을 말한다.

㉮ 성매매를 알선, 권유, 유인 또는 강요하는 행위

㉯ 성매매의 장소를 제공하는 행위

㉰ 성매매에 제공되는 사실을 알면서 자금, 토지 또는 건물을 제공하는 행위

3) "**성매매 목적의 인신매매**"란 다음 각 목의 어느 하나에 해당하는 행위를 하는 것을 말한다.

㉮ 성을 파는 행위 또는 「형법」 제245조에 따른 음란행위를 하게 하거나, 성교행위 등 음란한 내용을 표현하는 사진·영상물 등의 촬영 대상으로 삼을 목적으로 위계(僞計), 위력(威力), 그 밖에 이에 준하는 방법으로 대상자를 지배·관리하면서 제3자에게 인계하는 행위

㉯ 가목과 같은 목적으로 「청소년 보호법」 제2조제1호에 따른 청소년(이하 "청소년"이라 한다), 사물을 변별하거나 의사를 결정할 능력이 없거나 미약한 사람 또는 대통령령으로 정하는 중대한 장애가 있는 사람이나 그를 보호·감독하는 사람에게 선불금 등 금품이나 그 밖의 재산상의 이익을 제공

하거나 제공하기로 약속하고 대상자를 지배·관리하면서 제3자에게 인계하는 행위

㉰ 가목 및 나목의 행위가 행하여지는 것을 알면서 가목과 같은 목적이나 전매를 위하여 대상자를 인계받는 행위

㉱ 가목부터 다목까지의 행위를 위하여 대상자를 모집·이동·은닉하는 행위

4) **"성매매피해자"**란 다음 각 목의 어느 하나에 해당하는 사람을 말한다.

㉮ 위계, 위력, 그 밖에 이에 준하는 방법으로 성매매를 강요당한 사람

㉯ 업무관계, 고용관계, 그 밖의 관계로 인하여 보호 또는 감독하는 사람에 의하여「마약류관리에 관한 법률」제2조에 따른 마약·향정신성의약품 또는 대마(이하 "마약등"이라 한다)에 중독되어 성매매를 한 사람

㉰ 청소년, 사물을 변별하거나 의사를 결정할 능력이 없거나 미약한 사람 또는 대통령령으로 정하는 중대한 장애가 있는 사람으로서 성매매를 하도록 알선·유인된 사람

㉱ 성매매 목적의 인신매매를 당한 사람

② 다음 각 호의 어느 하나에 해당하는 경우에는 대상자를 제1항 제3호 가목에 따른 지배·관리하에 둔 것으로 본다.

㉮ 선불금 제공 등의 방법으로 대상자의 동의를 받은 경우라도 그 의사에 반하여 이탈을 제지한 경우

㉯ 다른 사람을 고용·감독하는 사람, 출입국·직업을 알선하는 사람 또는 그를 보조하는 사람이 성을 파는 행위를 하게 할 목적으로 여권이나 여권을 갈음하는 증명서를 채무이행 확보 등의 명목으로 받은 경우

(2) 금지행위

이 법에 의해 금지되는 행위로는 ① 성매매, ② 성매매알선 등 행위, ③ 성매매목적의 인신매매, ④ 성을 파는 행위를 하게 할 목적으로 타인을 고용·모집하거나 성매매가 행하여진다는 사실을 알고 직업을 소개·알선하는 행위, ④위의 제①, ②, ④호의 행위 및 그 행위가 행하여지는 업소에 대한 광고행위 등이 금지된다(제4조).

(3) 국가 등의 책무

국가 또는 지방자치단체는 성매매, 성매매알선 등 행위 및 성매매 목적의 인신매매의 예방과 근절을 위한 교육 및 홍보 등에 관하여 법적·제도적 대책을 강구하고 필요한 재원을 조달하여야 하며, 나아가 성매매 목적의 인신매매 방지를 위한 **국제협력**의 증진과 **형사사법의 공조**의 강화에 노력해야 한다고 규정하고 있다(제3조).

2. 성매매피해자 등의 보호

(1) 성매매피해자에 대한 처벌특례와 보호

성매매피해자의 성매매는 처벌하지 않으며, 검사 또는 사법경찰관은 수사과정에서 피의자 또는 참고인이 성매매피해자에 해당한다고 볼 만한 상당한 이유가 있을 때에는 지체 없이 법정대리인, 친족 또는 변호인에게 통지하고, 신변보호, 수사의 비공개, 친족 또는 지원시설·성매매피해상담소에의 인계 등 그 보호에 필요한 조치를 하여야 한다. 다만, 피의자 또는 참고인의 사생활 보호 등 부득이한 사유가 있는 경우에는 통지하지 않을 수 있다. 법원 또는 수사기관이 이 법에 규정된 범죄를 신고한 사람 또는 성매매피해자를 조사하거나 증인으로 신문(訊問)하는 경우에는 「특정범죄 신고자 등 보호법」 제7조부터 제13조까지의 규정을 준용한다. 이 경우 「특정범죄 신고자 등 보호법」 제9조와 제13조를 제외하고는 보복을 당할 우려가 있어야 한다는 요건이 필요하지 아니하다(제6조).

(2) 신고의무 등

「성매매방지 및 피해자보호 등에 관한 법률」에 따른 지원시설 및 성매매피해상담소의 장이나 종사자가 업무와 관련하여 성매매 피해사실을 알게 되었을 때에는 **지체 없이 수사기관에 신고**하여야 하며, 누구든지 이 법에 규정된 범죄를 신고한 사람에게 그 신고를 이유로 불이익을 주어서는 안된다. 다른 법률에 규정이 있는 경우를 제외하고는 신고자등의 인적사항이나 사진 등 그 신원을 알 수 있는 정보나 자료를 인터넷 또는 출판물에 게재하거나 방송매체를 통하여 방송하여서는 안 된다(제7조).

(3) 신뢰관계에 있는 사람의 동석

법원은 신고자등을 증인으로 신문할 때에는 직권으로 또는 본인·법정대리인이나 검사의 신청에 의하여 신뢰관계에 있는 사람을 동석하게 할 수 있으며, 수사기관은 신고자등을 조사할 때에는 직권으로 또는 본인·법정대리인의 신청에 의하여 신뢰관계에 있는 사람을 동석하게 할 수 있다. 또한 법원 또는 수사기관은 청소년, 사물을 변별하거나 의사를 결정할 능력이 없거나 미약한 사람 또는 대통령령으로 정하는 중대한 장애가 있는 사람에 대하여 제1항 및 제2항에 따른 신청을 받은 경우에는 재판이나 수사에 지장을 줄 우려가 있는 등 특별한 사유가 없으면 신뢰관계에 있는 사람을 동석하게 하여야 하며, 신문이나 조사에 동석하는 사람은 진술을 대리하거나 유도하는 등의 행위로 수사나 재판에 부당한 영향을 끼쳐서는 안된다(제8조).

(4) 심리의 비공개

법원은 **신고자 등의 사생활이나 신변을 보호**하기 위하여 필요하면 결정으로 심리를 공개하지 않을 수 있으며, 증인으로 소환받은 신고자등과 그 가족은 사생활이나 신변을 보호하기 위하여 **증인신문의 비공개를 신청**할 수 있다. 신청을 받은 재판장은 그 허가 여부, 법정 외의 장소에서의 신문 등 신문의 방식 및 장소에 관하여 결정할 수 있다(제9조).

(5) 불법원인으로 인한 채권무효

성매매알선 등 행위를 한 사람, 성을 파는 행위를 할 사람을 고용·모집하거나 그 직업을 소개·알선한 사람, 성매매 목적의 인신매매를 한 사람에 해당하는 사람이 그 행위와 관련하여 성을 파는 행위를 하였거나 할 사람에게 가지는 **채권은 그 계약의 형식이나 명목에 관계없이 무효**로 한다. 그 채권을 양도하거나 그 채무를 인수한 경우에도 또한 같다.

검사 또는 사법경찰관은 불법원인과 관련된 것으로 의심되는 채무의 불이행을 이유로 고소·고발된 사건을 수사할 때에는 금품이나 그 밖의 재산상의 이익 제공이 성매매의 유인·강요 수단이나 성매매 업소로부터의 이탈방지 수단으로 이용되었는지를 확인하여 수사에 참작하여야 하며, 성을 파는 행위를 한 사람이나 성매매피해자를 조사할 때에는 제1항의 **채권이 무효**라는 사실과 **지원시설 등을 이용할 수 있음**을 본인 또는 법정대리인 등에게 고지하여야 한다(제10조).

(6) 외국인여성에 대한 특례

외국인여성이 이 법에 규정된 범죄를 신고한 경우나 외국인여성을 성매매피해자로 수사하는 경우에는 해당 사건을 불기소처분하거나 공소를 제기할 때까지 「출입국관리법」 제46조에 따른 강제퇴거명령 또는 같은 법 제51조에 따른 보호의 집행을 하여서는 안 된다. 이 경우 수사기관은 출입국관리사무소에 해당 외국인여성의 인적사항과 주거를 통보하는 등 출입국 관리에 필요한 조치를 하여야 한다.

검사는 위의 사건에 대하여 공소를 제기한 후에는 성매매피해 실태, 증언 또는 배상의 필요성, 그 밖의 정황을 고려하여 출입국관리사무소장 등 관계 기관의 장에게 일정한 기간을 정하여 제1항에 따른 강제퇴거명령의 집행을 유예하거나 보호를 일시해제할 것을 요청할 수 있는데, 이 기간에는 해당 외국인여성에게 지원시설 등을 이용하게 할 수 있다(제11조).

3. 보호사건

(1) 보호사건의 처리

검사는 성매매를 한 사람에 대하여 사건의 성격·동기, 행위자의 성행(性行) 등을 고려하여 이 법에 따른 보호처분을 하는 것이 적절하다고 인정할 때에는 특별한 사정이 없으면 **보호사건으로 관할법원에 송치**하여야 하며, **법원**은 성매매 사건의 심리 결과 이 법에 따른 보호처분을 하는 것이 적절하다고 인정할 때에는 결정으로 사건을 **보호사건의 관할법원에 송치**할 수 있다(제12조).

(2) 관할

이 법에서 정한 **보호사건의 관할**은 성매매를 한 **장소**나 성매매를 한 사람의 **거주지 또는 현재지를 관할하는 가정법원**으로 한다. 다만, 가정법원이 설치되어 있지 아니한 지역의 경우에는 해당 지역의 지방법원으로 한다. 보호사건의 **심리와 결정은 단독판사**가 한다(제13조).

(3) 보호처분의 결정 등

판사는 심리 결과 보호처분이 필요하다고 인정할 때에는 결정으로 ㉮ 성매매가 이루어질 우려가 있다고 인정되는 장소나 지역에의 출입금지, ㉯ 「보호관찰 등에 관한 법률」에 따른 보호관찰, ㉰ 「보호관찰 등에 관한 법률」에 따른 사회봉사·수강명령, ㉱ 「성매매방지 및 피해자보호 등에 관한 법률」 제10조에 따른 성매매피해상담소에의 상담위탁, ㉲ 「성폭력방지 및 피해자보호 등에 관한 법률」 제27조제1항에 따른 전담의료기관에의 치료위탁에 해당하는 처분을 할 수 있으며, 이러한 처분은 병과(倂科)할 수 있다.

법원은 보호처분의 결정을 한 경우에는 지체 없이 검사, 보호처분을 받은 사람, 보호관찰관 또는 보호처분을 위탁받아 행하는 지원시설·성매매피해상담소 또는 의료기관의 장에게 통지하여야 한다. 다만, 국가가 운영하지 아니하는 수탁기관에 보호처분을 위탁할 때에는 그 기관의 장으로부터 수탁에 대한 동의를 받아야 한다. 또한 교육, 상담, 치료 또는 보호관찰에 필요한 자료를 보호관찰관 또는 수탁기관의 장에게 송부하여야 한다(제14조).

(4) 보호처분의 기간

제14조 제1항 제1호·제2호 및 제4호에 따른 **보호처분 기간은 6개월**을, 같은 항 제3호에 따른 **사회봉사·수강명령은 100시간**을 각각 초과할 수 없다(제15조).

(5) 보호처분의 변경

법원은 검사, 보호관찰관 또는 수탁기관의 장이 청구하면 결정으로 **한 번만 보호처분의 종류와 기간을 변경**할 수 있다. 보호처분의 종류와 기간을 변경할 때에는 종전의 처분기간을 합산하여 제14조제1항제1호·제2호·제4호·제5호에 따른 **보호처분 기간은 1년**을, 같은 항 제3호에 따른 **사회봉사·수강명령은 200시간**을 각각 초과할 수 없다(제16조).

Ⅲ. 성매매방지 및 피해자보호 등에 관한 법률

1. 목적 및 용어정의

(1) 목적

(1) 이 법은 성매매를 방지하고, 성매매피해자 및 성을 파는 행위를 한 사람의 보호와 자립을 지원하는 것을 목적으로 한다.

(2) "성매매", "성매매알선등행위", "성매매 목적의 인신매매 ", "성매매피해자 "란 「성매매알선 등 행위의 처벌에 관한 법률」에서 규정하고 있는 의미와 동일하다.

(3) "성접대"란 거래나 업무 관계에 있는 상대방에게 거래나 업무행위에 대한 대가로서 성을 **제공하거나 알선·권유하는 행위**를 말한다.

2. 성매매 실태조사 및 예방교육

(1) 성매매 실태조사

여성가족부장관은 **3년마다 국내외 성매매 실태조사를 실시**하여 성매매 실태에 관한 종합보고서를 발간하고, 이를 성매매의 예방을 위한 정책수립에 기초자료로 활용하여야 하며, 실태조사를 위하여 필요하다고 인정하는 경우에는 관계 중앙행정기관의 장, 지방자치단체의 장 및 관련 단체의 장에게 자료 제출 또는 조사업무의 수행에 필요한 협조를 요청할 수 있다. 이 경우 자료 제출 또는 협조 요청을 받은 자는 특별한 사유가 없는 한 이에 따라야 한다(제4조).

(2) 성매매 예방교육

국가기관, 지방자치단체, 초·중·고등학교, 그 밖에 대통령령으로 정하는 공공단체의 장은 성에 대한 건전한 가치관 함양과 성매매 방지 및 인권보호를 위하여 성매매 예방교육을 실시하고, 그 결과를 여성가족부장관에게 제출하여야 한다. 이러한 예방교육을 실시하는 경우 성교육 및 성폭력 예방교육, 성희롱 예방교육 및 가정폭력 예방교육 등을 성평등 관점에서 통합하여 실시할 수 있으며, 교육의 대상이 아닌 국민에게 성매매 및 성매매 목적의 인신매매 방지와 성매매피해자등의 인권 보호를 위하여 필요한 교육을 실시할 수 있다. 이 경우 성매매피해상담소 또는 대통령령으로 정하는 교육기관에 위탁할 수 있다.

여성가족부장관은 교육을 효과적으로 실시하기 위하여 전문강사를 양성하고 교육 프로그램을 개발·보급하여야 하고, 국가기관등의 성매매 예방교육 실시 결과에 대한 점검을 매년 실시하여야 하며, 점검결과 교육이 부실하다고 인정되는 국가기관등에 대하여 관리자 특별교육 등 필요한 조치를 취하여야 한다. 또한 점검결과가 평가에 반영되도록 해당 기관·단체의 장에게 요구할 수 있으며, 점검결과를 언론 등에 공표하여야 한다. 다만, 다른 법률에서 공표를 제한하고 있는 경우에는 그러하지 아니하다.

3. 성매매피해자 등 지원시설

(1) 지원시설의 종류

《 지원시설의 종류 》

㉮ 일반 지원시설: 성매매피해자등을 대상으로 1년의 범위에서 숙식을 제공하고 자립을 지원하는 시설
㉯ 청소년 지원시설: 19세 미만의 성매매피해자등을 대상으로 19세가 될 때까지 숙식을 제공하고, 취학·교육 등을 통하여 자립을 지원하는 시설
㉰ 외국인 지원시설: 외국인 성매매피해자등을 대상으로 3개월(「성매매알선 등 행위의 처벌에 관한 법률」 제11조에 해당하는 경우에는 그 해당 기간)의 범위에서 숙식을 제공하고, 귀국을 지원하는 시설
㉱ 자립지원 공동생활시설: 성매매피해자등을 대상으로 2년의 범위에서 숙박 등의 편의를 제공하고, 자립을 지원하는 시설

일반 지원시설의 장은 1년 6개월의 범위에서 여성가족부령으로 정하는 바에 따라 지원기간을 연장할 수 있고, 청소년 지원시설의 장은 2년의 범위에서 여성가족부령으로 정하는 바에 따라 지원기간을 연장할 수 있으며, 자립지원 공동생활시설의 장은 2년의 범위에서 여성가족부령으로 정하는 바에 따라 지원기간을 연장할 수 있다(제9조).

(2) 지원시설의 설치

국가 또는 지방자치단체는 지원시설을 설치·운영할 수 있으며, 국가나 지방자치단체 외의 자가 지원시설을 설치·운영하려면 특별자치시장·특별자치도지사, 시장·군수·구청장에게 신고하여야 한다. 신고한 사항 중 여성가족부령으로 정하는 중요사항을 변경하려는 경우에도 또한 같다(제10조).

《 지원시설의 업무 》

① 일반 지원시설의 업무
  ㉮ 숙식 제공
  ㉯ 심리적 안정과 피해 회복을 위한 상담 및 치료
  ㉰ 질병치료와 건강관리를 위하여 의료기관에 인도(引渡)하는 등의 의료지원
  ㉱ 수사기관의 조사와 법원의 증인신문(證人訊問)에의 동행
  ㉲ 「법률구조법」 제8조에 따른 대한법률구조공단 등 관계 기관에 필요한 협조와 지원 요청
  ㉳ 자립·자활 교육의 실시와 취업정보 제공
  ㉴ 「국민기초생활 보장법」 등 사회보장 관계 법령에 따른 급부(給付)의 수령 지원
  ㉵ 기술교육(위탁교육을 포함한다)
  ㉶ 다른 법률에서 지원시설에 위탁한 사항
  ㉷ 그 밖에 여성가족부령으로 정하는 사항
② 청소년 지원시설은 제1항 각 호의 업무 외에 진학을 위한 교육을 제공하거나 교육기관에 취학을 연계하는 업무를 수행한다.
③ 외국인 지원시설은 제1항제1호부터 제5호까지 및 제9호의 업무와 귀국을 지원하는 업무를 수행한다.
④ 자립지원 공동생활시설의 업무
  ㉮ 숙박 지원
  ㉯ 취업 및 창업을 위한 정보 제공
  ㉰ 그 밖에 사회 적응을 위하여 필요한 지원으로서 여성가족부령으로 정하는 사항

---

(3) 지원시설 입소 등

지원시설에 들어가려는 사람은 해당 지원시설의 입소규정을 지켜야 하며, 지원시설에서 제공하는 프로그램을 이용하려는 사람은 해당 지원시설의 이용규정을 지켜야 한다. 지원시설의 장은 입소규정이나 이용규정을 지키지 아니하거나 그 밖에 단

체생활을 현저히 해치는 행위를 하는 입소자나 이용자에 대하여는 퇴소 또는 이용 중단 등 필요한 조치를 할 수 있다(제12조).

(4) 지원시설의 운영

지원시설의 장은 입소자 또는 이용자의 인권을 최대한 보장하여야 하며, 입소자 및 이용자의 사회 적응능력 등을 기를 수 있는 상담, 교육, 정보 제공 및 신변 보호 등에 필요한 지원을 하여야 하고, 입소자의 건강관리를 위하여 **입소 후 1개월 이내에 건강진단을 실시**하고, 건강에 이상이 발견된 경우에는 「의료급여법」에 따른 의료급여를 받게 하는 등 필요한 조치를 하여야 하며, 필요한 경우 의료기관에 질병치료 등을 의뢰할 수 있다(제13조)

(5) 상담소의 설치

국가 또는 지방자치단체는 성매매피해상담소를 설치·운영할 수 있고, 국가 또는 지방자치단체 외의 자가 상담소를 설치·운영하려면 특별자치시장·특별자치도지사, 시장·군수·구청장에게 신고하여야 한다. 신고한 사항 중 여성가족부령으로 정하는 중요 사항을 변경하려는 경우에도 또한 같다(제17조).

《 **상담시설의 업무** 》

㉮ 상담 및 현장 방문
㉯ 지원시설 이용에 관한 고지 및 지원시설에의 인도 또는 연계
㉰ 성매매피해자등의 구조
㉱ 제11조제1항제3호부터 제5호까지의 업무
㉲ 성매매 예방을 위한 홍보와 교육
㉳ 다른 법률에서 상담소에 위탁한 사항
㉴ 성매매피해자등의 보호를 위한 조치로서 여성가족부령으로 정하는 사항

---

(6) 성매매방지중앙지원센터의 설치 등

국가는 성매매방지활동 및 성매매피해자등에 대한 지원서비스 전달체계의 효율적인 연계·조정 등을 위하여 성매매방지중앙지원센터를 설치·운영할 수 있으며, 이는

민간에 위탁할 수 있다(제19조).

```
┌─────────── 《 성매매방지중앙지원센터의 업무 》 ───────────┐
│                                                            │
│  ㉮ 지원시설 및 상담소간 종합 연계망 구축                    │
│  ㉯ 성매매피해자 구조체계 구축·운영 및 성매매피해자 구조활동의 지원 │
│  ㉰ 법률·의료 지원단 운영 및 법률·의료 지원체계 확립         │
│  ㉱ 성매매피해자등의 자활·자립 프로그램 개발·보급            │
│  ㉲ 성매매피해자등에 대한 지원대책 연구 및 홍보활동          │
│  ㉳ 성매매 실태조사 및 성매매 방지대책 연구                  │
│  ㉴ 성매매 예방교육프로그램의 개발                          │
│  ㉵ 상담원의 교육 및 양성, 상담기법의 개발 및 보급           │
│  ㉶ 그 밖에 여성가족부령으로 정하는 사항                     │
│                                                            │
└────────────────────────────────────────────────────────────┘
```

(7) 의료비의 지원

국가나 지방자치단체는 제9조제3항에 따라 지원시설의 장이 의료기관에 질병치료 등을 의뢰한 경우에는 「의료급여법」상의 급여가 지급되지 아니하는 치료항목에 대한 의료비용의 전부 또는 일부를 지원할 수 있다(제23조).

(8) 전담의료기관의 지정 등

여성가족부장관 또는 특별자치도지사, 시장·군수·구청장은 「성폭력방지 및 피해자보호 등에 관한 법률」 제27조제1항에 따라 지정받은 전담의료기관 등 필요한 의료기관을 성매매피해자등의 치료를 위한 전담의료기관으로 지정할 수 있으며, 지정된 전담의료기관은 지원시설의 장이나 상담소의 장의 요청이 있을 때에는 ㉮ 성매매피해자등의 보건 상담 및 지도, ㉯ 성매매피해의 치료, ㉰ 그 밖에 대통령령으로 정하는 신체적·정신적 치료 등을 제공하여야 한다(제24조).

4. 양벌규정

법인의 대표자나 법인 또는 개인의 대리인, 사용인, 그 밖의 종사자가 그 법인 또는 개인의 업무에 관하여 제36조의 위반행위를 하면 그 행위자를 벌하는 외에 그 법인 또는 개인에게도 해당 조문의 벌금형을 과(科)한다. 다만, 법인 또는 개인이 그 위반행위를 방지하기 위하여 해당 업무에 관하여 상당한 주의와 감독을 게을리하지 아니한 경우에는 그러하지 아니하다(제37조).

제13절 아동·청소년의 성보호에 관한 법률

1. 제정경위와 입법목적

「아동·청소년의 성보호에 관한 법률」 외에도 **청소년과 관련된 법률**로는, 「청소년육성법」이 폐지되면서 청소년의 권리와 책임과 가정·사회·국가 및 지방자치단체의 청소년에 대한 책임을 정하고 청소년육성정책에 관한 기본적인 사항을 규정함을 목적으로 **「청소년기본법」**(1991. 12. 31.)**이 제정**되었고, 청소년기본법 제49조 제4항의 규정에 따라 청소년복지 증진에 관한 사항을 정함을 목적으로 **「청소년복지지원법」**(2004. 2. 9.)이, 그리고 청소년기본법 제47조제2항의 규정에 따라 다양한 청소년활동을 적극적으로 진흥하기 위하여 필요한 사항을 정함을 목적으로 **「청소년활동진흥법」**(2004. 2. 9.)**이 제정**되었다.

그리고 특히 우리 사회의 자율화와 물질만능주의 경향에 따라 날로 심각해지고 있는 음란·폭력성의 청소년유해매체물과 유해약물 등의 청소년에 대한 유통과 유해한 업소에의 청소년출입 등을 규제하여 청소년을 각종 유해한 사회환경으로부터 보호·구제하고 건전한 인격체로 성장하도록 하기 위하여 **'청소년보호법'**이 제정되었다(1997. 3. 7.).

그 후 1999. 2. 5. 청소년보호법 개정에서는, 청소년을 각종 유해행위로부터 보호하기 위하여 9가지 청소년유해행위를 금지하면서 이에 대한 처벌규정을 새로 규정하였고, 사회문제화되고 있는 청소년폭력과 학대 등으로부터 청소년의 보호를 강화하였으며, 나아가 청소년보호법과 중복되는 **「미성년자보호법」**을 폐지하여 미성년자보호법에서 규정하던 청소년보호관련규정을 청소년보호법에 통합하여 규정함으로써 종합적이고 실효성있게 청소년을 보호할 수 있도록 개정하였다.

2000년 2월 3일에는 청소년보호법을 다시 개정하여 이 법 제26조의2 제9호를 폐지하고, 이를 대체하여 청소년의 성보호를 보다 강화하기 위하여 **「청소년의 성보호**

에 관한 법률」을 제정하기에 이른 것이다. 이 법은 2000년 7월 1일부터 시행되었는데, 이 법의 입법이유는 청소년의 성을 사는 행위, 성매매를 조장하는 온갖 형태의 중간매개행위 및 청소년에 대한 성폭력행위를 하는 자들을 강력하게 처벌하고, 성매매와 성폭력행위의 대상이 된 청소년을 보호·구제하는 장치를 마련함으로써 청소년의 인권을 보장하고 건전한 사회구성원으로 복귀할 수 있도록 하는 한편, 청소년을 대상으로 하는 성매매 및 성폭력 행위자의 신상을 공개함으로써 범죄예방효과를 최대한 높이는 데 있었다.

그 후 이 법률은 2007. 8. 3. 청소년 대상 성범죄의 처벌을 강화하여 재범 발생을 억제하고 피해 청소년에 대한 보호지원을 하기 위하여 청소년 대상 성범죄에 대한 친고죄를 반의사불벌죄로 변경하고, 성범죄자 등록·열람 등의 대상을 확대하는 한편, 가해자가 친권자인 경우 격리 및 보호결정을 하게 하는 등 현행 제도의 운영상 나타난 일부 미비점을 개선·보완하기 위해 '청소년의 성보호에 관한 법률'을 폐지하고, 성보호대상을 청소년뿐만 아니라 아동까지도 포함한 「**아동·청소년의 성보호에 관한 법률**」을 제정하기에 이르렀다.

이 법률은 **아동·청소년대상 성범죄의 처벌과 절차에 관한 특례를 규정**하고, 피해아동·청소년을 위한 구제 및 지원절차를 마련하며 아동·청소년대상 성범죄자를 체계적으로 관리함으로써 아동·청소년을 성범죄로부터 보호하고 아동·청소년이 건강한 사회구성원으로 성장할 수 있도록 함을 목적으로 제정되었다(제1조).

이 법률의 주요 내용을 살펴보면 다음과 같다.

2. 아동·청소년과 아동·청소년대상 성범죄 등에 대한 정의

(1) "아동·청소년"의 개념

이 법에서 말하는 "**아동·청소년**"이라 함은 **만 19세 미만의 사람**을 말한다. 다만, 만 19세에 도달하는 연도의 1월 1일을 맞이한 자는 제외한다. 그러므로 '**청소년보호법**' 제2조 제1호에서 말하는 **만 19세 미만인 사람**이 이 법에서 말하는 청소년이다.

이와 달리 '**청소년기본법**'에서는 **9세 이상 24세 이하인 사람**을 '**청소년**'으로 보고 있으며, '**아동복지법**'에서의 '**아동**'은 '**18세 미만의 사람**'을 말한다.

(2) "아동·청소년대상 성범죄"의 개념

"**아동·청소년대상 성범죄**"란 ㉮ 아동·청소년에 대한 강간·유사강간, 강제추행, 장애인인 아동·청소년에 대한 간음, 강간 등 상해·치상, 강간 등 살인·치사, 아동·청소년이용음란물의 제작·배포 등, 아동·청소년 매매행위, 아동·청소년의 성을 사는 행위 등, 아동·청소년에 대한 강요행위 등, 알선영업행위 등(제7조~제15조까지)의 죄, ㉯ 아동·청소년에 대한 「성폭력범죄의 처벌 등에 관한 특례법」 제3조부터 제15조까지의 죄, ㉰ 아동·청소년에 대한 「형법」 제297조, 제297조의2 및 제298조부터 제301조까지, 제301조의2, 제302조, 제303조, 제305조 및 제339조의 죄, ㉱ 아동·청소년에 대한 「아동복지법」 제17조제2호의 죄를 말한다(제2조 제2호).

(3) "아동·청소년의 성을 사는 행위"의 의미

"**아동·청소년의 성을 사는 행위**"란 아동·청소년, 아동·청소년의 성(性)을 사는 행위를 알선한 자 또는 아동·청소년을 실질적으로 보호·감독하는 자 등에게 금품이나 그 밖의 재산상 이익, 직무·편의제공 등 대가를 제공하거나 약속하고 ㉮ 성교 행위, ㉯ 구강·항문 등 신체의 일부나 도구를 이용한 유사 성교 행위, ㉰ 신체의 전부 또는 일부를 접촉·노출하는 행위로서 일반인의 성적 수치심이나 혐오감을 일으키는 행위, ㉱ 자위 행위를 아동·청소년을 대상으로 하거나 아동·청소년으로 하여금 하게 하는 것을 말한다(제2조 제4호).

(4) "아동·청소년이용음란물"의 정의

"**아동·청소년이용음란물**"이란 아동·청소년 또는 아동·청소년으로 명백하게 인식될 수 있는 사람이나 표현물이 등장하여 제4호의 어느 하나에 해당하는 행위를 하거나 그 밖의 성적 행위를 하는 내용을 표현하는 것으로서 필름·비디오물·게임물 또는 컴퓨터나 그 밖의 통신매체를 통한 화상·영상 등의 형태로 된 것을 말한다(제2조 제5호).

(5) 기타 정의규정

1) "피해아동·청소년"이란 제2호나목부터 라목까지, 제7조부터 제14조(제13조제1

항의 죄는 제외한다)까지의 죄의 피해자가 된 아동·청소년을 말한다.

2) "대상아동·청소년"이란 제13조제1항의 죄의 상대방이 된 아동·청소년을 말한다.

3) "온라인서비스제공자"란 다른 사람들이 정보통신망(「정보통신망 이용촉진 및 정보보호 등에 관한 법률」 제2조제1항제1호의 정보통신망을 말한다)을 통하여 온라인 자료를 이용할 수 있도록 서비스를 제공하는 자로서 대통령령으로 정하는 자를 말한다.

4) "등록정보"란 법무부장관이 「성폭력범죄의 처벌 등에 관한 특례법」 제42조제1항의 등록대상자에 대하여 같은 법 제44조제1항에 따라 등록한 정보를 말한다.

3. 국가와 지방자치단체의 의무와 책임 및 홍보

(1) 국가와 지방자치단체의 의무와 사회의 책임

국가와 지방자치단체는 아동·청소년대상 성범죄를 예방하고, 아동·청소년을 성적 착취와 학대 행위로부터 보호하기 위하여 필요한 조사·연구·교육 및 계도와 더불어 법적·제도적 장치를 마련하며 필요한 재원을 조달하여야 한다. 또한 국가는 아동·청소년에 대한 성적 착취와 학대 행위가 국제적 범죄임을 인식하고 범죄 정보의 공유, 범죄 조사·연구, 국제사법 공조, 범죄인 인도 등 국제협력을 강화하는 노력을 하여야 한다(제4조).

모든 국민은 아동·청소년이 범죄의 상대방이나 피해자가 되거나 이 법에서 정한 범죄를 저지르지 아니하도록 사회 환경을 정비하고 아동·청소년을 보호·선도교육하는 데에 최선을 다하여야 한다(제5조).

(2) 여성가족부장관의 홍보영상의 제작·배포·송출 및 협조

여성가족부장관은 아동·청소년대상 성범죄의 예방과 계도, 피해자의 치료와 재활 등에 관한 홍보영상을 제작하여 방송편성책임자[64]에게 배포하여야 하고, 지상파방송사업자에게 비상업적 공익광고 편성비율의 범위에서 홍보영상을 채널별로 송출하도록 요청할 수 있다. 또한 방송사업자는 홍보영상 외에 독자적인 홍보영상을 제작하

---

64) 「방송법」 제2조 제23호 "방송편성책임자"라 함은 방송편성에 대하여 결정을 하고 책임을 지는 자를 말한다.

여 송출할 수 있으며, 이 경우에 필요한 지원 및 협조를 여성가족부장관에게 요청할 수 있다(제6조).

4. 아동·청소년대상 성범죄의 처벌과 절차에 관한 특례

(1) 아동·청소년에 대한 강간·강제추행·유사성행위 등의 처벌

아동·청소년에 대한 강간행위에 대하여는 무기징역 또는 5년 이상의 유기징역에 처하도록 하여 가중처벌하고 있으며, 아동·청소년에 대하여 폭행이나 협박으로 ㉮ 구강·항문 등 신체(성기는 제외한다)의 내부에 성기를 넣는 행위, ㉯ 성기·항문에 손가락 등 신체(성기는 제외한다)의 일부나 도구를 넣는 행위를 한 자는 5년 이상의 유기징역에 처하도록 하고 있다. 그리고 아동·청소년에 대하여 강제추행한 자는 2년 이상의 유기징역 또는 1천만원 이상 3천만원 이하의 벌금에 처하고, 준강간·준강제추행의 죄를 범한 자, 위계(僞計) 또는 위력으로써 아동·청소년을 간음하거나 아동·청소년을 추행한 자도 위의 강간이나 강제추행의 예에 따르도록 하고 있고, 미수범도 처벌하도록 규정하고 있다(제7조).

(2) 장애인인 아동·청소년에 대한 간음 등의 처벌

19세 이상의 사람이 장애 아동·청소년[65]을 간음하거나 장애 아동·청소년으로 하여금 다른 사람을 간음하게 하는 경우에는 3년 이상의 유기징역에 처하고, 추행한 경우 또는 장애 아동·청소년으로 하여금 다른 사람을 추행하게 하는 경우에는 10년 이하의 징역 또는 1천500만원 이하의 벌금에 처한다(제8조).

(3) 13세 이상 16세 미만 아동·청소년에 대한 간음 등

19세 이상의 사람이 13세 이상 16세 미만인 아동·청소년(제8조에 따른 장애 아동·청소년으로서 16세 미만인 자는 제외한다)의 궁박(窮迫)한 상태를 이용하여 해당 아동·청소년을 간음하거나 해당 아동·청소년으로 하여금 다른 사람을 간음하게 하는 경우에는 3년 이상의 유기징역에 처하고, 추행한 경우 또는 해당 아동·청소년으

---

65) 「장애인복지법」 제2조제1항에 따른 장애인으로서 신체적인 또는 정신적인 장애로 사물을 변별하거나 의사를 결정할 능력이 미약한 13세 이상의 아동·청소년을 말한다.

로 하여금 다른 사람을 추행하게 하는 경우에는 10년 이하의 징역 또는 1천500만원 이하의 벌금에 처한다(제8조의2).

(4) 아동·청소년이용음란물의 제작·배포 등의 처벌

아동·청소년이용음란물을 **제작·수입 또는 수출**한 자는 무기징역 또는 5년 이상의 유기징역에 처하고, 영리를 목적으로 아동·청소년이용음란물을 **판매·대여·배포·제공**하거나 이를 목적으로 **소지·운반**하거나 공연히 **전시 또는 상영**한 자는 10년 이하의 징역에 처한다. 아동·청소년이용음란물을 **배포·제공**하거나 공연히 **전시 또는 상영**한 자는 7년 이하의 징역 또는 5천만원 이하의 벌금에 처하며, 아동·청소년이용음란물을 제작할 것이라는 정황을 알면서 아동·청소년을 아동·청소년이용음란물의 제작자에게 **알선**한 자는 3년 이상의 징역형, 아동·청소년이용음란물임을 알면서 이를 **소지**한 자는 1년 이하의 징역 또는 2천만원 이하의 벌금에 처한다. 미수범도 처벌한다(제11조).

(5) 아동·청소년 매매행위와 아동·청소년의 성을 사는 행위 등의 처벌

1) 아동·청소년 매매행위 등

아동·청소년의 성을 사는 행위 또는 아동·청소년이용음란물을 제작하는 행위의 대상이 될 것을 알면서 아동·청소년을 매매 또는 국외에 이송하거나 국외에 거주하는 아동·청소년을 국내에 이송한 자는 무기징역 또는 5년 이상의 징역에 처한다. 미수범은 처벌한다(제12조).

2) 아동·청소년의 성을 사는 행위 등

아동·청소년의 성을 사는 행위를 한 자는 1년 이상 10년 이하의 징역 또는 2천만원 이상 5천만원 이하의 벌금에 처하며, 아동·청소년의 성을 사기 위하여 아동·청소년을 유인하거나 성을 팔도록 권유한 자는 1년 이하의 징역 또는 1천만원 이하의 벌금에 처한다(제13조).

(6) 아동·청소년에 대한 강요행위 등의 처벌

아동·청소년에 대하여 ㉮ 폭행이나 협박으로 아동·청소년으로 하여금 아동·청소년의 성을 사는 행위의 상대방이 되게 하거나, ㉯ 선불금(先拂金), 그 밖의 채무를 이용하는 등의 방법으로 아동·청소년을 곤경에 빠뜨리거나 위계 또는 위력으로 아동·청소년으로 하여금 아동·청소년의 성을 사는 행위의 상대방이 되게 한 자, ㉰ 업무·고용이나 그 밖의 관계로 자신의 보호 또는 감독을 받는 것을 이용하여 아동·청소년으로 하여금 아동·청소년의 성을 사는 행위의 상대방이 되게 한 자, ㉱ 영업으로 아동·청소년을 아동·청소년의 성을 사는 행위의 상대방이 되도록 유인·권유한 자는 5년 이상의 유기징역에 처한다.

또한 이상의 죄를 범한 자가 그 대가의 전부 또는 일부를 받거나 이를 요구 또는 약속한 때에는 7년 이상의 유기징역에 처하며, 아동·청소년의 성을 사는 행위의 상대방이 되도록 유인·권유한 자는 7년 이하의 징역 또는 5천만원 이하의 벌금에 처한다. 미수범은 처벌한다(제14조).

(7) 알선영업행위 등의 처벌

아동·청소년에 대하여 ㉮ 아동·청소년의 성을 사는 행위의 장소를 제공하는 행위를 업으로 하는 자, ㉯ 아동·청소년의 성을 사는 행위를 알선하거나 정보통신망에서 알선정보를 제공하는 행위를 업으로 하는 자, ㉰ 제1호 또는 제2호의 범죄에 사용되는 사실을 알면서 자금·토지 또는 건물을 제공한 자, ㉱ 영업으로 아동·청소년의 성을 사는 행위의 장소를 제공·알선하는 업소에 아동·청소년을 고용하도록 한 자는 7년 이상의 유기징역에 처하며, ㉮ 영업으로 아동·청소년의 성을 사는 행위를 하도록 유인·권유 또는 강요한 자, ㉯ 아동·청소년의 성을 사는 행위의 장소를 제공한 자, ㉰ 아동·청소년의 성을 사는 행위를 알선하거나 정보통신망에서 알선정보를 제공한 자, ㉱ 영업으로 제2호 또는 제3호의 행위를 약속한 자는 7년 이하의 징역 또는 5천만원 이하의 벌금에 처한다. 그리고 아동·청소년의 성을 사는 행위를 하도록 유인·권유 또는 강요한 자는 5년 이하의 징역 또는 3천만원 이하의 벌금에 처한다(제15조).

(7) 기타 처벌규정

1) 피해자 등에 대한 합의 강요행위의 금지

폭행이나 협박으로 아동·청소년대상 성범죄의 피해자 또는 보호자[66]를 상대로 합의를 강요한 자는 7년 이하의 유기징역에 처한다(제16조).

2) 온라인서비스제공자의 의무

자신이 관리하는 정보통신망에서 아동·청소년이용음란물을 발견하기 위하여 대통령령으로 정하는 조치를 취하지 아니하거나 발견된 아동·청소년이용음란물을 즉시 삭제하고, 전송을 방지 또는 중단하는 기술적인 조치를 취하지 아니한 온라인서비스제공자는 3년 이하의 징역 또는 2천만원 이하의 벌금에 처한다. 다만, 온라인서비스제공자가 정보통신망에서 아동·청소년이용음란물을 발견하기 위하여 상당한 주의를 게을리하지 아니하였거나 발견된 아동·청소년이용음란물의 전송을 방지하거나 중단시키고자 하였으나 기술적으로 현저히 곤란한 경우에는 그러하지 아니하다.

특수한 유형의 온라인서비스제공자[67]는 이용자가 컴퓨터 등에 저장된 저작물 등을 검색하거나 업로드 또는 다운로드를 할 경우 해당 화면이나 전송프로그램에 아동·청소년이용음란물을 제작·배포·소지한 자는 처벌을 받을 수 있다는 내용이 명확하게 표현된 경고문구를 대통령령으로 정하는 바에 따라 표시하여야 한다(제17조).

3) 신고의무자의 성범죄에 대한 가중처벌

제34조 제2항 각 호의 기관·시설 또는 단체의 장과 그 종사자[68]가 자기의 보호·

---

66) 「아동복지법」 제3조 제3호 "보호자"란 친권자, 후견인, 아동을 보호·양육·교육하거나 그러한 의무가 있는 자 또는 업무·고용 등의 관계로 사실상 아동을 보호·감독하는 자를 말한다.

67) 「저작권법」 제104조 제1항 다른 사람들 상호 간에 컴퓨터를 이용하여 저작물등을 전송하도록 하는 것을 주된 목적으로 하는 온라인서비스제공자는 권리자의 요청이 있는 경우 해당 저작물등의 불법적인 전송을 차단하는 기술적인 조치 등 필요한 조치를 하여야 한다. 이 경우 권리자의 요청 및 필요한 조치에 관한 사항은 대통령령으로 정한다.

68) 1. 「유아교육법」 제2조제2호의 유치원 / 2. 「초·중등교육법」 제2조의 학교 및 「고등교육법」 제2조의 학교 / 3. 「의료법」 제3조의 의료기관 / 4. 「아동복지법」 제3조제10호의 아동복지시설 / 5. 「장애인복지법」 제58조의 장애인복지시설 / 6. 「영유아보육법」 제2조제3호의 어린이집 / 7. 「학원의 설립·운영 및 과외교습에 관한 법률」 제2조제1호의 학원 및 같은 조 제2호의 교습소 / 8. 「성매매방지 및 피해자보호 등에 관한 법률」 제5조의 성매매피해자등을 위한 지원시설 및 같은 법 제10조의 성매매피해상담소 / 9.

감독 또는 진료를 받는 아동·청소년을 대상으로 성범죄를 범한 경우에는 그 죄에 정한 형의 **2분의 1까지 가중처벌**한다(제18조).

(8) 형법상 감경규정에 관한 특례

음주 또는 약물로 인한 심신장애 상태에서 아동·청소년대상 성폭력범죄를 범한 때에는 「형법」 제10조 제1·2항[69] 및 제11조를 적용하지 아니할 수 있다(제19조).

(9) 공소시효에 관한 특례

아동·청소년대상 성범죄의 공소시효는 「형사소송법」 제252조 제1항에도 불구하고 해당 성범죄로 피해를 당한 아동·청소년이 성년에 달한 날부터 진행하며, 법 제7조의 죄(아동·청소년에 대한 강간·강제추행 등)는 디엔에이(DNA)증거 등 그 죄를 증명할 수 있는 과학적인 증거가 있는 때에는 공소시효가 10년 연장된다.

13세 미만의 사람 및 신체적인 또는 정신적인 장애가 있는 사람에 대하여 ㉮ 「형법」 제297조(강간), 제298조(강제추행), 제299조(준강간, 준강제추행), 제301조(강간등 상해·치상) 또는 제301조의2(강간등 살인·치사)의 죄, ㉯ 제9조 및 제10조의 죄, ㉰ 「성폭력범죄의 처벌 등에 관한 특례법」 제6조 제2항, 제7조제2항·제5항, 제8조, 제9조의 죄를 범하거나, ㉮ 「형법」 제301조의2(강간등 살인·치사)의 죄(강간등 살인에 한정한다), ㉯ 법 제10조 제1항의 죄(강간 등 살인·치사), ㉰ 「성폭력범죄의 처벌 등에 관한 특례법」 제9조 제1항의 죄에는 「형사소송법」 제249조부터 제253조까지 및 「군사법원법」 제291조부터 제295조까지에 규정된 공소시효를 적용하지 않는다.

「한부모가족지원법」 제19조에 따른 한부모가족복지시설 / 10. 「가정폭력방지 및 피해자보호 등에 관한 법률」 제5조의 가정폭력 관련 상담소 및 같은 법 제7조의 가정폭력피해자 보호시설 / 11. 「성폭력방지 및 피해자보호 등에 관한 법률」 제10조의 성폭력피해상담소 및 같은 법 제12조의 성폭력피해자보호시설 / 12. 「청소년활동 진흥법」 제2조제2호의 청소년활동시설 / 13. 「청소년복지 지원법」 제29조제1항에 따른 청소년상담복지센터 및 같은 법 제31조제1호에 따른 청소년쉼터 / 14. 「청소년 보호법」 제35조의 청소년 보호·재활센터

69) 제10조(심신장애인) ① 심신장애로 인하여 사물을 변별할 능력이 없거나 의사를 결정할 능력이 없는 자의 행위는 벌하지 아니한다.
② 심신장애로 인하여 전항의 능력이 미약한 자의 행위는 형을 감경할 수 있다.

(10) 판결전 조사 및 형벌과 수강명령 등의 병과

1) 판결 전 조사

법원은 피고인에 대하여 보호관찰, 사회봉사, 수강명령 또는 이수명령을 부과하거나 취업제한 명령을 부과하기 위하여 필요하다고 인정하면 그 법원의 소재지 또는 피고인의 주거지를 관할하는 보호관찰소의 장에게 피고인의 신체적·심리적 특성 및 상태, 정신성적 발달과정, 성장배경, 가정환경, 직업, 생활환경, 교우관계, 범행동기, 병력(病歷), 피해자와의 관계, 재범위험성 등 피고인에 관한 사항의 조사를 요구할 수 있고, 이러한 요구를 받은 보호관찰소의 장은 지체 없이 이를 조사하여 서면으로 해당 법원에 알려야 한다. 이 경우 필요하다고 인정하면 피고인이나 그 밖의 관계인을 소환하여 심문하거나 소속 보호관찰관에게 필요한 사항을 조사하게 할 수 있다. 또한 법원은 요구를 받은 보호관찰소의 장에게 조사진행상황에 관한 보고를 요구할 수 있다(제22조).

2) 형벌과 수강명령 등의 병과(제21조)

법원은 아동·청소년대상 성범죄를 범한 「소년법」 제2조의 소년[70]에 대하여 형의 선고를 유예하는 경우에는 반드시 보호관찰을 명하여야 하고, 아동·청소년대상 성범죄를 범한 자에 대하여 유죄판결을 선고하거나 약식명령을 고지하는 경우에는 특별한 사정이 없는 한 500시간의 범위에서 재범예방에 필요한 수강명령 또는 성폭력 치료프로그램의 이수명령을 병과(倂科)하여야 한다. 이때 수강명령은 형의 집행을 유예할 경우에 그 집행유예기간 내에서 병과하고, 이수명령은 벌금 이상의 형을 선고하거나 약식명령을 고지할 경우에 병과한다. 다만, 이수명령은 아동·청소년대상 성범죄자가 「특정 범죄자에 대한 보호관찰 및 전자장치 부착 등에 관한 법률」 제9조의2 제1항 제4호에 따른 성폭력 치료 프로그램의 이수명령을 부과받은 경우에는 병과하지 아니한다.

형의 집행을 유예하는 경우에는 수강명령 외에 그 집행유예기간 내에서 보호관찰 또는 사회봉사 중 하나 이상의 처분을 병과할 수 있는데, 수강명령 또는 이수명령은 형의 집행을 유예할 경우에는 그 집행유예기간 내에, 벌금형을 선고할 경우에는 형

---

70) 제2조 이 법에서 "소년"이란 19세 미만인 자를 말한다.

확정일부터 6개월 이내에, 징역형 이상의 실형(實刑)을 선고할 경우에는 형기 내에 각각 집행한다.

수강명령 또는 이수명령이 형의 집행유예 또는 벌금형과 병과된 경우에는 보호관찰소의 장이 집행하고, 징역형 이상의 실형과 병과된 경우에는 교정시설의 장이 집행한다. 다만, 징역형 이상의 실형과 병과된 수강명령 또는 이수명령을 모두 이행하기 전에 석방 또는 가석방되거나 미결구금일수 산입 등의 사유로 형을 집행할 수 없게 된 경우에는 보호관찰소의 장이 남은 수강명령 또는 이수명령을 집행한다.

수강명령 또는 이수명령의 내용은 일탈적 이상행동의 진단·상담, 성에 대한 건전한 이해를 위한 교육, 그 밖에 성범죄를 범한 사람의 재범예방을 위하여 필요한 사항으로 구성되며, 수강명령 또는 이수명령 집행은 여성가족부장관에게 위탁할 수 있다.

(11) 친권상실청구 및 피해청소년의 보호조치 등

1) 친권상실청구

아동·청소년대상 성범죄 사건을 수사하는 검사는 그 사건의 가해자가 피해아동·청소년의 친권자나 후견인인 경우에 법원에 「민법」 제924조의 친권상실선고 또는 같은 법 제940조의 후견인 변경 결정을 청구하여야 한다. 다만, 친권상실선고 또는 후견인 변경 결정을 하여서는 아니 될 특별한 사정이 있는 경우에는 그러하지 아니하다(제23조 제1항).

2) 아동·청소년관련기관장의 검사에게 청구요청

「아동복지법」 제10조의2에 따른 아동권리보장원 또는 같은 법 제45조에 따른 아동보호전문기관, 「성폭력방지 및 피해자보호 등에 관한 법률」 제10조의 성폭력피해상담소 및 같은 법 제12조의 성폭력피해자보호시설, 「청소년복지 지원법」 제29조제1항에 따른 청소년상담복지센터 및 같은 법 제31조제1호에 따른 청소년쉼터의 장은 검사에게 친권상실의 청구를 하도록 요청할 수 있다. 이 경우 청구를 요청받은 검사는 요청받은 날부터 30일 내에 해당 기관·시설 또는 단체의 장에게 그 처리 결과를 통보하여야 한다.

처리 결과를 통보받은 기관·시설 또는 단체의 장은 그 처리 결과에 대하여 이의가 있을 경우 통보받은 날부터 30일 내에 직접 법원에 제1항의 청구를 할 수 있다(제23조 제2항).

3) 법원의 피해아동·청소년에 대한 보호조치결정 등

법원은 아동·청소년대상 성범죄 사건의 가해자에게 「민법」 제924조에 따라 친권상실선고를 하는 경우에는 피해아동·청소년을 다른 친권자 또는 친족에게 인도하거나 제45조 또는 제46조의 **기관·시설 또는 단체에 인도하는 등의 보호조치를 결정**할 수 있다. 이 경우 그 **아동·청소년의 의견을 존중**하여야 한다(제24조).

(12) 수사 및 재판 절차에서의 배려

수사기관과 법원 및 소송관계인은 아동·청소년대상 성범죄를 당한 피해자의 나이, 심리 상태 또는 후유장애의 유무 등을 신중하게 고려하여 조사 및 심리·재판 과정에서 피해자의 **인격이나 명예가 손상되거나 사적인 비밀이 침해**되지 아니하도록 주의하여야 하며, 수사기관과 법원은 아동·청소년대상 성범죄의 피해자를 조사하거나 심리·재판할 때 피해자가 편안한 상태에서 진술할 수 있는 환경을 조성하여야 하며, 조사 및 심리·재판 횟수는 **필요한 범위에서 최소한**으로 하여야 한다(제25조).

(13) 영상물의 촬영·보존 등

아동·청소년대상 성범죄 피해자의 진술내용과 조사과정은 비디오녹화기 등 영상물 녹화장치로 촬영·보존하여야 하는데, 가해자가 친권자 중 일방인 경우를 제외하고 영상물 녹화는 피해자 또는 법정대리인이 이를 원하지 아니하는 의사를 표시한 때에는 촬영을 하여서는 안 된다. 영상물 녹화는 조사의 개시부터 종료까지의 전 과정 및 객관적 정황을 녹화하여야 하고, 녹화가 완료된 때에는 지체 없이 그 원본을 피해자 또는 변호사 앞에서 봉인하고 피해자로 하여금 기명날인 또는 서명하게 하여야 한다. 검사 또는 사법경찰관은 피해자가 녹화장소에 도착한 시각, 녹화를 시작하고 마친 시각, 그 밖에 녹화과정의 진행경과를 확인하기 위하여 필요한 사항을 조서 또는 별도의 서면에 기록한 후 수사기록에 편철하여야 하며, 피해자 또는 법정대리인이 신청하는 경우에는 영상물 촬영과정에서 작성한 조서의 사본을 신청인에게 교부하거나 영상물을 재생하여 시청하게 하여야 하고, 촬영한 영상물에 수록된 피해자의 진술은 공판준비기일 또는 공판기일에 피해자 또는 조사과정에 동석하였던 신뢰관계에 있는 자의 진술에 의하여 그 **성립의 진정함이 인정된 때에는 증거**로 할 수 있다. 그리고 누구든지 촬영한 영상물을 수사 및 재판의 용도 외에 다른 목적으로 사용하여서는 안 된다(제26조).

(14) 증거보전의 특례

아동·청소년대상 성범죄의 **피해자, 그 법정대리인 또는 경찰**은 피해자가 공판기일에 출석하여 증언하는 것에 현저히 곤란한 사정이 있을 때에는 그 사유를 소명하여 규정에 따라 촬영된 영상물 또는 그 밖의 다른 증거물에 대하여 해당 성범죄를 수사하는 **검사**에게 「형사소송법」 제184조 제1항에 따른 **증거보전의 청구를 할 것을 요청**할 수 있으며, 요청을 받은 **검사**는 그 요청이 상당한 이유가 있다고 인정하는 때에는 **증거보전의 청구**를 하여야 한다(제27조).

(15) 신뢰관계에 있는 사람의 동석, 서류증거물의 열람·등사

1) 신뢰관계에 있는 사람의 동석

법원은 아동·청소년대상 성범죄의 피해자를 증인으로 신문하는 경우에 검사, 피해자 또는 법정대리인이 신청하는 경우에는 재판에 지장을 줄 우려가 있는 등 부득이한 경우가 아니면 **피해자와 신뢰관계에 있는 사람을 동석**하게 하여야 하지만, 피해자와 신뢰관계에 있는 사람이 피해자에게 불리하거나 피해자가 원하지 않는 경우에는 동석하게 하지 않는다(제28조).

2) 서류증거물의 열람·등사

서류증거물의 열람·등사는 아동·청소년대상 성범죄의 피해자, 그 법정대리인 또는 변호사는 재판장의 허가를 받아 소송계속 중의 관계 서류 또는 증거물을 열람하거나 등사할 수 있다(제29조).

(16) 비밀누설 금지

아동·청소년대상 성범죄의 수사 또는 재판을 담당하거나 이에 관여하는 공무원 또는 그 직에 있었던 사람은 피해아동·청소년 또는 대상아동·청소년의 주소·성명·연령·학교 또는 직업·용모 등 그 아동·청소년을 특정할 수 있는 인적사항이나 사진 등 또는 그 아동·청소년의 사생활에 관한 비밀을 공개하거나 타인에게 누설하여서는 안 되며, 기관·시설 또는 단체의 장이나 이를 보조하는 자 또는 그 직에 있었던 자는 직무상 알게 된 비밀을 타인에게 누설하여서는 아니 된다.

또한 누구든지 피해아동·청소년 및 대상아동·청소년의 주소·성명·연령·학교 또는 직업·용모 등 그 아동·청소년을 특정하여 파악할 수 있는 인적사항이나 사진 등을 신문 등 인쇄물에 싣거나 「방송법」 제2조 제1호에 따른 방송 또는 정보통신망을 통하여 공개하여서는 안 된다.

(17) 양벌규정과 내국인의 국외범 처벌

1) 양벌규정

법인의 대표자나 법인 또는 개인의 대리인, 사용인, 그 밖의 종업원이 그 법인 또는 개인의 업무에 관하여 제11조제3항·제5항, 제14조제3항, 제15조제2항·제3항 또는 제31조제3항의 어느 하나에 해당하는 위반행위를 하면 그 행위자를 벌하는 외에 **그 법인 또는 개인에게도 해당 조문의 벌금형**을 과(科)하고, 제11조제1항·제2항·제4항·제6항, 제12조, 제14조제1항·제2항·제4항 또는 제15조제1항의 어느 하나에 해당하는 위반행위를 하면 그 행위자를 벌하는 외에 그 법인 또는 개인을 5천만원 이하의 벌금에 처한다. 다만, 법인 또는 개인이 그 위반행위를 방지하기 위하여 해당 업무에 관하여 상당한 주의와 감독을 게을리하지 아니한 경우에는 그러하지 아니하다(제32조).

2) 내국인의 국외범 처벌

국가는 국민이 대한민국 영역 외에서 아동·청소년대상 성범죄를 범하여 「형법」 제3조에 따라 형사처벌하여야 할 경우에는 외국으로부터 범죄정보를 신속히 입수하여 처벌하도록 노력하여야 한다(제33조).

5. 아동·청소년대상 성범죄의 신고·응급조치와 지원

(1) 아동·청소년대상 성범죄의 신고와 신고의무 및 신고자 비공개원칙

누구든지 아동·청소년대상 성범죄의 발생 사실을 알게 된 때에는 수사기관에 신고할 수 있으며, ㉮「유아교육법」제2조제2호의 유치원, ㉯「초·중등교육법」제2조의 학교 및 「고등교육법」제2조의 학교, ㉰「의료법」제3조의 의료기관, ㉱「아동복지법」제3조제10호의 아동복지시설, ㉲「장애인복지법」제58조의 장애인복지시설

㉳「영유아보육법」제2조제3호의 어린이집, ㉴「학원의 설립·운영 및 과외교습에 관한 법률」제2조제1호의 학원 및 같은 조 제2호의 교습소, ㉵「성매매방지 및 피해자보호 등에 관한 법률」제5조의 성매매피해자등을 위한 지원시설 및 같은 법 제10조의 성매매피해상담소, ㉶「한부모가족지원법」제19조에 따른 한부모가족복지시설, ㉷「가정폭력방지 및 피해자보호 등에 관한 법률」제5조의 가정폭력 관련 상담소 및 같은 법 제7조의 가정폭력피해자 보호시설, ㉮「성폭력방지 및 피해자보호 등에 관한 법률」제10조의 성폭력피해상담소 및 같은 법 제12조의 성폭력피해자보호시설, ㉯「청소년활동 진흥법」제2조제2호의 청소년활동시설, ㉰「청소년복지 지원법」제29조제1항에 따른 청소년상담복지센터 및 같은 법 제31조제1호에 따른 청소년쉼터, ㉱「청소년 보호법」제35조의 청소년 보호·재활센터의 장과 그 종사자는 직무상 아동·청소년대상 성범죄의 발생 사실을 알게 된 때에는 즉시 수사기관에 신고하여야 한다.

다른 법률에 규정이 있는 경우를 제외하고는 누구든지 신고자 등의 인적사항이나 사진 등 그 신원을 알 수 있는 정보나 자료를 출판물에 게재하거나 방송 또는 정보통신망을 통하여 **공개하여서는 안 된다.**(제34조).

(2) 피해아동·청소년의 보호와 피해아동·청소년 등의 상담 및 치료

1) 피해아동·청소년의 보호

아동·청소년대상 성범죄를 저지른 자가 피해아동·청소년과 「가정폭력범죄의 처벌 등에 관한 특례법」제2조 제2호의 가정구성원인 관계에 있는 경우로서 **피해아동·청소년을 보호할 필요가 있는 때**에는 같은 법 제5조, 제8조, 제29조 및 제49조부

터 제53조까지의 규정을 준용한다(제36조).

2) 피해아동·청소년 등의 상담 및 치료

국가는 피해아동·청소년 등의 신체적·정신적 회복을 위하여 제46조의 **상담시설** 또는 「성폭력방지 및 피해자보호 등에 관한 법률」 제27조의 **성폭력 전담의료기관** 으로 하여금 ㉮ 피해아동·청소년, ㉯ 피해아동·청소년의 보호자 및 형제·자매, ㉰ 그 밖에 대통령령으로 정하는 사람에게 **상담이나 치료프로그램을 제공하도록 요청**할 수 있으며, 상담·치료프로그램 제공을 요청받은 기관은 정당한 이유 없이 그 요청을 거부할 수 없다(제37조).

6. 아동·청소년의 선도보호 등

(1) 대상아동·청소년(對象靑少年)에 대한 수사 등(제38조)

「성매매알선 등 행위의 처벌에 관한 법률」 제21조 제1항에도 불구하고 **대상아동 ·청소년에 대하여는 보호 및 재활을 위하여 처벌하지 않고,** 사법경찰관은 대상 아동·청소년을 발견한 경우 신속하게 사건을 수사한 후 「소년법」에 따라 **가정법원 소년부 또는 지방법원소년부의 보호사건**으로 처리하는 것이 상당한지에 관한 **의견을 첨부하여 지체 없이 검사에게 송치**하여야 한다. 검사 또는 사법경찰관은 대상아동·청소년을 발견한 경우 특별한 사정이 없으면 그 사실을 대상아동·청소년의 **법정대리인 또는 사실상 그 아동·청소년을 보호하는 자에게 통지**하여야 하고, 대상아동·청소년의 법정대리인 등 또는 제34조제2항 각 호에 해당하는 기관·시설 또는 단체의 장은 **대상아동·청소년을 발견한 경우**에는 이를 **관할 법원 소년부에 통고**를 할 수 있다.

(2) 소년부 송치

검사는 제38조제2항에 따라 송치된 사건의 성질·동기 및 결과와 행위자의 성행(性行) 등을 고려하여 대상아동·청소년에게 「소년법」에 따른 **보호처분을 하는 것이 상당하다고 인정하는 때**에는 그 사건을 **관할 법원 소년부에 송치**할 수 있으며, 소년부 송치 여부를 검토한 결과 소년부 송치가 적절하지 아니한 경우 대상아동·청소년에 대한 보호 또는 재활이 필요하다고 인정하는 때에는 대상아동·청소년으로 하여금 **필요한 교육과정이나 상담과정**을 마치게 하여야 한다(제39조).

(3) 대상아동·청소년 등에 대한 보호처분

제39조제1항 또는 제44조제1항에 따라 **사건을 송치받은 법원 소년부 판사는** 그 아동·청소년에게 ㉮ 「소년법」 제32조제1항 각 호의 **보호처분,** ㉯ 「청소년 보호법」 제35조의 청소년 보호·재활센터에 **선도보호를 위탁하는 보호처분**을 할 수 있는데, 전자의 경우 **수강명령을 동시에** 명할 수 있고, 후자의 경우 **위탁의 기간은 6개월로** 하되, **법원 소년부 판사는 결정으로 6개월의 범위에서 1차에 한하여 그 기간을 연장**할 수 있다. 법원 소년부 판사는 위탁기간이 만료하지 아니하는 경우에도 필요하다고 인정하는 때에는 결정으로써 그 위탁을 종료할 수 있고, 법원이 수강명령을 병과한 경우 보호관찰소의 장은 수강명령 집행을 여성가족부장관에게 위탁할 수 있다(제40조).

(3) 피해아동·청소년 등을 위한 조치의 청구

검사는 성범죄의 피해를 받은 아동·청소년을 위하여 지속적으로 위해의 배제와 보호가 필요하다고 인정하는 경우 법원에 ㉮ 가해자에 대한 「보호관찰 등에 관한 법률」에 따른 보호관찰, ㉯ 피해를 받은 아동·청소년의 주거 등으로부터 가해자를 분리하거나 퇴거하는 조치, ㉰ 피해를 받은 아동·청소년의 주거, 학교 등으로부터 100미터 이내에 가해자 또는 가해자의 대리인의 접근을 금지하는 조치, ㉱ 「전기통신기본법」 제2조제1호의 전기통신이나 우편물을 이용하여 가해자가 피해를 받은 아동·청소년 또는 그 보호자와 접촉을 하는 행위의 금지, ㉲ 제45조에 따른 보호시설에 대한 보호위탁결정 등 피해를 받은 아동·청소년의 보호를 위하여 필요한 조치를 청구할 수 있다. 다만, 「특정 범죄자에 대한 보호관찰 및 전자장치 부착 등에 관한 법률」 제9조의2제1항제2호 및 제3호에 따라 가해자에게 특정지역 출입금지 등의 준수사항을 부과하는 경우에는 그러하지 아니하다(제41조).

(4) 피해아동·청소년 등에 대한 보호처분의 판결 등

법원은 제41조에 따른 보호처분의 청구가 이유 있다고 인정할 때에는 **6개월의 범위**에서 기간을 정하여 **판결로 보호처분을 선고**하여야 하는데, 각각의 보호처분은 병과할 수 있다. **검사**는 보호처분 기간의 연장이 필요하다고 인정하는 경우 **법원에 그 기간의 연장을 청구**할 수 있는데, 이 경우 보호처분 기간의 **연장 횟수는 3회 이내**로 하고, **연장기간은 각각 6개월 이내**로 한다. 보호처분 청구사건의 판결은 아동·청소년대상 성범죄 사건의 **판결과 동시에 선고**하여야 한다.

피해자 또는 법정대리인은 제41조제1호 및 제2호의 보호처분 후 주거 등을 옮긴 때에는 **관할 법원에 보호처분 결정의 변경을 신청**할 수 있고, **법원은 보호처분을 결정한 때**에는 검사, 피해자, 가해자, 보호관찰관 및 보호처분을 위탁받아 행하는 보호시설의 장에게 **각각 통지**하여야 한다. 다만, 보호시설이 민간에 의하여 운영되는 기관인 경우에는 그 시설의 장으로부터 수탁에 대한 동의를 받아야 한다.

(6) 피해아동·청소년 등에 대한 보호처분의 변경과 종결

검사는 보호처분의 **내용변경과 종결을 법원에 청구**할 수 있으며, **법원은** 이를 심사한 후 보호처분의 변경 또는 종결이 필요하다고 인정하는 경우에는 이를 **변경 또는 종결**하여야 한다(제43조).

(7) 가해아동·청소년의 처리

10세 이상 14세 미만의 아동·청소년이 제2조제2호나목 및 다목의 죄와 제7조의 죄를 범한 경우에 수사기관은 **신속히 수사**하고, 그 사건을 **관할 법원 소년부에 송치**하여야 한다.

14세 이상 16세 미만의 아동·청소년이 제1항의 죄를 범하여 그 사건이 관할 법원 소년부로 송치된 경우 송치받은 법원 **소년부 판사**는 그 아동·청소년에게 ㉮ 「소년법」 제32조제1항 각 호의 **보호처분**, ㉯ 「청소년 보호법」 제35조의 청소년 보호·재활센터에 **선도보호를 위탁하는 보호처분**을 할 수 있다.

사법경찰관은 **10세 이상 14세 미만의 가해아동·청소년을 발견한 경우 특별한 사정이 없으면** 그 사실을 **가해아동·청소년의 법정대리인 등에게 통지**하여야 한다.

판사는 관할 법원 소년부에 송치된 가해아동·청소년에 대하여 「소년법」 제32조

제1항 제4호 또는 제5호의 처분을 하는 경우 **재범예방에 필요한 수강명령**을 하여야 하고, **검사**는 가해아동·청소년에 대하여 소년부 송치 여부를 검토한 결과 소년부 송치가 적절하지 아니한 경우 가해아동·청소년으로 하여금 **재범예방에 필요한 교육과정이나 상담과정**을 마치게 하여야 한다.

(8) 보호시설 및 상담시설

1) 보호시설

「성매매방지 및 피해자보호 등에 관한 법률」제5조 제1항 제2호의 **청소년 지원시설**, 「청소년복지 지원법」제29조제1항에 따른 **청소년상담복지센터** 및 같은 법 제31조제1호에 따른 **청소년쉼터** 또는 「청소년 보호법」제35조의 **청소년 보호·재활센터**는 ㉮ 제46조제1항 각 호의 업무, ㉯ 대상아동·청소년의 보호·자립지원, ㉰ 장기치료가 필요한 대상아동·청소년의 다른 기관과의 연계 및 위탁의 업무를 수행할 수 있다(제45조).

2) 상담시설(제46조)

「성매매방지 및 피해자보호 등에 관한 법률」제10조의 **성매매피해상담소** 및 「청소년복지 지원법」제29조제1항에 따른 **청소년상담복지센터**는 ㉮ 제7조부터 제18조까지의 범죄 신고의 접수 및 상담, ㉯ 대상아동·청소년과 병원 또는 관련 시설과의 연계 및 위탁, ㉰ 그 밖에 아동·청소년 성매매 등과 관련한 조사·연구의 업무를 수행할 수 있고, 「성폭력방지 및 피해자보호 등에 관한 법률」제10조의 **성폭력피해상담소** 및 같은 법 제12조의 **성폭력피해자보호시설**은 ㉮ 제1항 각 호의 업무, ㉯ 아동·청소년대상 성폭력범죄로 인하여 정상적인 생활이 어렵거나 그 밖의 사정으로 긴급히 보호를 필요로 하는 피해아동·청소년을 병원이나 성폭력피해자보호시설로 데려다 주거나 일시 보호하는 업무, ㉰ 피해아동·청소년의 신체적·정신적 안정회복과 사회복귀를 돕는 업무, ㉱ 가해자에 대한 민사상·형사상 소송과 피해배상청구 등의 사법처리절차에 관하여 대한변호사협회·대한법률구조공단 등 관계 기관에 필요한 협조와 지원을 요청하는 업무, ㉲ 아동·청소년대상 성폭력범죄의 예방과 방지를 위한 홍보, ㉳ 아동·청소년대상 성폭력범죄 및 그 피해에 관한 조사·연구, ㉴ 그 밖에 피해아동·청소년의 보호를 위하여 필요한 업무를 수행할 수 있다.

(9) 아동·청소년대상 성교육 전문기관의 설치·운영과 교육프로그램 운영 등

1) 아동·청소년대상 성교육 전문기관의 설치·운영

국가와 지방자치단체는 아동·청소년의 건전한 성가치관 조성과 성범죄 예방을 위하여 아동·청소년대상 성교육 전문기관을 설치하거나 해당 업무를 전문단체에 위탁할 수 있는데, 위탁 관련 사항, 성교육 전문기관에 두는 종사자 등 직원의 자격 및 설치기준과 운영에 관하여 필요한 사항은 대통령령으로 정한다.

2) 교육프로그램 운영 등

아동·청소년을 성적 착취와 학대 행위로부터 보호하기 위하여 제45조와 제46조에 따른 보호시설과 상담시설은 ㉮ 제39조제2항에 따른 교육·상담 등 대상아동·청소년의 선도보호, ㉯ 피해아동·청소년과 대상아동·청소년의 치료·안정회복과 사회복귀를 돕는 프로그램 운영, ㉰ 피해아동·청소년과 대상아동·청소년의 법정대리인 등을 위한 교육·상담 프로그램 운영, ㉱ 아동·청소년대상 성폭력범죄의 가해아동·청소년과 그 법정대리인 등의 교육·상담 프로그램 운영, ㉲ 아동·청소년 성보호 전문가 교육, ㉳ 그 밖에 아동·청소년을 아동·청소년대상 성범죄로부터 보호하기 위하여 대통령령으로 정하는 업무를 수행할 수 있다.

국가와 지방자치단체는 보호시설이나 상담시설의 업무에 대하여 예산의 범위에서 그 **경비의 일부를 보조**할 수 있다(제48조).

7. 성범죄로 유죄판결이 확정된 자의 신상정보 공개와 취업제한 등

(1) 등록정보의 공개(제49조)

법원은 ㉮ 아동·청소년대상 성폭력범죄를 저지른 자, ㉯ 「성폭력범죄의 처벌 등에 관한 특례법」 제2조제1항제3호·제4호, 같은 조 제2항(제1항제3호·제4호에 한정한다), 제3조부터 제15조까지의 범죄를 저지른 자, ㉰ 13세 미만의 아동·청소년을 대상으로 아동·청소년대상 성범죄를 저지른 자로서 13세 미만의 아동·청소년을 대상으로 아동·청소년대상 성범죄를 다시 범할 위험성이 있다고 인정되는 자, ㉱ 제1호 또는 제2호의 죄를 범하였으나 「형법」 제10조제1항에 따라 처벌할 수 없는 자로서 제1호 또는 제2호의 죄를 다시 범할 위험성이 있다고 인정되는 자에 대하여 **판**

결로 공개정보를 「성폭력범죄의 처벌 등에 관한 특례법」 제45조 제1항의 **등록기간 동안 정보통신망을 이용하여 공개하도록 하는 명령**을 등록대상 사건의 **판결과 동시에 선고**하여야 한다. 다만, 피고인이 아동·청소년인 경우, 그 밖에 신상정보를 공개하여서는 아니 될 특별한 사정이 있다고 판단하는 경우에는 그러하지 아니하다. 등록정보의 공개기간은 판결이 확정된 때부터 기산하지만, 공개명령을 받은 자가 실형 또는 치료감호를 선고받은 경우에는 그 형 또는 치료감호의 전부 또는 일부의 집행을 종료하거나 집행이 면제된 때부터 기산하고, 등록정보의 등록 원인이 된 성범죄와 경합된 범죄, 등록대상 성범죄로 수용되어 있는 도중 재판을 받게 된 다른 범죄, 다른 범죄로 수용되어 있는 도중 등록대상 성범죄로 재판을 받게 된 경우 다른 범죄로 교정시설 또는 치료감호시설에 수용된 기간은 공개기간에 넣어 계산하지 아니한다.

위의 내용에 따라 공개하도록 제공되는 등록정보, 즉 "공개정보"는 ㉮ 성명, ㉯ 나이, ㉰ 주소 및 실제거주지(「도로명주소법」 제2조제5호의 도로명 및 같은 조 제7호의 건물번호까지로 한다), ㉱ 신체정보(키와 몸무게), ㉲ 사진, ㉳ 등록대상 성범죄 요지(판결일자, 죄명, 선고형량을 포함한다), ㉴ 성폭력범죄 전과사실(죄명 및 횟수), ㉵ 「특정 범죄자에 대한 보호관찰 및 전자장치 부착 등에 관한 법률」에 따른 전자장치 부착 여부 등이다. 공개정보의 구체적인 형태와 내용에 관하여는 대통령령으로 정하며, 공개정보를 정보통신망을 이용하여 열람하고자 하는 자는 실명인증 절차를 거쳐야 하고, 실명인증, 공개정보 유출 방지를 위한 기술 및 관리에 관한 구체적인 방법과 절차는 대통령령으로 정한다.

(2) 등록정보의 고지

법원은 공개대상자 중 ㉮ **아동·청소년대상 성폭력범죄를 저지른 자**, ㉯ 「성폭력범죄의 처벌 등에 관한 특례법」 제2조제1항제3호·제4호, 같은 조 제2항(제1항제3호·제4호에 한정한다), 제3조부터 제15조까지의 범죄를 저지른 자, ㉰ 제1호 또는 제2호의 죄를 범하였으나 「형법」 제10조제1항에 따라 처벌할 수 없는 자로서 제1호 또는 제2호의 죄를 다시 범할 위험성이 있다고 인정되는 자에 대하여 판결로 제49조에 따른 **공개명령 기간 동안** 제4항에 따른 **고지정보**를 제5항에 규정된 사람에 대하여 고지하도록 하는 명령을 **등록대상 성범죄 사건의 판결과 동시에 선고**하여야 한다. 다만, 피고인이 아동·청소년인 경우, 그 밖에 신상정보를 고지하여서는 아니 될 특별한 사정이 있다고 판단하는 경우에는 그러하지 아니하다(제50조).

고지명령을 선고받은 자, 즉 "고지대상자"는 공개명령을 선고받은 자로 보는데, 고지명령은 ㉮ 집행유예를 선고받은 고지대상자는 신상정보 최초 등록일부터 1개월 이내, ㉯ 금고 이상의 실형을 선고받은 고지대상자는 출소 후 거주할 지역에 전입한 날부터 1개월 이내, ㉰ 고지대상자가 다른 지역으로 전출하는 경우에는 변경정보 등록일부터 1개월 이내의 기간 내에 하여야 한다.

고지정보는 고지대상자가 이미 거주하고 있거나 전입하는 경우에는 제49조제3항의 공개정보로 다만, 제49조제3항제3호에 따른 주소 및 실제거주지는 상세주소를 포함하는 정보이며, 고지대상자가 전출하는 경우에는 제1호의 고지정보와 그 대상자의 전출 정보를 포함한다. 또한 고지정보는 고지대상자가 거주하는 읍·면·동의 아동·청소년의 친권자 또는 법정대리인이 있는 가구, 「영유아보육법」에 따른 어린이집의 원장, 「유아교육법」에 따른 유치원의 장, 「초·중등교육법」 제2조에 따른 학교의 장, 읍·면사무소와 동 주민자치센터의 장(경계를 같이 하는 읍·면 또는 동을 포함한다), 「학원의 설립·운영 및 과외교습에 관한 법률」 제2조의2에 따른 학교교과교습학원의 장과 「아동복지법」 제52조제1항제8호에 따른 지역아동센터 및 「청소년활동 진흥법」 제10조제1호에 따른 청소년수련시설의 장에게 고지한다.

(3) 고지명령의 집행

고지명령의 집행은 **여성가족부장관**이 하는데, 법원은 고지명령의 판결이 확정되면 판결문 등본을 판결이 확정된 날부터 14일 이내에 법무부장관에게 송달하여야 하며, 법무부장관은 기간 내에 고지명령이 집행될 수 있도록 최초등록 및 변경등록 시 고지대상자, 고지기간 및 고지정보를 지체 없이 여성가족부장관에게 송부하여야 한다. 법무부장관은 고지대상자가 출소하는 경우 **출소 1개월 전**까지 고지대상자의 출소 예정일과 출소 후 거주지의 상세주소 정보를 여성가족부장관에게 송부하여야 한다. 여성가족부장관은 고지정보를 관할구역에 거주하는 아동·청소년의 친권자 또는 법정대리인이 있는 가구, 「영유아보육법」에 따른 어린이집의 원장 및 「유아교육법」에 따른 유치원의 장과 「초·중등교육법」 제2조에 따른 학교의 장, 읍·면사무소와 동 주민자치센터의 장, 「학원의 설립·운영 및 과외교습에 관한 법률」 제2조의2

에 따른 학교교과교습학원의 장과 「아동복지법」 제52조 제1항 제8호에 따른 지역아동센터 및 「청소년활동 진흥법」 제10조 제1호에 따른 청소년수련시설의 장에게 **우편으로 송부**하고, **읍·면 사무소 또는 동 주민자치센터 게시판에 30일간 게시하는 방법**으로 고지명령을 집행한다(제51조).

또한 여성가족부장관은 고지명령의 집행 이후 관할구역에 출생신고·입양신고·전입신고가 된 아동·청소년의 친권자 또는 법정대리인이 있는 가구 및 관할구역에 설립·설치된 「영유아보육법」에 따른 어린이집의 원장, 「유아교육법」에 따른 유치원의 장 및 「초·중등교육법」 제2조에 따른 학교의 장, 「학원의 설립·운영 및 과외교습에 관한 법률」 제2조의2에 따른 학교교과교습학원의 장과 「아동복지법」 제52조 제1항 제8호에 따른 지역아동센터 및 「청소년활동 진흥법」 제10조 제1호에 따른 청소년수련시설의 장으로서 고지대상자의 고지정보를 우편으로 송부받지 못한 자에 대하여 제50조 제4항에 따른 고지정보를 우편으로 송부하여야 하며, 고지명령의 집행에 관한 업무 중 우편송부 및 게시판 게시 업무를 고지대상자가 실제 거주하는 읍·면사무소의 장 또는 동 주민자치센터의 장에게 위임할 수 있다. 위임을 받은 읍·면사무소의 장 또는 동 주민자치센터의 장은 우편송부 및 게시판 게시 업무를 집행하여야 한다.

(4) 고지정보의 정정

누구든지 제51조에 따라 집행된 고지정보에 오류가 있음을 발견한 경우 여성가족부장관에게 그 정정을 요청할 수 있으며, 고지정보의 정정요청을 받은 여성가족부장관은 법무부장관에게 그 사실을 통보하고, 법무부장관은 고지정보의 진위와 변경 여부를 확인하기 위하여 고지대상자의 주소지를 관할하는 경찰관서의 장에게 직접 대면 등의 방법으로 진위와 변경 여부를 확인하도록 요구할 수 있다. 고지정보에 오류가 있음을 확인한 법무부장관은 대통령령으로 정하는 바에 따라 변경정보를 등록한 후 여성가족부장관에게 그 결과를 송부하며, 여성가족부장관은 규정에 따라 집행된 고지정보에 정정 사항이 있음을 알려야 하고, 처리 결과를 고지정보의 정정을 요청한 자에게 알려야 한다(제51조의2).

(5) 공개명령의 집행

공개명령은 여성가족부장관이 **정보통신망을 이용하여 집행하는데**, 법원은 공개명령의 판결이 확정되면 판결문 등본을 판결이 확정된 날부터 **14일 이내에 법무부장관에게 송달**하여야 하며, 법무부장관은 공개기간 동안 공개명령이 집행될 수 있도록 최초등록 및 변경등록 시 공개대상자, 공개기간 및 공개정보를 지체 없이 **여성가족부장관에게 송부**하여야 한다(제52조).

(6) 계도 및 범죄정보의 공표

여성가족부장관은 아동·청소년대상 성범죄의 발생추세와 동향, 그 밖에 계도에 필요한 사항을 **연 2회 이상 공표**하여야 하며, 성범죄 동향 분석 등을 위하여 성범죄로 유죄판결이 확정된 자에 대한 자료를 관계 행정기관에 요청할 수 있다(제53조).

(7) 비밀준수와 공개정보의 악용금지

등록대상 성범죄자의 신상정보의 공개 및 고지 업무에 종사하거나 종사하였던 자는 직무상 알게 된 등록정보를 누설하여서는 안 되며, 공개정보는 아동·청소년 등을 등록대상 성범죄로부터 보호하기 위하여 성범죄 우려가 있는 자를 확인할 목적으로만 사용되어야 한다. 공개정보를 확인한 자는 공개정보를 활용하여 신문·잡지 등 출판물, 방송 또는 정보통신망을 이용한 공개나 공개정보의 수정 또는 삭제 등의 행위를 하여서는 안 된다. 공개정보를 확인한 자는 공개정보를 등록대상 성범죄로부터 보호할 목적 외에 고용, 주택 또는 사회복지시설의 이용, 교육기관의 교육 및 직업훈련과 관련된 목적으로 사용하여 공개대상자를 차별하여서는 안 된다.

(8) 아동·청소년 관련기관등에의 취업제한 등

법원은 아동·청소년대상 성범죄 또는 성인대상 성범죄로 형 또는 치료감호를 선고하는 경우에는 약식명령이나 판결로 그 형 또는 치료감호의 전부 또는 일부의 집행을 종료하거나 집행이 유예·면제된 날부터 일정기간 동안 「유아교육법」 제2조제2호의 유치원, 「초·중등교육법」 제2조의 학교, 같은 법 제28조와 같은 법 시행령

제54조에 따른 위탁 교육기관 및 「고등교육법」 제2조의 학교, 특별시·광역시·특별자치시·도·특별자치도 교육청 또는 「지방교육자치에 관한 법률」 제34조에 따른 교육지원청이 「초·중등교육법」 제28조에 따라 직접 설치·운영하거나 위탁하여 운영하는 학생상담지원시설 또는 위탁 교육시설, 「학원의 설립·운영 및 과외교습에 관한 법률」 제2조제1호의 학원, 같은 조 제2호의 교습소 및 같은 조 제3호의 개인과외교습자(아동·청소년의 이용이 제한되지 아니하는 학원·교습소로서 교육부장관이 지정하는 학원·교습소 및 아동·청소년을 대상으로 하는 개인과외교습자를 말한다), 「청소년 보호법」 제35조의 청소년 보호·재활센터, 「청소년활동 진흥법」 제2조제2호의 청소년활동시설, 「청소년복지 지원법」 제29조제1항에 따른 청소년상담복지센터 및 같은 법 제31조제1호에 따른 청소년쉼터, 「영유아보육법」 제2조제3호의 어린이집, 「아동복지법」 제3조제10호의 아동복지시설 및 같은 법 제37조에 따른 통합서비스 수행기관, 「성매매방지 및 피해자보호 등에 관한 법률」 제9조제1항제2호의 청소년 지원시설과 같은 법 제17조의 성매매피해상담소, 「주택법」 제2조제3호의 공동주택의 관리사무소, 「체육시설의 설치·이용에 관한 법률」 제3조에 따라 설립된 체육시설 중 아동·청소년의 이용이 제한되지 아니하는 체육시설로서 문화체육관광부장관이 지정하는 체육시설, 「의료법」 제3조의 의료기관, 「게임산업진흥에 관한 법률」에 따른 인터넷컴퓨터게임시설제공업 및 복합유통게임제공업을 하는 사업장, 「경비업법」 제2조제1호의 경비업을 행하는 법인, 영리의 목적으로 「청소년기본법」 제3조제3호의 청소년활동의 기획·주관·운영을 하는 사업장, 「대중문화예술산업발전법」 제2조제7호의 대중문화예술기획업자가 같은 조 제6호의 대중문화예술기획업 중 같은 조 제3호의 대중문화예술인에 대한 훈련·지도·상담 등을 하는 영업장, 아동·청소년의 고용 또는 출입이 허용되는 아동·청소년과 해당 시설등의 운영자·근로자 또는 사실상 노무 제공자 사이에 업무상 또는 사실상 위력 관계가 존재하거나 존재할 개연성이 있는 시설이나 아동·청소년이 선호하거나 자주 출입하는 시설등으로서 해당 시설등의 운영 과정에서 운영자·근로자 또는 사실상 노무 제공자에 의한 아동·청소년대상 성범죄의 발생이 우려되는 시설에 해당하는 기관·시설 또는 사업장으로서 대통령령으로 정하는 유형의 시설, 가정을 방문하거나 아동·청소년이 찾아오는 방식 등으로 아동·청소년에게 직접교육서비스를 제공하는 사람을 모집하거나 채용하는 사업장, 「장애인 등에 대한 특수교육법」 제11조의 특수교육지원센터

및 같은 법 제28조에 따라 특수교육 관련서비스를 제공하는 기관·단체, 「지방자치법」 제144조에 따른 공공시설 중 아동·청소년이 이용하는 시설로서 행정안전부장관이 지정하는 공공시설, 「지방교육자치에 관한 법률」 제32조에 따른 교육기관 중 아동·청소년을 대상으로 하는 교육기관에 따른 시설·기관 또는 사업장을 운영하거나 아동·청소년 관련기관등에 취업 또는 사실상 노무를 제공할 수 없도록 하는 명령을 성범죄 사건의 판결과 동시에 선고하여야 한다. 다만, 재범의 위험성이 현저히 낮은 경우, 그 밖에 취업을 제한하여서는 아니 되는 특별한 사정이 있다고 판단하는 경우에는 그렇지 않으며, 취업제한 기간은 10년을 초과하지 못한다.

법원은 취업제한 명령을 선고하려는 경우에는 정신건강의학과 의사, 심리학자, 사회복지학자, 그 밖의 관련 전문가로부터 취업제한 명령 대상자의 재범 위험성 등에 관한 의견을 들을 수 있고, 아동·청소년 관련기관등의 설치 또는 설립 인가·신고를 관할하는 지방자치단체의 장, 교육감 또는 교육장은 아동·청소년 관련기관등을 운영하려는 자에 대한 성범죄 경력 조회를 관계 기관의 장에게 요청하여야 한다. 다만, 아동·청소년 관련기관등을 운영하려는 자가 성범죄 경력 조회 회신서를 지방자치단체의 장, 교육감 또는 교육장에게 직접 제출한 경우에는 성범죄 경력 조회를 한 것으로 본다.

아동·청소년 관련기관등의 장은 그 기관에 취업 중이거나 사실상 노무를 제공 중인 자 또는 취업하려 하거나 사실상 노무를 제공하려는 자에 대하여 성범죄의 경력을 확인하여야 하며, 이 경우 본인의 동의를 받아 관계 기관의 장에게 성범죄의 경력 조회를 요청하여야 한다. 다만, 취업자등이 성범죄 경력 조회 회신서를 아동·청소년 관련기관등의 장에게 직접 제출한 경우에는 성범죄 경력 조회를 한 것으로 본다. 성범죄 경력 조회 요청을 받은 관계 기관의 장은 성범죄 경력 조회 회신서를 발급하여야 한다(제56조 참조).

(9) 성범죄의 경력자 점검·확인

여성가족부장관 또는 관계 중앙행정기관의 장은 다음 각 호의 구분에 따라 성범죄로 취업제한 명령을 선고받은 자가 아동·청소년 관련기관등을 운영하거나 아동·청소년 관련기관등에 취업 또는 사실상 노무를 제공하고 있는지를 직접 또는 관계 기관 조회 등의 방법으로 연 1회 이상 점검·확인하여야 한다. 이 경우 제56조제1항

제17호에 따른 아동·청소년 관련기관등에 관하여는 대통령령으로 정하는 관계 중앙
행정기관의 장이 점검·확인하여야 한다(제57조).

《 구분 》

㉮ **교육부장관:** 제56조제1항제1호의 유치원, 같은 항 제2호의 학교 및 위탁 교육기관,
같은 항 제2호의2의 학생상담지원시설 또는 위탁 교육시설, 같은 항 제3호의 아동·
청소년의 이용이 제한되지 아니하는 학원·교습소로서 교육부장관이 지정하는 학원
·교습소 및 아동·청소년을 대상으로 하는 개인과외교습자, 같은 항 제19호의 특수
교육지원센터 및 특수교육 관련서비스 제공 기관·단체, 같은 항 제21호의 교육기관
㉯ **행정안전부장관:** 제56조제1항제20호의 공공시설
㉰ **문화체육관광부장관:** 제56조제1항제11호의 아동·청소년의 이용이 제한되지 아니하
는 체육시설로서 문화체육관광부장관이 지정하는 체육시설, 같은 항 제13호 각 목의
인터넷컴퓨터게임시설제공업·복합유통게임제공업의 영업을 하는 사업장 및 같은 항
제16호의 대중문화예술기획업소
㉱ **보건복지부장관:** 제56조제1항제7호의 어린이집, 같은 항 제8호의 아동복지시설, 통
합서비스 수행기관 및 같은 항 제12호의 의료기관
㉲ **여성가족부장관:** 제56조제1항제4호의 청소년 보호·재활센터, 같은 항 제5호의 청소
년활동시설, 같은 항 제6호의 청소년상담복지센터와 청소년쉼터, 같은 항 제9호의
청소년 지원시설과 성매매피해상담소, 같은 항 제15호의 청소년활동기획업소 및 같
은 항 제18호의 가정방문 등 학습교사 사업장
㉳ **국토교통부장관:** 제56조제1항제10호의 공동주택의 관리사무소
㉴ **경찰청장:** 제56조제1항제14호의 경비업을 행하는 법인

위의 <구분>에 따른 중앙행정기관의 장은 같은 항에 따른 점검·확인을 위하여
필요한 경우에는 아동·청소년 관련기관등의 장 또는 관련 감독기관에 해당 자료의
제출을 요구할 수 있고, 여성가족부장관 또는 관계 중앙행정기관의 장은 점검·확인
결과를 대통령령으로 정하는 바에 따라 인터넷 홈페이지 등을 이용하여 공개하여야
한다.

(문) 청소년 대상 성범죄 근절을 위한 세계적 추세는 어떠한가?

(답) 방법만 조금씩 다를 뿐 세계 모든 국가가 아동·청소년 대상 성범죄를 강력하게 처벌하고 있다. UN의 「아동·청소년의 권리에 관한 협약」 등에서도 청소년의 성을 사는 행위를 기존의 윤락개념이 아닌 성착취, 성학대로 규정하여 보호규정을 두고 있다. 또 개인의 프라이버시를 중요하게 생각하는 미국조차도 **"메간법"을 제정하여 범죄자의 사진, 별명, 신체적 특성이나 주소까지 공개하며 심지어 위험성이 높은 성범죄자는 이웃주민에게 알려주는 등 강력하게 규제**하고 있다.

우리나라의 경우 미국 국무부에서 매년 발표한 「인신매매 및 거래실태 보고서」를 통해 3등급으로 분류된 적(2001년)도 있으며, 등급이 상향조정되지 않을 경우 경제제재 조치를 취하도록 명문화하고 있다. 최근 이러한 발표들은 당사국에게 비인권국이라는 불명예 이외에도 대외신인도 하락으로 인한 국가경쟁력 약화라는 심각한 결과를 가져오게 된다. 그러나 현재는 최소한의 기준을 지키고자 하는 정부의 꾸준한 노력으로 2003년도부터는 최상위 그룹인 1등급으로 분류되고 있다. 2002년 UN 아동권리협약하에서 국제법적 효력을 가지고 있는 "아동매매·아동성매매 및 아동포르노에 관한 선택의정서"가 발효되었다. 이 의정서는 상업적 아동성착취 범죄근절과 피해아동의 보호를 위한 정부의 주도적 역할을 권고하고 있다. 우리나라는 2000년 9월 6일에 서명하고, 2004년 9월 24일에 비준하였다.

청소년 대상 성범죄의 근절은 세계적 추세이다. 청소년 대상 성범죄의 근절을 위한 우리의 노력은 사회적 안정과 함께 대외신인도 상승으로 인한 국가경쟁력 강화로 나아갈 수 있는 길을 열어줄 것이다. 신상공개제도는 아동·청소년에 대한 성범죄 근절에 국가가 앞장서는 이와 같은 세계적인 흐름에 동참하는 선진적인 제도라고 할 수 있다.

(문) 외국의 청소년 대상 성범죄 근절 대책은 어떤 것들이 있는가?

국가	범죄자의 신상공개 방식
미국	- 1994년 뉴저지주에 사는 메간 칸카(당시7세)라는 어린이가 성범죄로 2번이나 형을 산 이웃집 성인 남성에게 유인되어 살해되었으나 이웃주민 누구도 그 남성이 어린이 성범죄전력자라는 사실을 몰랐음. 이 사건을 계기로 1994년 일반인을 성범죄자로부터 보호하기 위해 범죄자의 신상 관련 정보의 공개를 규정한 뉴저지주 메간법(Megan's Law)이 제정되었고, 2년 후 1996. 5. 17 연방법인 **"메간법(Megan's Law)"** 제정

영 국	- 경찰법(97년)은 아동관련기관 등에 필요시 아동성범죄기록을 공개하도록 제도화함. - 성범죄법(The Sex Offender Act '97), Sarah's Law에 의해 아동에 대한 성범죄자는 경찰에 자신의 거주지를 신고토록 되어 있으며, 경찰은 해당지역 학교 등에 관련정보를 제공하고 있음. - 아동성범죄, 아동포르노범죄에 대한 데이터베이스를 구축하여 인터폴을 통해 외국경찰과 협조체제를 갖추고 있음.
대 만	- 아동및청소년성매매방지조례「兒童及少年性交易防制條例」제정 운영
일 본	- 兒童賣春, 兒童포르노에 관계되는 行爲등의 處罰 및 兒童의 保護 등에 관한 法律」제정 운영
호 주	- Queensland주에서는 성범죄자의 신상정보를 필요로 하는 경우, 적법하고 충분한 이해가 있을 경우에는 경찰의 명령권에 의해 공개할 수 있도록 함.
남아프리카 공화국	- 16세 미만 아동과의 성행위는 강간 혹은 의제강간으로 취급하여 행위자의 신상명세도 공개할 수 있도록 하고 있음.
캐나다	- 판사가 피해자의 신원노출을 우려하여 가해자의 신원공개를 제한하는 것을 제외하고는 언론접근이 용이함.
노르웨이	- 경찰은 사생활보호의 측면에서 개인의 범죄기록을 공표할 수 없게 되어 있으나, 특정범죄의 발생을 방지하기 위하여 필요한 경우에는 예외적으로 공개할 수 있음.
독 일	- 재범자에 대한 DNA 중앙 데이터베이스의 구축

제7장 : 형사법 생활관계

제1절 여성범죄 일반론

1. 여성범죄의 개념

여성범죄라는 말은 형법 내지 다른 법률에 의해 따로 여성범죄로 규정한 경우는 없으므로 법률상의 용어는 아니다. 일반적으로 여성범죄란 특별한 범죄의 종류를 의미하는 것이 아니라 **범죄행위에 여성이 가담하는 경우**를 총체적으로 일컬어서 부르는 말이다.

여성은 일반적으로 수동성·내향성이 강한 반면에, 자신감·수치심·불안감을 더 느끼므로 범죄의 위험에 떨어질 위험이 적다고 보아온 것이 전통적 입장이었다. 그러나 근래에 들어와서는 성별의 차이에 따르는 범죄자의 특성을 획일적으로 특징지을 수 없다는 견해도 대두되고 있지만, **성별에 의한 생물학적 특징**의 차이와 더불어 **남성범죄에 대칭하여 몇 가지의 특징**을 지닌다고 할 수 있다.

2. 여성범죄에 대한 이론

여성범죄가 범죄학의 연구대상이 된 것은 최근의 일로서, 생물학적·심리학적·사회학적 측면에서 여성범죄의 원인을 찾고자하는 논의들이 전개되었다.

(1) 생물학적 이론

여성범죄에 관한 초기의 이론들은 여성범죄자(Female Offender)는 신체적, 감정적, 또는 심리적 탈선으로 인해 범죄를 저지른다고 보았다.

이탈리아의 의학자인 **롬브로조(Lombroso)**는 범죄자들의 두개골 등 신체적 특징을 조사해본 결과 여성의 경우에도 그 신체적 특징이 범죄발생과 관련이 있다고 보았다. 그는 신체적 특징으로 여성범죄자는 정상적인 일반여성과는 달리 신체적인 구조가 남성과 비슷한 두개골을 가지고 있고, 머리무게도 일반 여성보다 가볍다는 것 등을 들고 있다.

또한 여성은 일반적으로 남성에 비해 진화가 덜 되었고, 사회문제에 보수적이며, 사회에 노출이 적게 되었기 때문에 남성에 비해 범죄를 적게 저지른다고 보았다. 여성 범죄자는 신체적 특징뿐만 아니라 감정적인 면에서도 범죄적 또는 비범죄적 남성에 가깝다고 보게 된다. 이러한 롬브로조의 주장을 **남성미 가설**(masculinity hypothesis)이라고 한다.

또한 **폴락**(O. Pollak)은 여성범죄는 자연적 여성성향으로부터의 일탈로 보지 않고, 자연적으로 범죄지향적인 성향이 있다고 하여, 여성이 남성보다 더 범죄적이고 복수심에 더 사로잡히며, 더 사악하고 가식적이라고 주장하였다. 다만 통계적으로 여성의 범죄율이 낮은 것은 여성의 범죄는 은폐되거나 편견적인 선처에 의한 것이다. 이 이론은 **남성의 기사도정신가설**(騎士道精神假說:chivalry hypothesis)이라 불리어지는데, 여성이 남성에 이용되어 범죄에 가담하는 것이 아니라 오히려 여성이 남성을 이용하여 범죄를 수행하는 측면이 더 강하다고 보는 입장이다.

코위(J. Cowie, V. Cowie)**와 슬레이터**(E. Slater)는 신체적 특징 중에서 **Y염색체**를 범죄성과 연관시켜, 여성이 남성에 비해 범죄를 적게 저지르는 것은 기회부족, 사회통제가 아니라 염색체나 호르몬 때문이고, 여성범죄자는 염색체부족이거나 비정상적인 염색체를 가졌을 것이라고 보았다.

한편 **달톤**(K. Dalton)은 여성재소자를 조사(156명)해 본 결과, 49%가 생리 전이나 생리기간에 범죄를 행한 사실을 밝혀내어 여성생리와 범죄는 상당한 관계가 있다고 보았다.[71] 이른바 여성의 **월경전 증후군**(PMS; Premenstrual Syndrome)인 긴장, 초조, 불안, 우울증 등이 여성의 월경 전기간에 나타나고, 특히 월경 4~10일 전에 강하게 나타나는데, 이러한 여성생리현상에 따른 증후군이 범죄를 유발한다고 본 것이다.

---

71) 우리나라의 예로, 1980년대 초 30대 후반인 여인이 생리기간에 자신도 억제할 수 없는 절도행각을 하다가 1985년 1월에 서울고등법원에서 징역 1년 6월과 치료감호를 선고받았고, 이 후에도 1986년, 1988년, 1990년, 1991년에도 치료감호처분을 받았다. 그러던 중 1993년 폐경기가 찾아와 보호감호처분을 종료하였다. 그러나 1995년 8월에 다시 생리가 시작되어 절도를 하다 적발되어 치료감호가 청구되었다. 이 여인은 범행의 근본원인을 제거하기 위해 '자궁적출수술'을 받았고, 서울지법은 검찰의 치료감호청구를 재범가능성이 없어졌다고 하여 기각한 사례가 있다(1996년 2월 23일자 조선일보 참조).

(2) 심리학적 이론

여성의 심리적 특성과 범죄와의 관계를 설명하는 대표적 학자로는 **프로이드** (Freud)를 들 수 있다. 그는 정신분석학적 입장에서 인간의 심리를 구성하는 세 요소 중 **초자아**(super ego)와 **자아**(ego)가 약하여 **이드**(id), 즉 본능적·반사회적 충동을 적절히 억제하지 못하여 범죄를 일으킨다는 것이다.

여성은 심리적 형성과정에서 남성의 생식기에 대한 열등감과 남성생식기 숭배의 경향을 가지며, 극단적인 경우에는 동성애자가 되거나 남성이 되고자 하는 시도로서 공격성을 갖게 되어, 이것이 범죄행위로 나타난다고 보았다.

(3) 사회학적 이론

범죄의 원인을 사회구조와 조직, 범죄에 이르게 되는 사회과정 및 사회환경 등에서 찾는 이론으로서, 여성범죄를 비교적 잘 설명해주는 이론에는 사회경제학적 이론과 역할·기회이론을 들 수 있다.

사회경제학적 이론은 여성의 경제적 압력 및 불평등에 중점을 두었다. **클라인**(D. Klein)은 빈곤이 비합법적 행위를 유발한다고 보았으며, **플라워스**(R. B. Flowers)는 **여성의 고용불안**에 따른 생존과 가족부양에 대한 경제적 압력이 범죄를 유발한다고 설명한다.

역할·기회이론은 여성범죄의 증가는 여성의 성역할의 확대에 기인한다고 보는 입장으로, **사이몬**(R. J. Simon)은 여성의 경제활동 기회증대가 여성의 경제범죄 가능성을 증대시킨다고 보았다. 여성운동과 범죄와의 관계에 대하여 **아들러**(F. A. Adler)는 여성의 **사회활동증가와 의식변화**로 도달하고자 하는 목표는 많으나 기회가 제한되므로 여성범죄가 증가한다고 보았다. 우리나라의 경우도 최근에 여성의 사회적 역할증대에 따른, 이른바 **신여성범죄자**(new female criminal)가 증가하는 것을 보면 이러한 현상을 반영한 것으로 여겨지며 설득력을 얻고 있는 이론이다.

3. 우리나라 여성범죄의 현황

(1) 여성범죄의 현황

우리나라는 지난 1970년대 이래로 고도의 경제성장과 전통적 사회구조의 변화에 따른 전통적 가치관의 붕괴, 정치·경제적 급격한 변화, 핵가족화, 여성의 사회참여 등으로 인하여 여성범죄는 꾸준한 증가를 보여 왔다. 특히 여성이 남성에 비해 재산범과 교통사고특례법위반의 수가 급격히 증가하고 있는데, 이는 여성의 경제활동 증가 및 경제·사회적 역할증대에 기인하는 것으로 보인다. 향후에도 여성의 사회·경제활동의 꾸준한 증가를 예상할 때 특별히 이에 대한 예방책이나 교육적인 선도가 요망되어진다.

여성이 형법 또는 특별형법에 위반하는 경우에 그 원인, 연령, 교육정도, 직업, 생활환경, 재범상황, 전과 및 그 처분결과의 현황을 살펴보면 다음과 같다.

1) 원인별 범죄현황

일반형사범에 있어서 범죄원인 내지 동기를 살펴보면, 우연(16.3%), 생활비 충당(6.4%), 사행심(4.2%), 원한·분노(2.5%), 유혹(1.8%), 가정불화(1.4%), 허여·사치심(1.0%) 등이다. 범죄유형을 살펴보면, 재산범죄(49.8%), 풍속범죄(22.5%), 강력범죄(13.9%), 기타 형사범죄(9.1%) 등이고, 위조범죄(3.2%), 과실범죄(1.2%), 공무원 범죄(0.2%)이다.

다시 이를 구체적으로 살펴보면, 재산범죄는 사기(68.3%), 절도(13.6%), 횡령(11.7%) 이고, 그 외에 배임, 손괴, 장물죄 등의 순이다. 풍속범죄의 경우 간통(62.2%), 도박과 복표(37.4%), 다음으로 음란행위, 혼인빙자간음, 신앙죄 등의 순이다. 강력범죄의 경우는 상해(72.9%), 폭행(17.1%), 다음으로 강도, 살인, 약취와 유인, 강간, 공갈, 협박, 방화, 체포와 감금 등의 순이다. 기타 형사범죄의 경우도 명예훼손(28%), 신용·업무·경매(23.9%) 등이 비율이 높으며, 그 외의 위증과 증거인멸, 권리행사방해, 무고, 공무방해, 주거침입, 유기, 교통방해 등 다종다양하게 거의 모든 범죄에 걸쳐 발생하고 있다

형사특별법위반시의 범죄원인을 살펴보면, 우연(22.7%), 생활비 충당(17.5%), 원한·분노(2.7%), 취중(2.2%) 등이다. 범죄유형별로는 식품위생법(35.7%), 폭력행위

등 처벌에 관한 법률(24%), 교통사고처리특례법(8%), 도로교통법(5.2%), 부정수표단속법(4.8%)이고, 건축법, 공중위생법, 자동차관리법, 도로법, 도시계획법, 마약법, 미성년자보호법, 병역법, 윤락행위등방지법 등의 순으로 발생하고 있다.

2) 연령별 범죄현황

일반형사범의 경우에 연령별 현황은 ① 41~50세(22.7%), ② 31~35(19.3%), ③ 36~40세(17.1%), ④ 26~30세(14.2%)의 순으로 나타나는 것을 보면, 31세에서 50세 사이의 여성범죄율이 가장 높음을 알 수 있다.

형사특별법위반의 경우도 ① 41~50세(26.6%), ② 31~35세(19.6%), ③ 36~40(19.2%), ④ 26~30세(12.6%) 의 순이다.

3) 교육정도에 따른 범죄현황

일반형사범의 경우 ① 고등학교졸(23.7%), ② 초등학교졸(19.5%), ③ 중학교졸(14.1%),④ 불취학(6.6%), ⑤ 대학졸(4.4%) 의 순위로 범죄가 발생하고, 형사특별법위반의 경우도 차지하는 비율은 조금 차이가 있으나 순위는 같이 나타나고 있다.

4) 생활환경별 범죄현황

일반형사범과 특별형사범을 포함한 여성범죄자의 생활환경별 범죄발생현황을 살펴보면, 생활정도에 따르면 ① 하류(81%), ② 중류(17.1%), ③ 상류(2%) 순서로 그 비율을 차지하고 있고, 배우자의 유무에 따라서는 ① 배우자가 있는 경우(69%), ② 미혼(18.7%), ③ 사별(6.6%), ④ 이혼(5.7%)의 순서로 나타났다.

5) 직업별 범죄현황

여성범죄자의 직업별 분포현황을 보면, 일반형사범의 경우 ① 농상공인(14.5%), ② 종업원(8.8%), ③ 자유업(4.4%), ④ 노무자(4.4%), ⑤ 회사원(3.5%), ⑥ 기타(65.8%)이며. 특별형사범의 경우 ① 농상공인(43.7%), ② 종업원(6.4%), ③ 자유업(5.4%), ④ 회사원(3.6%), ⑤ 기타(39.4%) 순서로 나타나고 있다.

6) 재범상황과 전과별 범죄현황

재범여부의 상황을 보면, 일반형사범의 경우 초범이 72.4%, 재범 27.6% 이고, 특별형사범의 경우에는 초범이 68.1%, 재범은 31.9%이다.

전과상황을 보면 1범이 46.8%, 2범 22.6%, 3범 12.4% 등으로 나타나고 있다.

7) 처분결과에 따른 범죄현황

여성범죄자에 대한 처분결과를 보면 일반형사범의 경우 기소 33.5%, 불기소 66.1%로 불기소율이 높다. 그러나 특별형사범의 경우에는 불기소(37.9%)보다 기소 (61.7%)가 높음을 알 수 있다.

4. 여성범죄의 원인과 특징

(1) 여성범죄의 원인

여성범죄의 원인이 되는 중요한 행위환경을 살펴보면 다음과 같다.

첫째, 가정파탄 등이 여성범죄의 원인이 된다. 건강한 가정상태는 만드는 것은 범죄예방의 지름길이다. 여성범죄는 이혼자, 과부, 기혼자, 미혼자의 순서로 되어 있다. 소녀범죄의 대부분은 편부, 편모의 슬하에서 가정의 사랑이 결핍되어 발생하는 경우가 많다.

둘째, 여성의 경제적 활동으로 인해 여성의 경제적 독립이 이혼조장, 투기욕구증가, 안정된 가정질서의 위기 등을 야기하여 소녀범죄를 야기하기도 한다.

셋째, 전쟁으로 인한 남편사망 등이 여성범죄의 원인이 된다.

(2) 여성범죄의 특징

남성범죄에 대한 여성범죄의 특징은 양적 특징과 질적 특징으로 나눌 수 있다. 성별에 따른 여성범죄의 특징을 이해하는 데에는 양적 특징보다는 질적 특징이 더 중요하다고 할 수 있다.

1) 양적 특징

여성범죄의 비율이 남성범죄율보다도 현저히 차지하는 비율이 낮은 것은 어느 나라의 통계에서도 동일하다. 이러한 현상은 다음과 같은 몇 가지 사유에 기인하는 것으로 생각된다.

첫째, 여성은 남성에 비하여 사회적·경제적 활동범위가 상대적으로 좁기 때문에 범죄를 할 기회가 적었다.

둘째, 여성은 신체적 조건으로 인해 강한 힘을 필요로 하는 범죄행위는 불가능하다.

셋째, 여성의 수동적 태도, 피보호적 지위가 사회적 문제상황에 보다 적게 접촉하게 된다.

넷째, 여성에 대한 상대적 사법기관의 관용에 의해 기소, 처벌이 남성보다 덜 엄격하다.

다섯째, 주류·마약 등 향락에 대한 욕구 또는 기회가 상대적으로 적다.

여섯째, 자녀양육시의 희생정신으로 역경에 대한 인내심이 상대적으로 강하다.

2) 질적 특징

여성범죄의 질적 특징은 여성범죄는 일상생활과 밀접한 관련이 있는 낙태, 영아살해, 유기 등이 많았고, 강도, 상해, 폭력에 의한 살인 등 물리적 폭력을 사용하는 범죄발생은 상대적으로 적었다. 또한 사기, 모욕, 명예훼손, 방화, 음행매개 등의 범죄는 직접 실행하고, 범죄은닉, 방조, 교사 등과 같이 자신은 직접 행하지 않고 원인제공이나 보조적인 범죄에 참가하는 것도 여성범죄의 특징으로 보아 왔다. 따라서 여성범죄는 반사회적 악성도 약하고 동기와 수단의 측면에도 동정의 여지가 있다고 보았다.

그러나 오늘날에 와서는 강도, 폭력, 인신매매, 도박행위, 유괴행위 등의 범죄도 여성 단독범이 성행하고 있으므로, 종래까지 여성범죄의 질적 특징으로 보아 왔던 범죄에 대하여도 점차 남녀구별이 엷어져가는 추세라 하겠다.

여성범죄의 또 다른 특징은 숨은 범죄(이른바 암수범죄)의 비율이 높다는 점이다. 이 점은 여성의 사회활동이 남성에 비해 상대적으로 그 폭이 좁고 범죄는 비공개적인 장소에서 행해지며, 수사기관의 선입견(이른바 기사도 정신, 연약한 여성 등)도 개입될 수 있기 때문이다.

여성은 그 신체적 특징으로 인하여 성매매방지법(구윤락행위방지법)위반, 낙태, 유기죄, 명예, 간통 등이 상대적으로 남성에 비해 많다. 그 외에도 여성절도가 증가하지만 남성에 비해 우발적·충동적인 경우가 많다. 또한 남성에 비해 피해자와 밀접한 관계를 가진 남편·애인·자녀·친구 등이 범죄대상이고, 범죄동기도 원한·질투 등 감정에 기인하는 경우가 많다.

5. 여성범죄에 대한 대책

(1) 일반적 대책

여성범죄에 대한 대책으로서 중요한 요소는 기혼여성의 경우 원만하고 화목한 가정을 영위하도록 하는 각종 사회복지대책을 수립·실시하는 일이다. 또한 빈부격차의 해소, 즉 경제적 안정이 여성범죄의 많은 부분을 해결해 줄 수 있다는 점을 시사해주고 있다.

여성재소자의 다수가 성장기의 부모와 가정생활이 원만하지 못한 점을 보면, 화목한 부모와 자녀관계가 형성될 수 있도록 도와야 한다.

가정의 기능이 약화되거나 해체되는 이유 중 가장 큰 것은 역시 경제적 빈곤의 문제이다. 여성의 취업을 활성화할 수 있는 고용정책의 창출이 긴요한 과제이다.

(2) 교정처우의 개선

이제까지는 교정처우를 함에 있어서 남성재소자 중심으로 시설·제도 등을 운영해왔다. 선진교정을 위하여 여성범죄자에 대한 교정처우의 개별화·과학화·전문화가 이루어져야 한다.

1) **여자교도소시설의 개선** : 우리나라에서는 1990년 3월에 처음으로 **청주여자교도소가 개설**되었다. 이 시설은 종전의 청주보안감호소 건물을 개축하여 사용하고 있으므로 여성재소자의 특성에 맞는 현대적 교정활동이나 직업훈련을 할 수 없다. 수형자의 재사회화 내지 재통합화를 위하여 신축시설이 필요하다.

2) **직업훈련의 활성화** : 교정시설내의 직업훈련은 주로 미용·자수·양재 등으로 전통적인 직업훈련에 그쳤다. 출소 후 생계에 활용할 수 있는 직업훈련의 개발이 필요하다.

3) **교정시설의 개방** : 여성수형자의 경우에는 남성에 비하여 상대적으로 강력범죄자가 적으므로 여성교정시설을 개방화하여 가족과의 유대관계를 지속시켜줌으로써 자녀양육과 재사회화에 도움을 준다.

4) **사회내처우의 확대** : 여성범죄자는 남성범죄자에 비하여 위험성이 낮고 비폭력적이라고 생각되어 대체적으로 남성에 비해 동일범죄라면 수형기간이 짧다. 여성범죄자에 대한 비시설적 중간처우나 사회내처우를 활성화하고 재사회화를 위한 교육훈련프로그램을 개발하여야 한다. 아울러 사회내 여성보호시설의 확대, 지원을 통해 계속적으로 이들의 사회복귀를 도울 수 있는 종합적 사회복지시스템이 필요하다.

제2절 시민생활과 범죄

Ⅰ. 형법의 개념 및 기초관념

1. 형법의 개념

범죄의 성립요건과 이에 따른 법률효과로써 형벌 또는 보안처분을 규정하고 있는 법이 형법이다. 이러한 의미의 형법에는 형법이라는 명칭을 가진 형법전을 의미하는 협의의 형법(1953.9.18 제정, 법률 제293호)뿐만 아니라 각종 형사특별법이 포함된다.

이러한 형사특별법의 예로는, 「국가보안법」, 「폭력행위 등 처벌에 관한 법률」, 「특정범죄가중처벌 등에 관한 법률」, 「특정경제범죄 가중처벌 등에 관한 법률」, 군인, 군무원에게 적용되는 「군형법」, 「환경범죄 등의 처벌에 관한 특별조치법」, 성범죄의 급증에 대처하기 위하여 「성폭력범죄의 처벌 등에 관한 특례법」 등을 들 수 있다.

2. 죄형법정주의

"**법률이 없으면 범죄도 없고 형벌도 없다**"(nullum crimen, nulla poena sine

lege)라는 근대형법의 기본원리는 헌법과 형법에 반영되어 있다. 즉 헌법 제12조 1항은 "누구든지 법률과 적법한 절차에 의하지 아니하고는 처벌, 보안처분 또는 강제노역을 받지 아니한다"고 하고 있고, 제13조 제1항은 "모든 국민은 행위시의 법률에 의하여 범죄를 구성하지 아니하는 행위로 소추되지 아니한다"고 규정하고 있다.

죄형법정주의는 국가형벌권행사의 기준을 설정하고 형벌권의 남용으로부터 국민의 기본권을 보호하는 기능을 한다. 형법은 제1조 제1항에 "범죄의 성립과 처벌은 행위시의 법률에 의한다"고 규정하고 있는데, 이 규정은 죄형법정주의의 의미를 담고 있다. **죄형법정주의의 내용**을 구체적으로 살펴보면, 이에는 ① 관습형법의 금지, ② 소급효금지의 원칙, ③ 명확성의 원칙, ④ 유추해석금지의 원칙 ⑤ 적정성의 원칙이 있다.

II. 형법의 적용범위

1. 시간적 적용범위

형법은 제1조 제1항에 "범죄의 성립과 처벌은 행위시의 법률에 의한다"고 하여 **행위시법주의**와 **재판시법주의** 가운데 **행위시법주의**를 취하고 있다. 그러나 신법(재판시법)이 구법(행위시법)보다 피고인에게 유리할 때(① 범죄후의 법령변경으로 범죄를 구성하지 않을 때, ② 신법의 형이 구법보다 경할 때)에는 신법을 적용하여야 하기 때문에(제1조 제2항) 양주의의 대립은 의미가 없다.

2. 장소적 적용범위

형법이 적용되는 장소와 관련하여서는 **속지주의를 원칙**으로 하면서(제2조, 제4조) 속인주의(제3조)와 보호주의(제5조, 제6조)를 더하고 있다. 이에 따라 형법은 대한민국 영역 내에서 죄를 범한 내국인과 외국인에게 적용된다(제2조). 그리고 기국주의를 택하여 대한민국 영역 외에 있는 대한민국의 선박 또는 항공기 내에서 죄를 범한 외국인에게도 적용된다.

내국인은 대한민국 영역 외에서 죄를 범하였을지라도 형법이 적용된다고 하여(제3조) **속인주의를 가미**하고 있다. 또한 대한만국이나 대한민국 국민의 법익을 보호하기 위한 **보호주의**에 입각하여, 대한민국 영역 외에서 내란의 죄, 외환의 죄, 국기에 관한 죄, 통화에 관한 죄, 유가증권, 우표와 인지에 관한 죄, 문서에 관한 죄 중 제225조 내지 제230조(공문서), 인장에 관한 죄 중 제238조(공인 등의 위조·부정사용)의 죄를 범한 외국인에게 우리 형법을 적용하며, 나아가 약취, 유인 및 인신매매 등의 죄에 있어서는 외국에서 외국인에 대한 범죄시에 우리 형법을 적용하여 처벌할 수 있도록 **세계주의** 입장을 취하고 있다. 다만 이 경우에 행위지의 법률에 의하여 범죄를 구성하지 않거나 소추 또는 형의 집행을 면제할 경우에는 예외로 한다. 그리고 범죄로 인하여 외국에서 형의 전부 또는 일부의 집행을 받은 자에 대해서는 형을 감경 또는 면제할 수 있다(임의적 감경사유, 제7조).

3. 인적 적용범위

형법이 적용되는 인적 범위는 형법의 시간적·장소적 범위와 일치한다. 예외적으로 형법의 적용이 배제되는 경우는 **대통령, 국회의원, 치외법권을 가진 자와 외국의 군대**이다. 즉 대통령은 내란 또는 외환의 죄를 범한 경우를 제외하고는 재직 중 형사상의 소추를 받지 아니한다(헌법 제84조). 국회의원은 국회에서 행한 발언과 표결에 관하여 국회 외에서 책임을 지지 아니한다(헌법 제45조). 그리고 국제법상의 치외법권이 인정되는 외국의 원수와 외교관, 그 가족 및 내국인이 아닌 종자에 대해서는 형법이 적용되지 않는다. 대한민국과 협정이 체결되어 있는 외국의 군대에 대하여는 형법이 적용되지 않는다(예:대한민국과 미국간의 군대지위협정에 의하여 공무집행중인 미군범죄에 대하여는 형법의 적용이 배제된다).

Ⅲ. 행위주체

범죄행위의 주체가 자연인 이외에 법인도 될 수 있는가에 대하여는 법인의 범죄능력(행위능력과 책임능력을 포함)이라는 문제로서 논해지고 있다. 이에 대하여 긍정설과 부정설이 대립하고 있는데 통설과 판례는 이를 부정한다. 그 이유로서는 법인은 의사활동을 전제로 하는 행위의 주체가 될 수 없으며 범죄능력과 형사책임의 주체(형벌능력)는 구별해야 한다는 점을 든다. 이에 반해 긍정설은 법인에 의한 반사회적 활동이 격증하는 현실에 비추어 법인의 범죄능력을 인정해야 할 형사정책적 필요성을 든다. 부정설이든 긍정설이든 법인처벌의 필요성에 대해서는 일치하고 있다. 그러나 그 근거에 대하여는 **무과실책임설**과 **과실책임설**로 대별할 수 있다(이는 법인과 자연인을 동시에 처벌하는 양벌규정의 근거에 관련되는 문제이다).

Ⅳ. 행위론

형법적 평가의 출발점은 인간의 행위이다. 이는 적극적 행위(작위)뿐만 아니라 소극적 행위(부작위)도 포함한다. 여기에서 비롯되는 것이 과연 인간행위가 일원적인 행위개념 속에서 파악될 수 있는가, 아니면 형법상의 공동의 행위개념(상위개념)이란 존재할 수 없는가의 문제이다.

행위개념과 관련하여서는 **인과적 행위론**과 **목적적 행위론**, 그리고 **사회적 행위론** 등이 주장되고 있다. **인과적 행위론**이란 형법상의 행위개념을 순수한 대상개념으로 본다. 그러므로 행위개념이 광의로 이해되는데 이에 따르면 행위란 "인간의 의사에 지배된 행동에 의한 외부세계의 변동"으로 정의된다. **목적적 행위론**에 의하면 행위란 인간의 의사에 의하여 지배되고 목적지향적인 인간활동이라고 한다.

여기에서 인간의 행위란 맹목적으로 인과적인 것이 아니라, 목적으로 설정하고 경험에 비추어 그 목적으로 달성하는 데 가장 적하보한 수단을 선택하는 것이다. **사회적 행위론**은 행위개념을 규정함에 있어 존재론적인 요소뿐만 아니라 사회적 관련성을 함께 고려한다. 이에 따라 행위란 인간의 의사에 의하여 지배되거나 지배가능한 사회적으로 중요한 행동을 일컫는다. 작위나 부작위의 사회적 중요성은 여기에서 모든 인간행동의 공통의 기준이 되는 것이다.

그러나 이러한 상위개념으로서의 행위개념을 형법에서는 불필요하다고 보는 **행위개념부인론**도 있다. 이 입장에서는 형법상의 행위란 결국 구성요건과의 관련성 아래에서만 의미가 있기 때문에 **전구성요건적인 행위개념**이란 형법상으로 무의미하고 불필요하게 된다.

Ⅴ. 구성요건론

구성요건이란 어느 행위를 범죄행위라고 인정할 수 있는 조건을 말한다. 범죄가 성립하는 조건으로는 크게 **구성요건해당성**과 **위법성, 책임**이 인정되어야 한다. 범죄론체계란 이를 의미한다. 구성요건은 적극적으로 갖추어야 하는 요건임에 반하여 위법성과 책임은 부존재의 확인만으로도 인정되는 소극적 요건이다.

구성요건은 다시 **객관적 구성요건**과 **주관적 구성요건**으로 나뉘는데 객관적 구성요건의 중요내용으로서 **행위와 결과간에 인과관계**가 인정되어야 한다. 그 밖에 **행위주체**(신분범의 경우), **행위방법**('기망', '절취', '횡령', '불을 놓아'), **행위객체**('장물', '재물', '자기가 보관하는 타인의 물건')등이 있다. 그러나 이들은 형법각칙에 규정되어 있는 각각의 범죄유형에 따라 상이하기 때문에 일반론에 해당하는 총칙의 연구대상이 아니다.

구성요건의 유형은 결과범·거동범, 침해범·위험범, 상태범·계속범, 일반범·신분범 등으로 나눌 수 있다. 결과범이란 침해의 결과발생을 필요로 하는 범죄유형이다. 이에 반해 거동범이란 단순환 거동(행위)만으로도 구성요건이 실현되는 범죄이다 (예:위증죄). 침해범이란 행위객체에 대한 침해가 곧 구성요건적 결과에 해당하는 범죄유형을 말한다. 위험범은 보호대상에 대한 위험발생을 전제로 하는 구성요건유형으로서 이는 다시 구체적 위험범과 추상적 위험법으로 나뉜다. 전자는 법익침해의 위험이 발생하여야 하는 구성요건이며, 후자는 위험의 구체적 발생이 없이도 특정행위만을 하면 — 위험발생은 당연하다고 보아 — 구성요건이 실현되는 범죄유형을 말한다. 위험범의 예로는 방화죄가 있다. 상태범과 계속범은 범죄행위의 시간적 계속성 여부에 따른 구별이다. 상태범의 예로는 절도죄가 있으며, 계속범의 예로는 감금죄가 있다. 일반범에 대응하는 신분범이란 특정신분을 가진 자만이 구성요건을 실현시킬 수 있는 범죄유형을 의미한다. 신분범은 다시 진정신분범(예:횡령죄, 배임죄, 위증죄)과 부진정신분범(예:존속살해죄)으로 나뉜다.

인과관계의 판단기준에 대해서는 학설·판례가 일치하지 않고 있다. 형법 제17조는 인과관계에 관하여 "어떤 행위라도 죄의 요소되는 위험발생에 연결되지 아니한 때에는 그 결과로 인하여 벌하지 아니한다"고 규정하고 있다. 인과관계론에 관해서 대법원판례와 과거의 학설은 상당인과관계론을 취하고 있다. 이 학설은 조건설에 의한 인과관계의 확대를 구성요건의 단계에서 제한하고자 하는 이론이다. 조건설은 행위와 결과사이에 **절대적 제약관계**(conditio sine qua non)만 있으면 인과관계를 인정한다. 이에 대해 상당인과관계설은 형사책임귀속을 위해 행위와 그 행위로부터 초래된 결과간에 상당성이 인정되어야 한다는 학설이다. 그러나 최근의 독일의 객관적 귀속이론을 받아들여 인과관계의 문제를 형사책임귀속의 최종전제로 보지 않고 결과귀속의 보조수단으로 보는 경향이다. 이에 따라 형사책임은 이제 조건설(혹은 합법칙적 조건설)에 의해 인과관계가 확정되고 객관적인 귀속기준에 의해 형사책임의 범위가 결정된다고 본다.

주관적 구성요건의 내용으로는 **고의, 목적범(예:무고죄)에서의 목적 등**이 있다. 고의는 형법(제13조)에 '범의'라는 제목하에 "죄의 성립요소인 사실을 인식하지 못한 행위는 벌하지 아니한다. 단 법률에 특별한 규정이 있는 경우에는 예외로 한다"고 규정되어 있다. 주관적 구성요건으로서의 고의에 관하여는 "구성요건실현의 인식과 의사"로 정의하는 것이 지배적이다.

Ⅵ. 위법성

법질서는 공동체 구성원간의 공존과 법익보호를 위한 전제조건이다. 위법성이란 구성요건에 해당하는 행위가 이러한 법질서에도 반하는 것을 의미한다. 즉 위법성은 법규범(형법만이 아니라 전체 법규범을 의미한다)과의 충돌을 의미하고 법규범이란 구체적으로는 금지 혹은 요구규범을 내용으로 하는 구성요건을 의미하므로 어느 행위가 구성요건에 해당하면 동시에 위법성도 추정된다는 것을 의미한다. 그러므로 구성요건에 해당하는 행위가 위법하지 않으려면 개별적인 사건에서 구성요건이 규정하고 있는 금지(혹은 요구)규범을 정당화시켜 주는 사유가 존재하여야 한다. 이것이 곧 다음과 같은 위법성조각사유로서 여기에 해당하면 구성요건에는 해당하나 적법한 행위이기 때문에 처벌하지 않는다.

1. 정당행위

정당행위는 "법령에 의한 행위 또는 업무로 인한 행위 기타 사회상규에 위배되지 아니하는 행위"이다(제20조). 이는 가장 포괄적인 위법성조각사유에 해당한다고 볼 수 있다. 법령에 의한 행위는 법질서의 통일성이란 원칙에서 당연히 비롯된다(예:형사소송법상의 강제처분, 모자보건법상의 임신중절행위, 각종 징계행위). 업무란 사람이 사회생활관계에서 계속적·반복적 의사로 행하는 사무를 말한다(예:변호사나 성직자의 직무수행행위). 사회상규란 국가질서의 존엄성을 기초로 한 국민일반의 건전한 도의감을 의미한다고 보는 것이 대법원의 입장이다.

2. 정당방위

　　정당방위는 자기 또는 타인의 법익에 대한 부당한 침해를 방위하기 위한 상당한 이유가 인정되는 행위이다(제21조). 정당방위의 기본사상은 개인적 관점에서는 침해되는 개인의 자기보호를 위한 것이며, 사회적 관점에서는 국가권력의 사각지대에서 법질서를 보호하기 위한 것이다. 침해란 인간에 의해 행해지는 법익에 대한 위해를 말한다. 그러므로 동물이나 법인에 의한 침해는 여기의 침해에 해당하지 않는다.

《 관련판례 》

(문) 甲은 乙과 언쟁을 하다가 乙이 먼저 폭행을 하자 격분하여 乙과 상호 폭행을 하게 되었고, 그로 인하여 각각 3주의 진단이 나오는 상해를 입었다. 이 경우 乙이 먼저 폭행을 하였으므로 그에 대하여 **응수한 甲의 행위는 정당방위**가 성립하는가?

(답) 「형법」 제21조는 정당방위에 관하여 "① **자기 또는 타인의 법익에 대한 현재의 부당한 침해**를 방위하기 위한 행위는 **상당한 이유**가 있는 때에는 벌하지 아니한다. ② 방위행위가 그 정도를 초과한 때에는 그 정황에 의하여 그 형을 감경 또는 면제할 수 있다. ③ 전항의 경우에 그 행위가 야간 기타 불안스러운 상태하에서 공포, 경악, 흥분 또는 당황으로 인한 때에는 벌하지 아니한다."라고 규정하고 있다.

즉, 정당방위가 성립하려면 침해행위에 의하여 침해되는 법익의 종류, 정도, 침해의 방법, 침해행위의 완급과 방위행위에 의하여 침해될 법익의 종류, 정도 등 일체의 구체적 사정들을 참작하여 **방위행위가 사회적으로 상당한 것**이어야 하고, 정당방위의 성립요건으로서의 방어행위에는 순수한 수비적 방어뿐만 아니라 적극적 반격을 포함하는 반격방어의 형태도 포함되나, 그 방어행위는 자기 또는 타인의 법익침해를 방위하기 위한 행위로서 상당한 이유가 있어야 한다(대법원 2002. 5. 10. 2001도300 판결).

그런데 싸움 중에 이루어진 가해행위가 정당방위에 해당할 수 있는지에 관하여 판례는 "싸움과 같은 일련의 상호투쟁 중에 이루어진 구타행위는 서로 상대방의 폭력행위를 유발한 것이므로 정당방위가 성립되지 않는다."라고 하였고(대법원 1996. 9. 6. 선고 95도2945 판결), "가해자의 행위가 피해자의 부당한 공격을 방위하기 위한 것이라기보다 서로 공격할 의사로 싸우다가 먼저 공격을 받고 이에 대항하여 가해하게 된 것이라고 봄이 상당한 경우, 그 가해행위는 방어행위인 동시에 공격행위의 성격을 가지므로 정당방위 또는 과잉방위행위라고 볼 수 없다."라고 하였으며(대법원 2000. 3. 28. 선고 2000도228 판결), "피해자의 침해행위에 대하여 자기의 권리를 방위하기 위한 부득이한 행위가 아니고, 그 침해행위에서 벗어난 후 분을 풀려는 목적에서 나온 공격행위는 정당방위에 해당한다고 할 수 없다."라고 하였다(대법원 1996. 4. 9. 선고 96도241 판결).

그러나 "외관상 서로 격투를 하는 것처럼 보이는 경우라고 할지라도 실제로는 한쪽 당사자가 일방적으로 불법한 공격을 가하고 상대방은 이러한 불법한 공격으로부터 자신을 보호하고 이를 벗어나기 위한 저항수단으로 유형력을 행사한 경우라면, 그 행위가 적극적인 반격이 아니라 소극적인 방어의 한도를 벗어나지 않는 한 그 행위에 이르게 된 경위와 그 목적수단 및 행위자의 의사 등 제반 사정에 비추어 볼 때 사회통념상 허용될 만한 상당성이 있는 행위로서 위법성이 조각된다고 보아야 할 것이다."라고 하면서 외관상 서로 격투를 한 당사자 중 일방의 유형력의 행사가 타방의 일방적인 불법폭행에 대하여 자신을 보호하고 이를 벗어나기 위한 저항수단으로서 소극적인 방어의 한도를 벗어나지 않았다는 이유로 위법성이 조각된다고 본 사례가 있다(대법원 1999. 10. 12. 선고 99도3377 판결, 헌법재판소 2002. 5. 30. 선고 2001헌마733 결정, 2002. 12. 18. 선고 2002헌마527 결정). 따라서 위 사안의 경우에는 단순히 乙이 먼저 폭행을 시작하였다는 것만으로 甲의 乙에 대한 폭행이 **정당방위에 해당**되어 처벌되지 않을 것으로는 보이지 않는다.

3. 긴급피난

긴급피난이란 자기 또는 타인의 법익에 대한 현재의 위난을 피하기 위한 상당한 이유가 있는 행위를 말한다(제22조). 즉 긴급상태에 빠진 법익을 보호하기 위해서는 다른 법익을 침해하지 않고는 달리 피할 방법이 없을 때 인정되는 정당화사유이다. 긴급피난의 정당성은 높은 가치를 지닌 법익을 보호하기 위해서는 낮은 가치를 지닌 법익을 침해하여도 위법하지 않는다는 데에 근거한다(법익형량의 원칙). 이는 정당방위가 원칙적으로 법익형량을 필요로 하지 않는 점과 다르며 또한 긴급피난은 침해행위가 부당할 필요가 없다는 점에서 정당방위와 다르다.

《 관련판례 》

(문) 甲은 乙女를 성폭행 하려다가 미수에 그쳤지만, 乙이 반항하면서 甲의 손가락을 깨물자 甲이 손가락을 비틀어 잡아 뽑다가 乙의 치아를 손상시켰다. 이 경우 甲은 어떠한 죄명으로 형사책임을 지게 되는가?

(답) 「형법」 제297조는 "폭행 또는 협박으로 부녀를 강간한 자는 3년 이상의 유기징역에 처한다."라고 규정하고 있고, 같은 법 제301조는 "제297조 내지 제300조(미수범)의 죄를 범한 자가 사람을 상해하거나 상해에 이르게 한 때에는 무기 또는 5년 이상의 징역에 처한다."라고 규정하고 있다. 그러므로 甲이 乙의 치아를 손상시킨 것이 위법이라면 강간죄가 아닌 강간치상죄가 문제될 것인 바, 우선 甲이 손가락을 비틀어 뽑다가 乙의 치아를 손상시킨 행위가 위법성조각사유인 긴급피난에 해당하는가를 살펴보아야 한다.

「형법」 제22조 제1항은 긴급피난에 관하여 "**자기 또는 타인의 법익**에 대한 **현재의 위난**을 피하기 위한 행위는 **상당한 이유**가 있는 때에는 벌하지 아니한다."라고 규정하고 있다. 여기에서 **위난**은 그 원인은 묻지 않으며, 또한 그것이 사람의 행위에 의한 것이든 자연에 의한 것이든 불문하고, **피난행위**란 현재의 위난을 모면하기 위한 일체의 행위를 말한다. 그리고 상당성이 인정되기 위해서는 ① 피난행위가 위난에 빠져 있는 법익을 보호하기 위한 유일한 수단이어야 하고(보충성의 원리), ② 긴급피난에 의하여 보호되는 이익이 침해되는 이익보다 커야 하며(균형성의 원리), ③ 피난행위가 위난을 피하기 위한 적합한 수단이어야 한다(적합성의 원리).

그러나 민법상의 긴급피난에 관하여 판례는 "민법 제761조 제2항 소정의 '급박한 위난'에는 가해자의 고의나 과실에 의하여 조성된 위난은 포함되지 아니한다."라고 하였고(대법원 1975. 8. 19. 선고 74다1487 판결, 1981. 3. 24. 선고 80다1592 판결), 또한, "강간 등에 의한 치사상죄에 있어서 사상의 결과는 간음행위 그 자체로부터 발생한 경우나 강간의 수단으로 사용한 폭행으로부터 발생한 경우는 물론, 강간에 수반하는 행위에서 발생한 경우도 포함하고, 피고인이 스스로 야기한 강간범행의 와중에서 피해자가 피고인의 손가락을 깨물며 반항하자 물린 손가락을 비틀며 잡아 뽑다가 피해자에게 치아결손의 상해를 입힌 행위를 가리켜 법에 의하여 용인되는 피난행위라 할 수 없다"라고 판시하고 있다(대법원 1995. 1. 12. 선고 94도2781 판결).

따라서 위 사안에서 **甲은 강간치상죄로 처벌**받게 된다.

4. 자구행위

자구행위는 사법상의 청구권보전이 법정절차에 의해서는 불가능할 때(보충성의 원칙)자력에 의한 청구권의 실행불능이나 실행곤란을 피하기 위한 행위를 말한다(제23조 제1항). 청구권의 원인은 물권인가 채권인가를 불문한다. 반드시 재산권일 필요가 없으며 친족권이나 상속권도 포함된다는 견해가 통설의 입장이다. 민법상의 자력구제(제209조)와 같은 의미이다. 자구행위는 정당방위와 긴급피난과 같은 현재의 침해를 피하기 위한 사전적 긴급행위가 아니라 이미 침해된 청구권을 보전하기 위한 사후적 긴급행위이다. 자구행위는 보전이 가능한 권리를 대상으로 하므로 원상회복이 불가능한 생명·신체·자유·정조·명예 등의 권리는 자구행위의 대상에 포함되지 않는다.

5. 피해자의 승낙에 의한 행위

피해자의 승낙은 법익주체의 자유로운 처분이 가능한 법익에 대한 침해를 본인이 승낙한 때에는 위법성이 조각되는 것을 말한다. 즉 "처분할 수 있는 자의 승낙에 의하여 그 법익을 훼손한 행위는 법률에 특별한 규정이 없는 한 벌하지 아니한다"(제124조). 처분할 수 있는 법익이란 소유권이나 명예·신용·성적 자기결정권·신체의 완전성 등과 같은 개인적 법익에 한한다. 이에 해당하지 않는 법익이 바로 인간의 생명이다. 촉탁·승낙에 의한 살인죄를 처벌하고 있기 때문이다(제252조). 신체의 경우에는 승낙에 의한 상해라도 그것이 사회상규에 위배하지 않아야 한다. 의사의 치료행위는 피해자의 승낙에 의해 위법성이 조각되는 대표적인 예이다.

《 관련판례 》

(문) 甲과 乙은 교통사고를 일으켜 보험금을 받아 내기로 공모한 후 甲이 자신이 운전하는 자동차로 乙이 운전하는 자동차를 충격하였으나, 의도한 바와 달리 이 충돌로 인하여 乙이 중상을 입게 되었다. 이와 같이 乙이 미리 승낙한 경우에도 甲은 상해죄로 처벌받는가?

(답) 「형법」 제24조는 "처분할 수 있는 자의 승낙에 의하여 그 법익을 훼손한 행위는 법률에 특별한 규정이 없는 한 벌하지 아니한다."라고 규정하고 있다. 그러나 판례는 "형법 제24조의 규정에 의하여 위법성이 조각되는 소위 피해자의 승낙은 해석상 개인적 법익을 훼손하는 경우에 법률상 이를 처분할 수 있는 사람의 승낙을 말할 뿐만 아니라 그 승낙이 윤리적, 도덕적으로 사회상규에 반하는 것이 아니어야 한다고 풀이하여야 할 것이다."라고 하였다(대법원 1985. 12. 10. 선고 85도1892 판결).
위 사안의 경우 보험사기를 위한 乙의 승낙은 사회상규에 반하는 것이므로 이에 의하여 甲의 행위의 위법성이 조각된다고 할 수는 없을 것으로 보이며, 따라서 甲의 행위는 상해죄에 해당할 것이다.

판례는 피고인이 다른 피고인과 함께 피해자의 몸에서 잡귀를 물리친다면서 뺨을 때리고 팔과 다리를 붙잡고 배와 가슴을 손과 무릎으로 힘껏 누르고 밟는 등 하여 피해자를 사망에 이르게 한 사안에서 "폭행에 의하여 사람을 사망에 이르게 하는 따위의 일에 있어서 피해자의 승낙은 범죄성립에 아무런 장애가 될 수 없는 윤리적, 도덕적으로 허용될 수 없는, 즉 사회상규에 반하는 것이라고 할 것이므로 피고인 등의 행위가 피해자의 승낙에 의하여 위법성이 조각된다는 상고논지는 받아들일 수가 없다."고 판시한 바 있다(대법원 1985. 12. 10. 선고 85도1892 판결). 한편 피해자의 승낙은 자유로운 의사에 의한 진지한 승낙이어야 하는 바, 판례는 "산부인과 전문의 수련과정 2년차인 의사가 자신의 시진, 촉진결과 등을 과신한 나머지 초음파검사 등 피해자의 병증이 자궁 외 임신인지, 자궁근종인지를 판별하기 위한 정밀한 진단방법을 실시하지 아니한 채 피해자의 병명을 자궁근종으로 오진하고 이에 근거하여 의학에 대한 전문지식이 없는 피해자에게 자궁적출술의 불가피성만을 강조하였을 뿐 위와 같은 진단상의 과오가 없었으면 당연히 설명 받았을 자궁 외 임신에 관한 내용을 설명 받지 못한 피해자로부터 수술승낙을 받았다면 위 승낙은 부정확 또는 불충분한 설명을 근거로 이루어진 것으로서 수술의 위법성을 조각할 유효한 승낙이라고 볼 수 없다."라고 하여 **의사에게 업무상 과실치상죄를 인정**하였다(대법원 1993. 7. 27. 선고 92도2345 판결).

Ⅶ. 책 임

범죄론체계상 행위가 구성요건에 해당하고 위법성이 인정되면 행위의 불법성은 확정된다. 책임은 위법한 행위를 한 행위자에 대해서 개인적인 비난가능성의 문제를 제기하는 제3의 조건이다. 여기에는 먼저 책임주의 원칙이 전제되어야 한다. 책임주의라 함은 개인에게 형벌을 과하기 위해서는 행위자가 자신의 행위에 대한 법적 금지사실을 인식하거나 인식할 수 있었음을 전제로 하는 것을 말한다. 그러나 이러한 인식은 정신적·신체적 제약과 법적 의미인식의 잘못으로 인하여 제약을 받게 된다. 전자가 책임능력의 문제이며 후자는 법률의 착오(제16조)문제이다.

형법상 인정되는 형사책임무능력자는 14세 미만의 자(제9조)와 심신상실자(제10조 제1항)가 있으며, 한정책임능력자는 심신미약자(제10조 제2항), 농아자(제11조), 그리고 원인이 자유로운 행위(actio libera in causa)를 한 자가 문제된다. 책임무능력자의 행위는 벌하지 아니한다. 그리고 한정책임능력자는 형을 감경한다(필요적 감경).

"원인에 있어서 자유로운 행위"란 행위자가 자신을 자의로 심신장애상태에 빠뜨리고(책임능력의 자책적 배제)이러한 상태에서 하는 범행을 말한다. 즉 "위험의 발생을 예견하고 자의로 심신장애의 상태를 야기한 자(제10조 제3항)로서 책임무능력 상태에서의 행위도 처벌되고, 한정책임능력상태에서의 행위일지라도 형이 감경되지 않는다는 경우를 말한다.

법률의 착오(혹은 위법성의 착오, 금지착오)란 행위자가 자기행위의 위법성을 인식하지 못한 경우를 가리킨다(위법성인식의 결여). 환언하면 행위자는 그의 행위의 구성요건적 의미를 알고 있으나, 그것이 허용되어 있다고 잘못 믿고 있는 것이다. 형법은 이를 법률의 착오라 하여 오인에 정당한 이유가 있는 때에 한하여 벌하지 않는다고 규정하고 있다(제16조). 이와 관련하여 법률의 부지가 법률의 착오에 해당하는가의 여부가 문제된다. 법률의 부지란 행위자가 규범의 존재 자체를 전혀 알지 못한 결과 자기행위의 위법성을 인식하지 못한 경우를 말한다. 대법원은 법률의 착오는 오로지 자기행위가 법적으로 허용되어 있다고 적극적으로 잘못 인식하고 있는 경우에만 해당하고 법률의 부지는 범죄의 성립에 영향을 미치지 않는다는 입장이다. 그러나 자기행위가 법규범에 의하여 금지된 사실자체도 모르는 자에게 불법의식이 있다고 보기 어려우므로 정당한 사유로 인하여 인식하지 못한 경우에는 법률의 착오를 인정하는 것이 타당하다.

위법성조각사유의 객관적 전제조건이 존재하지 않음에도 불구하고 존재한다고 오인하고 행위하는 경우를 허용구성요건의 착오(혹은 위법성 조각사유의 객관적 전제조건에 관한 착오)라고 한다. 오상방위나 오상긴급피난은 그 예이다. 형법은 이러한 형태의 착오를 규정하고 있지 않으므로 그 법적 효과는 학설에 의하는 수 밖에 없다. 학설은 이에 대해 대체로 원칙적으로 처벌하지 않되 과실범 처벌규정이 있으면 과실범으로 처벌하여야 한다고 본다(제한적 책임설의 입장).

Ⅷ. 죄수론

형사재판에서는 1인의 피고인이 여러 범죄구성요건을 실현한 경우를 접하게 된다. 이는 1개의 행위에 의해 동시에 실현되었을 수도 있고(예:폭탄을 던져 수십 명의 사상자를 낸 경우) 또는 여러 행위에 의해 시간상 순차적으로 행하여졌을 가능성도 있다(예:절도범이 하룻밤에 여러 번에 걸쳐 물건을 훔친 경우). 이와 같이 행위자의 행위가 단수인가 복수인가에 따라 이에 대한 법적 취급이 달라진다. 죄수론이란 이를 일컫는 용어이다.

　범죄행위가 단일행위로 인정되며 또한 법조경합의 관계에 있지 않다면 이는 상상적 경합이 된다. 범죄행위가 단일행위로 인정되는 경우란 본래 단일행위인 경우뿐만 아니라 법률적 의미에서 단일행위로 보는 경우도 있다(소위 포괄일죄). 후자의 경우에 해당하는 것으로는 계속범(예:감금죄), 결합범(예:강도죄), 연속범(예:동일구성요건을 동일한 법익주체에 대하여 연속하여 실현시킨 경우)이 있다. 그리고 법조경합이란 한 개 또는 여러 개의 행위가 외관상으로는 수개의 구성요건에 해당하지만 이중평가금지의 원칙에 의해 실제로는 단일의 구성요건에 해당되는 단순일죄가 되는 것을 말한다. 이러한 유형으로는 특별관계와 보충관계, 흡수관계가 있다. 또한 형법은 "1개의 행위가 수개의 죄에 해당하는 경우에는 가장 중한 죄에 정한 형으로 처벌한다"(제40조)고 하여 **상상적 경합범**을 규정하고 있다.

　범죄행위가 다수행위로 평가되면 이것이 불가벌적인 사전 혹은 사후행위인가의 여부를 판단하여 부정되는 경우에 이를 실체적 경합이라고 한다. 실체적 경합은 수죄에 해당하는 다수행위가 기초가 된다는 점에서 단일행위를 전제로 하는 상상적 경합과 다르다. 실체적 경합의 경우에는 수죄가 성립하기 때문에 이론상 형을 병과하여야 한다. 그러나 이는 불합리한 중형의 결과를 낳기 때문에 이를 피하기 위하여 가중주의(제38조 1항 1호)를 원칙으로 하고 흡수주의(동조 1항 1호) 및 병과(동조 1항 3호)를 병용하고 있다.

Ⅸ. 형벌론

　범죄행위에 대한 형사제재로서의 형벌은 해악을 내용으로 하는 국가적 강제수단이다. 형벌의 본질은 법익침해적인 범죄행위에 대한 사회적·공적인 반가치판단이라고 할 수 있다. 형법이 규정하고 있는 형벌의 종류에는 **사형, 징역, 금고, 자격상실, 자격정지, 벌금, 구류, 과료, 몰수**의 9종이 있다(제41조). 몰수형의 부가성을 인정하고 있는 것(제49조) 외에는 주형과 부가형의 구별을 폐지하였다.

　사형을 규정하고 있는 형법상의 범죄로는 내란죄(제87조), 내란목적살인죄(제88조), 외환유치죄(제92조), 여적죄(제93조), 모병이적죄(제94조), 시설제공이적죄(제95조), 시설파괴이적죄(제96조), 간첩죄(제98조), 폭발물사용죄(제119조 1항·2항),

현주건조물방화치사죄(제164조 2항), 살인죄(제250조), 강간살인죄(제301조의 2), 인질살해죄(제324조의 4), 강도살인죄(제338조), 해상강도살인·치사·강간죄(제340조 3항)가 있다. 특별법에서는 국가보안법에서 반국가단체구성죄(제3조), 목적수행죄(제4조), 자진지원·금품수수죄(제5조), 잠입·탈출죄(제6조), 그리고 특수가중(제13조)의 경우가 있다. 「폭력행위 등 처벌에 관한 법률」에는 범죄단체조직죄(제4조), 「특정범죄가중처벌 등에 관한 법률」에는 약취·유인죄(제5조의2), 도주차량운전자(제5조의3), 상습강도(제5조의4), 강도상해 및 강도강간의 재범(제5조의5), 통화위조(제10조), 마약법위반(제11조) 등을 가중처벌하고 있다. 이외에도 「성폭력범죄의 처벌 등에 관한 특례법」(제9조), 「보건범죄 단속에 관한 특별조치법」(제2조, 제3조)등에서 사형을 규정하고 있다.

사형제도에 관하여는 **폐지론**과 **존치론**이 대립되어 있다. 사형제도를 폐지할 것인가의 문제는 당위론의 문제와 현실론의 문제로 구분하여 생각하여야 한다. 사형제도가 인간생명을 말살한다는 점에 대해서는 그 방법의 잔인성이 문제되며, 또한 가해자이든 피해자이든 그로 인한 인간존엄성의 상실이라는 측면을 부인할 수 없다. 그러므로 장기적으로는 사형이 폐지되는 사회를 지향하여야 함은 당연하다. 그러나 형사정책적 측면에서 우리는 그 사회가 처한 현실에 주목하여야 한다. 아직도 세계의 많은 국가에서 사형제도를 두고 있고 또한 사형을 오랫동안 집행하지 않아 이미 사문화되었다고 주장하지만 그래도 여전히 사형제도를 폐지하지 않고 있는 점을 생각할 때 사형제도가 갖는 범죄예방적 기능과 사회일반의 범죄 및 형벌에 대한 경각심 고취라는 측면에서 그 순기능을 인정하는 견해 역시 적지 않다. 뿐만 아니라 사형제도를 폐지한 국가에서 최근에 다시 사형제도부활이 논의되고 있는 사실은 시사하는 바가 크다. 그렇기 때문에 우선 사형제도가 갖는 부작용의 제거에 관심을 가져야 한다고 본다. 정적에 대한 적용이나 오판에 의한 사형의 선고가 그 예이다. 이러한 관점에서 정치범에 대한 사형은 폐지되어야 하며 또한 사형범죄의 수를 과감하게 축소하여야 할 것이다.

징역은 수형자를 교도소 내에 구치하여 정역에 복무하게 하는 형벌이다. 이에는 유기와 무기의 두 종류가 있다. **유기징역**은 1개월 이상 30년 이하의 기간이며, 가중하는 경우에는 50년까지 가능하다(제42조). **무기징역**은 20년, 유기는 형기의 3분의 1을 경과한 후 행정처분으로 가석방을 할 수 있다(제72조 제1항). 가석방의 기간은 무기형은 10년으로 하고 유기형에 있어서는 남은 형기로 하되, 그 기간은 10년을 초과할 수 없다.

금고는 수형자를 교도소 내에 구치하여 자유를 박탈하는 것을 내용으로 하는 것을 내용으로 하는 형벌이며(제68조), 징역에 종사하게 하지 않는 점에서 징역과 구별된다. 그러나 수형자의 신청이 있으면 작업을 하도록 할 수 있다.

구류는 1일 이상 30일 미만의 기간 동안 수형자를 구치소 내에 구치하는 자유형의 일종이다(제46조). 형법상 규류가 규정되어 있는 죄로는 공연음란죄(제245조), 폭행죄(제260조), 과실치상죄(제266조), 협박죄(제283조) 등이 있다. 그 밖에 경범죄처벌법이나 단행법규에 구류가 규정되어 있다.

벌금은 5만원 이상으로 하며, 감경하는 경우에는 5만원 미만으로 할 수 있다(제45조). 벌금은 판결확정일로부터 30일 이내에 납입하여야 하며, 벌금을 납입하지 아니한 자는 1일 이상 3년 이하의 기간 노역장에 유치할 수 있으며, 작업에 복무하게 한다(제69조). **과료**는 벌금형과 마찬가지로 재산형의 일종으로서 금액(2천원 이상 5만원 미만)과 그에 따른 노역장유치기간(1일 이상 30일 미만)에서 차이가 날 뿐이다.

몰수라 함은 범죄의 반복을 막거나 범죄로부터 이득을 얻지 못하게 할 목적으로 범죄행위와 관련된 재산을 박탈하는 것을 내용으로 하는 재산형이다. 뇌물죄 등과 같은 특정공무원범죄를 범한 자가 그 범죄행위를 통하여 취득한 불법수익 등을 추적·환수하기 위하여 몰수 등에 관한 특례를 규정한 「공무원범죄에 관한 몰수특례법」이 있다. **추징은 몰수의 대상인 물건을 몰수하기 불가능한 경우에 몰수에 갈음하여 가액의 납부를 명하는 사법처분**이다(제48조 제2항).

자격상실은 별도의 선고형이 아니라 형벌선고에 따른 부대적 효력이다. 즉 사형·무기징역 또는 무기금고의 판결을 받으면 공무원이 되는 자격, 공무원의 선거권과 피선거권, 법률로 요건을 정한 공법상의 업무에 관한 자격, 법인의 이사·감사 또는 지배인 기타 법인의 업무에 관한 검사역이나 재산관리인이 되는 자격이 없다. 자격정지는 일정한 기간 동안 자격의 전부 또는 일부를 정지시키는 것을 말한다. 자격정지는 선택형 또는 병과형으로 되어 있으며, 일정한 형의 판결을 받은 자에게 당연히 정지되는 당연정지와 판결의 선고에 의하여 자격이 정지되는 경우가 있다.

그 밖에 형법은 형의 **집행유예**(제62조), **선고유예**(제59조) 그리고 **가석방**제도(제

72조, 76조)를 두고 있다. 집행유예란 선고한 형(3년 이하의 징역 또는 금고형을 선고할 경우)의 집행을 일정기간 유예하고 이 유예기간이 경과하면 형의 선고효력을 잃게 하는 제도이다. 가석방은 징역 또는 금고의 집행 중에 있는 자가 개전의 정이 현저하다고 인정하는 때에 형기만료 전에 조건부로 수형자를 석방하고 일정한 기간이 경과한 때에는 형집행이 종료된 것으로 간주하는 제도를 말한다(제72조, 제76조).

그리고 형법상의 보안처분으로 **선고유예, 집행유예, 가석방의 경우**에 **보호관찰**을 할 수 있음을 규정하고 있다(제59조의2, 제62조의2, 제73조의2 제2항). 또한 집행유예의 경우에는 **보호관찰 이외에 사회봉사명령, 수강명령을 부과**할 수 있다(제62조의2 제1항). 보호관찰대상자에 대하여는 「**보호관찰 등에 관한 법률**」에 규정되어 있으며, 내란·외환의 죄나 국가보안법위반사범에 대하여 적용되는 「**보안관찰법**」, 심신장애 상태, 마약류·알코올이나 그 밖의 약물중독 상태, 정신성적 장애가 있는 상태 등에서 등 범죄행위를 한 자로서 재범의 위험이 있고 특수한 교육·개선 및 치료가 필요하다고 인정되는 자에 대하여 적용되는 '**치료감호법**' 등이 있다.

X. 개별범죄

범죄는 보호법익에 따라 개인적 법익, 사회적 법익, 국가적 법익에 대한 죄로 나눌 수 있다. 이를 살펴보면 다음과 같다.

1. 개인적 법익에 대한 죄

형법에서 개인적 법익을 보호하는 범죄로는 크게 생명과 신체에 대한 죄, 자유에 대한 죄, 명예와 신용에 대한 죄, 사생활의 평온에 대한 죄, 재산에 대한 죄로 나누어 규정되어 있다.

(1) 생명과 신체에 대한 죄

살인죄(제250조)로 대표되는 생명·신체에 대한 범죄는 그 밖에 동양적 사상의 표현으로서 존속살해죄(제250조 제2항)를 두고 있고 상해와 폭행의 죄(제25장), 과실치사상의 죄(제26장), 낙태의 죄(제27장) 및 유기와 학대의 죄(제28장)가 있다.

살인죄와 관련해서는 현대의학에 의해 활발해지는 안락사의 문제, 그리고 장기이식의 문제와 관련된 사망의 시점에 관하여 논의되고 있다.

안락사는 고통을 덜어 주기 위해서 죽음에 임박한 환자의 생명을 단축시켜 사망하게 하는 것을 말한다. 이에는 **간접적·적극적·소극적 안락사**가 있다. 그러나 현행법상 적극적인 생명단축을 목적으로 하는 적극적 안락사는 인정할 수 없다. 사망의 시점과 관련해서는 의학계 등에서 뇌사시점으로 하여야 한다는 주장이 강력히 제기되고 있다. 그러나 실무계에서는 여전히 **맥박종지설의 입장**에 서 있다고 볼 수 있다. 죽음에 대한 정서, 법률적 문제점, 종교적 믿음 등의 문제가 있기 때문에 인간의 생명에 관한 시각변화가 뒤따르지 않는 한 뇌사설을 취하기는 어려운 문제라고 본다. 동시에 의료행위에 관한 신뢰감의 상실도 뇌사설을 받아들이는 데에 장애요인이다. 관련 법률로 **"뇌사 등 이식에 관한 법률"**이 있다.

《 **관련사례** 》

(문) 안락사와 존엄사

(답) 안락사란 격렬한 고통에 허덕이는 불치의 환자에게 그 고통을 제거 또는 감경하기 위하여 그를 살해하는 것을 의미한다. 안락사는 아직 우리나라에서는 법적으로 인정되지 않고 있기 때문에 처벌에 대해 논란이 있다.

학계에서는 1) 환자가 불치의 질병으로 죽을 때가 임박하였고, 2) 환자의 고통이 차마 볼 수 없을 정도로 극심하며, 3) 환자의 고통을 제거 또는 완화하기 위한 것이고, 4) 환자의 진지한 부탁이나 승낙이 있고, 5) 원칙적으로 의사에 의하여 시행되고 그 방법이 윤리적으로 정당하다고 인정되는 등 조건이 충족되는 경우에는 안락사가 정당행위로서 위법성이 조각된다고 하지만, 현행법상으로는 위법성조각이 인정되기 어렵고 형법 제250조의 살인죄나 제252조의 촉탁, 승낙 살인죄가 성립하게 된다.

존엄사란 죽음에 직면한 환자가 품위 있는 죽음을 맞도록 하기 위하여 생명유지장치를 제거하는 것을 의미한다. 이를 소극적안락사의 일종으로 보는 견해도 있다.

「호스피스·완화의료 및 임종과정에 있는 환자의 연명의료결정에 관한 법률」은 환자가 소생할 가능성이 없고, 사망에 임박한 임종과정에 있는 경우 환자의 결정이나 가족의 진술에 의하여 치료효과 없이 임종과정의 기간만을 연장하는 연명의료를 중단할 수 있으며, 임종과정의 환자가 아니더라도 만 19세 이상이면 '사전연명의료의향서'를 작성할 수 있도록 규정하고 있다.

존속살해죄는 형량의 과중함 때문에 위헌성의 문제와 함께 보통살인죄에 의해서도 그 의도하는 바를 달성할 수 있다는 관점에서 문제시되었으나 개정형법에서는 사형, 무기징역 이외에 7년 이상의 징역형을 추가함으로써 양형상의 경직성을 어느 정도 해소하였다. 촉탁·승낙에 의한 살인죄(제252조)는 사람의 촉탁 또는 승낙을 받아 그를 살해한 자(동조 제1항)를 처벌할 뿐만 아니라 사람을 교사 또는 방조하여 자살하게 한 자(동조 제2항)를 처벌하고 있다.

상해죄(제257조 제1항)는 사람의 신체를 상해함으로써 성립하는 범죄로서, 상해의 의미에 관하여는 신체의 완전성에 대한 침해라는 견해, 생리적 기능의 훼손이라는 견해와 절충적 견해가 있지만 폭행죄와의 구별상 신체의 생리적 기능에 장애를 가져오는 것으로 이해하는 것이 타당하다. 자상행위는「병역법」(제86조)에서처럼 예외적 규정이 없는 한 처벌되지 않는다. 직계존속을 상해한 경우(제257조 제2항), 상해로 인하여 생명에 대한 위험을 발생하거나 불구 또는 불치나 난치의 질병에 이르게 한 경우(제258조)와 사람을 상해하여 사망케 한 경우(제259조)에는 가중처벌된다. 상해죄의 경우에는 동시범에 대한 특례가 인정되고 있다(제263조). 즉 두 사람 이상이 의사의 연락없이 개별적으로 동시에 죄를 범한 경우에는 동시범이라 하여 각자가 자기의 행위에 대해서만 책임을 지며 원인된 행위가 판명되지 않으면 미수범으로 처벌되는 것이 원칙이지만(독립행위의 경합, 제19조), 상해의 결과가 발생한 경우에는 공동정범으로 처벌된다. 그 법적 성질에 관하여는 ① 거증책임전환설, ② 법률상 추정설, ③ 이원설 등의 견해가 대립되고 있다. 한편 판례는 이러한 특례규정을 폭행치사, 상해치사의 경우에도 적용하지만, 강간치사, 강도치상의 경우에는 적용되지 않는다.

폭행죄(제260조 이하)는 사람의 신체에 대하여 폭행을 가하는 범죄이다. 형법상 폭행의 개념에 대해서는 ① 최광의의 폭행, ② 광의의 폭행, ③ 협의의 폭행, ④ 최협의의 폭행 등이 있다. 폭행죄에서의 폭행은 협의의 폭행, 즉 사람의 신체에 대한 유형력의 행사를 말한다. 단순폭행죄(제260조 제1항)와 존속폭행죄(동조 제2항)는 피해자의 명시한 의사에 반하여 공소를 제기할 수 없다(반의사불벌죄). 단체 또는 다중의 위력을 보이거나 위험한 물건을 휴대하여 폭행을 한 경우(특수폭행죄, 제261조), 폭행죄를 범하여 사람을 사상에 이르게 하거나(폭행치사상죄, 제262조), 상습으로 폭행한 경우(상습폭행죄, 제264조)에는 가중처벌된다.

과실로 사람의 신체를 상해하면 **과실치상죄**(제266조)가 성립하며 반의사불벌죄이다. 과실로 사망에 이르게 하면 **과실치사죄**(제267조)로 처벌된다. 업무상 과실 또는 중대한 과실로 사람을 상해에 이르게 하거나 사망하게 한 경우에는 업무상 과실·**중과실치사상죄**가 성립한다(제268조). 형법상 '업무'란 사람이 사회생활상의 지위에 기하여 계속하여 행하는 사무로서 반복·계속의 의사 또는 사실이 있는 한 그 사무에 대한 각별한 경험이나 법규상의 면허를 필요로 하지 아니한다. 형법상 업무의 기능으로서는 ① 과실범에서의 업무(가중적 구성요건요소), ② 신분범의 요소로서의 업무(구성요건요소), ③ 보호법익으로서의 업무, ④ 행위의 태양으로서의 업무(구성요건요소) 등이 있다.

도로교통과 관련하여 자동차운전자는 사고방지의무가 있지만 신뢰의 원칙을 적용하여 주의의무의 범위를 제한하는 것이 판례이다. 신뢰의 원칙이란 교통규칙을 준수하는 운전자는 상대방도 교통규칙을 준수하리라는 것을 믿으면 족하며, 상대방이 교통규칙을 위반한 경우까지 예상하여 이에 대한 방어조치를 취할 의무는 없다는 원칙을 말한다. 한편 자동차운전자가 업무상 과실치사상죄를 범한 경우에는 형법이 아니라 "**교통사고처리특례법**" 제3조가 적용된다. 그 밖에 의사의 주의의무와 관련된 의료과실이 문제되고 있다.

형법상의 **낙태죄**(제269조 이하)는 「모자보건법」에 의해 그 예외가 인정되어 있다. 내용을 살펴보면 ① 본인 또는 배우자가 우생학적 또는 유전학적 정신장애나 신체질환이 있는 경우, ② 본인 또는 배우자가 전염성질환이 있는 경우, ③ 강간 또는 준강간에 의하여 임신된 경우, ④ 법률상 혼인할 수 없는 혈족 또는 인척간에 임신된 경우, ⑤ 임신의 지속이 보건의학적 이유로 모체의 건강을 심히 해하고 있거나 해할 우려가 있는 경우에는 본인과 배우자의 동의를 얻어 인공임신중절을 할 수 있다(동법 제14조). 그러나 한국사회에서의 낙태는 사실상 형법뿐만 아니라 모자보건법상의 허용요건도 거의 무의미하게 할 정도로 일반화되어 있다. 사망의 시점에 관한 뇌사설부인의 입장과 낙태의 성행은 인간생명에 관한 모순적 시각 내지는 이중기준을 드러낸 것이라고 보지 않을 수 없다.

유기죄(제271조 이하)는 노유·질병 기타 사정으로 인하여 부조를 요하는 자를 보호할 법률상 또는 계약상 의무 있는 자가 유기 한 때에 처벌하며, 직계존속을 유기한 때에는 형을 가중한다. 본죄의 주체를 이와 같은 의무있는 자에서 독일형법 제

323조 c(구조불이행죄) — 소위 선한 사마리아인 규정 — 와 같이 확대하자는 주장이 있다. 현대사회가 이기주의적 경향의 확산으로 인하여 점점 공동체적 유대감이 희박해져 가고 있는 것을 볼 때 공동체의식의 강화라는 측면에서 고려해 볼 규정이라고 본다.

(2) 자유에 대한 죄

개인의 자유침해에 대한 대표적인 구성요건으로는 협박죄(제283조 1항), 강요죄(제324조)와 체포·감금죄(제276조 1항), 약취·유인죄(제287조), 정조에 관한 죄로서 강간죄(제297조)와 유사강간죄(제297조의2) 및 강제추행죄(제298조), 준강간·강제추행죄(제299조), 미성년자 또는 심신미약자에 대한 간음·추행죄(I제302조), 미성년자의제강간·강제추행죄(제305조) 등이 있다.

협박죄는 사람에 대하여 해악을 고지함으로써 상대방에게 공포심을 일으키게 하는 범죄이다. 해악의 고지내용으로는 생명·신체뿐만 아니라 자유·명예·재산·정조·신용 등 일체의 것을 포함한다. 자기 또는 배우자의 직계존속에 대한 경우에는 가중처벌한다(존속협박죄 제283조 제2항).

강요죄는 폭행 또는 협박으로 사람의 권리행사를 방해하거나 의무 없는 일을 하게 함으로써 성립하는 범죄이다. 사람의 의사결정의 자유를 보호법익으로 하는 죄이다.

《 관련사례 》

(문) 만나기 싫은 사람이 쫓아와서 대문을 잠가 놓았는데, 대문을 열지 않으면 '죽여버리겠다' 소리치고 대문을 열라고 대문을 여러 번 찼는데, 그 사람은 폭행죄로 처벌되는가?

(답) 폭행죄는 성립하지 않는다. 그러나 협박죄나 재물손괴죄는 성립할 수 있다. 대문을 열어주지 않으면 죽여버리겠다고 소리친 행위는 집안에 있는 사람에게 해악을 고지하여 공포심를 느끼게 했으므로 **협박죄에 해당한다.** 또한 잠가 놓은 대문을 수회 발로 찬 행위는 **재물손괴죄에 해당**할 수 있다.
그러나 폭행죄는 사람의 신체에 대한 직접적인 유형력의 행사가 있어야 하므로 대문을 발로 수회 찼다고 하여 폭행죄가 성립하지는 않는다.

체포·감금죄는 사람을 체포·감금함으로써 신체의 자유를 침해하는 범죄이다. 이는 소위 계속범으로서 체포·감금상태가 종료될 때까지 범죄행위는 계속되는 것이다. 직계존속에 대한 경우에는 가중처벌한다. 또한 사람을 체포·감금하여 육체적·정신적으로 고통을 주는 일체의 행위를 한 자는 가중처벌한다.

미성년자를 약취·유인한 자는 10년 이하의 징역에 처한다(제287조). 그리고 추행, 간음 또는 영리, 추업의 목적으로 사람을 약취 또는 유인한 자는 1년 이상의 유기징역에 처한다. **약취**는 폭행·협박을 수단으로 피해자의 의사에 반하여 사람을 현재의 보호상태로부터 이탈시켜 자기 또는 제3자의 실질적 지배에 옮기는 것을 말한다. **유인**이란 기망·유혹의 수단으로 사람을 자기 또는 제3자의 실력적 지배에 두는 것을 말한다.

《 관련사례 》

(문) 甲이 乙을 차에 태워 교외로 끌고 가서 강간하려했지만 실패하였다. 乙은 차에서 내리고 싶었지만 주행 중이므로 내릴 수 없었다. 甲은 어떤 죄가 성립하는가?

(답) **강간미수죄가 성립함은 물론이고, 별도로 감금죄가 성립**한다. 자동차에서 내릴 수 없는 상황을 이용하여 강간하려고 자동차에 태운 경우 별도로 감금죄가 성립한다. 주행 중인 자동차에서 탈출을 불가능하게 하여 강간하려다 실패한 경우라면 강간미수죄와 함께 감금죄도 성립하는 것이다. 즉 자동차에서 내리지 못하도록 계속 주행함으로써 감금죄의 시간적 계속성이 인정된다. 한편 선녀와 나무꾼에서의 나무꾼처럼 목욕 중인 여자의 옷을 숨겨 나오지 못하게 하는 것도 **감금죄에 해당한다.**

강간죄는 폭행·협박으로 사람을 강간함으로써 성립한다. 종래에는 친고죄이고 여성만이 행위대상이었으나 개정되어 남녀를 불문하고 강간죄의 행위주체와 객체가 가능하다. 특별형법인 「성폭력범죄의 처벌 등에 관한 특례법」 제4조(특수강간)에 따라 위험한 물건을 휴대하거나 2인 이상이 하는 강간의 경우(소위 윤간)에는 무기 또는 5년 이상의 징역에 처하도록 하여 가중 처벌하고 있다.

유사강간죄란 폭행 또는 협박으로 사람에 대하여 구강, 항문 등 신체(성기는 제외한다)의 내부에 성기를 넣거나 성기, 항문에 손가락 등 신체(성기는 제외한다)의 일부 또는 도구를 넣는 행위를 한 경우에 성립하는 범죄이다. **준강간죄와 준강제추**

행죄는 상대방의 심신상실상태나 항거불능의 상태를 이용하여 강간 또는 추행을 한 경우에 성립하며 강간죄나 강제추행죄와 동일하게 처벌된다. 여기에서 **추행**이라 함은 **일반인에게 성적 수치감과 혐오감을 일으키게 하는 일체의 행위**를 말한다.

미성년자·심신미약자에 대한 간음죄는 이들에 대하여 위계 또는 위력으로써 간음 또는 추행을 한 경우에 성립한다. 19세 미만의 자에 대해서 성립하나 13세 미만의 자에 대해서는 의제강간·의제강제추행죄가 성립하고 본죄는 성립하지 않는다. 즉 13세 미만의 사람을 간음하거나 추행을 한 자에게는 행위방법 여하를 묻지 않고 강간죄나 강제추행죄, 강간·강제추행치사상죄(제301조)를 적용하게 된다. 혼인빙자간음죄는 위헌결정으로 폐지되었다.

(3) 명예와 신용에 대한 죄

명예에 관한 죄의 구성요건은 명예훼손죄(제307조), 사자의 명예훼손죄(제308조), 출판물에 의한 명예훼손죄를 제외하고는 모두 공연성을 요구하고 있다. 공연성과 관련하여 대법원은 소위 전파성의 이론을 취하고 있다. 전파성의 이론이란 사실을 적시한 상대방이 특정한 한 사람인 경우라 하더라도 그 말을 들은 사람이 불특정 또는 다수인에게 이를 전파할 가능성이 있는 때에는 공연성을 인정하는 입장을 의미한다. 이에 대하여는 공연성의 범위를 너무 확대한다는 비판이 가해지고 있다.

여기에서 **명예**라 함은 **사람의 인격적 가치에 대한 사회적 평가**를 의미한다(외부적 명예). 명예훼손죄는 사실을 적시하든 허위의 사실을 적시하든 형량의 차이가 있을 뿐 모두 처벌된다. 사실을 적시한다는 것은 특정인(법인 포함)의 사회적 평가를 저하시킬 가능성이 있는 어느 정도 구체적인 사실을 표시함을 의미한다.

그러나 제310조는 "제307조 제1항의 행위가 진실한 사실로서 오로지 공공의 이익에 관한 때에는 처벌하지 아니한다"고 하여 위법성조각사유를 인정하고 있다. 이는 헌법상 보장된 언론의 자유(제21조)와 개인의 명예보호가 충돌할 경우 이를 해결하기 위한 규정이다. 제310조가 형사재판에서 검사의 거증책임(입증책임)을 피고인에게 전환한 것인가에 대해서는 긍정설과 부정설이 있다.

모욕이라 함은 구체적인 사실의 적시 없이 단순히 사람에 대한 사회적 평가를 저하시킬 만한 추상적인 경멸의 표시를 말한다.

사자에 대한 명예훼손죄는 허위의 사실을 적시한 경우에만 성립한다. 진실한 역사적 서술은 처벌대상으로 삼을 수 없기 때문이다. 명예훼손죄보다 가중처벌되는 출판물 등에 의한 명예훼손죄는 사람을 비방할 목적이 있어야 한다. 허위이거나 사실이거나를 불문하고 성립한다.

《 관련사례 》

(문) "아무것도 아닌 똥꼬다리 같은 놈이 들어와서 잘 운영되어 가는 어촌계를 파괴하려는데 주민들은 이에 동조 현혹되지 말라"고 마을에 방송을 하였다면, 명예훼손죄가 성립하는가?

(답) 명예훼손죄는 성립하지 않지만, 모욕죄는 성립할 수 있다.
명예훼손죄가 성립하기 위해서는 사실을 알리는 것이어야 하고, 그 사실은 피해자의 사회적 가치 내지 평가가 침해될 가능성이 있을 정도로 구체성을 띄어야 하므로 단지 모욕적 언사를 사용하는 것은 **모욕죄에 해당**할 뿐 명예훼손죄에 해당하지는 않는다.
'아무것도 아닌 똥꼬다리 같은 놈'이라는 구절은 모욕적인 언사이긴 하나 구체적인 사실을 알리는 것이라 볼 수 없고, '잘 운영되어 가는 어촌계를 파괴하려 한다'는 구절 또한 어느 구체적인 사실을 알리는 것이라 볼 수 없으므로 결국 이는 **명예훼손죄에 해당하지 않는다.**

(문) 친구한테 교수의 비리를 말한 경우에도 명예훼손죄로 처벌받는가?

(답) 명예훼손죄가 성립할 수도 있다. 친구에게만 얘기했다 하더라도 그 친구가 **불특정 또는 다수인에게 전파할 가능성이 있으면 명예훼손죄가 성립**한다. 예를 들어 동네 사람 한 명에게만 옆집 여자에 대한 간통사실을 말한 경우에도 명예훼손죄가 성립되는데, 이를 공연성이라 한다. 공연성은 **불특정 또는 다수인이 알 수 있는 상태**를 의미하므로, 비록 한 명에게만 알리더라도 이로부터 불특정 또는 다수인에게 전파될 가능성이 있다면 공연성의 요건이 충족된다.
그러나 이와 달리 비밀이 보장되거나 다른 사람에게 전파될 가능성이 없는 경우에는 소수의 특정된 사람에게 알리더라도 **공연성이 없는 것이므로 명예훼손죄가 성립하지 않는다.** 판례는 교사에 대해 "전과범으로서 교사직을 팔아가며 이웃을 해치고 고발을 일삼는 악덕교사"라는 취지의 진정서를 그가 근무하는 학교법인 이사장 앞으로 제출한 경우에는 이사장이 다른 사람에게 말할 가능성이 없으므로 공연성이 인정되지 않아 명예훼손죄가 성립하지 않는다고 판시한 바 있다.

명예훼손이나 모욕과 관련하여 최근 가장 이슈가 되고 있는 것은 소통의 중요한 수단으로 자리 잡은 인터넷 등 정보통신망을 이용한 **사이버명예훼손(모욕)**에 대한 문제라고 할 수 있다. 사이버명예훼손의 경우 익명성, 지속성, 통제의 어려움 등과 같은 인터넷의 특성으로 인하여 그 파급효과가 다른 방법들에 비해 즉각적이고 광범위하게 나타나기 때문에 문제의 심각성이 날로 부각되고 있다. 이러한 이유로 사이버공간에서의 인권침해에 대한 형사규제의 범위와 강도를 높여야 한다는 주장과 헌법상 개인의 표현의 자유를 보장해줘야 한다는 주장이 강하게 충돌하고 있는 실정이다.

현재 사이버공간에서의 명예훼손 행위에 대한 규제 법률로는 "사람을 비방할 목적으로 정보통신망을 통하여 공공연하게 사실 또는 거짓의 사실을 드러내어 다른 사람의 명예를 훼손한 사람"에 대한 벌칙 규정을 두고 있는 「정보통신망 이용촉진 및 정보보호 등에 관한 법률」 제70조가 있다. 그러나 "사이버 모욕행위"나 "사이버 사자명예훼손행위"에 대한 처벌규정이 없어 이에 대한 문제의 소지가 있으며 향후 개선되어야 할 부분이다.

헌법상의 표현의 자유는 절대적 자유가 아니라 일정한 법률의 제한 속에서 보장되는 기본권임을 상기할 때 사이버상에서의 타인에 대한 기본권의 침해행위에 대한 새로운 입법작업은 반드시 필요할 것으로 보인다.

─────────── 《 **관련사례** 》 ───────────

(문) 甲 운영의 산후조리원을 이용한 乙이 9회에 걸쳐 임신, 육아 등과 관련한 유명 인터넷 카페나 자신의 블로그 등에 자신이 직접 겪은 불편사항 등을 후기 형태로 게시하였다. 그러자 甲이 乙을 자신의 명예를 훼손하였다는 내용으로 「정보통신망 이용촉진 및 정보보호 등에 관한 법률」 위반으로 고소하면서 동시에 이로 인한 손해배상을 청구하였다. 乙의 행위는 사이버명예훼손죄에 해당하는가?

(답) 乙이 인터넷 카페 게시판 등에 올린 글은 자신이 산후조리원을 실제 이용하면서 겪은 일과 이에 대한 주관적 평가를 담은 이용 후기인 점, 위 글에 '甲의 막장 대응' 등과 같이 다소 과장된 표현이 사용되기도 하였으나, 인터넷 게시글에 적시된 주요 내용은 객관적 사실에 부합하는 점, 乙이 게시한 글의 공표 상대방은 인터넷 카페 회원이나 산후조리원 정보를 검색하는 인터넷 사용자들에 한정되고 그렇지 않은 인터넷 사용자들에게 무분별하게 노출되는 것이라고 보기 어려운 점 등의 제반 사정에 비추어 볼 때, 乙이 적시한 사실은 산후조리원에 대한 정보를 구하고자 하는

임산부의 의사결정에 도움이 되는 정보 및 의견 제공이라는 **공공의 이익에 관한 것**이라고 봄이 타당하고, 이처럼 乙의 주요한 동기나 목적이 공공의 이익을 위한 것이라면 부수적으로 산후조리원 이용대금 환불과 같은 다른 사익적 목적이나 동기가 내포되어 있다는 사정만으로 乙에게 甲을 비방할 목적이 있었다고 보기 어렵다(대법원 2012. 11. 29. 선고, 2012도10392 판결).

따라서 乙이 인터넷에 甲이 운영하는 산후조리원에 대해 글을 게재한 것은 명예훼손행위에 해당하지 않기 때문에 乙은 甲에 대하여 손해배상의 책임이 없다.

(문) 乙은 인터넷 포털사이트의 연예인인 피해자 甲에 대한 기사란에 그녀가 재벌과 사이에 아이를 낳거나 아이를 낳아준 대가로 수십억 원을 받은 사실이 없음에도 불구하고, 그러한 사실이 있는 것처럼 댓글이 붙어 있던 상황에서, 추가로 "지고지순의 뜻이 뭔지나 아니? 모 재벌님하고의 관계는 끝났나?"라는 내용의 댓글을 게시하였다. 甲은 乙를 「정보통신망 이용촉진 및 정보보호 등에 관한 법률(명예훼손)」 죄로 고소하겠다고 하는데, 특정 연예인에 대한 기사에 댓글을 게재한 경우에도 처벌을 받게 되는가?

(답) 「정보통신망 이용촉진 및 정보보호 등에 관한 법률」 제70조 제2항은 사람을 비방할 목적으로 정보통신망을 통하여 공공연하게 거짓의 사실을 드러내어 다른 사람의 명예를 훼손한 자는 7년 이하의 징역, 10년 이하의 자격정지 또는 5천만원 이하의 벌금에 처한다고 규정하고 있다. 「정보통신망 이용촉진 및 정보보호 등에 관한 법률」 제70조 제2항에 규정된 정보통신망을 이용한 명예훼손죄에 있어서의 사실의 적시란 반드시 사실을 직접적으로 표현한 경우에 한정할 것은 아니고, 간접적이고 우회적인 표현에 의하더라도 그 표현의 전 취지에 비추어 그와 같은 사실의 존재를 암시하고, 또 이로써 특정인의 사회적 가치 내지 평가가 침해될 가능성이 있을 정도의 구체성이 있으면 족한 것인데(대법원 2003. 1. 24. 선고 2000다37647 판결), 위와 같은 댓글이 이루어진 장소, 시기와 상황, 그 표현의 전 취지 등을 위 법리에 비추어 보면, 乙의 행위는 간접적이고 우회적인 표현을 통하여 허위 사실의 존재를 구체적으로 암시하는 방법으로 사실을 적시한 경우에 해당한다. 그리고 「정보통신망 이용촉진 및 정보보호 등에 관한 법률」 제70조 제2항 위반죄에 있어서 **공연성**이란 불특정 또는 다수인이 인식할 수 있는 상태를 의미하는 것인바(대법원 2008. 2. 14. 선고 2007도8155 판결), 적시된 사실이 이미 사회의 일부에서 다루어진 소문이라고 하더라도 이를 적시하여 사람의 사회적 평가를 저하시킬 만한 행위를 한 때에는 명예훼손에 해당한다 할 것이고(대법원 1994. 4. 12. 선고 93도3535 판결), 乙이 게시한 댓글은 해당 인터넷 포털사이트를 이용하는 불특정 다수의 이용자들이 쉽게 그 내용을 확인할 수 있는 것이었음을 알 수 있으므로, 乙이 인터넷 포털사이트의 기사란에 댓글을 게재한 행위는 당연히 공연성이

있다고 볼 수 있다.

또한 「정보통신망 이용촉진 및 정보보호 등에 관한 법률」 제70조 제2항 위반죄에 규정된 '**사람을 비방할 목적**'이란 가해의 의사 내지 목적을 요하는 것으로서, 사람을 비방할 목적이 있는지 여부는 당해 적시 사실의 내용과 성질, 당해 사실의 공표가 이루어진 상대방의 범위, 그 표현의 방법 등 그 표현 자체에 관한 제반 사정을 감안함과 동시에 그 표현에 의하여 훼손되거나 훼손될 수 있는 명예의 침해 정도 등을 비교, 고려하여 결정하여야 하는 것이고(대법원 2006. 8. 25. 선고 2006도648 판결), 乙이 떠도는 소문만 듣고 그 진위를 확인하지도 아니한 채 인터넷을 통하여 피해자의 명예를 심각하게 훼손하는 내용의 댓글을 단 이상, 乙에게 비방의 목적이나 명예훼손의 고의가 없었다고 할 수는 없다(대법원 2008. 7. 10. 선고 2008도2422 판결).

따라서, 乙에게는 사이버명예훼손죄가 성립하게 된다.

신용에 대한 죄로는 **신용훼손죄(제313조)와 업무방해죄(제314조)**가 있다. **신용훼손죄**는 허위의 사실을 유포하거나 기타 위계로써 사람의 신용을 훼손한 경우에 성립한다. 신용은 사람의 경제적 활동에 대한 사회적 평가로서 구체적으로 사람의 지불능력이나 지불의사에 대한 사회적 신뢰를 의미한다. **업무방해죄**는 허위사실을 유포하거나 위계·위력으로써 사람(자연인, 법인 포함)의 업무를 방해한 자에게 성립한다(예:정당한 권한 없이 타인의 직장출입을 봉쇄하기 위하여 정문에서 출입을 저지하는 행위).

(4) 사생활의 평온에 대한 죄

사생활의 평온에 대한 죄에는 비밀침해죄(제316조)와 업무상비밀누설죄(제317조), (특수)주거침해죄(제319조, 제320조), 주거수색죄(제321조)가 대표적인 것이다. 또한 권리행사를 방해하는 죄 역시 사생활의 평온을 해하는 죄로 규정되어 있다.

형법은 헌법상 보장된 개인의 사적 영역을 보호하기 위해 비밀침해죄와 업무상비밀누설죄를 규정하고 있으며, 「**통신비밀보호법**」에 의해 법원의 영장 없는 도청행위나 대화의 비밀녹음행위 등을 처벌하고 있다.

개인의 비밀을 보호법익으로 하는 **비밀침해죄**는 봉함 기타 비밀장치한 사람의 편지, 문서 또는 도화를 개봉하거나 이러한 행위객체나 전자기록 등 특수매체기록을 기술적 수단을 이용하여 그 내용을 알아 낸 경우에 성립하는 것이다. **개봉**이라 함은 봉함 기타 비밀장치를 제거하여 그 내용을 파악할 수 있는 상태로 만드는 것을 말한다. 그리고 컴퓨터 디스켓에 수록된 내용을 알아내는 행위 등도 새로이 처벌대상이 되었다. **업무상 비밀누설죄**는 의사, 한의사, 치과의사, 약제사, 조산사, 변호사, 변리사, 공인회계사, 공증인, 대서업자나 그 직무상 보조자 또는 이러한 직에 있던 자나 종교의 직에 있거나 있었던 자가 업무처리 중에 알게 된 타인의 비밀을 누설한 때에 성립한다.

주거침입죄(퇴거불응죄 포함)는 "사람의 주거, 관리하는 건조물, 선박이나 항공기 또는 점유하는 방실에 침입"한 경우 혹은 이러한 장소로부터 퇴거요구를 받고 퇴거하지 아니한 경우에 성립한다(제319조). 특수주거침입죄(제320조)는 단체 또는 다중의 위력을 보이거나 위험한 물건을 휴대하여 주거침입행위를 하는 경우에 처벌된다. 상습범이나 야간 또는 2인 이상이 공동하여 죄를 범한 때, 제320조(특수주거침입)의 방법으로 주거에 침입한 자에게는 "폭력행위 등 처벌에 관한 법률"(제2조, 제3조)에 따라 가중 처벌된다. 주거수색죄는 사람의 신체, 주거, 관리하는 건조물, 자동차 선박이나 항공기 또는 점유하는 방실을 수색한 경우에 성립한다. 여기에서 점유하는 방실이라 함은 호텔이나 사무실 등과 같이 사실상 지배하는 일정한 장소를 의미한다.

《 관련사례 》

(문) 새벽에 잠을 자기 위해 버스터미널에 들어가려고 했으나, 출입문이 잠겨 있어 삽을 이용해 창문을 넘어 들어갔다. 무슨 죄가 성립하는가?

(답) 주거침입죄로 처벌받게 된다.
일반적으로 공개된 장소에 대해서는 주거침입죄가 성립하지 않지만, 판례는 일반인의 출입이 허용된 장소라 하더라도 주인의 명시적, 묵시적 의사에 반하여 들어간 것이라면 주거침입죄가 성립한다고 보고 있다. 또한 출입이 금지된 시간이나 불법한 방법으로 공개된 장소에 침입한 경우에도 주거침입죄가 성립한다.
사안의 경우 버스터미널 건물이 일반적으로 출입이 허가된 곳이라 하여도 출입을 금지하여 출입문을 잠가 놓은 때에 삽을 이용해 창문을 넘어 들어갔다면, 그 침입 방법 자체가 일반적인 방법에 해당되지 않으므로 **주거침입죄가 성립한다고 할 것이다.**

권리행사를 방해하는 죄는 타인의 점유 또는 권리의 목적이 된 자기 물건에 대한 타인의 권리행사를 방해하거나 강제집행을 면할 목적으로 채권자를 침해하는 범죄를 말한다. 구체적으로는 권리행사방해죄(제323조), 점유강취죄(제325조), 강제집행면탈죄(제327조) 등이 있다. 권리행사방해의 구체적 방법으로는 취거, 은닉, 손괴가 있다.

권리행사방해죄는 타인의 점유 또는 권리의 목적이 된 자기의 물건 또는 전자기록 등 특수매체기록을 취거, 은닉 또는 손괴하여 타인의 권리행사를 방해한 경우에 성립한다. 그러므로 본죄는 재산범죄이며, 보호법익은 소유권이 아니라 채권이나 용익·담보물권이다. 행위객체는 자기의 물건이므로 자기와 공유에 속하는 물건은 타인의 물건에 해당한다. 여기에서의 점유란 적법한 권원에 의한 현실적인 소지를 의미한다. 타인의 권리의 목적이 되었다는 것은 타인의 제한물권 또는 채권의 목적이 된 것을 의미한다.

《 관련사례 》

(문) 가압류된 건물의 소유자인 채무자가 돈을 갚기 어렵게 되자 채권자의 승낙 없이 건물을 철거한 경우 채무자는 어떤 죄가 성립하는가?

(답) 권리행사방해죄가 성립한다.
　　권리행사방해죄란 타인의 점유 또는 권리의 목적이 된 자기의 물건 또는 전자기록 등 특수 매체 기록을 취거, 은닉, 손괴하여 타인의 권리행사를 방해하는 것을 말한다. 여기서 타인 점유란 형법상 적법한 권원에 의한 점유로 질권, 저당권, 유치권, 용익권 등 물권에 기한 것이거나 임대차 등의 채권에 기한 것을 모두 포함한다. 타인 권리의 목적이란 타인의 제한물권 또는 채권의 목적이 된 물건을 말하므로 정지조건 있는 대물변제예약이 되어 있는 물건, 가압류 되어 있는 물건이 여기에 해당된다. 사안에서 채권자가 채권담보를 위해 채무자의 건물에 대해 가압류를 한 상태이므로 가압류된 건물은 채무자의 소유이지만 채권자의 채권의 목적이 되어 있으므로 채무자가 채권자의 승낙 없이 그 건물을 철거하였다면 타인의 권리행사를 방해할 우려가 있는 행위를 한 것이 되어 **권리행사방해죄가 성립하는 것이다.**

점유강취죄는 폭행 또는 협박으로 타인의 점유에 속하는 자기의 물건을 강취한 경우에 성립한다. 또한 타인의 점유에 속하는 자기의 물건을 취거함에 당하여 그 탈

환을 항거하거나 체포를 면탈하거나 죄적을 인멸할 목적으로 폭행 또는 협박을 가한 때에도 마찬가지로 처벌한다(준점유강취죄).

강제집행면탈죄는 강제집행을 면할 목적으로 재산을 은닉·손괴·허위양도 또는 허위의 채무를 부담하여 채무자를 해한 경우에 성립한다. 본죄는 채권자의 채권을 보호하기 위한 규정이다. 목적범이며 강제집행을 받을 객관적 상황이 전제되어야 한다. 예를 들면 채권자가 채권확보를 위하여 민사소송에 따른 강제집행 또는 가압류·가처분을 신청할 기세가 보이는 경우이다. 허위의 채무를 부담한다는 것은 채무가 없음에도 불구하고 채무를 부담하는 것을 의미한다. 구체적으로 채권자를 해함으로써 성립하는 것이 아니라 위험성만으로도 성립하는 위험범이다.

《 관련사례 》

(문) 채무자가 채무를 변제하지 않아 채무자 소유물에 가압류를 했는데, 채무자가 이를 친구의 이름으로 등기이전 하였다. 무슨 죄가 성립하는가?

(답) 이 경우 강제집행면탈죄가 성립하게 된다. 채권자의 채권을 보전하는 방법으로 민사상으로는 채권자취소권이 있고 형사상으로는 강제집행면탈죄가 있다. 강제집행면탈죄란 강제집행을 면할 목적으로 재산을 은닉, 손괴, 허위양도하거나 허위 채무를 부담하여 채권자를 해할 경우에 성립하는데 강제집행을 받을 객관적 상태가 존재해야 한다. 민사소송에 의한 강제집행 또는 가압류, 가처분 등 집행을 당할 구체적 염려가 있는 상태가 여기에 해당되고, 채권확보를 위한 소송을 제기할 기세를 보이는 때도 집행을 받을 상태라고 본다. 한편 강제집행면탈죄는 실제로 채권자가 손해를 입을 것을 요하는 것이 아니라 해할 위험성이 있으면 성립하는 범죄이다. 사안의 경우 채권자가 채무자소유의 건물에 가압류를 신청한 사실은 강제집행을 받을 객관적 상태가 존재한다는 것이고, 친구이름으로 명의를 이전한 것은 강제집행을 면탈하기 위한 은닉에 해당된다고 할 수 있다. 따라서 채무자에게는 **강제집행면탈죄가 성립**하게 된다.

---

(5) 재산에 대한 죄

재산에 대한 대표적인 범죄에는 절도죄(제329조), 강도죄(제333조), 사기죄(제347조), 공갈죄(제350조), 횡령죄(제355조 제1항), 배임죄(제355조 제2항), 장물죄(제362조), 손괴죄(제366조)가 있다. 절도죄·횡령죄·장물죄·손괴죄는 재물을 행위객체로 하는 재물죄이고, 배임죄는 재산상의 이익을 객체로 하는 이득죄이다. 그리고 강도죄·사기죄·공갈죄는 재물죄이면서 동시에 이득죄이다.

이상의 구성요건은 모두가 전통적인 재산범죄의 유형에 따른 것이다. 그러나 오늘날에 와서 특히 컴퓨터의 발달과 보급의 확대는 일상의 경제활동을 지배할 만큼 되었고 이로부터 컴퓨터를 이용한 범죄가 발생하게 되었다. 이에 따라 컴퓨터 등 사용사기죄(제347조의2), 자동판매기 등의 편의시설부정이용죄(제348조의2)를 신설하였다.

또한 마약범죄나 조직범죄, 밀수 등을 통하여 취득한 재산은 소위 '돈세탁'(money laundering)행위를 통하여 합법적인 자금화하여 종국적으로 범죄자에게 수익되므로 이러한 행위를 처벌할 필요성이 크다.

1) 절도죄

절도죄는 타인의 재물을 절취함으로써 성립하는 범죄이다. 절취라 함은 타인이 점유하는 재물을 점유자의 의사에 반하여 그 점유를 배제하고 자기 또는 제3자의 점유로 옮기는 것을 말한다. 부동산이 절도죄의 객체가 될 수 있는가에 대해서는 긍정설과 부정설의 대립이 있으나 절취행위의 성격상 부정설이 타당하다고 본다.

불가벌적 사용절도 해당성 여부를 놓고 논란의 소지가 있는 자동차, 선박, 항공기 또는 원동기장치 자전거 등의 불법사용행위에 대하여 **자동차 등 불법사용죄**(제331조의2)를 신설하여 처벌하고 있다.

《 관련사례 》

(문) 집에 도둑이 들어 경찰서에 신고했더니, 체포된 범인이 집에 같이 살고있는 조카였다. 이 경우 조카도 처벌할 수 있는가?

(답) 동거 친족인 조카의 행위는 절도죄에 해당하지만, 친족상도례가 적용되어 처벌을 면하게 된다.
친족 간에 강도죄와 손괴죄를 제외한 절도, 사기, 횡령 등 재산죄를 범한 경우 형을 면제하거나 고소가 있어야 공소를 제기할 수 있는데 이를 친족상도례라고 한다.
절취 행위를 한 자가 재물 소유자와 직계 혈족, 배우자, 동거 친족, 호주, 가족, 그 배우자의 관계라면 절도죄의 형을 면제 받고, 그 이외의 친족이라면 재물 소유자의 고소가 있어야 공소를 제기할 수 있다. 여기서 '동거친족'이란 직계혈족과 배우자를 제외한 사실상 동거하고 있는 친족을 말한다.

따라서 사안의 경우 큰 형님의 아들은 재물 소유자와 동거 친족 관계에 있는 자이므로 조카의 절취행위는 절도죄에 해당하나 **친족상도례가 적용되어 형의 면제**를 받게 된다.

(문) 여관 종업원이 손님이 떠난 후 빈 방을 청소하다가 지갑을 발견하고 이를 가져 갔다. 절도죄가 성립하는가?

(답) 여관 종업원의 절도죄가 성립한다.

사안의 경우에는 손님이 잃어버린 물건을 주워서 가져 간 것이므로 점유이탈물횡령죄에 해당하여 절도죄보다 가볍게 처벌받을 것으로 생각하기 쉽다. 그러나 손님이 자신이 두고 온 물건의 소재를 알고 다시 찾으러 올 수 있는 경우라면 손님이 계속 점유하고 있다고 볼 수 있고, 그렇지 않고 어디서 잃어 버렸는지조차 모르고 있는 경우라면 여관의 관리자가 위 물건을 점유하는 것으로 보아야 할 것이므로 위 물건(지갑)은 점유이탈물이라고 할 수 없다.

결국, 지갑을 가져간 종업원에게는 점유이탈물횡령죄가 아닌 **절도죄가 성립하게 된다.**

2) 강도죄

강도죄는 폭행 또는 협박을 통하여 타인의 재물이나 재산상의 이익을 취득하거나 제3자로 하여금 취득하게 함으로써 성립한다. 여기에서의 폭행·협박은 폭행죄나 협박죄에서의 경우보다 강하여 상대방의 반항을 억압할 정도여야 한다. 준강도죄(제335조)는 절도가 재물의 탈환을 면탈하거나 죄적을 인멸할 목적으로 폭행 또는 협박을 가한 때에 성립한다. 본죄의 행위자는 절도범이어야 하므로 신분범이다. 이 경우에 절도행위는 기수와 미수를 불문한다. 다만 절도행위가 미수인 경우에는 준강도죄도 미수라고 보는 것이 통설이다(그러나 판례는 준강도죄의 기수 여부는 폭행·협박의 기수·미수 여부를 기준으로 하여야 한다는 입장이다). 기타 인질강도죄(제336조), 강도상해·치상죄(제337조), 강도살인·치사죄(제338조), 강도강간죄(제339조), 해상강도강간죄(제340조), 상습강도죄(제341조) 등이 있다.

(문) 승객이 택시를 탄 후 요금 지급을 면하기 위해 택시 기사를 폭행하였다. 강도죄가 성립할 수 있는가?

(답) 택시요금을 면하는 것도 재산상 이익에 해당하므로 강도죄가 성립한다. 강도죄는 폭행 또는 협박으로 타인의 재물을 강취하거나 기타 재산상 이익을 취득하거나 제 3자로 하여금 이를 취득케 함으로써 성립하는 범죄이다. 여기서 '재산상 이익을 취득한다'는 것은 폭행 또는 협박으로 상대방의 반항을 억압하여 노무를 제공한다든지 채무 면제의 의사표시를 하게 하는 것인데, 이에 대해 판례는 피해자의 처분 행위는 따로 필요하지 않으며, 재물 강취나, 재산상 이익을 취득하는 행위와 폭행, 협박사이에는 인과관계가 인정되어야 한다고 판시하고 있다.
사안의 경우 승객이 택시 기사를 폭행한 것은 요금 지급을 면할 목적이었기 때문에 폭행과 재산상 이익 취득행위와의 인과관계가 인정된다고 하겠다. 따라서 택시 승객은 **강도죄가 성립한다.**

3) 사기죄

사기죄는 사람을 기망하여 자기 또는 제3자가 재물의 교부를 받거나 재산상의 이익을 취득한 경우에 성립한다. 즉 기망행위에 의하여 상대방은 착오에 빠지며(기망과 착오, 착오와 처분행위간의 인과관계), 이러한 착오상태에서 재산상의 처분행위를 하는 것이다. 이때 처분행위자(피기망자)는 반드시 재산상의 피해자일 필요는 없다(소위 삼각사기).

준사기죄(제348조)는 미성년자의 지려천박 또는 사람의 심신장애를 이용하여 자기 또는 제3자가 재물의 교부를 받거나 재산상의 이익을 취득하는 것을 말한다. 부당이득죄(제349조)는 사람의 궁박한 상태를 이용하여 현저하게 부당한 이익을 취득하거나 제3자로 하여금 취득하게 한 때에 성립한다.

컴퓨터 등 사용사기죄란 컴퓨터 등 정보처리장치에 허위의 정보 또는 부정한 명령을 입력하여 정보처리를 하게 함으로써 재산상의 이익을 취하게 하거나 제3자로 하여금 재산상의 이익을 취득하게 한 자는 10년 이하의 징역 또는 2천만원 이하의 벌금에 처한다.

편의시설부정이용죄(제348조의2)는 부정한 방법으로 대가를 지급하지 아니하고 자동판매기, 공중전화 기타 유료자동설비를 이용하여 재물 또는 재산상의 이익을 취득한 자는 3년 이하의 징역, 500만원 이하의 벌금, 구류 또는 과료에 처한다.

《 관련사례 》

(문) 8세인 아들에게 고가의 시계를 사주었는데 아들이 상점 주인의 말을 듣고 값싼 장난감과 바꾼 경우 상점주인은 무슨 죄가 성립하는가?

(답) 준사기죄가 성립한다. 미성년자의 지려 천박 또는 사람의 심신 장애를 이용하여 재물의 교부를 받거나 재산상 이익을 취득하면 준사기죄로 처벌된다. 지려 천박한 미성년자란 독립하여 사리를 판단할 수 없는 20세 미만의 자로서 속이지 않아도 처분 행위를 할 상태에 있는 사람을 말하고 심신 장애란 재산상 거래에 있어서 정상적인 판단 능력이 없는 것을 의미한다. 따라서 행위자가 이러한 사실을 인식하면서 이를 이용하여 재물이나 재산상 이익을 취득하였다면 준사기죄가 되는 것이다.
사안은 8살인 아들은 독립하여 사리를 판단할 수 없는 지려 천박한 미성년자이고 상점 주인이 이를 이용하여 값싼 장난감과 바꾼 경우이므로, **준사기죄가 성립**한다.

---

4) 공갈죄

공갈죄는 사람을 공갈하여 자기 또는 제3자가 재물의 교부를 받거나 재산상의 이익을 취득한 경우에 성립한다. 공갈이란 타인에게 폭행·협박을 수단으로 하여 상대방이 공포심을 갖도록 하는 행위를 말한다. 폭행·협박은 강도죄와 달리 상대방의 반항을 억압할 정도임을 필요로 하지 않는다. 공갈죄의 보호법익은 재산뿐만 아니라 사람의 의사결정의 자유도 포함되므로 피공갈자가 재산상의 처분행위자이면서 동시에 재산상의 피해자여야 한다.

《 관련사례 》

(문) 고등학교 2학년 학생인 甲은 친구들과 함께 중학생들에게 속칭 '삥뜯기'를 하였다. 이러한 행위도 죄가 되는가?

(답) '삥뜯기'는 「형법」 제350조에 의해 공갈죄로 처벌을 받고, 2인 이상의 공갈은 「폭력행위 등 처벌에 관한 법률」의 적용을 받아 가중처벌 된다. 공갈죄란 폭행 또는 협박에 의하여 공포를 갖게 하여 재물을 교부 받거나 재산상 이익을 취득하는 범죄이다.

청소년들의 소위 "삥뜯는" 행위는 강도에는 미치지 않는다 하더라도 폭행이나 협박을 통해 상대방의 공포심을 유발하여 돈을 뺏는 것이므로 **공갈죄에 해당**된다. 공갈죄의 경우 야간에 행해지거나 2인 이상이 함께 하면 「폭력행위 등 처벌에 관한 법률」의 적용을 받게 되어 형법에 의한 죄보다 가중처벌을 받게 된다. 폭행, 상해, 공갈 등은 2인 이상이 함께 행하는 경우에 가중처벌을 받게 되므로 주의를 요한다.

5) 횡령죄

횡령죄는 타인의 재물을 보관하는 자가 그 재물을 횡령하거나 그 반환을 거부하는 때에 성립한다. 타인의 재물을 보관한 자만이 주체가 될 수 있으므로 횡령죄는 신분범이다.

타인의 재물을 보관하는 자란 재물에 대한 점유자나 소지자를 의미한다. 재물에는 부동산도 포함되므로 부동산을 사실상 지배하고 있는 자는 등기 여부에 관계 없이 보관자이다. 명의신탁을 받은 자도 그 부동산의 보관자이다(판례). 그 밖에 타인의 돈을 위탁받아 은행 등에 예금한 자나 유가증권의 소지자는 법률상의 지배자로서 보관자에 해당한다.

위탁관계가 불법하여 위탁자가 보관자에 대하여 반환을 청구할 수 없는 경우(불법원인급여, 민법 제746조)에 보관자가 이를 영득하면 횡령죄가 성립하는가에 대해서는 적극설과 소극설(판례)이 대립하고 있다.

《 관련사례 》

(문) 냉장고를 할부로 구매하여 현재 할부금을 납부하고 있는 중인데, 냉장고의 용량이 너무 적어 다른 사람에게 판매하려고 한다. 할부금을 완불하기 전에 다른 사람에게 팔면 형사 처벌을 받게 되는가?

(답) 횡령죄로 처벌받을 가능성이 있다. 오늘날 나날이 늘어가는 여러 가지의 생활필수품 또는 문화생활에 필요한 고가품을 일시급으로 구입하기에는 수입과의 관계에 있어서 경제적으로 벅찰 때, 대금을 분할해서 일정기간 동안에 지급할 수 있게 함으로써, 일반 서민들도 그러한 상품을 쉽게 살 수 있게 되어 오늘날 월부시대라는 말이 나올 정도로 널리 이용되고 있다. 할부판매의 경우 대금의 완제 후에 목적물을 매수인에게 인도하는 방법, 분할 지급된 대금이 일정액에 달한 때에 인도하는

방법 등도 있으나, 보통은 매매계약의 성립과 동시에 목적물을 매수인에게 인도하나, 물건의 소유권은 대금을 다 갚을 때에 이전하는 것이 일반적 관례이다. 따라서 할부금을 완제하기 전에는 냉장고의 소유권은 자신에게 있는 것이 아니라, 가전 제품점에 있으므로, 이를 제3자에게 양도하면 자기가 점유하는 타인의 소유물을 매각한 것으로 되어, **횡령죄로 처벌받을 염려**가 있다. 결국 잔금을 일시불로 지급하여 냉장고의 소유권을 자신에게로 일단 이전시키고 난 후 타인에게 이를 매각하든지, 아니면 가전 제품점에 가서 자신의 사정을 이야기하고 승낙을 얻어 매수인으로서의 지위를 타인에게 이전시키는 방법이 있다. 후자의 경우에는 물품을 양수한 사람이 새로이 매수인의 지위를 인계받은 것이므로, 나머지 대금은 양수인이 지불하게 된다.

6) 배임죄

배임죄는 타인의 사무를 처리하는 자가 그 임무에 위배하는 행위에 의하여 재산상의 이익을 취득하거나 제3자로 하여금 취득하게 하여 본인에게 손해를 가한 때에 성립한다. 타인의 사무를 처리하는 자란 양자간의 신임관계(예:법령이나 계약, 신의성실원칙)에 기초를 두고 타인의 재산관리에 관한 사무를 대행하거나 타인 재산의 보전행위에 협력하는 자의 경우 등을 가리킨다(신분범). 그리고 임무에 위배하는 행위란 당해 사무의 내용·성질 등 구체적 상황에 비추어 법률의 규정, 계약의 내용 또는 신의성실 원칙상 당연히 할 것으로 기대되는 행위를 하지 않거나 당연히 하지 않아야 할 것으로 기대되는 행위를 함으로써 본인에 대한 신임관계를 저버리는 일체의 행위를 포함한다. 부동산의 이중매매는 그 예이다.

배임수증죄(제357조)는 타인의 사무를 처리하는 자가 그 임무에 관하여 부정한 청탁을 받고 재물 또는 재산상의 이익을 취득한 자(배임수재죄)와 이를 공여한 자(배임증재죄)를 처벌한다.

점유이탈물횡령죄(제360조)는 유실물, 표류물, 매장물 또는 타인의 점유를 이탈한 재물을 횡령한 자를 처벌한다. 가장 흔한 예로는 길에 떨어진 물건을 주어서 갖는 행위이다.

(문) 매매계약을 체결하고 매매대금까지 지급했는데, 매도인이 다른 사람에게 토지를 매도하고 등기를 이전해준 경우, 등기를 찾아올 수 있는가?

(답) 등기를 이전받은 사람이 매도인에게 이중매매를 적극적으로 권유하지 않은 이상 등기가 이미 넘어간 상태이므로 되찾을 수 없다. 우리 법제는 등기의 유무에 의해 소유권 귀속을 정하는 형식주의를 택하고 있으므로 매매계약의 선후와 관계없이 등기의 유무에 의해 소유권이 결정된다. 따라서 제3자가 선의로 매매계약을 체결하고 등기를 이전 받아 소유권을 취득한 이상 소유권을 취득할 방법이 없고, 매매계약의 불이행으로 인한 손해배상청구권 등 매매계약으로 인한 채권상의 계약불이행책임만을 주장할 수 있다. 매도인은 소유권 이전에 협력할 의무가 있으므로, 이에 위반하여 제3자에게 불법으로 처분하여 재산상의 이득을 얻고 매수인에게 손해를 가한 이상 **배임죄를 구성**하게 된다.

한편, 등기를 이전해 간 제3자가 매도인에게 적극적으로 이중 매매를 권유한 경우에는 민법 제103조의 사회질서에 위반한 법률행위가 되어 제3자와의 매매계약이 무효가 되어 제3자 명의의 등기가 무효가 된다. 이때 **매수인은 민법 제404조의 채권자 대위권을 행사하여 등기를 이전**해올 수 있다.

7) 장물죄

장물에 관한 죄는 장물의 **취득, 양여, 운반, 알선, 보관하는 행위**를 처벌한다. **장물**이란 **재산범죄(절도죄, 강도죄, 사기죄, 횡령죄, 공갈죄, 장물죄)에 의해 취득한 물건**을 말한다. 그러므로 뇌물죄는 제외된다. 취득은 유상과 무상을 불문한다. 양여는 장물인줄 모르고 취득하였다가 이를 알고 다시 타인에게 유·무상으로 장물을 수여하는 것을 의미한다. 보관 역시 유·무상을 불문한다. 알선행위는 장물의 취득·양여·보관을 매개하거나 주선하는 것을 의미한다. 사실상의 알선행위가 있으면 되고 알선행위대로 실현되었는가의 여부는 본죄의 성립에 영향이 없다.

(문) 甲은 아르바이트점에서 훔친 카메라를 친구인 乙에게 맡겨 놓았다. 훔친 물건을 잠시 보관하고 있는 것도 죄가 되는가?

(답) 훔친 물건을 취득하거나 팔거나 운반 또는 보관한 행위는 **형법 제362조에 의해 장물죄로 처벌**받게 된다. 청소년에 의한 절도, 강도가 늘어나고 이에 부수하여 장물죄도 급증하고 있다. 친구들이 훔친 물건을 구입하거나 이를 잠시 맡아주고 있는 것 모두 장물죄로 처벌을 받게 된다. 장물임을 알지 못한 경우에는 과실 장물죄로 벌하지 않으므로 죄가 되지 않으나, 처음에는 훔친 물건인 줄 모르고 보관하고 있다가 그 사실을 알게 된 경우에는 장물죄가 성립하게 된다.

8) 손괴죄

손괴죄(제366조)는 타인의 재물, 문서 또는 전자기록 등 특수매체기록을 손괴 또는 은닉 기타 방법으로 그 효용을 해하는 행위를 처벌한다. 그러나 공익건조물은 공익건조물파괴죄(제367조)에, 공용물(공용서류, 건조물 등)은 공용물무효·파괴죄(제141조)에 해당한다. 경계침범죄(제370조)는 계표를 손괴·이동 또는 제거하거나 기타 방법으로 토지의 경계를 인식불능하게 한 자를 처벌한다.

─────── 《 관련사례 》 ───────

(문) 자동문 설치업자 A는 원룸 주인 B로부터 위 건물 1층 출입구의 자동문 설치공사를 도급받아 공사를 마쳤는데도 잔금을 지급받지 못하였다. A는 추가로 자동문에 번호키 설치공사를 도급받아 시공하게 되자, 자동작동중지 예약기능을 이용하여 10일 후부터는 자동문이 자동으로 여닫히지 않도록 설정하였다. 자동문은 설치자가 아니면 자동작동중지 예약기능을 해지할 수 없는 장치였다. 이에 따라 10일 후부터는 자동문이 자동으로 여닫히지 않고 수동으로만 여닫히게 되었다. A에게는 재물손괴죄가 성립할 수 있는가?

(답) 형법 제366조의 재물손괴죄는 타인의 재물, 문서 또는 전자기록 등 특수매체기록을 손괴 또는 은닉 기타 방법으로 그 효용을 해한 경우에 성립한다.
대법원은 손괴 또는 은닉 기타 방법으로 그 효용을 해하는 경우에는 물질적인 파괴행위로 물건 등을 본래의 목적에 사용할 수 없는 상태로 만드는 경우뿐만 아니라 일시적으로 물건 등의 구체적 역할을 할 수 없는 상태로 만들어 효용을 떨어뜨리는 경우도 포함되고, 따라서 자동문을 자동으로 작동하지 않고 수동으로만 개폐가 가능하게 하여 자동잠금장치로서 역할을 할 수 없도록 한 경우에도 재물손괴죄가 성립한다고 보아야 한다(대법원 2016. 11. 25. 선고 2016도9219 판결)고 판시한 바 있다. 그리고 대법원은 위와 같은 사안에서, A의 행위로 위 건물 1층 출입구 자동문이 일시적으로나마 자동으로 작동하지 않고 수동으로만 개폐가 가능하게 됨으로써 '잠금장치로서의 역할을 할 수 없는 상태가 초래되었다'는 이유로 A의 행위는 재물손괴죄에 해당한다고 보았다.

(문) 렌터카를 운전하던 중 벽을 들이받아 차 앞부분이 약간 망가졌으나 다행히 차에 부딪힌 벽이 부서지거나 훼손되지는 않았기 때문에 사고신고를 하지 않았다. 그러나 렌터카업자가 합의를 하지 않고 있는데, 이러한 경우에는 무슨 죄가 성립하는가?

(답) 자신의 차를 손괴한 것과 마찬가지로 처벌되지 않는다. 형법에서의 **손괴죄**는 **고의**로 타인의 재물을 망가뜨리거나 은닉하거나 하는 등의 방법으로 그 효용을 해치는 죄이다. 실수로 타인의 재물을 손괴한 경우는 일반적으로 **민사상의 배상책임**을 지긴 하지만 형사상 '범죄'로서 처벌 받지는 않는다.

다만, **도로교통법**에서는 과실에 의한 자동차 사고로 타인의 재물이나 건조물을 손괴하면 처벌하고 있지만, 이 경우 자신이 운전하던 차량은 **도로교통법에서 말하는 '타인의 재물이나 건조물'에 해당하지 않는다.** 따라서 렌터카만을 손괴하고 다른 사람의 재물을 손괴한 것이 없다면 도로교통법위반죄가 되지 않고 단지 렌터카 업자에 대하여 민사상의 배상책임만 지게 된다. 그리고 자신이 운전하던 차가 손괴되었을 뿐 다른 피해자가 없는 경미한 사고내용은 경찰에 신고하지 않아도 도로교통법상의 신고의무를 위반한 것으로 볼 수 없다는 것이 판례의 입장이다.

2. 사회적 법익에 대한 죄

(1) 공공의 안전과 평온에 관한 죄

1) 공안을 해하는 죄

공공의 안전과 평온에 대한 범죄에는 공안을 해하는 죄로서 범죄단체조직죄(제114조), 소요죄(제115조), 다중불해산죄(제116조), 전시공수계약불이행죄(제117조), 공무원자격사칭죄(제118조)가 있다. 그리고 폭발물에 관한 죄(제6장), 방화와 실화의 죄(제13장), 일수와 수리에 관한 죄(제14장), 교통방해의 죄(제15장)가 있으며 위험범으로 규정된 것이 특징이다.

이러한 범죄들은 형법에는 국가적 법익에 대한 범죄에 배열되어 있으나 학설에서는 이를 사회적 법익에 관한 범죄로 보고 있다. 그러나 전시공수계약불이행죄와 공무원자격사칭죄는 형법에 규정된 순서나 그 성질상 국가적 법익에 관한 범죄라고 보아야 한다. 그리고 전수공수계약불이행죄는 단순한 채무불이행을 범죄로 규정한 것이므로 폐지되어야 한다는 주장이 많다.

범죄단체조직죄는 범죄를 목적으로 단체를 조직하거나 이에 가담한 자는 그 목적한 죄에 정한 형으로 처단한다. 단, 형을 감경할 수 있다. 그리고 병역 또는 납세의무를 거부할 목적으로 단체를 조직하거나 이에 가입한 자는 10년 이하의 징역이나 금고 또는 200만원 이하의 벌금에 처한다. 범죄단체를 조직하는 것은 범행의 실행에 착수하기 이전의 예비단계에 해당하지만 위험성을 고려하여 독립적으로 처벌하고 있다. 단체란 통솔체제를 갖춘 결합체를 의미한다.

소요죄는 다중이 집합하여 폭행·협박 또는 손괴의 행위를 하는 경우에 성립한다. 다수인이 집단을 이루어야 한다는 점에서 필요적 공범이며, 폭행·협박은 사람 또는 물건에 대한 것으로서 가장 넓은 의미의 것을 말한다. 다중불해산죄는 폭행·협박 또는 손괴의 행위를 할 목적으로 다중이 집합하여 그를 단속할 권한 있는 공무원으로부터 3회 이상의 해산명령을 받고 해산하지 아니한 경우에 성립한다(진정부작위범). 소요죄의 전단계라고 볼 수 있다. 단속할 권한 있는 공무원이란 경찰관이 대표적인 예이다.

전시공수계약불이행죄는 전쟁·천재 기타 사변에 있어서 국가 또는 공공단체와 체결한 식량 기타 생활필수품의 공급계약을 정당한 이유 없이 이행하지 아니한 자, 또는 계약이행을 방해한 자를 처벌하는 죄이다.

공무원자격사칭죄는 공무원의 자격을 사칭하여 자격 없는 자가 공무원의 자격을 가진 것과 같이 잘못 믿도록 하는 일체의 행위를 말한다. 그리고 사칭하는 직권을 행사하여야 한다.

2) 폭발물에 관한 죄

폭발물에 관한 죄는 폭발물사용죄(제119조 제1항), 전시폭발물사용죄(제119조 제2항), 전시폭발물 제조·수입·수출·수수·소지죄(제121조)가 있다. 폭발물이라 함은 점화 등 일정한 자극을 가하면 고체·액체 또는 가스 등의 급격한 팽창에 의하여 폭발작용을 하는 물체를 말한다. 시위현장에서 사용하는 화염병 역시 폭발물이라고 볼 수 있으나, 이는 「**화염병사용 등의 처벌에 관한 법률**」에 의해 처벌된다. 동법에서 규정하고 있는 화염병이란 유리병 기타의 용기에 휘발유·등유 기타 불붙기 쉬운 물질을 넣어 그 물질이 유출하거나 비산하는 경우에 이것을 연소시키기 위한 발화장치 또는 점화장치를 한 물건으로서 사람의 생명·신체 또는 재산에 위해를 가하는 데 사용되는 것을 말한다.

3) 방화와 실화의 죄

방화의 죄는 전형적인 위험범이다. 여기에서의 위험이란 불특정 또는 다수인의 생명·신체·재산에 대한 위험을 의미한다. 방화죄의 기수시기는 독립연소설이 판례의 입장이다. 즉 불이 매개물을 떠나 목적물에 독립하여 연소할 수 있는 상태에 이르렀을 때에 기수가 된다.

현주건조물방화죄(제164조)는 불을 놓아 사람의 주거에 사용하거나 사람의 현존하는 건조물·기차·전차·자동차·선박·항공기 또는 광갱을 소훼한 경우(무기 또는 3년 이상의 징역) 및 이로 인하여 사람을 상해에 이르게 한 경우(무기 또는 5년 이상의 징역)와 사망에 이르게 한 경우(사형·무기 또는 7년 이상의 징역)에 처벌한다. 사실상 주거로 사용되는 것이면 충분하고 범행당시 사람이 있을 필요는 없다. 불을 놓아 사람을 고의로 살해한 경우에는 살인죄와 현주건조물방화죄의 상상적 경합이 아니라 형량이 더 무거운 현주건조물방화치사죄로 처벌하여야 한다.

공용건조물등 방화죄(제174조)의 행위객체는 공용 또는 공익에 공하는 건조물·기차·전차·자동차·선박·항공기 또는 광갱이다. 공용 또는 공익에 공하는 이상 소유자가 반드시 공공기관일 필요는 없다.

일반건조물방화죄(제166조)는 현주건조물방화죄와 공용건조물방화죄의 행위객체 이외에 대하여 성립한다. 자기소유의 물건이라 할지라도 공공의 위험을 발생하게 한 때에는 본죄에 해당한다.

일반물건방화죄(제167조)는 이상에 열거한 행위객체(자기소유물건 포함)이외에 대하여 불을 놓아 공공의 위험을 발생하게 한 때에 성립한다.

연소죄(제168조)는 자기소유 물건에 대한 방화가 확대되어 타인소유물에 옮겨 붙은 경우를 처벌하는 결과적 가중범이다.

기타 진화방해죄(제169조), 폭발성물건파열죄(제172조), 실화죄(제170조), 업무상실화·중실화죄(제171조), 가스·전기등 방류죄(제172조의2), 가스·전기등 공급방해죄(제173조), 과실폭발물폭발등 죄(제173조의2)등이 있다.

《 관련사례 》

(문) 甲은 가정불화 등의 이유로 심한 정신적 갈등을 겪어 오던 중 자신의 집에서 처와 심한 부부싸움을 하게 되었고, 이에 격분하여 집에 있던 휘발유를 뿌리고 라이터를 꺼내 불을 지르려고 하자 이웃인 乙이 이를 말리다가 휘발유를 뒤집어 쓰게 되었다. 乙이 휘발유를 씻고자 수돗가로 가던 중 甲이 라이터를 켜는 바람에 乙의 몸에 불이 붙게 되었고 이로 인해 乙은 전치 4주의 화상을 입었다. 甲의 죄책은?

(답) 매개물을 통한 점화에 의하여 건조물을 소훼함을 내용으로 하는 형태의 방화죄의 경우에, 범인이 그 매개물에 불을 켜서 붙였거나 또는 범인의 행위로 인하여 매개물에 불이 붙게 됨으로써 **연소작용이 계속될 수 있는 상태**에 이르렀다면, 그것이 곧 바로 진화되는 등의 사정으로 인하여 목적물인 건조물 자체에는 불이 옮겨 붙지 못하였다고 하더라도, 방화죄의 실행의 착수가 있었다고 보아야 할 것이고, 구체적인 사건에 있어서 이러한 실행의 착수가 있었는지 여부는 범행 당시 피고인의 의사 내지 인식, 범행의 방법과 태양, 범행 현장 및 주변의 상황, 매개물의 종류와 성질 등의 제반 사정을 종합적으로 고려하여 판단하여야 한다. 피고인이 방화의 의사로 뿌린 휘발유가 인화성이 강한 상태로 주택주변과 피해자의 몸에 적지 않게 살포되어 있는 사정을 알면서도 라이터를 켜 불꽃을 일으킴으로써 피해자의 몸에 불이 붙은 경우, 비록 외부적 사정에 의하여 불이 방화 목적물인 주택 자체에 옮겨 붙지는 아니하였다 하더라도 **현존건조물방화죄의 실행의 착수가 있었다고 봄이 상당하다**고 한 것이 판례의 입장이다.

4) 일수와 수리에 관한 죄

일수와 수리에 관한 죄로는 일반건조물등 일수죄(제179조)와 수리방해죄(제184조), 현주건조물등 일수죄(제184조), 공용건조물등 일수죄(제178조), 화재시의 방수방해죄(제180조), 과실일수죄(제181조)등이 있다. 일수란 물을 넘겨 건조물 등을 침해하는 행위를 말한다. 예를 들면 제방을 무너뜨리거나 수문을 열어 놓는 것 등이다.

5) 교통방해의 죄

교통방해의 죄는 육로·수로 또는 교량을 손괴 또는 불통하게 하거나 기타 방법으로 교통을 방해한 행위를 처벌하는 일반교통방해죄(제185조), 기차·선박등 교통방해죄(제186조), 사람이 현존하는 기차·전차·자동차·선박·항공기 등에 대한 전복·매몰·추락 또는 파괴행위를 처벌하는 기차등 전복죄(제187조)가 있다. 과실범으로는 과실교통방해죄(제189조), 업무상 과실·중과실교통방해죄(제189조)가 있다.

《 관련사례 》

(문) 丙은 甲으로부터 토지를 매수하여 건물을 건축하려고 하였으나, 인접해 있는 乙소유의 토지가 공로(公路)로 통행할 수 있는 유일한 통로였다. 그래서 이곳을 통하여 건축자재 등을 운반하려고 하였으나, 乙이 그 통로의 사용을 완강히 거부하여 공사가 중단된 상태이다. 乙을 교통방해죄 등으로 고소할 수 있는가?

(답) 「형법」 제185조는 육로, 수로 또는 교량을 손괴 또는 불통하게 하거나 기타 방법으로 교통을 방해한 경우 형사상 처벌할 수 있음을 규정하고 있다. 그런데 위 규정은 사회적 법익의 보호를 목적으로 하고 있는 것이고, 위 규정에서 '**육로**'라 함은 **특정인에 한하지 않고 불특정다수인 또는 차마(車馬)가 자유롭게 통행할 수 있는 공공성을 지닌 장소**를 말하는 것으로서(대법원 1984. 9. 11. 선고 83도2617 판결) 불특정다수인 즉, 일반 공중의 통행에 항상 사용되는 것을 말하므로, 丙만이 乙의 토지를 사용할 필요가 있고 乙이 방해한 것이 丙만의 통행행위였을 경우에는 같은 법 제185조가 규정하는 일반교통방해죄로 처벌할 수는 없다.

---

(2) 공공의 신용에 대한 죄

이에는 통화에 관한 죄(제18장), 유가증권·우표와 인지에 관한 죄(제19장), 문서에 관한 죄(제20장), 인장에 관한 죄(제21장)가 있다.

1) 통화에 관한 죄

통화에 관한 죄로는 내국통화위조·변조죄(제207조 제1항), 내국유통 외국통화위조·변조죄(제207조 제2항), 외국통용 외국통화위조·변조죄(제207조 제3항), 위조·변조통화행사등 죄(제207조), 위조·변조통화취득죄(제208조), 통화유사물제조등 죄(제211조), 통화위조예비·음모죄(제213조)가 있다. 행사할 목적이 있어야 성립하는 목적범이다.

통화라 함은 국가 또는 국가에 의하여 발행권한이 부여된 기관에 의하여 금액이 표시된 지불수단으로서 강제통용력이 인정된 것을 말한다.

2) 유가증권에 관한 죄

유가증권에 관한 죄는 유가증권위조·변조죄(제214조), 유가증권의 권리의무에 관한 기재를 위조 또는 변조한 경우를 처벌하는 유가증권기재의 위조·변조죄(제214조), 자격모용에 의한 경우 유가증권작성죄(제215조), 허위유가증권작성죄(제216조), 위조등 유가증권행사죄(제217조)가 있다. 여기에서 **유가증권**이라 함은 대한민국 또는 외국의 공채증서 기타 유가증권을 포함하는데 공채증서뿐만 아니라 어음, 채권 등이 그 예이다. 수표의 경우에는 '**부정수표단속법**'에 따라 처벌된다. 우표·인지에 관한 죄는 위조·변조, 위조·변조한 우표 또는 인지의 행사·취득, 우표 등의 유사물 제조·수입 또는 수출행위를 처벌하고 있다.

3) 문서에 관한 죄

사회생활에서 문서는 중요한 거래수단의 기능을 담당하고 있다. 문서에 대해 공공이 갖는 신용과 안전은 이러한 기능을 가능하게 하는 핵심요소이므로 형법은 이를 보호하기 위하여 문서에 관한 죄를 규정하고 있다. 구체적인 구성요건으로는 공문서위조·변조죄(제225조), 자격모용에 의한 공문서작성죄(제226조), 허위공문서작성죄(제227조), 공전자기록위작·변작죄(제227조의2), 공정증서원본부실지재죄(제228조), 위조공문서 등의 행사죄(제229조), 공문서부정행사죄(제230조), 사문서위조·변조죄(제231조), 자격모용에 의한 사문서작성죄(제232조), 사전자기록위작·변작죄(제232조의2), 허위진단서작성죄(제233조), 위조사문서행사죄(제234조), 사문서부정행사죄(제236조)가 있다.

문서에 관한 죄에서 형법은 문서를 공문서와 사문서로 나누어 규정하고 있다. **공문서**는 공무원 또는 공무소가 직무상 작성한 문서를 말하며, 공법관계에서 작성한 것이든 사법관계에서 작성한 것이든 묻지 않는다. **사문서**는 권리의무 또는 사실증명에 관한 문서 또는 도화를 의미한다. 공문서는 유형위조와 무형위조를 모두 처벌하나 사문서의 경우에는 유형위조만을 처벌하는 것을 원칙으로 하고 무형위조의 경우에는 예외적으로 허위진단서작성죄(제233조)만을 처벌한다. **유형위조**라 함은 문서의 작성명의인에 허위가 있는 것을 말하며, **무형위조**라 함은 작성명의인은 진실하나 내용이 허위인 위조를 말한다. 그리고 **문서**란 문자 또는 이를 대신하는 부호에 의하여 사상 또는 관념을 표시한 물체를 말한다.

형법상 **문서로서의 기능**을 갖기 위해서는 **지속적 기능·증명적 기능·보장적 기능**을 하여야 한다. **지속적 기능**이라 함은 문서의 형태가 시각적 방법으로 인식가능한 유체물이어야 함을 의미한다. 전자기록 등 특수매체기록 역시 문서에 포함된다. 예를 들면 컴퓨터디스켓, 음반, 녹음테이프 등은 개정 전에는 문서에 포함될 수 없었으나 전자복사문서와 함께 문서에 해당한다(제227조의2, 제232조의2, 제237조의2 등 참조). **증명적 기능**이란 문서에 기재된 의사표시가 일정한 법률관계를 증명할 수 있어야 하며 또한 이를 위한 것이어야 함을 의미한다. 그러므로 예술작품은 문서가 아니다. **보장적 기능**이란 문서에는 반드시 명의인이 있어야 함을 의미한다. 명의인이란 문서를 실제로 작성한 자가 아니라 당해 문서를 작성할 권한이 있는 자로서 문서의 내용에 따른 법적 효과가 귀속되는 자를 의미한다.

문서의 위조란 작성권한 없는 자가 타인명의를 사용하여 문서를 작성하는 것을 말한다. 이와 달리 **변조**는 작성권한 있는 작성명의인에 의하여 진정하게 성립한 문서에 대하여 권한 없이 내용에 변경을 가하는 것을 말한다. **자격을 모용**한다는 것은 대리권 또는 대표권이 없는 자가 타인의 대리자격 또는 대표자격이 있는 것으로 가장하여 문서를 작성하는 것을 의미한다.

《 관련사례 》

(문) 甲은 자기 소유의 주택을 乙에게 임대해주고 나서 계약서를 작성하였는데 그 계약서 내용 중 하나인 임대료에 관한 조항 끝에 "임대료는 매년 경신할 수 있음"이라는 말을 임의적으로 써 넣었다. 甲의 행위는 죄가 되는가?

(답) 사문서위조죄에 해당한다. 문서위조죄는 행사할 목적으로 타인의 권리와 의무 또는 사실증명에 관한 문서나 도화를 위조 또는 변조함으로써 성립한다. 여기에서 권리와 의무 또는 사실증명에 관한 문서라고 함은 법률상의 권리, 의무의 발생 변경 소멸에 대한 사항을 기재하는 것을 말한다. 예를 들면 매매계약서, 위임장, 임대차계약서, 예금청구서, 신탁증서 등이 이에 해당한다.
따라서 임대차계약서와 같은 법률상 의미가 있는 문서를 타인의 동의없이 함부로 고치는 행위는 사문서위조죄에 해당한다.

(문) 길거리에서 주운 운전면허증에 붙어있는 사진을 떼어내고 자신의 사진을 붙인 후 이를 다른 사람에게 제시하는 행위는 무슨 죄가 성립하는가?

(답) 공문서변조죄, 변조공문서행사죄, 점유이탈물횡령죄에 해당한다. 공문서란 공무소 또는 공무원이 직무에 관하여 작성한 문서를 말하는데 여기서 직무에 관한 문서란 공무원이 그 직무권한 내에서 작성하는 문서를 말하고 그 문서는 대외적인 것이거나 내부적인 것을 구별하지 않고 또한 그 직무권한이 반드시 법률상 근거가 있음을 요구하는 것도 아니다. 그리고 **변조**라 함은 권한이 없는 자가 타인명의의 문서에 대해 그 동일성을 잃게 하지 아니하는 한도 내에서 그 내용을 변경하는 것을 말한다. 본 사안의 경우 운전면허증은 공무소에서 작성된 **공문서에 해당한다.** 또한 타인의 운전면허증에 자신의 사진을 붙인 행위는 공문서변조에 해당하고 이를 가지고 다니면서 제시한 사실은 **변조공문서행사죄에 해당한다.** 또한 길거리에서 운전면허증을 습득한 행위는 **점유이탈물 횡령죄가 성립한다.**

4) 인장에 관한 죄

인장(印章)에 관한 죄의 행위객체는 인장·서명·기명 또는 기호이다. **인장**이란 특정인의 인격과 그 동일성을 증명하기 위하여 사용하는 상징을 의미한다. **서명**이란 특정인이 자기를 표시하는 문자를 말한다. **기명**이란 특정인의 주체를 표시하는 문자로서 자서가 아닌 것을 말한다. **기호란** 물건에 압날하여 그 동일성을 증명하는 점에서 인장과 같으나, 인격의 동일성 이외의 사항을 증명하기 위한 것이라는 점에서 인장과 다르다.

(3) 공중의 건강에 대한 죄

공중의 건강에 관한 죄는 음용수에 관한 죄(제16장)와 아편에 관한 죄(제17장)가 있다.

1) 음용수(飮用水에) 관한 죄

음용수에 관한 죄에는 음용수사용방해죄(제192조 제1항), 음용수유해물혼입죄(제192조 제2항), 수도음용수의 사용방해죄(제193조 제1항), 수도음용수의 유해물혼입죄(제193조 제2항), 수도불통죄(제195조) 및 음용수혼독치사상죄(제194조)가 있다.

음용수에 관한 죄는 오늘날 특히 문제되고 있는 환경범죄의 한 유형이나 공중의 건강을 해치는 범죄로는 그 밖에도 유해식품 등에 의한 경우가 많은데, 이에 대한 관련법률로는 「보건범죄단속에 관한 특별조치법」, 「식품위생법」이 있다. 전자는 부정식품 및 첨가물, 부정의약품 및 화장품, 부정유독물의 제조나 무면허의료행위를 가중처벌하는 것을 목적으로 하는 법이며, 후자는 식품으로 인하여 생기는 위생상의 위해(危害)를 방지하고 식품영양의 질적 향상을 도모하며 식품에 관한 올바른 정보를 제공하여 국민보건의 증진에 이바지함을 목적으로 하는 법이다.

2) 아편에 관한 죄

형법상 아편(阿片)에 관한 죄는 특별법인 「마약류 관리에 관한 법률」에 의하여 규제되고 있으므로, 현실적으로 형법규정이 적용될 여지가 없다고 하겠다. 이 특별법의 제정목적은 마약·향정신성의약품·대마 및 원료물질의 취급·관리를 적정히 함으로써 그 오용 또는 남용으로 인한 보건상의 위해를 방지하여 국민보건향상에 이바지하도록 하는데 있다.

(4) 사회의 도덕에 대한 죄

성풍속을 해하는 죄(제22장)와 도박과 복표에 관한 죄(제23장), 신앙에 관한 죄(제12장)가 있는데, 성풍속을 해하는 죄에는 간통죄(제241조), 음행매개죄(제242조), 음화등의 반포·제조죄 및 공연음란죄(제245조)가 있다.

간통죄는 독일이나 일본 등에서는 폐지된 죄로서 한국에서도 이의 폐지를 주장하는 견해가 많다. 폐지주장의 논거는 국가형벌권의 남용이나 간통죄처벌의 악용을 든다. 또한 가정을 보호하기보다는 이혼을 전제로 한 친고죄이기 때문에 가정의 파괴를 초래한다는 점과 자녀의 문제가 전혀 고려되지 않는다는 점 등이 간통죄규정의 폐해로 지적된다. 현실적으로도 간통죄처벌규정은 합의금을 받아내기 위한 수단으로 악용되는 사례가 많고, 형벌로써 규제해야 할 정도의 가벌성이 없기 때문에 비범죄화하여 폐지해야 한다는 견해가 유력하다.

음행매개죄는 영리의 목적으로 사람을 매개하여 간음하게 한 자는 3년 이하의 징역 또는 1천500만원 이하의 벌금에 처한다. 형법개정전에는 부녀만을 음행매개죄의 행위객체로 규정하였으나, 이를 '사람'으로 개정하여 남녀 모두 행위객체가 되게 되었다. 그 밖에도 음란한 문서, 도화, 필름 기타 물건을 반포, 판매 또는 임대하거나 공연히 전시 또는 상영한 경우(**음화반포 등**, 제243조), 음란한 물건을 제조·소지·수입·수출한 경우(**음화제조 등**, 제244조), 공연히 음란한 행위를 한 경우(**공연음**

란, 제245조)에는 처벌된다.

도박죄도 단순도박죄(제246조)는 비범죄화하여야 하고, 상습도박 내지 직업적인 도박만을 처벌하여야 한다는 주장이 많다. 복표에 관한 죄도 사실상 사문화되어 있다. 경품권이나 추첨권의 발행이 일반화되어 있고, 관련 특별법인 **"사행행위 등 규제 및 처벌 특례법"**, **"복권 및 복권기금법"**, **"게임산업진흥에 관한 법률"**, **"풍속영업의 규제에 관한 법률"** 등이 적용되어 형법이 적용될 여지가 없다.

그 밖에 신앙에 관한 죄에는 장례식등 방해죄(제158조), 사체등 오욕죄(제159조), 분묘발굴죄(제160조), 사체등 영득죄(제161조), 변사자검시방해죄(제163조)가 있다.

3. 국가적 법익에 대한 죄

국가적 법익을 보호하는 범죄로는 국가의 존립과 권위에 대한 죄와 국가기능을 보호하는 규정이 있다. 전자에 해당하는 것으로는 내란과 외환의 죄가 있으며, 후자에 해당하는 것으로는 공무원의 직무에 관한 죄(제7장), 공무방해에 관한 죄(제8장), 도주와 범인은닉의 죄(제9장), 위증과 증거인멸의 죄(제10장)가 있다.

(1) 국가의 존립과 권위에 대한 죄

여기에는 내란의 죄(제1장), 외환의 죄(제2장), 국기에 관한 죄(제3장) 및 국교에 관한 죄(제4장)가 속하는데, 가장 핵심적인 범죄는 물론 내란죄이다. **내란죄**란 '**국토를 참절하거나 국헌을 문란할 목적으로 폭동한 행위**'를 말하며, 이러한 행위를 예비, 음모, 선전, 선동한 경우에도 처벌된다. 그리고 여기서 '**국헌문란**'이란 헌법 또는 법률에 정한 절차에 의하지 아니하고 헌법 또는 법률의 기능을 소멸시키거나, 헌법에 의하여 설치된 국가기관을 강압에 의하여 전복 또는 그 권능행사를 불가능하게 하는 것을 말한다(제91조).

그러나 내란죄는 형법의 고유범죄라기 보다는 정치적 범죄행위이다. 형법에 의한 내란행위의 처벌을 통해 국가의 존립을 보호하는 것은 사실상 불가능하며, 이는 오로지 정치권력에 의해 보호될 수밖에 없기 때문이다. 내란죄의 처벌은 내란실패의 경우에만 현실적으로 가능하다는 점은 이를 잘 말해 준다. 그러나 내란의 성공이 곧 법적 정당성을 부여하는 것은 아님을 유의하여야 한다.

이에 관한 특별법으로 「국가보안법」이 있으므로 형법에 우선하여 이 법이 적용된다. 그러나 「국가보안법」이 규정하고 있는 구성요건 가운데 죄형법정주의에 위배되는 부분이 있다는 점 등이 지적되어 이를 폐지하고 형법에 흡수하여야 한다는 주장도 있다.

외환의 죄는 외환을 유치하거나 대한민국에 항적하거나 적국에 이익을 제공하여 외부로부터 국가의 안전을 위태롭게 하는 범죄를 말한다. 이에는 외환유치죄(제92조), 여적죄(제93조), 이적죄(제94조, 제97조, 제99조), 간첩죄(제98조) 및 전시군수계약불이행죄(제103조) 등이 있다. **외환유치죄**란 외국과 통모하여 대한민국에 대하여 전단을 열게 하거나 외국인과 통모하여 대한민국에 항적함으로써 성립하는 범죄이고 사형 또는 무기징역에 처한다. **여적죄**란 적국과 합세하여 대한민국에 항적함으로써 성립하는 범죄로 사형에 처한다.

(2) 공무원의 직무에 관한 죄

공무원이라 함은 "법령에 의하여 공무에 종사하는 직원"으로서 그 범위는 「국가공무원법」과 「지방공무원법」에 의하여 결정된다. 그 밖에도 다른 법령에 의하여 공무원의 지위가 인정되는 경우가 있다(예: 「한국은행법」, 「한국산업은행법」 등).

공무원의 직무범죄는 **직권남용죄**와 **직무위배죄** 및 **뇌물죄**의 세 유형으로 분류된다. 직권을 남용하는 죄의 유형에는 직권남용죄(제123조), 불법체포·감금죄(제124조), 폭행·가혹행위죄(125조), 선거방해죄(제128조)가 있다. 직무위배죄의 유형에는 직무유기죄(제122조), 피의사실공표죄(제126조), 공무상비밀누설죄(제127조)가 해당된다.

직무유기죄는 공무원이 정당한 이유 없이 그 **직무수행을 거부**하거나 그 **직무를 유기**함으로써 성립하는 범죄이다. 직무수행거부란 직무를 능동적으로 수행해야 할 의무가 있는 자가 이를 행하지 않는 것을 말하고, 직무유기란 정당한 이유 없이 직무를 의식적으로 방임·포기하는 것을 말한다. 본죄에서의 직무의 범위는 공무원이 공무원법에 따라 수행해야 할 **본래의 직무** 또는 **고유한 직무**여야 한다.

《 관련사례 》

(문) 甲은 교사의 신분으로 시국선언에 참여하였다. 징계위원회는 甲을 징계하기로 하고 징계의결서를 교육감에게 통보하였다. 그러나 교육감은 甲에 대한 재판이 진행 중이고 정당성에 논란이 있다는 이유로 징계 집행을 유보하였다. 이러한 교육감의 행위는 직무유기에 해당하는가?

(답) 징계처분권자가 징계위원회에서 징계의결서를 통보받고 정해진 기간 내에 집행을 해야하는 의무가 있는 것이므로 직무유기가 문제되는 것은 맞다. 「형법」 제122조는 "공무원이 정당한 이유 없이 그 직무수행을 거부하거나 그 직무를 유기한 때에는 1년 이하의 징역이나 금고 또는 3년 이하의 자격정지에 처한다."라고 규정하고 있고, 판례는 위 조항에서 직무를 유기한 때에 대하여 다음과 같이 판시하고 있다. "공무원이 법령, 내규 등에 의한 추상적 성실의무를 태만히 하는 일체의 경우에 성립하는 것이 아니라 직장의 무단이탈, 직무의 의식적인 포기 등과 같이 국가의 기능을 저해하고 국민에게 피해를 야기시킬 가능성이 있는 경우를 가리킨다. 그리하여 일단 직무집행의 의사로 자신의 직무를 수행한 경우에는 직무집행의 내용이 위법한 것으로 평가된다는 점만으로 직무유기죄의 성립을 인정할 것은 아니고, 공무원이 태만·분망 또는 착각 등으로 인하여 직무를 성실히 수행하지 아니한 경우나 형식적으로 또는 소홀히 직무를 수행한 탓으로 적절한 직무수행에 이르지 못한 것에 불과한 경우에도 직무유기죄는 성립하지 아니한다 …… 그러한 유보가 직무에 관한 의식적인 방임이나 포기에 해당한다고 볼 수 있는 경우에 한하여 직무유기죄가 성립한다고 보아야 한다(대법원 2014. 4. 10. 선고 2013도229 판결).
따라서 교육감의 행위가 직무유기죄에 해당하려면 징계유보가 직무의 의식적인 방임이나 포기에 해당하는 정도에 이르러야 할 것인데, 사안에서 교육감의 집행유보는 甲의 형사사건 진행, 정당성에 관한 논란 등을 이유로 하고 있으므로 의식적인 방임이나 포기라고 볼 수 없다.
따라서 직무유기죄에 해당한다고 할 수는 없다.

직권남용죄는 공무원이 직권을 남용하여 사람으로 하여금 의무 없는 일을 하게 하거나 사람의 권리행사를 방해한 때에 성립한다. 직권의 남용이란 직무권한에 속하는 사항에 관하여 위법한 조치를 취하는 것을 말한다.

(문) 교원A는 근속기간이 짧아 아직 승진대상자도 아니었다. 그러나 교육감 甲은 인사 담당장학관 등에게 지시하여 자신과 친한 A를 승진대상에 포함하여 승진·임용하 였다. 甲의 부당한 행위에 대해서 처벌할 수 있는가?

(답) 「형법」 제123조는 "공무원이 직권을 남용하여 사람으로 하여금 의무없는 일을 하 게 하거나 사람의 권리행사를 방해한 때에는 5년 이하의 징역, 10년 이하의 자격정 지 또는 1천만원 이하의 벌금에 처한다."라고 규정하고 있다.

동 조항의 해석에 관하여 판례는 "**직권의 남용**이란 공무원이 일반적 직무권한에 속 하는 사항을 불법하게 행사하는 것, 즉 형식적, 외형적으로는 직무집행으로 보이나 그 실질은 정당한 권한 이외의 행위를 하는 경우를 의미하고, 남용에 해당하는가의 판단 기준은 구체적인 공무원의 직무행위가 그 목적, 그것이 행하여진 상황에서 볼 때의 필요성·상당성 여부, 직권행사가 허용되는 법령상의 요건을 충족했는지 등의 제반 요소를 고려하여 결정하여야 한다. 그리고 **직권남용권리행사방해죄**에서 '의무 없는 일을 하게 한 때'란 '사람'으로 하여금 법령상 의무 없는 일을 하게 하는 때를 의미하는바, 공무원이 자신의 직무권한에 속하는 사항에 관하여 실무 담당자로 하 여금 그 직무집행을 보조하는 사실행위를 하도록 하더라도 이는 공무원 자신의 직 무집행으로 귀결될 뿐이므로 원칙적으로 직권남용권리행사방해죄에서 말하는 '의무 없는 일을 하게 한 때'에 해당한다고 할 수 없으나, 직무집행의 기준과 절차가 법령 에 구체적으로 명시되어 있고 실무 담당자에게도 직무집행의 기준을 적용하고 절차 에 관여할 고유한 권한과 역할이 부여되어 있다면 실무 담당자로 하여금 그러한 기 준과 절차에 위반하여 직무집행을 보조하게 한 경우에는 '의무 없는 일을 하게 한 때'에 해당한다."라고 하였다.(대법원 2011. 2. 10. 선고 2010도13766 판결)

따라서 甲의 행위는 외형상 직무집행 행위이나 장학사로 하여금 위법한 행위를 하 도록 하였으므로 **직권남용권리행사방해죄에 해당**한다고 볼 수 있다.

불법체포·불법감금죄는 재판·검찰·경찰 기타 인신구속에 관한 직무를 행하는 자 또는 이를 보조하는 자가 그 직권을 남용하여 사람을 체포·감금한 때에 성립한 다. 보조하는 자는 사법경찰리(경사 이하)나 법원 또는 검찰서기를 의미한다. 법정절 차에 의하지 않고 피의자를 경찰서 보호실에 구금하거나 임의동행한 피의자를 경찰 서 조사실이나 보호실에 영치한 경우에 이에 해당한다.

폭행·가혹행위죄 역시 불법체포·감금죄의 행위주체와 같다. 행위객체는 형사피의자와 피고인·증인·참고인과 같이 재판이나 수사의 대상이 된 사람이다.

선거방해죄는 검찰·경찰 또는 군의 직에 있는 공무원이 법령에 의한 선거에 관하여 선거인·입후보자 또는 입후보자 되려는 자에게 협박을 가하거나 기타 방법으로 선거의 자유를 방해한 경우에 성립한다. 이는 헌법이 보장하는 선거권(제24조)과 공무담임권(제25조)의 자유로운 행사를 보호하기 위한 규정이다.

뇌물죄는 공무원 또는 중재인(노동쟁의조정법에 의한 중재위원, 중재법에 의한 중재인)이 직무행위에 대한 대가로 이익을 취득하는 것을 금지하는 것을 내용으로 한다. 이는 공무원 등이 수행하는 직무행위를 매수하는 것을 처벌하기 위한 것이다(직무행위의 불가매수성). 「특정범죄가중처벌등에 관한 법률」이 적용될 때에는 정부관리기업체의 간부직원도 공무원으로 간주한다. 또한 동법(제2조)에 따라 수뢰액이 1,000만원 이상 5,000만원 미만인 경우(5년 이상의 유기징역)와 5,000만원 이상인 경우(무기 또는 10년 이상의 징역)에는 각각 가중 처벌된다.

뇌물죄는 **수뢰죄**와 **증뢰죄**(제133조)로 대별되며, 수뢰죄는 다시 단순한 수뢰죄와 사전수뢰죄(제129조), 제3자 뇌물공여죄(제130조), 수뢰후 부정처사죄(제131조 제1항), 사후수뢰죄(제131조 제2항·3항), 알선수뢰죄(제132조)로 세분된다. 수뢰죄와 증뢰죄가 필요적 공범인가에 대하여는 견해가 나뉜다. 판례는 필요적 공범이 아니라고 보고 있다(대판 1987.12.22 87도 1699). 원칙적으로 양죄는 필요적 공범이지만 요구와 공여의 의사표시는 행위의 성격상 일방적인 의미를 지닌다고 볼 수 있기 때문에 필요적 공범이 될 수 없다.

뇌물이란 **직무에 관한 부당한 이익 내지 불법한 보수**를 의미한다. 즉 직무와 보수와의 대가관계가 인정되어야 한다. 그러나 여기에서 직무라는 것은 법령상 관장하는 직무행위뿐만 아니라 그 직무와 관련하여 사실상 처리하고 있는 행위 및 결정권자를 보좌하거나 영향을 줄 수 있는 직무행위도 포함하는 넓은 개념이다(대판 1994.9.9 94도 619). 선물과 뇌물은 대가관계여부에만 초점을 맞추어 구별하기보다는 금액 여하와 주고받은 자의 관계도 포함하여 종합적으로 구별하는 것이 타당하다. 이익이란 수령자의 경제적·법적·인격적 지위를 유리하게 하여 주는 것을 말한다. 이성간의 성행위 제공도 뇌물에 해당한다.

(단순)수뢰죄는 공무원 또는 중재인이 그 직무에 관하여 뇌물을 수수·요구 또는 약속한 때에 성립한다. 사전수뢰죄는 공무원 또는 중재인이 될 자가 그 담당할 직무에 관하여 청탁을 받고 뇌물을 수수·요구 또는 약속한 후 공무원 또는 중재인이 된 때에 성립한다. 이는 공직취임 전의 수뢰행위를 처벌하기 위한 것이다.

제3자 뇌물공여죄는 공무원 또는 중재인이 그 직무에 관하여 부정한 청탁을 받고 제3자에게 뇌물을 공여하게 하거나 공여를 요구 또는 약속한 때에 처벌되는 범죄이다. 제3자가 뇌물을 수수하였을 것을 요건으로 하지 않는다.

수뢰후부정처사죄는 수뢰행위와 부정한 행위가 결합된 형식으로서 「특정범죄가중처벌등에 관한 법률」이 적용된다. 수뢰후 부정처사죄와 대응하는 사후수뢰죄는 직무상 부정한 행위를 한 후 뇌물을 수수·요구 또는 약속하거나 제3자에게 이를 공여하게 하거나 공여를 요구 또는 약속하는 경우를 말한다. 공여란 상대방이 뇌물을 취득하게 하는 것을 의미한다.

알선수뢰죄는 공무원이 그 지위를 이용하여 다른 공무원의 직무에 관한 사항의 알선에 관하여 뇌물을 수수·요구 또는 약속한 때에 성립한다. 만일 공무원이 아닌 자들이 공무원의 직무에 속한 사항의 알선에 관하여 금품이나 이익을 수수·요구 또는 약속한 경우에는 특정범죄가중처벌법(제3조)에 의하여 처벌된다(알선수재죄, 5년 이하의 징역 또는 1,000만원 이하의 벌금).

증뢰물전달죄(증뢰죄)는 뇌물을 약속·공여 또는 공여의 의사를 표시한 경우 혹은 이러한 행위에 공할 목적으로 제3자에게 금품을 교부하거나 그 정을 알면서 교부를 받은 자에 대해서 성립한다. 상대방은 공무원 자신뿐만 아니라 처나 자녀에 대해서도 가능하다. 약속이란 공무원의 요구를 승낙하거나 장차 뇌물을 공여할 것을 자진하여 약속하는 경우를 포함한다.

《 관련사례 》

(문) 건축관련 공무원인 甲은 건축허가문제로 현장조사를 갔다가 건축업자로부터 돈이
든 봉투를 받았는데 그냥 공사현장에서 수고하는 인부들 회식이나 하라고 공사현
장 간부에게 주었다. 이 경우에도 죄가 되는가?

(답) 수뢰죄가 성립한다. 수뢰죄는 공무원 또는 중재인이 그 직무에 관하여 뇌물을 수
수, 요구 또는 약속한 때에 성립하는 범죄이다. 따라서 공무원이 자신의 직무와 관
련하여 뇌물을 취득하면 죄가 성립하고 그 수수의 동기나 수수한 뇌물의 용도는 문
제가 되지 않으며 이 뇌물을 영득하려는 의사가 있어야 한다. 결국 반환할 의사로
일시 받아둔 것은 뇌물을 수수한 것이 아니지만 일단 **영득의사로 수수한 것이면 후
에 반환하여도 뇌물죄가 성립한다.**
사안의 경우는 뇌물을 수수할 때 그 금품을 수수한 장소가 공개된 공사현장이었고
금품을 수수한 공무원이 이를 공사현장 인부들의 식대 또는 동 공사의 홍보비 등으
로 소비하였을 뿐 자신의 사리를 취한 바 없다 하더라도 그 뇌물성을 부인할 수 없
다. 따라서 뇌물죄가 성립한다.

(3) 공무방해에 관한 죄

공무방해에 관한 죄로는 공무집행방해죄(제136조 제1항), 직무방해죄(동조 제2
항), 위계에 의한 공무집행방해죄(제137조), 법정 또는 국회회의장모욕죄(제138조),
인권옹호직무방해죄(제139조), 공무상 비밀표시무효죄(제140조), 부동산강제집행효
용침해죄(제140조의2), 공용서류등 무효죄(제141조 제1항), 공용물파괴죄(제141조
제2항), 공무상 보관물무효죄(제142조), 특수공무방해죄(제144조)가 있다.

공무집행방해죄는 직무를 집행하는 공무원에 대하여 폭행 또는 협박함으로써 성
립한다. 직무집행은 반드시 강제적 성질을 갖는 것이어야 할 필요는 없다. 공무원의
직무집행이 적법하여야 본죄가 성립하는가에 대해서 적법하여야 한다는 것이 통설·
판례의 입장이다. 공무원의 위법한 직무집행행위에 대해서까지 수인할 의무는 없으
므로 이 견해가 타당하다. 여기에서의 적법성은 실질적인 내용을 기준으로 판단할
것이 아니라 형식적 요건을 기준으로 판단하여야 한다. 본죄는 폭행·협박을 한 때
에 기수에 이른다.

직무방해죄는 공무원에 대하여 그 직무상의 행위를 강요 또는 저지하거나 그 직을 사퇴하게 할 목적으로 폭행 또는 협박할 경우에 성립한다.

위계에 의한 공무집행방해죄는 공무원의 부지 또는 착오를 이용하여 직무집행을 방해하는 경우에 성립한다. 운전면허시험에 대리응시하는 경우, 수사기관에 대하여 허위로 피의자 또는 참고인이라고 하면서 진술 또는 신고하는 경우가 그 예이다.

법정·국회회의장모욕죄는 법원의 재판 또는 국회의 심의를 방해 또는 위협할 목적으로 법정이나 국회의장 또는 그 부근에서 모욕 또는 소동한 자를 처벌하는 규정이다. 이와 별도로 "법원조직법"은 **법정경찰권**을 규정하고 있다. 즉 "법원 및 재판장은 법정내에서 법정의 질서유지에 필요한 명령에 위배하는 행위를 하거나 폭언·소란 등 행위로 법원의 심리를 방해 또는 재판의 위신을 현저히 훼손한 자에 대하여 직권으로 결정에 의하여 **20일 이내에 감치(監置) 또는 100만원 이하의 과태료에 처하거나 이를 병과**할 수 있다"(동법 제61조 제1항). 또한 법원은 제1항의 감치를 위하여 법원직원·교도관 또는 국가경찰공무원으로 하여금 즉시 행위자를 구속하게 할 수 있으며, **구속한 때로부터 24시간이내에 감치에 처하는 재판**을 하여야 하고 이를 하지 아니하면 즉시 석방을 명하여야 한다(동조 제2항).

본죄 가운데 법정모욕죄 부분은 법원조직법상의 제재와 중복되므로 양죄의 관계가 문제된다. 그러나 법원조직법이 규정하는 제재는 형법이 아니므로 법정모욕죄와는 별개의 것이라고 보아야 한다.

인권옹호직무방해죄는 경찰의 직무를 행하는 자 또는 이를 보조하는 자가 인권옹호에 관한 검사의 직무집행을 방해하거나 그 명령을 준수하지 아니한 때에 성립한다. 여기에서 검사의 직무집행은 적법한 것을 전제로 한다.

공무상비밀표시무효죄는 공무원이 직무에 관하여 실시한 봉인 또는 압류 기타 강제처분의 표시를 손상 또는 은닉 기타 방법으로 그 효용을 해한 경우에 성립한다. 강제처분에는 민사소송법상의 유체동산이나 부동산의 압류·가압류·가처분, 금전채권의 압류, 「국세징수법」(제41조 이하)에 의한 채권이나 부동산에 대한 압류 등이 이에 속한다. 본죄에서의 봉인·압류 또는 강제처분 역시 적법하여야 한다.

부동산강제집행효용침해죄는 강제집행으로 명도 또는 인도된 부동산에 침입하거나 기타 방법으로 강제집행의 효용을 해치는 경우에 성립한다.

《 관련사례 》

(문) 경찰관이 영장 없이 경찰서까지 동행할 것을 요구하였는데 거절하였다. 그런데 강제로 수갑을 채우고 연행해간 경우 여기에 대항할 방법은 없는가?

(답) 불법체포이므로 실력으로 대항할 수 있고 그 경찰관을 상대로 형사고소, 국가배상 등을 청구할 수 있다. 범죄의 혐의가 있는 사람을 수사하기 위하여 신병확보의 필요가 있을 수 있다. 이때 법원으로부터 체포 또는 구속을 해도 좋다는 허가장을 받아야 하는데 이를 영장이라고 한다. 따라서 영장 없이는 동의를 하지 않은 이상 강제로 체포 또는 구속을 할 수 없다. 경찰관이 요구를 하는 것은 임의동행이며, 이러한 임의동행은 강제성이 인정되지 아니하므로 요구받은 사람이 이를 거절할 수 있다. 만일 강제로 연행을 하였다면 영장 없이 체포 가능한 긴급체포에 해당하는지를 보아야 할 것이다. 즉, 피의자가 사형·무기 또는 장기 3년 이상의 징역이나 금고에 해당하는 죄를 범하였다고 의심할 만한 상당한 이유가 있고 증거를 인멸할 염려 및 도망하거나 도망할 염려가 있는 경우에 판사의 체포영장을 받을 수 없는 때에 한하여 그 사유를 알리고 영장 없이 피의자를 긴급체포할 수 있다. 물론 체포 당시에 피의자에 대하여 범죄사실의 요지, 체포의 이유와 변호인을 선임할 수 있음을 말하고 변명할 기회를 주는 등 적법한 절차를 준수하여야 한다. 그리고 불법체포에 대하여 실력으로 저항하는 것은 공무집행방해죄를 구성하지 아니하는 정당방위로써 위법성이 조각된다.

---

(4) 도주와 범인은닉의 죄

도주죄(제145조 제1항)는 **법률에 의하여 체포 또는 구금된 자가 도주한 경우**에 성립한다. 법률에 의하여 체포 또는 구금된 자로는 피의자·피고인으로 구속된 자, 벌금형의 미납으로 환형처분된 자로서 노역장에 유치된 자가 있다. 현실적으로 구금된 자를 의미하므로 가석방 중인 자나 보석 중에 있는 자의 도주행위는 본죄에 해당하지 않는다.

집합명령위반죄(제145조 제2항)는 법률에 의하여 구금된 자가 천재·사변 기타 법령에 의하여 잠시 해금된 경우에 정당한 이유 없이 그 집합명령에 위반한 때에 성립하며 도주죄와 같이 처벌한다. 진정부작위범이다.

　기타 특수도주죄(제146조), 도주원조죄(제147조), 간수자의 도주원조죄(제148조)가
있다.

　범인은닉죄(제151조 제1항)는 **벌금 이상의 형에 해당하는 죄를 범한 자를 은
닉 또는 도피하게 한 자**를 처벌하는 범죄이다. '**도피**'란 은닉 이외의 방법으로 수사
기관의 발견·체포를 곤란 내지 불가능하게 하는 일체의 행위를 말한다. 벌금 이상
의 형이란 법정형을 의미하며, 죄를 범한 자란 범죄의 혐의를 받고 수사가 진행 중
인 자도 포함한다. 행위자는 벌금 이상의 형에 해당하는 죄를 범한 범인이라는 점을
인식하고 있어야 한다. 친족, 호주 또는 동거의 가족이 본인을 위하여 범인을 은닉
한 때에는 처벌하지 않는다. 가족간의 정의(情誼)에 따른 책임조각사유라고 볼 수
있다.

(5) 위증과 증거인멸의 죄

　위증죄(제152조)는 **법률에 의하여 선서한 증인이 허위의 공술을 한 때**에 성립
한다. **법률에 의하여 선서한 증인**이 주체이므로 **신분범**이며, 선서하지 않은 증인은
본죄의 주체가 될 수 없다. 형사소송뿐만 아니라 민사소송(제290조 이하), 징계사건
(법관징계법 제27조, 검사징계법 제26조), 특허사건(특허법 제226조)에서의 증인도
포함된다.

　선서무능력자가 한 선서는 무효이므로 본조의 주체가 되지 못한다. 증인이어야 하
므로 참고인 자격으로 수사기관에 허위의 진술을 하더라도 본죄는 성립하지 않는다.
증언거부권자라 할지라도 거부권을 행사하지 않고 증언한 때에는 본조의 주체가 될
수 있다. 허위의 증언이란 증인이 기억에 반하는 증언을 하는 것을 의미하며, 증언
내용이 객관적 진실과 일치하는가의 여부는 문제되지 않는다고 보는 것이 통설·판
례의 입장이다.

　증거인멸죄(제155조 제1항)는 **타인의 형사사건 또는 징계사건에 관한 증거를
인멸, 은닉, 위조 또는 변조하거나 위조 또는 변조한 증거를 사용한 자**를 처벌하
는 범죄이다. 이는 국가의 형사사법기능을 보호하기 위한 추상적 위험범으로서 민사

사건이나 행정사건, 선거사건에 대한 증거는 포함하지 않는다. 형사사건인 이상 수사개시 전후를 불문한다.

증인은닉·도피죄(제155조 제2항)는 **타인의 형사사건 또는 징계사건에 관한 증인을 은닉 또는 도피하게 한 자**를 처벌한다. 여기에서 증인은 형사소송법상의 증인뿐만 아니라 수사기관에서 조사하는 참고인도 포함된다는 것이 통설이다. 피고인·피의자 또는 징계혐의자를 **모해할 목적**으로 증거인멸이나 증인은닉·도피죄를 범한 경우에는 가중처벌한다(모해증거인멸죄 제155조 제3항).

(6) 무고의 죄

무고죄(제156조)는 **타인으로 하여금 형사처분 또는 징계처분을 받게 할 목적으로 공무소 또는 공무원에 대하여 허위의 사실을 신고함**으로써 성립하는 범죄를 말한다. 공무소 또는 공무원이라 함은 수사기관인 검사나 사법경찰관리, 징계기관의 소속장 등을 말한다. 대통령, 시장 등도 포함된다. 신고의 방법은 서면(고소·고발장, 진정서 등)이나 구두를 불문한다.

《 관련사례 》

(문) 사기혐의로 고소했는데 그 사람이 무혐의로 처리되는 경우에는 오히려 무고죄로 처벌을 받을 수도 있는가?

(답) 허위사실인 줄 알고 신고하였는지 여부에 따라 달라진다. 고소사건에 관하여 검사가 무혐의처분을 하는 경우에는 반드시 고소인의 무고혐의 여부를 판단하게 된다(검찰사건사무규칙 제53조). 하지만 무혐의처분을 한다고 하여 반드시 무고죄가 성립하는 것은 아니다. 다른 사람으로 하여금 **형사처분을 받게 할 목적**이 있어야 하고 그러한 목적이 있는 경우에도 **허위사실을 들어내어 고소**하는 경우에만 **무고죄가 성립**하게 된다.

그런데 현재 판례는 **무고죄에 있어서의 신고는 신고사실이 허위임을 인식하거나 진실하다는 확신 없이 신고함**을 말하는 것이므로, 신고자가 진실이라고 확신하고 신고하였을 때에는 무고죄가 성립하지 않으며, 여기서 확신이라 함은 허위일 가능성을 전혀 인식하지 못하였던 것을 의미하며, 다만 신고내용에 일부 객관적 진실에 반하는 내용이 포함되었다 하더라도 그것이 단지 신고사실의 정황을 과장하는데 불과하다면 무고죄가 성립하지 않는다는 판례도 있다.

저자 프로필

김 신 규

- 부산대학교 대학원(법학박사)
- 독일 하이델베르크대학교 연구교수, 일본 나고야대학 객원교수
- (현) 국립목포대학교 법학과 교수, 교무처장
- 목포대학교 경영행정대학원장, 중앙도서관장, 법학연구소장 역임
- 한국비교형사법학회장, 한국법무보호복지학회장 역임
- 한국형사소송법학회 고문, 한국형사법학회/한국형사정책학회 상임이사 역임
- 변호사시험, 사법시험, 행정고시 등 출제 및 채점위원
- 전라남도 행정심판위원/소청심사위원, 전남교육청 소청심사위원장/행정심판위원 역임
- 목포해양안전심판원 비상임심판관
- 전남지방경찰청 경찰개혁자문위원장, 수사이의심사위원

▶ **저서 및 논문**
- 형법총론 강의(박영사, 2018)
- 인권법강의(청목출판사, 2016)
- 형법각론(청목출판사, 2015)
- 뇌물죄에 관한 연구(한국형사정책학회), 공소사실의 특정(광주지방변호사회지)
- 상해죄의 동시범 특례(한국형사법학회)
- 형법 제16조의 '정당한 이유'의 의미 검토(한국형사법학회)
- 유죄협상제도에 대한 비판적 검토(미국헌법학회)
- 수사절차상 압수·수색규정에 대한 비판적 검토(한국비교형사법학회)
- 사이버 명예훼손·모욕행위에 대한 합리적인 형사규제방안(한국비교형사법학회) 등

여성과 법률

초판 발행	2019년 3월 4일
중판 발행	2019년 4월 30일
지은이	김신규
펴낸이	안종만·안상준
기획/마케팅	이영조
표지디자인	김연서
제 작	우인도·고철민
펴낸곳	(주)**박영사**
	서울특별시 종로구 새문안로3길 36, 1601
	등록 1959. 3. 11. 제300-1959-1호(倫)
전 화	02)733-6771
f a x	02)736-4818
e-mail	pys@pybook.co.kr
homepage	www.pybook.co.kr
ISBN	979-11-303-3386-1 (93360)

정 가   24,000원